UTB

Eine Arbeitsgemeinschaft der Verlage

Böhlau Verlag · Wien · Köln · Weimar
Verlag Barbara Budrich · Opladen · Toronto
facultas.wuv · Wien
Wilhelm Fink · Paderborn
A. Francke Verlag · Tübingen
Haupt Verlag · Bern
Verlag Julius Klinkhardt · Bad Heilbrunn
Mohr Siebeck · Tübingen
Nomos Verlagsgesellschaft · Baden-Baden
Ernst Reinhardt Verlag · München · Basel
Ferdinand Schöningh · Paderborn
Eugen Ulmer Verlag · Stuttgart
UVK Verlagsgesellschaft · Konstanz, mit UVK/Lucius · München
Vandenhoeck & Ruprecht · Göttingen · Bristol
vdf Hochschulverlag AG an der ETH Zürich

Julia Settinieri / Sevilen Demirkaya /
Alexis Feldmeier / Nazan Gültekin-Karakoç /
Claudia Riemer (Hg.)

Empirische Forschungsmethoden für Deutsch als Fremd- und Zweitsprache

Eine Einführung

Ferdinand Schöningh

Umschlagabbildung:
© GaToR-GFX#11821195/Fotolia.com

Online-Angebote oder elektronische Ausgaben sind erhältlich unter **www.utb-shop.de**

Bibliografische Information der Deutschen Nationalbibliothek

Die Deutsche Nationalbibliothek verzeichnet diese Publikation in der Deutschen Nationalbibliografie; detaillierte bibliografische Daten sind im Internet über http://dnb.d-nb.de abrufbar.

(Verlag Ferdinand Schöningh GmbH & Co. KG, Jühenplatz 1, D-33098 Paderborn)

Internet: www.schoeningh.de

Printed in Germany.
Herstellung: Ferdinand Schöningh, Paderborn
Einbandgestaltung: Atelier Reichert, Stuttgart

UTB-Band-Nr: 8541
ISBN 978-3-8252-8541-8

INHALT

Vorwort 13

CLAUDIA RIEMER

1. Forschungsmethodologie Deutsch als Fremd- und Zweitsprache 15

1.1 Grundlegendes zu Forschungsmethodologie und Forschungsmethoden 15
1.2 Forschungsmethodologie als mehrfache Herausforderung 16
1.2.1 Herausforderung 1: Verortung im Rahmen qualitativer und quantitativer Forschungsansätze 20
1.2.2 Herausforderung 2: Festlegung von Forschungsfrage und Erkenntnisinteresse 22
1.2.3 Herausforderung 3: Operationalisierung komplexer Untersuchungsgegenstände 24
1.2.4 Herausforderung 4: Forschungsethik 25
1.3 Ausblick: Aus Fehlern lernen (können) 26
Weiterführende Literatur 27
Übungen 27
Lösungsvorschläge 28

LARS SCHMELTER

2. Gütekriterien 33

2.1 Einleitung 33
2.2 Deutsch als Fremd- und Zweitsprache als Teil der Fremdsprachenforschung 34
2.3 Übergreifende Gütekriterien 35
2.4 Charakteristika und Gütekriterien quantitativer Forschungsansätze 37
2.5 Charakteristika und Gütekriterien qualitativer Forschungsansätze 41
2.6 Ausblick 43
Weiterführende Literatur 44
Übungen 44
Lösungsvorschläge 45

KARIN AGUADO

3. Triangulation 47

3.1 Einführung 47
3.2 Zur Entwicklung der Forschungsstrategie von den Anfängen bis heute 47
3.3 Triangulierende Verfahren: Typen, Merkmale, Kombinationsmöglichkeiten 49
3.4 Funktionen, Potenziale und Grenzen triangulierender Verfahren 50
3.4.1 Triangulation zum Zweck der Validierung 51
3.4.2 Triangulation als systematische Erweiterung und Vertiefung von Erkenntnismöglichkeiten 52
3.5 Ausblick 52
Weiterführende Literatur 53
Übungen 54
Lösungsvorschläge 55

JULIA SETTINIERI

4. Planung einer empirischen Studie 57

4.1 Einleitung 57
4.2 Vorüberlegungen 57
4.3 Planung 58
4.3.1 Operationalisierung 59
4.3.2 Sampling 60
4.3.3 Ethische Gesichtspunkte 61
4.3.4 Finanz- und Zeitplanung 62
4.4 Strategien zum Erwerb forschungsmethodologischer Kompetenzen 64
4.5 Kurz und gut 66
Weiterführende Literatur 67
Übungen 68
Lösungsvorschläge 69

VERENA MEZGER / CHRISTOPH SCHROEDER / YAZGÜL ŞIMŞEK

5. Elizitierung von Lernersprache 73

5.1 Einleitung 73
5.2 Abgrenzung und Spektrum von Elizitierung 74
5.3 Forschungsfrage und Art des Elizitierungsverfahrens 75
5.3.1 Elizitierung im Medium der Mündlichkeit 76
5.3.2 Elizitierung im Medium der Schriftlichkeit 77
5.3.3 Kombinierter Einsatz von Elizitierungen 78
5.4 Vorstellung einzelner Elizitierungsinstrumente 79
5.4.1 Bildbeschreibung 79
5.4.2 Nacherzählung 79
5.4.3 Rahmensetzung und Szenarien 81
5.4.4 Erweiterungen 82

5.5 Hinweise zur Durchführung von Elizitierungen 82
5.6 Ausblick 84
Weiterführende Literatur 84
Übungen 85
Lösungsvorschläge 85

RAPHAELA PORSCH

6. Test 87

6.1 Einleitung 87
6.2 Informelle und formelle Testverfahren 87
6.3 Formelle Tests zur Messung sprachlicher Kompetenzen 88
6.4 Tests für Lerner mit Deutsch als Fremd- oder Zweitsprache 92
6.4.1 Tests für Lerner mit Deutsch als Zweitsprache 92
6.4.2 Tests für Lerner mit Deutsch als Fremdsprache 93
6.4.3 Elizitierung von Lernersprache 94
6.5 Herausforderungen bei der Konstruktion und Auswertung von Testdaten 95
6.6 Fazit und Ausblick 99
Weiterführende Literatur 99
Übungen 100
Lösungsvorschläge 100

ANDREA DAASE / BEATRIX HINRICHS / JULIA SETTINIERI

7. Befragung 103

7.1 Grundlagen 103
7.2 Fragebogen/Schriftliche Befragung 105
7.3 Interview/Mündliche Befragung 110
7.4 Gruppendiskussion 115
7.5 Ausblick: Befragung als komplexer Kommunikationsprozess 119
Weiterführende Literatur 119
Übungen 120
Lösungsvorschläge 121

LENA HEINE

8. Introspektion 123

8.1 Einleitung 123
8.2 Was sind introspektive Verfahren? 123
8.3 Lautes Denken als unreflektierte Verbalprotokolle von Tätigkeitsausführungen 124
8.4 Sicherstellen der angestrebten Datenqualität bei Lautem Denken 127
8.5 Retrospektion 128
8.6 Makrotheoretische Überlegungen zur Validität introspektiver Daten 129
8.7 Besonderheiten des Einsatzes introspektiver Verfahren bei mehrsprachigen Sprechern 130

8.8 Für welche Forschungsfragen sind introspektive Verfahren in der L2-Forschung geeignet? ... 131
8.9 Fazit ... 133
Weiterführende Literatur ... 133
Übungen ... 134
Lösungsvorschläge ... 134

JULIA RICART BREDE

9. Beobachtung ... 137

9.1 Einleitung ... 137
9.2 Begriffsklärung und Systematisierung ... 137
9.2.1 Differenzierung verschiedener Beobachtungstypen ... 137
9.2.2 Besonderheiten von Beobachtungen im Bereich DaF/DaZ ... 140
9.3 Auswertung von Beobachtungen mithilfe von Beobachtungssystemen ... 141
9.3.1 Entwicklung von Beobachtungssystemen ... 141
9.3.2 Systematisierung verschiedener Beobachtungssysteme ... 143
9.4 Ausblick: Grenzen und Möglichkeiten von Beobachtungen ... 144
Weiterführende Literatur ... 145
Übungen ... 145
Lösungsvorschläge ... 146

CATERINA MEMPEL / GRIT MEHLHORN

10. Datenaufbereitung: Transkription und Annotation ... 147

10.1 Einleitung ... 147
10.2 Theorie- und Gegenstandsabhängigkeit von Transkriptionskonventionen ... 148
10.2.1 Gegenüberstellung einzelner Transkriptionskonventionen ... 149
10.2.2 Gegenüberstellung einzelner Transkriptionstools für die computergestützte Transkription ... 150
10.3 Transkription verbaler Handlungen ... 151
10.4 Phonetische Transkription ... 153
10.4.1 Anwendungsbereiche phonetischer Transkription ... 153
10.4.2 Grob- und Feintranskription ... 154
10.4.3 Annotation im akustischen Sprachsignal am Beispiel des Programms Praat ... 155
10.5 Transkription von nonverbaler Kommunikation ... 157
10.5.1 Synchronisation von Videodaten ... 158
10.5.2 Genauigkeitsgrad der Transkription ... 158
10.5.3 Art der Bezeichnung ... 160
10.5.4 Die Anlage der Transkription ... 161
10.5.5 Zeitliche Ausdehnung eines nonverbalen Phänomens ... 161
10.6 Analyse ... 163
10.7 Video und Audio erfahrbar machen: Aufbereitung der Transkripte für Vorträge ... 163

10.8 Ausblick ... 164
Weiterführende Literatur ... 165
Übungen ... 165

BERNT AHRENHOLZ

11. Lernersprachenanalyse ... 167

11.1 Einleitung ... 167
11.2 Was sind Lernersprachen? ... 167
11.3 Analyse bestimmter Bereiche sprachlichen Wissens ... 168
11.3.1 Phonetik/Phonologie ... 168
11.4 Die Entwicklung von Lernersprachen ... 170
11.5 Theoretische Basis lernersprachlicher Analysen ... 170
11.6 Datenerhebung – Datenauferbeitung – Dateninterpretation ... 171
11.6.1 Datenerhebung ... 172
11.6.2 Datenaufbereitung und Dateninterpretation ... 174
11.7 Analysebeispiel ... 176
11.8 Ausblick ... 178
Weiterführende Literatur ... 179
Übungen ... 179
Lösungsvorschläge ... 180

NAZAN GÜLTEKIN-KARAKOÇ / ALEXIS FELDMEIER

12. Analyse quantitativer Daten ... 183

12.1 Einleitung ... 183
12.2 Grundlagen der Messtheorie und Statistik ... 183
12.2.1 Operationalisierung ... 183
12.2.2 Das Konzept des Messens ... 184
12.2.3 Skalenniveaus ... 184
12.2.4 Stichprobe und Grundgesamtheit ... 186
12.2.5 Normalverteilung ... 187
12.3 Deskriptive Statistik ... 187
12.3.1 Lagemaße ... 188
12.3.2 Streuungs- und Disperisonsmaße ... 190
12.4 Inferenzstatistik ... 192
12.4.1 Grundlagen der Inferenzstatistik ... 192
12.4.2 Unterschiedshypothesen ... 195
12.4.3 Zusammenhangshyptohesen ... 200
12.4.4 Effektstärke ... 204
12.4.5 Wie wählt man das passende statistische Testverfahren aus? ... 206
12.5 Schluss ... 207
Weiterführende Literatur ... 208
Übungen ... 209
Lösungsvorschläge ... 209

SEVILEN DEMIRKAYA

13. Analyse qualitativer Daten 213

13.1 Hinführung 213
13.2 Zielsetzung qualitativer (Forschung und Implikationen für die) Datenanalyse 213
13.3 Voraussetzungen der Datenanalyse 214
13.4 Strategien der Datenanalyse 216
13.5 Methoden der Datenanalyse 217
13.5.1 Kategorienbasierte Verfahren 218
13.5.2 Sequentielle Verfahren 219
13.6 Grounded Theory 221
13.6.1 Kodieren nach der Grounded Theory 221
13.6.2 Offenes Kodieren 223
13.6.3 Axiales Kodieren 224
13.6.4 Selektives Kodieren 225
13.7 Ausblick 226
Weiterführende Literatur 227
Übungen 227
Lösungsvorschläge 227

ANNKATHRIN DARSOW / ANJA FELBRICH

14. Besondere Forschungsansätze: Experiment und Quasi-Experiment 229

14.1 Einleitung 229
14.2 Experiment 230
14.2.1 Die Logik experimenteller Studien 230
14.2.2 Maßnahmen zur Sicherung der internen Validität von Experimenten 231
14.2.3 Externe Validität von Experimenten 237
14.3 Quasi-Experiment 237
14.4 Belastbarkeit (quasi-)experimenteller Studien 239
Weiterführende Literatur 240
Übungen 240
Lösungsvorschläge 241

KAREN SCHRAMM

15. Besondere Forschungsansätze: Videobasierte Unterrichtsforschung 243

15.1 Einleitung 243
15.2 Themenfelder vielschichtiger Unterrichtsforschung in der Sprachdidaktik 244
15.3 Umgang mit Videodaten aus emischer versus ethischer Forschungsperspektive 245

15.4 Erhebung und Aufbereitung von Videodaten aus dem DaZ-/DaF-Unterricht 246
15.4.1 Vorbereitung der Videoaufnahme 246
15.4.2 Erhebung der Videodaten 248
15.4.3 Verwaltung und Aufbereitung videographischer Klassenzimmerdaten 248
15.5 Datenanalyse 249
15.5.1 Auswahl eines videobasierten Analyseverfahrens 249
15.5.2 Interpretative Analyse von Videodaten 249
15.5.3 Quantifizierung qualitativer Videodaten für statistische Auswertungen 250
15.6 Fazit 252
Weiterführende Literatur 252
Übungen 253
Lösungsvorschläge 253

ALEXIS FELDMEIER

16. Besondere Forschungsansätze: Aktionsforschung 255

16.1 Einleitung 255
16.2 Aktionsforschung als Forschungsparadigma? 255
16.3 Grundlagen der Aktionsforschung 256
16.4 Die Phasen der Aktionsforschung 258
16.4.1 Vor der Aktionsforschung 259
16.4.2 Eine Forschungsfrage finden 259
16.4.3 Planung 260
16.4.4 Aktion – Unterricht 261
16.4.5 Beobachtung: Datenerhebung und Auswertung 261
16.4.6 Reflexion 262
16.4.7 Neue Planung und wiederholte Durchführung der vorherigen Schritte 262
16.4.8 Ende des Aktionsforschungsprozesses 262
16.5 Ein Beispiel: Aktionsforschung im Integrationskurs (Förderkurs) 264
16.6 Fazit 265
Weiterführende Literatur 266
Übungen 266
Lösungsvorschläge 267

JAMES DEAN BROWN

17. Adventures in language research: How I learned from my mistakes over 35 years 269

17.1 Introduction 269
17.2 Analytic Mistakes 270
17.2.1 Ignoring descriptive statistics 270
17.2.2 Forgetting that any measurement is the sum of the parts that create variance 270

17.2.3 Focusing too narrowly on p values 271
17.4.2 Misunderstanding the very nature of a statistical analysis 271
17.2.5 Trusting the computer output too much 272
17.2.6 Using multiple t-tests and ANOVAs 272
17.3 Conceptual Mistakes 273
17.3.1 Not seeing that students are a rich source of research ideas 273
17.3.2 Focusing on treatment-control style research 274
17.3.3 Suffering from p-value envy 275
17.3.4 Focusing solely on quantitative research methods 275
17.3.5 Seeking the objective truth through research 276
17.3.6 Offending the participants of a study 277
17.4 Conclusions 278

Literatur 281

Die Autorinnen und Autoren 313

VORWORT

It seems ambitious to attempt to study such a complex field as language. Yet study it we must. (Brown 1998: ix)

Empirische Forschung nimmt seit Gründung des Faches Deutsch als Fremd- und Zweitsprache in den 80er Jahren des vergangenen Jahrhunderts und verstärkt seit Beginn des neuen Jahrtausends einen stetig wachsenden Stellenwert ein. Auf Basis zunächst anglophoner und/oder fachfremder (i. d. R. sozialwissenschaftlicher) Publikationen hat die Forschungsmethodologie insbesondere auch im Zuge der durch den Bologna-Prozess ausgelösten Neustrukturierung der Studiengänge langsam, aber stetig auch Einzug in die universitäre Ausbildung des Faches und der Fächergruppe im weiteren Sinne gefunden.

In Folge des *empirical turn* in den Geisteswissenschaften werden nicht zuletzt in besonderem Maße von Nachwuchswissenschaftler(inne)n[1] im Rahmen von Qualifikationsarbeiten vermehrt empirische Studien durchgeführt. Es stellt sich daher die Frage, welche forschungsmethodologischen Grundlagen für unser Fach essentiell wichtig sind und welche Einzelmethoden und -verfahren für welche Fragestellungen und Zielsetzungen gegenstandsangemessen sein können.

Die vorliegende Einführung in *Empirische Forschungsmethoden für Deutsch als Fremd- und Zweitsprache* greift diese Fragestellungen auf, indem sie eine deutschsprachige, fachspezifische Einführung in empirische Forschungsmethoden bietet. Sie richtet sich in erster Linie an Masterstudierende und Doktorand(inn)en im Fach DaF/DaZ sowie anderer Fremdsprachenphilologien und Fremdsprachendidaktiken bzw. der angewandten Linguistik sowie Sprachlehr- und -lernforschung wie auch an Hochschullehrende aus diesen Fachrichtungen im In- und Ausland.

Zielsetzung des Bandes ist es, die Leser(innen) gezielt in für unsere Fächergruppe zentrale Forschungsmethoden einzuführen und sie zur praktischen empirischen Arbeit anzuleiten. Daher werden die einzelnen Kapitel durch anwendungsorientierte Aufgaben und Bearbeitungsvorschläge (qualitatives Paradigma) bzw. Übungen und Lösungen (quantitatives Paradigma) zu den unterschiedlichen Themen abgerundet. Weiterführende kommentierte Literaturempfehlungen bieten darüber hinaus Anregungen zur Vertiefung des Stoffes, so dass die Einführung sowohl für das Selbststudium als auch für den Einsatz in der universitären Lehre geeignet ist.

[1] Aus Gründen der besseren Lesbarkeit werden, wo möglich, geschlechtsneutrale Begriffe verwendet (z. B. *Lehrkräfte*). Den Autor(inn)en des Sammelbandes wurde jedoch freigestellt, ob sie gendern oder alternativ nur männliche oder weibliche Formen in ihren Beiträgen verwenden (z. B. *Lehrer* oder *Lehrerin*). In diesem Fall sind selbstverständlich immer sowohl Frauen als auch Männer angesprochen.

Autor(inn)en dieses Bandes sind 22 zum Teil sehr erfahrene Forscher(innen), zum Teil junge Nachwuchswissenschaftler(innen), die an aktuell 12 Hochschulstandorten empirisch forschen, so dass sowohl umfangreiche Expertise als auch aktuelle Einsteigererfahrungen in die Ausführungen eingeflossen sind. Obgleich die vorliegende Einführung also von unterschiedlichen Autor(inn)en als Sammelband verfasst ist, folgt sie gleichwohl einer inhaltslogisch aufeinander aufbauenden Binnengliederung. Somit ist sie sowohl als Ganzes als auch kapitelweise lesbar, je nachdem, ob Leser(innen) sich forschungsmethodologische Grundlagen aneignen oder ganz gezielt zu einer Methode, mit der sie arbeiten, lesen möchten. Ausgehend von forschungsmethodologischen Grundsatzüberlegungen (Kap. 1-4), über Methoden der Datenerhebung (Kap. 5-9) und Datenaufbereitung (Kap. 10) werden Fragen der Datenanalyse (Kap. 11-13) in den Blick genommen. Darüber hinaus wird auf drei ausgewählte, aktuell in unserem Forschungsbereich viel diskutierte Forschungsansätze, nämlich Experiment und Quasi-Experiment, Videographie und Aktionsforschung, detaillierter eingegangen (Kap. 14-16). Abschließend (Kap. 17) wirft James Dean Brown, der als Pionier der empirischen Sprachlehr- und -lernforschung gelten kann und dessen zahlreiche empiriebezogene Arbeiten in vielerlei Hinsicht inspirierend auf uns gewirkt haben, einen Blick zurück auf Irrtümer und Erleuchtungen seiner Forscherkarriere, wodurch viele der in den einzelnen Kapiteln angesprochenen forschungsmethodologischen Probleme synthetisierend zueinander in Beziehung gesetzt werden.

Ergänzt wird die Printform durch eine Internetplattform, die zusätzliche Materialien zum Lösen der Übungen (z. B. Transkripte, Filmsequenzen usw.) bereitstellt. Diese finden Sie unter folgender URL: **http://www.utb-shop.de/9783825285418**.

Wir danken allen Autor(inn)en für ihr großes Engagement für dieses Buch, dem Schöningh-Verlag für sein Interesse und seine Unterstützung bei der Realisierung der Publikation und Gesa Fischer für das sorgfältige Lektorieren der Druckvorlage.

Allen Leser(inne)n wünschen wir viel Spaß und viel Erfolg beim Forschen!

Die Herausgeber(innen) (Bielefeld, im Herbst 2013)

Claudia Riemer

1. FORSCHUNGSMETHODOLOGIE DEUTSCH ALS FREMD- UND ZWEITSPRACHE

1.1 Grundlegendes zu Forschungsmethodologie und Forschungsmethoden

Empirische Forschung – also Forschung, die datengeleitet und dabei systematisch und methodisch kontrolliert Erkenntnisse über die Wirklichkeit des Lehrens und Lernens sowie der Lerngegenstände von Deutsch als Fremd- und Zweitsprache gewinnt – ist im vergleichsweise jungen akademischen Fach Deutsch als Fremd- und Zweitsprache inzwischen anerkannter Kern der Weiterentwicklung des Fachs (vgl. Riemer 2007). Sie ist aber trotzdem noch keine Selbstverständlichkeit. Dies zeigt sich in der wachsenden Zahl empirischer Untersuchungen und dem steten Ruf nach weiteren Untersuchungen auf der einen Seite, in der noch unsystematischen Berücksichtigung der forschungsmethodischen Ausbildung in den Studiengängen auf der anderen, trotz aller Fortschritte, die es unbestreitbar gibt (vgl. Riemer 2011b).

Für das Fach DaF/DaZ gilt wie für andere Wissenschaftsdisziplinen im Fächerkanon empirisch orientierter Geistes- und Sozialwissenschaften, dass Erkenntnisgewinnung auf der Basis wissenschaftlich kontrollierter Erfahrung und Beobachtung erfolgt. DaF/DaZ kann dabei zurückgreifen auf den fächer- und disziplinenübergreifenden Wissenschaftsbereich der Forschungsmethodologie, der Kriterien und Richtlinien zur Entwicklung und Bewertung von Forschungsansätzen und Forschungsmethoden (weiter-)entwickelt. Als wissenschaftliche Erkenntnis wird akzeptiert, was auf der Basis einer gegenstandsbezogenen, geplanten und methodengeleiteten wissenschaftlichen Erfahrung – also durch systematische Befragung, Beobachtung im Feld, Messung und durch systematische Analyse und Interpretation der gewonnenen Daten – den jeweils vorhandenen Kenntnisstand bereichert, sei es durch die Generierung neuer Hypothesen, sei es durch die Bestätigung bzw. Widerlegung getesteter Hypothesen. Von empirischem Wissen kann daher – anders als im Fall von Allgemeinwissen und unsystematisch reflektiertem Erfahrungswissen – erst dann gesprochen werden, wenn die allgemeinen Merkmale der Systematizität und Datenfundiertheit wissenschaftlicher Forschung eingehalten werden (vgl. Seliger und Shohamy 1989: 9–13; Dörnyei 2007: 16–18). Vorannahmen sind dabei transparent zu machen. Dies geschieht im klassischen Forschungsparadigma in Form von im weiteren Forschungsprozess zu überprüfenden Hypothesen, die auf dem A-priori-Forschungsstand beruhen. Nach der Forschungslogik gelten solche Vorannahmen/Hypothesen so lange als begründet, bis sie widerlegt sind (Kriterium der Falsifikation) – dies bedeutet im Umkehrschluss, dass Forschungen so anzulegen sind, dass die Zurückweisung der Vorannahmen/Hypothesen möglich ist. Es ist allerdings nicht in jedem Fall möglich oder sinnvoll, in der gerade beschriebenen Weise deduktiv vorzugehen, insbesondere wenn das Forschungsfeld noch weitgehend unerkundet ist. In solchen Fällen sind Forschungen offener anzulegen und Hypothesen als Bausteine neuer Theorien erst im Verlauf des Forschungsprozesses zu generieren. Aber auch hier wird an theoretischem Vorwissen angeknüpft, insbesondere bei der Bestimmung von Beobachtungs-/Befragungsschwerpunkten sowie bei Kodierungsprozessen bei der Dateninterpretation.

Empirische Forschung in DaF/DaZ ist Teil der nationalen und internationalen Fremdsprachenforschung (Sprachlehr- und -lernforschung, Fremdsprachendidaktik, Bilingualismusforschung, *Applied Linguistics*, *Classroom Research*, *Second Language Acquisition Research*, *Language Teaching Research*) und verfolgt vergleichbare Ziele: Im Zentrum stehen Prozesse und Gegenstände des Fremd- und Zweitsprachenlernens und -lehrens im Unterricht sowie in anderen Lehr-/Lernkontexten. Ziel dabei ist neben dem allgemeinen wissenschaftlichen Erkenntnisgewinn stets auch die theorie- und datengeleitete Beschreibung, Erklärung und Optimierung von Lehr-Lern-Prozessen bzw. Spracherwerbsprozessen. DaF/DaZ verfolgt damit Zielsetzungen, die starke Überschneidungen mit der deutschen Sprachlehr- und -lernforschung sowie der Fremdsprachendidaktik aufweisen, die anstreben, „die begründete Konsolidierung bzw. Veränderung konkreter Formen des Lehrens und Lernens fremder Sprachen zu bewirken“, wobei

> die Forschungsmethodik so anzulegen [ist], dass sie Probleme aus der Praxis aufgreift, der systematischen und integrativen Forschung zuführt und wieder in die Praxis einbringt, sei es in Form von Bestätigungen für gewohntes Unterrichtsverhalten, sei es als Empfehlung bzw. Handlungsalternative für eine begründete Veränderung desselben (Bausch, Christ und Krumm 2003: 4).

Auch das Bild, dass DaF/DaZ ein „Kind der Praxis“ sei, das seit der akademischen Konstituierungsphase im Fach gepflegt wird, legt nahe, dass neben dem Aufgreifen der gesellschaftlichen, globalen und (sprachen-)politischen Veränderungen in den Fragestellungen des Fachs deren Erforschung in den Praxisfeldern – also die Empirie – Kern der Fachidentität ist (vgl. Fandrych, Hufeisen, Krumm und Riemer 2010). Einen großen Anteil der empirischen Arbeiten im Fach DaF/DaZ nehmen solche ein, die sich lehr-/lernwissenschaftlichen sowie angewandt-linguistischen Fragen widmen. Kultur- und literaturwissenschaftliche Forschung DaF/DaZ ist angesichts des Gegenstands tendenziell eher dann empirisch ausgerichtet, wenn gleichzeitig Vermittlungs- und Lernprozesse (z. B. Fremdverstehen, interkulturelles Lernen) interessieren.

1.2 Forschungsmethodologie als mehrfache Herausforderung

Es ist eine Binsenweisheit: Wer empirische Forschung angemessen rezipieren und selbst empirisch forschen möchte, benötigt forschungsmethodologische und forschungsmethodische Kenntnisse und Kompetenzen. Der erstgenannte Kompetenzbereich betrifft eher die Meta-Ebene des Forschungsansatzes, wohingegen Kompetenzen im Bereich Forschungsmethoden die Ebene der eingesetzten Verfahren der Datenerhebung, -aufbereitung, -analyse und -interpretation betrifft.

Forschungsmethodologie ist für Forschungsnoviz(inn)en eine mehrfache Herausforderung: Neben die Notwendigkeit, sich in unterschiedlichste Verfahren, Begründungszusammenhänge und Forschungslogiken einzuarbeiten, tritt die sofort zu bewältigende Übertragung der forschungsmethodologischen Grundlagen auf Festlegungen in Bezug auf die Forschungsfrage(n) sowie Designentscheidungen, die die konkrete Methodenauswahl betreffen. Und die fehlende Erfahrung ist besonders dann spürbar, wenn forschungsmethodologisch stringent begründete Forschungsdesigns in der Forschungspraxis auf mitunter nicht vorhersehbare Schwierigkeiten stoßen oder schlicht nicht umsetzbar sind (vgl. auch Überlegungen zur Forschungsethik in Abschnitt 1.5). Es gilt, einen Zwischenweg zwischen „methodologischem Rigorismus“ und „methodologischem Pragmatismus“ (vgl. von Alemann 1984: 15) zu finden, der sich unmittelbar aus und erst im Verlauf der eigenen Forschungspraxis ergibt.

Dass Forschungspraxis insbesondere für Nachwuchsforscher(innen) kein gerader Weg ist, sondern sich eher als anstrengende Trekkingtour entpuppt, verdeutlicht anschaulich die bei von Alemann (1984: 152–153) abgedruckte Zeichnung *Die Insel der Forschung* (vgl. Abb. 1)[2], die im Folgenden auch als Metapher für den Weg in die Welt der Forschungsmethodologie verwendet wird. Es geht dabei weniger um die konkreten Schritte, die bei der Planung und Durchführung eines empirischen Forschungsprojekts zu beachten sind (hierzu dient Kap. 4), sondern um die forschungsmethodologischen Herausforderungen, der sich (nicht nur) Nachwuchswissenschaftler(inne)n in einem fremd-/zweitsprachenwissenschaftlichen Fach gegenübersehen. Erschwerend kommt hinzu, dass diese Herausforderungen nicht sukzessive, sondern parallel zu bewältigen sind: Die Ver-

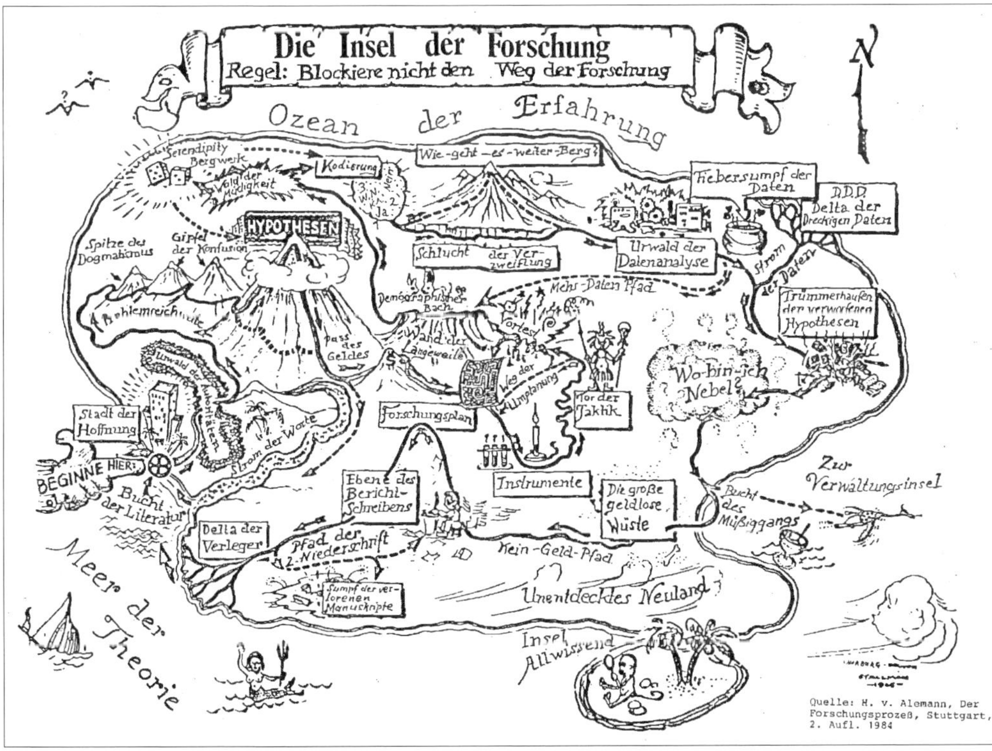

Abb. 1: Die Insel der Forschung

2 Bei der Zeichnung handelt es sich um eine Übersetzung von Alemanns von *The Island of Research*, abgedruckt in Agnew und Pyke (1969: II).

ortung des eigenen Vorhabens im Rahmen qualitativer oder quantitativer Forschungsansätze, die in teils paradigmatischer Weise sehr unterschiedliche Zielsetzungen bedienen (vgl. Abschnitt 1.2), die Festlegung von Forschungsfragen und Erkenntnisinteressen (vgl. Abschnitt 1.3), die Operationalisierung komplexer Untersuchungsgegenstände (vgl. Abschnitt 1.4), die Beachtung von Forschungsethik als grundlegendem forschungsmethodologischem Parameter (vgl. Abschnitt 1.5).

Die *Insel der Forschung* benennt die folgenden Wegetappen (Wegetappen in den folgenden Abschnitten des Kapitels durch GROSSBUCHSTABEN hervorgehoben).

1. Von der BUCHT DER LITERATUR, in der große Mengen von Fachliteratur gelesen werden müssen, kommt die/der Forschende in die STADT DER HOFFNUNG. Dieser Ort verspricht: Teilhabe an der Forschungsentwicklung der eigenen Disziplin, die Erfüllung eigener Ambitionen und Erwartungen, die Entdeckung spannender Forschungslücken – die Liste ließe sich beliebig verlängern.
2. Die/der ambitionierte Forschende muss sich dann durch einen URWALD DER AUTORITÄTEN schlagen und sich mit der PROBLEMREICHWEITE befassen. Er muss einige kleine Berge überwinden, die Namen wie SPITZE DES DOGMATISMUS und GIPFEL DER KONFUSION tragen.
3. Ein sehr hoher Gipfel muss überwunden werden, auf dem HYPOTHESEN formuliert werden.
   (Achtung: Von Alemann (1984) behandelt das quantitative Paradigma, das hypothesentestend (vgl. Abschnitt 1.2.1) vorgeht.) Auf einen breiteren forschungsmethodologischen Rahmen übertragen, kann dieser Gipfel umgedeutet werden zur Notwendigkeit, sich für ein eher hypothesentestendes oder ein eher hypothesengenerierendes Vorgehen zu entscheiden und entsprechende Forschungsfragen bzw. Hypothesen zu formulieren. Diese drei ersten Wegetappen werden im Rahmen dieses Kapitels als zu bewältigende forschungsmethodologische Herausforderungen näher beschrieben. Zur Bewältigung dieser und der weiteren Folgeetappen auf der *Insel der Forschung* dienen außerdem die Folgekapitel des Bandes, insbesondere die Kap. 2 bis 4, die sich mit den Gütekritierien, Möglichkeiten der Triangulation und Planung des Forschungsprozesses befassen.
4. Nach dieser ersten Gipfelerfahrung – der Entscheidung für einen Forschungsansatz – durchläuft der Forscher den PASS DES GELDES und DIE WAND DER LANGEWEILE, bis der FORSCHUNGSPLAN erstellt und die INSTRUMENTE ausgewählt werden. Die wichtigsten Datenerhebungsverfahren sowie ihnen inhärente forschungsmethodologische Aspekte im Rahmen empirischer Forschung in DaF/DaZ werden in weiteren Kapiteln des Bandes näher erörtert: (a) schriftliche (Fragebogen) und mündliche Befragung (Interview, Gruppendiskussion; vgl. Kap. 7); (b) Beobachtung (insbesondere Unterrichtsbeobachtung; vgl. Kap. 9); (c) Introspektion von Kognitionen (z. B. introspektives Interview, Retrospektion, Lautes-Denken-Protokoll, Lerntagebuch; vgl. Kap. 8); (d) Tests (z. B. Sprachtests und psychologische Tests, letztere oft in Form von Selbsteinschätzungsskalen; vgl. Kap. 6) und (e) Verfahren der Elizitierung von Lernersprache (vgl. Kap. 5).
5. Die Forscherin/der Forscher schreitet dann durch das TOR DER TAKTIK, dem ggfs. zunächst der Rückschritt auf dem WEG DER UMPLANUNG mit anschließendem neuem Forschungsplan folgt – oder gleich der VORTEST.
6. Daten werden anschließend im DEMOGRAPHISCHEN BACH geangelt.

7. Im WALD DER MÜDIGKEIT erholt sich die Forscherin/der Forscher von den Strapazen der Datenerhebung, bevor er im BERGWERK zur KODIERUNG der Daten schreitet. Im Rahmen der Erhebung verbaler Daten (z. B. bei Interviews und Introspektionen) müssen vor der Kodierung (Analyse) zunächst die Daten so aufbereitet werden, dass sie als verdauerte, verschriftlichte Daten vorliegen; hierbei einzusetzende Verfahren werden in Kap. 10 (Transkription und Annotation) behandelt.
8. Der Datenanalyseprozess bringt die Forscherin/den Forscher auf den WIE-GEHT-ES-WEITER-BERG oder durch die SCHLUCHT DER VERZWEIFLUNG, in den URWALD DER DATENANALYSE und den FIEBERSUMPF DER DATEN, ein Teil des STROMS DER DATEN wird im DELTA DER DRECKIGEN DATEN entsorgt – möglicherweise muss man auf dem MEHR-DATEN-PFAD zurückreisen, um erneut zum DEMOGRAPHISCHEN BACH zu gelangen. Verfahren der Datenanalyse werden in den Kap. 11 (Lernersprachenanalyse), 12 (quantitative Datenanalyse) und 13 (qualitative Datenanalyse) näher beschrieben.
9. Am Ende der Datenanalyse muss einiges auf den TRÜMMERHAUFEN DER VERWORFENEN HYPOTHESEN geworfen werden.
10. Aber: Der Forschungsprozess ist noch nicht zu Ende. Es folgt Stochern im WO-BIN-ICH-NEBEL, abgeschlafftes Herumlungern in der BUCHT DES MÜSSIGGANGES. Auf dem endlosen KEIN-GELD-PFAD muss die GROSSE GELDLOSE WÜSTE durchwandert werden und ein hoher Gipfel überwunden werden, bevor die EBENE DES BERICHT-SCHREIBENS erreicht wird – immer auf die Gefahr hin, zwischendurch im SUMPF DER VERLORENEN MANUSKRIPTE zu versinken.
11. Wird endlich das DELTA DER VERLEGER erreicht – hoffentlich ohne Umwege über den PFAD DER ZWEITEN NIEDERSCHRIFT (weil die erste Version nicht akzeptiert wurde) –, geht die Forschung in das MEER DER THEORIE ein und steht als neuer Baustein für die weitere Forschungsentwicklung sowie für den Transfer in die Praxisfelder zur Verfügung.

Ein wichtiges erstes Etappenziel im Forschungsprozess ist also die Aufstellung von Hypothesen bzw. die Formulierung der spezifischen Forschungsfragen, die getestet bzw. verfolgt werden sollen. Dieses erste Gipfelglück wird die-/derjenige erleben, die/der bestimmte Bergsteigertechniken beherrscht, über ausreichende Kondition, Ausrüstung und Verpflegung verfügt – sie/er wird nach dieser erschöpfenden ersten Phase aber nur dann den Forschungsprozess weiter erfolgreich absolvieren, wenn sie/er schon vor und bei der Gipfelbesteigung im Blick hat, dass Kondition usw. ausreichen müssen, um vom Berg auch wieder gesund runterzukommen, und dass im Anschluss noch lange Folgeetappen zu bewältigen sind. Das heißt auch: Die Erstellung eines erfolgversprechenden Forschungsdesigns und Forschungsplans wird dann besser gelingen, wenn forschungsmethodische Kompetenzen gepaart mit Erfahrungen (und wenn noch keine eigenen vorhanden sind, dann eben auf der Basis kritisch reflektierter Fremderfahrungen), Unterstützung/Betreuung und gesundem Menschenverstand inklusive guter Zeitmanagementkompetenzen vorliegen.

1.2.1 Herausforderung 1: Verortung im Rahmen qualitativer und quantitativer Forschungsansätze

Im Fach DaF/DaZ hat sich wie in anderen geistes- und sozialwissenschaftlichen Disziplinen die Auffassung durchgesetzt, dass die Wahl eines Forschungsansatzes von den zu untersuchenden Gegenständen, Fragestellungen und damit verbundenen Erkenntnisinteressen und Zielen abhängt. Das heißt, dass innerhalb jeder empirischen Studie zu entscheiden ist, welches Forschungsdesign das angemessene ist. Forschung im Fach DaF/DaZ kann sich dabei eines umfangreichen methodologischen und methodischen Repertoires bedienen, das von etablierten Methoden sowie Methodendiskussionen und -entwicklungen insbesondere aus Soziologie, Psychologie, Linguistik und Erziehungswissenschaft gespeist wird – die es hinsichtlich ihrer Übertragbarkeit auf die Untersuchung einer fremd-/zweitsprachen(erwerbs)spezifischen Thematik jeweils zu prüfen gilt. Gerade Forschungsnoviz(inn)en müssen dabei der Herausforderung begegnen, aus einer Fülle vorhandener Forschungsansätze und Methoden die geeignete Auswahl zu treffen – und hierfür ist zunächst eine grundlegende Kenntnis der Forschungsmethodologie erforderlich, worauf im Folgenden genauer eingegangen wird.

Im Rahmen empirischer Forschung sind es die Daten, die die Grundlage jeder Untersuchung darstellen. In der Fremd-/Zweitsprachenforschung können drei Typen von Daten unterschieden werden (vgl. hierzu auch Dörnyei 2007: 19):

(a) quantitative Daten, die typischerweise gezählt werden können bzw. als Zahlenmaterial vorliegen;
(b) qualitative Daten, die typischerweise als verbale Daten vorliegen;
(c) sprachliche Daten, die typischerweise die Kompetenz in einer spezifischen Sprache (Erst-, Zweit- oder Fremdsprache) repräsentieren. Sprachdaten können dabei entweder als qualitative Daten vorliegen, wenn sie mittels offener Verfahren (z. B. Gesprächsmitschnitten, freier mündlicher oder schriftlicher Produktionen) erhoben werden, oder als quantitative Daten, wenn sie im Rahmen standardisierter Testverfahren elizitiert werden (vgl. hierzu Kap. 5).

Der Datentyp ist ein entscheidender Parameter für die forschungsmethodologische Rahmung einer Untersuchung. Grundsätzlich zu unterscheiden sind qualitative von quantitativen Forschungsansätzen, die jeweils unterschiedliche Voraussetzungen, Herangehensweisen, Ziele und Methoden sowie unterschiedliche Menschenbilder implizieren – und dementsprechend unterschiedlichen Qualitätskriterien (sogenannten *Gütekriterien*, vgl. Kap. 2) verpflichtet sind. Lange Zeit wurden qualitative und quantitative Forschung daher als sich gegenseitig ausschließende Forschungsparadigmen aufgefasst. In der Zwischenzeit wird beiden ein je eigener Wert zugeschrieben. Zunehmend werden auch Mischformen und Kombinationen von quantitativer und qualitativer Forschung (*mixed methodologies*) eingesetzt, häufig mit dem Ziel, einander ergänzende Erkenntnisse in neuen Forschungsfeldern zu gewinnen (vgl. Dörnyei 2007: 24–47 sowie Kap. 3 zu Triangulation).

Grotjahn (1987: 55–60) benennt mit den Parametern „explorativ-interpretativ" und „analytisch-nomologisch" die zentralen Merkmale der beiden Forschungsansätze. Quantitative, analytisch-nomologische Forschung zielt auf Beschreibung und Erklärung menschlichen Verhaltens (hier: Lernen und Lehren von DaF/DaZ) aus der Außenperspektive mit dem Ziel, generalisierbare Gesetzmäßigkeiten größerer Reichweite zu erkennen. Prototypisch werden auf der Basis bereits vorhandenen wissenschaftlichen (theorie- und empiriegestützten) Vorwissens vorab Hypothesen aufgestellt, die im Verlauf der Forschung getestet, d. h. verifiziert (bestätigt) oder falsifiziert (zurückgewiesen), werden. Diese Hypothesen fokussieren Einzelaspekte – im Unterschied zu qualitativer Forschung geht es nicht um die Erfassung des gesamten Feldes bzw. um die Gewinnung eines holistischen Blicks. Und damit die gewählten Einzelaspekte unverfälscht erforscht werden können, muss das Feld kontrolliert werden, d. h., es muss gewährleistet werden, dass nicht weitere, auf die interessierenden Untersuchungsgegenstände einwirkende sog. *intervenierende Variablen* (Störvariablen) die Ergebnisse verfälschen. Dies erfordert allerdings in der Regel eine Manipulation des Untersuchungsfeldes, eine sorgfältige Zusammenstellung der Probandengruppen und standardisierte Datenerhebungs-, -aufbereitungs- und -auswertungsverfahren, was die Natürlichkeit des Untersuchungsfeldes beeinträchtigt. Im Rahmen von Experimenten sind diese Anforderungen am strengsten zu erfüllen (vgl. Kap. 14). Datenerhebungen im Rahmen eines quantitativen Forschungsansatzes liegen in der Regel sofort als zählbares Material vor, was eine Folge strikter Standardisierung der Testung (vgl. Kap. 6) bzw. Befragung (vgl. Kap. 7) oder Beobachtung (vgl. Kap. 9) darstellt, z. B. werden geschlossene Frage-/Test-*Items* oder exakte Beobachtungskategorien festgelegt. Eine typische Erhebungsmethode stellen Fragebögen dar, bei denen die Untersuchungsteilnehmer vorformulierte Statements auf einer geschlossenen Skala von Antwortoptionen einschätzen. Ziel ist die Gewinnung möglichst reliabler (zum Gütekritierium der Reliabilität vgl. Kap. 2), replizierbarer und objektiver Daten von größeren Stichproben. Im Rahmen quantitativer Forschung unterliegen sowohl die Verfahren der Datenerhebung als auch die Verfahren der Datenaufbereitung und Datenanalyse einer strikten Standardisierung; quantitative Datenanalyse ist statistische Datenanalyse (vgl. Kap. 12).

Qualitative Forschung zielt hingegen auf Exploration und Verstehen. Aus der Perspektive der Untersuchungsteilnehmer(innen) sollen Untersuchungsgegenstände nachvollzogen, „verstanden“ werden, wobei das soziokulturelle Umfeld immer mitzubetrachten ist. Im Forschungsprozess sollen Hypothesen und Theorien erst erschlossen, entwickelt werden – qualitative Forschung ist in aller Regel hypothesengenerierende Forschung. Dies bedeutet allerdings nicht, dass qualitative Forschung stets ohne Vorannahmen oder theoretisches Vorwissen in den Forschungsprozess einsteigt, auch wenn es hier deutliche Unterschiede in den einzelnen qualitativen Ansätzen gibt. So verzichtet z. B. die ethnomethodologische Forschung weitgehend auf theoretische Vorstrukturierungen, die *Grounded Theory* hingegen setzt explizit theoretisches Wissen (hier in Form von vorhandenen fachwissenschaftlichen Konzepten, auf die bei der Kodierung und Kategorisierung zurückgegriffen werden kann) beim Dateninterpretationsprozess ein (zum theorieorientierten Kodieren vgl. Kap. 13) und prüft die Tragfähigkeit der entdeckten Muster und Kategorien im weiteren Forschungsprozess. Im Rahmen qualitativer Forschung soll außerdem das Untersuchungsfeld weitgehend in seinem natürlichen Zustand belassen bleiben. Wird z. B. gesteuerter Fremdsprachenerwerb untersucht, werden die Daten aus dem Kontext real stattfindenden Fremdsprachenunterrichts gewonnen (vgl. Kap. 15 zur Unterrichtsvideographie) und nicht in speziell eingerichteten laborähnlichen Handlungsräumen. Nicht alle Erhebungskontexte sind aber automatisch „natürlich“ in der Weise, dass keine besonderen Arrangements für die Datenerhebung eingerichtet werden müssen. Jede Form von Befragung und insbesondere Introspektion, die darauf abzielt, Einsicht in mentale oder emotionale Prozesse zu gewinnen, kann auf Untersuchungsteilnehmer(innen) hochgradig künstlich wirken, da diese normalerweise z. B. nicht parallel zur Bearbeitung von Aufgaben laut denken würden (vgl. zu den introspektiven Verfahren Kap. 8). Das für qualitative Datenerhebungen zentrale Charakteristikum ist, dass qualitative, d. h. in der Regel nicht quantifizierbare Daten gewonnen werden, die als verbale, nicht standardisierte Daten vorliegen. Häufig zum Einsatz gelangen Methoden der mündlichen Befragung mit dem Ziel, möglichst tiefgründige Daten zu gewinnen, die Einsicht in die Haltungen, Meinungen, Kognitionen und Emotionen der befragten Untersuchungsteilnehmer(innen) ermöglichen, prototypisch sind qualitative oder teilstandardisierte Interviews (vgl. Kap. 7). Aus forschungsökonomischen Gründen ist es selten möglich, größere Probandengruppen zu erfassen, so dass qualitative Forschungen zumeist in Form von Fallstudien organisiert sind. Mittels interpretativer Verfahren der Datenanalyse (vgl. hierzu Kap. 13) werden Befunde von eingeschränkter, mittlerer Reichweite angestrebt und daher wird auf eine Generalisierung der Befunde weitgehend verzichtet. (Zu weiteren Ausführungen zum qualitativen und quantitativen Forschungsansatz sowie den damit verbundenen Gütekriterien vgl. auch Kap. 2.)

Gemischte Untersuchungsansätze versuchen, sich die jeweiligen Vorzüge qualitativer und quantitativer Ansätze mit dem Ziel der Erkenntniserweiterung zunutze zu machen (vgl. hierzu Flick 2004: 67–85). Gemischte Ansätze können im Rahmen integrierter Designs auf unterschiedliche Weise organisiert werden. Möglich ist die sequenzielle Kombination von qualitativen und quantitativen Teilstudien: Im Rahmen einer qualitativen Vorstudie könnten z. B. Hypothesen generiert werden, die in einer quantitativen Folgeuntersuchung überprüft werden. Aus einer quantitativen Breitenbefragung gewonnene Erkenntnisse könnten im Rahmen qualitativer Interviews vertieft werden. Besonders anspruchsvoll und in der Regel nur im Rahmen größerer Projekte zu verwirklichen sind parallele Teilstudien, bei denen kontinuierlich sowohl qualitative als auch quantitative Daten erhoben werden, z. B. im Rahmen eines integrierten Längsschnittdesigns (vgl. genauer Kap. 3).

Wer sich also ausgehend vom Untersuchungsgegenstand beim ersten großen Gipfelsturm auf der *Insel der Forschung* für einen qualitativen oder einen quantitativen Forschungsansatz oder gar für einen hybriden, gemischten Ansatz mit entsprechender Forschungslogik und Zielsetzung entscheidet, hat damit bereits wichtige Parameter der Datenerhebung, -aufbereitung und -analyse festgelegt. Wie die Entscheidung ausfällt, ist aber immer auch vom gewählten Untersuchungsgegenstand und Erkenntnisinteresse abhängig – und diese exakt festzulegen ist eine parallel zu bewältigende Herausforderung.

1.2.2 Herausforderung 2: Festlegung von Forschungsfrage und Erkenntnisinteresse

Empirische Forschung (nicht nur) im Bereich DaF/DaZ ist spannend, weil sie mit vielfältigen Erfahrungen verbunden ist, darunter der, durch eigenes forscherisches Handeln an der Weiterentwicklung der Fachdisziplin und ggfs. an der Verbesserung des Praxisfeldes beteiligt zu sein. Sie ist aber auch mit enormen Erwartungen, ständig drohender Überforderung und immer wieder auch mit Enttäuschungen konfrontiert. Auf der einen Seite werden von der Forschung grundlegende Erkenntnisse und Antworten auf zentrale Fragen des Fachs erwartet. Auf der anderen Seite besteht die Gefahr, dass Rezipienten die durch empirische Forschung ermöglichten Antworten als wenig fruchtbare Erbsenzählerei wahrnehmen werden, denen der Blick auf das große Ganze abgeht und von denen kaum Innovationen für die Praxis abgeleitet werden können (vgl. hierzu auch Aguado und Riemer 2000; Riemer 2005). Ausgehend vom Postulat, durch Forschung den Unterricht zu verändern bzw. zu verbessern oder zumindest seine Effizienz beurteilen zu können, liegt nahe, dass Erwartungen an die Forscher(innen) im Fach herangetragen werden, man möge (vermeintlich einfache) Fragen, doch möglichst schnell, einfach und kostengünstig bearbeiten und dann auch beantworten können. So werden von Fremdsprachenlehrenden, Studierenden, Repräsentanten aus Politik, staatlicher, Landes- und Kommunalverwaltung sowie Stiftungen häufig z. B. Fragen nach der Wirksamkeit bestimmter Unterrichtskonzepte und -handlungen gestellt. Die folgende Liste stellt exemplarisch einige Fragen zusammen, die tatsächlich an uns gerichtet wurden:

- Lohnt es sich, die Sprachfördermaßnahme xyz weiterzuführen? Wie effektiv (auch kosteneffektiv) ist die in der Kommune xyz/im Land xyz eingesetzte Sprachfördermaßnahme?
- Welche Formen von mündlichen Fehlerkorrekturen sind besonders wirksam?
- Warum wird Deutsch als Schulfach im Land xyz nicht (mehr) gewählt?
- Ist Intensiv- oder Extensivunterricht effektiver?

Die Liste ließe sich beliebig verlängern. Solche Fragen haben gemeinsam, dass sie sehr allgemein sind und dass vermeintlich jede(r) etwas dazu sagen kann bzw. glaubt, dazu sagen zu können. Und sie haben gemeinsam, dass sie sich in dieser Form nicht als Ausgangsfragen für empirische Forschungen eignen – weder für qualitative noch für quantitative Untersuchungen. Sie können lediglich als Impulse bzw. Ausgangsfragen dienen, die jeweils ein Bündel hochspezieller Forschungsfragen mit jeweils unterschiedlichen Forschungsmethoden implizieren.

Fragestellungen im Rahmen empirischer Forschung sind deutlich exakter zu formulieren. Wie exakt die Hypothese vorformuliert bzw. wie ausdifferenziert die Fragestellung lauten muss, um sinnvolle Operationalisierungen der Untersuchungsgegenstände und methodische Entscheidungen treffen zu können, wird jeweils vom Forschungsansatz abhängig sein. Es wäre aber ein erster Trugschluss, dieser grundlegenden forschungsmethodologischen Entscheidung nicht die nötige Bedeutung zuzuweisen – auch bzw. gerade in qualitativer Forschung ist die Forschungsfrage auszudifferenzieren, will man einen langen Aufenthalt im WO-BIN-ICH-NEBEL vermeiden, der zu einem viel späteren Zeitpunkt im Forschungsprozess droht, wenn die Datenerhebungen und -analysen unter zu vage formulierten Fragestellungen vorgenommen wurden.

Im Rahmen eines quantitativen Forschungsansatzes demonstriert beispielsweise Cook (1986: 3–21) die Schritte, wie aus der Ausgangsfrage „Is speech more important than writing (in L2 learning)?“ folgende Forschungsfrage entwickelt werden kann: „Are the scores on the EPVT (English Picture Vocabulary Test) of a group of educated French adult learners of English in technical schools in France who are taught orally significantly better than those of an otherwise identical group who are taught through writing?”. Dieses Beispiel verdeutlicht auch, dass Forschung – auch wenn sie als hypothesentestende quantitative Forschung nomologische Ziele verfolgt – immer innerhalb eines eingeschränkten Untersuchungskontextes zu organisieren ist und sich Forschungsergebnisse nicht ohne Weiteres auf andere Kontexte übertragen lassen. (Beim gerade genannten Beispiel wären z. B. Folgeuntersuchungen für andere Fremdsprachen als Englisch und andere Lehr-/Lernkontexte und Lernergruppen nötig, um die Reichweite der Ergebnisse zu vergrößern.)

Das Beispiel steht außerdem stellvertretend für einen experimentellen Forschungsansatz, mit dem kausale Beziehungen untersucht werden können. Solche Ansätze gewinnen gerade in den letzten Jahren, in denen immer mehr nach sogenannter *Evidenzbasierung* verlangt wird, zunehmend an Bedeutung (vgl. exemplarisch Ausschreibungen und Publikationen des Bundesministeriums für Bildung und Forschung, z. B. BMBF 2008; vgl. auch kritische Anmerkungen zum Konzept der *evidenzbasierten Bildungsforschung* bei Jornitz 2009). Evidenzbasierte Forschung verfolgt die Zielsetzung, die Wirksamkeit spezifischer pädagogischer Konzepte zu prüfen, wobei die Forschungsergebnisse bildungspolitische Entscheidungen (z. B. hinsichtlich der Fortführung von Sprachförderprogrammen) vorbereiten und begründen sollen. Generell ist zu konzedieren, dass der Wunsch nach Evaluation der Wirksamkeit von Investitionen in das Bildungssystem ein nachvollziehbares und berechtigtes Anliegen ist. Empirische Wirkungsforschung ist gerade für DaF/DaZ, das mit seiner Forschung sowohl Theorie als auch Praxis weiterentwickeln möchte, von großer Bedeutung. Gleichzeitig stellt dieser Typ von Forschung aber auch besondere Anforderungen, die in der Regel nur in größeren, personell und finanziell gut ausgestatteten Projekten oder Verbundforschungsprojekten realisiert werden können, um z. B. gemischte bzw. triangulative sowie longitudinale Forschungsansätze mit mehrperspektivischen Forschungsfragen und nicht zu kleinen Stichproben realisieren zu können. Wer aber anstrebt, sich im Rahmen eines Einzel- bzw. Qualifikationsprojekts an empirischer, evidenzbasierter Bildungsforschung zu beteiligen, ist in der Regel gezwungen, sich auf genau spezifizierte Untersuchungsgegenstände (in der Regel isolierte Variablen) zu beschränken, damit klare Aussagen getroffen werden können. Leicht geraten dabei aber gerade die aus fremdsprachendidaktischer Sicht interessanten Aspekte von Untersuchungsgegenständen aus dem Blickwinkel (z. B. Lehrerpersönlichkeit, Ausgestaltung von Unterrichtsszenarien).

1.2.3 Herausforderung 3: Operationalisierung komplexer Untersuchungsgegenstände

Untersuchungsgegenstände von potenziellem Interesse für empirische Forschung in DaF/DaZ sind so vielfältig wie das Leben, Forschungslücken gibt es reichlich. Allgemein kann zwischen Untersuchungsgegenständen auf den Ebenen des Lern-/Erwerbsprozesses, des Lehr-/Lern-Prozesses, des Lerngegenstandes sowie der Lernumgebung (im engen Sinn = Lern-/Unterrichtsszenarien, im weiten Sinn = soziokulturelle und sprachenpolitische Rahmenbedingungen) unterschieden werden. Wie in anderen geistes- und sozialwissenschaftlichen Disziplinen auch, muss sich empirische Forschung im Bereich DaF/DaZ damit auseinandersetzen, dass Untersuchungsgegenstände in der Regel multidimensional und Teil eines interdependenten Geflechts sind und es deshalb mehr als schwierig ist, die Untersuchungsgegenstände bzw. zu untersuchenden Variablen exakt zu definieren – und nur diese im weiteren Forschungsprozess zu fokussieren und zu operationalisieren. Je abgegrenzter die Auswahl erfolgt, desto mehr muss sich die/der Forschende damit abfinden, dass ein holistischer Blick verloren geht und die Natürlichkeit des untersuchten Kontexts nicht aufrechterhalten werden kann (z. B. indem stark elizitierende Untersuchungsmethoden wie etwa Tests eingesetzt werden oder ein Experiment unter kontrollierten Bedingungen inklusive Kontrolle von Störvariablen durchgeführt wird).

Bei der Erforschung von Prozessen und Gegenständen des Lehrens und Lernens von DaF/DaZ (wie auch anderer Fremd- und Zweitsprachen) ist zu beachten, dass sich im

Feld eine Vielzahl einander wechselseitig beeinflussender Faktoren tummeln – die sogenannte *Faktorenkomplexion*, da Lehr- und Lernprozesse innerhalb eines je zu bestimmenden soziokulturellen Milieus sowie innerhalb und außerhalb von spezifisch geprägten Institutionen stattfinden. Die Faktorenkomplexion ist eine besondere Herausforderung, wenn im Rahmen empirischer Unterrichtsforschung bzw. evidenzbasierter Bildungsforschung die Wirksamkeit spezifischer Unterrichtsvariablen (z. B. spezifischer Unterrichtsmaterialien oder Interaktionsformen) überprüft werden soll. (Zu) viele Untersuchungsgegenstände sind so vielfältig konfundiert, d. h., das untersuchte Phänomen wird durch zwei oder noch mehr Variablen gleichzeitig beeinflusst, dass sie nicht mehr sauber kontrolliert bzw. operationalisiert werden können. Hinzu kommt die Schwierigkeit, dass Prozesse und Produkte des Lehrens und Lernens dynamisch, instabil und hochgradig individuell sind und – was insbesondere die kognitiven und emotionalen Prozesse betrifft – nicht direkt beobachtet werden konnen.

Ähnlich wie im Bereich der Forschungsmethodologie kann Forschung in DaF/DaZ an eine Vielzahl vorliegender Methoden zur Operationalisierung der Untersuchungsgegenstände anknüpfen, die aus benachbarten Disziplinen stammen; nicht in jedem Fall müssen Tests, Fragebögen, Beobachtungsbögen usw. neu entwickelt werden, sondern können direkt genutzt oder nach fachspezifischen Adaptionen eingesetzt werden. Adaptionen sind insbesondere dann nötig, wenn es die sprachlichen Voraussetzungen der Untersuchungsteilnehmer(innen) erforderlich machen. Die Übernahme von Verfahren ist selbstverständlich nicht immer möglich. Gerade im Bereich der Sprachstandsdiagnostik und Sprachtestung gibt es im Fach vielfältige Anstrengungen, zielgruppenspezifische Verfahren zu entwickeln (vgl. Kap. 6).

Die Reichweite von Einzeluntersuchungen ist also grundsätzlich eingeschränkt. Auch deshalb wäre es wünschenswert, wenn stärker als bislang Einzeluntersuchungen im Rahmen von Forschungsverbünden situiert würden bzw. mehr Replikationsstudien durchgeführt werden würden.

1.2.4 Herausforderung 4: Forschungsethik

Empirische Forschung muss die Regeln guter wissenschaftlicher Praxis einhalten. Dazu gehört, dass das, was in der BUCHT DER LITERATUR verarbeitet wird, im Forschungsprozess explizit reflektiert und auf der EBENE DES BERICHT-SCHREIBENS entsprechend gekennzeichnet wird. Dazu gehört auch, dass die getroffene Auswahl der Forschungsfragen, Zielsetzungen und Methoden begründet und das methodische Vorgehen nachvollziehbar erläutert sowie das Datenmaterial dokumentiert wird (vgl. Kap. 2 zum Gütekriterium der Transparenz).

Dazu gehört aber auch, dass Fragen der Ethik im gesamten Forschungsprozess bedacht werden. Forschungsethische Fragen sind bislang im Fach DaF/DaZ sowie in der Fremdsprachenforschung nur selten explizit thematisiert worden (vgl. aber Viebrock 2009; die Beiträge in Bausch, Burwitz-Melzer, Königs und Krumm 2011; Bach und Viebrock 2012; vgl. aber auch forschungsethische Überlegungen in der internationalen Fremdsprachenforschung, exemplarisch Mackey und Gass 2005: 25–42; Dörnyei 2007: 63–72 und Rallis und Rossman 2009). Da empirische Forschung in DaF/DaZ stets mit Personen zu tun hat, muss sich jede(r) Forschende fragen, welche Rahmenbedingungen durch das Forschungsprojekt geschaffen oder verändert werden, welche Konsequenzen sich ggfs. für die Forschungsteilnehmer(innen) ergeben könnten – und welche Spielregeln einzuhalten sind (z. B. genaue Absprache über die

Zusammenarbeit und den Umgang mit Forschungsergebnissen im Rahmen eines Aktionsforschungsprojekts, vgl. Kap. 16). Gerade in der Zusammenarbeit mit Institutionen muss kritisch reflektiert werden, welche Rolle den Untersuchungsteilnehmer(inne)n zugedacht wird, ob sie als Untersuchungsteilnehmer(innen) umfänglich in den Forschungsprozess involviert werden und wie viele Informationen sie über das Forschungsprojekt und dessen Ziele erhalten dürfen oder müssen. Personenbezogene Daten sind streng vertraulich zu behandeln und zu anonymisieren oder zu pseudonymisieren – das heißt auch, dass sehr umsichtig mit Audio- und Videomitschnitten umgegangen werden muss und schriftliche Einverständniserklärungen der Untersuchungsteilnehmer(innen) eingeholt werden müssen (vgl. Kap. 4 und 15.4.1).

Besondere forschungsethische Herausforderungen ergeben sich dann, wenn Untersuchungsteilnehmer(inne)n bewusst etwas vorenthalten werden muss. Dies können Informationen sein, z. B. wenn Untersuchungsteilnehmer(innen) nicht vollumfänglich über Erkenntnisinteressen und Untersuchungsgegenstände informiert werden können, um Beobachtereffekte (z. B. sozial erwünschte Antworten) zu verhindern. Kritisch wird es dann, wenn Untersuchungsteilnehmern etwas verweigert werden muss, was ihr weiteres Leben positiv beeinflussen könnte, wenn sie einer Kontrollgruppe zugewiesen werden, die z. B. keine besondere Förderung in Vorbereitung auf eine wichtige Prüfung erhält. (Ein analoges ethisches Problem besteht, wenn in medizinischen Testreihen kranke Untersuchungsteilnehmer ein Placebo statt eines Medikaments erhalten.) In DaZ könnte eine entsprechende Studie zum Nachweis der Effektivität einer Sprachfördermaßnahme von Kindern mit Migrationshintergrund beispielsweise vorsehen, dass eine Experimentalgruppe eine Sprachfördermaßnahme erhält und eine Kontrollgruppe keinerlei Sprachförderung erhält und dass nach einer gewissen Zeit die beiden Gruppen einem Test unterzogen werden. Als Forschende(r) hat man dann auch zu verantworten, dass die Lernenden der Kontrollgruppe möglicherweise in ihrer persönlichen Entwicklung benachteiligt werden. Solche Effekte können sicher vermindert werden, wenn Untersuchungen nicht als Langzeituntersuchungen durchgeführt werden oder sogenannte *Warte-Kontrollgruppen-Designs* verfolgt werden, bei denen die Proband(inn)en der Kontrollgruppe nach Beendigung der Untersuchung die pädagogische Maßnahme der Experimentalgruppe erhalten (vgl. Kap. 4 und 14). Aber ist damit das forschungsethische Dilemma ausreichend gelöst? Welches sind die Parameter für ein ethisch verantwortbares Kontrollgruppen-Design? Wie lange kann man z. B. Kindern mit Migrationshintergrund eine Sprachförderung vorenthalten – oder sie mit einer Maßnahme versorgen, die man für nicht optimal hält (z. B. im Rahmen einer Untersuchung, bei der eine Gruppe von Kindern eine „optimierte“ Fördermaßnahme bekommt, die andere Gruppe die „normale“)? Ist die Untersuchung einer recht kurzen Interventionsphase (die die ethische Grundproblematik vermutlich verkleinern würde) angesichts vorhandener Einsicht in die Vielfältigkeit und Langfristigkeit von Spracherwerbsprozessen überhaupt sinnvoll? Solche und ähnliche Fragen müssen sich Forschende stellen und angemessene Antworten finden.

1.3 Ausblick: Aus Fehlern lernen (können)

Die zu bewältigenden Herausforderungen auf der *Insel der Forschung* sind vielfältig. Grundsätzlich ist daher eine sorgfältige, umsichtige, systematische und reflexive Forschungshaltung einzunehmen. Aber eines ist dennoch sicherlich eher die Regel als der

Ausnahmefall: dass nämlich Forschende im Verlauf des Forschungsprozesses feststellen, dass sie etwas anders, besser hätten machen können. Dies kann die Entwicklung von *Items* bei einer Fragebogenbefragung betreffen, das (un-)geschickte Nachfrageverhalten bei einem semi-strukturierten Interview, die Parameter bei einer Beobachtung, die Berücksichtigung der Theorie x bei der theoretischen Kodierung der Daten, den Verlust von Untersuchungsteilnehmer(inne)n bei einer Longitudinalstudie usw. Qualitative Forschungsprojekte können dabei aufgrund ihres offeneren Charakters flexibler als quantitative Studien auf solche Einsichten mit Anpassungen im Forschungsdesign oder der Fragestellung reagieren. Manche Fehler können im Laufe des Forschungsprozesses noch ausgemerzt werden, andere nicht. In jedem Fall sollten Forschende die Fallstricke ihres Forschungsprozesses transparent machen und die gewählten Lösungswege diskutieren. Und: Auch vermeintlich misslungene Forschungsprojekte – bei denen alles auf dem TRÜMMERHAUFEN DER VERWORFENEN HYPOTHESEN abgeladen werden musste, bei denen keine Theoriegenese gelang und sich der Forschende im URWALD DER DATENANALYSE verlor – sollten veröffentlicht werden, weil falsifizierte Hypothesen einen relevanten Erkenntnisgewinn darstellen und Einsichten in fehlerhafte Forschungsprozesse helfen, veränderte Folgestudien zu motivieren.

Fremdsprachenforschende weisen von jeher darauf hin, dass Fehler im Spracherwerbsprozess etwas Normales sind und dass man aus Fehlern lernen kann. Diese Einsicht gilt auch für die Forschungsmethodologie (vgl. entsprechende ermutigende Einsichten in Kap. 17).

WEITERFÜHRENDE LITERATUR

Bausch, Karl-Richard; Burwitz-Melzer, Eva; Königs, Frank G.; Krumm, Hans-Jürgen (Hrsg.) (2011): *Erforschung des Lehrens und Lernens fremder Sprachen: Forschungsethik, Forschungsmethodik und Politik. Arbeitspapiere der 31. Frühjahrskonferenz zur Erforschung des Fremdsprachenunterrichts.* Tübingen: Narr.
Der Sammelband liefert Beiträge von 22 Fremdsprachenforscher(inne)n, die unterschiedliche forschungsmethodische Aspekte beleuchten und einen guten Überblick über aktuelle Fragen zur Erforschung des Fremdsprachenunterrichts geben.

Seliger, Herbert W.; Shohamy, Elana (1989): *Second Language Research Methods.* Oxford: Oxford University Press.
Die Monographie ist eine der ersten forschungsmethodischen Einführungswerke der *Second Language Acquisition Research* und zeichnet sich besonders dadurch aus, dass sie neben Fragen der allgemeinen Forschungslogik und Forschungsmethodologie die unterschiedlichen Methoden und Schritte im Forschungsprozess beleuchtet.

ÜBUNGEN

1) Bitte ordnen Sie folgende, alphabetisch sortierte Stichworte dem qualitativen bzw. quantitativen Forschungsansatz zu. Sortieren Sie die Begriffe zunächst in Paaren (z. B. holistisch – partikularistisch, tiefgründige Daten – reliable Daten) und ordnen Sie sie dann den beiden Paradigmen zu.
Analytisch-nomologisch – Daten in Worten – Daten in Zahlen – Erklären und Voraussagen – explorativ-interpretativ – Gesetzmäßigkeiten größerer Reichweite – ho-

listisch – hypothesengenerierend – hypothesentestend – interpretative Datenanalyse – kontrollierter Kontext – natürlicher Kontext – offene Datenerhebungsverfahren – partikularistisch – reliable Daten – standardisierte Datenerhebungsverfahren – statistische Datenanalyse – Theorien mittlerer Reichweite – tiefgründige Daten – Verstehen und Nachvollzug

Qualitative Forschung	**Quantitative Forschung**

2) Formulieren Sie die in Abschnitt 1.2.2 aufgeführten Fragestellungen zu exakten Forschungsfragen um. Entscheiden Sie sich je nach Fragestellung für eine quantitative oder eine qualitative Vorgehensweise.

3) Bitte kennzeichnen Sie auf der Zeichnung der *Insel der Forschung* die Etappen, die Sie selbst bereits gegangen sind und/oder bei denen Sie sich unsicher gefühlt haben. Es spielt dabei keine Rolle, wenn Sie als Forschungsnovizin/Forschungsnovize den Weg noch nicht zu Ende gegangen sein sollten. Befragen Sie auch Kommiliton(inn)-en und Forscher(innen), die ein Projekt bereits abgeschlossen haben. Welche forschungsmethodologischen Herausforderungen spiel(t)en in welchen Etappen des Forschungsprozesses eine wesentliche Rolle/keine wesentliche Rolle? Gibt es Etappen/Wegkreuzungen, die Sie ganz anders bezeichnen würden?

LÖSUNGSVORSCHLÄGE

1) Zuordnung

Qualitative Forschung	**Quantitative Forschung**
Verstehen und Nachvollzug	Erklären und Voraussagen
Explorativ-interpretativ	Analytisch-nomologisch
Theorien mittlerer Reichweite	Gesetzmäßigkeiten größerer Reichweite
Hypothesengenerierend	Hypothesentestend
Holistisch	Partikularistisch
Natürlicher Kontext	Kontrollierter Kontext
Offene Datenerhebungsverfahren	Standardisierte Datenerhebungsverfahren
Daten in Worten	Daten in Zahlen
Tiefgründige Daten	Reliable Daten
Interpretative Datenanalyse	Statistische Datenanalyse

2) Im Folgenden werden einige exemplarische Fragestellungen vorgeschlagen und kurz die vorgenommenen Konkretisierungen erläutert. Selbstverständlich sind weitere Antworten möglich.

– *Ausgangsfragekomplex „Lohnt es sich, die Sprachfördermaßnahme xyz weiterzuführen? Wie effektiv (auch kosteneffektiv) ist die in der Kommune xyz/im Land xyz eingesetzte Sprachfördermaßnahme?*
Zunächst ist zu entscheiden, ob die Forschung als Interventions-/Wirkungsforschung (summative Evaluation) oder eher auf die prozessbegleitende (formative) Evaluation der Qualität der Fördermaßnahme angelegt werden soll. Forschungen, die bildungspolitische Entscheidungen, wie oben angedeutet, vorbereiten sollen, implizieren eher (quasi-)experimentelle Kontrollgruppendesigns (vgl. genauer Kap. 14). Hier wäre zunächst abzuklären, ob solche Forschung überhaupt durchführbar ist. (Zum Beispiel: Sind ausreichende finanzielle und personelle Ressourcen vorhanden? Ist die Zusammenstellung einer geeigneten *Experimental-* und Kontrollgruppe überhaupt möglich? Ist die Kooperation der Träger der Sprachfördermaßnahme sichergestellt? Sind ethische Grundsätze erfüllbar?). Eine dann aufgestellte Forschungsfrage (die den Faktor der Kosteneffektivität freilich nicht berücksichtigt) könnte lauten: *Erzielt eine Gruppe von Geförderten der spezifischen Sprachfördermaßnahme xyz im Kontext X im Förderzeitraum Y bessere Ergebnisse in einem Sprachtest Z im Vergleich zu einer Gruppe von vergleichbaren Personen, die keine Förderung erhalten haben?* Weitere Konkretisierungen sind notwendig, u. a. die Festlegung, welcher sprachliche Kompetenzbereich untersucht werden soll (z. B. Auswahl spezifischer Fertigkeiten oder Kompetenzen), welcher sprachliche Vortest und Nachtest geeignet ist, welche Variablen unbedingt kontrolliert werden müssen, um die Vergleichbarkeit der beiden Gruppen sicherzustellen. Eine andere Richtung würden Forschungsfragen einschlagen, die die Prozessqualität der Sprachfördermaßnahme fokussieren. Hier würde man z. B. versuchen, die Sprachfördermaßnahme zu beobachten und die Perspektive der Einrichtung, der Förderlehrkräfte sowie der Geförderten (evtl. auch weiterer Personen, z. B. Eltern, Peers) zu berücksichtigen; auch Dokumente, die Rahmenbedingungen der Förderung mitbestimmen, würden in den Blick genommen werden. Eine dann abgeleitete Forschungsfrage könnte lauten: *Was sind die Gelingensbedingungen einer Sprachfördermaßnahme xyz im Kontext X aus Sicht der beteiligten Akteure?*

– *Ausgangsfrage: Welche Formen von mündlichen Fehlerkorrekturen sind besonders wirksam?*
Auf der Basis eines theoretisch und empirisch fundierten Kategoriensystems (z. B. Unterscheidung von selbstinitiierter und fremdinitiierter mündlicher Selbst- und Fremdkorrektur, indirekter und direkter Fremdkorrektur, metasprachlicher und nicht metasprachlicher Korrektur) könnte eine (quasi-)experimentelle Studie durchgeführt werden, bei der die Wirksamkeit unterschiedlicher Korrekturtypen fokussiert wird, wobei hier die Herstellung von Laborbedingungen (gleiche sprachliche Impulse, gleiche sprachliche Kompetenzen, kontrollierte Korrekturen, Kontrolle des unmittelbaren Erwerbs und nachhaltigen Erwerbs) eine besondere Herausforderung darstellt. Problem ist, dass jeder Lernende möglicherweise andere Fehler macht und das Auftreten von mündlicher Korrektur nicht genau planbar ist. Eine konkretisierte Fragestellung könnte lauten: *Kann eine Gruppe von Lernenden der Sprache X (der Altersgruppe Y, mit dem Spracherwerbskontext Z), die indirekte mündliche Fehler-*

korrekturen erhält, kurz- und mittelfristig mehr Fehlerquellen erkennen und erfolgreich reparieren als eine ansonsten vergleichbare Gruppe von Lernenden, die direkte mündliche Fehlerkorrekturen erhält?
Im Rahmen einer qualitativ angelegten Studie könnten Gesprächs- oder Unterrichtsmitschnitte, die Reparatursequenzen enthalten, konversationsanalytisch untersucht werden. Unterschiedliche Typen mündlicher Fehlerkorrektur würden erst im Rahmen der Analyse generiert werden (wobei durchaus von vorhandenen Kategoriensystemen ausgegangen werden kann, die ergänzt werden können) und man würde versuchen, den „Erfolg" einer Korrektur im weiteren Gesprächsverlauf zu überprüfen (Wird die korrigierte Form in einem anderen Kontext korrekt verwendet?). Meist ist es allerdings nicht möglich, mittel- und langfristige Effekte mit solchen Ansätzen in den Blick zu bekommen, häufig bleibt es in solchen Untersuchungen dabei, den kurzfristigen Erwerb (uptake) nachzuweisen. Mit dem Einsatz introspektiver Verfahren kann versucht werden, Kognitionsprozesse bei der Wahrnehmung und Verarbeitung von Korrekturen und Reparaturen zu rekonstruieren. Eine entsprechende Forschungsfrage könnte lauten: *Welche Formen von mündlichen Korrekturen sind unter welchen Bedingungen in Unterrichtsinteraktionen (weiter zu spezifizieren) für den punktuellen Spracherwerb (weiter zu spezifizieren) förderlich?*

– *Ausgangsfrage: Warum wird Deutsch als Schulfach im Land xyz nicht (mehr) gewählt?*
Zunächst wäre zu überlegen, ob es ausschließlich um die Frage der Schulfach- und Sprachfachwahl in spezifischen Schulformen gehen soll (z. B. Deutsch wird nicht gewählt, weil Englisch oder ein anderes Sachfach gewählt werden; Deutsch wird nicht gewählt, weil nur eine Sprache obligatorisch ist) oder ob auch grundlegender die Frage nach den Einstellungen und Motivationen für das Erlernen der deutschen Sprache interessiert. Im Rahmen eines quantitativen Ansatzes könnte man auf der Grundlage von begründeten Hypothesen und vorliegenden motivationalen Konzepten (z. B. Skalen zur Erfassung von instrumenteller bzw. integrativer Motivorientierung) standardisierte Experten-, Lernenden- und/oder Elternbefragungen durchführen und dabei z. B. folgende Forschungsfragen verfolgen: *Welche Motive sind im Land X im Schulkontext Y mit der Wahl des Sprachfachs Deutsch am ausgeprägtesten verbunden? Welche Motive verbinden DaF-Lerner im Land X im Schulkontext Y mit dem Erlernen der deutschen Sprache?* Im Rahmen eher qualitativ orientierter Ansätze könnten gezielt die Motive gegen das Erlernen der deutschen Sprache fokussiert werden. Teilstandardisierte Befragungen könnten begründete Vermutungen zu den Motiven detailliert erfassen und weitere Zusammenhänge explorativ in den Blick nehmen. Eine Schwierigkeit könnte das *Sampling* sein, denn es müssten gezielt Personen befragt werden, die eine Option, Deutsch zu lernen, nicht wahrgenommen haben – und die hierbei sicherlich sehr komplexe Gemengelage möglicher intervenierender Variablen. Eine Fragestellung in diesem Kontext könnte lauten: *Welche Gründe dominieren aus Sicht der Lernenden bei der Entscheidung gegen die Wahl des Sprachfachs Deutsch im Land X im Schulkontext Y?*

– *Ausgangsfrage: Ist Intensiv- oder Extensivunterricht effektiver?*
Auch hier wäre grundsätzlich ein experimentelles Prä-Test-/Post-Test-Design denkbar, in dem zwei Gruppen von vergleichbaren und zufällig zugeordneten Lernenden

hinsichtlich des erzielten Sprachlernerfolgs miteinander verglichen werden. Allerdings stellt sich hier die Frage, ob ausreichend intervenierende Variablen kontrolliert werden können (z. B. Sprachkontakt im Verlauf des Extensivunterrichts und weitere vielfältige individuelle Variablen). Die zufällige Zuweisung von Untersuchungsteilnehmer(innen) zu einer der beiden Gruppen dürfte schwierig werden, da in der Regel Lernende, die ernsthaft interessiert sind, eine Fremdsprache zu lernen, aus unterschiedlichen Gründen eine Präferenz für entweder den Intensiv- oder Extensivunterricht haben werden. Auch die Nachhaltigkeitsfrage müsste bedacht werden (z. B. im Rahmen eines *Follow-up*-Tests nach einer gewissen Zeit). Eine Forschungsfrage könnte hier lauten: *Erzielt eine Gruppe von Lernenden (genauer zu spezifizieren) der Sprache X im Kontext Y, die einen einmonatigen Intensivkus (genauer zu spezifizieren) absolvieren, bessere Ergebnisse im Sprachtest Z (genauer zu spezifizieren) als eine vergleichbare Gruppe von Lernenden, die einen sechsmonatigen Extensivunterricht (genauer zu spezifizieren) besuchen?* Um hierfür geeignete Hypothesen aufzustellen, wäre außerdem zu prüfen, für welche Bereiche des Kompetenzerwerbs begründete Annahmen möglich sind.

3) Für diese Aufgabe können aufgrund ihrer Offenheit und der zu berücksichtigenden individuellen Erfahrungen keine genaueren Bearbeitungsvorschläge gemacht werden. Bei der Beantwortung sollten die Interdependenzen im Forschungsdesign und anschließend im Forschungsprozess reflektiert werden, z. B. die gegenseitige Abhängigkeit von Datenerhebung und Datenanalyse (offenere Formen der Datenerhebung verlangen gewöhnlich anschließend qualitative Datenanalyse), die Notwendigkeit der Festlegung und Operationalisierung von Untersuchungsgegenständen im Rahmen eines qualitativen, quantitativen oder gemischten Forschungsansatzes. Des Weiteren sollte insbesondere die Vorbereitungsphase vor der Designfestlegung betrachtet werden: Was waren ursprünglich die allgemeinen Erkenntnisinteressen bzw. die zugrundeliegende Motivation für die Untersuchung? Welche Modifikationen wurden vorgenommen?
Hinweis: Fragen Sie erfahrene Forscher(innen) gezielt danach, welche ursprünglichen Fragestellungen und Forschungsdesigns sie aufgrund welcher theoretischen und pragmatischen Überlegungen in welcher Weise modifiziert haben, z. B. warum und wie diese die Reichweite ihrer verfolgten Fragestellungen eingeschränkt haben und welche Rolle die vorhandenen Feldzugänge bei der Festlegung einer Thematik spielten.

2. GÜTEKRITERIEN

2.1 Einleitung

Wissenschaft erhebt den Anspruch, über die subjektiven Bewertungen und das Alltagswissen des Einzelnen hinauszureichen. Sie behauptet diesen Anspruch, weil sie ihr Wissen über die untersuchten Gegenstände in methodisch kontrollierter und systematischer Weise gewinnt und nicht aufgrund individueller Einzelerfahrungen. Brown (2004b: 477) und Dörnyei (2007: 15) sprechen daher von Forschung als der *disziplinierten Erkundung* (*disciplined inquiry*). Ob wissenschaftliche Untersuchungen den fachspezifischen Ansprüchen und Zielsetzungen genügen, ob und in welchem Maß die in ihnen gewonnenen Erkenntnisse folglich Geltungsanspruch erheben dürfen, sollte an der Einhaltung von Gütekriterien gezeigt werden können.

Gütekriterien sind normative theoretische Konstrukte, die absichtlich abstrakt gehalten sind und die deshalb im Rahmen konkreter Forschungsvorhaben individuell angepasst werden müssen. Hierin liegen zugleich die Schwierigkeiten im Umgang mit Gütekriterien begründet. Denn die Kriterien, an denen die Qualität und die Geltung empirisch gewonnener Erkenntnis gemessen werden sollen, treffen nur in Teilen auf allgemeine Zustimmung. Und selbst dort, wo darüber Konsens besteht, ist die Bewertung, ob die Gütekriterien erfüllt werden, zumindest in Teilen abhängig von der Definition des Untersuchungsbereichs und der Untersuchungsgegenstände (s. u. a. Dörnyei 2007: 48–49; Steinke 2008: 319).

Über die Festlegung des Untersuchungsbereiches dürfte im Fach Deutsch als Fremd- und Zweitsprache und darüber hinaus noch relativ schnell ein Konsens herbeigeführt werden können. Die Frage jedoch, was z. B. unter dem zentralen Begriff *Lernen* zu verstehen ist und wie Lernen angemessen untersucht werden kann, wird aufgrund von je unterschiedlichen erkenntnistheoretischen und anthropologischen Grundannahmen (Menschenbilder) der Forschenden kaum einheitlich zu beantworten sein. Diese Divergenzen haben zu unterschiedlichen forschungsmethodologischen Ansätzen geführt, für die sich disziplinenübergreifend die Unterscheidung zwischen quantitativer und qualitativer Forschung durchgesetzt hat. Die von Grotjahn (1987, 1993) bevorzugte Differenzierung zwischen analytisch-nomologischen und explorativ-interpretativen Ansätzen wird zwar in der Literatur kaum genutzt, beschreibt aber die prinzipiellen Unterschiede gut, die sich auch in je ansatzspezifischen Gütekriterien empirischer Forschung niederschlagen. In Deutsch als Fremd- und Zweitsprache werden wie in anderen Disziplinen beide Ansätze als komplementär betrachtet. Sie schließen einander nicht aus, sondern gehen unterschiedliche Wege, die Welt des Lehrens und Lernens zu untersuchen (Riemer und Settinieri 2010).

Im Folgenden werden zunächst das Fach Deutsch als Fremd- und Zweitsprache, sein Selbstverständnis und die Zielvorstellungen, die es mit empirischer Forschung verfolgt, skizziert (2.2). Daraus ergeben sich Gütekriterien, die über verschiedene Forschungsansätze hinweg eingehalten werden sollten (2.3). Daneben gilt es jedoch zu akzeptieren, dass die traditionellen Gütekriterien quantitativer Forschungsansätze nicht zur Bewertung von Forschung in qualitativen Ansätzen geeignet sind. Sie werden daher getrennt voneinander dargestellt (2.4 und 2.5). Den Abschluss bildet ein Ausblick, der auf ungeklärte Probleme bei der Formulierung von Gütekriterien in den qualitativen Ansätzen verweist sowie auf die notwendige fachinterne Diskussion von Gütekriterien (2.6).

2.2 Deutsch als Fremd- und Zweitsprache als Teil der Fremdsprachenforschung

Das Fach Deutsch als Fremd- und Zweitsprache wird hier in seinem Selbstverständnis und in seinen Forschungsinteressen im Kontext verwandter Disziplinen wie der Zweitsprachenerwerbsforschung, der Sprachlehr- und -lernforschung bzw. der empirischen Fremdsprachendidaktik gesehen (vgl. Arbeitsgruppe 1996a, 1996b). In diesem Selbstverständnis soll empirische Forschung in Deutsch als Fremd- und Zweitsprache ermöglichen, Prozesse und Produkte des Erwerbs sowie des Lehrens und Lernens von Deutsch als Fremd- und Zweitsprache zu beschreiben, zu ordnen sowie in ihren Zusammenhängen und Abhängigkeiten zu erklären. Mit den so gewonnenen Erkenntnissen können bestehende Praktiken begründet, konsolidiert oder verändert werden. Dabei stehen programmatisch Fragestellungen im Mittelpunkt, die aus der Praxis an die Forschung herangetragen werden. Die zur Beantwortung dieser Fragen notwendige Bearbeitung von Fragestellungen, die weniger praxisbezogen sind, sollte zumindest mittelbar wieder der untersuchten Praxis zugutekommen. Fremdsprachenforschung im Allgemeinen und Forschung im Bereich Deutsch als Fremd- und Zweitsprache im Besonderen sollten also ihrem Anspruch nach eine anwendungsbezogene Forschung betreiben, die die Klärung von Grundlagen notwendigerweise einschließt (vgl. Grotjahn 1999; Riemer 2007; Hallet und Königs 2010; Riemer und Settinieri 2010).

Der Forschungsgegenstand selbst, d. h. das Lehren und Lernen z. B. von Deutsch als Fremd- bzw. Zweitsprache, wird als ein soziales Phänomen verstanden, das durch explizite und implizite Normen bestimmt sein kann. Es manifestiert sich wenigstens auf drei Ebenen (Grotjahn 1993: 236–237):

- als beobachtbarer Prozess (z. B. Unterrichtsinteraktion),
- als Produkt von beobachtbaren Prozessen (z. B. Fehler),
- als Produkt von nicht-beobachtbaren Prozessen (z. B. mentale Prozesse).

Die Prozesse und Produkte beeinflussen sich teils wechselseitig und werden ihrerseits von vielen weiteren Faktoren beeinflusst. Das Lernen und Erwerben von Fremd- und Zweitsprachen gestaltet sich dabei als in hohem Maße individueller (Riemer 1997) und diskontinuierlicher Prozess. Das hier skizzierte Zusammenspiel der diversen Faktoren wird zumeist mit dem Begriff *Faktorenkomplexion* (z. B. Bausch, Christ und Krumm 2003: 4; Edmondson und House 2011: 24–27; vgl. auch Kap. 1) umschrieben.

Die Frage, welche Faktoren bzw. Beziehungsgeflechte von Faktoren in den Blick genommen werden sollen, ist damit zugleich die Frage nach geeigneten, d. h. gegenstandsangemessenen Forschungsansätzen und -methoden. Riemer (2011a: 197–199) zeigt dies an der Frage „Wann und wie sollen in der mündlichen Sprachproduktion auftretende Grammatikfehler im Fremdsprachenunterricht korrigiert werden?“ (Riemer 2011a: 197). Sie demonstriert, dass die diversen (lerner-)sprachlichen, spracherwerblichen, soziokulturellen und affektiven, didaktisch-methodischen und sprach(en)politischen Dimensionen nicht im Rahmen eines Forschungsprojekts allein untersucht werden können. Darüber hinaus verdeutlicht ihre Zusammenstellung der zu berücksichtigenden Teildimensionen und Teilfragestellungen, dass unterschiedliche forschungsmethodologische und -methodische Herangehensweisen notwendig sind, um die einfache Ausgangsfrage sowohl auf der Mikroebene mentaler Prozesse als auch auf der Makroebene sprach(en)politischer Entscheidungen mit der je richtigen Schärfe in den Blick zu nehmen (vgl. auch Schocker-von Ditfurth 2011: 224–226). Entscheidend jedoch ist, „dass ein gemeinsamer Bezugsrahmen nicht aus dem Blick gerät und Forschung so kommuniziert wird, dass alle Beteiligten und Angesprochenen von den Ergebnissen profitieren können“ (Riemer 2011a: 199). Damit dies gelingen kann, sollten im Fach Deutsch als Fremd- und Zweitsprache Gütekriterien diskutiert und eingehalten werden, auf die sich sowohl Vertreter quantitativer als auch qualitativer Forschungsansätze einlassen können.

2.3 Übergreifende Gütekriterien

Wenn die Ergebnisse empirischer Forschung für alle Vertreter eines Faches akzeptabel sein sollen, setzt dies voraus, dass man sich trotz der grundlegenden Unterschiede, die wegen verschiedener anthropologischer und erkenntnistheoretischer Grundannahmen bestehen und die sich auf die Ontologie der Untersuchungsgegenstände auswirken, darauf einigt, was den wissenschaftlichen Ansprüchen der Disziplin genügt (Henrici 1990; Riemer 1997: 84). Denn eine gemeinsame Nutzung der herkömmlichen Kriterien quantitativer Forschung kann, wie Steinke (2008) und Flick (2010a) zeigen, aus der Perspektive qualitativer Ansätze deren Spezifika nicht hinreichend berücksichtigen (s. unten). Die Anerkennung der Wissenschaftlichkeit und damit der Geltung von Forschungsergebnissen wird für Vertreter beider Forschungsrichtungen vor dem Hintergrund ihres jeweiligen Verständnisses vermutlich durch die Einhaltung der nachfolgend dargelegten übergreifenden Gütekriterien erleichtert. Dies sind die Nachvollziehbarkeit, die Offenlegung und Begründung des Gegenstandsverständnisses, die Berücksichtigung und damit Einbettung der Untersuchung in die Faktorenkomplexion, die Anschlussfähigkeit an vorhergehende bzw. nachfolgende Forschung, die Diskussion des Praxisbezuges (vgl. Kap. 1) sowie die Einhaltung ethischer Standards (vgl. Kap. 1 und 4).

Als zentrales und übergeordnetes Kriterium für die Güte empirischer Untersuchungen und ihrer Darstellung gilt in beiden Forschungsansätzen Transparenz (Aguado 2000; s. unter dem Begriff *Nachvollziehbarkeit* auch Arbeitsgruppe 1996a), die einmal unter dem Begriff *Objektivität* und einmal unter dem Begriff *intersubjektive Nachvollziehbarkeit* ansatzbezogen spezifiziert wird (s. Abschnitt 2.4 und 2.5). Dieses Kriterium beruht auf der erkenntnis- und wissenschaftstheoretischen Prämisse, dass Wissen und Erkenntnisse nicht standortunabhängig sind und ihr Wert nicht objektiv, sondern durch gemeinschaftlich diskutierte und akzeptierte Normen bestimmt wird. Der Wert von Erkenntnissen empirischer Untersuchungen wird folglich in der Kommunikation mit anderen bestimmt. Dies wiederum ist nur dann möglich, wenn Erkenntnisse nicht erst als Produkt eines opaken Forschungsprozesses dargeboten werden, sondern wenn der Prozess ihres Entstehens dargestellt wird und deshalb nachvollzogen werden kann. Da die Datenerhebung, -aufbereitung und -analyse aufgrund der sich methodisch auswirkenden methodologischen Grundpositionen je spezifischen Bedingungen unterliegen, fordern die Gütekriterien Objektivität und intersubjektive Nachvollziehbarkeit in quantitativer bzw. qualitativer Forschung je andere Maßnahmen der Forschenden ein, um die Transparenz des Forschungsprozesses zu gewährleisten.

Über kodifizierte Verfahren der Offenlegung, wie sie beispielsweise Bärenfänger und Stevener (2001) für Verfahren der Datenerhebung vorschlagen, könnte möglicherweise die innerdisziplinäre Verständigung und Entwicklung erleichtert werden. Bewährte Methoden bzw. häufig auftauchende Schwierigkeiten beim Einsatz bestimmter Methoden können durch mehr Transparenz eventuell schneller erkannt und in Replikations- und Folgestudien von anderen genutzt bzw. vermieden werden. Insofern ergibt sich aus dem Gütekriterium Transparenz auch ein innerdisziplinäres Lernpotenzial: Forschende können besser an die forschungspraktischen Erfahrungen anderer anknüpfen und im Austausch mit den Fachkollegen ihre Forschungskompetenz aus- bzw. aufbauen (Aguado 2000: 119–120; Lütge, Kollenrott, Ziegenmeyer und Fellmann 2009: 11–12).

Der lange währende Konflikt zwischen Vertretern quantitativer und qualitativer Forschungsansätze kann auch als ein Konflikt über die Gegenstandsangemessenheit von methodologisch und methodisch geprägten Konzepten und deren Operationalisierung in Untersuchungsdesigns betrachtet werden. Das Lernen bzw. Erwerben von Fremd- und Zweitsprachen könne beispielsweise, so Vertreter qualitativ ausgerichteter Ansätze, nicht auf die mentalen Prozesse in den Köpfen der Lernenden reduziert werden, wie dies in der häufig quantitativ ausgerichteten kognitionspsychologischen Forschung geschehe. Die historisch-kulturelle und soziale Eingebundenheit der Lernenden und deren Wahrnehmung dieser Bedingtheit trügen neben emotionalen und motivationalen Aspekten zumindest in gleicher Weise zu den Prozessen und Produkten des Lernens bei. Lernen sei insofern als eine bewusst gesteuerte Handlung und nicht als ein nicht bewusst steuerbarer mentaler Prozess zu konzipieren und zu erforschen (vgl. z. B. Schwerdtfeger 1997; Hu 2001; Schmelter 2004, insb. Kap. 15). Das Verständnis und die Konzeptualisierung von Untersuchungsgegenständen bestimmen darüber, welche Methoden geeignet sind, um diese zu erforschen. Für Riemer (2006: 453) ergibt sich beispielsweise aus der Individualität und Mehrdimensionalität von fremdsprachlichen Lernprozessen die Forderung, das lernende Individuum in das Zentrum der empirischen Datenerhebung zu stellen. Umgekehrt bestimmen methodologische Vorannahmen mit, was überhaupt zum Gegenstand von Forschung gemacht werden kann. Daraus ergibt sich als Gütekriterium die Anforderung an Forschende, das eigene Gegenstandsverständnis offenzulegen und zu begründen. Nur so kann einerseits diskutiert werden, ob ansatzintern angemessene Methoden eingesetzt wurden, und andererseits ansatzübergreifend überlegt werden, welcher Wirklichkeitsausschnitt beim Anlegen eines umfassenderen, z. B. prospektiv-elaborativen Menschenbildes abgebildet wurde (s. zu Menschenbildern Grotjahn 2005; Schmelter 2007; s. zur Größe des jeweils betrachteten Wirklichkeitsausschnittes Schocker-von Ditfurth 2011). Auf diese Weise kann dann auch der (un-)mittelbare Praxisbezug besser eingeschätzt und die Anschlussfähigkeit der jeweiligen Studie für die weitere Forschung bewertet werden.

Inwiefern empirische Studien nämlich an vorhandenes Wissen anschließen, dieses eventuell gezielt ergänzen bzw. verändern und damit Anstoß für neue Untersuchungen geben, kann als ein weiteres paradigmenübergreifendes Gütekriterium betrachtet werden, das eng mit den Kriterien der theoretischen und praktischen Relevanz verbunden ist, die sich aus den Zielen und Ansprüchen des Faches Deutsch als Fremd- und Zweitsprache ergeben (s. oben). Für die praktische Relevanz ist es wichtig, dass Forschung und ihre Ergebnisse in einer Weise präsentiert werden, die sie für alle verständlich und zugänglich macht (Aguado und Riemer 2000). Forschende sollten folglich u. a. offenlegen, an welchen Forschungsstand, an welche vorliegenden Theorien und Erkenntnisse sie anknüpfen, welche Fragen der Praxis sie aufgreifen und auf welche Lehr-Lern-Kontexte ihre Erkenntnisse über den beforschten Kontext hinaus übertragen werden können. Allerdings werden sie bei der Festlegung des Geltungsbereiches ihrer Studien durch das „Glaubensbekenntnis der Sprachlehrforschung“ (Riemer 2011a: 197), d. h. die Faktorenkomplexion, schnell an Grenzen stoßen.

Schließlich sollte empirische Forschung unabhängig vom methodologischen Ansatz ethischen Standards genügen. Zwar halten einige Vertreter qualitativer Ansätze ein quantitatives Vorgehen per se für ethisch nur bedingt vertretbar, da die untersuchten Personen selbst nicht aktiv in den Forschungsprozess eingreifen können und ihre Bedeutungszuweisungen nur aus der Außenperspektive berücksichtigt werden. Jedoch ist diese grundsätzliche Zurückweisung der Außenperspektive zweifelhaft, da auch qualitative Forschungsansätze bisweilen auf quantitativ gewonnenes Wissen zurückgreifen (müssen), um ihren genuinen Fragestellungen nachgehen zu können (Schmelter 2007).

2.4 Charakteristika und Gütekriterien quantitativer Forschungsansätze

Ziele quantitativer Forschungsansätze in der Fremdsprachenforschung sind die Beschreibung und vor allem die möglichst allgemeingültige Erklärung von Phänomenen des Lehrens und Lernens, z. B. indem Zusammenhänge zwischen beobachteten Phänomenen rechnerisch überprüft bzw. aufgedeckt werden. Zu diesem Zweck nähern sich quantitative Forschungsansätze dem Untersuchungsfeld und definieren den Untersuchungsgegenstand aus einer möglichst nicht involvierten Außenperspektive. Das Hauptcharakteristikum dieser Ansätze besteht schließlich in der Überführung von beobachteter Wirklichkeit in Zahlen, auf deren Basis mittels komplexer Rechenoperationen Verallgemeinerungen von Zusammenhängen und Unterschieden über Untersuchungsstichproben hinaus ermöglicht werden sollen.

Empirische Studien im Rahmen quantitativer Forschungsansätze basieren auf beobachteten bzw. theoretisch identifizierten Problemen. Diese sollen durch theoretisch hergeleitete Hypothesen versuchsweise erklärt werden. Diese Hypothesen werden dazu einer empirischen Prüfung mittels standardisierter Verfahren zugeführt, um u. a. feststellen zu können, mit welcher Wahrscheinlichkeit die in den Hypothesen getroffenen Aussagen zutreffend sind und mit welcher Wahrscheinlichkeit Ergebnisse, die für eine Stichprobe gewonnen wurden, auch auf die in der Stichprobe repräsentierte Population zutreffen (vgl. Kap. 12).

Um Zusammenhänge zwischen einzelnen Variablen eruieren zu können, zielen quantitative Forschungsansätze mit ihren Methoden darauf ab, weitere möglicherweise intervenierende Variablen zu kontrollieren bzw. systematisch mitzuerheben. Entsprechend gewinnen hypothesenprüfende quantitative Studien ihre Daten häufig in einem gezielt geschaffenen Untersuchungsfeld (vgl. auch Kap. 14). Experimente sind jedoch in der Fremdsprachenforschung aus pragmatischen und forschungsethischen Gründen sowie mit Blick auf die externe bzw. ökologische Validität (s. unten; vgl. Rost 2007: 114) dieser Untersuchungen eher selten. Zumeist wird hier mit vorgefundenen Gruppen, d. h. quasi-experimentell, gearbeitet (s. Kap. 14).

Zu den Stärken quantitativer Forschungsansätze gehört ihr systematischer, fokussierter und damit kontrollierter Zugriff auf Untersuchungsgegenstände. Er erlaubt präzise und vor allem generalisierbare Messungen, deren Ergebnisse mit einem komplexen statistischen Apparat untersucht werden können (vgl. z. B. Dörnyei 2007: 34–35). Allerdings dürfen dabei nicht die Schwächen quantitativer Ansätze übersehen werden: So können sie durch die Messung von Effekten z. B. eine grundsätzliche Aussage über die Wirksamkeit didaktischer Maßnahmen treffen. Sie können jedoch nicht erklären, „worin die Ursachen für den festgestellten Effekt – oder den ausbleibenden Effekt – liegen" (Riemer 2011b: 196; vgl. auch Dörnyei 2007: 35). Gerade im Bereich der Fremdsprachenforschung wird der kontrollierte Zugriff auf den Untersuchungsgegenstand außerdem durch das Konzept der Faktorenkomplexion erschwert. Bereits in Querschnittsstudien ist es nur schwer möglich, alle eventuell ergebnisverfälschenden Faktoren und damit Variablen auszuschließen, wie dies z. B. in Experimenten versucht wird. In Longitudinalstudien wird der damit verbundene (auch kostenwirksame) Aufwand noch größer, so dass entsprechende Studien nur selten durchgeführt werden können. Darüber hinaus stellt sich gerade mit Blick auf das zentrale Konzept der Faktorenkomplexion die Frage der Gegenstandsangemessenheit, wenn zu viele Faktoren unberücksichtigt bleiben müssen. Schließlich ist mit Blick auf die Bedeutung individueller Unterschiede beim Fremdsprachenlernen und die Individualität der Lern- und Erwerbsprozesse das Abzielen auf Gruppenvariablen nicht unproblematisch (vgl. Riemer 2006: 453).

Innerhalb quantitativer Forschungsansätze werden zumeist drei aus der klassischen Testtheorie übernommene Gütekriterien benannt: Objektivität, Reliabilität und Validität. Dabei baut Validität insofern auf den anderen beiden Gütekriterien auf, als ohne Objektivität keine Reliabilität und ohne Reliabilität keine Validität gegeben sein kann (vgl. zu den Wechselbeziehungen u. a. Lienert und Raatz 1998: 13; Rost 2007: 162).

Bezogen auf Untersuchungsdesigns wird zwischen innerer (interner, internaler) und äußerer (externer, externaler) Validität (Gültigkeit) unterschieden (vgl. u. a. Bortz und Döring 2002: 56–57; Rost 2007: 85–94; Dörnyei 2007: 52–53). Innere Gültigkeit besagt, dass die Ergebnisse einer Untersuchung eindeutig interpretierbar sind. Es wird also geprüft, inwiefern neben den in der Untersuchung experimentell veränderten bzw. kontrollierten Variablen eventuell andere Faktoren zu den beobachteten Effekten beigetragen haben. Interne Validität gibt folglich Auskunft über kausale Abhängigkeiten. Betrachtet man die möglichen Störfaktoren, die in quantitativen Forschungsdesigns nach Möglichkeit ausgeschlossen werden sollen, wird deutlich, warum insbesondere Langzeitstudien im Bereich der Fremdsprachenforschung nur mit sehr großem Aufwand die notwendige Bedingung der internen Gültigkeit erzielen können. Wenn z. B. die Wirksamkeit bestimmter unterrichtlicher Maßnahmen untersucht werden soll, müssen für den Untersuchungszeitraum andere, eventuell ebenfalls wirksame Faktoren ausgeschlossen bzw. kontrolliert werden. Gerade bei der Untersuchung mit Kindern und Jugendlichen, aber auch mit (älteren) Erwachsenen müssen Reifungs- und Entwicklungsprozesse in die Untersuchung miteinbezogen werden. Weitere Störfaktoren sind Testungseffekte, z. B. durch wiederholten Einsatz der gleichen Tests, der Verlust von Versuchspersonen und Verzerrungen in den Stichproben

(Rost 2007: 86–90; Dörnyei 2007: 53–54; Schnell, Hill und Esser 2011: 207–212). Die externe Validität betrifft die Übertragbarkeit der Ergebnisse über die untersuchten Stichproben, Zeiträume und Situationen hinaus. Diese ist aufgrund der Prämisse der Faktorenkomplexion und aufgrund der angenommenen hohen Individualität von Sprachlern- und -erwerbsverläufen gerade bei quantitativen Studien immer nur sehr bedingt möglich. Ökologische Validität, die durch eine nur sehr geringe Veränderung des untersuchten Kontexts durch eine Studie erreicht wird, ist zwar einerseits erstrebenswert, da so die Ergebnisse auf diesen Kontext problemlos übertragen werden können. Andererseits sind diese Ergebnisse nur von geringer Aussagekraft für andere Kontexte, da externe Validität in einem umgekehrten Abhängigkeitsverhältnis zur internen Validität steht: Eine höhere interne Validität lässt die externe sinken und umgekehrt (Bortz und Döring 2002: 57; vgl. unter dem Blickwinkel der Gegenstandsangemessenheit auch Bonnet 2009).

Da Messungen zentraler Bestandteil quantitativer Forschungsdesigns sind, soll hier auch auf die messtheoretischen Kriterien eingegangen werden. Das Kriterium der Objektivität zielt einerseits auf die Nachvollziehbarkeit der Methode und damit ihre Replizierbarkeit ab (s. oben). Grotjahn (1999: 139–140) mahnt dazu an, dass Objektivität nicht nur suggeriert werden sollte, sondern dass bei der Verwendung quantitativ-statistischer Methoden gerade die „subjektiven Elemente deutlicher als bisher expliziert werden" sollten, die hier zum Tragen kommen. Mit dem Kriterium verbindet sich das Ziel, die Datenerhebung, -analyse und -auswertung möglichst unabhängig von den Forschenden durchzuführen (Durchführungs-, Auswertungs- und Interpretationsobjektivität, s. hier und im Folgenden Lienert und Raatz 1998: 8; Bortz und Döring 2002: 194–195). Forschende sollten unabhängig voneinander zu den gleichen Ergebnissen kommen. Um dies sicherzustellen, werden für kodifizierte Verfahren (z. B. Tests, vgl. Kap. 6) zum Teil umfangreiche Handbücher geschrieben, die einzelne Schritte präzise vorgeben. Sie alle zielen darauf ab, den Einfluss der Untersuchung auf die untersuchten Personen und damit auf die Untersuchungsergebnisse möglichst gering zu halten. Darüber hinaus sollen mögliche Einflüsse der Forschenden unterbunden bzw. kontrolliert werden. Aguado (2000: 122) hält jedoch Objektivität wohl zu Recht für eine Illusion. Denn obgleich für die Auswertungs- und Interpretationsobjektivität Prüfverfahren denkbar sind, so ist zumindest die Durchführungsobjektivität zwar methodisch kontrollierbar, kann aber nicht z. B. durch parallele Durchführung des Tests durch zwei Forschende oder im Nachhinein durch Dritte geprüft werden.

Unter Reliabilität versteht man die Genauigkeit, mit der ein Untersuchungsinstrument ein Merkmal misst bzw. erfasst; und zwar unabhängig davon, ob das Instrument auch wirklich das Merkmal misst, das gemessen werden soll. Ein Instrument sollte also beim Einsatz in zwei vergleichbaren Stichproben zu dem gleichen Ergebnis kommen, weil seine Messung durch möglichst wenige zufällige Messfehler beeinflusst wird. Die Reliabilitat eines Test-Instruments lässt sich auf unterschiedliche Weise erproben. Gängige Verfahren sind:

- Retests, d. h. der erneute Einsatz eines Tests mit der gleichen Stichprobe,
- Paralleltests, d. h. der Einsatz von zwei streng miteinander vergleichbaren Tests, deren Ergebnisse miteinander korreliert werden,
- Testhalbierung, d. h., jedem Probanden werden zwei Testergebnisse zugeordnet, in die jeweils die Hälfte der *Items* des Tests einfließen und die miteinander korreliert werden,
- Berechnung der internen Konsistenz, d. h., der Test wird in seine *Items* unterteilt und die mittlere Korrelationen der *Items* untereinander ergibt den Wert der Reliabilität (vgl.

u. a. Lienert und Raatz 1998: 9–10; Bortz und Döring 2002: 195–199; Rost 2007: 155–158; Schnell, Hill und Esser 2011: 143–145).

Die Verfahren sind unterschiedlich aufwendig. Häufig wird daher gerade bei kleinen Untersuchungen und Budgets auf die Berechnung der internen Konsistenz zurückgegriffen. Alle vier Verfahren führen zu mehr oder weniger stark voneinander abweichenden Reliabilitätskoeffizienten, da jede Methode der Reliabilitätsprüfung andere Messfehlerarten und -anteile berücksichtigt (Lienert und Raatz 1998: 10).

Das wichtigste messtheoretische Kriterium ist die Validität, die Auskunft darüber gibt, ob eine Methode tatsächlich das misst, was gemessen werden soll. Die Validität einer Methode steigt, „je weniger systematische Fehler die Messung beeinflussen“ (Schnell, Hill und Esser 2011: 146), und wird im Bezug auf andere Messungen bewertet. Anders formuliert: Es wird geprüft, ob ein anderes Messinstrument für das gleiche Merkmal zu dem gleichen Ergebnis kommt. Die Validität gibt somit Auskunft darüber, ob die Operationalisierung des theoretischen Konstrukts, die Überführung eines Konzepts in konkret beobachtbare Phänomene bzw. Zahlen, gelungen ist. Bei der messtheoretischen Validität werden in der Regel drei Aspekte berücksichtigt und geprüft: Inhalts-, Kriteriums- und Konstruktvalidität (s. hier und im Folgenden Lienert und Raatz 1998: 220–228; Bortz und Döring 2002: 199–201; Rost 2007: 158–162; Schnell, Hill und Esser 2011: 146–157).

Bei der Inhaltsvalidität stellt sich die Frage, ob z. B. ein Test bzw. seine Elemente so beschaffen sind, dass alle Dimensionen des zu messenden Phänomens erfasst werden. Um zu prüfen, ob ein Test inhaltlich valide ist, kann man ihn einer Gruppe von Experten vorlegen, die dann beurteilt, ob z. B. die Aufgaben eines Tests repräsentativ für das getestete Merkmal sind.

Zur Prüfung der Kriteriumsvalidität, die auch als Vorhersagevalidität bezeichnet wird (vgl. u. a. Rost 2007: 159; Schnell, Hill und Esser 2011: 147), werden die Testergebnisse des zu validierenden Instruments mit einem vom Test unabhängigen Außenkriterium korreliert. Allerdings ist die Festlegung eines Außenkriteriums mitunter schwierig. So könnte z. B. die Kriteriumsvalidität eines Sprachlerneignungstests dadurch geprüft werden, dass die in diesem Test erzielten Ergebnisse mit der Zeit korreliert werden, die die getesteten Lernanfänger in einem einheitlichen Deutsch-als-Fremdsprache-Lehrgang benötigen, um in einem standardisierten Test ein vorher festgelegtes Kompetenzniveau zu erreichen. Berücksichtigt man jedoch, „dass das Lernen fremder Sprachen nur durch das Zusammenspiel vieler unterschiedlicher Faktoren zu erklären“ ist (Schlak 2010: 260), kann eine hohe Korrelation zwischen diesen beiden Testwerten allein noch nicht als gänzlich befriedigender Nachweis von Kriteriumsvalidität bewertet werden.

Besondere Bedeutung hat daher die Konstruktvalidität, „da Inhaltsvalidität kein objektivierbarer Kennwert ist und Kriteriumsvalidität nur bei geeigneten Außenkriterien sinnvoll ist“ (Bortz und Döring 2002: 200; vgl. auch Lienert und Raatz 1998: 226). Zur Prüfung der Konstruktvalidität werden aufgrund eines Konstrukts und seiner theoretischen Erfassung Hypothesen abgeleitet, die mit dem zu validierenden Test überprüft werden (Lienert und Raatz 1998: 226; vgl. Schnell, Hill und Esser 2011: 148). Theoretische Überlegungen, statistische Berechnungen und empirische Verfahren greifen dabei ineinander (s. z. B. zur Konstruktvalidierung von Testaufgaben zum Hörverstehen Rossa 2010a). Da insbesondere die Konstruktvalidität schwer zu erfassen ist und umfangreiche Untersuchungen erfordert, werden einmal validierte Instrumente in den quantitativen

Forschungsansätzen immer wieder verwendet und können so zur Reliabilität von Untersuchungen beitragen.

2.5 Charakteristika und Gütekriterien qualitativer Forschungsansätze

Qualitative Forschungsansätze verfolgen das Ziel, das Handeln der Personen im untersuchten Feld zu verstehen und aus ihrer Perspektive, d. h. aus einer Innenperspektive, beschreibend möglichst vollständig zu erfassen, um so Zusammenhänge, Muster, Typen usw. entdecken und in begrenztem Maße erklären zu können. Dieses Ziel beruht auf zentralen Grundannahmen qualitativer Forschungsansätze, die u. a. den kommunikativen Charakter sozialer Wirklichkeit unterstreichen und hervorheben, dass „‹[o]bjektive› Lebensbedingungen [...] durch subjektive Bedeutungen für die Lebenswelt relevant" werden (Flick, von Kardorff und Steinke 2008: 22). Entsprechend bemühen sich qualitative Forschungsansätze, das Untersuchungsfeld möglichst natürlich zu belassen und die Akteure selbst zu Wort kommen zu lassen. Von besonderem Interesse sind die Bedeutungszuweisungen und Handlungsbegründungen der handelnden Personen, die vorzugsweise nicht in monologischen, sondern in dialogischen Formen der Kommunikation erhoben werden. Die bei der Bearbeitung von Fragestellungen zentralen Beobachtungen und Befragungen werden folglich in der Regel nicht wie in quantitativen Ansätzen in Zahlen überführt, sondern in Texte (vgl. hier und im Folgenden Flick 2011a: 106–120). Diese werden dann zum Gegenstand interpretativer Verfahren der Datenaufbereitung und -analyse, um am Ende im Forschungsbericht in neue Texte überführt zu werden (vgl. genauer Kap. 13). Auf diese Weise entstehen große Datenmengen, deren Auswertung auch beim Einsatz von moderner Interpretationssoftware ressourcenaufwendig ist, so dass zumeist nur mit wenigen Einzelfällen geforscht wird.

Die besonderen Stärken der qualitativen Ansätze liegen im explorativen Charakter ihrer Erkenntnisgewinnung, der zu unerwarteten Erkenntnissen führen kann. Ihnen gelingt es, selbst komplexen Situationen und Phänomenen Sinn zu geben sowie Antworten auf Fragen zu geben, die nach den Gründen für bestimmtes Handeln suchen (vgl. Dörnyei 2007: 41–42). Außerdem begünstigen qualitative Herangehensweisen einen umfassenderen Blick auf die kontextuelle Einbettung eines Untersuchungsgegenstandes und zugleich einen tieferen Einblick in die z. T. individuell sehr unterschiedliche Ausprägung und Verwobenheit relevanter Einzelfaktoren (z. B. Bonnet 2009; Schocker-von Ditfurth 2011). Unter anderem aufgrund ihrer Flexibilität, die insbesondere dann zum Tragen kommt, wenn bei der Datenerhebung, -aufbereitung oder -analyse Fehler erkannt werden oder wenn deutlich wird, dass die bisherigen theoretischen Annahmen angesichts der im Rahmen der Studie gewonnenen Erkenntnisse revidiert und in weiteren Fragen und Untersuchungen berücksichtigt werden müssen, eignen sich qualitative Forschungsansätze gut für longitudinal angelegte Untersuchungen (z. B. Dörnyei 2007: 37).

Aus diesen Stärken ergeben sich zugleich einige Schwächen. Um eine ausreichend große Zahl von Fällen bearbeiten zu können, die eine Generalisierung von qualitativ gewonnenen Erkenntnissen zuließe, werden große personale oder zeitliche Ressourcen benötigt. Doch obwohl dies in Studien aus dem Bereich Deutsch als Fremd- bzw. Zweitsprache bislang nur selten angestrebt wird, ist grundsätzlich eine stärkere Generalisierung von Erkenntnissen auch mit qualitativen Ansätzen durchaus möglich (Riemer 2007: 455;

s. auch Bonnet 2009). Die einflussreiche Rolle der Forschenden auf allen Ebenen und bei allen Schritten des Umgangs mit den Daten und die im Vergleich zu quantitativen Methoden fehlende Verbindlichkeit methodischer Verfahrenslogiken können den Wert qualitativer Forschungsansätze ebenfalls mindern; insbesondere dann, wenn Subjektivität und Flexibilität mit Beliebigkeit im Vorgehen verwechselt werden.

Während für die quantitativen Forschungsansätze ein relativ überschaubarer und vor allem ein gemeinsam akzeptierter Kriterienkatalog vorliegt, gibt es im Bereich der qualitativen Forschungsansätze aufgrund der zum Teil unterschiedlichen Ziele und methodologischen Grundlagen keine einheitliche Festlegung von Gütekriterien; auch deren Bezeichnungen variieren. Dennoch lassen sich einige selbstzugeschriebene Grundprinzipien zugleich als gemeinsam anerkannte Gütekriterien ausmachen (vgl. u. a. Steinke 1999: 15–42). Besonders wichtig sind unter ihnen Offenheit, Flexibilität, Kommunikativität und Reflexivität (Schmelter 2004: 353–355).

Das Prinzip der Offenheit soll gewährleisten, dass der beobachtende Zugang zu einem Erkenntnisgegenstand bzw. einem Untersuchungsfeld nicht bereits im Vorfeld durch die theoretische Vorstrukturierung verstellt ist. Das Prinzip der Flexibilität ergibt sich unmittelbar aus dem Prinzip der Offenheit. Aufgrund von Erkenntnissen, die im Laufe des Forschungsprozesses gewonnen werden, kann es notwendig werden, z. B. die eingesetzten Instrumente der Datenerhebung und -analyse zu verändern. Hinter dem Prinzip der Kommunikativität steht die methodisch abgesicherte Einbeziehung der Perspektiven verschiedener Akteure im Umfeld des Untersuchungsgegenstands. Aus dem Zusammenspiel der unterschiedlichen Perspektiven kann dann ein „kaleidoskopartiges Bild" (Flick 1992: 24) der komplexen Zusammenhänge entstehen. Der damit bewusst herbeigeführte Einbezug der Subjektivität von Forschenden und Forschungspartnern führt dann zum Prinzip der Reflexivität, mit dem die Reflexionen des Forschers über sein Handeln in der Untersuchung selbst zu Daten werden, die in die Interpretation einfließen (Flick 2011a: 29).

In vielen deutschsprachigen Publikationen werden unter Bezug auf Steinke (1999) einige Kernkriterien angelegt, die dann untersuchungsspezifisch präzisiert und mit spezifischen Verfahren geprüft und gesichert werden. Im Einzelnen sind dies die intersubjektive Nachvollziehbarkeit, die Datengeleitetheit der Theoriebildung, die Selbstreflexivität der Forschenden, die Indikation der eingesetzten Methoden sowie die Limitation bzw. Reichweite.

Im Zeichen des übergreifenden Kriteriums Transparenz wird in qualitativen Forschungsansätzen die intersubjektive Nachvollziehbarkeit als Hauptkriterium (Steinke 1999: 209) betrachtet. Da z. B. aufgrund der Durchführung in möglichst unveränderten Untersuchungskontexten eine Standardisierung der Erhebungsmethoden nicht möglich ist, kann die Güte der Untersuchungen beispielsweise nicht durch Replikation geprüft werden. Daher ist die durchgängige Dokumentation des Forschungsprozesses von herausragender Bedeutung und zugleich nicht leicht zu realisieren, da die erhobenen Daten in der Regel nicht in Gänze publiziert bzw. anderen Forschenden zugänglich gemacht werden können. Zu vermeiden ist in jedem Fall eine bloß „selektive Plausibilisierung" (Flick 2011a: 488–489), bei der passende Ausschnitte aus den Daten präsentiert werden, während der Rest im Dunkeln bleibt. Auf diese Weise kann die Datengeleitetheit der Theoriebildung, die als weiteres wichtiges Gütekriterium qualitativer Ansätze gelten kann, nicht mehr hinreichend nachvollzogen und damit geprüft werden.

Die Einsicht, dass Forschende immer auch Bestandteil des Forschungsprozesses sind, führt zu der Notwendigkeit, den Umgang, den die Forschenden mit ihrer eigenen Subjektivität pflegen, zu bewerten. Inwiefern reflektieren die Forschenden beispielsweise die konstituierende Bedeutung ihrer Subjektivität für die Theoriebildung? Gesichert werden kann dies beispielsweise dadurch, dass das eigene Vorverständnis und seine Veränderungen systematisch durch Selbstbeobachtung reflektiert und sowohl die Gegenstände der Reflexion als auch die Reflexion selbst dokumentiert werden. Auch die Nähe bzw. Ferne zu den untersuchten Personen bzw. zum untersuchten Feld gilt es offenzulegen und zu reflektieren. Die Gefahr des *going native*, d. h. der Identifikation mit den Personen im Feld (Steinke 1999: 235; Wolff 2008: 340–341), ist im Laufe des Forschungsprozesses immer gegeben und in Einzelsituationen wohl nicht vermeidbar. Gerade deshalb sollten der Aufenthalt im Feld und der Kontakt mit den Untersuchungspersonen in transparenter Form dokumentiert werden, um regelmäßig und bewusst die forschende Distanz herstellen zu können (Steinke 1999: 231–239).

Das Kriterium der Indikation der Methoden bezieht sich nicht nur auf die begründete Gegenstandsangemessenheit der gewählten Verfahren der Datenerhebung, -aufbereitung und -analyse, sondern auch auf die Frage, ob die verschiedenen verwendeten Methoden zueinander passen. Die wechselseitige Passung der Methoden ist im Zusammenhang mit der Validierungsstrategie der Triangulation (s. Kap. 3) ein bisweilen zu wenig berücksichtigter Aspekt.

Mit dem Kriterium der Limitation bzw. Reichweite (Steinke 1999: 227–231) soll geprüft werden, wie weit über den eigentlichen Untersuchungskontext hinaus die gewonnenen Erkenntnisse und die daraus entwickelten Theorien übertragen werden können. Um dies prüfen zu können, ist wiederum eine große Transparenz bei der Beschreibung der Untersuchungskontexte notwendig. Denn nur so können beispielsweise die Angaben zu relevanten Bedingungen für die Geltung der formulierten Theorien geprüft werden.

2.6 Ausblick

Gerade die Diskussion ansatzübergreifender Gütekriterien macht deutlich, dass ihre Diskussion evtl. zu kurz greift und dass es notwendig ist, die Qualität von Forschung in ihren Prozessen und Ergebnissen umfassender in den Blick zu nehmen. Flick (2008, 2010a, 2011a: 511–530) hat hierzu in letzter Zeit im Zusammenhang qualitativer Forschungsansätze wichtige Anregungen geliefert, die ansatzübergreifend auch in der Fremdsprachenforschung diskutiert werden sollten. Mit Blick auf Gütekriterien qualitativer Forschung zeigt Flick (2010a: 405), dass die hier vorgeschlagenen Kriterien bislang nur begrenzt stimmig sind, dass sie nur teilweise über Kontexte und methodische Ansätze hinweg übertragen werden können und dass in den qualitativen Ansätzen noch kein Konsens über Gütekriterien erzielt werden konnte. Letztlich müssten zwei wichtige Probleme gelöst werden: das *Benchmark*-Problem und das Übertragbarkeitsproblem: Erst wenn eindeutig angegeben werden könne, wann ausreichend Nachvollziehbarkeit, Glaubwürdigkeit usw. vorliegen, damit eine Aussage Gültigkeit hat, falle die Notwendigkeit einer individuellen und in Teilen beliebigen Festlegung von Kriterien in einzelnen Studien fort. Und erst wenn Gütekriterien so formuliert werden, „dass sie auf jede Form qualitativer Forschung angewendet werden können bzw. für jeden Ansatz qualitativer Forschung akzeptabel sind", könnten sie eine „klärende und legitimierende Funktion" innerhalb und außerhalb qualitativer Forschungsansätze übernehmen (Flick 2010a: 405).

Für die Fremdsprachenforschung bleibt dann noch immer zu prüfen, ob Kriterien, die in anderen Wissenschaftsdisziplinen entwickelt wurden, auch für ihre Untersuchungsgegenstände angemessen sind.

WEITERFÜHRENDE LITERATUR

Bärenfänger, Olaf; Stevener, Jan (2001): Datenerhebungsverfahren und ihre Evaluation. Ein Kriterienkatalog. In: *Fremdsprachen Lehren und Lernen* 30, 13–27.
Der Artikel zeigt auf, wie Verfahren der Datenerhebung evaluiert werden können, und kann als Anregung genutzt werden, die eigenen Verfahrensweisen mit Blick auf zuvor festgelegte Kriterien hin einzuschätzen.

Dörnyei, Zoltán (2007): *Research Methods in Applied Linguistics. Quantitative, Qualitative, and Mixed Methodologies*. Oxford: Oxford University Press, 48–72.
Dieses Kapitel gibt einen guten Überblick über die englischsprachige Diskussion von Gütekriterien in den verschiedenen Forschungsansätzen.

Lazaraton, Anne (2003): Evaluative Criteria for Qualitative Research in Applied Linguistics: Whose Criteria and Whose Research? In: *The Modern Language Journal* 87, 1–12.
Die Suche nach Kriterien für die Bewertung qualitativer Studien ist innerhalb und außerhalb der qualitativen Ansätze nicht abgeschlossen. Der Artikel von Lazaraton verdeutlicht dies und regt zugleich an, die eigenen Kriterien zu reflektieren.

ÜBUNGEN

1) Sie wollen empirische Studien dahingehend prüfen, ob bei ihrer Darstellung in Artikeln, Beiträgen oder Monographien das Kriterium der Transparenz bzw. Nachvollziehbarkeit erfüllt wurde. Benennen Sie entsprechende ansatzübergreife und eventuell ansatzspezifische Prüfkriterien.

2) Die wissenschaftliche Begleitung zur Einführung bilingualen Unterrichts in Realschulen in Baden-Württemberg ordnet sich einem qualitativen Ansatz der Handlungsforschung zu und „hat sich folgende Qualitätskriterien [...] auferlegt“ (Hollm u. a. 2010: 162): Transparenz, Regelgeleitetheit, Triangulation, Kommunikative Validierung/Adäquatheit, Stimmigkeit, Verallgemeinerbarheit/Anschlussfähigkeit.
Bevor Sie sich die Strategien anschauen, die die Forscher selbst zur Erfüllung dieser Kriterien anlegen wollen, überlegen Sie bitte, wie diese Kriterien eingehalten werden könnten. Schauen Sie sich dann die Erläuterungen an und vergleichen diese mit Ihren Überlegungen.
Überlegen Sie bei Unterschieden, ob eventuell beide Positionen berechtigt sind oder ob es für diese oder jene Position eventuell bessere Begründungen gibt.

LÖSUNGSVORSCHLÄGE

1) Ansatzübergreifend könnten u. a. folgende Punkte als Prüfkriterien herangezogen werden:
- Darlegung des Gegenstandsverständnisses erfolgt nachvollziehbar und ist ausreichend transparent.
- Darlegung der Fragestellung erfolgt nachvollziehbar und ist ausreichend transparent.
- Einordnung der Studie in den Forschungsstand und in Forschungsparadigmen erfolgt nachvollziehbar und ist ausreichend transparent.
- Darlegung des Forschungsdesigns erfolgt nachvollziehbar und ist ausreichend transparent.
- U. a. wird dargelegt:
  - Anlage der Studie und deren Begründung,
  - Datenerhebung, -aufbereitung und -analyse: die Instrumente werden nachvollziehbar beschrieben und gegebenenfalls dokumentiert; ausreichend?; Daten und der Umgang mit ihnen wird beschrieben und dokumentiert; ausreichend?
- Validierungsstrategien der Datenerhebung, -aufbereitung und -analyse werden nachvollziehbar beschrieben (ausreichend?),
  Reichweite der Ergebnisse wird nachvollziehbar reflektiert (ausreichend; angemessen?),
- Bei Studien, die auf quantitativen Forschungsansätzen beruhen, könnten zusätzlich u. a. die folgenden Kriterien angelegt werden:
- Strategien zur Sicherung der Objektivität und Reliabilität werden mit Blick auf die Datenerhebung, -aufbereitung und -analyse nachvollziehbar dokumentiert (ausreichend?).

Bei Studien, die auf qualitativen Forschungsansätzen beruhen, könnten zusätzlich u. a. die folgenden Kriterien angelegt werden:
Forschende dokumentieren und reflektieren:
- ihren Zugang zum Gegenstand,
- ihren Zugang zum Untersuchungsfeld,
- ihre Rolle im Untersuchungsfeld,
- ihre Rolle im Untersuchungsverlauf,
- Probleme und Lösungsversuche im Laufe der Studie.

2) Hier können keine allgemeinen Lösungshinweise gegeben werden.

3. TRIANGULATION

3.1 Einführung

Im vorliegenden Beitrag soll erörtert werden, was es mit der Forschungsstrategie der Triangulation auf sich hat. Dabei wird u. a. die Frage diskutiert, wieso es überhaupt zur Entwicklung dieser Strategie kam, welche Vorteile man sich von ihr versprach bzw. noch heute verspricht und was ihre zentralen Merkmale und Funktionen sind (vgl. dazu auch Aguado und Riemer 2001).

Wie in Kap. 2 bereits dargestellt wurde, stehen qualitative und quantitative Herangehensweisen trotz unterschiedlicher Ausgangspositionen sowie entsprechend unterschiedlicher Gütekriterien nicht in Konkurrenz zueinander, sondern lassen sich – nach ausführlicher Reflexion und unter Einhaltung bestimmter Regeln – prinzipiell miteinander verknüpfen. Die dabei zugrundeliegende forschungsmethodische Philosophie lautet, dass zum Zweck eines verbesserten Erkenntnisgewinns sowie für das Verstehen und Erklären von komplexen Phänomenen und Zusammenhängen (vgl. Kelle 2007) mehr als nur eine Perspektive eingenommen werden sollte. Wie dies im Einzelnen aussehen kann, soll im Folgenden unter besonderer Berücksichtigung der Methodentriangulation näher erläutert und diskutiert werden.

3.2 Zur Entwicklung der Forschungsstrategie Triangulation von den Anfängen bis heute

Bevor ein Blick in die Vergangenheit geworfen wird, soll zunächst eine vorläufige Definition der *Triangulation* – einem aus der Trigonometrie entlehnten Terminus zur Bestimmung einer unbekannten Größe auf der Basis von mehreren außerhalb dieser Größe gelegenen Messpunkten – formuliert werden:

Triangulation ist die systematische und begründete Kombination verschiedener Perspektiven, wobei die jeweils eingesetzten methodisch-methodologischen Verfahren zur Erfassung des jeweiligen Gegenstands inhaltlich und/oder zeitlich in unterschiedlichen Beziehungen zueinander stehen können (mehr dazu in Kap. 3.3). Es gibt verschiedene Konzeptionen davon, wann die Verwendung des Terminus' Triangulation angemessen ist. Gemäß einer strengen Auslegung darf nur dann von Triangulation gesprochen werden, wenn sich die verschiedenen Perspektiven auf exakt denselben Gegenstand beziehen. Creswell (1994) geht sogar noch einen Schritt weiter, indem er fordert, dass die jeweiligen Perspektiven in allen Phasen des Forschungsprozesses miteinander zu verknüpfen seien (vgl. dazu auch Tashakkori und Teddlie 2003: xi). Konkret hieße das: Wenn im Rahmen einer qualitativen Vorstudie methodisch kontrolliert Hypothesen generiert werden, die anschließend in einer Hauptstudie mittels quantitativer Verfahren überprüft werden, würde es sich hier zwar um eine mehrmethodische Herangehensweise handeln. Da die unterschiedlichen Datensätze jedoch nicht unmittelbar aufeinander bezogen wären, dürfte hier nicht von Triangulation im engeren Sinne gesprochen werden. Dasselbe gilt für den Fall, in dem beispielsweise in einer ersten Forschungsphase mittels eines quantitativ angelegten Fragebogens eine große Anzahl von Probanden befragt wird, aus der dann – z. B. für eine nachfolgende Interviewstudie, eine experimentelle Untersuchung oder eine Langzeitbeobachtung – lediglich einzelne Personen aufgrund ihres spezifischen Profils ausgewählt werden. Da sich die jeweiligen Instrumente und Daten auch hier nicht auf exakt denselben Gegenstand beziehen, wäre es gemäß der o. g. Lesart ebenfalls nicht angemessen, von Triangulation zu sprechen.

Ein weiteres in der einschlägigen Literatur zu findendes Kriterium zur Beurteilung, ob es sich bei einem Vorgehen um Triangulation handelt oder nicht, stellt die Gleichwertigkeit der verwendeten Verfahren dar. Nur wenn diese gleichwertig und somit prinzipiell unabhängig voneinander sind, wird die Bezeichnung Triangulation für angemessen gehalten (vgl. Flick 2011b: 96). Abgesehen davon, dass es nicht ohne Weiteres möglich ist, dies zu entscheiden, ist der Sinn dieser Forderung nicht unmittelbar ersichtlich. Sie lässt sich nur durch einen Blick in die Entwicklung erklären, zu deren Beginn qualitativen Verfahren nahezu ausschließlich eine untergeordnete, dienende Funktion zugestanden wurde. In diesem Zusammenhang wurde vielfach über die unterschiedlichen Funktionen nachgedacht, die mit unterschiedlichen methodischen Herangehensweisen verbunden sind. So haben z. B. Barton und Lazarsfeld (1955/1979) schon früh vorgeschlagen, qualitative Verfahren eher zur Hypothesenbildung und quantitative Verfahren eher zur Hypothesenüberprüfung einzusetzen (Phasenmodell). Damit kommen den jeweiligen methodischen Verfahren zwar völlig unterschiedliche, aber prinzipiell gleichwertige Funktionen zu, die darüber hinaus in unterschiedlichen Typen oder Phasen eine Rolle spielen. Miles und Huberman (1994: 41) haben eine Typologie der Einsatzweisen von Mehrmethoden aufgestellt. Danach können sie parallel, sequentiell, punktuell oder kontinuierlich eingesetzt werden – was jedoch nichts über ihre Gewichtung oder ihre Rolle im Forschungsprozess aussagt. Faktisch kommen in mehrmethodischen Ansätzen die einzelnen qualitativen und/oder quantitativen Verfahren zwingend nacheinander zum Einsatz. Jedoch weisen sie unterschiedliche Bezüge zueinander auf, und zwar nicht nur hinsichtlich ihrer chronologischen Nähe, sondern auch hinsichtlich ihres inhaltlichen Bezugs zueinander. Forschungshistorisch ging die Entwicklung von dem separaten und inhaltlich nicht oder nur wenig aufeinander bezogenem Nach- und Nebeneinander methodisch-methodologischer Ansätze unterschiedlicher Ausrichtung hin zu einem allmählichen Miteinander. Flick (2011b: 76) unterscheidet daher zwischen *Kombination* auf der einen Seite und *Integration* auf der anderen. Während die Kombination seiner Auffassung nach eher Addition impliziert, setzt Integration Abstimmung und enge Verzahnung voraus. So gibt es also unterschiedliche Grade der Verknüpfung von Verfahren. Ob und in welchem Maße sie stattfindet oder stattfinden sollte, ist gegenstands- und erkenntnisinteressenabhängig und daher nur im Einzelfall zu entscheiden. Prinzipiell sind beide Verfahren gleichermaßen legitim.

Als Forschungsstrategie ist die Triangulation nicht so neu, wie es die seit der vielzitierten Publikation von Denzin (1970) (s. dazu Kap. 3.3) geführte Diskussion nahelegen mag. Schon in den 30er und 40er Jahren des vergangenen Jahrhunderts haben Sozialwissenschaftler wie Jahoda, Lazarsfeld und Zeisel (1933) oder Anthropologen wie Bateson und Mead (1942) Daten miteinander trianguliert, ohne dies jedoch so zu nennen. Es waren Campbell und Fiske (1959), die das Thema Triangulation Ende der 1950er Jahre explizit in die allgemeine Methodendiskussion einführten. Aufgrund der Einsicht, dass nicht zuletzt auch die jeweils verwendete Methode den untersuchten Gegenstand konstituiert und Einfluss auf die möglichen Erkenntnisse nimmt, schlugen sie eine mehrmethodische Herangehensweise vor, um durch eine multiple Operationalisierung eine verbesserte Annäherung an die Realität zu erlauben.

Mitte der 1960er Jahre plädierten Webb, Campbell, Schwartz und Sechrest (1966) sowie Glaser und Strauss (1967) für den Einsatz mehrerer Datenquellen und Beobachter, um das Erkenntnispotential empirischer Studien zu erhöhen. Auch Strauss, Schatzmann, Bucher, Ehrlich und Sabshin (1964) betrachteten diesen Triangulationstyp als „built-in reliability check" (1964: 34) und strebten zwecks Erhöhung der Zuverlässigkeit ihrer Ergebnisse einen systematischen Perspektivenvergleich an.

Repräsentativ für die in den 1980er Jahren herrschende Euphorie ist die folgende Feststellung von Mathison (1988: 13): „We all agree that triangulation is a good thing and that research and evaluation will be improved by such a practice." Jedoch sei schon an dieser Stelle einschränkend angemerkt, dass sich die Qualität einer Studie nicht daran festmacht, ob sie mit mehreren methodisch-methodologischen Zugängen arbeitet, sondern vielmehr daran, ob diese Zugänge und die jeweils gewählten Methoden dem Gegenstand angemessen sind (s. dazu auch Bortz und Döring 2006: 303).

Ursprünglich bevorzugt in der empirischen sozialwissenschaftlichen Forschung angewendet, hat die Forschungsstrategie *Triangulation* in den vergangenen zehn bis 15 Jahren zunehmend auch in der Fremdsprachenforschung an Popularität gewonnen. So hat es den Anschein, dass inzwischen in den meisten empirisch angelegten Qualifikationsarbeiten der fremdsprachenerwerbsspezifischen und -didaktischen Forschung mehrmethodische Herangehensweisen gewählt werden (s. auch Kap. 3.5). Warum dies so ist und ob ein solches Vorgehen zwingend zu verbesserten Erkenntnissen führt bzw. in welchen Fällen es indiziert ist und in welchen eher nicht, soll im Folgenden diskutiert werden.

Zusammenfassend lässt sich festhalten, dass die in den vergangenen 40 Jahren geführten forschungsmethodologischen Diskussionen insgesamt eine Öffnung sowie eine Annäherung der beiden zentralen Paradigmen bewirkt haben. Daher ist Guba (1990) zuzustimmen, der feststellt, dass es inzwischen zu einem Paradigmendialog gekommen ist, im Rahmen dessen – neben der weithin als einfacher zu begründenden paradigmeninternen Triangulation – zunehmend über paradigmenübergreifende mehrmethodische Herangehensweisen nachgedacht wird (vgl. dazu z. B. Olsen 2004).[3]

3.3 Triangulierende Verfahren: Typen, Merkmale, Kombinationsmöglichkeiten

Der erste und wohl bekannteste Systematisierungsvorschlag stammt von Denzin (1970), der zwischen vier verschiedenen Triangulationstypen unterschied, nämlich *data triangulation* (= Einbeziehung mehrerer Datenquellen, die zu unterschiedlichen Zeitpunkten

3 Ein deutliches Zeichen für die zunehmende Relevanz mehrmethodisch ausgerichteter Forschung ist z. B. die seit 2007 vierteljährlich erscheinende Fachzeitschrift *Journal of Mixed Method Research*.

und/oder in unterschiedlichen Kontexten erhoben werden und/oder die von unterschiedlichen Probanden stammen), *investigator triangulation* (= systematische Einbeziehung mehrerer Forscher(innen) zur Vermeidung bzw. zur Reduzierung von möglichen Verzerrungen, die im Falle von nur einer einzigen Forschungsperson denkbar sind), *theoretical triangulation* (= Anwendung verschiedener theoretischer Ansätze zur Erklärung von Daten) und *methodolological triangulation* (= systematische und kritische Kombination von mehreren Methoden zwecks Überwindung der Begrenztheit, die mit jeder einzelnen Methode verbunden ist). Erwartungsgemäß ließ die Kritik auf die von Denzin postulierte, zugegebenermaßen nicht immer ganz trennscharf konzipierte Mehrperspektivität nicht lange auf sich warten. Insbesondere die Theorie-Triangulation geriet ins Kreuzfeuer der methodisch-methodologischen Diskussion. Dieser einige Jahre später von Denzin (1989) selbst relativierte Triangulationstyp stellt tatsächlich eine zwar vorstellbare Möglichkeit dar, kommt aber in der Forschungsrealität kaum vor. Da das jeweilige theoretische Vorverständnis den gesamten Forschungsprozess prägt – von den Erkenntnisinteressen über die Forschungsfragen, das Forschungsdesign, die Auswahl der Methoden bis hin zur Aufbereitung, Auswertung und Interpretation der Daten –, erscheint es weder sonderlich zielführend noch sehr ökonomisch, mehrere theoretische Ansätze gleichzeitig in Anwendung zu bringen.

Die am weitesten verbreitete Form der Triangulation ist die Methodentriangulation, die entweder methodenintern (*within-method*) oder methodenübergreifend (*between-methods*) durchgeführt werden kann. Auffällig ist hierbei, dass die methodeninterne Triangulation insgesamt weniger häufig problematisiert wird, während hinsichtlich der methodenübergreifenden Triangulation z. T. sehr kontroverse Diskussionen geführt werden. Da mit jedem Ansatz unterschiedliche Grundprinzipien – wie z. B. das jeweils zugrundliegende Menschenbild oder die jeweilige Wirklichkeitskonstruktion verbunden sind (vgl. Kap. 2) – ist die Auswahl und die Kombination insbesondere beim methodenübergreifenden Vorgehen nicht beliebig und bedarf einer nachvollziehbaren Begründung (vgl. dazu auch Aguado 2000 und 2009). Zwecks Beurteilung solcher Studien hinsichtlich Methodenauswahl und -kombination schlägt Flick (2011b: 95–96) daher die folgenden Leitfragen vor: Kommt beiden Zugängen das gleiche Gewicht zu? Werden sie getrennt voneinander oder mit Bezug aufeinander angewendet? Wie ist die logische Beziehung der Methoden zueinander? Hier stellt sich zum einen die Frage, ob und wie die von Flick geforderte Gleichgewichtung festgestellt bzw. gemessen werden kann. Zum anderen ist zu fragen, ob diese Gleichgewichtung überhaupt von entscheidender Bedeutung für die Kombination der verschiedenen Zugänge ist oder ob es nicht viel eher auf ihre jeweilige Relevanz für den Erkenntnisprozess ankommt.

3.4 Funktionen, Potenziale und Grenzen triangulierender Verfahren

Welche Funktion der Triangulation im konkreten Fall beigemessen wird, ist u. a. abhängig von der erkenntnistheoretischen Grundposition. Die beiden am häufigsten genannten und im Folgenden skizzierten Funktionen sind 1) Validierung bereits vorhandener Daten und/oder Ergebnisse sowie 2) systematische Erweiterung und Vervollständigung von Erkenntnismöglichkeiten (vgl. auch Aguado und Riemer 2001).

3.4.1 Triangulation zum Zweck der Validierung

Eine Hauptfunktion, die der Triangulation seit jeher zugeschrieben wird, ist die Validierung. Die theoretisch denkbaren Verhältnisse, in denen die unterschiedlichen, mittels verschiedener Verfahren erhobenen bzw. ausgewerteten Daten zueinander stehen können, sind folgende: Deckungsgleichheit/Konvergenz, Ergänzung/Komplementarität und Abweichung/Divergenz. Grundsätzlich wird angenommen, dass die Validität einer Forschung insbesondere dann hoch ist, wenn die mehrmethodisch gewonnenen Befunde übereinstimmen, also deckungsgleich sind bzw. konvergieren. Während die Konvergenz ursprünglich als *Nonplusultra* galt, wird die Diskussion um diese Frage inzwischen etwas differenzierter geführt. Flick stellt sogar etwas ketzerisch die Frage: „Sollten [...] zu weitgehende Konvergenzen nicht eher Anlass zur Skepsis als simple Bestätigung des einen durch das andere Ergebnis sein?" (Flick 2004: 79). Hier ist festzustellen, dass Forschende – genauso wie sie verschiedene, voneinander abweichende, sich sogar möglicherweise widersprechende Daten oder Ergebnisse akzeptieren müssen – auch starke Konvergenzen erklären müssen. Welche Bedeutung haben nun aber divergierende Daten oder Ergebnisse für die Validität einer Studie? Ist sie gefährdet oder ist gar die ganze Studie wertlos? Altrichter und Posch (1998: 188) meinen dazu: „Abweichende Interpretationen müssen das Analyseergebnis [...] nicht prinzipiell entwerten, [sondern] fordern [...] dazu heraus, sich mit den Unterschieden in den Interpretationen auseinanderzusetzen und sie zu klären." Hier zeigt sich, dass die pauschale Annahme, die Triangulation diene der Validierung, problematisch ist. Die mittels verschiedener Methoden gewonnenen übereinstimmenden Erkenntnisse sind keineswegs zwingend valider als die durch lediglich ein Verfahren ermittelten Ergebnisse. So kann ein einzelnes Verfahren wie z. B. ein halbstrukturiertes Interview vollkommen ausreichend sein, um die Einstellungen von Lehrkräften zu ihrem professionellen Selbstverständnis als Fremdsprachenlehrer/-innen oder zur mündlichen Fehlerkorrektur im Unterricht zu erfassen – zusätzliche Datenerhebungen wie z. B. Unterrichtsbeobachtungen oder Befragungen von Lernenden sind für die Beantwortung der Forschungsfrage hier nicht erforderlich. Grundsätzlich sind starke Divergenzen – genauso wie starke Konvergenzen – weder positiv noch negativ für die Validität einer Studie. Sie sollten überhaupt nicht mit diesen Kategorien bewertet werden, sondern stattdessen als zu erklärende Ergebnisse angenommen und entsprechend behandelt werden. In der empirischen Forschung ist jeder Schritt – von der Formulierung des Erkenntnisinteresses über die Konzeption des Forschungsdesigns, die Erhebung von Daten bis hin zu deren Analyse und Interpretation – zu begründen. Aus unerwarteten oder zunächst nicht erklärbaren Ergebnissen ergeben sich meist neue, weiterführende Forschungsfragen, die i. d. R. im Ausblick als mögliche Fragestellungen für künftige Forschungen formuliert werden.

Während in quantitativen Ansätzen angenommen wird, es gäbe eine objektive, messbare Realität, gehen Vertreter qualitativer Ansätze eher davon aus, dass die Realität individuell und subjektiv konstruiert wird (vgl. Kap. 2). Da aus einer konstruktivistischen Sicht heraus jede Perspektive und jede daraus resultierende Konstruktion prinzipiell denselben Geltungsanspruch haben, können sich dieser Auffassung zufolge individuelle Konstruktionen, die mittels verschiedener Perspektiven gewonnen worden sind, nicht gegenseitig validieren. In der kritischen forschungsmethodologischen Diskussion wird daher postuliert, den an die Triangulation über lange Zeit gestellten hohen Validierungsanspruch zu überdenken und ggf. aufzugeben (vgl. dazu auch Reichertz 2000). Andererseits hängen – wie oben bereits angedeutet – die Anwendung und die Funktion der Triangulation vom konkreten Gegenstand, dem spezifischen Erkenntnisinteresse und dem jeweiligen Forschungskontext ab. Es ist also jeweils im Einzelfall zu entscheiden, ob durch die Triangulation von Daten, Perspektiven, Methoden oder Theorien tatsächlich eine Validierung möglich ist oder ob zusätzlich erhobene Daten eher der Vertiefung von Einsichten über den jeweiligen Gegenstand dienen.

3.4.2 Triangulation als systematische Erweiterung und Vertiefung von Erkenntnismöglichkeiten

Es besteht in der Forschungsgemeinschaft Konsens darüber, dass verschiedene Methoden unterschiedliche Funktionen, Stärken und Schwächen haben und verschiedene Daten mit unterschiedlichen Qualitäten und Reichweiten hervorbringen. Um die mit jeder eingesetzten Methode verbundenen Schwächen zu kontrollieren und so Messfehler zu vermeiden oder zumindest zu reduzieren, wird seit geraumer Zeit der Einsatz mehrmethodischer Verfahren postuliert. Triangulation zum Zweck des Erkennens und Kompensierens von Schwächen mag zwar ein auf einer Meta-Ebene akzeptables pragmatisch-praktisches Argument für die Anwendung mehrerer Methoden sein, nach heutigem Diskussionsstand bedarf es hier jedoch einer inhaltlichen, funktionalen und spezifischen Begründung: Die gegenseitige Kompensation von inhärenten Schwächen bzw. das Gegeneinanderausspielen von Methoden durch deren Kombination ist kein überzeugendes inhaltliches Argument und sollte nicht länger eingebracht werden (vgl. dazu bereits Mathison 1988).

Gemäß der im Folgenden skizzierten Position dient die Triangulation vielmehr dazu, ein umfassenderes, die verschiedenen Facetten des untersuchten Gegenstandes berücksichtigendes und damit angemesseneres Bild zu ermöglichen. Insbesondere sich ergänzende, komplementäre Befunde werden hier als für den Erkenntnisfortschritt wünschenswert betrachtet, insofern als sie vielfältigere Erklärungszusammenhänge ermöglichen. Es geht also bei dieser Herangehensweise um einen verbesserten, vertieften Erkenntnisgewinn über den jeweiligen Gegenstand. Flick sieht hier einen Ansatz der Geltungsbegründung, die „nicht in der Überprüfung von Resultaten, sondern in der systematischen Erweiterung und Vervollständigung von Erkenntnismöglichkeiten liegt". Und er schlussfolgert: „Triangulation wird damit weniger zu einer Strategie der Validierung der Ergebnisse und Vorgehensweisen als zu einer Alternative dazu [...], die Breite, Tiefe und Konsequenz im methodischen Vorgehen erhöht" (Flick 2006: 332). D. h., es geht um die Konstruktion von plausiblen Erklärungen mithilfe aller zur Verfügung stehenden Mittel. Bei den in der qualitativ ausgerichteten empirischen Fremdsprachenforschung untersuchten Fragestellungen handelt es sich meist um komplexe Gegenstände, die – um ihnen und ihrer Beschaffenheit gerecht zu werden – entsprechend differenziert behandelt werden müssen. Mittels der hier soeben skizzierten Triangulationskonzeption kann diese Komplexität adäquater erfasst werden, was sich wiederum positiv auf die Glaubwürdigkeit der gewonnenen Erkenntnisse auswirkt und ihre Akzeptanz in der *scientific community* fördert.

3.5 Ausblick

Die Triangulation ist eine ausgezeichnete Strategie zur Untersuchung komplexer Fragestellungen, die eine systematische Integration von verschiedenen Perspektiven nahelegen oder gar erfordern. Die aktuelle Geltungsbegründung der Triangulation liegt daher in ihrer Funktion, den jeweils untersuchten Gegenstand angemessener zu erfassen. Anstatt lediglich möglichst viele verschiedene Methoden miteinander zu kombinieren, ist vielmehr zu fragen, ob dies angesichts des jeweiligen Erkenntnisinteresses sinnvoll und gegenstandsadäquat ist. Mehrmethodenansätze sind weder inhärent valider als Einmethodenansätze, noch sind sie zwingend für alle Gegenstände und Fragestellungen gleichermaßen geeignet, denn – so Lamnek (2005: 291) – die „[m]ultimethodische Vorgehensweise ist kein Wert an sich; so kann eine Einzelmethode tatsächlich angemessener, brauchbarer und sinnvoller sein, eine konkrete Fragestellung zu beantworten". Wie bereits angedeutet, können z. B. Einstellungen am besten dadurch ermittelt werden, dass die betreffenden Personen direkt und zwar am besten mittels eines möglichst offenen Interviewverfahrens befragt werden. Die Erhebung zusätzlicher Daten, beispielsweise durch Verhaltensbeobachtungen oder Befragungen weiterer Personen, wäre hier nicht angemessen, weil damit ein anderes Erkenntnisinteresse verfolgt würde, nämlich die Ermittlung von Unterschieden in der Selbst- und Fremdwahrnehmung.

Es ist zu beobachten, dass häufig mehrmethodisch geforscht wird, ohne dass die jeweils eingesetzten Verfahren in ihren spezifischen Funktionen und Wechselbeziehungen nachvollziehbar dokumentiert und begründet werden (vgl. dazu Aguado 2009). Ob – wie Lamnek (2005: 290) kritisch anmerkt – „die multimethodische Vorgehensweise zu einer forschungs- und finanzierungstaktischen Modeerscheinung ohne ernsthafte wissenschaftliche Überzeugung geworden ist", bezweifel ich jedoch. Stattdessen sehe ich in dem Trend zur Anwendung von Mehrmethodenansätzen, der sich v. a. in zahlreichen Qualifikationsarbeiten in der Fremdsprachenlehr- und -lernforschung zeigt (vgl. z. B. Eckerth 2003; Schart 2003; Neveling 2004; Schmelter 2004; Schmidt 2007; Martinez 2008; Bär 2009, oder Pesce 2010), eine grundsätzliche Aufgeschlossenheit gegenüber dem in solchen Herangehensweisen steckenden Potential hinsichtlich der Erweiterung der Erkenntnismöglichkeiten. Diese ist i. d. R. eng verbunden mit der Hoffnung, die Validität und die Qualität der eigenen Forschung zu verbessern. Allerdings bestehen aufgrund einer nach wie vor nicht flächendeckend vorhandenen systematischen forschungsmethodologisch-methodischen Ausbildung in universitären fremdsprachenlehr- und -lernbezogenen Studiengängen (vgl. dazu bereits Grotjahn 2000) z. T. starke Defizite im forschungspraktischen Wissen und Können des wissenschaftlichen Nachwuchses. Diese werden aber erfreulicherweise allmählich sowohl durch die Überarbeitung von Studienordnungen und die Einführung von Forschungsmodulen, durch die von den Fachverbänden deutlich intensivierte Nachwuchsförderung insbesondere im Bereich der Forschungsmethodologie als auch durch Publikationen wie z. B. den vorliegenden Sammelband ausgeglichen.

WEITERFÜHRENDE LITERATUR

Denzin, Norman K. (1970): *The research act.* Chicago: Aldine./Denzin, Norman K. (1978): *The research act.* 2. Aufl. New York: McGraw-Hill./Denzin, Norman K. (1989): *The research act.* 3. Aufl. Englewood Cliffs, NJ: Prentice Hall.

In diesem Klassiker zur Methodologie der empirischen Forschung wird erstmals das Konzept der Triangulation von dem Soziologen Norman K. Denzin explizit benannt und differenziert definiert. Die Relevanz dieser Arbeit ist – trotz einer später vorgenommenen Relativierung des Subkonzepts der Theorie-Triangulation – auch für die aktuelle Diskussion nach wie vor unbestritten.

Flick, Uwe (2011b): *Triangulation. Eine Einführung.* 3., aktual. Aufl. Wiesbaden: VS.
Die dritte, aktualisierte Auflage der Einführung *Triangulation* von Uwe Flick (2011b) bietet einen guten und auch für Studierende verständlich geschriebenen Überblick über die wesentlichen Entwicklungen der methodisch-methodologischen Diskussion über die Triangulation von den Anfängen in den 1950er Jahren bis heute. Der Autor widmet sich ausführlich der Behandlung der *Mixed Methodologies/Mixed Methods* und bietet neben praktischen – allesamt den Sozialwissenschaften entstammenden – Beispielen am Ende eines jeden Kapitels kommentierte weiterführende Literatur an.

Kelle, Udo (2007): *Die Integration qualitativer und quantitativer Methoden in der empirischen Sozialforschung. Theoretische Grundlagen und methodologische Konzepte.* Wiesbaden: VS.
Bei der Monographie von Kelle (2007) handelt es sich um eine sehr ausführliche und außerordentlich differenzierte Darstellung des Verhältnisses zwischen quantitativen und qualitativen Methoden in der empirischen Sozialforschung. Sie ermöglicht einen vertieften Einblick in die historische Entwicklung und den aktuellen Stand der Diskussion. Von besonderer Relevanz ist dabei die intensive Diskussion der Vor- und Nachteile der jeweiligen Ansätze und ihrer Gegenstandsangemessenheit – ein allseits anerkanntes zentrales Kriterium in der Methodenauswahl.

ÜBUNGEN

Es folgt eine Reihe von Aufgaben zur Reflexion der im vorliegenden Beitrag angestellten Überlegungen zur Forschungsstrategie *Triangulation.* Für die Bearbeitung ist es erforderlich, dass Sie sich zunächst mit einigen Studien aus dem Bereich der empirischen Fremdsprachenforschung vertraut machen.

1) Bitte laden Sie sich die folgenden, allesamt in der elektronischen *Zeitschrift für Interkulturellen Fremdsprachenunterricht* publizierten Aufsätze herunter:
- Abendroth-Timmer, Dagmar (2004): Evaluation bilingualer Module aus Schülerperspektive: zur Lernbewusstheit und ihrer motivationalen Wirkung. *Zeitschrift für Interkulturellen Fremdsprachenunterricht*, 9/2, 27 Seiten. Abrufbar unter http://zif.spz.tu-darmstadt.de/jg-09-2/beitrag/Abendroth2.htm.
- Kirchner, Katharina (2004): Motivation beim Fremdsprachenerwerb. Eine qualitative Pilotstudie zur Motivation schwedischer Deutschlerner. *Zeitschrift für Interkulturellen Fremdsprachenunterricht,* 9(2), 32 Seiten. Abrufbar unter http://zif.spz.tu-darmstadt.de/jg-09-2/beitrag/Kirchner2.htm
- Röttger, Evelyn (2010): Interkulturelles Lehren und Lernen in der Unterrichtspraxis DaF: Grenzüberschreitung oder Hürdenlauf? *Zeitschrift für Interkulturellen Fremdsprachenunterricht*, 15/2: 7-24. Abrufbar unter http://zif.spz.tu-darmstadt.de/jg-15-2/beitrag/Roettger.pdf.

2) Lesen Sie diese – zufällig ausgewählten – Artikel kritisch im Hinblick auf die folgenden Fragen:
   a. Werden die der Studie zugrundeliegenden forschungsmethodologischen Prämissen genannt und begründet?
   b. Wird die methodische Vorgehensweise erläutert und begründet?
   c. Werden die Funktionen der Einzelverfahren und deren Beziehungen zueinander nachvollziehbar dargestellt?
   d. Wird das konkrete Vorgehen – Erhebung, Aufbereitung, Auswertung, Interpretation – dokumentiert?

e. Halten Sie die Studie in methodisch-methodologischer Hinsicht für überzeugend? Bitte begründen Sie Ihre Antwort.

Es folgen nun einige allgemeine und grundsätzliche Fragen zur Forschungsstrategie *Triangulation*:

3) Entwerfen und erläutern Sie ein Ihrer Ansicht nach optimales Design für eine Triangulationsstudie zu der Fragestellung: *Wie wirkt korrektives Feedback in der unterrichtlichen Interaktion?*

4) Welche Konsequenzen würden Sie in methodisch-methodologischer Hinsicht aus der folgenden Feststellung für die empirische Fremdsprachenforschung ziehen? „Fremdsprachenlernen ist ein durch eine Vielzahl interdependenter Faktoren konstituierter, mehrdimensionaler Wirklichkeitsbereich (Merkmal der Faktorenkomplexion)." (Grotjahn 2006: 248) Bitte begründen Sie Ihre Antwort.

LÖSUNGSVORSCHLÄGE

a Werden die der Studie zugrundeliegenden forschungsmethodologischen Prämissen genannt und begründet?
- Studie 1 (Abendroth-Timmer 2004): ja, aber sehr knapp
- Studie 2 (Kirchner 2004): ja, und zwar präzise
- Studie 3 (Röttger 2010): ja

b Wird die methodische Vorgehensweise erläutert und begründet?
- Studie 1 (Abendroth-Timmer 2004): ja, aber oberflächlich
- Studie 2 (Kirchner 2004): ja, und zwar differenziert
- Studie 3 (Röttger 2010): ja, aber knapp

c Werden die Funktionen der Einzelverfahren und deren Beziehungen zueinander nachvollziehbar dargestellt?
- Studie 1 (Abendroth-Timmer 2004): Funktionen: ja, aber knapp; Beziehungen: nein
- Studie 2 (Kirchner 2004): Funktionen: ja; Beziehungen: nein
- Studie 3 (Röttger 2010): Funktionen: ja; Beziehungen: eher nicht

d Wird das konkrete Vorgehen – Erhebung, Aufbereitung, Auswertung, Interpretation – dokumentiert?
- Studie 1 (Abendroth-Timmer 2004): ja, aber etwas oberflächlich und eher implizit
- Studie 2 (Kirchner 2004): ja, und zwar explizit
- Studie 3 (Röttger 2010): kaum

e Halten Sie die Studie in methodisch-methodologischer Hinsicht für überzeugend? Bitte begründen Sie Ihre Antwort.
- Keine Lösungsvorschläge, weil hier die subjektive Einschätzung der Leser(innen) gefragt ist.

3) Mögliches Design:
   - Videobasierte Unterrichtsbeobachtung:
     - Beschreibung und Analyse korrektiver Feedback-Sequenzen in der fremdsprachenunterrichtlichen Interaktion
   - Retrospektive Interviews mit Lernenden, die unterschiedliche Formen korrektiven Feedbacks erhalten haben oder beobachten konnten:
     - Ermittlung, ob und wie die verschiedenen Feedback-Formen von den Lernenden wahrgenommen werden
   - Durchführung von regelmäßigen Analysen anschließender mündlicher und schriftlicher Produktionen der befragten Lernenden:
     - Ermittlung, ob bzw. wie sich das jeweils wahrgenommene korrektive Feedback langfristig auf die fremdsprachliche Kompetenzentwicklung auswirkt.

4) Da es sich beim Fremdsprachenlernen um einen komplexen Prozess handelt, liegt es nahe, ihn entsprechend differenziert zu untersuchen. Eine Möglichkeit bietet hier eine mehrmethodische Herangehensweise, im Rahmen derer Perspektiven im weitesten Sinn miteinander trianguliert werden können. Da jedoch unmöglich alle relevanten Faktoren im Rahmen einer Studie untersucht werden können, ist es unverzichtbar, das jeweilige Erkenntnisinteresse sowie die daraus resultierenden Fragestellungen so präzise wie möglich zu formulieren. Erst dann können die dem Gegenstand angemessene Vorgehensweise nachvollziehbar bestimmt und geeignete – ein- oder mehrmethodische – Untersuchungsverfahren ausgewählt werden.

4. PLANUNG EINER EMPIRISCHEN STUDIE

4.1 Einleitung

Dieser Beitrag möchte jungen Forschenden im Fach Deutsch als Fremd- und Zweitsprache einen Überblick über Planungsaspekte sowie Tipps zur erfolgreichen Umsetzung einer größeren, eigenständig durchgeführten empirischen Forschungsarbeit geben. Er fokussiert dabei weder auf eine gesamte Qualifikationsphase im weiteren Sinne, wie z. B. die Promotion, was auch Selbstmotivation, Sammeln universitärer Lehrerfahrung usw. umfassen würde, noch auf den Prozess des wissenschaftlichen Schreibens (vgl. z. B. die einschlägigen Einführungen von Kruse 2007; Messing und Huber 2007; Esselborn-Krumbiegel 2008; Knigge-Illner 2009), sondern beschränkt sich auf forschungsmethodologische Aspekte. Von Anspruch und Umfang der empirischen Arbeit her wird exemplarisch der Fall der Doktorarbeit zugrunde gelegt. Da viele Planungsschritte in quantitativer Forschung standardisiert ablaufen, in qualitativer Forschung hingegen eine wesentlich größere Bandbreite an Möglichkeiten aufweisen, die hier nicht in Gänze dargestellt werden kann, liegen diesem Beitrag eher quantitative Überlegungen zugrunde, die durch qualitative ergänzt werden. Aufbauend auf einigen Vorüberlegungen werden im Folgenden konkrete Tipps zur Planung einer empirischen Studie und zum Erwerb forschungsmethodologischer Kompetenzen gegeben. Der Beitrag schließt mit grundlegenden Ratschlägen.

4.2 Vorüberlegungen

Ausgangspunkt eines empirischen Forschungsprojekts ist stets eine Fragestellung bzw. ein ausgewählter Forschungsgegenstand, die in gewisser Hinsicht eine Forschungslücke darstellen sollten. Hier bieten sich verschiedene Suchstrategien an, die jedoch nicht Gegenstand dieses Aufsatzes sein sollen (vgl. aber die oben genannten allgemeinen Einführungen in das wissenschaftliche Arbeiten).

Ausgehend von einer festgelegten Fragestellung im Rahmen quantitativer Studien bzw. einem initialen allgemeineren Forschungsinteresse im Falle qualitativer Herangehensweisen sollte der allererste Schritt der zielführenden Planung einer empirischen Studie darin bestehen, möglichst exakt den fächerspezifischen Erwartungshorizont zu klären, und zwar nicht nur, aber auch bezüglich forschungsmethodologischer Anforderungen. Im Falle einer Doktorarbeit beispielsweise bietet es sich an,

- Dissertationsschriften aus dem eigenen Fachgebiet und der eigenen Fakultät zu sichten,
- Tagungen zu besuchen, auf denen dem eigenen Vorhaben fachlich nahestehende (Promotions-)Projekte vorgestellt werden,

- wenn möglich, Doktorandenkolloquien des eigenen Faches, aber auch verwandter Fächer an der eigenen Hochschule sowie an anderen Hochschulen zu besuchen,[4]
- Gespräche mit den Doktoreltern sowie mit fortgeschrittenen „Doktorgeschwistern" zu führen.

In einem zweiten Schritt sollte überlegt werden, welche Kompetenzen zur Durchführung des konkreten Forschungsprojekts erforderlich sind, welche davon man bereits erworben hat und welche man erst noch erwerben muss. Dass dies durchaus komplexe Überlegungen sein können, zeigt Riemer (2010) anschaulich am Beispiel eines Forschungsprojekts im Bereich der Fehlerkorrektur. Zu denken ist an fachwissenschaftliche und fachdidaktische Kompetenzen, reflektierte Sprachlehr- und -lernerfahrungen sowie schließlich forschungsmethodische Kenntnisse und Erfahrungen (Riemer 2010: 423–424). Letztere umfassen neben forschungsmethodologischen Grundlagen, wie z. B. zum quantitativen und qualitativen Forschungsparadigma (vgl. Kap. 1) oder zu Gütekriterien (vgl. Kap. 2), auch spezifischere Kompetenzen in den Bereichen der Datenerhebung (vgl. Kap. 5–9), Datenaufbereitung (vgl. Kap. 10) und Datenauswertung (vgl. Kap. 11–13), wobei Riemer (2010: 424) für den Erwerb möglichst breiter Grundlagenkenntnis idealerweise bereits im Vorfeld der Untersuchung plädiert, denn: „Um begründete Entscheidungen für ein Forschungsdesign treffen zu können, ist ein Zugang zu sowohl quantitativen als auch qualitativen Forschungsansätzen unverzichtbar." Auf welchen Wegen diese Kompetenzen erworben werden können, wird weiter unten in Abschnitt 4.4 thematisiert. Erst auf Basis fundierter forschungsmethodischer Kompetenz kann schließlich das Forschungsdesign erstellt werden.

4.3 Planung

Bei der Planung einer quantitativ orientierten empirischen Studie sollte der genannte forschungsmethodologische Dreischritt (Datenerhebung, -aufbereitung, -auswertung) von vorne bis hinten im Detail durchdacht werden, bevor die Datenerhebung beginnt (vgl. Abb. 1).

In qualitativ angelegten Studien ist es zwar ebenfalls gewinnbringend, den Forschungsprozess von Anfang an in seiner Gesamtheit im Blick zu behalten; gleichzeitig gestaltet sich der Ablauf jedoch eher iterativ-zyklisch als linear, wobei die einzelnen Phasen viel stärker ineinandergreifen und im Laufe des Forschungsprozesses flexibel dem sich herausbildenden Forschungsgegenstand angepasst werden können.

In beiden Paradigmen bietet es sich an, getroffene Entscheidungen und die Pro- und Contra-Argumente, die ihnen zugrunde lagen, regelmäßig schriftlich festzuhalten (z. B. in Form eines Forschungstagebuchs, vgl. Riemer 2010: 430), um diese Überlegungen später in den Methodenteil der schriftlichen Arbeit einfließen zu lassen, in dem die empirische Vorgehensweise sowohl genau beschrieben als auch gerechtfertigt werden sollte (vgl. auch Kap. 2 zu Transparenz als Gütekriterium empirischer Studien). Welche Methoden jeweils ausgewählt werden, lässt sich nicht allgemein diskutieren, denn „[d]er zentrale Bezugspunkt sollte die Angemessenheit der Methoden oder ihrer Kombination für

---

[4] Die Organisatoren solcher Kolloquien freuen sich häufig über Vorträge externer Gäste. Es bietet sich daher durchaus an herauszufinden, ob es an Hochschulstandorten, an denen für die eigene Arbeit fachlich interessante Forschende sitzen, Forschungskolloquien gibt, und bei den Ausrichtenden anzufragen, ob sie Interesse an einem Vortrag zum eigenen Promotionsthema hätten.

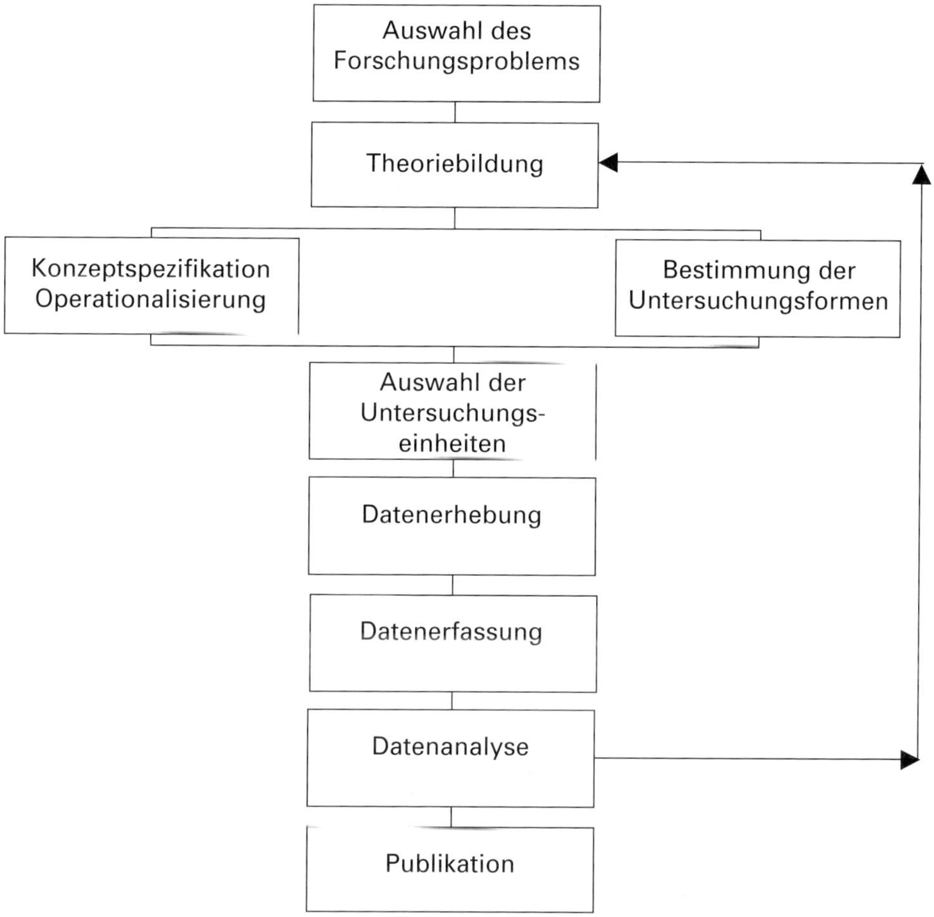

Abb. 1: Phasen des Forschungsprozesses (Schnell, Hill und Esser 2005: 8)

den Gegenstand der Studie sein" (Flick 2011a: 54). Hingewiesen werden soll im Folgenden jedoch auf vier ausgewählte Aspekte, die für die Güte empirischer Studien von zentraler Bedeutung sind: Operationalisierung, Sampling, Ethik und eine sorgfältige Planung.

4.3.1 Operationalisierung

Ausgehend von einer wissenschaftlichen Fragestellung – und im Falle quantitativer Untersuchungen zusätzlich zu prüfenden Hypothesen (vgl. Kap. 2 und 12) – sollte man sehr genau überlegen, mithilfe welches methodischen Vorgehens man diese beantworten kann. Unter *Operationalisierung* wird dabei die „Messbarmachung von Begriffen und Konstrukten im Hinblick auf ihre empirische Überprüfbarkeit" (Skiba 2010: 234) verstanden. Möchte man beispielsweise die mündliche Leistung im Sprachunterricht messen, so sollten Qualität und Quantität der Beiträge in die Messung einfließen, neben Plenumsbeiträgen könnten auch Partner- oder Gruppenarbeitsaktivitäten relevant sein, bezüglich der Qualität muss zumindest zwischen zielsprachlichen und ausgangssprachlichen Beiträgen unterschieden werden usw. An dieser Stelle sind Design-Entscheidungen zu treffen, die ganz erheblichen Einfluss auf die Belastbarkeit der Untersuchungsergebnisse haben werden. Zu prüfen ist dabei stets, dass die zu untersuchenden Begriffe und Konstrukte weder unter- noch überrepräsentiert sein sollten. Im Rahmen qualitativer Forschung hingegen geht es weniger um die Frage der Messbarmachung als um eine Reflexion der Perspektivität und Kontextualität des Forschungsgegenstands (vgl. z. B. Steinke 2004 und Kap. 2 zu Gütekriterien qualitativer Forschung). Sehr anregend kann in diesem Zusammenhang auch ein Blick in thematisch verwandte empirische Studien sein.

4.3.2 Sampling

Elementaren Einfluss auf die Ergebnisse einer empirischen Studie hat auch die Auswahl der Untersuchungsteilnehmenden. Während sich hier in quantitativ angelegten Studien vor allem die Frage *wie viele?* stellt, geht es in qualitativer Forschung primär um die Frage *welche?*.

Wie viele Probanden im Rahmen quantitativer Designs mindestens nötig sind, um einen in der Population vorhandenen Effekt in einer Stichprobe tatsächlich auffinden zu können (vgl. genauer Kap. 12), lässt sich im Vorfeld der Untersuchung mittels statistischer Power-Analyse (z. B. Bühner und Ziegler 2009: 141–220; Rasch, Friese, Hofmann und Naumann 2010a: 79–82; Larsen-Hall 2010: 96, 100–111; vgl. auch die kostenlose *Shareware G*Power*: http://www.psycho.uni-duesseldorf.de/aap/projects/gpower/) berechnen. Ob die für die Stichprobe ausgewählten Probanden die Population allerdings auch tatsächlich in allen für die Untersuchung relevanten Merkmalen repräsentativ abbilden, lässt sich letztlich nur auf Basis theoretischer Überlegungen abschätzen. Um diesem Ziel möglichst nahe zu kommen, stehen unterschiedliche Sampling-Methoden zur Auswahl (vgl. Bortz 2005: 86–89; Schnell, Hill und Esser 2005: 265–317; Bortz und Döring 2006: 393–487), von denen hier die drei geläufigsten kurz erläutert werden sollen.

Bei der einfachen Zufallsstichprobe müssen alle Elemente der Grundgesamtheit bekannt und z. B. über Namenslisten erfasst sein. Aus dieser Liste werden dann per Zufall, z. B. mittels SPSS, die Untersuchungsteilnehmenden ausgewählt, wobei jedes Element der Grundgesamtheit die gleiche Chance haben muss, ausgewählt zu werden.

Nimmt man hingegen an, dass bestimmte Merkmale von Personen einen besonderen Einfluss auf die Messung haben könnten, bietet es sich an, mit geschichteten Stichproben zu arbeiten. Hier wird die Grundgesamtheit anhand des betreffenden Merkmals oder der betreffenden Merkmale in Schichten unterteilt (z. B. nach L1, Alter o. Ä.) und aus jeder Schicht wird wiederum eine einfache Zufallsstichprobe gezogen. So wird sichergestellt, dass die relevanten Merkmale in Population und Stichprobe gleichverteilt sind.

Sind Zufalls- oder Schichtenstichprobe jedoch zu aufwändig oder unmöglich, z. B. weil gar nicht alle Elemente der Grundgesamtheit in einer Liste erfasst werden können, kommt eine Klumpenstichprobe in Frage. Dabei wird die Grundgesamtheit in Gruppen, die sog. *Klumpen* (z. B. Schulklassen, Stadtbezirke, Sprachschulen usw.), unterteilt, um dann wiederum eine einfache Zufallsstichprobe aus den Klumpen zu ziehen. In die Erhebung gehen dann alle Elemente der ausgewählten Klumpen ein. Während die Unterschiede zwischen den Klumpen möglichst gering sein sollten, sollten sie innerhalb der Klumpen möglichst groß sein, da jeder Klumpen in sich ein möglichst gutes Abbild der Grundgesamtheit darstellen sollte (vgl. auch Kap. 14.3 zu Samplingstrategien im Rahmen quasiexperimenteller Designs).

Ganz anders verhält es sich in qualitativ angelegter Forschung, wo es nicht um die statistische Repräsentativität geht. „Stattdessen müssen hier Verfahren einer *bewussten* (d. h. nicht zufälligen!), *kriteriengesteuerten Fallauswahl* und *Fallkontrastierung* eingesetzt werden, bei denen sichergestellt wird, dass für die Fragestellung relevante Fälle berücksichtigt werden.“ (Kelle und Kluge 2010: 43, Herv. i. O.) Dabei wird häufig sukzessive gesampelt, wobei über die vergleichende Auswahl sowohl typischer als auch kontrastierender Fälle im Verlauf der Datenanalyse eine theoretische Sättigung angestrebt wird. Die gezielte Auswahl (*purposive sampling*) ermöglicht somit den fortschreitenden Ausbau der Theorie. Aber auch eine Vorabauswahl der Untersuchungsteilnehmenden auf Grundlage eines Stichprobenplans kann sinnvoll sein, wenn die für den Forschungsgegenstand relevanten Merkmale von vornherein bekannt sind (vgl. Kelle und Kluge 2010: 47–55; Przyborski und Wohlrab-Sahr 2010: 177–180; Flick 2011a: 158–166 zum sog. *theoretical sampling*). Handlungsleitend ist generell der Anspruch, zum einen für den Forschungsgegenstand relevante Fälle – „individuals who can provide rich and varied insights into the phenomenon under investigation so as to maximize what we can learn“ (Dörnyei 2007: 126) – auszuwählen, zum anderen die Ergebnisse der Studie nicht durch die Auswahl zu verzerren (Kelle und Kluge 2010: 41–42; Lamnek 2010: 167–173).

Grundsätzlich problematisch sind hingegen sowohl in quantitativer als auch in qualitativer Forschung immer noch häufig vorkommende sog. *Gelegenheitsstichproben*, z. B. über Selbstselektion der Untersuchungsteilnehmenden im Rahmen einer Probandensuche per Aushang. Hier muss zumindest reflektiert werden, ob bzw. inwiefern diese Vorgehensweise einen Einfluss auf die Ergebnisse der Studie genommen haben könnte. Im Rahmen universitärer Qualifikationsarbeiten sind die Untersuchungsteilnehmenden beispielsweise häufig Studierende und hier wiederum überproportional häufig aus Fächern wie der Psychologie oder der Linguistik, in denen für die Teilnahme an empirischen Studien Leistungspunkte für das Studium vergeben werden.

4.3.3 Ethische Gesichtspunkte

Wichtig bei der Planung zu bedenken ist auch, wie gewährleistet werden kann, dass den Untersuchungsteilnehmenden durch die Untersuchung wenigstens kein Schaden, idealerweise sogar ein Profit entsteht. Ein zentraler Punkt dabei ist die Anonymisierung bzw. Pseudonymisierung der Daten. Während in ersterem Fall die Identität der Untersuchungsteilnehmenden für niemanden zurückzuverfolgen ist, da bereits bei der Datenerhebung nicht nach dem Namen gefragt bzw. ausschließlich ein Code verwendet wird, werden die Daten im zweiten Fall erst nachträglich vom Forschenden von den Personennamen getrennt, wobei eine Wiederzuordnung faktisch möglich bleibt. In Zweifelsfällen stehen die Datenschutzbeauftragten der Hochschulen bzw. der Länder beratend zur Seite.

Auch bei der Veröffentlichung von Daten im Rahmen von Tagungen oder schriftlichen Publikationen muss immer wieder genau geprüft werden, ob die Anonymität der Untersuchungsteilnehmenden gewahrt bleibt. So müssen in Videoausschnitten beispielsweise häufig Gesichter technisch unkenntlich gemacht werden, auf einzelne Untersuchungsteilnehmende wird in aller Regel ausschließlich mittels Pseudonym Bezug genommen. Problematisch kann aber auch die Publikation eines gesamten Interviewtextes sein, in dem

z. B. ein Sprachkurslehrer von sich preisgibt, dass er in Vietnam geboren und ab seinem zehnten Lebensjahr in Deutschland aufgewachsen ist. In einer Kleinstadt können diese Informationen mit ziemlicher Sicherheit in DaF-/DaZ-Kreisen einer Person zugeordnet werden, deren Identität somit der regionalen Fachöffentlichkeit preisgegeben wäre. Auf die entsprechenden biographischen Angaben zu verzichten, kann manchmal zwar für die Interpretation der Daten bedauerlich, aus ethischen Gründen dennoch notwendig sein.

Schließlich kann auch die Durchführung der Untersuchung selbst ethisch bedenklich erscheinen, z. B. wenn beobachtet werden soll, wie Migranten in ihrer Zweitsprache ein Anliegen im Rathaus sprachlich selbständig zu lösen versuchen, ohne ihnen als muttersprachlicher Beobachter dabei Hilfe anzubieten, oder wenn von zwei Schulklassen die eine spezielle Sprachförderung erhält und die andere (als Kontrollgruppe dienende) nicht. Hier können jedoch in der Regel Lösungen gefunden werden, z. B. indem im ersten Beispiel im Nachgang Unterstützung angeboten wird oder im zweiten Beispiel eine Wartekontrollgruppe (vgl. z. B. Felbrich, Stanat, Paetsch und Darsow 2012; vgl. auch die Diskussion in Kap. 1.2.4) eingesetzt wird.

In jedem Fall setzt jegliche Untersuchung eine aufgeklärte Einverständniserklärung der Untersuchungsteilnehmenden voraus, die jederzeit – auch nach Abschluss der Untersuchung – zurückgezogen werden kann (vgl. genauer z. B. Mackey und Gass 2005: 25–36; Viebrock 2009; Hussy, Schreier und Echterhoff 2010: 41–47). Sind die Untersuchungsteilnehmenden minderjährig, muss die Einwilligung durch die Eltern erfolgen. Bei Untersuchungen in schulischen Kontexten sind darüber hinaus häufig ministerielle Genehmigungen vonnöten. Für das Einholen dieser Schriftform erfordernden Genehmigungen sollte ausreichend Zeit eingeplant werden (vgl. auch Kap. 15.4.1 zu Videoaufnahmen).

4.3.4 Finanz- und Zeitplanung

Eine gute Finanz- und Zeitplanung zeichnet sich zunächst dadurch aus, dass sie überhaupt vorhanden ist. Wiederholte Anpassungen im Verlauf der Forschungsarbeit sind selbstverständlich.

Bei der Finanzplanung ist zu bedenken, dass sowohl Materialanschaffungen (z. B. Software), die Datenerhebung (z. B. Reisekosten) als auch die Datenaufbereitung und -auswertung (z. B. Transkription, Interrater) in der Regel Geld kosten. Ab einer gewissen Menge können auch Datenträger oder Kopierkosten Kleckerbeträge übersteigen. Und auch die angemessene Entschädigung von Untersuchungsteilnehmenden sollte bedacht werden. Als Lohn für die Teilnahme an einer Studie kommen im Rahmen von Qualifikationsarbeiten kleine Aufmerksamkeiten (wie z. B. Schokolade, Verlosung von Kinogutscheinen) oder auch ortsübliche Bezahlung (an der Universität Bielefeld z. B. 6 Euro pro Stunde) in Frage. In manchen Fällen kann auch in Form einer Gegenleistung, wie z. B. Übernahme einer Unterrichtsverpflichtung, Korrekturtätigkeit o. Ä., entlohnt werden. Die meisten Teilnehmenden freuen sich auch über das Angebot, nach Abschluss der Untersuchung per E-Mail über die Ergebnisse informiert zu werden.

Eine Finanzierung zu finden, gestaltet sich für Nichtpromovierte in unserem Fachbereich äußerst schwierig. Viele Universitäten verfügen jedoch über Förderprogramme für junge Wissenschaftler, die zumindest geringere Beträge abdecken. Fachsprecher, Dekanat und Dezernat für Forschungsförderung können hier standortspezifische Hinweise geben.

Bei der Untersuchungs- sowie der Zeitplanung besteht die Schwierigkeit darin, realistisch zu planen, d. h. zunächst einmal schlicht, die Durchführbarkeit der geplanten Untersuchung zu gewährleisten. 90% der Rückmeldungen auf Erstpräsentationen von Promotionsprojekten lauten erfahrungsgemäß: *Das ist viel zu viel, was Du Dir da vorgenommen hast!*. Auch ein Promotionsprojekt sollte „nur" ein Promotionsprojekt bleiben und in einem begrenzten Zeitrahmen und mit begrenzten finanziellen Mitteln zu einem guten Ende gebracht werden. Zeitphasen, in denen man dabei denken kann, sind z. B. Literaturrecherche, Lesen, Design erstellen, Pilotierung, Revision, eigentliche Datenerhebung, Datenaufbereitung, Datenauswertung, Schreiben – wobei sich die Arbeitsschritte durchaus auch überlappen können. Dabei ist für ein qualitatives Projekt tendenziell mehr Zeit für Datenaufbereitung und -auswertung als für die -erhebung einzuplanen, wohingegen in quantitativen Projekten die Erstellung des Elizitierungsinstruments häufig sehr aufwändig ist, die Datenauswertung hingegen recht zügig erfolgen kann. Einzuplanen ist immer auch ein Zeitpuffer für unvorhergesehene Verzögerungen. Die Phase der Pilotierung kann auch dafür genutzt werden, die eigene praktische Methodenkompetenz zu perfektionieren, was z. B. den sicheren Umgang mit Aufnahmegeräten, die Umsetzungen von Transkriptionskonventionen oder auch das Einhalten von Regeln des Untersucherverhaltens einschließt. Zentral ist die an die Pilotierung anschließende Revisionsphase, in der das Design häufig noch einmal substantiell verbessert werden kann:

Tab. 1: Beispielablauf einer Promotionsphase

Zeit	Promotionsprojekt	Sonstiges (vgl. genauer Abschnitt 4.4)
Januar 2015	Literaturrecherche	
Februar bis Juli 2015	Lesen	Besuch von Methodenseminaren an der Universität Besuch von zwei Tagungen
August 2015	Design erstellen	
September und Oktober 2015	Design pilotieren und revidieren	Besuch einer Tagung (Doktorandenworkshop) mit eigener Präsentation (Forschungsdesign) Besuch einer Sommerschule
November und Dezember 2015	Datenerhebung	Besuch von Methodenseminaren an der Universität
Januar bis Juni 2016	Datenaufbereitung	Halten eines Methodenseminars im eigenen Fach
Juli bis Dezember 2016	Datenauswertung	Besuch einer Tagung mit eigener Präsentation (Forschungsdesign und erste Ergebnisse) und ggf. anschließender Publikation
Januar bis Dezember 2017	Schreiben	Besuch einer Tagung mit eigener Präsentation (Forschungsdesign und erste Ergebnisse) und ggf. anschließender Publikation
Januar bis Juni 2018	Zeitpuffer	

> Die Forschungsfrage sollte prinzipiell überdacht und ggfs. angepasst werden; das Forschungsdesign inkl. der vorgesehenen Methoden sollte noch einmal äußerst kritisch reflektiert und angepasst werden mit dem Ziel, späteren „Datenmüll“, also erstens unbrauchbare und zweitens sicherlich interessante, aber nicht unbedingt notwendige Daten zu vermeiden. Wer ein Mehr-Methoden-Design mit triangulativen Elementen gewählt hat, sollte sich z. B. fragen, ob die Vorteile einer multiplen Operationalisierung den erhöhten Aufwand rechtfertigen und ob die unterschiedlichen Daten tatsächlich sinnvoll miteinander in Beziehung zu setzen sind. (Riemer 2010: 430)

Ein konkreter Zeitplan für ein empirisches Promotionsprojekt könnte z. B. aussehen wie in Tab. 1 dargestellt, wobei die einzelnen Phasen in der Umsetzung selbstverständlich stärkere Übergänge aufweisen und gerade das Schreiben in gewisser Weise in allen Phasen des Projekts stattfindet.

Die einzelnen Phasen einer solchen Makrozeitplanung sollten dann spätestens kurz vor Beginn der jeweils nächsten Phase detaillierter ausgestaltet werden, bis hin zu möglichen Tagesplänen, z. B. bezüglich des Literaturpensums. Auf diese Art und Weise soll möglichst verhindert werden, dass zu viel Zeit mit Dingen verbracht wird, die in der rückblickenden Gesamtschau weniger wichtig waren, als andere es gewesen wären. Insbesondere auf zeitlich begrenzten Arbeitsverträgen sollte man sich zwingen, hier klare Grenzen zu ziehen, z. B. irgendwann einfach (zumindest erst einmal) aufzuhören zu lesen.

4.4 Strategien zum Erwerb forschungsmethodologischer Kompetenzen

Die erste und wichtigste Strategie des Erwerbs forschungsmethodologischer Kompetenzen ist sicherlich schlicht das Lesen. Dabei sollte einerseits forschungsmethodologische Literatur zum Deutschen als Fremd- und Zweitsprache, aber auch verwandter Disziplinen mit weiter zurückreichender empirischer Tradition, wie z. B. der Linguistik, Psychologie, Soziologie oder Pädagogik, bearbeitet werden. Literaturhinweise zu ausgewählten Methoden geben auch die einzelnen Kapitel dieser Einführung. Allgemein als Einstiegsliteratur in forschungsmethodologische Fragen zu empfehlen sind z. B. die folgenden Publikationen, die ihre teils qualitative, teils quantitative Orientierung ggf. im Titel tragen:

- Arbeitsgruppe Fremdsprachenerwerb Bielefeld (1996a): Fremdsprachenerwerbsspezifische Forschung. Aber wie? Theoretische und methodologische Überlegungen (I). In: *Deutsch als Fremdsprache* 33, 144–155.
- Arbeitsgruppe Fremdsprachenerwerb Bielefeld (1996b): Fremdsprachenerwerbsspezifische Forschung. Aber wie? Theoretische und methodologische Überlegungen (II). In: *Deutsch als Fremdsprache* 33, 200–210.
- Bortz, Jürgen; Döring, Nicola (2006): *Forschungsmethoden und Evaluation für Human- und Sozialwissenschaftler.* 4., überarb. Aufl. Heidelberg: Springer.
- Brown, James D.; Rodgers, Theodore S. (2002): *Doing Second Language Research.* Oxford: Oxford University Press.
- Doff, Sabine (Hrsg.) (2012): *Fremdsprachenunterricht empirisch erforschen. Grundlagen – Methoden – Anwendung.* Tübingen: Narr.
- Dörnyei, Zoltán (2007): *Research Methods in Applied Linguistics.* Oxford: Oxford University Press.
- Einführungen in zahlreiche Forschungsmethoden von Springer VS (http://www.springer-vs.de/)

- Flick, Uwe (2012): *Qualitative Sozialforschung. Eine Einführung.* 5., vollst. überarb. und erw. Neuausgabe. Reinbek bei Hamburg: Rowohlt.
- Flick, Uwe; Kardorff, Ernst von; Steinke, Ines (Hrsg.) (2012): *Qualitative Forschung. Ein Handbuch.* 9. Aufl. Reinbek bei Hamburg: Rowohlt.
- Heigham, Juanita; Croker, Robert A. (Hrsg.) (2009): *Qualitative research in applied linguistics. A practical introduction.* Basingstoke u. a.: Palgrave Macmillan.
- Lamnek, Siegfried (2010): *Qualitative Sozialforschung.* 5., überarb. Aufl. Unter Mitarbeit von Claudia Krell. Weinheim; Basel: Beltz.
- Larsen-Freeman, Diane; Long, Michael H. (1991): *An Introduction to Second Language Acquisition Research.* London: Longman.
- Larson-Hall, Jenifer (2010): *A Guide to Doing Statistics in Second Language Research Using SPSS.* New York; London: Routledge.
- Mackey, Alison; Gass, Susan M. (2005): *Second Language Research. Methodology and Design.* Mahwah, New Jersey; London: Lawrence Erlbaum.
- Mackey, Alison; Gass, Susan M. (2012): *Research Methods in Second Language Acquisition. A Practical Guide.* The Atrium u. a.: Blackwell.
- McDonough, Jo; McDonough, Steven (1997): *Research methods for English language teachers.* London: Arnold.
- Rasch, Björn; Friese, Malte; Hofmann, Wilhelm; Naumann, Ewald (2010a, b): *Quantitative Methoden 1/2. Einführung in die Statistik für Psychologen und Sozialwissenschaftler.* 3., erw. Aufl. Berlin, Heidelberg: Springer.

Des Weiteren sollten empirische Studien aus dem eigenen Forschungsgebiet unter dem Aspekt der empirischen Vorgehensweise rezipiert werden. Der gezielte Blick darauf, wie andere Forschende den Gegenstand untersuchen und auf welche erkenntnistheoretischen oder auch forschungspraktischen Schwierigkeiten sie dabei stoßen, ist für die Erstellung des eigenen Designs sehr lehrreich und unverzichtbar.

Darüber hinaus ist der Besuch von Seminaren und Fortbildungen zu forschungsmethodologischen Themen hilfreich. Eine Möglichkeit stellt der Besuch von Lehrveranstaltungen der eigenen, aber auch anderer Fakultäten (z. B. der oben genannten Fächer) dar, wodurch sich häufig auch Gelegenheiten zur individuellen Beratung ergeben.

Abgesehen von der Hochschullehre finden solche Seminare auch immer häufiger im Rahmen von Fachtagungen, hier insbesondere von Nachwuchsworkshops im Vorfeld der eigentlichen Tagung (*Pre-conference-Workshops*), statt. Diese Workshops bieten in der Regel neben *Input* zu methodischen Themen ein Forum für die Präsentation und Diskussion von Qualifikationsarbeiten. Ausrichter im Rahmen der jeweiligen Fachtagungen, z. T. aber sogar auch unabhängig davon in Form von Sommerschulen, sind z. B. der *Fachverband Deutsch als Fremdsprache* (FaDaF), die *Deutsche Gesellschaft für Fremdsprachenforschung* (DGFF), das *Symposion Deutschdidaktik* (SDD) oder auch die *Gesellschaft für Fachdidaktik* (GFD). Erwähnenswert sind in diesem Zusammenhang auch das *AILA-Europe Junior Research Meeting in Applied Linguistics* (JRM) sowie die Frühjahrs- und Herbstakademie am *Institut zur Qualitätsentwicklung im Bildungswesen* (IQB) oder die Sommerschule der *Deutschen Gesellschaft für Erziehungswissenschaft* (DGfE).

Auch ganze Tagungen widmen sich forschungsmethodologischen Fragen, wie z. B. die Nachwuchstagung *Empirische Methoden Deutsch als Fremd- und Zweitsprache* (EmMeth) oder das *Berliner Methodentreffen Qualitative Forschung* (BMT: http://www.qualitative-forschung.de/methodentreffen/).

Eine Möglichkeit, empirische Designs zu diversen Themen der Sprachlehr- und lernforschung vorgestellt zu bekommen, bietet darüber hinaus die jährlich stattfindende

Conference of the European Second Language Acquisition (EUROSLA). Daneben sollten natürlich auch themenspezifische, ggf. auch internationale Tagungen besucht werden, die ebenfalls nicht nur inhaltsbezogen, sondern auch forschungsmethodologisch interessant sein können.

Um aktuelle Angebote nicht zu verpassen, ist es sinnvoll, einschlägiger Newsletter zu abonnieren, wie z. B. die *Mailingliste DaF-DaZ-Nachwuchs* (https://mailman.virt.uni-oldenburg.de/mailman/listinfo/daf-daz-nachwuchs), den *DGFF-Newsletter* (http://www.dgff.de/de/newsletter/newsletter-abonnieren.html), die *Mailingliste des DaZ-Portals* (https://lserv.uni-jena.de/mailman/listinfo/dazportal), die *Linguist List* (http://linguistlist.org/lists/get-lists.cfm) sowie wiederum themengebietsspezifische.

Eine weitere Möglichkeit, sich forschungsmethodologische Kompetenzen anzueignen, besteht darin, selbst entsprechende Seminare zu konzipieren und durchzuführen, z. B. auch im Team mit anderen Promovierenden, um sich auf dieser Weise zu einer tieferen Durchdringung des Stoffes zu zwingen (vgl. auch Tab. 1). Auch das Kennenlernen „der anderen Seite" kann aufschlussreich sein, indem man sich selbst als Untersuchungsteilnehmender an empirischen Studien beteiligt, wozu z. B. an Universitäten durch Aushang eingeladen wird. Gerade in Bezug auf das zu erlernende Verhalten als Untersuchungsleiter kann diese Erfahrung sehr anregend sein: *Wie werde ich begrüßt? Wie ist das Blickverhalten des Untersuchers? Welche Hypothesen stelle ich über das Ziel der Untersuchung an? Warum fühle ich mich wohl oder unwohl in der Situation? Usw.*

Feedback zur im Rahmen der eigenen Studie gewählten Vorgehensweise können auch an einigen Hochschulen vorhandene Methodenberatungen geben. Eine andere Möglichkeit besteht darin, sich in Review-Verfahren zu begeben und aus den Kommentaren der Reviewer Optimierungsvorschläge für das Design zu ziehen. Für unser Fach bietet z. B. die *Zeitschrift für Fremdsprachenforschung* (ZFF) die einschlägige Rubrik *Forschungsprojekt*. Auch die Präsentation des eigenen Forschungsdesigns im Rahmen von Tagungen und z. B. aus Tagungskontakten entstehender kollegialer Austausch sind elementar. Selbstverständlich sollte auch ein regelmäßiger Austausch mit dem Betreuenden der Arbeit stattfinden. Dieser kann insbesondere auf Grundlage von Texten, also z. B. eines Exposés zur Doktorarbeit, einer Präsentation im Doktorandenkolloquium, Aufsatzentwürfen o. Ä., erfolgen, aber auch in Form von Beratungsgesprächen zu konkreten Fragen, insbesondere auch als Strategienberatung. Daneben kann es auch überaus hilfreich sein, sich zusätzlich andere Mentoren zu suchen, die nicht in der Doppelrolle des Beratenden und Bewertenden stecken. Dies kann informell durch kollegiale Kontakte, aber auch z. B. im Rahmen von Mentoring-Programmen, die an den Universitäten eine immer größere Verbreitung erfahren und in der Regel eine Form von Coaching durch einen im Wissenschaftsbetrieb erfahreneren Mentor, gegenseitige Unterstützung im Rahmen von Peer-Mentoring sowie wie Workshops zu unterschiedlichen Karrierefragen umfassen, erfolgen.

4.5 Kurz und gut

Zusammenfassend sollten folgende Regeln beachtet werden, um eine empirische Forschungsarbeit zum Erfolg zu führen:

- Denke Deine Untersuchung bis ganz zum Schluss durch! (Wenn Du z. B. eine Fragebogenstudie durchführst, überlege auch, wie Du die einzelnen *Items* in SPSS kodieren und welche statistischen Verfahren Du damit rechnen kannst und wie Du mögliche Ergebnisse interpretieren könntest.)

- Pilotiere Deine Datenerhebungsinstrumente, was das Verhalten des Datenerhebenden und der Untersuchungsteilnehmenden einschließt! (Wenn Du z. B. Interviews durchführst, teste aus, inwiefern Dein Interviewerverhalten die Daten beeinflussen könnte.)
- Ändere und optimiere Dein Forschungsdesign auf Grundlage der Pilotierung, nötigenfalls auch mehrmals! (Wenn Du das Gefühl hast, Du müsstest gar nichts ändern, hast Du aller Wahrscheinlichkeit nach nicht sinnvoll pilotiert.)
- Präsentiere nach der Pilotierung, aber vor der eigentlichen Datenerhebung bei jeder sich bietenden Gelegenheit das Design Deiner Studie und hole nicht nur inhaltsbezogenes, sondern auch methodisches Feedback dazu ein!
- Vernetze Dich mit Forschenden auf unterschiedlichen Qualifikationsebenen und rege den gegenseitigen unterstützenden Austausch bzgl. Datenerhebung, -aufbereitung, -auswertung und -interpretation an!
- Gehe davon aus, dass Du in jedem Fall irgendwelche Methodenfehler begehst, suche aktiv nach ihnen, reflektiere sie im Rahmen Deiner Arbeit kritisch und beziehe sie in Deine Ergebnisinterpretation ein (vgl. auch Kap. 17)!

Abschließend sei gesagt, dass für den Erfolg einer empirischen Forschungsarbeit letztlich natürlich die Ergebnisse der Untersuchung maßgeblich sein werden, für die die forschungsmethodologische Angemessenheit jedoch eine Grundvoraussetzung darstellt. Aus karrierestrategischer Sicht ist daher nicht aus den Augen zu verlieren, wie man sich mit dem eigenen Forschungsthema sowohl thematisch als auch methodisch in der *Scientific Community* positioniert und welche längerfristigen Berufschancen sich daraus ergeben könnten.

WEITERFÜHRENDE LITERATUR

Riemer, Claudia (2010): Erste Schritte empirischer Forschung: Themenfindung, Forschungsplanung, forschungsmethodologische Entscheidungen. In: Chlosta, Christoph; Jung, Matthias (Hrsg.): *DaF integriert: Literatur – Medien – Ausbildung. Tagungsband der 36. Jahrestagung des Fachverbandes Deutsch als Fremdsprache 2008.* Göttingen: Universitätsverlag, 423–434.
Dieser Aufsatz gibt zahlreiche praktische Empfehlungen zu den einzelnen Phasen der Planung und Durchführung einer empirischen Studie.

Albert, Ruth; Marx, Nicole (2010): *Empirisches Arbeiten in Linguistik und Sprachlehrforschung. Anleitung zu quantitativen Studien von der Planungsphase bis zum Forschungsbericht.* Tübingen: Narr.
Anhand vielfältiger Beispiele aus der Sprachlehr- und -lernforschung zeigen Albert und Marx (2010) typische Vorgehensweisen und ihre Tücken bei der Durchführung quantitativer Studien auf.

Richards, Keith (2003): *Qualitative Inquiry in TESOL.* New York u. a.: Palgrave Macmillan.
Der Band bietet analog einen kompakten Einstieg in die L2-bezogene qualitative Forschung, wenn auch am Beispiel des Englischen als Fremd- und Zweitsprache.

ÜBUNGEN

1) Inwiefern könnte die unten stehende Operationalisierung problematisch sein?
   - Fragestellung: *Hat das Hausaufgabenverhalten einen Einfluss auf die Schulnote?*
   - Operationalisierung: *Hausaufgaben* gemessen in Anzahl Tage pro Monat, an denen die Hausaufgaben im zurückliegenden Schuljahr durchschnittlich vergessen wurden, erfragt von Lehrern und Schülern.

2) Ein Forscher möchte untersuchen, wie Integrationskurslehrende das Kurskonzept wahrnehmen und welche Verbesserungsvorschläge sie diesbezüglich hätten. Zu diesem Zweck erstellt er auf Grundlage einschlägiger Fachliteratur zunächst einen Fragenkatalog. Dann spricht er Kollegen aus seinem Fachbereich an, von denen er weiß, dass sie neben ihrer Promotion auch als Integrationskurslehrende arbeiten. Eine Frau, die mehrsprachig aufgewachsen ist, und zwei deutschsprachig aufgewachsene Männer erklären sich zur Teilnahme an der Studie bereit. Einer der Kollegen vermittelt außerdem Kontakt zu vier weiteren Integrationskurslehrerinnen, die an derselben Sprachschule wie er tätig sind. Die vier Frauen sind monolingual mit Deutsch aufgewachsen. Alle Untersuchungsteilnehmenden haben Deutsch als Fremdsprache studiert und sind zwischen 20 und 30 Jahre alt. Die Interviews werden binnen drei Tagen durchgeführt, im Anschluss transkribiert und schließlich inhaltsanalytisch ausgewertet.
   Welchen Einfluss könnte die beschriebene Vorgehensweise auf die Ergebnisse der Untersuchung haben und wie könnte man das Design optimieren?

3) Füllen Sie den Design-Fragebogen in Anhang 1 bzgl. der von Ihnen geplanten empirischen Studie in Ruhe aus. Gestalten Sie die Angaben kurz und knapp, so dass sich eine zweite Person anhand des Bogens in 5-10 Minuten einen Überblick über Ihr Design verschaffen kann. Gehen Sie dann wie folgt vor:
   1. Jeder Partner liest den Design-Fragebogen des anderen durch und notiert auf Basis der Checkliste (s. Anhang 2) Fragen, Anmerkungen usw. auf dem Papier (5 Min.).
   2. A stellt ggf. Verständnisfragen zum Design von B, nennt aus eigener Sicht besondere Stärken der Studie und gibt darüber hinaus Vorschläge zur Optimierung des Designs. B hört zunächst nur zu und stellt nötigenfalls Verständnisfragen (5 Min.).
   3. A dankt B für die Anregungen, holt ggf. weiteres Feedback zu bislang von B nicht angesprochenen Aspekten ein und/oder bittet um Diskussion zu einzelnen Punkten (5 Min.).
   4. Nach Ablauf der 10, dem Projekt von A gewidmeten Minuten wechseln Sie die Rollen und wiederholen Schritte b) und c) für das Projekt von B (10 Min.).
   5. Sie erhalten Ihren Design-Fragebogen mit Anmerkungen zurück.

Sollten Sie aktuell noch keine Datenerhebung planen, können Sie alternativ mittels Anhang 1 einen Aufsatz zu einer empirischen Studie auswerten. Eine weitere Übungsalternative kann darin bestehen, das Design der eigenen Studie anstelle auf Grundlage des Design-Fragebogens in Form einer Powerpoint-Präsentation vorzustellen und im Seminar auf dieser Grundlage die ersten 5-10 Minuten einer Tagungspräsentation zu simulieren.

LÖSUNGSVORSCHLÄGE

1) Das Konzept *Hausaufgabenverhalten* ist unterrepräsentiert, da nicht nur die Quantität, sondern auch die Qualität der Hausaufgaben Auswirkungen auf den Spracherwerb haben könnte. Darüber hinaus ist die quantitative Messung sehr ungenau, da sie von Lehrern und Schülern eine Schätzung über einen relativ langen Zeitraum erfordert. Außerdem sind Anpassungseffekte auf Seiten der Schüler zu erwarten und Halo-Effekte (vgl. Kap. 6) auf Seiten der Lehrenden. Findet ein Schüler es z. B. cool, die Hausaufgaben häufiger nicht zu machen, wird er evtl. eine zu hohe Zahl an Tagen pro Monat angeben, findet er es hingegen peinlich, wird er die Zahl – bewusst oder unbewusst – vermutlich drücken. Die Lehrenden ihrerseits könnten das Gefühl haben, dass stärkere Schüler die Hausaufgaben seltener vergessen haben, als dies realiter der Fall war, den schwächeren Schülern hingegen fälschlich häufigeres Vergessen zuschreiben. Sinnvoller wäre z. B., schriftliche Notizen von Lehrenden zum Hausaufgabenverhalten auszuwerten, die idealerweise auch Aussagen zur Qualität der Arbeit beinhalten sollten.

2) Zunächst ist in Frage zu stellen, ob die gewählte Methode des Leitfaden-Interviews im beschriebenen Fall zielführend ist. Um die Befragten in ihrem Antwortverhalten nicht zu manipulieren, wäre eine offenere Befragungsform wahrscheinlich gegenstandsangemessener, auch da aktuell erst sehr wenige empirische Studien zum Forschungsgegenstand vorliegen, was eine explorative Vorgehensweise nahelegt. Darüber hinaus hätte das Interview pilotiert werden sollen, um einerseits das Befragungsinstrument zu optimieren, andererseits das Verhalten des Interviewenden zu trainieren (vgl. Kap. 7). Drittens ist die Sampling-Strategie des Forschenden problematisch. Die vorgenommene Gelegenheitsstichprobe hat die Ergebnisse insofern beeinflusst, als dass drei Promovierende und vier junge, monolingual mit Deutsch aufgewachsene Absolventen eines DaF-Studiums kaum als repräsentativ für deutschlandweit in Integrationskursen Unterrichtende gelten können, sondern vielmehr eine in mehreren Merkmalen sehr spezielle Auswahl darstellen. Darüber hinaus arbeiten fünf der sieben Befragten an derselben Sprachschule, was die Vielfalt möglicher Arbeitskontexte ebenfalls erheblich beschneidet. Sinnvoller wäre gewesen, kontrastiv und sukzessive zu sampeln. Beispielsweise könnte zunächst ein Interview mit einer 25-jährigen mehrsprachig aufgewachsenen Frau, die DaF studiert hat, durchgeführt werden. Im Anschluss könnte dann entweder ein ganz ähnlicher Fall oder ein völlig gegensätzlicher Fall, z. B. ein 50-jähriger, an einer anderen Sprachschule tätiger, nur mit Deutsch aufgewachsener ehemaliger Realschullehrer befragt werden usw. Um das Sampling datengeleitet durchzuführen, kann es außerdem sinnvoll sein, zunächst einige Interviews zu transkribieren und grob zu analysieren, um dann gezielt weitere zu Befragende auswählen zu können.

Anhang 1: Design-Fragebogen

Design der Studie von: ______________________

Forschungskontext	
Arbeitstitel	
Fragestellungen und ggf. Hypothesen (im Falle quantitativer Studien) bzw. Untersuchungsgegenstand	
Zielsetzungen	
Design	
Untersuchungsteilnehmende (Welche? Wie viele?)	
Operationalisierung	
Datenerhebung	
Datenaufbereitung und Datenauswertung	

Kritische Reflexion der empirischen Güte
Sonstiges (z. B. Fragen)

Anhang 2: Checkliste zum Design-Fragebogen

- Sind die Fragestellungen verständlich formuliert?
- Ist das Design der Studie zur Beantwortung der Fragestellungen (und im Falle quantitativer Studien auch zur Prüfung der Hypothesen) geeignet?
- Ist die Operationalisierung gelungen? Wird wirklich untersucht, was die Studie untersuchen möchte?
- Wozu dient die Studie? Worin liegt ihr Nutzen?
- Welchen Einfluss könnten die Auswahl der Untersuchungsteilnehmenden und die Methoden der Datenerhebung, -aufbereitung und -auswertung auf die Ergebnisse der Studie haben? Könnten störende Einflüsse eventuell noch besser kontrolliert oder zumindest miterhoben werden?
- Ist das Zusammenspiel der Datensätze (sofern es mehrere gibt) sinnvoll angelegt, so dass es eine Klärung der Fragestellungen erlaubt (vgl. auch Kap. 3 zur Triangulation)? Ist jeder Datensatz notwendig?
- Ist die Studie realistisch betrachtet mit angemessenem Aufwand und in angemessener Zeit durchführbar? Welche Teile sind evtl. entbehrlich?

Verena Mezger
Christoph Schroeder
Yazgül Şimşek

5. ELIZITIERUNG VON LERNERSPRACHE

5.1 Einleitung

Wissenschaftler(innen) im Bereich Deutsch als Fremd und Zweitsprache mit linguistischem Schwerpunkt stützen ihre Arbeit meist auf Analysen sprachlicher Daten. Auf der Basis dieser Daten werden Urteile bezüglich der Sprachkompetenzen und des sprachlichen Verhaltens von Probanden in spezifischen Situationen getroffen und/oder Systematiken von sprachlichen Phänomenen erarbeitet bzw. lernersprachliche Varietäten beschrieben. Entsprechend müssen solche Daten auf eine verlässliche Weise gewonnen werden (vgl. auch Kap. 2 zur Güte empirischer Studien). Sie sollen zudem einerseits all diejenigen Phänomene enthalten, die untersucht werden sollen, andererseits aber zugleich authentische – einem kommunikativen Anlass entsprechende – und möglichst wenig vom Forschenden beeinflusste Kommunikationsdaten sein.

Dieser Beitrag beschäftigt sich mit der Elizitierung sowohl mündlicher als auch schriftlicher sprachlicher Daten des Deutschen als Fremd- und Zweitsprache. Der Begriff *Elizitierung* meint hier „Verfahren, Probanden in definierten Kontexten zu bestimmten Äußerungen zu veranlassen" (Ahrenholz 2010a: 64). Diese Äußerungen sind lernersprachliche Daten, die einer systematischen linguistischen Analyse unterzogen werden sollen.

Die Elizitierung erfolgt durch Zuhilfenahme eines Elizitierungsinstruments (Stimulus), das für die Probanden einen (in der Regel standardisierten) Anlass bietet, die vom Forschenden gewünschten sprachlichen Äußerungen zu produzieren. Hiermit verbindet sich das Szenario, das diesen Sprechanlass durch eine bestimmte Aufgabenstellung in die gewünschten Bahnen lenkt. In diesem Zusammenhang muss sprachliches Wissen in L1 und L2 als eng mit dem Weltwissen des Sprechenden verknüpft betrachtet werden. Je spezifischer die zu elizitierende sprachliche Fähigkeit in der Fremd- oder Zweitsprache ist, desto enger und spezifischer lässt sich eine Technik definieren, welche die entsprechende Fähigkeit und das entsprechende Wissen des Sprechenden/Lernenden provozieren kann. Umgekehrt geht ein weit gesteckter Bereich des Wissens gleichzeitig auch mit natürlichem bzw. kreativem Sprachgebrauch einher. D. h., je seltener ein Phänomen in der Spontansprache vorkommt, desto gezielter muss es elizitiert werden, was aber wiederum die Natürlichkeit der Daten einschränkt.

Im Folgenden soll das Verständnis von Elizitierung zuerst von anderen Bereichen abgegrenzt und dann weiter differenziert werden (Abschnitt 5.2). Danach wird in Abschnitt 5.3 ein Zusammenhang zwischen der zu bearbeitenden Forschungsfrage und der zu wählenden Art der Elizitierung hergestellt. Anschließend werden in Abschnitt 5.4 einige ausgewählte Elizitierungsinstrumente gemeinsam mit einigen durch sie bearbeiteten Forschungsfragen vorgestellt. Zuletzt soll auf praktische Aspekte der Elizitierung eingegangen werden, wobei insbesondere die Bedeutung des Ablaufplans sowie die technische, organisatorische und rechtliche Vorbereitung angesprochen werden.

5.2 Abgrenzung und Spektrum von Elizitierung

Elizitierungsformen sind in Bezug auf die Kontrolle, die man über die Erhebungsbedingungen und die zu erhebenden sprachlichen Daten hat, im Spannungsfeld zwischen Beobachtung (im natürlichen Kontext) und Experiment anzusiedeln (auf diese beiden Extremfälle wird in Kap. 9 bzw. Kap. 14 gesondert eingegangen). Dabei steht die Beobachtung für minimale, das Experiment für maximale Kontrolle über die zu erhaltenden sprachlichen Äußerungen (vgl. auch die Differenzierung zwischen „natural" und „elicited data" bei Ellis 1994: 670)[5]; d. h., bei beiden handelt es sich um die einander gegenüberliegenden Pole eines Kontinuums (vgl. Abb. 1). Für das Experiment bedeutet dies, dass Aussagen über Ursache-Wirkungs-Beziehungen getroffen und Störvariablen so weit wie möglich ausgeschlossen werden können. Für die Elizitierung kann somit von einem gewissen Maß an Kontrolle ausgegangen werden, jedoch wird dabei nie die maximale Kontrolle eines Experiments erreicht. Gleichzeitig wächst mit steigendem Grad der Kontrolle auch die Gefahr der Künstlichkeit des konstruierten kommunikativen Anlasses und dieser wird, wie die Darstellung in Abb. 1 zeigt, zu einem Experiment. Werden als Produktionsanlässe reine Fragen benutzt – ohne Bezug auf einen bestimmten Stimulus als Sprechanlass –, so handelt es sich nach unserem Verständnis nicht um eine Elizitierung, sondern um eine Befragung (vgl. Kap. 7). Beobachtung und Experiment stellen demnach hier die Extrempunkte eines Kontinuums mit vielen möglichen Abstufungen dar. Dabei steigt zwischen Beobachtung und Experiment der Grad an Kontrolle und Künstlichkeit der Situation an. Wird zur Hervorrufung einer solchen Situation ein Stimulus verwendet, sprechen wir von einer Elizitierung. Wird kein Stimulus verwendet, handelt es sich um Formen der Befragung mit unterschiedlicher Ausprägung der Kontrolle und Künstlichkeit der Sprechsituation:

Abb. 1: Das Kontinuum von Beobachtung zu Experiment und die Abgrenzung von Elizitierung und Befragung

So weisen, wie in Abb. 2 dargestellt, natürliche Datenerhebungssituationen den höchsten Grad der Kontextualisierung auf, während experimentelle Datenerhebungen maximal dekontextualisiert stattfinden.

Experimente verstehen wir entsprechend als Kontexte, die vom Forschenden künstlich hergestellt werden, indem sie oder er Parameter wie Anzahl der Aktanten, Anlass und

[5] Ellis (1994: 670) versteht dabei *Elizitierung* wiederum als den Oberbegriff für *clinical elicitation* (jede Art von Elizitierung mit einer Aufgabenstellung) und *experimental elicitation* (Daten, die durch einen höheren Grad an Kontrolle gewonnen werden und mit einer größeren Wahrscheinlichkeit diejenigen Phänomene enthalten, die den Untersuchungsgegenstand bilden).

Rahmenhandlungen, Themen usw. festlegt. Der Proband oder die Probandin muss innerhalb der festgelegten Parameter handeln. Der Forschende ist sozusagen Beobachtender des von ihr oder ihm kreierten kommunikativen Anlasses. Bei mündlichen Befragungen hingegen kann sie oder er gegebenenfalls direkt in die Kommunikation eingreifen und steuern. Daher gehören das Experiment und die Befragung zu den Formen mit hohem Grad an Künstlichkeit, während die Elizitierung mit einem Stimulus sozusagen die Mitte des in Abb. 2 angegebenen Kontinuums bildet. Sie findet immer in einem gewissen Maß kontextualisiert statt. Diese Kontextualisierung wird durch das Erhebungsinstrument selbst und die mit ihm verbundene Aufgabenstellung hergestellt und kann deshalb in ihrem Maß vom Forschenden variiert werden (vgl. Chaudron 2003: 764). Der Grad an Kontextualisierung hat dabei direkten Einfluss auf die Natürlichkeit der produzierten Daten.

Die Pfeilrichtungen in Abb. 2 verdeutlichen, dass auf dem Kontinuum zwischen den Endpunkten *Beobachtung* und *Experiment* die Kontextgebundenheit verändert wird. Während ein Experiment im idealtypischen Fall vollkommen kontextentbunden funktioniert, ist der Kontext bei einer Beobachtung nicht vernachlässigbar und zwingend Bestandteil der Daten und muss sowohl bei der Konzeption der Datenerherbung als auch in der späteren Interpretation der Daten berücksichtigt werden:

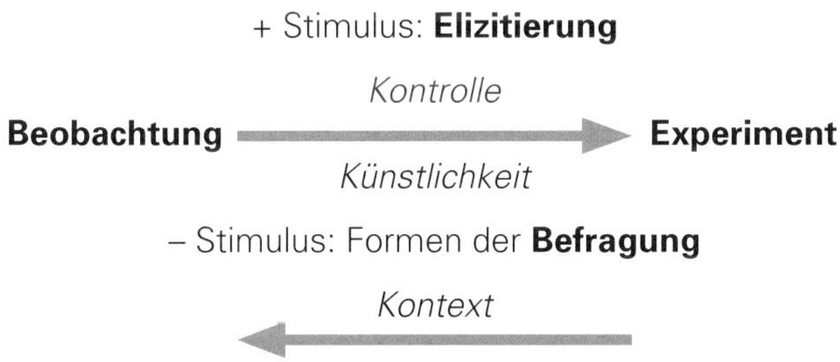

Abb. 2: Das Kontinuum von Beobachtung, Experiment, Elizitierung und Befragung, ergänzt um den Faktor Kontext

Das Spektrum der Elizitierung kann damit auf einem Kontinuum zwischen maximal freier Elizitierung (höchste Natürlichkeit) und maximal enger Kontrolle angesiedelt werden. Dies wird über die Art der Fragen und Aufgaben, die in Rückgriff auf die jeweiligen Elizitierungsinstrumente an die Probanden gestellt werden, erreicht.[6]

5.3 Forschungsfrage und Art des Elizitierungsverfahrens

Der Elizitierung sprachlicher Daten muss eine Phase der gründlichen Vorausüberlegungen im Hinblick auf die Fragestellungen und Ziele der beabsichtigten Untersuchung vorausgehen (vgl. genauer Kap. 4). Schon allein die Tatsache, dass eine Datenerhebung nicht

[6] S. Mackey und Gass (2012: Teil I) zum allgemeinen Verhältnis von Untersuchungsfrage und Datenerhebungsmethode.

einfach umkehrbar oder innerhalb der gleichen Studie vielfach wiederholbar ist,[7] macht eine Verfahrensweise notwendig, die sozusagen von hinten beginnt. Ganz abgesehen von den Hindernissen organisatorischer Art (Verfügbarkeit von Probanden, Kooperationsbereitschaft von Institutionen wie Schule usw.), die sich während der Erhebungsphase auftun können, gilt grundlegend, dass alle Elizitierungsmethoden, die sich auf den ersten Blick als vergleichbar präsentieren, häufig vielfältige Variablen beinhalten. Eine Longitudinalstudie beispielsweise, die weitestgehend unstrukturiert in natürlichen Kontexten Sprachmaterial eines Lernenden elizitiert, wird schwer in der Lage sein, über die gesamte Laufzeit der Studie jeweils identische Bedingungen für die Sprachproduktion herzustellen: Zwar kann der Forschende äußere Bedingungen wie Lokalität konstant halten, doch wird sie oder er eine Variable wie die Motivation der Probanden in der jeweiligen Sprechsituation kaum kontrollieren können. Auch kann bei einer größeren Probandengruppe, wie beispielsweise einer Schulklasse, Abwesenheit eines Teilnehmers möglicherweise die Aufnahmesituation und die spätere Auswertung empfindlich beeinflussen.

Äußerst wichtig ist es fraglos auch, bei der Auswahl eines Elizitierungsinstruments die Lernerbiographie zu beachten. Das heißt, der Forschende muss die außersprachlichen Faktoren bei der zu untersuchenden Gruppe, die auf das sprachliche Verhalten bei der Elizitierung einwirken können, im Blick haben, um ein entsprechend adäquates Instrument zu konzipieren, aus vorhandenen Instrumenten auszuwählen, oder auch um die Heterogenität zwischen den Äußerungen der einzelnen Probanden adäquat zu interpretieren. Zu diesen Faktoren gehören einerseits natürlich das Alter, das Geschlecht, die Sprachbiographie (Erwerbsbeginn, Erwerbsmodus, Sprachenverwendung usw.), gegebenenfalls der soziale Hintergrund der Probanden, und, abhängig vom Stimulus, dessen Verwendung geplant wird, gegebenenfalls auch Fragen von Medienkompetenz und -erfahrung sowie sozialer Erfahrung.

Daraus folgt, dass die kontextuellen Variablen zunächst durch eine möglichst präzise gefasste Konzeption des Untersuchungsgegenstands bedacht werden müssen. Eine Elizitierungsmethode baut dann auf dieser Fragestellung auf. Das heißt, eine Elizitierungsmethode will nicht einfach nur den Probanden in ihrer oder seiner Zweit- oder Fremdsprache zum Sprechen anregen, sondern sie entscheidet sich spezifisch danach, welche Aspekte der sprachlichen Kompetenz oder Performanz untersucht werden sollen (s. auch Ahrenholz 2007). Die erste Entscheidung, die auf diesem Wege ansteht, betrifft die Medialität – mündlich vs. schriftlich – und die Art der zu elizitierenden sprachlichen Einheit, d. h., ob beispielsweise Morpheme, Wörter, Sätze/Äußerungen oder ganze kommunikative Einheiten wie Gespräche oder Texte elizitiert werden sollen.

5.3.1 Elizitierung im Medium der Mündlichkeit

Bei der Elizitierung mündlicher Daten besteht ein generelles Problem in dem sogenannten *Beobachterparadoxon* (vgl. Bergmann 2001). Dem liegt die Erkenntnis zugrunde, dass die Natürlichkeit von Sprachproduktionen durch die Aufnahme und die Präsenz des Forschers beeinflusst wird, so dass der Proband bemüht ist, ihre oder seine Sprache den Normen anzupassen, von denen er annimmt, dass sie den Maßstab bilden, den der Forscher bei der Untersuchung anlegt.

[7] Wiederholbarkeit meint hier die der Wissenschaftlerin oder dem Wissenschaftler zur Verfügung stehenden Ressourcen und nicht das Untersuchungsdesign.

Mündliche Kommunikationssituationen bieten aber dennoch die Möglichkeit, eine Vielzahl an Kontexten aufzubauen, die entsprechend des Untersuchungsziels konzipiert werden müssen. Die Rolle und das Verhältnis der Teilnehmenden zueinander (Wer spricht mit wem? Forschende mit der Probandin / dem Probanden oder die Probanden untereinander?), das Gesprächsthema, Merkmale der Gesprächssituation wie Ort, Zeit usw. sind Variablen, die bedacht werden müssen. Der Unterschied zwischen natürlichen Gesprächen und Befragungen (mit einem festen Fragenkatalog) beispielsweise ist, dass in der Erhebungssituation darauf geachtet werden muss, dass der Eindruck, sich in einer Art Testsituation zu befinden, allmählich in den Hintergrund gerät, um ein natürliches Gespräch zu erlauben. Der Untersuchungsteilnehmende muss sich sicher sein, dass ihre oder seine sprachlichen Fähigkeiten nicht negativ bewertet werden; erst dann wird er sich dazu in der Lage fühlen, im Gespräch die Initiative zu ergreifen. Kommunikationsziele, die in der alltäglichen Interaktion in einer Sprachgemeinschaft existieren, müssen in der Elizitierungssituation sozusagen künstlich geschaffen werden. Formen der Elizitierung wie beispielsweise mündliche Präsentationen von Untersuchungsteilnehmern, mündliche Diskussionen zu einem vorgegebenen Thema oder Rollenspiele sind solche Formen, die dem Zweck der Sprachproduktion von Lernern dienen, die aber nicht unbedingt einen Bezug zum Alltag des Lernenden haben. Andererseits eignen sich natürlich auftretende mündliche Diskurse nicht gleichermaßen für die Untersuchung aller Teilbereiche von Sprache, da sich die Sprechenden der unterschiedlichen kommunikativen Zwecke bewusst sind und entsprechend agieren (vgl. hierzu auch das Konzept von Seliger und Shohamy 2011: 158–159 von „low explicitness" in Bezug auf Diskurse, wobei die Autoren damit eine weniger zielorientierte Art von Daten meinen). Geht es um spezifische morphologisch-syntaktische Eigenschaften von Sprache und deren Aneignung oder insgesamt um Phänomene, die in natürlichen Gesprächskontexten weniger frequent auftreten, sind elizitierte mündliche Daten für die Analyse und auch für das Testen des Sprachstands besser nutzbar als natürliche Interaktionen (vgl. das Konzept des „elicited imitation" bei Mackey und Gass 2005: 55–56). D. h., je mehr die Forschungsfrage auf eine bestimmte sprachliche Kategorie abzielt, umso mehr muss das Elizitierungsverfahren eine klar abgegrenzte Elizitierungsaufgabe sein und weniger initiative Handlungen und Interpretationen des Probanden erlauben; in Fällen solch stark kontrollierter Elizitierungskontexte sprechen manche Forscher auch von einer *Clinical-elicitation*-Methode (vgl. Ellis und Barkhuizen 2005: 24).

5.3.2 Elizitierung im Medium der Schriftlichkeit

So wie bei Elizitierungen mündlicher Sprachdaten muss auch bei der Elizitierung von schriftlichen Texten unbedingt beachtet werden, welche Textsorten sich für das Untersuchungsziel eignen und inwieweit das Wissen über Textmuster und Genres in die Forschungsfrage integriert werden soll.[8] Wenn Textmuster elizitiert werden sollen, muss dementsprechend eine Methode gewählt werden, die für die/den Schreiber(in) möglichst präzise einen Kontext aufbaut; denn letztlich muss verhindert werden, dass nicht der Forscher selbst vom Probanden als Rezipient des Textes wahrgenommen wird. Soll bei-

8 Zu grundlegenden Fragen der Unterscheidung von Texten und Diskursen bzw. den von uns hier verwendeten Textbegriff, der auch geordnet ablaufende Diskurse und mündliche Sprachproduktionen umfasst, vgl. beispielsweise Heinemann und Heinemann (2002).

spielsweise das Textsortenwissen über die Textsorte Brief oder Märchen[9] elizitiert werden – Textsorten, die auch kulturell von Kontexten der L1 geprägt sein können – kann ein(e) bestimmte(r) Rezipient(in) genannt und ein Thema vorgegeben werden. Routinisierte Sequenzen/Sprechhandlungen, wie Anfangs- und Schlussformeln bei Märchen, gehören zu den spezifischen Merkmalen einer Textsorte, die auf sprachliche und kulturelle Kontexte schließen lassen, ebenso wie Gruß- und Abschiedsformeln in Briefen.

5.3.3 Kombinierter Einsatz von Elizitierungen

Elizitierungstechniken sind vielfältig variierbar. Bei ihrem Einsatz sind stets das Untersuchungsziel und die Wiederholbarkeit der Elizitierung selbst entscheidend. So sind z. B. beim Einsatz von Frage-Antwort-Techniken zur Elizitierung von Äußerungen die gleichen Aufgaben in der gleichen Reihenfolge zu stellen bzw. die Änderung der Reihenfolge gezielt zu kontrollieren (Randomisierung). Techniken wie das Vervollständigen/ Korrigieren/Wiederholen von Sätzen und Übersetzungen (mündlich oder schriftlich) sind dazu geeignet, einzelne Strukturen und grammatische Kategorien zu elizitieren; als Elizitierung der tatsächlichen kommunikativen Fähigkeiten sind solche Instrumente weniger geeignet.

Es muss weiterhin bedacht werden, dass bestimmte formale Sprachstrukturen auch jeweils in bestimmten Konstellationen und kommunikativen Mustern häufiger anzutreffen sind als in anderen kommunikativen Kontexten und dass der Forschende im Verlauf der Sprachproduktion den Probanden entsprechend lenken kann. Den engen Zusammenhang zwischen kommunikativen Mustern und strukturellen Aspekten lässt beispielsweise eine Untersuchung von Küntay und Ervin-Tripp (1998) erkennen. In *conversational narratives* mit 40 türkischen Vorschulkindern im Alter von drei bis fünf Jahren beschreiben die Forschenden entsprechende Elizitierungen wie das *prompting* (Rückfragen, z. B. türk. *x, öyle mi?* = ‚x, nicht wahr?'), wodurch Erwachsene für das Kind etwas Gesagtes als Erzählkern, als Behauptungen des Gegenteils usw. markieren, so dass das Kind durch solche Elizitierungsverfahren diskursive Funktionen morphologischer Formen erkennt und sie selbst in ähnlichen Kontexten reproduzieren kann. Das *prompting* führt zunächst zu kurzen Äußerungen mit Verbalphrasen, in denen die erfragte Information verbalisiert wird. Anschließend restrukturiert das Kind seine Erzählung, indem es in der Ereigniskette zurück geht und Ereignisse expliziert. *Prompting* erhöht also insgesamt die Äußerungen des Kindes und provoziert eine elaboriertere Erzählung mit mehr Verbalphrasen. Die Elizitierung insbesondere mündlicher Sprachproduktion kann nach diesem Beispiel also durchaus in einen natürlichen kommunikativen Kontext eingebettet sein, aber dennoch zählbare Einheiten elizitieren. Dabei ist allerdings zu beachten, dass eine Variation des entsprechenden Elizitierungsinstruments auch jeweils andere zählbare Formen stärker provoziert. Dass Variationen im Einsatz des gleichen Elizitierungsinstruments entsprechende Auswirkungen haben, zeigen beispielsweise Hommel und Meng (2007) in Bezug auf den Einsatz von Bildergeschichten.

---

[9] Zu Märchen im muttersprachlichen Unterricht vgl. Grießhaber (1992). Zu Märchen als Elizitierungsinstrument vgl. die Methodik des Forschungsprojekts SKOBI (Sprachliche Konnektivität bei bilingual türkisch-deutsch aufwachsenden Kindern, 1999–2006) durchgeführt von Annette Herkenrath, Birsel Karakoç und Jochen Rehbein an der Universität Hamburg; vgl. beispielsweise Herkenrath und Karakoç (2002).

5.4 Vorstellung einzelner Elizitierungsinstrumente

Im Folgenden soll nun versucht werden, einen exemplarischen Überblick über Elizitierungsinstrumente zu geben, die in der neueren Zweitspracherwerbs- und Zweisprachigkeitsforschung eingesetzt wurden und auf unterschiedlichen Punkten des Kontinuums zwischen mehr und weniger Kontrolle zu verorten sind. Dies verbindet sich mit einer Diskussion der Eignung dieser Instrumente für die Untersuchung unterschiedlicher sprachlicher Bereiche.

Die jeweiligen Unterpunkte gehen zunächst von den Aufgabenstellungen und den hierfür einsetzbaren Stimuli aus, wie der Bildbeschreibung (Abschnitt 5.4.1), der Nacherzählung (Abschnitt 5.4.2). Abschnitt 5.4.3 konzentriert sich mit Rahmensetzungen und Szenarien auf einige spezifische Stimuli und Abschnitt 5.4.4 zeigt einige Erweiterungen auf.

5.4.1 Bildbeschreibung

Dem Probanden wird ein Bild gezeigt und er wird gebeten, dieses Bild oder Teile des Bildes zu beschreiben. Ein Bildstimulus eignet sich insbesondere für die Elizitierung lexikalischen Wissens (bezogen auf die abgebildeten Entitäten). Derartiges wird oft im Rahmen von Sprachstandsdiagnosen durchgeführt, wenn Kinder aufgefordert werden, abgebildete Gegenstände und Handlungen zu benennen. Bilder als Stimuli eignen sich auch für die Elizitierung von räumlichem sprachlichen Wissen, wenn die Aufgabenstellung in der Form geschieht, dass die Probandin oder der Proband den Aufbau eines Bildes zu versprachlichen angehalten wird (Caroll und von Stutterheim 2003; Fries 2005).

5.4.2 Nacherzählung

Die Elizitierung einer Nacherzählung setzt ähnlich wie die Bildbeschreibung einen recht festen Rahmen, innerhalb dessen ein mündlicher oder schriftlicher Text (oder beides, s. u.) produziert werden soll. Anders als bei der Bildbeschreibung hat hier jedoch der Stimulus eine dynamische Struktur und evoziert so einen mehr oder weniger narrativen Text, je nachdem, wie stark der Stimulus eine Rekonstruktion als Ereigniskette erlaubt.

Beim hierfür eingesetzten Stimulus kann man prinzipiell zwischen einem sprachlichen Stimulus und einem nichtsprachlichen, rein visuellen Stimulus unterscheiden.

Beim sprachlichen Stimulus wird dem Probanden eine Geschichte vorgelesen und anschließend wird sie oder er dazu aufgefordert, diese mit eigenen Worten nochmals zu erzählen. Es ist in einem solchen Fall unschwer erkennbar, dass der lexikalische *Input* hier zu umfassend ist, als dass sich ein derartiger Text für eine Untersuchung des Wortschatzes von Lernern anbietet; Sprachverarbeitungskompetenzen (Analysekompetenzen i. S. von Klein 1984) in der Zweitsprache sowie Mittel zum makro- und mikrostrukturellen Textaufbau lassen sich so jedoch gut erheben, da davon ausgegangen werden kann, dass die Lernenden den sprachlichen *Input* nicht *en bloc* memorieren, sondern ihn entsprechend ihrer Ressourcen verarbeiten und neu synthetisieren. Eine interessante Variation ist der des Genrewechsels zwischen Stimulus und Aufgabenstellung, indem als Stimulus ein Hörspiel (z. B. bei Grießhaber 1999) oder eine sprachliche unterlegte Filmszene (z. B. Eckardt 2009) verwendet wird und die Probanden in der Nacherzählung den Aufbau einer Erzählstruktur aus ihrem eigenen Wissen über narrative sprachliche Handlungen leisten.

Beim nichtsprachlichen, also rein visuellen *Input* als Stimulus für eine Nacherzählung wird der Probandin oder dem Probanden ein allenfalls mit Musik und/oder extrasprachlichen Äußerungen oder Geräuschen unterlegter dynamischer *Input* präsentiert und die Probandin oder der Proband wird gebeten, die visuell erfassten Szenenabfolgen zu versprachlichen. So arbeiteten beispielsweise das ESF-Projekt *The Structure of Learner Varieties* (s. Hendriks 2005) mit einem Ausschnitt aus dem Charlie-Chaplin Stummfilm *Moderne Zeiten* und das Projekt *Literacy Acquistion in Schools* mit einem kurzen selbstgedrehten Stummfilm, um eine Narration zu elizitieren (vgl. Mehlem 2010). Auch sprachliche Einzelbereiche werden mit Filmstimuli elizitiert. So eignen sich Episoden des *Tweety*-Zeichentrickfilms *Canary Row* gut für die Elizitierung von Bewegungsvorgängen, da in dem Film sehr viel herein-, heraus-, herunter- und hin- und hergefallen, -gelaufen, -gehoppelt usw. wird. Noch spezifischer ist hier der Video-Clip *Tomato Man*, der am Max-Planck-Institut (MPI) in Nijmegen entwickelt wurde. Hier führen abstrakte Formen bestimmte gerichtete Bewegungen durch, die die Probanden beschreiben sollen (wobei es in der Entwicklung des Clips auch darum ging, einen Stimulus zu entwickeln, der auch Gestik elizitieren kann, vgl. Özyürek, Kita, Allen, Brown, Furman und Ishizuka 2008).[10]

Das Beispiel *Tomato Man* zeigt bereits, dass die Grenze zwischen Nacherzählung und Beschreibung je nach Stimulus fließend ist. Auch haben wir oben darauf hingewiesen, dass zwischen Untersucher(in) und Proband(in) ein unterschiedliches Verständnis von der mit dem Stimulus verbundenen Aufgabenstellung bestehen kann. Dies wird natürlich dann wichtig, wenn die Untersucherin oder der Untersucher spezifische Muster der einen oder anderen Textsorte erheben möchte.

Eine solche Mischform stellt auch der Stimulus dar, bei der der Probandin oder dem Probanden eine Bildergeschichte gezeigt wird und sie oder er gebeten wird, diese zu erzählen oder zu verschriftlichen. Es handelt sich um eine Mischform zwischen Bildbeschreibung und Nacherzählung, da die Makrostrukturierung des Textes bereits von den jeweils statischen Einzelbildern vorgegeben wird, die Probandin oder der Proband versteht die Geschichte entweder als eine Abfolge von Einzelszenen, die es zu beschreiben gilt, oder die Abfolge der Bilder wird dynamisch ausgelegt, und die solchermaßen entstehende Geschichte wird nacherzählt. Ob die Probandin oder der Proband sich in der Elizitierung für die eine oder die andere Konzeptualisierung entscheidet, oder gar mal die eine, mal die andere verfolgt, kann sich entscheidend auf die Textgliederung auswirken, aber auch auf Tempusgebrauch und andere sprachliche Formen. Natürlich kann ein Drehbuch hier in Grenzen lenkend eingreifen; beispielsweise verlassen die Probanden die durch die Bildersequenzierung vorgegebene Struktur eher, wenn sie die Bilder erst anschauen, dann aber, bevor sie die Geschichte zu erzählen/schreiben beginnen, gebeten werden, sie aus der Hand zu legen (vgl. auch Ahrenholz 2007; Dimroth 2012).

Einige Geschichten haben hier eine regelrechte Karriere gemacht, so die *Vater-und-Sohn*-Geschichten von E. O. Plauen (1964), die aus jeweils drei bis sechs, auf einer oder zwei Seiten angeordneten Bildern bestehen, die *Herr-Jakob*-Geschichten (Press 2011), die den Vater und Sohn-Geschichten in Bezug auf den Aufbau ähnlich sind, oder aber die wesentlich komplexere (und damit wesentlich längere Texte elizitierende) Geschichte *Frog, where are you?* von Mercer Mayer (Mayer 1969), die international sehr häufig ein-

---

10 Zur Vorstellung zweier weiterer Filme (*Quest*, Stellmach 1997, und *Finite Story*, Dimroth 2006) s. Dimroth (2012).

gesetzt wird. In Sprachstandserhebungen findet man auch die sog. *Wimmelbilder* (z. B. Baumann 2004) eingesetzt. Aus ihnen wird eine Szene herausgegriffen (oder man lässt das Kind entscheiden), zu dem das Kind sich dann eine Geschichte ausdenken soll.

5.4.3 Rahmensetzungen und Szenarien

Das Beispiel der Wimmelbilder markiert bereits den Übergang zu einem dritten Typ von Elizitierungsmethoden, nämlich dem Typ, bei dem der Stimulus nicht reproduziert wird, sondern den Rahmen für eine sprachliche Produktion darstellt bzw. mithilfe des Stimulus ein Szenario als Aufgabenstellung konstruiert wird, bei dem die inhaltliche Lösung (innerhalb des vorgegebenen Rahmens) der Probandin oder dem Probanden weitgehend freigestellt wird.

Das Risiko liegt hier darin, dass die Variation der so gewonnenen Texte recht breit sein kann, was dann auch wieder Auswirkungen auf die Verallgemeinerbarkeit der Auswertung hat; andererseits führt die größere Freiheit, die den Probanden hier gegeben wird, dazu, dass die inhaltliche Lösung stärker auf den eigenen Kompetenzen und Interessen basiert. Prinzipiell ist hier die Bandbreite an Stimuli wesentlich größer, und es lassen sich vor allem auch andere Textsorten erheben als nur Bildbeschreibungen und Narrationen. So zeigen Berman und Verhoeven (2002) zur Erhebung von narrativen und expositorischen Texten im sog. *Spencer Project* Schülerinnen und Schülern einen stummen, knapp vierminütigen Film, der unterschiedliche negative Schulereignisse (Mobbing, Randalieren, Spicken usw.) zeigt. Anschließend werden die Schüler(innen) gefragt, ob ihnen auch schon einmal derartiges widerfahren sei – womit ein narrativer Text erhoben wird – und dann, was sie denn von derartigen Aktivitäten hielten – was einen expositorischen Text elizitiert.

Noch eine Stufe freier sind Elizitierungen, die einfach nur eine schriftliche oder mündliche Aufgabenstellung geben, die eine bestimmte Textsorte elizitiert. So bittet Becker-Mrotzek (2004) Schülerinnen und Schüler um eine Gebrauchsanweisung für eine Stoppuhr. Cantone und Haberzettl (2009) elizitieren einen argumentativen Text, indem sie Probanden bitten, ihre Meinung zu einem bestimmten Thema (hier: Handyverbot in der Schule) schriftlich niederzulegen. Je nach Text, der erhoben werden soll, muss der Rahmen/das Szenario für die Elizitierung etwas komplexer gestaltet werden, indem die Probanden gebeten werden, sich eine bestimmte fiktive Situation vorzustellen, die sie sprachlich lösen sollen bzw. auf die sie sprachlich reagieren sollen. So werden in Freywald, Mayr, Schalowski und Wiese (2010) Probanden gebeten, sich eine Situation vorzustellen, in der sie Kinokarten gewonnen hätten, und diese solle dann an unterschiedliche Adressaten kommuniziert werden. So konnten die Adressatenspezifik und die Registerverwendung der Texte untersucht werden. Ähnlich bitten Cantone und Haberzettl (2009) Schülerinnen und Schüler auch darum, sich vorzustellen, dass sie das Training im Sportverein aufgeben müssten, und sie sollten nun einen Entschuldigungsbrief an den Trainer schreiben. Mit ähnlichen Szenarien ist es dann endlich auch möglich, den Bereich der Monologe zu verlassen und Probanden zu bitten, eine bestimmte Konfliktsituation im Rollenspiel dialogisch auszuagieren.

Ein Risiko komplexer Szenarien besteht darin, dass die Probanden Schwierigkeiten oder Hemmungen haben können, sich auf die spezifische Situation einzulassen, weil ihnen die entsprechende kulturelle oder soziale Erfahrung in ähnlichen Situationen fehlt. Dem begegnen Untersuchende manchmal dadurch, dass sie die kommunikative Situation mitspielen oder von Dritten spielen lassen, in deren Rahmen sie eine bestimmte sprachliche Handlung elizitieren wollen. So erhebt das Dortmunder Forschungsprojekt OLDER unter der Leitung von Uta Quasthoff[11] Spieleanleitungen von Kindern, indem die Untersuchenden die Kinder durch eine theatralische Inszenierung (von der die Kinder nicht wissen, dass sie gespielt ist) dazu bringen, ihnen ein bestimmtes Spiel zu erklären.

Weitere Variationen des Rahmen- oder Szenarienaufbaus bestehen darin, den Probanden Textanfänge anzubieten, um so einen Einstieg in die (schriftliche) Elizitierung zu gewährleisten und eine bessere Kontrolle über die Textsorte zu behalten. So erhebt Knapp (1997) einen narrativen Text, indem er seinen Probanden eine Geschichte bis zu einem ersten Konfliktaufbau präsentiert und sie dann bittet, diese Geschichte fortzuführen, und Petersen (2012) elizitiert argumentative (Leser-)Briefe, indem sie den Probanden einen Briefbeginn präsentiert und um Weiterführung bittet.

5.4.4 Erweiterungen

Für spezifische Fragestellungen bieten sich auch Erweiterungen von Bildbeschreibungen, Nacherzählungen und Szenarien an, etwa wenn, wie bei Mehlem (2010) praktiziert, die Probanden im ersten Schritt einen mündlichen Text produzieren und anschließend gebeten werden, diesen zu verschriftlichen (oder auch zu diktieren), damit eine dritte, nicht anwesende, Person daran teilhaben kann. So lässt sich schriftsprachliches Wissen von Probanden im Kontrast zu ihrem mündlichen Sprachwissen untersuchen. Eine weitere spezifische Variation besteht im Sprachwechsel, etwa wenn der sprachliche Stimulus (z. B. ein Hörspiel) in einer Sprache geschieht und die Probanden anschließend gebeten werden, einen dazugehörigen Text in einer anderen Sprache zu produzieren.[12] Eine dritte wichtige Erweiterung betrifft die Interaktionspartner: Außer beim Rollenspiel (s. o.) gestaltet sich die Elizitierung immer als eine Interaktion zwischen Untersucher(in) und Proband(in), also eine Interaktion mit einem hochspezifischen sozialen Kontext, dessen Einfluss auf die sprachliche Produktion so lange unklar bleibt, wie nicht auch Elizitierungen in anderen Situationskontexten durchgeführt werden. So wird bei Grießhaber (1999) eine Nacherzählung einer oder einem Dritten erzählt, die oder der eine spezifische, nicht als Untersucher(in) identifizierte Person ist. Auch das bereits angesprochene Projekt *The structure of learner varieties* spielt zur Elizitierung von raumbezogenen Ausdrücken den Probanden eine Szene vor, in der sich eine Person im Raum bewegt und dabei die Position von Objekten verändert. Die Probanden werden aufgefordert, „einer dritten Person, die die Szene (vermutlich) nicht kannte, Anweisungen derart zu geben, dass diese die Szene genau nachspielen konnte" (Becker 2012: 39).

5.5 Hinweise zur Durchführung von Elizitierungen

Für die erfolgreiche Elizitierung sprachlicher Daten, an deren Ende möglichst valide, reliable und objektive (vgl. Kap. 2 zu Gütekriterien) Ergebnisse stehen, sind zusätzlich zu den oben bereits ausgeführten Aspekten einige eher organisatorische Elemente zu

---

11 Vgl. die Projektdarstellung OLDER (*Orale und literale Diskursfähigkeiten – Erwerbsmechanismen und Ressourcen*) unter http://home.edo.uni-dortmund.de/~older/Kurzbeschreibung.html.

12 Zu beachten ist allerdings, dass hiermit auch (oder gerade) die Sprachmittlungskompetenzen der Probanden erhoben werden.

beachten. Deren Bedeutung kann nicht überschätzt werden, da ihr Einfluss auf den Verlauf der Elizitierung mindestens genauso bedeutsam ist wie die sorgfältige inhaltliche Planung.

In Bezug auf rechtliche Aspekte ist vor jeder Erhebung zu klären, ob eine Erlaubnis zur Datenerhebung einzuholen ist. Dies ist in öffentlichen Institutionen, besonders in Schulen, die Regel. Dabei ist zu beachten, dass diese Erlaubnis je nach Bundesland von unterschiedlichen Stellen erteilt wird und zum Teil aufwändige bürokratische Hürden zu bewältigen sind. Für diesen Schritt sollte also genug Zeit eingeplant werden. Zudem ist es nötig, von Probanden die Einwilligung zu erhalten, die erhobenen Daten auch weiter verwenden, also z. B. veröffentlichen zu dürfen. Selbstverständlich müssen dabei die strengen Anforderungen des Datenschutzes beachtet werden. Bei Minderjährigen wird diese Erlaubnis durch die Eltern erteilt, die man sinnvollerweise auch über die Datenerhebung an sich informieren sollte. Auch für das Einholen dieser Einverständniserklärungen ist ausreichend Zeit zu veranschlagen.

Für eine Elizitierung generell, besonders dann, wenn die Daten von mehreren Personen erhoben werden, ist ein genauer Ablaufplan nötig. Dieser sollte z. B. Hinweise dazu enthalten, wann genau welcher Teil der Elizitierung stattfindet, was die oder der Durchführende gegenüber den Probanden äußern soll und auf welche technischen Feinheiten geachtet werden muss (z. B. im Umgang mit Aufnahmegeräten). Alle Mitarbeiter(innen) an der Erhebung sollten im Vorfeld ausreichend geschult werden und den Ablauf der Elizitierung durchspielen. Je mehr die Mitarbeiter(innen) darüber wissen, worauf sie bei der Erhebung achten sollen (und was der Fokus der Untersuchung ist), desto mehr können sie sich auch auf diese Aspekte konzentrieren, was wiederum zu einem verlässlicheren (d. h. vergleich- und verallgemeinerbaren) Ergebnis der Untersuchung führt.

Benötigte technische Geräte müssen im Voraus überprüft werden; zudem sollten alle an der Erhebung Beteiligten im Umgang mit der Technik geschult werden. Es empfiehlt sich außerdem, für den Fall eines Defekts ein Ersatzgerät verfügbar zu haben.

Unabdingbar ist die Pilotierung (vgl. auch Kap. 4) des entwickelten Erhebungsinstruments und des geplanten Ablaufs der Erhebung. Nur so kann festgestellt werden, ob das geplante Erhebungsinstrument die gewünschten Ergebnisse liefert, ob die Mitarbeiter(innen) ausreichend geschult wurden, ob sich besondere Anforderungen bezüglich des räumlichen, zeitlichen und sozialen Erhebungskontextes ergeben. Mit den Erfahrungen der Pilotierung kann das Elizitierungsinstrument ggf. verändert und angepasst werden, bevor dann die tatsächliche Erhebung der Daten erfolgen kann.

Es hat sich bewährt, die Durchführung einer Elizitierung möglichst genau zu dokumentieren. Hierfür können z. B. Videoaufnahmen, zusätzliche Tonaufnahmen vor und nach der eigentlichen Elizitierung, Durchführungsprotokolle oder ausführliche Notizen aller an der Elizitierung Beteiligten genutzt werden.

Auch wird die Elizitierung von der Sammlung weiterer Daten begleitet, von denen der oder die Forschende annimmt, dass sie für die Interpretation der Daten von Relevanz sind, d. h. die Erhebungen relevanter Daten der Gesprächsteilnehmer(innen) (Alter, Geschlecht usw., s. Abschnitt 5.3), gegebenenfalls die Erhebung zusätzlicher ethnographischer Daten, wie Erkundungsnotizen zum Forschungsumfeld (durch teilnehmende Beobachtung), ein Feldtagebuch und/oder biographische Interviews.

5.6 Ausblick

Bei der Entscheidung für ein Elizitierungsinstrument und eine Aufgabenstellung bleibt die Frage nach den unterschiedlichen Faktoren, die die Sprachproduktion von Lernenden beeinflussen können, die entscheidende. Ist einem Instrument der Vorzug zu geben, das punktgenau eine spezifische Form elizitiert oder einem Instrument, das der Probandin oder dem Probanden möglichst in seiner natürlichen und alltäglichen Sprachproduktion zu erfassen versucht? Ist das Instrument tatsächlich geeignet, die Kompetenz der Probandin oder des Probanden in dem spezifischen Untersuchungsbereich in seiner ganzen Verwendungsbreite zu elizitieren?

Ungeklärt ist in der bisherigen Forschung weiterhin die Frage nach der Variabilität von Formen eines Sprachsystems und deren möglicher spezifischer Gebrauch, in spezifischen kommunikativen Kontexten oder Genres. Daher ist das Konzept der Kompetenz zu hinterfragen und in zukünftiger Forschung insbesondere im Hinblick auf Bewertungstechniken wie der Elizitierung klarer zu beschreiben.

WEITERFÜHRENDE LITERATUR

Chaudron, Craig (2003): Data collection in SLA research. In: Doughty, Catherine J.; Long, Michael H. (Hrsg.): *The Handbook of Second Language Acquisition.* Malden, MA: Blackwell, 762–828.

Chaudron (2003) stellt verschiedene Methoden der Datenerhebung im Bereich der Zweitspracherwerbsforschung mit ihren besonderen Charakteristika und Bedingungen vor und macht deutlich, für welche Art der Fragestellung diese jeweils angemessen sind. Ein besonderer Fokus wird darauf gelegt, herauszustellen, welches die Beschränkungen für die Interpretation der durch die verschiedenen Methoden gewonnenen Daten sind.

Dimroth, Christine (2012): Videoclips zur Elizitation von Erzählungen: Methodische Überlegungen und einige Ergebnisse am Beispiel der „Finite Story“. In: Ahrenholz, Bernt (Hrsg.): *Einblicke in die Zweitspracherwerbsforschung und ihre methodischen Verfahren.* Berlin: De Gruyter, 77–97.

Diese Quelle bietet eine beispielhafte Diskussion des Einsatzes eines bestimmten Erhebungsinstruments, in diesem Fall eines Films, für eine bestimmte Untersuchungsfrage, nämlich die Verwendung informationsstruktureller Elemente.

Mackey, Alison; Gass, Susan M. (Hrsg.) (2012): *Research methods in second language acquisition. A Practical Guide.* Oxford: Wiley-Blackwell.

Die Herausgeberinnen präsentieren im ersten Teil ihres Bandes zehn verschiedene Artikel, die sich mit der Datenerhebung im Zweitspracherwerb beschäftigen; gegliedert nach dem zu untersuchenden Kompetenzbereich bei Lernenden. Da Elizitierungs- und Datenerhebungstechniken anhand von Beispieluntersuchungen diskutiert werden, ist die Darstellung sehr inspirativ.

Seliger, Herbert W.; Shohamy, Elana (2011): *Second language research methods.* 5. Aufl. London: Oxford University Press.

Die Autoren behandeln die Datenerhebung in einem sehr expliziten gesonderten Kapitel, indem sie ein ähnliches Kontinuum für Elizitierungen aufstellen wie im Text beschrieben wurde. Die Art der Elizitierung stellen sie in Abhängigkeit von der Art der zu erhebenden Daten – mit Natürlichkeit der Daten als entscheidendes Kriterium – und der Art der Vorgehensweise bei der Untersuchung: heuristisch oder deduktiv.

ÜBUNGEN

1) Inwiefern ist Kontrolle eine notwendige Bedingung einer Elizitierung?

2) Sie planen eine Elizitierung von Sprachdaten in einer Schule. Mithilfe einer Bildergeschichte möchten Sie Narrationen von Schülern der ersten Klasse erheben. Was müssen Sie bei der Vorbereitung und Durchführung beachten bzw. welche Schritte müssen geplant und nacheinander durchlaufen werden?

3) Inwieweit sind die Textsorten *Märchen, Brief* und *Bedienungsanleitung* für eine Elizitierung schriftlicher Ausdrucksformen mehr oder weniger geeignet?

4) Wenn die These zutrifft, dass die Kombination mehrerer Elizitierungsmethoden zur Objektivität bei der Bewertung der Lernerfähigkeiten beiträgt (Underhill 1987, vgl. Kap. 3 zur Triangulation), welche Kombination wäre denkbar, um Daten zu elizitieren, die zur Bewertung narrativer Fähigkeiten geeignet wären?

LÖSUNGSVORSCHLÄGE

1) Ein hoher Grad an Kontrolle ermöglicht das „Ausschalten" bestimmter Variablen und erhöht damit die Vergleichbarkeit und Verallgemeinerbarkeit von Ergebnissen. Je mehr Variablen ausgeschaltet werden, d. h. je höher die Kontrolle ist, desto höher ist auch die Wahrscheinlichkeit, die gewünschten Strukturen tatsächlich elizitieren zu können.

2) In der Planungsphase: Eltern informieren, Erlaubnis einholen von staatlicher Seite, Technik vorbereiten, Ablaufplan erstellen (Genaue Formulierung der Aufgabenstellung für die Schüler!), geeignetes Instrument auswählen.
- Pilotierung: Ablauf und Instrument in möglichst gleichem Setting mit Schülern im gewünschten Alter testen.
- Anpassung: Pilotierung auswerten (Ablauf und Ergebnisse). Verbesserungen in den Ablaufplan einarbeiten, ggf. Aufgabenstellung an die Schüler anpassen.
- Durchführung und Dokumentation: Endgültige Durchführung der Elizitierung. Dokumentation der Durchführung ggf. durch zusätzliche Fragebögen, Ton- und Videoaufnahmen, Notizen der Durchführenden.

3) Die Textsorten *Märchen*, *Brief* und *Bedienungsanleitung* sind zwar alle Gebrauchstextsorten, die der Lerner oder die Lernerin vermutlich aus seinem Alltag kennt; die er oder sie aber möglicherweise weniger in der L2 praktiziert und daher auch nicht mit den angemessenen sprachlichen Mitteln verbinden kann. Das Verhältnis vom sprachlichen Wissen und dem Musterwissen in der L2 kann also erheblich variieren. Die Bedienungsanleitung – verbunden mit der Elizitierungsaufgabe, die Funktionsweise bzw. die Bedienung eines Gegenstands wie *Mobiltelefon* oder *Uhr* zu beschreiben – stellt stärker einen Bezug zum alltäglichen Sprachgebrauch des Lerners her und ist stärker unabhängig vom Genrewissen in der L1. Soll also weniger eine interpretative Analyse des Textsortenwissens erfolgen, sondern viel eher eine Konzentration

auf morphologische Formen, wäre die Bedienungsanleitung dem Märchen und dem Brief vorzuziehen, die ja auch durch kulturelle Routinen geprägt sind.

4) Eine denkbare Kombination wäre beispielsweise die Elizitierung mündlicher und schriftlicher Versionen einer freien Erzählung + schriftliche Version einer Erzählfortführung, d. h. es wären zwei Schritte (zeitlich zerdehnt) der Elizitierung nötig:
- 1. Schritt mit der Elizitierungsaufgabe:
  Erzähle mir doch bitte von einer Situation, die du schon mal mit einem gefährlichen Tier erlebt hast, mit einem bissigen Hund zum Beispiel! Anschließend kannst du die Geschichte aufschreiben, damit wir sie auch später anderen vorlesen können.
- 2. Schritt mit der Elizitierungsaufgabe:
  Hier kannst du den Anfang einer Geschichte nachlesen, in der es auch um ein Erlebnis mit einem Hund geht. Wir kennen leider nicht die ganze Geschichte und auch nicht das Ende. Kannst du die fehlenden Teile dazuschreiben?

An alle Ergebnisse dieser Elizitierung kann die gleiche Analysefrage gestellt werden, da beide das narrative Genre betreffen und sowohl mündliche alltägliche Erzählungen einschließen als auch schriftliche Ausdrucksformen, die für einen späteren Leser konzipiert sind. So ergeben die Daten ein vollständigeres Ergebnis im Hinblick auf die Fähigkeiten des Probanden, erlauben aber auch Analysen wie beispielsweise die Funktion von Konnektoren.

6. TEST

6.1 Einleitung

Tests als Instrumente der quantitativen empirischen Forschung sind in den Sozialwissenschaften – vor allem in der Schul- und Unterrichtsforschung – seit vielen Jahren verbreitet. Sie können für die Fachdidaktiken einen wesentlichen Beitrag zum besseren Verständnis von Lehr- und Lernprozessen, zur Überprüfung bestehender und der Entwicklung neuer Modelle und Unterrichtskonzepte in ihrem Fachbereich leisten. Im folgenden Beitrag werden Testaufgaben im Hinblick auf ihre verschiedenen Aufgabenformate – geschlossene, halboffene und offene – unterschieden sowie ausgewählte Prämissen für die Entwicklung und Auswertung von formellen bzw. standardisierten[13] Leistungstests zur Messung von sprachlichen Kompetenzen beschrieben. Zudem sollen Beispiele standardisierter und teilstandardisierter Tests aus dem Bereich Deutsch als Fremd- und Zweitsprache neben weiteren in der L2-Forschung bedeutsamen Testverfahren vorgestellt werden. Solche Tests können im Rahmen eigener Forschungsarbeiten direkte Verwendung finden oder einen Ausgangspunkt für die systematische Neuentwicklung von Testaufgaben darstellen.

6.2 Informelle und formelle Testverfahren

Tests sind „theoretisch und empirisch fundierte Verfahren zur kontrollierten Auslösung von diagnostisch relevantem Verhalten durch standardisierte Reize – mit dem Ziel eines Rückschlusses auf lernerseitige Kompetenzen und Wissensbestände“ (Grotjahn 2007: 8). Sie bestehen aus einer Sammlung von *Items*. Als *Items* „bezeichnet man die Bestandteile eines Tests, die eine Reaktion oder Antwort herrufen sollen, also die Fragen, Aufgaben, Bilder etc.“ (Rost 2004: 18). Diese Definition bezieht sich vor allem auf formelle bzw. standardisierte Tests im Sinne der pädagogisch-psychologischen Diagnostik. Standardisiert meint in diesem Zusammenhang die Vereinheitlichung der Durchführung und Bewertung (vgl. Grotjahn 2007: 9), so dass man von einem objektiven Verfahren sprechen kann. Solche Tests müssen zahlreiche Qualitätsmerkmale erfüllen wie die Einhaltung von Testgütekriterien (vgl. einführend zu Gütekriterien Kap. 2), insbesondere die Hauptgütekriterien Objektivität, Reliabilität und Validität. Zu den Nebengütekriterien zählen Normierung, Vergleichbarkeit, Ökonomie und Nützlichkeit (vgl. Bühner 2006: 43–44). Informelle Testverfahren werden auch *teacher made tests* genannt. Zu ihnen werden Klassenarbeiten und andere von Lehrkräften entwickelte Aufgabensammlungen gezählt, welche der Überprüfung des Leistungsstandes und/oder -entwicklung ihrer Lernenden

[13] In der Literatur werden Tests als *formell* und *standardisiert* vs. *informell* und *nicht-standardisiert* oder *teilstandardisiert* bezeichnet; die Begriffe werden i. d. R. synonym verwendet.

dienen. Für informelle Tests liegt keine Erprobung oder Normierung an einer Grundgesamtheit bzw. repräsentativen Stichprobe vor. Gütekriterien werden häufig nicht oder lediglich eingeschränkt erfüllt. Informelle Tests stellen einen wichtigen Bestandteil der schulischen Evaluation dar. Im Folgenden liegt jedoch der Schwerpunkt auf der Beschreibung formeller Tests, insbesondere Sprachtests, da diese für die Messung von Leistungen im Rahmen von wissenschaftlichen Untersuchungen vorgezogen werden.

6.3 Formelle Tests zur Messung sprachlicher Kompetenzen

Sprachtests zählen zu den Leistungstests. Diese lassen sich nach dem Konstrukt klassifizieren bzw. nach dem, was mit dem Test gemessen werden soll. Danach unterscheidet man Intelligenztests bzw. Tests zur Überprüfung der allgemeinen Leistungsfähigkeit, Tests zur Erfassung der Kapazität des Arbeitsgedächtnisses wie Gedächtnistests und Verfahren zur Messung von Leistungen. Leistungstests sind für die Überprüfung von Wissen und Kompetenzen in verschiedenen Fachgebieten und Bereichen wie Naturwissenschaften, Sprachen oder Mathematik entwickelt worden. Sprachtests – als eine Form eines Leistungstests – können das allgemeine Sprachniveau erfassen, eine oder mehrere Teilkompetenzen (z. B. das Hörverstehen) oder die Verfügbarkeit von spezifischen Sprachphänomenen (z. B. das Verständnis der Pluralbildung im Englischen).

Formelle Tests sind „das Ergebnis eines sehr aufwändigen Testentwicklungsprozesses, zu dem verschiedene Erprobungsverfahren (u. a. Normierung an repräsentativen Stichproben) mit testmethodischer Auswertung zählen" (Kniffka und Siebert-Ott 2007: 118). Sie sollten die verschiedenen Testgütekriterien zur Qualitätssicherung erfüllen, die sich auf die Inhalte und das Format der *Items*, die Durchführung des Tests und Auswertung der Antworten (vgl. Kap. 3) beziehen. Diese Anforderungen an Testverfahren zur Erfassung von Sprachleistungen sind von besonderer Bedeutung, wenn belastbare Aussagen über Lerner im Rahmen von Zertifizierungstests, Lernstandserhebungen, Schulleistungsuntersuchungen oder Forschungsarbeiten gewonnen werden sollen. Die Ergebnisse können für die einzelne Testperson von hoher (z. B. Zuordnung zu einem Sprachniveau als Zugangsberechtigung zum Studium) oder von eher geringer (z. B. Teilnahme an einer Schulleistungsuntersuchung wie PISA) Bedeutung sein. Sogenannte *High-Stakes-Tests*, bei denen allein das Testergebnis Konsequenzen für die Testperson (z. B. für die Lernenden der erfolgreichen Schulabschluss) oder die Institution (z. B. für die Schule die Erhöhung der finanziellen Mittel im Folgejahr bei Leistungssteigerungen) hat, können unter Umständen zu unerwünschten Nebeneffekten führen. Insbesondere besteht die Gefahr des *Teaching to the test* (vgl. z. B. Ryan und Sapp 2005). In diesem Zusammenhang ist der Begriff *Washback* aufzuführen. Es handelt sich um

> ein Testgütekriterium und wird auch als Rückwirkungseffekt, impact oder backwash-Effekt bezeichnet. Man versteht darunter den Einfluss des Tests sowohl auf den einzelnen Kandidaten als auch z. B. auf das jeweilige Erziehungssystem – u. a. in Form einer Ausrichtung des Unterrichts auf Testinhalte und Aufgabenformate (Porsch und Tesch 2010: 300).

Die Leistungsmessung hat danach einen Einfluss auf den Inhalt und die Gestaltung des Unterrichts. Primäres Ziel ist die Verbesserung der Testleistungen, so „dass der Unterricht eher leistungsorientiert als kompetenzorientiert ist. Das bedeutet, dass die Steigerung der Leistungen notfalls auf Kosten eines tiefergehenden Verständnisses in Kauf genommen wird" (Stern und Hardy 2002: 167). Dieses (negative) Bestreben kann als *Teaching to the test* bezeichnet werden. Ein *Washback*- bzw. *Backwash*-Effekt eines Tests kann für den Unterricht positiv sein, beispielsweise, wenn die eingesetzten Testaufgaben Lehrkräfte dazu motivieren, bestimmte Inhalts- oder Kompetenzbereiche zukünftig stärker zu berücksichtigen (ausführlich vgl. z. B. Cheng 2000). Im Sinne eines Testgütekriteriums sollten die Testaufgaben die Unterrichtsinhalte und erworbenen Kompetenzen möglichst gut abbilden und im besten Fall eine positive Wirkung auf den nachfolgenden Unterricht haben.

Standardisierte Tests bzw. *Items* lassen sich im Hinblick auf ihr Format grundsätzlich in geschlossene, halboffene und offene Aufgaben unterscheiden (vgl. analog auch Kap. 7.1 zu unterschiedlichen Formen der Befragung). Häufig werden mit geschlossenen und halboffenen *Items* rezeptive Kompetenzen (Leseverstehen, Hörverstehen und Hör-Sehverstehen) getestet; offene Aufgabenformate werden dagegen für produktive Kompetenzen (Sprechen und Schreiben) eingesetzt. Eine solche eindeutige Einordnung hat ihre Grenzen, beispielweise wenn produktive Aufgaben mit einem Stimulus rezeptives Verstehen voraussetzen.

Zu den geschlossenen Formaten zählen Mehrfachwahlaufgaben bzw. *Multiple-Choice*-Aufgaben. Eine Aufgabe erfordert die Auswahl einer oder mehrerer richtiger Antworten aus einer vorgegebenen Anzahl von Optionen. Alternativ zur Auswahl zwischen falschen (Distraktoren) und richtigen Aussagen kann es beispielsweise auch die Optionen *richtig*, *falsch* und *nicht im Text* geben. Zu den geschlossenen Formaten gehören zudem Zuordnungsaufgaben (z. B. Bilder und Aussagen oder Wörter müssen einander zugeordnet werden) oder Umordnungsaufgaben (Bilder, Textteile oder Wörter müssen in eine bestimmte Reihenfolge gebracht werden). Im Hinblick auf Entscheidungen zur Auswertung bzw. Kodierung muss die Ratewahrscheinlichkeit einbezogen werden, die bei 50 Prozent liegt, wenn die Auswahl lediglich zwischen zwei Optionen getroffen werden soll. Alternativ bietet sich beispielsweise an, mehrere Aussagen zu einem Stimulus zusammenzufassen und entsprechend zu kodieren, z. B. wenn bei mindestens vier von fünf Einzelaussagen die richtige Antwort gewählt wurde, wird ein Punkt vergeben. Allerdings gehen durch diese Zusammenfassung Informationen verloren (z. B. welche der einzelnen Optionen relativ schwierig oder leicht ist). Eine Entscheidung über die Wahl des Aufgabenformats und der Kodierung hängt demgemäß immer von der gewünschten Aussage ab, die mit den erhobenen Daten getroffen werden soll. Vorteile geschlossener Aufgabenformate sind u. a. die schnelle und einfache Bearbeitung, die Möglichkeit der elektronischen Datenauswertung (durch Einscannen und Auslesen der Antworten) sowie die hohe Auswertungsobjektivität, da es lediglich ein eindeutiges bzw. richtiges Antwortschema gibt. Die Erfassung von rezeptiven Kompetenzen wie dem Lese-, Hör- und Hör-Sehverstehen mithilfe von geschlossenen Aufgaben verringert im Vergleich zu halboffenen oder offenen Aufgabenstellungen die Gefahr, dass andere Kompetenzen wie Schreibkompetenzen eine Rolle bei der Beantwortung spielen als diejenige, welche vom Test erfasst werden sollen.

Halboffene Aufgaben sind solche, die Kurzantworten zu einer Frage erfordern sowie verschiedene Formen von Lückentexten. Für die Kodierung bzw. Auswertung der Kurzantworten müssen genaue Anweisungen mit Beispielen vorliegen, da die Variation der Antworten – abhängig von der Komplexität der geforderten Verstehensleistung – unter Umständen sehr hoch ist. Lese- oder Hörverstehensleistungen können nach dem Ziel und der Strategie bzw. Aktivität unterschieden werden. Zum Beispiel führt die Aufgabe, Hauptaussagen eines Textes zu verstehen, dazu, dass ein Leser eher zum schnellen überfliegenden Lesen neigt (vgl. Grotjahn und Tesch 2010a). Im Vergleich zu geschlossenen Aufgabenformaten werden dem Rezipienten bei einer halboffenen Testaufgabe keine Verstehenshilfen gegeben, welche den Einsatz von Teststrategien wie dem Ausschluss von Optionen bei Mehrfachantworten erlauben. Trotzdem ist die Bearbeitungszeit relativ kurz und Schreibkompetenzen spielen eine relativ geringe Rolle, da sprachliche Fehlschreibungen bei der Bewertung i. d. R. nicht berücksichtigt werden. Für die Konstruktion von geschlossenen und halboffenen *Items*, welche Lese-, Hörverstehens- oder Hörsehverstehensleistungen messen sollen, ist es wichtig zu berücksichtigen, dass „alle einen Abruf von Textinformationen aus dem Gedächtnis [verlangen] und [...] damit nicht nur das Verstehen [messen], sondern zugleich auch in unterschiedlich starkem Maße die Gedächtnisleistung" (Grotjahn und Tesch 2010a: 109). Daher sollten die *Items* in derselben Reihenfolge wie im Stimulus präsentiert werden, eindeutig formuliert und im Verhältnis relativ kurz sein (vgl. Abschnitt 6.5 zu weiteren Aspekten der Konstruktion oder Auswahl von *Items*). Die bekannteste Form der halboffenen Erfassung von sprachlichen Leistungen mithilfe von Lückentexten stellt der C-Test dar, eine Weiterentwicklung des *Cloze-Tests*. Oller und Conrad verwendeten erstmals 1971 den *Cloze-Test*, einen Lückentext, in dem jedes fünfte Wort fehlt, in Studien zur Untersuchung von Lernern mit Englisch als Zweitsprache. Als Reaktion auf die umfangreiche Kritik (z. B. im Hinblick auf die Auswertung und das gemessene Konstrukt) wurde das Format durch Raatz und Klein-Braley (1982) überarbeitet und als C-Test eingeführt. Dieser basiert auf dem *Konzept der reduzierten Redundanz* (Beschreibung der Theorie vgl. z. B. Klein-Braley 1997) und soll den allgemeinen Sprachstand erfassen. Den Proband(inn)en werden i. d. R. fünf Texte vorgelegt, die in ihrer Schwierigkeit aufsteigend sind. Bei jedem Text fehlt ab dem zweiten Satz bei jedem zweiten Wort exakt die zweite Hälfte seiner Buchstaben (Weitere Spezifika der Konstruktion von C-Tests vgl. z. B. Grotjahn 2002, 2004). Pro Text sind es 20 bis 25 Lücken, die innerhalb von dreißig Minuten ergänzt werden sollen. C-Tests werden u. a. zur Einstufung oder als Forschungsinstrument verwendet, da sie als objektiv gelten, einfach in der Auswertung sind und für viele Sprachen bereits in erprobter Form vorliegen.

Neben den geschlossenen und halboffenen stellen offene Aufgaben ein weiteres Testformat dar. Sie werden primär für die Erfassung produktiver sprachlicher Kompetenzen, d. h. das Schreiben und Sprechen, eingesetzt. Offene Aufgaben sind solche, die von den Geprüften selbst formulierte Antworten in größerem Umfang in mündlicher oder schriftlicher Weise erfordern. Es kann eine Variation an Antworten bzw. Textproduktionen geben, abhängig von der Aufgabe bzw. der geforderten Textsorte (z. B. Bildbeschreibung, Zusammenfassung oder Argumentation). Diese Antwortvielfalt führt zu besonderen Herausforderungen für die Auswertung, insbesondere zur Erfüllung der Auswertungsobjektivität (vgl. Abschnitt 6.5). Prüfungsabläufe produktiver Tests werden daher im Hinblick auf die Länge, den Ablauf und das zur Verfügung stehende Material sowie die Kriterien zur Auswertung standardisiert bzw. vereinheitlicht. In der nachfolgenden Tab. 1 sind die beschriebenen Aufgabenformate mit Beispielen aufgeführt und den häufig getesteten Kompetenzen in einem Sprachtest zugeordnet.

Tab. 1: Aufgabenformate in Sprachtests mit Beispielen

Aufgabenformat	**Häufig getestete Kompetenzbereiche in einem Sprachtest**	**Beispiele für das Aufgabenformat**	**Beispiel**
geschlossen	Hörverstehen, Hör-Sehverstehen, Leseverstehen	Aufgaben mit Mehrfachauswahl, Richtig-falsch-(nicht-im-Text-)Aufgaben, Zuordnungsaufgaben, Anordnungsaufgaben	Wann kommt der Zug an? Hören Sie die Ansage. Kreuzen Sie eine der Uhrzeiten an. ☐ 8:05 Uhr ☐ 9:05 Uhr ☐ 8:15 Uhr ☐ 15:00 Uhr
halboffen	Hörverstehen, Hör-Sehverstehen, Leseverstehen, allgemeine Sprachfähigkeit	Aufgaben mit Kurzantwort, Lückentexte[14]	Für die Bewerbung werden mehrere Dokumente benötigt. Notiere in Stichworten.
offen	Schreiben, Sprechen	Schreibaufgaben, Aufgaben zum monologischen und dialogischen Sprechen, Bilder nach Anleitung zeichnen/ausmalen	Sie suchen für den Sommer Arbeit in Deutschland. Antworten Sie auf die folgende Anzeige und bewerben Sie sich (mind. 100 Wörter).

Die Bearbeitung von Leistungstests erfolgt in vielen Untersuchungen als *Paper-and-Pencil-Test*, d. h., die Testteilnehmer erhalten die Aufgaben zur Bearbeitung in Form eines gedruckten Testhefts. Vor allem Aufgaben in einem geschlossenen Format sind jedoch einfach im Hinblick auf die Bedienung am Computer und erleichtern die Auswertung, da die Daten aller Teilnehmer nach der Bearbeitung direkt abrufbar sind. Hilfreich für die Bearbeitung kann außerdem die Einstellung sein, Proband(inn)en die nächste Aufgabe erst dann einzuspielen, wenn sie die ihnen vorliegende Frage bearbeitet haben, wodurch die Vollständigkeit der Daten quasi „erzwungen" wird (vgl. auch Kap. 7.2).

Im Hinblick auf Schreibaufgaben als Form von offenen Aufgabenformaten stellt sich die Frage, ob die Schreiber(innen) in der Lage sind, die Tastatur (oder ggf. andere Eingabegeräte) zu bedienen und welchen Einfluss die Bearbeitung am Computer auf deren Leistung hat. Zahlreiche Studien zeigen jedoch keine Unterschiede in den Ergebnissen (Überblick vgl. z. B. Shaw und Weir 2007: 28). Allerdings reicht es nicht aus, dass relative Sicherheit darüber besteht, dass die Testpersonen mit dem Computer bzw. der Tastatur

[14] C-Tests werden als ökonomisches Instrument zur Erfassung der allgemeinen Sprachfähigkeit angesehen. Testergebnisse aus C-Tests weisen hohe Zusammenhänge mit Leistungen zu rezeptiven und produktiven Tests auf (vgl. z. B. Grotjahn 2004: 540).

vertraut sind. Überlegungen im Sinne der Konstruktvalidität (Messe ich mit dem Instrument die Schreibkompetenz so, wie ich sie definiert habe?) und eines *Backwash*-Effekts bzw. einer Rückwirkung auf den Unterricht sowie die spezifischen Voraussetzungen der jeweiligen Zielgruppe sind zu berücksichtigen.

In der pädagogisch-psychologischen Diagnostik wird zudem seit mehreren Jahren das computerbasierte adaptive Testen erforscht. Proband(inn)en werden dabei in Abhängigkeit von ihrem Antwortverhalten unterschiedlich schwierige Folgeaufgaben vorgelegt. Ziel ist es, so viele und genaue Informationen auf dem tatsächlichen Kompetenzniveau der Testteilnehmer zu erhalten. Die Vorteile liegen klar in der Testökonomie. Nachteilig ist die Vielzahl von Aufgaben für verschiedene Kompetenzniveaus, die erstellt werden müssen, sowie die relativ hohe Anzahl an für die Kalibrierung notwendigen Testpersonen (ausführlich in Frey 2012), da zur Konstruktion und Auswertung die *Item-Response*-Theorie angewendet wird. Die *Item-Response*-Theorie (IRT) bzw. Probalistische Testtheorie (PTT)

> beschreibt den Zusammenhang zwischen beobachtbarem Antwortverhalten und dem dahinter stehenden Persönlichkeitsmerkmal auf Grundlage eines wahrscheinlichkeitstheoretischen Modells. Aus dem beobachteten Antwortverhalten wird auf zwei latente Variablen geschlossen, welche das Antwortverhalten determinieren: die Itemschwierigkeit und die Personenfähigkeit. [...] Es wird davon ausgegangen, dass die Wahrscheinlichkeit ein Item zu lösen mit steigender Personenfähigkeit zunimmt. (Porsch und Tesch 2010: 291; ausführlich vgl. z. B. Bühner 2008: Kap. 7)

Neben der PTT zählt die Klassische Testtheorie (KTT) zu den gebräuchlichsten Testtheorien. Sie wird auch als *Messfehlertheorie* bezeichnet und

> umfasst eine Vielzahl von statistischen Methoden bzw. Verfahren, die genutzt werden, um zu bestimmen, wie genau eine Messung ist und wie gut man Messwerten vertrauen kann. Ermittelte Werte für die Bestimmung der Qualität von Items oder Skalen sind u. a. die Trennschärfe und Cronbachs Alpha. (Porsch und Tesch 2010: 291; ausführlich vgl. z. B. Bühner 2008: Kap. 2)

6.4 Tests für Lerner mit Deutsch als Fremd- oder Zweitsprache

6.4.1 Tests für Lerner mit Deutsch als Zweitsprache

Für die Feststellung des Sprachstands im Deutschen als Zweitsprache werden in Deutschland bereits vor der Einschulung Sprachstandstests oder Sprachstandsfeststellungsverfahren angewendet. Kniffka und Siebert-Ott (2007: 122–123) stellen fest, dass die Mehrzahl der Verfahren nicht vollständig als standardisiert bezeichnet werden kann bzw. diese die Gütekriterien diagnostischer Tests nicht erfüllen. Ursache ist unter anderem, dass die meisten Verfahren mündlich durchgeführt werden und es daher schwieriger ist, „die Durchführungsbedingungen für alle zu testenden Kinder absolut gleich zu halten – was zu einer Reduzierung der Durchführungsobjektivität führen kann" (Kniffka und Siebert-Ott 2007: 123).

Ein normierter Sprachtest für den Vorschulbereich, für den Gütekriterien vorliegen und der DaZ berücksichtigt, ist der *Sprachentwicklungstest für drei- bis fünfjährige Kinder* (SETK 3-5; Grimm, Aktas und Frevert 2010). Eingesetzt wird auch der *Heidelberger Sprachentwicklungstest* (HSET; Grimm und Schöler 1991) für Kinder von drei bis neun Jahren und der *Kindersprachtest für das Vorschulalter* (KISTE; Häuser, Kasielke und

Scheidereiter 1994), mit denen man zwar sehr differenziert sprachliche Leistungen feststellen kann, die jedoch keine Normwerte für Kinder mit zweitsprachlichem Hintergrund liefern und deren Normtabellen für deutschsprachige Kinder aufgrund der zurückliegenden Erhebungszeitpunkte eingeschränkt interpretierbar sind. Aus dem Jahr 2011 liegt von Schulz und Tracy die *Linguistische Sprachstandserhebung – Deutsch als Zweitsprache* (LiSe-DaZ; vgl. www.lise-daz.de) vor. Damit lässt sich der sprachliche Entwicklungsstand von Kindern mit Deutsch als Zweitsprache und Deutsch als Muttersprache im Alter von drei bis sieben Jahren differenziert erfassen. Vorteil ist, dass das Testverfahren an mehr als dreihundert Kindern mit Deutsch als Muttersprache und an sechshundert DaZ-Kindern normiert wurde.[15]

Ein Beispiel für einen standardisierten Test zur Erfassung von Kompetenzen für DaZ von Erwachsenen stellt der *Deutsch-Test für Zuwanderer* (dtz) dar, der im Auftrag des Bundesministeriums des Innern vom Goethe-Institut gemeinsam mit der telc GmbH entwickelt wurde (Perlmann-Balme, Plassmann und Zeidler 2009). Getestet werden die kommunikativen Kompetenzen Leseverstehen, Hörverstehen, Schreiben und Sprechen. Es gibt Aufgaben für Erwachsene und solche für Jugendliche (Beispielaufgaben und Bewertungskriterien zum dtz in Goethe-Institut/telc GmbH 2009a, 2009b).

Neben Tests, welche mit dem Ziel entwickelt wurden, den Sprachstand von DaZ-Lernenden zu erfassen, werden von Schulleistungsstudien Schülerinnen und Schüler mit Migrationshintergrund in der Auswertung häufig besonders berücksichtigt (z. B. DESI/9. Klasse: vgl. DESI-Konsortium 2008; Ländervergleich für Deutsch/Mittlerer Schulabschluss, 9. Klasse: vgl. Böhme, Tiffin-Richards, Schipolowski und Leucht 2010; Ländervergleich für Deutsch/4. Klasse: vgl. Haag, Böhme und Stanat 2012). Schließlich werden im Rahmen von Forschungsprojekten weltweit Tests entwickelt, welche den unterschiedlichsten Fragestellungen mit Fokus auf fremd- oder zweitsprachlichen Lernern nachgehen. Beispielsweise betrachten Forscher Gruppen von Lernern mit unterschiedlichen Erstsprachen (z. B. Russisch oder Türkisch) oder untersuchen die Wirkung von Fördermaßnahmen experimentell, um anschließend den Erfolg mithilfe von Testverfahren zu überprüfen. Neben der Beantwortung von Forschungsfragen werden im Rahmen solcher Projekte häufig zahlreiche Instrumente wie Testaufgaben (weiter-)entwickelt, welche für nachfolgende empirische Studien nutzbar sind. Aktuelle Projekte im deutschsprachigen Raum sind z. B. FUnDUs (*Die Rolle familialer Unterstützung beim Erwerb von Diskurs- und Schreibfähigkeiten in der Sekundarstufe I*; vgl. www.projekt-fundus.de) oder BeFo (*Bedeutung und Form. Fachbezogene und sprachsystematische Förderung in der Zweitsprache*; Übersicht aktueller DaZ-Projekte vgl. www.daz-portal.de, Stichwort „Forschung").

6.4.2 Tests für Lerner mit Deutsch als Fremdsprache

Standardisierte Tests zur Erfassung der Sprachkenntnisse von Studienbewerbern mit Deutsch als Fremdsprache werden seit 2001 vom TestDaF-Institut entwickelt und durch-

[15] Die Autorin weist auf folgenden Umstand hin: Die benannten normierten Testverfahren können käuflich beim Hogrefe Verlag erworben werden. Der Verlag verlangt jedoch, dass der Kauf entweder von einer Diplom-Psychologin oder einem Diplom-Psychologen vorgenommen wird oder der Einsatz unter deren oder dessen Supervision erfolgt (vgl. www.testzentrale.de/infocenter/bezugsmoeglichkeiten-fuer-testverfahren/). Häufig kann in die Testverfahren in den Bibliotheksuniversitäten Einblick genommen werden.

geführt. Mittlerweile werden sie auch als Online-Test (onDaf) angeboten (vgl. Eckes 2010a). Ausländische Studienbewerber legen i. d. R. den *TestDaF* oder die *Deutsche Sprachprüfung für den Hochschulzugang* (DSH) ab, wenn sie in Deutschland ein Studium aufnehmen wollen.[16] In beiden Tests werden das Leseverstehen, das Hörverstehen, das Schreiben und das Sprechen überprüft, wobei alle Themen und Aufgaben einen Bezug zum Kontext Hochschule aufweisen. Das TestDaF-Institut entwickelt die Aufgaben, wertet sie aus und führt zudem umfangreiche Begleitforschung durch (Informationen zu den Projekten und Publikationen unter www.testdaf.de). Die sprachliche Zulassungsprüfung für Hochschulen, die DSH, wurde von einzelnen Hochschulen entwickelt und wird direkt an den Universitäten durchgeführt. Die Rahmenordnung für die DSH (HRK/KMK 2011) erlaubt, dass sich die Aufgaben unter Berücksichtigung der vier Kompetenzbereiche an den einzelnen Universitäten unterscheiden (vgl. für Beispielaufgaben und Beispielbewertungen zur DSH die Arbeitsgruppe FaDaF 2007).

6.4.3 Elizitierung von Lernersprache

Weitere Testverfahren, die für die DaF-/DaZ-Forschung von Bedeutung sind, weil mit ihnen ebenfalls sprachliche Kompetenzen überprüft werden, stammen aus dem Bereich der Linguistik. Eingesetzt wird zum Beispiel das Verfahren *Elicited Imitation* (EI). Der Lerner hört einen Satz, der bezüglich seiner Länge und relevanter grammatischer Phänomene kontrolliert ist. Danach wiederholt er diesen Satz laut. Diese Wiederholung wird aufgezeichnet und anschließend ausgewertet. Insgesamt werden ca. 30 Sätze nacheinander präsentiert. Annahme ist u. a., dass ein Lerner sich aufgrund seines begrenzten Kurzzeitgedächtnisses einen solchen langen Satz nicht merken kann und ihn daher eigenständig rekonstruieren muss (vgl. Winkler 2011). Das Verfahren kann aus testdiagnostischer Sicht als standardisiert bezeichnet werden bzw. die Gütekriterien werden weitgehend erfüllt. Einschränkungen gibt es allerdings im Hinblick auf die Authentizität der Situation, die dem Lerner präsentiert werden, da es keine Situierung der Sätze gibt, wie es dagegen bei Performanztests der Fall ist. Es handelt sich um die Testung eines einzelnen Sprachphänomens – nicht um die Messung des Sprechens verstanden als eine kommunikative Kompetenz.

Im Hinblick auf den Grad der Authentizität bzw. Wiederspiegelung realer Kommunikationssituationen lassen sich Sprachtests in Kompetenz- und Performanztests unterscheiden. Für Kompetenztests liegt „den Testaufgaben […] ein (explizites) Modell der am Gebrauch von Sprache involvierten Fähigkeiten und Fertigkeiten zugrunde" (Grotjahn 2000: 322). „Modellieren die Testaufgaben und die im Test erwarteten Reaktionen, die zielsprachlichen Aufgaben und Verwendungssituationen" (Grotjahn 2000: 322), dann spricht man von einem Performanztest. Sie werden auch als „kommunikativ orientiert" bezeichnet, weil sie versuchen „realitätsnahes zielsprachliches Verhalten in realitätsnahen, wahrscheinlichen und relevanten Situationen" (Glaboniat 2010: 1289) abzubilden, so dass direkt auf Verhalten außerhalb der Testsituation rückgeschlossen werden kann (daher auch als *direkter* Test bezeichnet).[17]

---

[16] Vgl. zu Möglichkeiten zum *Nachweis der sprachlichen Studierfähigkeit* in Deutschland HRK/KMK (2011: 3).

[17] Testaufgaben, welche heute z. B. im Rahmen von Vergleichsaufgaben auf Grundlage der Bildungsstandards entwickelt werden, werden auch als kompetenzorientierte Aufgaben bezeichnet, da sie Kompe-

Bei Grammatikalitätsurteilen handelt es sich um einen weiteren in der Linguistik verbreiteten Aufgabentyp. Von den Proband(inn)en wird ein Urteil zu mehreren Sätzen im Hinblick auf eine bestimmte grammatikalische Konstruktion verlangt, es handelt sich also um eine Form der Elizitierung von Sprachwissen. Nach dem Hören oder Lesen soll eine Einschätzung abgegeben werden, ob ein Satz eher „richtig" oder „falsch" ist. Häufig müssen die Urteile nummerisch in Hinblick auf eine Fünf- oder Sieben-Punkte-Skala abgeben werden. Im Hinblick auf die Einhaltung von Gütekriterien diagnostischer Tests gibt es zahlreiche Einschränkungen dieses Aufgabentyps. Vor allem zeigt sich, dass Proband(inn)en zu dem selben Satz unterschiedliche Urteile abgegeben (ausführlich vgl. z. B. Featherston 2006), so dass eine objektive und reliable Auswertung erschwert wird.

Es können zahlreiche Formen der Elizitierung von Sprachäußerungen unterschieden werden (ausführlich vgl. Kap. 5). Abhängig von dem Grad der Kontrolle über die Bedingungen der Erhebung der sprachlichen Äußerungen handelt es sich eher um eine Beobachtung oder – unter sehr kontrollierten Bedingungen – um ein Quasi-Experiment oder Experiment (vgl. Kap. 14). Abhängig von der Elizitierungstechnik bzw. dem Aufgabentyp kann auch hier die Klassifikation von Testaufgaben in standardisiert, teilstandardisiert und nicht standardisiert angewendet werden. Diese Klassifikation ist jedoch nicht verbreitet, da es sich – z. B. bei einer Beobachtung im natürlichen Umfeld – nicht immer um Tests im Sinne einer angekündigten Überprüfung der vorhandenen sprachlichen Kompetenzen handelt.

6.5 Herausforderungen bei der Konstruktion und Auswertung von Testdaten

Für den Einsatz von Tests im Rahmen von Forschungsarbeiten besteht die Möglichkeit, vorhandene Testaufgaben zu verwenden, diese zu adaptieren oder einen Test neu zu entwickeln. Für die Testauswahl oder -konstruktion muss das Konstrukt, welches gemessen werden soll, genau definiert werden. Anschließend erfolgt die Festlegung, in welcher Form dieses Konstrukt operationalisiert werden soll, d. h., es wird die Entscheidung getroffen, welche Aufgabenformate zum Einsatz kommen und wie die Aufgaben zusammengestellt werden. Die weiteren Schritte bis zur Auswertung der Daten sind im nachfolgenden Ablaufschema (Abb. 1) für den Einsatz von Tests dargestellt.

Relevante Aspekte für die Konstruktion der *Items* werden in den Testspezifikationen festgehalten. Dazu zählen u. a. die Entscheidung über die Sprache, in welcher die Fragen formuliert sein sollen, die Länge und Art des Stimulus (Text und/oder Bilder), der Anteil der verschiedenen Testformate, die ein Testheft aufweisen soll, der Anteil und die Variation an *Items* im Hinblick auf deren Schwierigkeit, die generelle Punktevergabe bzw. Kodierung für die verschiedenen Formate. Es gibt in der Literatur zahlreiche Versuche, für die verschiedenen Aufgabenformate Regeln zu formulieren, welche bei der Konstruktion zu berücksichtigen sind, wie die Regel, dass Weltwissen soweit wie möglich ausgeschlossen werden soll, um eine Frage zu beantworten. Abhängig vom gewählten Testformat und den

tenzen im Sinne der Kultusministerkonferenz bzw. von Weinert (Erläuterung vgl. Porsch 2010: 46–49) messen sollen. Daher muss die Verwendung der Begriffe im Kontext genau geprüft werden.

Die Authentizität von vielen Aufgabenformaten wie Multiple-Choice-Aufgaben kann angezweifelt werden (vgl. Perlmann-Balme 2010: 1279), allerdings ist der Anspruch an Tests, welche die diagnostischen Gütekriterien erfüllen und authentisch bzw. realistisch sind, kaum gleichermaßen zu erfüllen.

zu überprüfenden Konstrukten müssen die spezifischen Hinweise in der Testauswahl bzw. -konstruktion Berücksichtigung finden. Relevant sind für die Entwicklung von Aufgaben u. a. die Forschungsergebnisse zu schwierigkeitsgenerierenden Merkmalen, welche diejenigen Faktoren untersuchen, welche die Lösbarkeit von *Items* erleichtern oder erschweren, immer in Abhängigkeit bzw. unter Kontrolle von Personenmerkmalen (vgl. z. B. Grotjahn und Tesch 2010a: 102–105; Grotjahn und Tesch 2010b: 132–135).

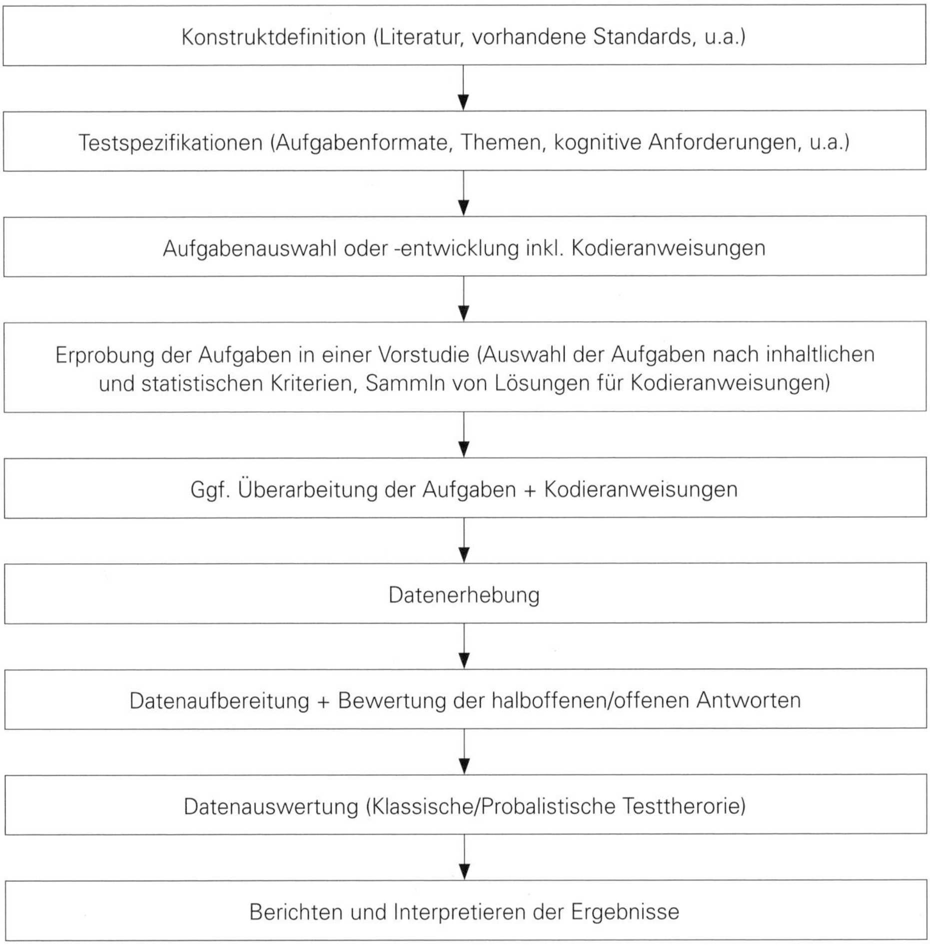

Abb. 1: Ablauf einer empirischen Studie unter Verwendung von Testaufgaben

Für Testaufgaben zum Schreiben und Sprechen bestehen insbesondere im Hinblick auf die Auswertung besondere Herausforderungen, um die Qualitätsmerkmale bzw. Gütekriterien von standardisierten Tests erfüllen zu können. Bei Sprechkompetenz wird häufig zwischen monologischem und dialogischem Sprechen unterschieden. Daher werden „meist kommunikative Performanztests in *face-to-face*-Prüfungssituationen gewählt"

(Arras 2011: 80), d. h., es finden Einzel-, Paar- oder Gruppenprüfungen statt. Die Sprechleistung wird entweder während des Gesprächs bewertet oder für die Bewertungen zu einem späteren Zeitpunkt aufgenommen. Eine besondere Form dieses semidirekten Testens[18] ist das SOPI (*Simulated Oral Proficiency Interview*): Der Prüfling hört Aufgaben von einem Tonträger, der seine Antwort aufnimmt (eine Beschreibung für den Bereich DaF mit Beispielaufgaben vgl. Eckes 2010b).

Für die Bewertung produktiver Sprachleistungen sind Personen als Beurteiler notwendig, welche auch als *Rater* bezeichnet werden. Sie geben entweder eine Globalbewertung ab – auch als *holistisches Urteil* bezeichnet – oder bewerten einzelne Aspekte, sogenannte *analytische Kriterien*. Merkmale können entweder als Dichotome erfasst werden (*vorhanden* vs. *nicht vorhanden* oder *erfüllt* vs. *nicht erfüllt*), oder die Qualität von Merkmalen kann auf einer mehrstufigen Skala, z. B. von 1 bis 5, bewertet werden. In diesem Fall spricht man auch von *mehrstufigen* bzw. *polytomen Variablen* (vgl. z. B. Weigle 2002 mit Beispielen aus international verwendeten Bewertungsrastern).

Eine Herausforderung bei der Bewertung verschiedener Lösungen zu einer Aufgabe besteht darin, unerwünschte bzw. nicht die Leistung betreffende Faktoren in der Bewertung auszuschließen oder zu minimieren. Eckes (2009: 10–11) unterscheidet zwischen proximalen und distalen Faktoren. Proximale Faktoren haben einen direkten Einfluss auf die Vergabe des Testwertes. Zu den proximalen Faktoren zählt das gemessene Konstrukt wie eine bestimmte Sprachkompetenz, aber auch Faktoren, welche nicht relevant für das Konstrukt sind und somit zu Messfehlern führen können. Insbesondere Beurteilerfehler können die Testergebnisse verändern bzw. verzerren. Ein Beispiel für einen solchen Fehler ist der *Halo*-Effekt, ein Zusammenhangsfehler, welcher die Tendenz beschreibt, „bei der Einschätzung oder Beurteilung eines Charakteristikums einer Person von einem anderen Charakteristikum oder vom Gesamteindruck von dieser Person beeinflusst zu werden“ (English und English 1976; zit. nach Ingenkamp und Lissmann 2008: 76). Bei der Beurteilung eines Textes könnte z. B. eine hohe Anzahl von Orthographie- und Grammatikfehlern dazu führen, dass der Inhalt schlechter beurteilt wird als wenn der gleiche Text fehlerfrei wäre, so dass das Gütekriterium der Auswertungsobjektivität nicht gegeben ist (Übersicht empirischer Untersuchungen zu den Gütekriterien schriftlicher Arbeiten in Ingenkamp und Lissmann 2008: 143–145). Einen weiteren Einfluss üben distale Faktoren auf die Testwerte aus; sie wirken aber eher indirekt und sind nur in geringem Maße auszuschließen bzw. zu vermeiden. Es sind Merkmale der Testpersonen (Geschlecht, Alter, Nationalität, Einstellungen, Motivation), der Beurteiler (Berufserfahrung, Status, Einstellungen, Motivation, Konzentration) und der Test- bzw. Urteilssituation (Durchführungsbedingungen, Urteilskontext, Richtlinien).

Sofern es keine eindeutige richtige Lösung für offene oder gegebenenfalls für halboffene Antworten gibt und um den Einfluss der Rater auf die Leistungswerte zu prüfen, werden häufig Mehrfachbeurteilungen vorgenommen, d. h., dass ein Text oder eine Sprechleistung von mindestens zwei Personen (dann als *Doppelkodierungen* bezeichnet) eingeschätzt wird. Eine solche Maßnahme des Qualitätsmonitoring muss mit einer intensiven Schulung der Rater verbunden sein, in der die Kriterien und Beschreibungen der Bewertung, die Ratingskala, transparent gemacht werden. Für das Training und die Be-

[18] Semidirekte Tests sind „Prüfungen, bei denen zwar die Fähigkeit, über die Aussagen gemacht werden soll, integriert oder holistisch getestet wird, die Fähigkeiten also nicht in einzelne Bestandteile zerlegt wird, die getrennt getestet werden, dies aber nicht auf authentische Weise geschieht, sondern diese Authentizität nur simuliert“ (Tschirner 2001: 30).

wertung, die jeder Rater individuell vornimmt, sollten zudem Beispiele – *Benchmarks* genannt – vorliegen. *Benchmarks* sind authentische Texte bzw. digitale Aufzeichnungen, welche aus Erprobungsstudien bzw. Pilotierungen stammen. Für jeden Aspekt der Ratingskala (z. B. Orthographie) liegt ein Text mit einer Bewertung sowie einer Begründung der Aufgabenentwickler bzw. Forscher vor. Die unterschiedliche Strenge oder Milde einzelner Rater im Beurteilungsprozess, d. h. wenn Personen zu einem extrem positiven bzw. negativen Urteil neigen – kann bei der statistischen Modellierung der Leistungswerte, insbesondere bei Anwendung des Multi-Facetten-Raschmodells (Andrich 1978), berücksichtigt werden (ausführlich zu Kennwerten und Verwendung des Modells: Eckes 2005, 2009), ein Modell, welches auf Grundlage der *Item-Response*-Theorie entwickelt wurde. Es ermöglicht verschiedene Facetten, wie die Rater oder das Thema der Aufgaben, in die Ermittlung der Leistungswerte einzubeziehen.

Eine aktuelle Herausforderung für die Auswertung und Rückmeldung der Leistungen vieler Sprachtests für Fremd- und Zweitsprachenlerner stellt die Prämisse dar, deren Ergebnisse den Niveaus aus dem *Gemeinsamen europäischen Referenzrahmen für Sprachen* (GER; Europarat 2001) zuordnen zu können. Die Zuordnung bzw. Verlinkung zum GER ist ein komplexes Verfahren. Es beinhaltet u. a. die Verwendung der Beschreibungen zu den Niveaustufen der verschiedenen Fertigkeiten und Kompetenzen, auch Deskriptoren genannt, bei der Erstellung des Kodierschemas. Schließlich sollen die empirisch ermittelten Schwierigkeiten für jedes *Item* und die Personenfähigkeiten einem Niveau zugeordnet werden. In einem *Standard-Setting*-Verfahren werden der Beginn und das Ende eines Niveaus einzelner Stufen auf einer kontinuierlichen Skala festgelegt. Das Ergebnis ist ein Kompetenzstufenmodell, wobei die einzelnen Stufen mit qualitativen Beschreibungen und exemplarischen *Items* versehen werden (Überblick der verschiedenen *Standard-Setting*-Verfahren vgl. z. B. Cizek und Bunch 2007; Eckes 2010a: 145–148; europäische Projekte zur Verlinkung von Tests mit dem GER vgl. Martyniuk 2010).

Die Anbindung an den Referenzrahmen wird von bestehenden Sprachentests in unterschiedlichem Maße im Rahmen der Entwicklung ihrer Aufgaben, deren Bewertung und Kalibrierung der Testwerte geleistet. Die Feststellung von fremdsprachlichen Leistungen in der Sekundarstufe I an allgemeinbildenden Schulen in Deutschland basiert in vielen Erhebungen auf den Bildungsstandards für die erste Fremdsprache (KMK 2003, 2004), welche wiederum an die Beschreibungen und Niveaustufen des GER angebunden sind. Die auf den Bildungsstandards basierenden Ländervergleiche berücksichtigen für die Fremdsprachen den europäischen Referenzrahmen (Standardsetzung und Verlinkung mit dem GER im Fach Englisch vgl. Harsch, Pant und Köller 2010). Für das Fach Deutsch besteht keine Anbindung an den GER. Die TestDaF-Niveaustufen 3, 4 und 5 entsprechen den Stufen B2 und C1. Die Aufgaben bzw. Testergebnisse sind in einem aufwändigen Verfahren mit dem GER verlinkt worden (vgl. Kecker 2011). Die DSH verwendet für die Bewertung die Beschreibungen aus dem GER, jedoch ist das Verfahren der Verlinkung beschränkt auf eine Auswahl an Deskriptoren der Niveaus B1 bis C1. Ein Versuch, die Testergebnisse des TestDaF und der DSH aufeinander zu beziehen, – und damit eine genauere Zuordnung der GER-Niveaustufen für den DSH zu ermöglichen – konnte lediglich in Ansätzen bestätigt werden (vgl. Koreik 2005). Der *Deutsch-Test für Zuwanderer* (dtz), ein Test für DaZ, will differenziert Kompetenzen auf den Niveaus A2 und B1 prüfen (Beschreibung der Anbindung an den GER in Perlmann-Balme, Plassmann und Zeidler 2009).

6.6 Fazit und Ausblick

Trotz einer Anzahl existierender Tests besteht für die Überprüfung von Deutsch bzw. verschiedenen sprachlichen Teilkompetenzen noch Bedarf an standardisierten Testverfahren, vor allem für Grundschüler und Lerner in der Sekundarstufe I und II. Zunehmend werden Methoden kombiniert (Stichwort *Methodentriangulation*, vgl. Kap. 3). Für die Entwicklung von Testverfahren ist es sinnvoll, Forschungsergebnisse aus anderen Disziplinen zu berücksichtigen, da zwar Spezifika, welche die Sprache Deutsch bzw. die Zielgruppe betreffen, zu berücksichtigen sind, eine Vielzahl von Prämissen aber unabhängig vom Inhalt und den Teilnehmern gelten. Um selbst Tests für DaF bzw. DaZ entwickeln oder eine fundierte Auswahl treffen zu können, ist eine systematische forschungsmethodische Ausbildung notwendig. Bevor ein Test eingesetzt wird, sollte Klarheit darüber bestehen, welche Ergebnisse auf Grundlage der Daten aus den verwendeten Tests oder anderen Instrumenten erwartet werden können. Für die Interpretation von Ergebnissen ist fachwissenschaftliches und fachdidaktisches Wissen unabdingbar. Ebenso müssen praktisch anwendbare Kenntnisse über statistische Methoden vorhanden sein.

Am Schluss dieses Beitrags sei noch auf aktuelle Tendenzen hingewiesen, welche stark mit dem hier vorgestellten Thema zusammenhängen und seit einigen Jahren Diskussionen in der schulischen Fremd- und Zweitsprachendidaktik auslösen. In allen Fachdidaktiken wird die häufige Überprüfung von Lernständen an Schulen teils mit Sorge gesehen, weil u. a. befürchtet wird, dass Lehrkräfte im Unterricht die Lernzeit vorwiegend nutzen, um auf Tests vorzubereiten (Stichwort „*Teaching to the test*"). Zudem wird die Frage nach dem Kosten-Nutzen-Verhältnis gestellt. Tatsächlich hat die Zahl der schulischen Untersuchungen in den letzten Jahren stark zugenommen. Auf Grundlage der nationalen Bildungsstandards für die Primarstufe und die Sekundarstufe I finden zur Zeit jährlich Lernstandserhebungen in den Klassenstufen 3 und 8 statt, in Deutsch und der ersten Fremdsprache (Englisch/Französisch) alle sechs Jahre ein Ländervergleich, und zentrale Abschlussprüfungen sind in allen Bundesländern obligatorisch. Ferner haben zahlreiche europäische Vereinbarungen wie die Einführung des Gemeinsamen europäischen Referenzrahmens, das Konzept der Mehrsprachigkeit und der frühe(re) Beginn des Fremdsprachenlernens in Klasse 1 bzw. 3 zu Veränderungen geführt. Die Erforschung der Konsequenzen für den Zweitsprachenlerner, insbesondere in Bezug auf den Kompetenzerwerb, stellt eine der zentralen Aufgaben für den Forschungsbereich dar.

WEITERFÜHRENDE LITERATUR

Bühner, Markus (2010): *Einführung in die Test- und Fragebogenkonstruktion.* 3., aktual. Aufl. München: Pearson.
Verständliche Einführung in die (fachunabhängige) Test- und Fragebogenkonstruktion unter Verwendung von praktischen Beispielen der Standardsoftware SPSS, AMOS und Winmira.

McNamara, Tim (2000): *Language testing.* Oxford: Oxford University Press.
Englischsprachige Einführung in zahlreiche Aspekte des Sprachtestens mit umfangreicher Angabe von Referenzliteratur und einem Glossar verwendeter Fachbegriffe.

Perlmann-Balme, Michaela (2010): Testen und Prüfen von Sprachkenntnissen. In: Krumm, Hans-Jürgen; Fandrych, Christian; Hufeisen, Britta; Riemer, Claudia (Hrsg.): ***Handbuch Deutsch als Fremd- und Zweitsprache: Ein internationales Handbuch.*** **Berlin: De Gruyter, 1272–1288.**
Verständliche Einführung in das Thema „Testen und Prüfen von Sprachkenntnissen".

ÜBUNGEN

1) Bearbeiten Sie einen C-Test auf Deutsch und in einer Fremdsprache, die Sie sprechen. C-Tests für die Bearbeitung und weitere Informationen finden Sie z. B. unter www.c-test.de oder in Baur und Spettmann (2008). Welche Vorteile haben C-Tests als Instrument zur Erfassung des Sprachstands? Welche Kritik gibt es?

2) Nehmen Sie Einsicht in einen normierten Test zur Erfassung des Sprachstandes von Kindern oder Jugendlichen mit DaZ. Was ist das Ziel des Tests, welche Teilkompetenzen sollen mithilfe welcher Teilaufgaben erfasst werden? Analysieren Sie das Verfahren im Hinblick auf die Erfüllung der Kriterien Reliabilität, Validität und Praktikabilität (Bearbeitungsdauer, Einfachheit der Durchführung und Auswertung). Liegen differenzierte Normwerte vor? Führen Sie den Test möglichst selbst durch oder beobachten Sie einen Testeinsatz. Geben Sie anschließend eine Gesamteinschätzung ab.

3) Informieren Sie sich über Prämissen der Durchführung und Bewertung standardisierter Sprechaufgaben (vgl. z. B. Arras 2011; Grotjahn und Tesch 2010c). Erstellen Sie selbst eine Sprechaufgabe in einer von Ihnen gewählten Sprache, legen Sie genau den Ablauf und die Bewertungskriterien fest. Setzen Sie die Aufgabe – wenn möglichst in Kooperation – selbst ein und tauschen Sie sich anschließend über Ihre Erfahrungen aus. Welche Aspekte stellten eine besondere Herausforderung bei der Bewertung dar? Warum?

4) Wählen Sie ein Kodierschema bzw. Bewertungsraster aus einer nationalen Untersuchungen zur Bewertung von Texten in einer Erst-, Zweit- oder Fremdsprache Deutsch aus (z. B. DaF/TestDaF: Arras und Grotjahn 2003; DESI-Studie Deutsch Klasse 9: Neumann 2007; Deutsch Grundschule: Böhme, Bremerich-Vos und Robitzsch 2009; DaZ/dtz: Perlmann-Balme, Plassmann und Zeidler 2009). Formulieren Sie in Anlehnung an eine der Skalen selbst Bewertungskriterien. Verwenden Sie dazu eine selbst entwickelte Aufgabe oder wählen eine Schreibaufgabe aus. Kodieren/Bewerten Sie damit möglichst mehrere Lernertexte. Welche Kriterien stellten eine besondere Herausforderung bei der Bewertung dar? Warum?

LÖSUNGSVORSCHLÄGE

1) C-Tests messen objektiv und sehr genau den Sprachstand (hohe Reliabilität). Es besteht ein geringer Zeitaufwand für die Durchführung und Auswertung, d. h., es ist ein ökonomisches Instrument. C-Tests liegen für zahlreiche europäische und außer-

europäische Sprachen vor. Sie gehören zu den meisterforschten Sprachtests, so dass eine fundierte theoretische Beschreibung sowie Vergleiche mit empirischen Ergebnisse anderer Studien möglich ist. Kritisch müssen die teils unterschiedlichen Annahmen über das gemessene Konstrukt mithilfe von C-Tests gesehen werden. So gilt der C-Test als Instrument zur Messung des allgemeinen Sprachstands, aber auch des (kursorischen) Leseverstehens oder zur Überprüfung der verfügbaren grammatikalischen und lexikalischen Kenntnisse in einer Sprache. In diesem Zusammenhang sei auf den Mangel an Augenscheinvalidität hingewiesen. So haben Prüflinge teilweise erhebliche Schwierigkeiten, wenn sie nicht mit dem Format vertraut sind oder wenn sie über eine andersartige oder gestörte Wahrnehmungsdisposition verfügen (z. B. arabische Muttersprachler oder Legastheniker), d. h., dass sie ihre sprachlichen Fähigkeiten nicht adäquat zeigen können (vgl. z. B. Grotjahn 1992; Freese 1994; Jafarpur 1995). Bemängelt werden kann ferner der geringe Zusammenhang zwischen der Testhandlung (das Einsetzen von Lücken durch Lesen eines zusammenhängenden Textes) und authentischen kommunikativen Sprachhandlungen (vgl. im Text die Unterscheidung von Kompetenz- und Performanztests).

2) Zur Übung 2 wird kein Test vorgeben, da die Leserinnen und Leser einen Test wählen, analysieren und einsetzen sollten, der ihrer Zielgruppe bzw. ihren Interessen entspricht. Folgendes Raster kann für die Auswertung herangezogen werden:

Test:	
Zielgruppe (Alter, sprachlicher Hintergrund):	
Ziel des Tests:	
Getestete Teilkompetenzen:	
Art der Teilaufgaben:	
Zuverlässigkeit/Reliabilität (Cronbach's Alpha):	
Gültigkeit/Zusammenhang mit anderen Tests zur Ermittlung der Konstruktvalidität:	
Normwerte (differenziert nach Alter und sprachlichem Hintergrund):	
Praktikabilität (Bearbeitungsdauer, Einfachheit der Durchführung und Auswertung):	
Gesamteinschätzung:	

3) Prämissen für die Durchführung und Bewertung standardisierter Sprechaufgaben leiten sich aus der Notwendigkeit ab, die Gütekriterien von Tests zu erfüllen. Auf Grundlage eines festgelegten Konstrukts müssen vergleichbare Aufgaben zu verschiedenen Themen auf verschiedenen Niveaustufen vorhanden sein, zu denen vergleichbare Bewertungskriterien erstellt werden. Für den Ablauf einer Testung ist ein Prüfer- bzw. Tester-Leitfaden notwendig, der genau den Ablauf, die Zeiten und das Verhalten der Prüfer beschreibt. Für die Bewertung ist es hilfreich, wenn Sprechtests mit mindestens zwei Prüfern durchgeführt werden, um die Auswertungsreliabilität

zu erhöhen. Die Bewertung der Kandidaten erfolgt auf Grundlage eines vorher festgelegten Kodierschemas (z. B. Grotjahn und Tesch 2010c: 194–95). Dieses sollte den Prüfern durch ein Training vertraut sein. Dazu liegen Beispielbewertungen (*benchmarks*) – am günstigsten in Form von Aufnahmen aus Prüfungen – vor. Zu Schulungszwecken können gegenseitige Hospitationen mit anschließendem Austausch über die Bewertung und die Reflexion des eigenen Verhaltens förderlich sein.

4) Zur Übung 4 wird kein Beispiel vorgeben, da die Leser(innen) ein Raster entsprechend ihrer Zielgruppe bzw. ihrem Interesse wählen und verwenden sollen.

Andrea Daase
Beatrix Hinrichs
Julia Settinieri

7. BEFRAGUNG

7.1 Grundlagen

Bei Befragungen erfolgt die Datengewinnung durch Fragebögen, Interviews oder Gruppendiskussionen, wobei es jeweils zahlreiche Varianten gibt. Definiert werden kann *Befragung* als „ein planmäßiges Vorgehen mit wissenschaftlicher Zielsetzung, bei dem die Versuchsperson durch eine Reihe gezielter Fragen [...] zu verbalen Reaktionen veranlasst werden soll" (Merten und Teipen 1991: 110). Im Gegensatz beispielsweise zur Methode der Beobachtung fokussiert Befragung nicht auf die Geschehens- oder Verhaltensebene, sondern auf die Innensicht einzelner Individuen, die durch die unterschiedlichen Befragungsmethoden möglichst unverfälscht elizitiert werden soll. Dieser Beitrag gibt zunächst einen Überblick über einsetzbare Frageformen, um dann im Einzelnen genauer auf die Methodenvarianten Fragebogen, Interview und Gruppendiskussion einzugehen.

Eine erste wichtige Differenzierung besteht darin, ob Befragungen mündlich (als Interview) oder schriftlich (in Form eines Fragebogens) erfolgen. Im Falle der mündlichen Befragung kann weiter nach Anzahl der Befragten differenziert werden, wobei das (Einzel-) Interview von der Gruppendiskussion abzugrenzen ist. Ferner können mündliche Befragungen *face to face* oder telefonisch durchgeführt werden, Fragebögen können als *Paper-and-pencil*-Version oder elektronisch vorliegen. In Abhängigkeit von der jeweiligen Befragungssituation ergeben sich unterschiedliche methodische Anforderungen.

Der zweite wichtige Klassifizierungsaspekt betrifft den Grad der Offenheit bzw. Strukturierung der eingesetzten Methode. Befragungen können offen oder geschlossen sein oder eine Mischform annehmen (vgl. z. B. Porst 1996: 738; Bortz und Döring 2006: 238–239; vgl. auch Kap. 6.3). Häufig kommen in diesem Zusammenhang offene, narrative Interviews, semi-strukturierte Leitfadeninterviews und geschlossene Fragebögen vor. Ob eine Befragung insgesamt eher als offen oder eher als geschlossen bezeichnet wird, hängt vom Offenheitsgrad der Antwortmöglichkeiten ab. Bei offenen Fragen gibt es keine feststehenden Antwortkategorien, sondern die Befragten antworten in eigenen Worten. Offene Fragen in Interviews sind typischerweise W-Fragen. Im Falle geschlossener Fragen mit in der Regel vorgegebenen Antwortmöglichkeiten hingegen müssen sich die Befragten entweder für eine Antwort (Einfachnennung) oder für mehr als eine Antwort (Mehrfachnennungen) aus einer geschlossenen Anzahl von Möglichkeiten entscheiden.[19] Halboffene

[19] So ist beispielsweise die Frage *Wie alt sind Sie?* (auch ohne Vorgabe von Antwortmöglichkeiten) eine geschlossene Frage, da sie nur mit einer Zahl zwischen 1 und (aktuell) 122 Jahren beantwortet werden kann.

Fragen weisen vorgegebene Antwortkategorien sowie die zusätzliche Möglichkeit einer freien Antwort (typischerweise unter *sonstiges*) auf (vgl. Porst 2008: 51–67; Raab-Steiner und Benesch 2008: 48–49) und bieten „sich immer dann an, wenn das tatsächliche Universum möglicher Antworten auf eine Frage zwar gut abgeschätzt (geschlossene Frage), aber nicht definitiv bestimmt werden kann (offene Frage)" (Porst 1996: 739), wie z. B. im Falle von Bildungsabschlüssen oder Migrationsgründen.

Offene und geschlossene Fragen bringen spezifische Vor- und Nachteile mit sich (vgl. Gillham 2000a: 4–5; Raab-Steiner und Benesch 2008: 48–49): Bei offenen Fragen bleibt der Befragte in seinem eigenen Bezugssystem, was Antwortverzerrungen minimiert. Darüber hinaus wird keine Antwortmöglichkeit ausgeschlossen, was zur Tiefgründigkeit der Daten beiträgt. Geschlossene Fragen hingegen bergen immer die Gefahr in sich, dass sich der Befragte in den vorgegebenen Kategorien nicht wiederfindet und in der Folge entweder nicht auf ihn zutreffende oder auch gar keine Antworten gibt. Dafür stellen geschlossene Fragen geringere Anforderungen sowohl an das Ausdrucksvermögen der Befragten als auch an die Qualifikation der Befrager und sind ferner auch deutlich schneller auszuwerten. Zusammenfassend sollten geschlossene Fragen respektive Fragebögen immer dann eingesetzt werden, wenn das Spektrum möglicher Antworten bereits bekannt ist. Offene Fragen bzw. Interviews hingegen sind dann angemessen, wenn im Vorfeld der Untersuchung nicht klar ist, was die Befragten antworten könnten (vgl. auch Gillham 2000a: 1–14).

In diesem Zusammenhang spielt auch der Begriff der *Standardisierung* eine Rolle. Als *standardisiert* wird eine Befragung bezeichnet, wenn „für alle Befragten gleiche Befragungsbedingungen postuliert [werden] (gleiche Fragen und Antwortkategorien, gleiche Fragenabfolge, gleiche Befragungshilfen, etc.)" (Porst 1996: 738; vgl. auch Raab-Steiner und Benesch 2008: 45). Die Standardisierung gewährt die Vergleichbarkeit der Befragungsergebnisse bei der Datenauswertung.

Schließlich können Fragen natürlich auch auf inhaltlicher Ebene differenziert werden. Die Einteilung ist dabei allerdings „(relativ) beliebig" (Porst 1996: 739) möglich, häufig erwähnt (Porst 1996: 739; Dörnyei 2007: 137–138, 2010: 5–6; Porst 2008: 51; Richards 2009: 188) werden z. B.

- demographische Fragen,
- Fragen nach Wissen,
- Fragen nach Einstellungen, Meinungen oder Gefühlen,
- Fragen nach Verhalten und
- Fragen nach Erfahrungen.

Auch wenn alle beschriebenen Formate prinzipiell frei kombinierbar sind, besteht eine starke Affinität zwischen schriftlicher Befragung mittels geschlossener Fragen und mündlicher Befragung mittels offener Fragen. Damit verbunden ist der häufigere Einsatz von Fragebögen im Rahmen quantitativer, von Interviews im Rahmen qualitativer Designs, da ein Merkmal quantitativer Forschung klare Vorannahmen und eng fokussierte Fragestellungen, ein Merkmal qualitativer Forschung hingegen offene Herangehensweise an holistische Zusammenhänge sind (vgl. Kap. 2). Im Folgenden wird auf die drei Grundformen der Befragung – Fragebogen, Interview und Gruppendiskussion – prototypisch genauer eingegangen, um einen ersten Einblick in Grundsätze der Datenerhebung zu geben.

7.2 Fragebogen/Schriftliche Befragung

Schriftliche Befragungen mittels Fragebogen können einerseits testähnlich zur Erfassung von Persönlichkeitsmerkmalen (z. B. Sprachlerneignung) oder Einstellungen (z. B. zur Zielsprachenkultur), andererseits aber auch beschreibend (z. B. hinsichtlich des eigenen Lernverhaltens) oder bewertend (z. B. bezüglich des Fremdsprachenlehrangebots einer Hochschule) eingesetzt werden (vgl. Bortz und Döring 2006: 253; Raab-Steiner und Benesch 2008: 47). Die folgende Darstellung bezieht sich schwerpunktmäßig auf die zweite Gruppe und gibt zu ersterer lediglich weiterführende Hinweise, da die Einbeziehung von testspezifischen Erwägungen den Rahmen dieser Einführung deutlich sprengen würde (vgl. aber Kap. 6). Für beide Formen gilt nach Porst (1996: 738), dass es sich um „eine mehr oder weniger standardisierte Zusammenstellung von Fragen, welche Personen zur Beantwortung vorgelegt werden mit dem Ziel, deren Antworten zur Überprüfung der den Fragen zugrunde liegenden theoretischen Konzepte und Zusammenhänge zu verwenden", handelt, wobei sowohl auf die qualitative als auch auf die quantitative Passung mit dem Forschungsziel zu achten ist und unerwünschte Einflüsse auf die Ergebnisse sorgfältig kontrolliert werden sollten.

Um diesen Zielen möglichst nahe zu kommen, lassen sich zunächst bezüglich der Frageformulierung einige allgemeine Richtlinien aufstellen (vgl. Hron 1994: 120–121; Bortz und Döring 2006: 244–245, 255; Mummendey und Grau 2008: 66–70; Porst 2008: 95–114; Dörnyei 2010: 40–44):
- kurze und einfache Fragen stellen,
- an die Weltsicht und Ausdrucksweise der Befragten anknüpfen,
- konkrete Fragen allgemeinen vorziehen (z. B. *Wie viele Stunden pro Woche lernen Sie durchschnittlich Vokabeln?* anstelle von *Investieren Sie Zeit ins Fremdsprachenlernen?*),
- Zweideutigkeiten in Fragen und Antworten vermeiden (z. B. *Wie beurteilen Sie Deutsch als Fremdsprache? Wie beurteilen Sie Englisch als Fremdsprache?* jeweils mit Skala von *leicht* bis *schwer* anstelle von *Finden Sie Deutsch als Fremdsprache schwerer zu lernen als Englisch als Fremdsprache?*),
- Fragen nicht suggestiv formulieren (z. B. *Bitte beurteilen Sie die Relevanz der folgenden Elemente von Fremdsprachenunterricht: Ausspracheschulung, Wortschatzarbeit usw.*, jeweils mit Skala von *unwichtig* bis *wichtig* anstelle von *Finden Sie Ausspracheschulung wichtig?* Mit Skala von *nein* zu *ja*),
- keine (doppelte) Negation verwenden (z. B. *Wie wird bei Ihnen zu Hause Deutsch gesprochen?* Mit Skala von *nie* bis *häufig* anstelle von *Zu Hause sprechen wir kein Deutsch.* Mit Skala von *ja* zu *nein*, wobei *ja* ‚überhaupt kein Deutsch' bedeuten würde),
- extreme Wörter (z. B. *alle*), Modifikatoren (z. B. *nur*) und mehrdeutige bzw. geladene Wörter (z. B. *modern*) vermeiden,
- keine Fragen stellen, die von fast jedem oder fast niemandem bejaht werden könnten, da diese nicht zwischen den Befragten differenzieren und somit keinen Erkenntnisgewinn bieten.

Eine weitere wichtige Entscheidung bei der Konstruktion geschlossener Fragen betrifft die Frage, ob die *Items* syntaktisch als Frage- oder als Aussagesätze (*Statements*) formuliert werden sollen. Sachverhalte werden in der Regel erfragt. Wenn man etwas über Einstellungen, Werteorientierungen usw. erfahren möchte, sind Multi-*Items*, die als Aussagen formuliert sind, häufig geeigneter, da plakativer als Frageformulierungen (Bortz und Döring 2006: 254). So wäre beispielsweise die *Item*-Formulierung *Fremdsprachenkenntnisse sind in meinem Beruf wichtig* (mit Antwortskala von *stimme nicht zu* bis *stimme zu*; vgl. Abb. 1) geeigneter als *Wie wichtig sind Fremdsprachenkenntnisse in Ihrem Beruf?* (mit Antwortskala von *unwichtig* bis *wichtig*).

Fremdsprachenkenntnisse sind in meinem Beruf wichtig.							
stimme nicht zu	1	2	3	4	5	6	stimme zu

Abb. 1: Beispiel einer Ratingskala

Eine Möglichkeit der Fragengenerierung besteht darin, intuitiv mehrere Fragestellungen zu sammeln und dann aus diesem *Item-Pool* auszuwählen (vgl. auch Abschnitt 7.2 zum SPSS-Prinzip), aber auch aus Fachliteratur sowie bereits existierenden Befragungen zum Thema Anregungen zu ziehen (vgl. Mummendey und Grau 2008: 63–65; Dörnyei 2010: 39–40). Wichtig ist in jedem Fall, die Befragungsinstrumente zu pilotieren und einer Güteprüfung zu unterziehen.

Sollen im Falle halbgeschlossener oder geschlossener Befragungsitems in Fragebögen Antwortoptionen vorgegeben werden, so muss auch hier zwischen diversen möglichen Formaten eine Entscheidung gefällt werden. Neben verbalisierten Antwortmöglichkeiten, wie z. B. *ja* vs. *nein*, *männlich* vs. *weiblich*, *Klasse 3a*, *Klasse 3b* oder *Klasse 3c*, kommen hier vor allem Skalenantworten in Frage.[20] Die Ratingskalen[21] können unterschiedlich breit angelegt sein, wobei die Wahl grundsätzlich sowohl von der Fragestellung als auch von der Gruppe der Befragten abhängt (Differenzierungsfähigkeit). Während einerseits eine gewisse Streuung erwünscht ist, um zwischen den Befragten differenzieren zu können, können zu breite Skalen andererseits verwirren oder auch zu einer Pseudodifferenzierung führen (vgl. Brosius, Koschel und Haas 2008: 98). Empfohlen werden zwischen fünf und neun Skalenpunkten (Porst 1996: 740; Raab-Steiner und Benesch 2008: 55).

Im Zusammenhang damit steht auch die Entscheidung zwischen einer geraden vs. ungeraden Anzahl von Skalenpunkten. Während ungerade Skalen einen Mittelpunkt aufweisen, haben gerade keinen solchen. Welche Skalenform gewählt wird, ist letztlich eine inhaltliche Entscheidung: Wenn es inhaltlich eine mittlere Kategorie gibt, sollte diese auch ankreuzbar sein, um Antwortverweigerung oder willkürliches Ankreuzen zu vermeiden. Ist eine Entscheidung zwischen beiden Skalenpolen erwartbar, sollte hingegen tendenziell auf eine Mittelkategorie verzichtet werden (vgl. auch Porst 1996: 740), um undifferenziertem Ankreuzverhalten entgegenzuwirken.

Wichtig ist somit, zwischen einer tatsächlich mittleren Haltung und Meinungslosigkeit zu differenzieren, um die Ergebnisse nicht zu verfälschen. Zusätzliche Ankreuzoptionen wie *weiß nicht* oder *keine Angabe* können eine Lösung darstellen (vgl. Brosius, Koschel und Haas 2008: 98–99; Mummendey und Grau 2008: 76–78). In manchen Fällen ist es

[20] Im Falle nominal skalierter Variablen werden die Antwortmöglichkeiten verbalisiert, im Falle ordinaler oder metrischer Variablen werden Skalenantworten verwendet (vgl. Kap. 12).

[21] „Als **Ratingskalen** bezeichnet man Skalen, bei denen die befragten Personen die Möglichkeit haben, mehr als zwei abgestufte Antwortkategorien zur Beantwortung heranzuziehen, was mit einem Informationsgewinn einhergeht." (Raab-Steiner und Benesch 2008: 54, Herv. i. O.)

auch sinnvoll, durch Filterfragen einige Fragen erst gar nicht allen Befragten vorzulegen (vgl. genauer Porst 2008: 151–156). Unabhängig von ihrer Breite sollten Antwortskalen grundsätzlich entsprechend der kulturellen Leserichtung der Befragten entweder von links nach rechts oder von rechts nach links angelegt sein.

Dabei sind sogenannte *endpunktbenannte* bzw. *numerische Skalen* (nur die Endpunkte der Skala sind verbalisiert) den verbalen (jeder Skalenpunkt hat eine verbale Bezeichnung; vgl. z. B. Mummendey und Grau 2008: 78–81; Raab-Steiner und Benesch 2008: 55–57) häufig vorzuziehen. Zum einen wird spätestens ab fünf- bis sechsstufigen Skalen eine differenzierende Benennung schwierig, zum anderen gelten endpunktbenannte Skalen als gleichabständig, was im Falle einer statistischen Auswertung rechnerische Vorteile mit sich bringt. Dem entgegen steht der einzige Vorteil verbalisierter Skalen: ihre einfachere Lesbarkeit für die Befragten (vgl. Mummendey und Grau 2008: 82–86), was im Falle bildungsungewohnter oder auch sehr junger Untersuchungsteilnehmer jedoch durchaus ein Argument sein kann. Alternativ können auch Ikons wie z. B. Smileys zur Abstufung verwendet werden (vgl. Dörnyei 2010: 26–36 für einen Überblick über unterschiedliche Skalenformen).

Eine besondere Schwierigkeit der Skalenbenennung liegt in der Abfrage von Häufigkeiten, wo zwischen exakter vs. relativer Häufigkeit unterschieden werden kann. Möchte man z. B. wissen, wie viele Stunden pro Woche Lerner durchschnittlich deutsche Medien konsumieren, kann man sie entweder nach einer Zeitumfangsangabe fragen, z. B. in Stunden (objektive Häufigkeit), oder man kann sie fragen, ob sie z. B. *sehr häufig*, *eher häufig*, *eher selten* oder *selten* deutschsprachige Medien konsumieren (subjektive Häufigkeit; vgl. die Gegenüberstellungen bei Porst 2008: 61–63, 115–119; Mummendey und Grau 2008: 47–48, 81-82), wobei man sich jeweils unterschiedliche Messfehler einhandelt. Besonders schwierig ist es in diesem Zusammenhang, im Rahmen einer sprachlernbiographischen Beschreibung von Untersuchungsteilnehmern Qualität und Quantität gesteuerter und ungesteuerter Erwerbsgelegenheiten (z. B. Deutschunterricht oder sprachliche Interaktion mit Muttersprachlern) adäquat zu erfassen. Manchmal wird hier einfach auf schätzende Indikatoren zurückgegriffen (z. B. *Mit wie vielen Ihrer fünf besten Freunde sprechen Sie Deutsch?*). Zusammenfassend weisen alle beschriebenen *Item*-Formen spezifische Vor- und Nachteile auf: „Egal für welche Skala Sie sich letztendlich entscheiden: Sie müssen davon ausgehen, dass Sie immer einen Fehler gemacht haben“ (Porst 2008: 92). Diesen gilt es zu reflektieren und in die Interpretation der Ergebnisse mit einzubeziehen.

Schließlich sind die einzelnen Fragen zu einem stimmigen Gesamtbogen zusammenzufügen. Als typische Elemente eines Fragebogens sind Anschreiben, Titelblatt, Hinweise zum Ausfüllen, Einstiegsfragen, der eigentliche Frageteil und die sog. *letzte Seite* zu nennen. Das Anschreiben (vor allem im Rahmen postalischer Befragungen von Bedeutung) enthält in der Regel Name und Adresse des Untersuchungsleiters, das Thema der Befragung sowie Informationen zu Verwertungsziel und Interesse des Befragten. Es sichert dem Befragten Anonymität zu und nennt einen Rücksendetermin. Zusätzlich kann es auch eine Begründung für die Auswahl der Empfänger sowie Anreize für die Rücksendung enthalten (Bortz und Döring 2006: 257; vgl. auch Kap. 4 zu Möglichkeiten der Entlohnung von Untersuchungsteilnehmern). Ein Titelblatt ist sicherlich nur bei längeren Befragungen angemessen. Hilfreiche Tipps zur Gestaltung gibt z. B. Porst (2008: 31–44).

Sorgfältig erarbeitet und erprobt werden sollten die in der Regel notwendigen Hinweise zum Ausfüllen des Fragebogens. Sie sollten idealerweise Beispiele aus dem Fragebogen verwenden und Hinweise zur korrekten Bearbeitung der verschiedenen Antwortformate geben. Bei Bedarf können an dieser Stelle auch für die Bearbeitung des Fragebogens notwendige Fachbegriffe erläutert oder erste Fragen gestellt werden (Porst 2008: 45–50; vgl. auch Dörnyei 2010: 18–21). Möglich ist darüber hinaus, Appelle an die Ehrlichkeit und/oder Reflektiertheit von Antworten zu formulieren. Gerade bzgl. der Bearbeitungshinweise ist eine genaue Abstimmung auf die Zielgruppe der Befragung essentiell für ihr Gelingen, da sichergestellt werden muss, dass der Fragebogen auch wirklich auswertbare Resultate produziert (vgl. auch Raab-Steiner und Benesch 2008: 49–50).

Die Anordnung der eigentlichen Frage-*Items* sollte einigen Faustregeln folgen: Fragen zum gleichen Unterthema (z. B. mehrere *Items* zum Konzept *Motivation*) sollten im Allgemeinen in einem Frageblock gestellt werden, um den Eindruck von Unordnung zu vermeiden. Bezüglich der inhaltlichen Abfolge gilt die Grundregel, dass die Anordnung der Fragen nicht logisch, sondern psychologisch gut durchdacht sein sollte (Hron 1994: 124): Der Anfang sollte leicht und angenehm gestaltet sein, ebenso wie das Ende der Befragung. Daher stehen z. B. demographische Fragen am Anfang (konventioneller) oder am Ende des Fragebogens. Es kann aber auch sehr sinnvoll sein, besonders motivierende Fragen an den Anfang zu stellen, um Befragte zur Teilnahme zu bewegen (vgl. Porst 2008: 133–143). Gegen Ende ist Platz für heikle Fragen (vgl. Porst 2008: 124–129, 143), welche prinzipiell einen Abbruch auslösen könnten, z. B. Einkommen oder kriminelle Handlungen betreffend, da kurz vor Schluss nur die wenigsten Probanden noch aus der Befragung aussteigen. Auch Filterfragen sollten (anders als bei telefonischen oder computergestützten Befragungen) eher im hinteren Drittel platziert werden, um bei den Befragten den Eindruck, sie seien nicht „einschlägig“ und ihr Fall gar nicht relevant, zu vermeiden.

Im mittleren Drittel werden die eigentlich im Zentrum der Befragung stehenden Fragen gestellt. Hier ist im Rahmen der Fragebatterien vor allem auf mögliche Kontexteffekte (s. genauer weiter unten) zu achten. Allerdings kann der Forscher sich im Falle einer *Paper-and-pencil*-Befragung ohnehin nicht sicher sein, in welcher Reihenfolge die Probanden den Fragebogen lesen und bearbeiten (vgl. Porst 1996: 741). Hier werden die Vorteile einer computergestützten Befragung ersichtlich: Die Fragen können den Probanden zum einen in der vorgegebenen Reihenfolge eingespielt werden, zum anderen kann der Fragebogen so eingestellt werden, dass Falsch- und Nichtantworten unmöglich werden, indem der Computer z. B. Mehrfachankreuzungen anstelle von Einfachankreuzungen nicht zulässt und nur zur nächsten Frage übergeht, wenn die vorherige beantwortet wurde (vgl. auch Kap. 6.3). Mittlerweile liegen zahlreiche Computerprogramme zur Fragebogenerstellung vor, die teilweise sogar kostenlos (z. B. *GrafStat*[22]) bzw. zu erschwinglichen Preisen (z. B. *Unipark*[23]) zu erwerben sind.

Den Abschluss eines Fragebogens bilden ein Dankeschön sowie Platz für Anregungen, Kommentare oder Kritik, wodurch die Befragten als Partner in den Forschungsprozess integriert werden (Porst 2008: 157–164). Um glaubhaft Interesse zu signalisieren, sollte dieser Platz nicht zu knapp bemessen sein. Die sowohl inhaltlichen als auch methodischen Kommentare der Befragten bieten häufig einen aufschlussreichen und nicht selten für die Interpretation der Ergebnisse relevanten Einblick in die Sicht der Befragten.

Insgesamt sollte ein Fragebogen maximal drei bis vier Seiten (zwei Papierbögen) umfassen und eine Bearbeitungsdauer von dreißig Minuten nicht überschreiten (McDonough

---

22 http://www.grafstat.de/bezugsquellen.htm.

23 http://www.unipark.info/60-0-lizenzen.htm.

und McDonough 1997: 174; Dörnyei 2010: 12–13). Man sollte sich daher bei der Fragebogenerstellung immer kritisch fragen, ob mit Blick auf die geplante Analyse der Daten wirklich alle Fragen nötig sind.

In der Fachliteratur sind einige Ratschläge zum Layout eines professionell gestalteten Fragebogens zu finden (vgl. z. B. Porst 2008: 165–172; Dörnyei 2010: 13–15). Wichtig zu bedenken ist, dass das Layout dazu beitragen kann, „Kooperationsbereitschaft herzustellen und den Eindruck von Wichtigkeit und Seriosität der Befragung ebenso [zu] vermitteln wie die leichte Lösbarkeit der Aufgabe“ (Porst 1996: 742).

Schließlich sollte die messtheoretische Güte (vgl. Kap. 2) eines Fragebogens sowohl vor als auch nach dem Einsatz sorgfältig überprüft werden. Eine gute Möglichkeit ist, zunächst Kollegen um ihre Meinung zu bitten. Dann sollte der Bogen testweise aber auch Vertretern der Zielpopulation vorgelegt werden. Besonders hilfreich ist es, diese beim Ausfüllen um lautes Denken zu bitten (vgl. Raab-Steiner und Benesch 2008: 58–59; Kap. 8), denn jeder Befragte stellt – bewusst oder unbewusst – Vermutungen über den Zweck der Befragung und die Einstellungen des Untersuchers an und gestaltet seine Antworten dementsprechend, indem er abwägt, wie er sich darstellen bzw. was er von sich preisgeben möchte. Häufig lassen sich dabei verschiedene Anpassungstendenzen beobachten (z. B. Akquieszenz oder soziale Erwünschtheit, vgl. genauer z. B. Mummendey und Grau 2008: 38–59, 154-191; Raab-Steiner und Benesch 2008: 59–62; Brosius, Koschel und Haas 2008: 99–103). Problematisch ist vor allem, wenn zwischen Fragenden und Befragten eine Form von Abhängigkeitsverhältnis besteht, wie z. B. zwischen Lehrenden und Lernenden. Auch ist der Befragte in der Regel kooperativ um eine Antwort bemüht, was dazu führen kann, dass trotz zugrunde liegender Meinungslosigkeit vom Befragten spontan ein realiter gar nicht vorhandener Standpunkt konstruiert wird. Ebenfalls Einfluss auf das Antwortverhalten kann die Fragenreihenfolge nehmen, da Befragte in der Regel ein widerspruchsloses Bild von sich zeichnen möchten, wobei auch Gedächtniseffekte eine Rolle spielen (vgl. z. B. Porst 1996: 741–742, 2008: 134; Bortz und Döring 2006: 250–251; Dörnyei 2010: 6–9 zu unterschiedlichen antwortverfälschenden Effekten). Schließlich ist im Falle der Befragung von Nichtmuttersprachlern immer eine Übersetzung des Fragebogens in die L1 in Erwägung zu ziehen (vgl. genauer Abschnitt 7.2). Entscheidenden Einfluss auf die Ergebnisse der gesamten Studie hat außerdem das Sampling (s. Kap. 4).

Besondere Anforderungen an die Erstellung und die der Erhebung vorausgehende Gütemessung bestehen an zu Testzwecken eingesetzte Fragebatterien in Form von Multi-*Items*, die z. B. in der Motivationsforschung (vgl. z. B. Robert C. Gardners Untersuchungen mittels der *Attitude/Motivation Test Battery*) häufig eingesetzt wird (z. B. Bühner 2006; Mummendey und Grau 2008: 94–113; Dörnyei 2010: 93–96 zur Einführung in die Reliabilitäts- und Validitätsanalyse). Ein weiteres Problem der quantitativen Analyse von Fragebögen ist der Umgang mit fehlenden Werten (vgl. hierzu wie allgemein zur quantitativen Datenauswertung Kap. 12, speziell zur Fragebogenauswertung mittels SPSS z. B. Raab-Steiner und Benesch 2008: Kap. 5–11) sowie bei größeren Stichproben Rücklaufverzerrungen (z. B. Bortz und Döring 2006: 259–260), die dadurch entstehen, dass sich die Befragten, die antworten, von denen, die nicht antworten, in einem oder mehreren für die Untersuchung relevanten Merkmalen unterscheiden können. So wäre es im Rahmen einer Absolventenstudie beispielsweise gut möglich, dass von allen angeschriebenen Absolventen diejenigen, die zum Zeitpunkt der Befragung in Arbeitsverhältnissen arbeiten, die gar nichts mit ihrem ursprünglichen Studium zu tun haben, oder die sehr zeitintensive Jobs haben, weniger häufig antworten als andere, was die Ergebnisse der Studie verzerren würde.

7.3 Interview/Mündliche Befragung

Interviews werden im Unterschied zu Fragebögen eingesetzt, um Zugang zu subjektiven Sichtweisen von Menschen, ihren Erfahrungen und Bedeutungszuschreibungen in größerer Tiefe zu erhalten. Helfferich (2011: 24) nennt in diesem Zusammenhang vier Grundprinzipien, die bei der Planung, Durchführung und Analyse qualitativer Interviews beachtet werden sollten:

- *Prinzip Kommunikation*: Der Zugang zu den Sinnzuschreibungen der Erzählerpersonen erfolgt in einer Kommunikationssituation.
- *Prinzip Offenheit*: Da der Sinn der Interviewten ein anderer sein kann als jener der Forschenden, muss den Interviewten ein offener Äußerungsraum angeboten werden, in dem sie ihre Inhalte in der ihnen eigenen Art und Weise ausdrücken können.
- *Prinzip der Differenz- oder Fremdheitsannahme*: Die von der Forscherperson angenommene Normalität darf nicht auf die Erzählperson übertragen werden. Die Anerkennung der Differenz und der wechselseitigen Fremdheit der Sinnsysteme ist grundlegend für die Interviewsituation.
- *Prinzip Reflexivität*: Die interviewende Person reflektiert den eigenen Part im situativen Verstehensprozess während des Interviews ebenso wie die Texterzeugung im rekonstruierenden Verstehensprozess während der Analyse (vgl. Kap. 13).

Im Bereich Deutsch als Fremd- und Zweitsprache dienen qualitative Interviews zum einen als Erhebungsinstrument für inhaltliche Daten, zum andern stellen sie aber auch ein sprachliches Ereignis dar, welche sich als eine Quelle (semi-)authentischer Sprachproduktion von Zweit- oder Fremdsprachenlernenden anbietet (vgl. Kap. 5 und 11). Die beiden Arten von Daten, inhaltliche und sprachliche, schließen einander nicht aus; vielmehr wird häufig derselbe Datensatz sowohl als Sprachsample als auch als Quelle biografischer und sprachbezogener Informationen der Probanden genutzt (Codó 2008: 159).

Auf inhaltsbezogener Ebene werden qualitative Interviews eingesetzt, um Zugang zum Forschungsfeld zu erhalten sowie zu den interessierenden Personen und den ihren Handlungen zugrunde liegenden Konstruktionen von Welt (Friebertshäuser und Langer 2010: 437). Dabei werden die möglichen Ergebnisse stark von der jeweils gewählten Interviewform vorstrukturiert (vgl. Friebertshäuser und Langer 2010: 438–439), denn *das* qualitative Interview zur Erhebung inhaltlicher Daten gibt es nicht. Die diversen Interviewvarianten und -bezeichnungen lassen sich nicht immer eindeutig voneinander abgrenzen, u. a. da der Differenzierung unterschiedliche Kriterien zugrunde liegen, wie z. B. das spezifische Erkenntnisinteresse, der Grad der Strukturierung, die Art der Rollendefinitionen von Interviewenden und Erzählpersonen, die zugrunde liegende Forschungstradition (vgl. Hopf 2009: 351–352; Friebertshäuser und Langer 2010: 438; Helfferich 2011: 38–45). Übersichten zu Interviewvarianten finden sich u. a. bei Friebertshäuser und Langer (2010), Helfferich (2011: 45) und Flick (2012: 270–273). Unterstützende Fragen zur Interviewauswahl finden sich bei Helfferich (2011: 168–171). Im Folgenden werden exemplarisch Interviewvarianten vorgestellt, die sich für Fragestellungen im DaF/DaZ-

Bereich u. E. besonders anbieten, wobei schwerpunktmäßig auf das semistrukturierte und das narrative Interview eingegangen wird.

Das semistrukturierte Interview ist die am häufigsten vorkommende Interviewform in den angewandten Sprachwissenschaften und verbindet zwei Extreme miteinander: Ein vorab erstellter Interviewleitfaden gibt Struktur und Richtung des Interviews vor, das aber dennoch Raum bietet für offene Erzählungen. Dadurch eignet sich diese Interviewform für Forschungsvorhaben, zu denen bereits ein guter Überblick hinsichtlich des zu untersuchenden Phänomens besteht, so dass vorab gezielt Fragen formuliert werden können, deren Antworten aber nicht durch vorgefertigte Antwortkategorien in ihrer Tiefe und Breite beschnitten werden (Dörnyei 2007: 136). Grundlegend für die Qualität der Interviews sind eine „permanente Vermittlung zwischen dem Interviewverlauf und dem Leitfaden" (Flick 2012: 223) sowie ein „an den Äußerungen des Interviewten orientierte[r] Gesprächsverlauf" (Rosenthal 2005: 126), in dem permanent entschieden werden muss, ob eine Frage ggf. schon vorab beantwortet wurde und somit ausgelassen werden kann. Auch die Reihenfolge der Fragen sollte sich aus der spezifischen Interview-Situation ergeben. Eine zu starke Orientierung am Leitfaden birgt die Gefahr, das Interview zu einem Frage-Antwort-Dialog zu verkürzen, wenn z. B. Ausführungen der interviewten Person unterbrochen werden, um die nächste Frage des Leitfadens zu stellen (zu „Leitfaden-Bürokratie" s. Hopf 1978).

Neben der Planung und Strukturierung des Interviews dient der Interviewleitfaden auch der Wissensexplizierung und -organisation vor der Untersuchung. Helfferich (2011: 182–185) empfiehlt das SPSS-Prinzip (Sammeln, Prüfen, Sortieren, Subsumieren): In einem Brainstorming werden möglichst viele im Zusammenhang mit dem Forschungsinteresse wichtig erscheinende Fragen gesammelt. Am besten geschieht dies im Team und unter Einbezug von Fragenkatalogen verwandter Studien (Mey und Mruck 2007: 269). In einer Prüfung dieser Sammlung werden Faktenfragen sowie Fragen, welche lediglich vorhandenes Vorwissen erheben, eliminiert und die Formulierungen werden überarbeitet (vgl. die Hinweise in Abschnitt 7.2). Die verbliebenen Fragen werden nach inhaltlichen oder chronologischen Aspekten sortiert. Pro Fragenbündel wird ein umfassender erzählgenerierender Impuls formuliert. Die Einzelfragen fungieren während des Interviews als Memos oder *prompts* (vgl. Gillham 2000b: 45–46) für mögliche Nachfragen, wenn Aspekte nicht von selbst angesprochen werden bzw. die Erzählung ins Stocken gerät. Ein Beispiel eines Leitfadens findet sich bei Helfferich (2011: 186).

Ob die jeweiligen Fragen oder Einzelaspekte ausformuliert oder in Stichworten notiert werden, ist eine individuelle Präferenzentscheidung. Ersteres bietet Sicherheit in der Interviewsituation, verleitet aber dazu, dem Prinzip der offenen Gesprächsführung zu widersprechen (vgl. Rosenthal 2005: 127–129). In jedem Fall sollte die erste Fassung des Leitfadens in zwei bis drei Probeinterviews getestet und überarbeitet werden.

Innerhalb der für DaF/DaZ sehr relevanten (Sprach-)Biografieforschung gilt das auf Schütze (1978) basierende narrative oder erzählgenerierende Interview als zentrale Interviewtechnik. Es bietet sich bei Untersuchungen an, die lebensgeschichtliche Vorgänge oder andere prozesshafte Ereignisabläufe zum Gegenstand haben, für wiederkehrende Handlungen eignet es sich nicht. Die Erzählperson muss „selbst handelnd oder erleidend in den Vorgang involviert" (Küsters 2007: 30) gewesen sein und diesem eine gewisse Aufmerksamkeit geschenkt haben, um ihn rekonstruieren zu können. So können z. B. narrative Interviews zum Erwerb einer Fremd- oder Zweitsprache im Jugend- oder Erwachsenenalter Aufschluss geben über beeinflussende Faktoren (vgl. Ohm 2004, 2012), wohingegen der frühe Zweitspracherwerb von heutigen Jugendlichen mit Migrationshintergrund mit narrativen Interviews schwer zu erfassen ist (vgl. Daase 2012).

Das narrative Interview besteht aus der Eröffnungsphase, dem Nachfrageteil und der Bilanzierung. Mittels einer erzählgenierenden Frage/Erzählaufforderung (vgl. Abb. 2), mit der die Erzählperson gebeten wird, etwas zu erzählen oder zu beschreiben, wird eine Stegreif- oder Spontanerzählung evoziert. Ebenso sind Fragen nach dem *Was* (geschehen, vorgefallen, abgelaufen ist, erfahren wurde) oder dem *Wie* hinsichtlich dieser Ereignisse möglich (Przyborski und Wohlrab-Sahr 2009: 81–82).

> Ich möchte Sie bitten, mir Ihre persönliche Geschichte in Bezug auf das Erlernen der deutschen Sprache zu erzählen – von den Anfängen, dem ersten Kontakt mit Deutschen oder der Entscheidung, Deutsch zu lernen bzw. nach Deutschland zu gehen, über Deutschkurse und andere Lerngelegenheiten und Kontakte, Arbeitsstellen usw. bis zum heutigen Tag. Ich höre Ihnen zu und werde Sie nur dann unterbrechen, wenn ich etwas nicht verstanden habe. Fragen zu Ihrer Erzählung werde ich Ihnen am Ende stellen. Ich werde mir deshalb hin und wieder Notizen machen.

Abb. 2: Beispiel einer Erzählaufforderung in einem narrativen Interview (Erhebung einer Sprachlernbiografie) in Anlehnung an Schütze (1978: 32–33)

Um eine für die eigene Fragestellung relevante Erzählung zu erhalten, „muss die Eingangsfrage so breit und so spezifisch formuliert werden, dass darin der avisierte Erfahrungsbereich als Lebensabschnitt thematisiert wird“ (Flick 2012: 229).

Im Hauptteil des Interviews hat die Erzählperson das monologische Rederecht, die interviewende Person beschränkt sich auf aktives Zuhören. Die Stegreiferzählung endet mit der Koda, z. B. *Ja, das war's eigentlich.* Die Haupterzählung beruht auf den Zugzwängen des Erzählens: Der Gestaltschließungszwang führt dazu, dass eine begonnene Erzählung zu Ende geführt wird; durch den Kondensierungszwang wird die Erzählung verdichtet und selektiert, so dass nur das erzählt wird, was für das Verständnis der Darstellung notwendig ist, und durch den Detaillierungszwang werden notwendige Hintergrundinformationen und Zusammenhänge mitgeliefert (Küsters 2009: 27–29). Die Forschungspraxis zeigt allerdings, dass dem Erzählstimulus nicht zwangsläufig eine umfassende Erzählung folgen muss. Hinweise zum Umgang mit Interviews, in denen die Textsorte *Erzählung* verfehlt wird und lediglich ein knapper Bericht mit Beschreibungen gegeben wird, finden sich z. B. bei Mey (2000), Wenzler-Cremer (2005) und Rosenthal, Köttig, Witte und Blezinger (2006).

Als Alternative bietet sich z. B. das problemzentrierte Interview (PZI) (Witzel 2000) an, das durch sein diskursiv-dialogisches Vorgehen insbesondere auch Fremd-/Zweitsprachenlernenden entgegenkommt. Der Einstieg erfolgt über einen erzählgenerierenden Stimulus (s. o.). Im weiteren Verlauf werden in der Erzählung nicht angesprochene Themen aus dem Leitfaden sowie verständnisgenerierende Fragen eingebracht, die auf dem Vorwissen (auch jenes, das im Verlauf des Interviews gewonnen wurde) der Forscherin beruhen. Das PZI bietet sich für Forschungsgegenstände an, die sich mit gesellschaftlich oder biographisch relevanten Problemen beschäftigen wie z. B. Fehlzeiten in berufsbezogenen DaZ-Kursen.

Beim fokussierten Interview wird auf einen bestimmten Gegenstand fokussiert, z. B. einen Film oder ein Schreibprodukt der Lernenden. Es soll „bestimmte Aspekte einer

Erfahrung der Befragten möglichst umfassend, thematisch konzentriert und detailliert ausleuchten" (Friebertshäuser und Langer 2010: 441). Begonnen wird mit offenen Fragen, die im Laufe des Interviews zunehmend strukturierter werden. Diese Interviewform eignet sich z. B. zur Erfassung subjektiver Sichtweisen im Rahmen von landeskundlichem oder kulturbezogenem Lernen oder Erfahrungen von Studierenden beim Schreiben in ihrer L2 Deutsch.

Experteninterviews folgen keinem einheitlichen methodischen Vorgehen (Rosenthal 2005: 134). Interviewpartner sind häufig „Mitarbeiter einer Organisation in einer spezifischen Funktion und mit einem bestimmten (professionellen) Erfahrungswissen" (Flick 2012: 215). Dies können z. B. Lehrkräfte eines bestimmten Kurstyps sein, die zu den Bedürfnissen der Lernenden befragt werden, wie dies in der InDaZ-Recherche (Ehlich 2007) erfolgt ist. In einer breiteren Sicht auf Experten könnten aber ebenso Lernende in diesen Kursen als Experten für ihr eigenes Lernen befragt werden.

Als Ergänzung von Beobachtungen stellen ethnografische Interviews eine wichtige Erhebungsform dar, z. B. in Form von Gesprächen mit Sprachkursteilnehmenden am Rande des Unterrichts ergänzend zur Unterrichtsbeobachtung (vgl. Kap. 9). In der Forschungspraxis werden die einzelnen Interviewvarianten nicht immer in Reinform angewendet. Je nach Forschungsgegenstand, Fragestellung und Zielgruppe kann es entsprechend der Gegenstandsangemessenheit sinnvoll sein, Elemente einzelner Varianten zu kombinieren bzw. eine Interviewform zu modifizieren.

Auch wenn das „Stegreifdrama" (Hermanns 2009: 361) des Interviews von beiden Partnern aktiv produziert wird, hat die interviewende Person eine besondere Aufgabe und Verantwortung, da die Güte der erhobenen Daten neben der gegenstandsangemessenen Auswahl der Interviewvariante und der sorgfältigen Vorbereitung auch davon abhängt, wie Interviewende das Gespräch gestalten (Mey und Mruck 2007: 249). Dazu gehört bereits die Ansprache der Interviewpartner vor der Datenerhebung, in der Auskünfte über die Forschungsabsichten verständlich dargelegt sowie das eigene Interesse an der persönlichen Sichtweise oder den persönlichen Erlebnissen der Erzählperson bekräftigt werden.[24] Eine gute Planung und möglichst präzise Absprachen schaffen optimale Rahmenbedingungen, wie z. B. Einplanung von ausreichend Zeit für das Interview sowie für das Erstellen des Protokolls im Anschluss (s. u.) und die Wahl eines Ortes, der genügend Ruhe bietet und die Erzählperson nicht beeinflusst oder ablenkt (vgl. zur Ortswahl Gillham 2000b: 8, 38–40; Przyborski und Wohlrab-Sahr 2009: 76–79). Das Treffen mit den Erzählpersonen beginnt nicht direkt mit dem Interview und der Aufnahme, sondern wird durch eine *Small-Talk*-Phase (*Joining*, vgl. Przyborski und Wohlrab-Sahr 2009: 80) eingeleitet.

Nach dieser Phase wird das Aufnahmegerät so früh wie möglich eingeschaltet, um ausreichend Zeit zu haben, sich an die Aufnahme zu gewöhnen, und um zu vermeiden, dass Inhaltliches vor dem eigentlichen Beginn des Interviews nicht mit aufgenommen wird. Vor dem Einschalten des Gerätes muss die Bereitschaft der Erzählperson zur Aufnahme geprüft werden (vgl. Kap. 4 zur Forschungsethik). Zur leichteren Weiterverarbeitung der Daten empfiehlt sich die Verwendung eines digitalen Aufnahmegerätes, welches über das wav-Format verfügt (vgl. Kap. 10). Die Interviewsituation sollte nicht durch Probleme mit

[24] Theoretische Annahmen werden hingegen in der Regel nicht kommuniziert, um die Erzählpersonen nicht zum Theoretisieren über die Forschungsfrage zu verleiten, es sei denn, dies ist aus Forschersicht erwünscht.

der Aufnahme beeinträchtigt werden (grundsätzliche Vertrautheit mit dem Gerät, aufgeladene Akkus, Testen des Gerätes vor Ort). Ebenso wichtig ist ein souveräner Umgang mit der Aufnahmesituation: Die interviewende Person spricht als erstes auf Band, um der Erzählperson eine gegebenenfalls vorhandene Scheu vor der Aufnahme zu nehmen. Möglichst unmittelbar im Anschluss an das Interview werden Sicherungskopien erstellt.

Zu Beginn des Interviews ist die Herstellung von einer entspannten und offenen Atmosphäre (*Rapport*, vgl. Hermanns 2009: 363) entscheidend, in der die interviewten Personen ohne Ängste von ihrer Person und ihren Lebenswelten erzählen können. Zudem müssen sie das Gefühl bekommen, dass der Interviewende das Erzählte verstehen kann. Aktives Zuhören ohne Bewertungen des Erzählten sowie nonverbale Gesprächssignale spielen dabei, wie auch im weiteren Verlauf des Interviews, eine erhebliche Rolle (vgl. Gillham 2000b: 30–33; Helfferich 2011: 101).

Im Rahmen von Interviews werden Fragen ergänzend zur Unterscheidung nach ihren Inhalten (vgl. Abschnitt 7.1) auch nach ihrer Funktion unterschieden, d. h. danach, ob sie zur Eröffnung, zur Aufrechterhaltung oder zur Beendigung des Interviews dienen sollen (vgl. Richards 2009: 190).[25] Für die Intervieweröffnung eignen sich erzählgenerierende Fragen (s. o.). Gerät eine Erzählung ins Stocken, helfen Aufrechterhaltungsfragen (*probes*), die keine neuen inhaltlichen Impulse liefern, sondern der Erzählperson helfen, in der erzählten Situation zu bleiben und sie fortzuführen (z. B. *Wie war das für Sie? Können Sie das genauer beschreiben?*) (Gillham 2000b: 46–52; Helfferich 2011: 104). Auch Pausen, die vom Interviewenden nicht sofort gefüllt werden, können als Einladung zum Weitererzählen wirken und sollten im Laufe des Interviews immer wieder bewusst genutzt werden.

Nicht vergessen werden sollte eine abschließende Frage am Ende des Interviews im Sinne von *Gibt es noch etwas, was Sie hinzufügen möchten?* oder *Was habe ich vergessen zu fragen?*. Um möglichst reichhaltige Daten zu erhalten, sollte unabhängig von der gewählten Interviewform mit möglichst offenen Fragen, die Erzählungen und Beschreibungen evozieren, begonnen werden, bevor man zu strukturierteren Fragen übergeht (Przyborski und Wohlrab-Sahr 2009: 83-84; Richards 2009: 186). Nach jedem Interview wird ein Interviewprotokoll erstellt, in dem vor allem das erfasst wird, was außerhalb der Bandaufnahme stattfindet bzw. von dieser nicht dokumentiert werden kann (vgl. Lucius-Hoene und Deppermann 2004: 306).

Das Führen von Interviews kann als eine Kunst beschrieben werden, die „auf der Kompetenz und Reflexion des methodischen Vorgehens, auf Erfahrung und der (erlernbaren) Fähigkeit zum aktiven Zuhören“ (Friebertshäuser und Langer 2010: 451) beruht. Aus diesem Grund ist ein zirkuläres und iteratives Vorgehen, das zwischen Datenerhebung und -auswertung hin- und herpendelt (vgl. Kap. 13), auch bezüglich der Interviewtechnik sinnvoll: So sollten bei der Analyse der Probe- sowie der ersten Interviews nicht nur Hypothesen zur Forschungsfrage im Fokus stehen, sondern auch die Interaktion zwischen Interviewenden und Erzählpersonen, um typische Fehler im Interviewerverhalten zu identifizieren und in folgenden Interviews vermeiden zu können.

Aus der Betrachtung der Befragung als Kommunikationssituation resultiert die Frage nach den Rollen der interviewten und interviewenden Personen sowie ihrer Beziehung zueinander. Die interviewende Person befindet sich in einer Doppelrolle: Einerseits muss

[25] Eine Übersicht zu Interviewfragen findet sich in Kvale und Brinkmann (2009: 134–140), eine Übersicht zur Zulässigkeit verschiedener Frageformen bei spezifischen Interviewformen findet sich bei Helfferich (2011: 107).

sie sich empathisch in die Darstellung der Erzählperson hineinversetzen, um deren Erleben und Deutungen zu verstehen. Andererseits darf sie die Fremdheit der Darstellung nicht außer Acht lassen, da ihr der Bedeutungshorizont der verwendeten Begriffe nicht bekannt ist (Hermanns 2009: 364). Die Interviewsituation muss also bewusst als eine interaktive Rollenaushandlung wahrgenommen und gestaltet werden, wofür es Wissen um die Formen der Interaktionsdynamik bedarf. Neben der Klärung der sozialen Rolle, in welcher die Erzählperson angesprochen wird, und der Wahrnehmung, in welcher Rolle man selbst gesehen wird, ist es wichtig, Raum zu schaffen, um den Interviewpartnern die Übernahme anderer Rollen und die Darstellung unterschiedlicher Aspekte ihrer Person und ihrer Lebenswelt zu ermöglichen (Hermanns 2009: 363–364; Helfferich 2011: 132–133).

Zu beachten ist ebenso der Einfluss durch die Person der befragenden Personen (Alter, Geschlecht, Ethnizität, Kleidungsstil und allgemeines Verhalten) auf die Interviewten und damit die Befragungssituation. Codó (2008: 163) empfiehlt bei einer angenommenen negativen Beeinflussung eines der nicht änderbaren Faktoren (z. B. Geschlecht oder Ethnizität), das Interview von einer anderen Person durchführen zu lassen.

Eine Grundvoraussetzung für jede Verwendung von empirischen Daten in der Forschung ist darüber hinaus die Beachtung ethischer Fragen (s. genauer Kap. 1 und 4). Insbesondere ist auf die Prinzipien der informierten Einwilligung sowie der Nicht-Schädigung zu achten (vgl. mit spezifischem Bezug zum Interview Hopf 2009b: 590; Kvale und Brinkmann 2009: 61–79; Helfferich 2011: 190). Im Kontext von DaF/DaZ ist bei jeder Befragung auch stets die anderskulturelle (vgl. Kvale und Brinkmann 2009: 144–145) und fremd- bzw. zweitsprachige Besonderheit der Befragungssituation einzubeziehen. Eine Befragung von Neuzugewanderten in Deutschland zu ihren Erwartungen an einen Integrationskurs sowie die mit dem Kursbesuch verbundenen persönlichen Ziele kann an den für die Beantwortung der Fragen nicht ausreichenden Kenntnissen in der deutschen Sprache scheitern. Die Übersetzung in die Herkunftssprachen der Lernenden (und idealerweise Rückübersetzung sowie die Übersetzung der Antworten) kann eine Lösung darstellen, ist aber zugleich auch mit erheblicher Mehrarbeit verbunden (vgl. Brizic 2007: 269–271). Darüber hinaus ist diese Vorgehensweise anfällig für Interpretationsfehler (vgl. Kap. 13). Pavlenko (2007: 171–172) weist darauf hin, dass die Sprachwahl in (narrativen) Interviews auch mit dem Forschungsgegenstand abgeglichen werden muss.

7.4 Gruppendiskussion

Die Datengewinnung durch Gruppendiskussionen zeichnet sich dadurch aus, dass das Forschungsinteresse nicht darin liegt, individuelle Meinungen zu erfassen und zu sammeln, sondern die Meinung einer Gruppe, z. B. einer ausgewählten Alterskohorte oder einer Berufsgruppe, zu erforschen. Konstituierendes Merkmal der Gruppendiskussion als Forschungsmethode ist, dass sich mehrere Teilnehmer zu einem Diskussionsstimulus äußern. Je nach Erkenntnisinteresse werden dabei gruppendynamische Prozesse in den Blick genommen; hierbei wird meistens zu Fragestellungen der Sozialpsychologie mit den Mitteln der teilnehmenden Beobachtung geforscht.[26] Das Erkenntnisinteresse kann sich

[26] Als Begründer der sozialpsychologischen Forschung zur Gruppendynamik gilt hauptsächlich Kurt Lewin (vgl. z. B. Lewin 1967). Solche Prozesse sind unter anderem die Rollenverteilung innerhalb einer Gruppe und das Aushandeln bzw. Repräsentieren von Macht. Diese Gruppenprozesse können sich auch in Redebeiträgen (Länge der Beiträge, Redeverhalten usw.) manifestieren.

aber auch auf die Einstellungen der Diskussionsgruppe als sozialer Einheit zu einem bestimmten Thema beziehen. Die Gruppendiskussion ist damit einzuordnen zwischen Experiment (dies aber bei der Erforschung gruppendynamischer Prozesse, da dabei das Forschungsparadigma häufig experimentellen Charakter hat, indem zum Beispiel diese Prozesse durch bestimmten Reize wie eine zugespitzt oder provokant vorgetragene Meinungsäußerung ausgelöst werden), und Befragung (es werden Meinungen elizitiert). Im Folgenden wird auf die Gruppendiskussion als Instrument der Erforschung von Gruppenmeinungen fokussiert.[27] Zwar sind Fragestellungen denkbar, in welchen auch im Kontext von DaF/DaZ die Beobachtung gruppendynamischer Prozesse von Interesse ist (z. B. sind sprachenpolitische Themen, die Organisation und die Zugänge zu Sprachkursen, Integrationsdebatten usw. eng mit Rollenverteilungen und Machtpositionen verknüpft, so dass sich hier interessante Beobachtungen ergeben könnten), in erster Linie soll es im Rahmen dieses Beitrags aber um die Befragung gehen.

Bei der Gruppendiskussion werden in explorativen Verfahren Rückschlüsse aus dem sprachlichen Material auf nichtsprachliche Phänomene gezogen. Gemeint sind damit institutionalisierte Werte, Normen, sozial vermittelte Situationsdefinitionen und Einstellungen, die durch den soziokulturellen Kontext des Individuums beeinflusst werden. Soziale Wirklichkeit entsteht, so wird im qualitativen Paradigma postuliert, durch Interaktion und Kommunikation sowie durch die Thematisierung gemeinsamen Wissens und die gemeinsame Deutung von Situationen (vgl. Lamnek 1995: 200), was im Kontext der Gruppendiskussion besonders deutlich wird.

Lamnek (2010) nennt verschiedene Möglichkeiten des Einsatzes von Gruppendiskussionen als Methode, in erster Linie als ergänzendes Instrument der Datenerhebung sowohl innerhalb quantitativer als auch qualitativer Forschungsdesigns. So kann die Gruppendiskussion als Vorbereitungsverfahren für standardisierte Erhebungsinstrumente, wie etwa zur Konstruktion von Skalen zur Einstellungsmessung, eingesetzt werden oder zur Veranschaulichung oder Plausibilisierung quantitativer Analysen auch als Ergänzung zu Fragebogenerhebungen. Beispielsweise können so auffallende Varianzen in den Daten erklärt werden. Die Gruppendiskussion führt ferner zur Offenlegung von Relevanzsystemen, d. h. der Wertezuschreibungen, die jedes Individuum in Bezug auf Themen, Interpretationen oder Motive vornimmt (vgl. Schütz 1971a). Die Entfaltung von Relevanzsystemen unter den Befragten setzt die Erhebung von Daten unter Methoden voraus, die wenig Vorstrukturierung und Steuerung durch den Interviewer vorsehen, worin der besondere Vorteil der Gruppendiskussion gegenüber dem Interview besteht.

Die Gruppendiskussion eignet sich folglich im Gegensatz zu Fragebögen und Interviews nicht zum Erfassen von Einzelmeinungen, sondern zur Erfassung kollektiver Einstellungen, was am besten gebunden an soziale Situationen geschieht. Flick (2010b: 123–133) empfiehlt sie speziell für die Erforschung von Meinungen und Einstellungen, die auch tabuisierte Anteile enthalten; die Validierung extremer Äußerungen und Ansichten erfolgt dann durch die Korrektur durch die Gruppe, da Einstellungen, Meinungen und Verhaltensweisen nicht isoliert studiert werden und das Interesse sich nicht auf individuelle Sichtweisen, sondern auf in Gruppen geteilte Einstellungen bezieht. Nach Kutscher (2010) ermöglicht die Gruppendiskussion auch den Zugang zu „implizitem Wissen“, im Sinne meist noch nicht oder nicht ausreichend beschriebener, schwer erfassbarer Aspekte zu einem Thema, die mit persönlichen Erfahrungen, Beziehungen, subjektiven Bewer-

[27] Zur Gruppendiskussion als Experiment vgl. Perrin (2011).

tungen usw. zusammenhängen, und zu schwer zugänglichen Einstellungen wie „moralische[n] Orientierungen" innerhalb zu untersuchender Gruppen (in diesem Fall in der „sozialpädagogischen Habitusforschung") (Kutscher 2010: 189). Die Gruppe gilt dabei als Medium zur besseren Analyse von Einzelmeinungen oder als Träger einer eigenen, über Individuen hinausgehende Meinung („kollektive, normative Wissensbestände"; Dröge, Neckel und Somm 2010: 204). Als Vorteil für den Forscher wird der Datenreichtum genannt; das heißt, es wird mit dieser Methode eine große Menge an – zunächst einmal unstrukturierten – Daten gewonnen, die es in den nachfolgenden methodischen Schritten zu ordnen und zu analysieren gilt. Dabei handelt es sich um kontextualisierte Daten, die in einer Situation der Alltagsnähe erfasst wurden. Beispielsweise wird regelmäßig die gemeinsame Orientierung der Jugendlichen der jeweiligen Generation bzw. Alterskohorte erforscht. Befragt werden sie nach Lebensstilen, Berufs- und Lebenszielen, ehrenamtlichem oder politischem Engagement, Religion, Zukunftswünschen oder auch Umgang mit Rauschmitteln, zum Beispiel in den vom Shell-Konzern in Auftrag gegebenen Jugendstudien, in Studien des Meinungs- und Sozialforschungsinstituts Sinus oder auch in wissenschaftlichen Studien von Universitäten. Auch schwer zugängliche Einstellungen wie der Begriff der *Ehre* im Milieu von muslimischen Jugendlichen können so erfasst werden (vgl. Bohnsack 2001). Im Kontext von DaF/DaZ sind z. B. Fragestellungen denkbar, die auf Lehrmethoden oder Lernkontexte bezogen sind. So wurden in einem Alphabetisierungskurs für Migranten mithilfe einer Gruppendiskussion zu folgenden Fragen Daten erhoben: *Welche Rolle spielt „visuelles Lernen" im Lernprozess? Welche Auswirkung haben Symbole, Piktogramme und Bilder im Lernprozess?*. Das Interesse der Forscher war dabei, „Aufschluss über Lernbiographien und -geschichten zu bekommen und Antworten auf die Leitfragen mit entsprechenden Belegen zu erhalten" (Stüber und Tröster 2008).

Die Gruppendiskussion bringt als Erhebungsmethode allerdings auch einige Risiken mit sich. Oben wurde bereits darauf hingewiesen, dass sowohl gruppendynamische Prozesse beobachtet als auch Gruppenmeinungen erforscht werden können. Es besteht also das Risiko der Vermischung dieser Zielsetzungen (vgl. Flick 2010b: 132). Daher muss die Gruppendiskussion vor allem in Hinsicht auf die Teilnehmenden sorgfältig geplant werden. Will man beispielsweise Meinungen und Einstellungen zu Themen des Lehrens und Lernens von DaF/DaZ erforschen und möchte vermeiden, dass gruppendynamische Prozesse eine offene Meinungsäußerung blockieren, kann es ratsam sein, bestimmte Personen von der Teilnahme an der Gruppendiskussion auszuschließen. Soll z. B. erforscht werden, ob Integrationskurse den Bedürfnissen der Teilnehmenden entsprechen, führt es möglicherweise zu Verzerrungen in den Meinungsäußerungen, wenn Lehrende, Leiter und Organisatoren der Kurse mitdiskutieren, denn es ist denkbar, dass Teilnehmende in einer solchen Gruppenkonstellation aus Höflichkeit oder wegen der asymmetrischen Machtstruktur bestimmte Äußerungen zurückhalten. Andererseits könnte es aufschlussreich sein, in einer Gruppe von Erzieherinnen einer Kindertagesstätte und Eltern von Kindern, die diese Tagesstätte besuchen, eine Gruppendiskussion zum Thema *Sprachgebrauch* zu organisieren und die Gruppendynamik in Hinsicht auf inklusives und exklusives Verhalten in Meinungsäußerungen zu beobachten.

In jedem Fall ist es schwierig, die Aufgaben und das Verhalten der Diskussionsleitenden festzulegen, da das Ablaufmuster der Diskussionen wegen der entstehenden Gruppendynamik kaum vorhersehbar ist. Analog zum Verhalten von Interviewenden (s. o.) sind verschiedene Varianten des Verhaltens beim Diskussionsleiter zulässig; immer aber sollte eine angenehme und entspannte Atmosphäre hergestellt werden, indem eine Phase der freundlichen Begrüßung und Beachtung vorgeschaltet wird; anschließend sollte in groben Zügen der Ablauf einer Gruppendiskussion erklärt werden. Den Anfang setzt der Moderator mit einer möglichst offen gestellten Einstiegsfrage als Diskussionsimpuls. Die Diskussion sollte dann nicht mehr gesteuert werden, der Moderator sollte nur noch Zuhörsignale geben. Weitere Bemerkungen und Fragen sind immer dann angebracht, wenn der Gesprächsfluss ins Stocken kommt und die Teilnehmer zu weiteren Aussagen motiviert werden müssen. Die Diskussion wird vom Moderator mit einer Danksagung beendet (vgl. genauer Kühn und Koschel 2012). Insgesamt sollte der Moderator so wenig wie möglich in eine Gruppendiskussion eingreifen, eine vorwiegend passive Rolle einnehmen und die entstehende Diskussion nicht steuern. Daher ist es wegen der entstehenden Gruppendynamik nicht möglich, in unterschiedlichen Gruppen einheitliche Bedingungen der Datenerhebung herzustellen (Flick 2010b: 137). Die Vergleichbarkeit der Daten verschiedener Gruppen ist folglich problematisch. Auch können einzelne Teilnehmer dominieren, andere sich zurückhalten, was zu Ausfällen bei der Datenauswertung führen kann. Als mögliches organisatorisches Problem nennt Flick ferner die Schwierigkeit von Terminabsprachen (Flick 2010b: 138).

Es ist auch nicht eindeutig zu bestimmen, was eine „geeignete Gruppe" ist (Flick 2010b: 138). Lamnek (2010: 147–149) macht darauf aufmerksam, dass, abhängig vom Forschungsgegenstand, möglichst existierende Realgruppen befragt werden sollten (*Prinzip der Naturalistizität*). Mögliche Probleme, die dabei auftreten könnten, sind in Realgruppen Autoritätsgefälle, persönliche Bekanntschaft und Profilierungssucht. Dies kann am besten vermieden werden, indem man die Diskussionsteilnehmer so auswählt, dass sie einander bisher nicht kannten, sie verbindet dann der „konjunktive Erfahrungsraum" (Mannheim 1980: 211–213). Das heißt, auch wenn die Teilnehmer einander nicht kennen, sind sie durch Erfahrungen und Erlebnisse miteinander verbunden. Die Erfahrungsräume können unterschiedlich definiert werden: Geschlecht, Beruf, Generation, Milieu usw. Die Heterogenität einer Ad-hoc-Gruppe erschwert allerdings die Datenanalyse (Lamnek 2010: 147–149).

Diskutiert wird neben der Zusammenstellung der Gruppe auch die ideale Gruppengröße. Laut Barbour (2007: 60) hängt die Größe der Gruppe einerseits von den Fähigkeiten des Moderators ab; wichtig ist aber auch das Forschungsvorhaben als solches: In der Marktforschung können verschiedene Diskussionsbeiträge zusammengefasst werden, während in anderen Forschungskontexten eine detaillierte und tiefgründige Auswertung der Daten erfolgen muss. Barbour schlägt als Richtwert maximal acht Personen vor.

Ein Problem bei der Datenauswertung ist, dass nicht immer eindeutig zu klären ist, als Reaktion auf welchen Stimulus eine bestimmte Äußerung zu interpretieren ist; die Daten können dadurch nicht voll ausgeschöpft werden (Lamnek 2010: 159–160). Zudem gelten die beim Interview genannten Prinzipien (vgl. Abschnitt 7.3) auch für die Gruppendiskussion: Barbour rät, die eigene Rolle anhand von Auszügen aus Gruppendiskussionen zu reflektieren. Persönliche sowie fachlich bedingte Haltungen beeinflussen die Interpretation von Daten. Hilfreich ist es daher, für die Datenanalyse weitere Personen hinzuzuziehen (Barbour 2007: 143; vgl. auch genauer Kap. 13).

Vorteilhaft ist eine zweite Person auch während der Datenerhebung, die ein Protokoll führt, in dem beispielsweise festgehalten wird, wenn Teilnehmende Aktionen durchführen, die in der Audioaufnahme nicht erfasst werden können (z. B. wenn eine Person den Raum verlässt). Zur Erfassung nonverbaler Daten (Mimik, Gestik) ist eine Filmaufnahme denkbar, vorausgesetzt, die Teilnehmenden sind damit einverstanden. Die Ergänzung der verbalen Daten mit den so erfassten nonverbalen Daten kann Aussagen präzisieren. Allerdings ist die Auswertung in diesem Fall wesentlich komplexer als die Transkription und Analyse reiner Audiodateien (vgl. Kap. 10). Um zu gut hörbaren Daten zu gelangen, sollten die Teilnehmenden an der Gruppendiskussion um einen Tisch herum platziert werden, in dessen Mitte ein hochwertiges Aufnahmegerät installiert wurde (vgl. auch Abschnitt 7.3). Eine Checkliste für das Durchführen von Gruppendiskussionen findet sich bei Barbour (2007). Sie weist auf einige hilfreiche Begleitinstrumente neben der technischen Ausrüstung hin und empfiehlt etwa das Führen eines Notizbuches, in welchem eigene Reflexionen unmittelbar eingetragen werden (*field-note diary*), ebenso wie das Notieren von nonverbaler Kommunikation in etwaigen Redepausen (Barbour 2007: 90).

7.5 Ausblick: Befragung als komplexer Kommunikationsprozess

Bei der Planung und Durchführung aller Arten von Befragungen muss stets beachtet werden, dass jede Form der Befragung eine besondere Art der Kommunikation mit ihren spezifischen Charakteristika (vgl. McDonough und McDonough 1997: 187–188) darstellt, in der Wissen durch die Interaktion von Fragenden und Befragten in einer spezifischen Situation generiert wird. Die erhobenen Daten sind damit immer co-konstruiert. Der Ablauf dieser Art von Konversation, der komplexe psychologische und kognitive Prozesse zugrunde liegen (vgl. Porst 1996: 739, 2008: 17–29), wird von drei (fehleranfälligen) Faktoren bestimmt, die es im Auge zu behalten gilt: der Befragungssituation, den Fragen selbst und der Person des Befragten (vgl. Mummendey und Grau 2008: 51). Im Rahmen der qualitativen Datenerhebung gilt es nicht, den Einfluss dieser Interaktion zu eliminieren, um möglichst unbeeinflusste Daten zu erhalten, sondern es wird versucht, „diesen Einfluss kompetent, reflektiert, kontrolliert und auf eine der Interviewform und dem Forschungsgegenstand angemessene Weise zu gestalten" (Helfferich 2011: 12). In der quantitativen Forschung hingegen wird angestrebt, mögliche Störvariablen zu kontrollieren oder zumindest als Moderatorvariablen mitzuerheben (vgl. auch Kap. 2). In jedem Fall bleibt eine kritische Reflexion, inwiefern dies gelungen oder auch nicht gelungen ist, unabdingbar, denn elementar für jede Art der Befragung ist der Anspruch, die Befragten in ihrem Antwortverhalten nicht unbewusst zu beeinflussen oder gar bewusst zu manipulieren. Die beschriebenen Grundsätze und Techniken können dabei eine Hilfe darstellen.

WEITERFÜHRENDE LITERATUR

Literaturtipps zu Fragebögen

Porst, Rolf (1996): Fragebogenerstellung. In: Goebl, Hans; Nelde, Peter H.; Starý, Zdeněk; Wölck, Wolfgang (Hrsg.): *Kontaktlinguistik. Ein internationales Handbuch zeitgenössischer Forschung.* Berlin: De Gruyter, 737–744.
Trotz seines Alters kann als einführender Text Porst (1996) empfohlen werden, der sehr kompakt in alle wichtigen Aspekte der Fragebogenerstellung einführt und darüber hinaus auch für Einsteiger gut verständlich auf die zentralen methodischen Schwierigkeiten hinweist.

Bortz, Jürgen; Döring, Nicola (2006): *Forschungsmethoden und Evaluation für Human- und Sozialwissenschaftler.* 4., überarb. Aufl. Heidelberg: Springer.
Eine hervorragende Einführung in die Methode der Befragung und ihre Unterformen bieten Bortz und Döring (2006: 236–262).

Literaturtipps zu Interviews

Helfferich, Cornelia (2011): *Die Qualität qualitativer Daten. Manual für die Durchführung qualitativer Interviews.* 4. Aufl. Wiesbaden: VS.
Helfferich (2011) bietet eine gute Einführung in die Grundlagen qualitativer Interviews, vor allem aber viele praktische Hinweise, die in anderen einschlägigen Werken fehlen und gerade für Anfänger in dem Bereich eine wertvolle Hilfe darstellen.

Kvale, Steinar; Brinkmann, Svend (2009): *InterViews. Learning the Craft of Qualitative Research Interviewing.* 2. Aufl. London: SAGE.
Auch Kvale und Brinkmann (2009) eignen sich gut als Grundlage.

Literaturtipp zu Gruppendiskussionen

Kühn, Thomas; Koschel, Kay-Volker (2012): *Gruppendiskussionen. Ein Praxishandbuch.* Wiesbaden: VS.
Kühn und Koschel (2012) haben ein Praxishandbuch zu Gruppendiskussionen erstellt, das, orientiert an Markt- und Meinungsforschung, einen Leitfaden zur Durchführung von Datenerhebungen mit den Verfahren der Gruppendiskussion darstellt.

ÜBUNGEN

1) Schätzen Sie, wie viel Prozent der Befragten die Frage *Gibt es in Deutschland zu viele junge kriminelle Ausländer?* mit *ja*, wie viel mit *nein* beantwortet haben. Begründen Sie Ihre Einschätzung.

2) Welche Methode passt am besten zur Fragestellung – Fragebogen, semistrukturiertes oder narratives Interview oder Gruppendiskussion? Begründen Sie Ihre Entscheidung.
   a. Welche Lernertypen (visuell, auditiv, taktil) kommen am häufigsten vor?
   b. Aus welchen Beweggründen brechen Teilnehmende einen Integrationskurs ab?
   c. Korreliert integrative Motivation mit dem Immersionsalter?
   d. Welche Einstellungen haben Lehrer zu Gruppenarbeit?
   e. Welche Verbesserungsvorschläge haben internationale Studierende hinsichtlich der Einführungstage der Universität?

3) Was ist problematisch an den folgenden Frageformulierungen? Wie könnte man sie verbessern?
   a. Lernen Sie Fremdsprachen nicht gern allein?
   b. Sollte jemand, der jahrelang in Deutschland lebt, zumindest Grundkenntnisse der deutschen Sprache erwerben?

c. Sprechen Sie genauso gut Türkisch wie Griechisch?
d. Haben Sie Angst vor doppelter Halbsprachigkeit Ihrer Tochter?
e. Wie viele Stunden Deutschunterricht haben Sie bisher ca. bekommen?
f. Sprechen Ihre Eltern auch Deutsch?

4) Setzen Sie sich zu zweit zusammen. Eine Person beschreibt ihr Forschungsvorhaben und ihren Weg zu ihrem Thema, die zweite Person hört zu. Wenn die erzählende Person eine Pause in ihrer Erzählung einlegt, macht die zuhörende Person eine Zwangspause von zehn Sekunden, indem sie in Gedanken langsam bis zehn zählt. Wenn die Erzählperson danach nicht wieder mit dem Erzählen eingesetzt hat, kann die zuhörende Person eine Frage stellen. Nach fünf bis zehn Minuten tauschen Sie die Rollen. Tauschen Sie sich im Anschluss aus, wie sie die unterschiedlichen Rollen erlebt haben und wie es Ihnen in den jeweiligen Rollen mit den Pausen ging (nach Helfferich 2011: 94–95).

LÖSUNGSVORSCHLÄGE

Medien

„LVZ"-Produktion

PRESSE

Suggestive Umfrage

Ein schönes Beispiel dafür, wie man schon durch die Fragestellung Telefonumfragen manipulieren kann, lieferte jüngst die „Leipziger Volkszeitung" („LVZ"). „Gibt es in Deutschland zu viele junge kriminelle Ausländer?", lautete die Frage. Das Ergebnis fiel so eindeutig aus, wie die Fragestellung vermuten ließ: 97 Prozent stimmten für „Ja". Wolfgang Schweiger, Kommunikationswissenschaftler an der Technischen Universität Dresden: „Was soll man auf Suggestivfragen wie diese schon antworten? Solche Fragen bringen niemandem einen Erkenntnisgewinn." Das sieht übrigens auch der Chefredakteur der „Leipziger Volkszeitung", Bernd Hilder, so: „Es werden im Journalismus häufiger Umfragen wie diese ohne überraschendes Ergebnis gemacht." Er beruft sich darauf, dass die Frage ein Zitat von Ministerpräsident Roland Koch (CDU) gewesen sei. Schweiger: „Kein Leser macht sich Gedanken, ob die Ergebnisse schon durch die Frage völlig verzerrt sein könnten."

Quelle: Der Spiegel (3/2008: 78).

Die Fragestellung ist hoch suggestiv: Da schon ein einziger Krimineller – egal ob deutscher oder ausländischer Herkunft – „zu viel" ist, kann die Frage quasi nur bejahend beantwortet werden. Dennoch weckt die Umfrage im Ergebnis den Anschein, viele Deutsche seien ausländerfeindlich eingestellt, wodurch sie zu politischen Zwecken missbraucht werden könnte.

2)

a. Fragebogen, da die Frage eine Testung des Lernertyps erfordert.
b. Interview, wenn über die Motive der Population noch wenig bekannt ist und zunächst Hypothesen generiert werden sollen. Fragebogen, wenn alle möglichen Motive bereits aus Vorstudien bekannt sind und in einem zweiten Schritt lediglich geprüft werden soll, welche Motive auf wie viel Prozent der Population zutreffen.
c. Fragebogen, da die Frage eine Testung der integrativen Motivation erfordert.

d. Interview, da die Frage sehr ergebnisoffen ist.
e. Gruppendiskussion, da die Frage ergebnisoffen ist und durch die Diskussion mehrerer Befragter untereinander gleich Konsens über die verschiedenen Vorschläge erzielt werden kann, so dass mehrheitsfähige Vorschläge unmittelbar zur Umsetzung vorgeschlagen werden können.

3)

a. Die Frage enthält eine Negation, so dass Befragte, die Fremdsprachen gerne allein lernen, mit *nein* antworten müssten, was aufgrund der doppelten Negation (*nicht nicht gern = gern*) leicht missverstanden werden kann.
b. Der Frage würde aufgrund ihrer einseitig positiven Polung, ihrer suggestiven Formulierung und der Ja-Sage-Tendenz bei Befragungen überproportional zugestimmt werden.
c. Wird die Frage verneint, bleibt unklar, welche der beiden Sprachen besser, welche schlechter gesprochen wird und auf welchem Niveau beide gesprochen werden. Sinnvoller ist hier, das Niveau, auf dem beide Sprachen gesprochen werden, per Selbsteinschätzung (auch wenn das wiederum ebenfalls problematisch ist) abzufragen und dann bei der Datenauswertung zu prüfen, ob beide Sprachen gleich gut beherrscht werden.
d. Den Fachbegriff *doppelte Halbsprachigkeit* werden viele Befragte nicht kennen. Die Frage werden aber trotzdem einige von ihnen beantworten, was zu Falschantworten führt.
e. Die Frage überfordert wahrscheinlich das Erinnerungsvermögen der Befragten. Sinnvoller kann hier sein, die Befragten in eine Tabelle eintragen zu lassen, wann sie wo ca. wie viele Stunden pro Woche Deutsch gelernt haben, und dann bei der Datenauswertung die Summe zu errechnen.
f. Es ist gut möglich, dass nur Vater oder Mutter Deutsch sprechen. In der Frage werden also zwei Dinge gleichzeitig erfragt, was die Interpretation der Antwort unmöglich macht.

Lena Heine

8. INTROSPEKTION

8.1 Einleitung

Der folgende Beitrag widmet sich introspektiven Verfahren der Datenerhebung, bei denen die untersuchten Personen selbst durch Verbalisation Einblicke in ihre Gedanken und Emotionen geben. Nach einer begrifflichen Abgrenzung werden die Methoden des *Lauten Denkens* und der *Retrospektion* genauer erläutert, wobei neben theoretischen Fundierungen auf forschungspraktische Fragen eingegangen wird. Anschließend wird in einem separaten Unterkapitel diskutiert, welche besonderen Aspekte bei einem introspektiven Forschungssetting zu beachten sind, in denen sich die Probanden in der Zweit- oder Fremdsprache verbalisieren. Das Kapitel schließt mit einer Betrachtung darüber, für welche Art von Forschungsfragen sich introspektive Verfahren vornehmlich eignen.

8.2 Was sind introspektive Verfahren?

Introspektion bezeichnet nach einem weiten Verständnis jede Form von Erhebungsverfahren, durch die eine zu untersuchende Person selbst durch Verbalisieren ihrer Gedanken Einblick in ihr Denken gewährt. Will man beispielsweise erfahren, welche Strategien L2-Lerner beim Dekodieren eines fremdsprachlichen Textes einsetzen, wie sie beim Verfassen eines L2-Textes vorgehen oder wovon Lehrer beim Bewerten von Tests oder beim Planen von Unterricht geleitet werden, so kann man durch die dabei entstehenden und beobachtbaren Produkte (z. B. Texte, Bewertungsurteile, Unterrichtspläne) nur begrenzt auf die Prozesse ihrer Entstehung rückschließen. Ebenso begrenzt in ihrer Aussagekraft sind reine Beobachtungsdaten des Entstehungsprozesses wie beispielsweise eine Beobachtung der Mimik oder der physischen Interaktion mit Arbeitsmaterial, denn sie sagen wenig über spezifische Gedankenverläufe aus. Introspektive Daten liefern hier wertvolle Einsichten, insbesondere wenn sie gemeinsam mit den visuell beobachtbaren und physisch entstehenden Daten betrachtet werden (vgl. Kap. 9).

Unter die obige weite Definition fallen u. a. auch Interview- und Tagebuchdaten (s. Færch und Kasper 1987; Ericsson und Simon 1993: 49ff.; Huber und Mandl 1994 für Terminologiediskussionen und Heine 2005). In der Fremdsprachenforschung hat sich mittlerweile allerdings ein Verständnis durchgesetzt, das vor allem solche Verfahren der Datenerhebung als introspektiv bezeichnet, durch die eine Einsichtnahme in mentale Abläufe während einer oder im Anschluss an eine bestimmte Aktivität durch lautes Aussprechen von Gedanken erzielt wird (vgl. Diskussion in Knorr 2013). Die Versuchsperson kann dadurch zu einer Reflexion über ihr eigenes Vorgehen bewegt werden (z. B. Cohen 1987: 84), wodurch die eigentlichen Denkprozesse beeinflusst und Lernprozesse ausgelöst werden, weil bewusst und selbstreflexiv die Aufmerksamkeit auf Zusammenhänge gelenkt wird. Introspektive Verfahren werden jedoch meist nicht als didaktische Verfahren mit dem Ziel von Selbsterkenntnis oder Lernoptimierung eingesetzt, sondern als Forschungsinstrument, mit dessen Hilfe versucht wird, möglichst unmittelbare Einblicke in ablaufende Gedanken zu erhalten, ohne diese durch den Prozess des Verbalisierens zu verändern. *Introspektion* ist damit als übergeordneter Begriff zu verstehen, der sich mit der Verbalisierung von Gedanken auf sehr unterschiedliche gedankliche Aktivitäten beziehen kann, unter dem aber in der Fremdsprachenforschung meist Lautes Denken und Retrospektive Interviews verstanden werden. Beide Verfahren werden daher im Folgenden genauer betrachtet.

Zu beachten ist somit, dass sich das in der Fremdsprachenforschung verwendete Verständnis von Introspektion z. B. nicht mit der Introspektionsauffassung der traditionellen Linguistik Chomsky'scher Prägung deckt, denn sie bezeichnet die Fähigkeit eines kompetenten Sprechers, Urteile über die Grammatikalität einer bestimmten (syntaktischen) Sprachstruktur zu fällen.

8.3 Lautes Denken als unreflektierte Verbalprotokolle von Tätigkeitsausführungen

Beim *Lauten Denken* wird eine Versuchsperson gebeten, simultan zum Ausführen einer Tätigkeit ihre Gedanken laut auszusprechen. Diese Verbalisierungen werden als Audio- oder Videoaufzeichnungen festgehalten, woraus dann in einem interpretatorischen Prozess auf die kognitiven Prozesse (und ggf. auch Emotionen) der Versuchsperson während der Tätigkeit rückgeschlossen wird (vgl. Kap. 13 und 15). Lautes Denken basiert auf dem Informationsverarbeitungsansatz von Newell und Simon (1972) und wurde maßgeblich von Ericsson und Simon (1993) ausgearbeitet. Ausgangspunkt ist der, dass die Ausübung einer Tätigkeit in verschiedene mentale Schritte untergliedert werden kann. Eine Verbalisierung dieser mentalen Zustände liefert ein Protokoll, mit dessen Hilfe ein außenstehender Beobachter die kognitiven Prozesse rekonstruieren kann, die zu dem jeweiligen Schritt geführt haben. Grundsätzlich wird dabei angenommen, dass ein Großteil der Gedanken automatisch mit einer verbalen Form assoziiert wird, die ohne zusätzlichen kognitiven Aufwand ausgesprochen werden kann. Ein derartiges Lautdenkprotokoll ist damit ein simultan zu einer Tätigkeit erhobenes Verbalprotokoll, in dem die verbalisierende Person sich vollkommen auf das Ausführen der Tätigkeit konzentriert und wegen der automatischen Verknüpfung von Gedanken und ihrer verbalen Form keine Veränderung der eigentlichen Denkschritte angenommen wird. Weil das Aussprechen keine gesonderte Aufmerksamkeit erfährt, die verbalisierende Person also völlig in das Lösen der Aufgabe vertieft ist, bestehen solche Verbalprotokolle typischerweise aus fragmentarischen und inkohärenten Verbalisierungen. Der folgende Protokollausschnitt exemplifiziert diesen Fall. Hier können wir mitverfolgen, wie eine Versuchsperson Informationen aus einem Klimadiagramm entnimmt und ihr Ergebnis in einem kurzen Antworttext formuliert:

Tab. 1: Ausschnitt aus einem simultanen Lautdenkprotokoll während der Formulierung eines Textes (aus Heine 2010). Runde Klammern geben Merkmale der Protokollelemente in den umgebenden eckigen Klammern an; kurze Pausen werden durch Punkte angegeben, Pausen über eine Sekunde Länge in Klammerangaben.

	Lautdenkprotokoll	**Lese- und Schreibaktivität**
001	Also „Welches Klima herrscht in Kisangani".	Liest Aufgabenstellung
002	(1 s)	
003	[(schreibend) In . . Kisangani (1 s) Kisang- . -gaaaani (1 s) -trägt (1 s) die Jahres- . -durchchch- (1 s) -schnittsssss- . . -tem- . -pera-] .	Schreibt „c) In Kisangani beträgt die Jahresdurchschnittstemper"
004	nee	
005	Jahresmitteltemperatur?	
006	. . Egal.	
007	Jahresdurchschnittstemperatur	
008	[(schreibend) . . fünfundzwanzig (1 s) Grad . Celsius . . u- . -nd . . der . . Jaaa- . . -res-]	Schreibt „atur 25°C und der Jahres"
009	. . -durchschnittsniederschlag?	
010	. . Mh (1 s) heißt das so?	
011	. . Ja.	
012	. Jahres- [(schreibend) -durch- (1 s) -schnitts- . -niiiederschlag (2 s)]	Schreibt „durchschnitts-niederschlag"
013	tausendachthundertvier Millli- . -meter.	
014	(schreibt, 1 s)	Schreibt „1804 mm."
015	Soo.	
016	Mmmh . . das Klima . .	
017	nee.	
018	Die Tempera- . -turen	
019	[(schreibend) (1 s) Tempera- . -tturen . . sind . das . ganze (2 s) äh Jahr . . über . . gleich- . -bleibend (2 s)]	Schreibt „Die Temperaturen sind das ganze Jahr über gleichbleibend."
020	ähm am wenigsten Niederschlag	
021	[(schreibend) (1 s) am wenigsten (1 s) Niederschlag (2 s) fällt (1 s)]	Schreibt „Am wenigsten Niederschlag fällt"
022	immm Januar	
023	[(schreibend) (1 s) im Januar . . und (1 s) am meisten . . immm]	Schreibt „im Januar und am meisten im"
024	(1 s) was ist das (1 s)	
025	Oktober.	
026	[(schreibend) (1 s) im Ok- . . -tober. . . Punkt.]	Schreibt „Oktober."

Anhand des Protokolls kann rekonstruiert werden, mit welchem Teilproblem sich die Versuchsperson zum jeweiligen Zeitpunkt gerade befasst: Sie macht sich zunächst klar, worin die Aufgabenstellung besteht (001), entnimmt dann sehr schnell erste Informationen aus dem Klimadiagramm (002) und beginnt sogleich, ihre Erkenntnisse niederzuschreiben (003). Beim Formulieren des Antworttextes stößt sie auf eine terminologische

Unsicherheit, die sie als untergeordnetes Problem zunächst lösen muss (004–007), bevor sie weiterschreiben kann (008). Ein ähnlicher Formulierungsfall schließt sich an (009–012). In 013 entnimmt die Probandin den Wert für das Niederschlagsmittel aus dem Klimadiagramm und schreibt dieses anschließend in 014 nieder. In 015 orientiert sie sich in Bezug auf den nächsten Teilschritt, während sie auf das Klimadiagramm blickt, nämlich auf die Temperaturkurve, und erkennt, dass diese das ganze Jahr über gleichbleibend ist (016–018). In 019 schreibt sie diese Erkenntnis nieder usw.

Lautdenkprotokolle zeichnen damit auf einer sehr detaillierten Ebene nach, was Lerner bei einer bestimmten Tätigkeit gerade tun. Allerdings ist für ihre Interpretation eine genaue Vorstellung von der Aufgabenstellung und dem vorhandenen Material notwendig. So wäre es ohne das Wissen, dass die Lernerin hier mit einem Klimadiagramm arbeitet, nicht möglich, die einzelnen Schritte plausibel zuzuordnen.

Zu beachten ist, dass die Verbalisierungen sich nicht explizit an den Forschenden richten, denn sie bleiben eher bruchstückhaft und bisweilen schwer verständlich; beispielsweise können wir nur aus der Kenntnis des Aufgabenmaterials aus den Zeilen 024 und 025 des Protokolls schließen, dass die Lernerin im Klimadiagramm die Niederschlagskurve betrachtet und den Wert für den Monat Oktober abliest. Sie verbalisiert hier nicht „jetzt suche ich gerade im Klimadiagramm nach dem Niederschlagswert für Oktober“, sondern spricht nur aus, was dominant ihre Aufmerksamkeit beansprucht, in diesem Fall das Monatskonzept „Oktober“. Dies ist die beim Lauten Denken angestrebte Verbalisierungsform. Sie gewährleistet, dass der Akt des Aussprechens nicht verändernd in den Gedankenverlauf eingreift, denn würden durch ihn kommunikative Bestandteile hervorgerufen, die für ein Gegenüber verständlich sein müssen, würden auch die dazugehörigen reflexiven Gedanken gedacht. Es ist nicht anzunehmen, dass diese in gleichem Ausmaß bei einer stillen Bearbeitung stimuliert würden, und deshalb wäre ein solches Protokoll nicht am eigentlichen Erkenntnisinteresse, dem Normalfall einer stillen Bearbeitung, orientiert – und ließe daher auch keine validen Urteile darüber zu. Aus diesem Grund ist es weniger sinnvoll, zur Kommunikation aufzufordern, wenn man Daten Lauten Denkens erheben möchte. So ist die Aufforderung „Bitte sage mir, was du gerade tust“ weniger geeignet als „Bitte sprich alles laut aus, was dir durch den Kopf geht, so wie deine Gedanken gerade kommen und gehen“.

Im obigen Protokoll wird auch deutlich, dass die Verbalisierungen kohärent und syntaktisch vollständig werden, sobald die Versuchsperson in den Zeilen 003, 008 und 012 in die Phase der Textformulierung eintritt; dies ist auch folgerichtig, da der Text ja einen kommunikativen Zweck verfolgt und für Dritte verständlich zu sein hat. Diese Kohärenz ist damit nicht der Verbalisierung in der Erhebungssituation geschuldet. Vielmehr ist anzunehmen, dass sie auch bei einer stillen Bearbeitung bei der Textformulierung gedanklich hergestellt worden wäre.

Im Gegensatz zu derartigen nicht-reflexiven Lautdenkdaten kann es für bestimmte Forschungsfragen durchaus sinnvoll sein, durch die Verbalisierung gezielt die Konstruktion von gedanklichen Zusammenhängen zu stimulieren und sich dabei die zusammenhangsstiftende Natur von Sprache kognitiv zu Nutze zu machen. Beispielsweise verwenden Chi, de Leeuw, Chiu und LaVancher (1994) die Verbalisierung von Zusammenhängen als unabhängige Variable, wobei sie zeigen, dass Lerner, die sich bei der Bearbeitung von Aufgaben unter der Nutzung von Sprache Zusammenhänge selbst erklären, auch inhaltlich bessere Verstehensleistungen erzielen.

8.4 Sicherstellen der angestrebten Datenqualität bei Lautem Denken

Um die gewünschte Datenart zu erhalten ist es wichtig, Versuchspersonen präzise in die Datenerhebung einzuweisen. Da Sprache normalerweise nicht zum mitlaufenden lauten Aussprechen von Gedanken ohne kommunikatives Ziel verwendet wird, werden die meisten Personen es eher natürlich finden, durch ihre Verbalisierungen mit dem Forschenden zu interagieren. Dies jedoch stellt, wie oben beschrieben, Kommunikation in den Mittelpunkt und damit andere Gedanken als jene, die auf das Lösen eines Problems, z. B. eine Übersetzungsaufgabe, gerichtet sind. Aus diesem Grund ist es sinnvoll, das Laute Denken zunächst mit der Versuchsperson anhand einer Trainingsaufgabe zu üben. Die Übungsaufgabe sollte hinreichend andersartig als die Erhebungsaufgabe sein, um durch sie eine Beeinflussung der mentalen Verarbeitung während der anschließenden Erhebung möglichst zu verhindern, andererseits aber auch ähnlich genug (z. B. in der Art der verbalen Anforderung), um auch als Übungsaufgabe für die eigentliche Tätigkeit zu funktionieren. Beim Üben kann dann verdeutlicht werden, dass die Versuchsperson sich nur auf das Lösen der Aufgabe konzentrieren soll, ohne sich Gedanken über die Verständlichkeit ihrer Äußerungen zu machen (man bedenke, dass die Interpretation der Daten nicht Aufgabe der Versuchsperson ist – diese müssen vielmehr von der forschenden Person auf der Basis eines Modells kognitiver Aufgabenbearbeitung interpretiert werden).

Während der Erhebung wird häufig versucht, den Impuls zur Interaktion auch dadurch zu minimieren, dass die forschende Person sich außerhalb des Blickfelds der Versuchsperson positioniert und nicht auf Kommunikationsaufforderungen reagiert, oder sogar ganz den Raum verlässt.

Wichtig ist darüber hinaus auch, dass nicht jede Art von Tätigkeit sinnvoll mit Lautem Denken untersucht werden kann. So sind automatisierte Prozesse, die normalerweise unbewusst ausgeführt werden, kein geeigneter Untersuchungsgegenstand, weil sie für eine Verbalisierung erst bewusst gemacht werden müssten; dies würde die eigentlichen Abläufe beeinflussen. Es eignen sich darüber hinaus nur Tätigkeitsformen, in denen sich die Gedanken auf solche mentalen Konzepte beziehen, die auch mit hoher Wahrscheinlichkeit mit einer sprachlichen Form verknüpft sind. Tätigkeiten, bei denen z. B. vor allem physische Bewegungen auszuführen sind oder andere Sinnesmodalitäten (Geruch, Tastsinn) angesprochen werden, eignen sich weniger, denn hier ist anzunehmen, dass die Überführung von Gedanken in die verbale Form zunächst Such- und Formulierungsaktivität erfordern würde, die den Gedankengang unterbrechen und dann dadurch ausgelöste Artefakte in den Daten schaffen würden.

Zu bedenken ist bei der Interpretation der Daten, dass prinzipiell mehr gedacht wird als simultan ausgesprochen werden kann und nur die Gedankeninhalte mit der höchsten Salienz verbalisiert werden. Daten Lauten Denkens sind damit in Bezug auf die Gesamtheit der ablaufenden kognitiven Prozesse immer lückenhaft.

Lautes Denken erfordert es grundsätzlich, dass eine Person individuell eine Problemstellung bearbeitet. Es ist unvereinbar mit den theoretischen Annahmen über Lautes Denken, Personen z B. in Paararbeit laut denken zu lassen, denn Menschen können sich nicht sozial verhalten und gleichzeitig unreflektiert all ihre Gedanken aussprechen. Will man sich durch die Untersuchung von Gruppen- oder Paararbeit zu Nutze machen, dass Probanden dann kohärenter, u. U. mehr und natürlicher verbalisieren, muss man sich bewusst sein, dass die so erhobenen Daten keinen direkten Zugang zu den individuellen Kognitionen ermöglichen, sondern immer zu einem gewissen Grad vom sozialen Austausch zwischen den Versuchspersonen geprägt sein werden, wie es etwa im Ansatz der dialogischen Introspektion (Burkhart, Kleining und Witt 2010) angestrebt wird. Die so erhobenen Daten sind dann keine unreflektierten Daten Lauten Denkens, sondern interaktive Gesprächsprotokolle, die Gruppenprozesse und Kommunikationsstrategien widerspiegeln (was nichtsdestoweniger höchst interessante Daten sein können).

8.5 Retrospektion

Im Gegensatz zur simultanen Erhebung von introspektiven Daten wird häufig auch versucht, die Versuchsperson im Anschluss an die zu untersuchende Tätigkeit im Hinblick auf ihr Vorgehen zu befragen. Dies kann sich insbesondere anbieten, wenn die zu untersuchende Tätigkeit sich nicht zur unreflektierten simultanen Verbalisierung eignet, etwa wenn der Untersuchungsgegenstand sich auf interaktive Gruppenarbeit oder die Interaktion im Unterricht bezieht. In diesem Fall kann versucht werden, nach der jeweiligen Tätigkeit die Versuchspersonen nach ihren Gedanken während der Tätigkeit zu befragen. Im Gegensatz zu generellen Einschätzungen von Versuchspersonen, die eher allgemeiner Natur sind, wird hier auf eine spezifische Tätigkeit abgezielt, an deren Ausführung die Versuchsperson konkrete Erinnerungen hat. Dabei wird häufig ein (Video-)Stimulus verwendet, um die Person soweit wie möglich noch einmal in die jeweilige Situation zurückzuversetzen. Dieses Vorgehen wird *Stimulated Recall* (Gass und Mackey 2000) genannt, im Deutschen auch *Lautes Erinnern* (vgl. Knorr und Schramm im Druck). Hierbei ist zu beachten, dass nicht mehr unmittelbar auf die Gedanken zugegriffen werden kann, die im Fokus der Aufmerksamkeit stehen – vielmehr müssen sie in Bezug auf den jeweiligen Moment erinnert werden. Dies bedeutet, dass sie aus dem Langzeitgedächtnis zu rekonstruieren sind, wo sie aber mit bereits vorhandenen Wissensbeständen verknüpft worden sind. Einmal in die Gedächtnisstrukturen integriert, sind erinnerte Gedanken damit stärker als Daten Lauten Denkens von Emotionen und Motiven der Versuchspersonen beeinflusst, und weisen tendenziell eher metakognitive Bestandteile auf (s. Knorr 2013; Feick 2013). Auch können natürlich nur solche Gedanken erinnert werden, die überhaupt im Langzeitgedächtnis gespeichert wurden.

Während mit Protokollen Lauten Erinnerns rückblickend genau auf jene Gedanken zugegriffen werden soll, die während der Handlung abgelaufen sind, fokussieren retrospektive Befragungen – meist in Interviewform – auf Gedanken, die die Person aktuell in der Befragungssituation denkt, wobei Kommentare und Reflexionen gezielt im Vordergrund stehen (Knorr 2013). Derartige Daten weisen gewisse Ähnlichkeiten mit Tagebucheinträgen auf, die ebenfalls als eine mögliche Ausprägungsform introspektiver Daten mit hohen reflexiven Anteilen betrachtet werden können (vgl. z. B. Matsumoto 1994). Die durch Retrospektion erhaltenen Protokolle sind damit u. a. weniger kleinschrittig als simultane Lautdenkprotokolle. Im Falle einer Erhebung in Interviewform sind sie aufgrund der kommunikativen Interaktion mit dem Interviewer aber auch kohäsiver, wie der folgende Ausschnitt eines retrospektiven Interviews zeigt.[28]

[28] Es handelt sich hier um dieselbe Versuchsperson wie im obigen Lautdenkprotokoll. Die Daten wurden direkt im Anschluss an die Aufgabenlösung mit Lautem Denken – Lokalisieren eines Ortes mithilfe von Informationen aus einem Klimadiagramm auf einer Weltkarte – erhoben, wobei der Versuchsperson

VP: [...] Also, ich hab mir dann gedacht, dass das hier irgendwo so ist. Also ich bin erst so mit diesem Kartenlesen nen bisschen durcheinander gekommen, aber ich hab dann irgendwie doch so nen bisschen geraten
Forscher: Mmh.
VP: Weil ich bin irgendwie erst darauf gekommen, dass es [(betont, deutet auf die Karte) hier] wäre, und das hätte ja nicht gepasst.

Die maximale Zeitspanne, in der noch konkrete Erinnerungen an die jeweilige Tätigkeit abgerufen werden können, bevor die Verbalisierungen eher generelle Annahmen und Theorien der Versuchspersonen widerzuspiegeln beginnt, ist bisher nicht genau bestimmt. Meist wird von einer möglichen Verzögerung von 48 Stunden ausgegangen (Gass und Mackey 2000), allerdings werden für diese Annahme keine stichhaltigen Gründe angeführt. Grundsätzlich gilt: Je weniger Zeit zwischen Aktivität und retrospektiver Erinnerung verstreicht, desto mehr, und je mehr Zeit verstreicht, desto weniger kann auf tatsächliche Erinnerungen zugegriffen werden und desto mehr verschieben sich die berichteten Gedanken in Hinblick auf allgemeinere Annahmen der Versuchspersonen, die durch generelle Erklärungsmuster, Selbstbild und Vorwissen geprägt sind. Daneben ist davon auszugehen, dass in einer retrospektiven Erhebung immer auch neue Gedankenzusammenhänge hergestellt werden (Knorr 2013).

8.6 Makrotheoretische Überlegungen zur Validität introspektiver Daten

Insbesondere für eine störanfällige Methodik wie die Introspektion gilt es, Klarheit und Konsistenz bezüglich des verwendeten Theorierahmens herzustellen. Dabei ist zu beachten, dass die Grundannahme der unreflektierten Aktivierbarkeit von sprachlichen Formen insbesondere beim Lauten Denken nicht mit allen theoretischen Sichtweisen kompatibel ist. Sie setzt voraus, dass Sprache tatsächlich als Indikator für Gedanken verwendet werden kann, ohne diese im Wesen zu verändern.

Aus soziokultureller und soziokognitiver Sicht wird diese Sicht jedoch grundsätzlich negiert. Sprache wird hier aufgrund ihrer sozialen Vermitteltheit als nicht von ihrer interaktiven Funktion trennbar betrachtet und ihre gedankenbeeinflussende Rolle als grundlegender Ausgangspunkt genommen. Dieser Theorierahmen fußt auf den Annahmen, dass die Verwendung von Sprache immer, also auch bei der Erhebung in Einzelarbeit, sozial situiert und damit prinzipiell dialogisch sowie adressiert ist und darüber hinaus Gedanken formt, verknüpft und somit Lernprozesse auslöst (vgl. Knorr 2013; Feick 2013). Hier wird angenommen, dass Personen nicht umhin können, durch die Verwendung von Sprache zu kommunizieren und dass immer eine irgendwie geartete Vorstellung von einem Hörer vorhanden ist, selbst wenn dieser nicht anwesend ist. Arbeitet man daher in einem soziokulturellen Paradigma und will Daten Lauten Denkens verwenden, sollte man sich dieser Aspekte bei der Einschätzung der Aussagekraft der Daten bewusst sein.

Ähnlich skeptisch zeigt sich ein theoretischer Ansatz, der insbesondere in der Schreibprozessforschung einflussreich war. Aufbauend auf Arbeiten von Witte (1985) wird hier

zur Validierung des Verfahrens verschiedene Fragen zu ihrem Schwierigkeits- und Natürlichkeitsempfinden beim Bearbeiten der Aufgaben und beim Lauten Denken gestellt wurden, vgl. Heine 2010.

angenommen, dass jegliche Form der Sprachproduktion unweigerlich mit Formulierungsaktivitäten und damit einem kognitiven Mehraufwand und einem gewissen Grad an Reflektiertheit einhergeht und somit der für das Laute Denken notwendige Akt der Sprachproduktion selbst die ursprünglich zu Grunde liegende Gedanken restrukturiert (s. dazu auch Rau 1994; Wrobel 1995); verwandte Überlegungen finden sich auch in der *Output*-Hypothese wieder (Gass 2005; Swain 2005).

Verfechter, die die Methode als möglichen Zugang zu Gedanken einschätzen, würden darauf antworten, dass Sprache zwar im Normalfall all diese strukturierenden und reflexiven Effekte auf Gedanken bewirkt, allerdings nur dann, wenn die sprachliche Struktur Aufmerksamkeit erfährt. Sofern, wie beim Lauten Denken angestrebt, die Versuchsperson sich voll auf die Tätigkeit konzentriert und das Aussprechen von Gedanken durch automatisierte Assoziation hervorgebracht wird, wird der Aktivierung der sprachlichen Konzepte keine Reaktivität zugesprochen. Wenn die Aufmerksamkeit auf die verbale Form gelenkt wird (wie in den Formulierungsphasen im oben dargestellten Lautdenkbeispiel), werden Gedanken durchaus strukturiert – allerdings ist dies dann nicht auf die Reaktivität der Methode zurückzuführen, sondern bildet einfach die kognitiven Auswirkungen der untersuchten (verbalen) Tätigkeit ab.

Aber auch in diesem Fall scheint es grundsätzlich problematisch, Lautes Denken per se als valide oder nicht valide Methode einzuschätzen, wie dies beispielsweise in der Metaanalyse in Bowles (2010) versucht wird. Vielmehr ist anzunehmen, dass kognitive Verarbeitung stark individuell geprägt ist (Heine 2010). Der Grad der Reaktivität der Methode kann hier somit nicht pauschal, sondern immer nur in Bezug auf das jeweilige Individuum betrachtet werden. Im Prinzip wäre es daher notwendig, eine Typisierung der Untersuchungspersonen in Bezug auf ihren kognitiven Verarbeitungstyp vorzunehmen und nur solche Probanden zu untersuchen, denen das Laute Denken leicht fällt. Aufgrund der Flüchtigkeit von Aufmerksamkeitsinhalten ist es daneben auch wichtig, sich über die Anfälligkeit der Lautdenkanforderung im Klaren zu sein. Selbst wenn eine Person streckenweise ganz auf ihre Tätigkeit konzentriert und gedankenversunken vokalisiert, bedeutet dies nicht, dass sie in anderen Phasen doch durch die Verbalisierungsanforderung in ihrem Vorgehen beeinflusst wird oder der kommunikative Aspekt doch wieder mehr in den Vordergrund rückt.

8.7 Besonderheiten des Einsatzes introspektiver Verfahren bei mehrsprachigen Sprechern

Für die Zweit- und Fremdsprachenforschung scheint dieses Problem besonders virulent und führt zu der methodischen Frage, in welcher Sprache introspektive Daten im L2-Kontext erhoben werden sollten. Diese Frage ist bisher noch nicht klar beantwortet und wahrscheinlich auch nicht einfach zu beantworten (s. Diskussion in Heine 2013). Die aus der Kognitionspsychologie stammenden Theorierahmen stoßen hier an ihre Grenzen, da sich ihre Modelle über den Zusammenhang von Denken und Sprache auf idealisierte einsprachige Sprecher beziehen. Für die Fremdsprachenforschung bringt die grundsätzliche Untersuchung von mehrsprachigen Personen mit sich, dass sehr viel mehr Dynamik und individuelle Unterschiede angenommen werden müssen, denn Mehrsprachige haben nicht nur ein zusätzliches Sprachsystem im mentalen Lexikon repräsentiert, sondern unterscheiden sich auch in der Gesamtanzahl der beherrschten Sprachen, in der Reihenfolge, in der sie diese gelernt haben, dem erreichten Sprachstand in der jeweiligen L2, dem Lern- bzw. Erwerbskontext und einer Vielzahl weiterer Faktoren, die potentiell alle einen Einfluss darauf ausüben können, wie das Sprachwissen gespeichert und mit konzeptuellen Inhalten verknüpft ist. Gibt man in diesem Zusammenhang z. B. die L2 als Denksprache vor, kann dies Auswirkungen auf die Validität der erhobenen Daten haben. Erschwerend kommt hinzu, dass mehrsprachige Sprecher ihre jeweiligen Sprachen mal mehr, mal weniger aktivieren, wobei sich die möglichen Zustände auf einem Kontinuum vorzustellen sind (Grosjean 2001, s. theoretische Modellierungen in Heine 2013). In ihrer Sprachwahl werden sie dabei insbesondere von Wissen über die Sprachkompetenz des Gesprächspartners, vom Gesprächskontext mit seinen sprachlichen Anforderungen und vom Konversationsthema in Zusammenhang mit der eigenen diesbezüglichen Sprachkompetenz, aber auch emotionalen Aspekten beeinflusst.

Grundsätzlich ist es möglich, Versuchspersonen in einer Zweit- oder Fremdsprache verbalisieren zu lassen, allerdings muss hierbei beachtet werden, dass bei unvollständig beherrschter L2 die Suche nach einer sprachlichen Form für Gedankeninhalte zu eigenständigen Problemlöseschritten werden kann, welche bei simultaner Verbalisation die unterliegenden Gedanken verändern; je geringer die (mündliche) L2-Kompetenz, desto mehr Suchprozesse nach der entsprechenden Formulierung oder sogar Gedankenabbrüche sind zu erwarten. Sofern man nicht gezielt daran interessiert ist, derartige Prozesse zu untersuchen, sollte man die Problematik zumindest dadurch verringern, dass die Versuchspersonen gezielt auf die Möglichkeit von Sprachwechseln hingewiesen werden. Prinzipiell lässt sich für viele Forschungsfragen empfehlen, den Versuchspersonen die Verbalisierungssprache grundsätzlich freizustellen (vgl. Heine 2005 und 2013 zu weiteren Überlegungen).

Diese Aspekte sind in unserem Kontext wichtig, weil davon auszugehen ist, dass die Aktivierung der Denk- und damit Verbalisierungssprache damit nicht nur durch die konzeptuellen Strukturen der Versuchspersonen, sondern auch durch die Sprachwahl des Forschers, die Aufgabenstellung usw. beeinflusst wird.

Diesem Dilemma kann man methodisch nur schwer entkommen, muss in der Interaktion mit den Versuchspersonen ja nun einmal ein bestimmtes Vorgehen gewählt werden. Um größtmögliche Validität herzustellen, sollte man aber zumindest versuchen, normalerweise ablaufendes Verhalten und damit verbundene Aktivierungsmuster zu ermöglichen, also z. B. eine Sprachumgebung zu schaffen, die der zu untersuchenden Tätigkeit in authentischen Zusammenhängen am nächsten kommt und Lernern die Sprachwahl beim Lauten Denken freistellt. In diesem Zusammenhang sind auch nicht nur Entscheidungen bei der Datenerhebung ausschlaggebend für die Einsichten, die mit introspektiven Daten erhalten werden können, sondern auch Fragen nach Datenaufbereitung und -interpretation. Auf diese Aspekte kann hier nicht im Detail eingegangen werden; s. für weiterführende Informationen Heine und Schramm 2007 sowie Kap. 10 zur Datenaufbereitung und Kap. 13 zur qualitativen Datenanalyse.

8.8 Für welche Forschungsfragen sind introspektive Verfahren in der L2-Forschung geeignet?

Prinzipiell sind introspektive Datenerhebungsverfahren zum Verfolgen einer großen Spannweite an Forschungsfragen einsetzbar. Wie oben dargestellt eignen sich unreflektierte Lautdenkdaten besonders, um tiefe Einblicke in lernersprachliche Aktivitäten und

Lernprozesse zu erhalten, denen eine bestimmte Tätigkeit zugrunde liegt (Bearbeitung von Lernaufgaben, Verfassen eines Textes usw.). Mithilfe von metakognitiven simultanen Verbalisierungen kann das Lernpotential erfasst werden, das Lerner durch Reflexion von vorhandenem Wissen aktivieren können.

Retrospektive Daten liefern dagegen besonders wertvolle Einblicksmöglichkeiten in Einstellungen, subjektive Theorien, Strategien und Emotionen der Lerner.

In der Fremdsprachenforschung sind mithilfe von Lautdenkdaten vor allem Prozesse fremdsprachlicher Aufgabenbearbeitungen bei Schreib- und Leseaufgaben, den Einsatz von (Entschlüsselungs- und Lern-)Strategien und Übersetzungsprozesse untersucht worden, aber auch die Sprachtestforschung bedient sich Lautdenkdaten (vgl. Kap. 6). Wie derartige Studiendesigns aussehen können, soll im Folgenden anhand dreier exemplarischer Untersuchungen kurz dargestellt werden.

Würffel (2006) untersucht anhand von sechs Fallstudien englischsprachiger DaF-Lerner, wie sich der Erwerb von L2-Lesekompetenz bei der Aufgabenbearbeitung in einem internetgestützten Selbstlernkurs vollzieht. Aus simultan zur Bearbeitung erhobenen Lautdenkdaten wird insbesondere das Strategienspektrum der Versuchspersonen in den Blick genommen, das bei der Bearbeitung der L2-Texte zum Einsatz kommt. Diese Daten werden mit Tastatur- und Mauszeigerprotokollen, mit Videoaufnahmen der Erhebungssituation sowie mit einem Fragebogen über individuelle Lernercharakteristika vervollständigt. Zusätzlich wird im Anschluss an die Aufgabenbearbeitung mit jeder Versuchsperson ein Interview durchgeführt, in dem u. a mögliche Störfaktoren der Erhebungssituation auf das Laute Denken thematisiert werden. Dieses vielschichtige Erhebungsdesign ermöglicht es, das komplexe Wechselspiel zwischen Aufgaben und Lernerverhalten detailliert nachzuzeichnen und tiefere Einblicke in das Vorgehen von Versuchspersonen beim Lesen zu gewinnen. Um nur ein Ergebnis herauszugreifen, kann anhand der Lautdenkdaten belegt werden, dass sich hinter oberflächlich erscheinendem Verhalten wie *Raten* oder *Ausprobieren* in Wirklichkeit vielfältige Strategien verbergen können, die einen hohen Grad der Verarbeitung dokumentieren.

Arras (2007) verfolgt mit ihrer Untersuchung das Ziel, Einblick in das Beurteilerverhalten bei der Bewertung von schriftlichen Prüfungsleistungen zu erhalten. Im Kontext einer Sprachprüfung für den Zugang zu deutschen Hochschulen (TestDaF) werden mithilfe von simultanen Lautdenkprotokollen in vier Fallstudien die Beurteilungsprozesse von Testbewerterinnen und -bewertern abgebildet, während sie je acht schriftliche Prüfungsleistungen bewerteten. Anschließend wird eine Grobsichtung der Daten vorgenommen, auf deren Grundlage die Bewerter am nächsten Tag in einem retrospektiven Interview gezielt zu Einzelheiten ihrer Beurteilung befragt wurden. Anhand der so erhobenen Daten zeigt sich, dass Persönlichkeitsmerkmale und subjektive Theorien, aber auch individuelle Erfahrungen und Erwartungen der Bewerterinnen und Bewerter einen deutlichen Einfluss auf die Bewertung ausüben. Da dies Auswirkungen auf deren Reliabilität hat, leitet sich aus den Erkenntnissen das Desiderat nach Bewerterschulungen ab.

In der Studie von Feick (2013) steht die Frage im Zentrum, wie in institutionalisierten Lernumgebungen Autonomiepotenziale durch Gruppenarbeit genutzt und Sprachlernprozesse optimiert werden können. Als Grundlage dienen Interaktionsdaten, in denen mexikanische DaF-Lerner in Gruppen kurze Videos mit dem Mobiltelefon erstellen. Anhand der Studie werden zum einen anhand von Videomitschnitten dieser Handlungen untersucht, wie sich Aushandlungsaktivitäten in den Gruppen in Bezug auf die Entscheidungsfindung gestalten. Zusätzlich werden den einzelnen Gruppenmitgliedern retrospektiv mittels Videostimuli die Gruppenprozesse noch einmal ins Gedächtnis gerufen, wobei herausgefunden werden soll, wie diese in Hinsicht auf soziale Autonomie und Mitbestimmung wahrgenommen wurden.

8.9 Fazit

Wie diese Beispiele illustrieren, sind introspektive Methoden vor allem dann gut eingesetzt, wenn vielschichtige Zusammenhänge in komplexen Situationen mit hoher Detailtiefe untersucht werden sollen. Zwar gehen derartige qualitative Daten mit einem hohen Arbeitsaufwand bei Erhebung, Aufbereitung und Auswertung einher, allerdings lassen sich datenbasiert tiefe Einblicke in Zusammenhänge gewinnen, die sonst nicht abbildbar sind.

Grundsätzlich können mehrsprachige Versuchspersonen mittels introspektiver Methoden gut untersucht werden, allerdings zeichnet sich in der gegenwärtigen Methodikforschung vor allem ab, dass durch die notwendige Sprachwahl vor allem in Lautdenkdaten gewisse Artefakte nicht vermeidbar sind. Diese zu identifizieren erfordert ein genaues Verständnis der kognitionstheoretischen Grundlagen. Dabei ist der theoretische Status von introspektiven Verfahren in mehrsprachigen Kontexten noch nicht abschließend geklärt und erfordert weitere methodologieorientierte Forschung. Bereiche, die derzeit neu in die Diskussion gebracht werden, sind einerseits die kognitiven Dimensionen von Verbalisierung und Mehrsprachigkeit, andererseits ein verstärkter Blick auf emotionale Aspekte, die durch introspektive Verfahren erhebbar werden, und schließlich die Diskussion der Reichweite introspektiver Verfahren im Rahmen soziokultureller Ansätze (vgl. Aguado, Heine und Schramm 2013).

WEITERFÜHRENDE LITERATUR

Chi, Michelene T. H. (1997): Quantifying qualitative analyses of verbal data. A practical guide. In: *The Journal of the Learning Sciences* 6, 271–315.
Hilfreiche Lektüre insb. für Fragen der Datenauswertung.

Heine, Lena; Schramm, Karen (2007): Lautes Denken in der Fremdsprachenforschung. Eine Handreichung für die empirische Praxis. In: Vollmer, Helmut Johannes (Hrsg.): *Synergieeffekte in der Fremdsprachenforschung. Empirische Zugänge, Probleme, Ergebnisse.* Frankfurt a. M.: Peter Lang, 167–206.
Orientierender Artikel mit stark forschungspraktischer Ausrichtung, u. a. mit klaren Empfehlungen für die Datenerhebung und -auswertung.

Schnell, Anna K. (2013): Lautes Denken im Lichte der *Embodied Cognition.* Neue Grenzen, neue Möglichkeiten in der Schreibprozessforschung? In: Aguado, Karin; Heine, Lena; Schramm, Karen (Hrsg.): *Qualitative Inhaltsanalyse und Introspektive Verfahren in der Fremdsprachenforschung.* Frankfurt a. M.: Peter Lang, 92–115.
Führt den neuen Aspekt der Untersuchung von Emotionen in die Diskussion ein.

Heine, Lena (2013): Introspektive Verfahren in der Fremdsprachenforschung. State-of-the-Art und Desiderata. In: Aguado, Karin; Heine, Lena; Schramm, Karen (Hrsg.): *Qualitative Inhaltsanalyse und Introspektive Verfahren in der Fremdsprachenforschung.* Frankfurt a. M.: Peter Lang, 13–30.
State-of-the-Art-Überblick mit Vorschlägen für eine theoretische Verbindung von mehrsprachigem Mentalen Lexikon und Verbalisation in Lautdenk-Szenarien.

ÜBUNGEN

1) Eine Forscherin stellt auf einer Nachwuchstagung ihr Forschungsprojekt vor, in dem sie herausfinden will, wie effizient eine innovative Aufgabenreihe ist, die speziell für den Erwerb von Tempusformen im Deutschen entwickelt wurde. Dazu will sie erproben, wie L2-Lerner die Aufgaben verstehen und welche Konstruktionsaktivitäten bei ihrer Bearbeitung ausgelöst werden. Um ein Verbalprotokoll zur Einsichtnahme in die mentale Aktivität zu erhalten, will die Forscherin die Aufgaben in Paararbeit bearbeiten lassen, die dabei entstehenden Gespräche aufnehmen und anschließend in Bezug auf die darin enthaltenen Konstruktionsprozesse untersuchen.
Halten Sie die gewählte Vorgehensweise für sinnvoll und valide? Wo würden Sie ggf. Justierungen am Design vorschlagen?

2) Eine häufig geäußerte Kritik an Lautem Denken ist die, dass kognitive Prozesse durch diese Methode nicht valide abgebildet werden. Wie ist Ihre Position zu diesem Vorwurf? Begründen Sie.

3) Im folgenden Protokollausschnitt können wir beobachten, wie eine Versuchsperson (L1 Deutsch, L2 Englisch) anhand einer Aufgabe, in der sie einen Vorschlag zur Rettung des Tropischen Regenwaldes bewerten soll, einen mentalen Zusammenhang konstruiert.
Wie würden Sie beschreiben, was wir im Protokollausschnitt sehen? Würden Sie sagen, dass die Aufgabe des Lauten Denkens hier Artefakte verursacht, oder wird ein Denkprozess abgebildet, der auch bei stiller Bearbeitung abgelaufen wäre?

   Datenbeispiel:
   (1 s) but (1 s) I think it's better than . . letting the people . . cut the . . the . . forest down (1 s) ähm . . really with äh (1 s) machines and . innndustr- w- with . äh (1 s) industrial (1 s) machines.

LÖSUNGSVORSCHLÄGE

1) Diese vorgeschlagene Vorgehensweise kann die Forscherin wählen, wenn sie sich darüber bewusst ist, dass die so erhaltenen Daten durch die soziale Interaktion in der Paararbeit geprägt sein werden. Die gewonnenen Erkenntnisse über die Aufgaben und ihre Effekte auf die Lerner lassen sich also nur auf den Fall von Paararbeit und ihre besondere Dynamik beziehen und nicht etwa auf individuelle Bearbeitung übertragen; in diesem Fall sollte dies aber auch in die Formulierung des Untersuchungsinteresses eingearbeitet werden. Wenn es dagegen so formuliert ist wie in 1) beschrie-

ben, ist es eher sinnvoll, die Aufgaben von Lernern unter experimentellen Bedingungen individuell bearbeiten zu lassen.

2) Die traditionelle Position nach Ericsson und Simon (1993) erachtet bei rigide eingehaltenem Elizitationsverfahren, bei dem gezielt vermieden wird, metakognitive Gedanken auszulösen, Lautes Denken als valide Erhebungsmethode. Die Praxis zeigt allerdings, dass trotz starker Kontrolle die Datenqualität in der Realität durchaus zwischen mal mehr, mal weniger Beeinflussung durch Erhebungssituation, Probandenpersönlichkeit, verfügbarem Sprachwissen und weiteren Variablen oszillieren kann. Bei der Auswertung von Daten Lauten Denkens ist daher zu bedenken, dass die Reichweite des Datentyps für die jeweilige Untersuchung stets kritisch reflektiert und diskutiert werden und ggf. eine Auswahl von Datenmaterial vorgenommen werden muss, was nur auf Grundlage eines kognitionstheoretischen Verständnisses der Methode möglich ist.

3) Es ist anzunehmen, dass die Person im Moment der Verbalisation durchaus eine klare mentale Vorstellung von den schweren Geräten hat, die zum Abholzen von Regenwald eingesetzt werden. Allerdings werden durch die Häsitationsphänomene und mehrfachen Formulierungsrevidierungen in der zweiten Zeile deutlich, dass sie nicht unmittelbar und automatisiert einen adäquaten Ausdruck in der L2 zur Verfügung hat und sich deshalb ein ausgedehnter Suchprozess anschließt, in dem nach einer Formulierung gesucht wird. Wir können hier nicht sagen, ob eine automatisierte Formulierung in der L1 verfügbar gewesen wäre und die Person einfach einen Sprachwechsel vermeiden will, oder ob in der L1 ebenso Formulierungsnot für den Ausdruck des Gedankens herrscht. Hier ist jedoch die Wahrscheinlichkeit hoch, dass bei einer stillen Bearbeitung nicht vergleichbar lange und intensiv bei dem Gedanken verharrt worden wäre (er wäre einfach gedacht worden), wenn nicht die Anforderung des Lauten Denkens gestellt gewesen wäre. Hier haben wir es also mit hoher Wahrscheinlichkeit mit einem Effekt der Erhebungsmethode zu tun und können nicht aus den Daten darauf schließen, dass die Versuchsperson immer auf diese Weise ihre gedanklichen Konzepte organisiert. Um hier zu etwas mehr Klarheit zu gelangen, könnte man die Person retrospektiv zu dieser Situation befragen.
Zu beachten ist hier, dass es wichtig ist zu unterscheiden, ob die Person nur gedanklich organisiert oder sich z. B. im Schreibprozess befindet. Würde Sie im dargestellten Ausschnitt versuchen, eine angemessene schriftliche Form für ihren Gedanken zu finden, wäre es wiederum wahrscheinlich, dass eine Suche nach einer Formulierung auch bei einer Bearbeitung ohne Lautes Denken ablaufen würde.

Julia Ricart Brede

9. BEOBACHTUNG

9.1 Einleitung

Die Beobachtung ist eine empirische Methode zur Datenerhebung, die auch im Bereich Deutsch als Fremd- und Zweitsprache (DaF/DaZ) häufig zur Anwendung kommt. Der vorliegende Beitrag macht es sich entsprechend zur Aufgabe, diese Methode mit Blick auf den Bereich DaF/DaZ genauer vorzustellen. Dazu werden zunächst verschiedene Formen der Beobachtung voneinander abgegrenzt, bevor im Folgenden die Besonderheiten von Beobachtungen im Bereich DaF/DaZ expliziert werden. In der Regel stellt die Generierung oder Auswahl eines geeigneten Beobachtungssystems und die Arbeit mit ebendiesem einen integralen Bestandteil jedweder Beobachtung dar. Ein weiteres Unterkapitel fokussiert daher Entwicklung und Aufbau von Beobachtungssystemen, wobei deren Spektrum von niedrig-inferenten Kategoriensystemen bis hin zu hoch-inferenten Schätz-/Ratingskalen immens ist.

9.2 Begriffsklärung und Systematisierung

Beobachtungen erfolgen über einen nichtkommunikativen Prozess und dabei prinzipiell im Rückgriff auf sämtliche Wahrnehmungsmöglichkeiten (vgl. Laatz 1993). Da empirische Erhebungen per definitionem auf Sinneserfahrungen beruhen, basiert demnach in einem weiten Verständnis jegliche Datenerhebung auf einer Form von Beobachtung.

Als Beobachtungen im engeren Sinn werden jedoch ausschließlich solche Beobachtungen verstanden, die zielgerichtet, systematisch, methodisch kontrolliert und damit einhergehend auch intersubjektiv nachvollziehbar sind. Genügen Beobachtungen diesen Anforderungen, werden sie im Gegensatz zu Alltagsbeobachtungen als wissenschaftlich bezeichnet (vgl. Bortz und Döring 2006: 262–263, Riemer und Settinieri 2010: 771–772). Der vorliegende Beitrag bezieht sich ausschließlich auf wissenschaftliche Beobachtungen.

9.2.1 Differenzierung verschiedener Beobachtungstypen

Zur weiteren Unterscheidung verschiedener Beobachtungstypen im Bereich DaF/DaZ empfiehlt sich zunächst ein Blick auf die Nachbarwissenschaften. Beispielsweise liegen hierzu in der empirischen Bildungs- und Sozialforschung bereits seit Jahren zahlreiche Klassifizierungen vor (vgl. Friedrichs 1990: 272–273; Schnell, Hill und Esser 2005: 390–393; Bortz und Döring 2006: 266–267; Kromrey 2006: 348–350; Flick 2007: 282), in denen unterschieden wird zwischen:

- verdeckter und offener Beobachtung,
- teilnehmender und nicht-teilnehmender Beobachtung,
- strukturierter und unstrukturierter Beobachtung sowie
- Selbst- und Fremdbeobachtung.

In der Regel werden Beobachtungen offen durchgeführt, d. h. die Beobachteten wissen um die Beobachtung. Allerdings ist zu bedenken, dass das Bewusstsein um die Erhebungssituation zu Verhaltensveränderungen bei den beobachteten Personen führen kann; beispielsweise indem sich Lernende, wenn sie beobachtet werden, weniger aktiv am Unterricht beteiligen, um sich nicht mit vermeintlich falschen Antworten zu blamieren, oder indem Lehrende im Sinne sozialer Erwünschtheit agieren und daher weniger Frontalunterricht durchführen als in unbeobachteten Unterrichtsstunden. Labov prägte für diesen Umstand den Begriff *Beobachterparadoxon* (vgl. Labov 1971, auch Burdick 2008). Gemeint ist damit das Problem, dass sich der Prozess des Beobachtens grundsätzlich auf die beobachtete Situation auswirkt und deren Natürlichkeit beeinträchtigt, so dass niemals eindeutig sichergestellt werden kann, ob sich die Situation ohne Beobachtung in derselben Form ereignet hätte. Allein aus ethischen und rechtlichen Gründen finden Beobachtungen allerdings selten verdeckt statt und die beobachteten Personen werden über das Vorhaben informiert und schriftlich um ihr Einverständnis gebeten; doch ist man in der Regel versucht, den Grad der Invasivität, d. h. den Einfluss auf die beobachtete Situation, z. B. durch unauffälliges Verhalten des Beobachters möglichst gering zu halten (vgl. Petko, Waldis, Pauli und Reusser 2003; Maak und Ricart Brede i. V.).

Während Beobachter bei nicht-teilnehmenden Beobachtungen die Situation ausschließlich als Außenstehende wahrnehmen und erfassen, werden sie bei teilnehmenden Beobachtungen aktiver Part des beobachteten Geschehens. Beispielhaft für eine teilnehmende Beobachtung sei an dieser Stelle auf die Tagebuchaufzeichnungen Malinowskis, einem der Urväter der Feldforschung, hingewiesen (Malinowski 1979). Des Weiteren anzuführen sind die im Kontext des DFJW (Deutsch-Französisches Jugendwerk) durchgeführten Beobachtungen, deren Ziel darin bestand, herauszufinden, inwieweit der institutionelle Kontext interkultureller Begegnungen optimiert werden kann (Weigand und Hess 2007: 15). Als nachteilig an teilnehmenden Beobachtungen ist anzuführen, dass die aktive Teilhabe des Beobachters mit Sicherheit zu einer Veränderung der beobachteten Situation führt und den Grad der Invasivität somit deutlich erhöht. Auch aus diesem Grund ist in Bezug auf die Anwendungshäufigkeit von teilnehmenden und nicht-teilnehmenden Beobachtungen ein deutliches Ungleichgewicht zu Gunsten nicht-teilnehmender Beobachtungen zu konstatieren, d. h. die meisten Beobachtungen sind nicht-teilnehmender Art. Doch stellt die aktive Teilnahme an einem Geschehen manches Mal die einzige Möglichkeit dar, diese Situation zu beobachten.

Der oben genannte Dualismus *strukturiert vs. unstrukturiert* wird in einigen Quellen auch als *systematisch vs. unsystematisch* bezeichnet (vgl. z. B. Kromrey 2006: 349). Entscheidend hierfür ist, inwiefern dem Beobachtungsprozess ein vorab entwickeltes Beobachtungssystem zugrunde liegt. Dabei können derartige Beobachtungssysteme ganz unterschiedlich angelegt sein: als kleinschrittig und eng definierte Kategorienraster, wie das von Niggli (2005: 46) vorgeschlagene *Beobachtungs- und Kodierprotokoll für die Beobachtung im Mentoring*, als Ratingskalen (ein Beispiel hierfür ist die *Dortmunder Ratingskala zur Erfassung sprachförderrelevanter Interaktionen*, kurz DO-RESI, von Fried und Briedigkeit (2008)) oder als tendenziell offenere Leitfragenlisten, wie sie zur Beobachtung des kindlichen Zweitspracherwerbs beispielsweise von Knapp (2001) oder Kolonko (2001) vorliegen. Demgegenüber handelt es sich bei unstrukturierten Beobachtungen um eher global angelegte Spontanbeobachtungen, die im Gegensatz zu Alltagsbeobachtungen (s. o.) jedoch ein eindeutig erklärtes Anliegen haben und damit wissenschaftlichem Interesse folgen (exemplarisch sei an dieser Stelle auf eine von Schmidt und Frota (1986) publizierte Studie verwiesen). Derartige Beobachtungen können im Bereich der qualitativen Forschung zur Hypothesengenerierung überaus gewinnbringend sein, weshalb *unstrukturiert* in diesem Fall keinesfalls eine Wertung implizieren soll.

Während es sich bei dem Gros der (im Bereich der Sprachlehr-/-lernforschung) durchgeführten Beobachtungen um Fremdbeobachtungen handelt (vgl. Friedrichs 1990: 273; Flick 2007: 282), illustriert die soeben bereits zitierte Studie von Schmidt und Frota weiterhin den Unterschied zwischen Selbst- und Fremdbeobachtungen. So führte Schmidt während eines fünfmonatigen Aufenthaltes in Brasilien Tagebuch über seinen eigenen Spracherwerb im Portugiesischen, d. h. es liegt eine Selbstbeobachtung oder auch Introspektion vor (s. hierzu auch Kap. 8). Zugleich zeichnete Schmidt während dieser Zeit in etwa einmonatigem Abstand Gespräche auf, die Frota im Hinblick auf die Lernersprachentwicklung analysierte, was eine Fremdbeobachtung darstellt.

In Ergänzung zu den genannten und explizierten Systematisierungen wird vor allem seit den letzten Dekaden weiterhin unterschieden, ob eine Beobachtung *online* oder *offline* erfolgt. Entscheidend hierfür ist, ob die Beobachtung im Rückgriff auf eine digitale Aufzeichnung vorgenommen wird oder nicht. Folglich handelt es sich bei Audio- und Videoanalysen genau genommen ebenso um Beobachtungen wie bei herkömmlichen Beobachtungen, die ohne Digitalisierung arbeiten, wenn auch nicht um solche im klassischen Sinn (vgl. auch Flick 2007: 279; Ricart Brede 2011: 88; Knapp und Ricart Brede 2012). Audio- und videografische Beobachtungen bieten dabei unter anderem den Vorteil der Iteration, d. h. der Wiederholbarkeit, was vor allem in Anbetracht der begrenzten Wahrnehmungskapazität für die Güte der Daten zuträglich ist: Ist sich ein Beobachter in Bezug auf eine vorzunehmende Auswertung unsicher, kann er die Aufzeichnung beliebig oft anhören bzw. anschauen, wohingegen Situationen, die ohne digitale Aufzeichnung beobachtet werden, nach ihrem Verstreichen unwiederbringlich der Vergangenheit angehören. Dies scheint insbesondere für die Analyse von Lernersprachdaten, und damit im DaF-/DaZ-Kontext, von Relevanz, da in Anbetracht der Flüchtigkeit von Situationen kaum zu erwarten ist, dass lernersprachliche Aspekte (wie phonetische Realisierungen einzelner Laute) in herkömmlichen Beobachtungssituationen hinreichend genau erfasst werden können. Allerdings darf nicht vergessen werden, dass selbst eine videografisch aufgezeichnete Situation bereits eine Reduktion der Wirklichkeit darstellt, was der Grund dafür ist, dass Brinker und Sager (2001: 35) in diesem Zusammenhang von sogenannten *Sekundärdaten* sprechen (zur Videografie vgl. auch Kap. 15). Des Weiteren ist neben dem immensen Mehraufwand, den Audio- und insbesondere Videoaufzeichnungen bedeuten, die erhöhte Invasivität zu bedenken, die durch derartige Beobachtungen induziert wird (vgl. Maak und Ricart Brede i. V.).

Mit fortschreitender technischer Entwicklung etablieren sich neben audio- und videografischen Beobachtungen in jüngster Zeit auch Methoden wie das *Eye-Tracking* oder *Keystroke-Logging* als Formen von Online-Beobachtungen (vgl. auch Dam-Jensen und Heine 2009: 6–7). Während beim *Keystroke-Logging* sämtliche Tastatur- und Scrollbewegungen beim Schreiben am PC erfasst werden, um Aufschluss über den Schreibprozess zu erhalten, geht es beim *Eye-Tracking* um die digitale Erfassung der Augenbewegung (beispielsweise beim Lesen oder beim Lösen von Aufgaben). Als Beispiel für eine Untersuchung, die mittels *Eye-Tracking* realisiert wurde, sei an dieser Stelle auf eine Studie von Tinner (2010) zur Rezeption von Komposita bei deutsch-französischsprachigen Bilingualen hingewiesen.

9.2.2 Besonderheiten von Beobachtungen im Bereich DaF/DaZ

Die Liste der in den vorangegangenen zwei Teilkapiteln angeführten Beispiele macht deutlich, dass die aus den Nachbarwissenschaften adaptierten Systematisierungsvorschläge zweifelsohne auch auf den Bereich der Sprachlehr-/-lernforschung in DaF/DaZ übertragbar sind. Zu fragen ist allerdings, ob bzw. inwiefern diese Liste mit Blick auf die Besonderheiten des Faches DaF/DaZ zu ergänzen ist.

Beispielsweise ergibt sich eine weitere, inhaltlich motivierte Differenzierung von Beobachtungen aus den Anliegen des Faches. So gilt es zu unterscheiden, wer die Zielobjekte der Beobachtung sind: Sind es die Lernenden (mit ihren Lernersprachstrukturen) oder die Lehrenden (in Bezug auf ihren sprachlichen *Input*, in Bezug auf ihre didaktischen oder methodischen Kompetenzen)? Oder liegt der Fokus nicht auf den in der Lehr-Lernsituation Agierenden, sondern auf den Lerngegenständen oder der Lernumgebung (indem beispielsweise beobachtet wird, wie bestimmte Materialien in einer Lehr-Lernsituation zum Einsatz kommen)? Ausgehend von einem didaktischen Dreieck wie es Cohen, Raudenbush und Loewenberg Ball (2003) präsentieren, sind weiterhin Beobachtungen denkbar, die die Interaktion ebendieser Aspekte in den Blick nehmen.

Im erstgenannten Fall, d. h. wenn Lernende beobachtet werden, z. B. um bestimmte lernersprachliche Strukturen aufzuzeigen, wird die Beobachtung oftmals als Sprachstandserhebungsverfahren eingesetzt. Alternative Sprachstandserhebungsverfahren sind Tests (und *Screenings*), Schätzverfahren sowie Profilanalysen (vgl. Ehlich 2007), wobei letztere ebenfalls als eine Sonderform von Beobachtungen angesehen werden können (für eine detailliertere Darstellung des Testens vgl. auch Kap. 6 sowie zur Analyse von Lerner-

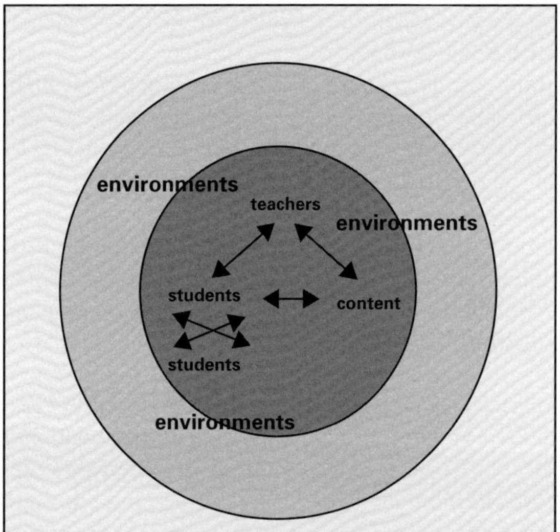

FIGURE 1. *Instruktion as interaction.*

Abb. 1: Didaktisches Dreieck (aus: Cohen, Raudenbush und Loewenberg Ball 2003).

sprachdaten Kap. 11). Gegenüber den übrigen genannten Sprachstandserhebungsverfahren zeichnen sich Beobachtungen dadurch aus, dass

> die sprachlichen Qualifikationen der Kinder nicht zum Zwecke der Sprachstandserhebung isoliert werden. Deshalb können mittels Beobachtungen auch pragmatische und diskursive Qualifikationen erfaßt werden, was bei vielen Verfahren, die eine größere Kontrolle des sprachlichen Handelns der Kinder voraussetzen, oft nicht gelingt (Ehlich 2007: 43–44).

Weiterhin stellen Unterrichtsbeobachtungen im Bereich DaF/DaZ eine feste Größe in der Lehreraus- und -fortbildung dar, d. h., es wird auf die Lehrenden fokussiert. Als Instrument dient sie dazu, das Lehrverhalten zu beobachten, um es anschließend zu analysieren. Die Analyse und das im Idealfall gemeinsame Auswertungsgespräch von Beobachter und Beobachtetem soll zur Verbesserung der Unterrichtsqualität führen, wird aber auch zur Bewertung und Beurteilung von Lehrleistungen eingesetzt. Somit ist im Kontext der Lehreraus- und -fortbildung grundsätzlich zwischen solchen Unterrichtsbeobachtungen zur Bewertung und solchen zur Aus- und Weiterbildung zu unterscheiden. Im DaF-Kontext wird an dieser Stelle häufig die Bedeutung von Unterrichtsbeobachtungen für die Selbstreflexion sowie für den gemeinsamen Erfahrungsaustausch der Lehrenden hervorgehoben (vgl. Krumm 2010; Ziebell und Schmidjell 2012 sowie Centre International d'Études Pédagogiques i. V.). Diese können von Lehrenden etwa mithilfe des Europäischen Portfolios für Sprachlehrende in Ausbildung (Newby u. a. 2008) oder über die Kriterienraster wie das in Entwicklung befindliche des European GRID (Centre International d'Études Pédagogiques i. V.) durchgeführt werden.

Solche Beobachtungen, deren Fokus auf der wechselseitigen Interaktion von Lehrenden und Lernenden liegt, werden auch als Interaktionsanalysen bezeichnet. Mit FIAC (*Flanders Interaction Analysis Categories*) entwickelte Flanders (1970) ein Beobachtungssystem zur Interaktionsanalyse in Lehr-Lernsituationen. Für den Fremdsprachenkontext wurde dieses u. a. von Moskowitz (1971) adaptiert, die mit dem FLint System (*Foreign language interaction system*) eine Weiterentwicklung des Flanderschen Analyserasters präsentiert.

9.3 Auswertung von Beobachtungen mithilfe von Beobachtungssystemen

9.3.1 Entwicklung von Beobachtungssystemen

Während insbesondere Beobachtungen mit dem Ziel einer Sprachstandserhebung überwiegend im Rückgriff auf bereits etablierte oder sogar normierte Beobachtungssysteme erfolgen (wie z. B. die Diagnostischen Leitfragen nach Knapp 2001; Sismik von Ulich und Mayr 2004, HAVAS-5 von Reich und Roth 2004 oder die Profilanalyse nach Grießhaber 2010) und auch für den Bereich der Selbstreflexion von Lehrenden einige Vorschläge existieren (vgl. z. B. Niggli 2005, aber auch Fried und Briedigkeit 2008 sowie Centre International d'Études Pédagogiques i. V.), stehen Wissenschaftler in anderen Fällen oftmals vor der Aufgabe und Herausforderung, zunächst ein adäquates Beobachtungssystem zu entwickeln. Häufig geschieht dies schrittweise in einem zyklischen Prozess (vgl. Jacobs, Kawanaka und Stigler 1999: 719–720; Petko u. a. 2003: 273–274; Ricart Brede u. a. 2010).

Sofern möglich, d. h. wenn eine ausreichend umfangreiche und einschlägige Literaturbasis zum Analysegegenstand vorliegt, empfiehlt sich für diesen Entwicklungsprozess ein deduktiv-induktives Vorgehen. Hierbei erfolgt zunächst eine umfassende Literaturrecherche, um aus bereits vorliegenden Ausführungen und Überlegungen deduktiv Beobachtungskategorien abzuleiten. Im Zuge der Operationalisierung werden diese in beobachtbare *Items* überführt und in ein vorläufiges Beobachtungssystem integriert. Es folgt eine erste Anwendung des entwickelten Beobachtungssystems, um induktiv dessen Passgenauigkeit zu prüfen. Dabei auftretende Kodierungsungenauigkeiten und -schwierigkeiten bilden die Grundlage für die sich anschließende Überarbeitung des Beobachtungssystems. Der sich aus diesen Schritten ergebende zirkuläre Prozess von Anwendung, Überprüfung und Überarbeitung (vgl. auch Abb. 2) ist so lange zu wiederholen, bis das Beobachtungssystem passgenau und vollständig ist (vgl. Ricart Brede u. a. 2010: 259).

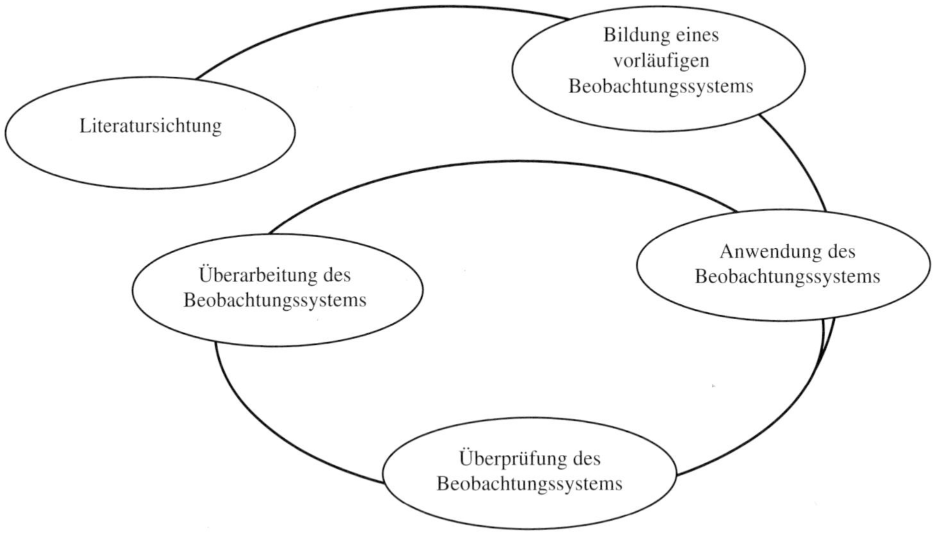

Abb. 2: Schritte beim deduktiv-induktiv angelegten Entwicklungsprozess eines Beobachtungssystems.

Um bestehenden Ansprüchen an Gütekriterien (vgl. hierzu Kap. 2) zu genügen, sollte die Entscheidung über Passgenauigkeit und Vollständigkeit eines Beobachtungssystems auch die Überprüfung der Beurteilerübereinstimmung (Interraterreliabilität) einschließen (vgl. Ricart Brede u. a. 2010). Eine Möglichkeit hierfür ist das Arbeiten mit zwei voneinander unabhängigen Beobachtern bzw. Kodierern, wobei die Analyse-, d. h. in diesem Fall Beobachtungsergebnisse statistisch über die Ermittlung des Kappa-Wertes miteinander verglichen werden können. Kappa basiert auf einer Kreuztabellierung der Ergebnisse und kann Werte von -1 bis +1 annehmen, wobei +1 einer hundertprozentigen Übereinstimmung der beiden Kodierungen entspricht (vgl. Ricart Brede u. a. 2010: 267–273, Wirtz und Kutschmann 2007). Ein alternatives Maß für die Beurteilerübereinstimmung intervallskalierter Daten stellt die Intraklassenkorrelation dar (vgl. hierfür Bortz und Döring 2006: 274).

9.3.2 Systematisierung verschiedener Beobachtungssysteme

Bei der Entwicklung bzw. Auswahl eines Beobachtungssystems sind auch dessen Form und Aufbau zu bedenken. Ebenso wie für Beobachtungen im Allgemeinen können auch zur Beschreibung von Beobachtungssystemen einige Systematisierungen angeführt werden. So unterscheidet man zwischen

- niedrig-, mittel- und hoch-inferenten Beobachtungssystemen,
- Kategoriensystemen und Rating-/Schätzskalen sowie
- Beobachtungssystemen im Time- und Event-Sampling.

Mit der Inferenz wird der Grad an Interpretation bezeichnet, der erforderlich ist, um eine Beobachtung vorzunehmen (vgl. Petko u. a. 2003: 275–276; Knapp und Ricart Brede 2012: 226). Als niedrig-inferent werden beispielsweise Auszählungen der Art bezeichnet, wie häufig ein bestimmtes Lehrwerk innerhalb einer Unterrichtsstunde zum Einsatz kommt. Niedrig-inferente Beobachtungssysteme zielen demnach auf die Erfassung von direkt beobachtbaren, sogenannten *manifesten Variablen* ab. Man spricht daher auch von einer Erfassung von Sichtstrukturen (vgl. Knapp und Ricart Brede 2012: 226). Zwar lassen sich derartige Sichtstrukturen aufgrund ihrer direkten Beobachtbarkeit sehr leicht erfassen, doch ist die Aussagekraft niedrig-inferenter Ergebnisse relativ begrenzt. Mittels hoch-inferenter Beobachtungssysteme wird daher der Versuch unternommen, auch latente, d. h. nicht direkt beobachtbare Variablen in den Blick zu nehmen: Beispielsweise handelt es sich bei Lerneraufmerksamkeit oder -motivation um latente Variablen, die sich einer direkten Beobachtung entziehen; doch kann die Aufmerksamkeit oder Motivation von Lernernden mithilfe eines hoch-inferenten Beobachtungssystems beispielsweise auf einer Skala von 1 bis 5 eingeschätzt werden, wohlwissend, dass dieses Ergebnis weitgehend auf der subjektiven Interpretationsleistung des Beobachters basiert (selbst wenn Kriterien für die Zuordnung zu einem Skalenwert gegeben sind). Als Beispiel für eine hoch-inferent angelegte Ratingskala sei an dieser Stelle auf das von Helmke und Renkl (1992) zur Beobachtung des Aufmerksamkeitsverhaltens im Unterrichtskontext entwickelte MAI (*Münchner Aufmerksamkeitsinventar*) verwiesen.

Im Allgemeinen besteht zwischen der Inferenz und der Eigenschaft *Rating-/Schätzskala* vs. *Kategoriensystem* ein Zusammenhang: Während es sich bei Schätz-/Ratingskalen um mittel- bis hoch-inferent angelegte Beobachtungssysteme handelt, wird zur Erfassung niedrig-inferenter Aspekte üblicherweise mit Kategoriensystemen gearbeitet.

Weiterhin ist bei der Entwicklung eines Beobachtungssystems festzulegen, auf welchen Einheiten die Beobachtungen basieren, d. h., ob sich die einzelnen Zuordnungen bzw. Kodierungen auf fixe Zeitintervalle (*intervals*) oder bestimmte Ereignisse (*events*) beziehen (vgl. Bakeman und Gottman 1994: 48–69). Für den ersten Fall wird auch von einem *Time-Sampling*, für den zweiten Fall von einem *Event-Sampling* gesprochen (Petko u. a. 2003: 272–273). Im Bereich der Sprachlehr-/-lernforschung fungieren häufig die einzelnen Sprecherturns oder Äußerungen als Analyseeinheit. Beispielsweise wird bei einer Profilanalyse im Grießhaberschen Sinn jede lernersprachliche Äußerung als ein Event betrachtet und einer der vier bzw. sechs Profilstufen zugeordnet (vgl. Grießhaber 2010). Ein weiteres typisches Beispiel für Kodierungen im *Event-Sampling* sind Beobachtungen zum responsiven Verhalten (von Lehrpersonen). Oftmals werden hierzu alle fehlerhaften Lerneräußerungen als Ereignisse identifiziert und das Vorhandensein bzw. die Art der Reaktion darauf durch den Interaktionspartner untersucht (beispielhaft hierfür sei auf die Arbeiten von Blex 2001 und Mackey 2006 verwiesen).

Abschließend ist anzumerken, dass sich Beobachtungssysteme selbstverständlich auch aus einer Kombination ganz unterschiedlicher Einzelaspekte zusammensetzen können. So ist es durchaus möglich, einen Beobachtungsaspekt über eine niedrig-inferente Kategorie oder Auszählung zu erfassen und einen weiteren über eine hoch-inferente Schätzung abzubilden. Allerdings ist zu bedenken, dass die einheitliche Gestaltung eines Beobachtungssystems dessen Einfachheit bzw. Anwendbarkeit erhöht. Ein Leitziel für die Erstellung von Beobachtungssystemen ist daher, sämtliche Beobachtungsaspekte eines Beobachtungssystems möglichst uniform zu gestalten, d. h., ein permanenter Wechsel zwischen hoch- und niedrig-inferenten Beobachtungsaspekten oder zwischen unterschiedlich angelegten Skalen (beispielsweise zwischen fünf- und sechsstufigen Skalen) ist zu vermeiden. Weiterhin gilt es – insbesondere für Beobachtungen, die ohne digitale Aufzeichnungen auskommen – die begrenzte Wahrnehmungskapazität eines Beobachters zu berücksichtigen (d. h. das Beobachtungsystem kann nicht unendlich viele Aspekte umfassen).

9.4 Ausblick: Grenzen und Möglichkeiten von Beobachtungen

Das soeben angeführte Faktum der begrenzten Wahrnehmungskapazität sowie allgemein die Beschränkung auf das, was beobachtbar ist (nämlich ausschließlich Sichtbares und damit keine Einstellungen o. ä.), zeigt die Grenzen von Beobachtungen für empirische Forschungsanliegen auf. Von besonderer Relevanz scheint dies für Lernersprachanalysen. So neigen DaF-/DaZ-Lerner, wenn sie über bestimmte sprachliche Strukturen nicht verfügen oder sie diese noch nicht sicher beherrschen, häufig zu Vermeidungsstrategien (vgl. Knapp 1999). Bei Beobachtungen, die Zwecken der Sprachstandserhebung dienen, wird daher oftmals versucht, durch gezielte Arrangements zwingende Kontexte (Motsch 2010) für bestimmte sprachliche Strukturen zu schaffen, d. h. ausgewählte Sprachstrukturen durch den (sprachlichen sowie nicht-sprachlichen) Kontext gezielt zu elizitieren, d. h. hervorzurufen (vgl. Kap. 5).

Mit dem Stichwort des oben bereits angeführten Beobachterparadoxons (d. h. mit der Tatsache, dass der Beobachter auf die beobachtete Situation bereits durch seine Anwesenheit Einfluss nimmt und diese somit verändert) sei auf eine weitere Problematik von Beobachtungen hingewiesen, die allerdings nicht allein Beobachtungen betrifft, sondern die es generell bei empirischen Datenerhebungen zu bedenken gilt.

Ein Vorteil von Beobachtungen ist, dass die Ergebnisse, anders beispielsweise als in (mündlichen oder schriftlichen) Befragungen von Lehrpersonen, direkt an die beobachtete Situation rückgebunden werden können. Auf diese Weise entsteht keine von der Praxis losgelöste Forschung; vielmehr können Beobachtungsergebnisse, die auf der Basis von Hospitationen, Audio- oder Videoanalysen von Lehr-Lernsituationen gewonnen wurden, zum Beispiel im Rahmen von Fortbildungen für die Lehrpersonen bzw. für die in der Praxis Tätigen direkt nutzbar gemacht werden (vgl. Knapp und Ricart Brede 2012: 223–224). Indem Analyseergebnisse nicht auf statistische Kennwerte beschränkt bleiben, sondern an Beispielen sichtbar gemacht werden, sind sie anschaulicher, bieten praxisrelevantes Wissen und zeigen mögliche Handlungspläne auf, was insbesondere im Bewusstsein um das SOAP-Modell (Situationsorientierung, Aktionsplanung) (vgl. Wahl 2005) von Nutzen erscheint. So erfordert die pädagogische Praxis oftmals rasches Handeln: Ereignet sich ein Zwischenfall in der Lehr-Lerngruppe, ist der Lehrende gezwungen, sich schnell ein Bild von der Situation zu machen, d. h. sich in der Situation zu orientieren (SO), bevor er aus den ihm zur Verfügung stehenden Handlungsmustern in kürzester Zeit eines auswählen, d. h. eine Aktion planen (AP) und diese umsetzen kann. Es ist plausibel, dass für derartiges Ad-hoc-Reagieren auf andere Wissensbestände zurückgegriffen wird als bei einer rein theoretischen Auseinandersetzung mit einem Thema. Durch Praxis- und Anschauungsbeispiele, die aus den erhobenen Beobachtungsdaten generiert werden, können theoretische Erkenntnisse in ebensolche Handlungspläne überführt werden, was eine notwendige Voraussetzung für einen Transfer „vom trägen Wissen zum kompetenten Handeln" darstellt (vgl. Wahl 2005). Insofern bleibt zu hoffen, dass im Bereich DaF/DaZ – ob in herkömmlicher, audiobasierter oder videografischer Form – auch weiterhin zahlreiche und erkenntnisreiche Beobachtungen, mit Fokus auf die Lernenden, die Lehrenden sowie die Lernsituationen an sich durchgeführt und auch für Fortbildungen genutzt werden.

WEITERFÜHRENDE LITERATUR

Bortz, Jürgen; Döring, Nicole (2004): ***Forschungsmethoden und Evaluation fur Human- und Sozialwissenschaftler*****, 4., überarb. Aufl. Heidelberg: Springer, 262–277.**
Das 16-seitige Teilkapitel bietet einen umfassenden und gut verständlichen Überblick zum Thema Beobachtung als empirische Methode zur Datenerhebung. Neben der Unterscheidung verschiedener Beobachtungsformen erläutern die Autoren u. a. die für Beobachtungen im einzelnen erforderlichen Arbeitsschritte. Lesenswert ist weiterhin der ausführliche Exkurs zur Beobachterübereinstimmung.

Niggli, Alois (2005): Beobachtung und Beobachtungsinstrumente im Mentoring. In: Niggli, Alois (Hrsg.): ***Unterrichtsbesprechungen im Mentoring*****. Oberentfelden: Sauerländer, 34–72.**
Die 39-seitigige Ausführung zu Beobachtungen ist stark praxisorientiert und fokussiert insbesondere auf Beobachtungssysteme. Positiv hervorzuheben ist zum einen der Bezug zu DaF, zum anderen die Vielzahl an konkreten Beobachtungssystemen, die abgebildet sind und auch erläutert werden.

ÜBUNGEN

1) Entscheiden Sie, ob die nachfolgend genannten Beobachtungsvorhaben jeweils als niedrig- oder hoch-inferent zu bezeichnen sind und begründen Sie Ihre Antworten:
   a. Beobachtung des Interaktionsverhaltens im Schulunterricht, indem die Redebeiträge der einzelnen Schüler quantifiziert werden.
   b. Beobachtung der Aufmerksamkeit der Schüler in einer DaZ-Lernergruppe.
   c. Beobachtung des Einsatzes von Kompensationsstrategien eines DaZ-Lerners im Regelunterricht, indem eine Strichliste darüber geführt wird, wie häufig in die L1 geswitcht, ein Allzweckwort (wie *dingsda*) verwendet und/oder Gestik/Mimik genutzt wird, um das Gemeinte auszudrücken.

2) Die Aufmerksamkeit von Lernern entzieht sich unserer direkten Beobachtung. Soll sie dennoch zum Gegenstand der Beobachtung werden, ist nach Möglichkeiten der Operationalisierung zu suchen. Überlegen Sie, anhand welcher sichtbaren, d. h. direkt beobachtbaren Indikatoren die Aufmerksamkeit von DaZ-Lernern in einer vorschulischen Sprachfördersituation mittels Beobachtung erfasst werden könnte.

LÖSUNGSVORSCHLÄGE

1)

a. Niedrig-inferent; Begründung: Bei der Quantifizierung der Redebeiträge handelt es sich um eine Auszählung, die keinen/kaum Interpretationsleistung erfordert. Immer, wenn ein Kind spricht, wird gezählt.

a. Hoch-inferent; Begründung: Die Aufmerksamkeit ist eine latente, d. h. nicht direkt beobachtbare Variable, die über Indikatoren operationalisiert werden muss.

a. Mittel-inferent; Begründung: Das Führen einer Strichliste deutet wiederum auf eine eher niedrig-inferente Beobachtung hin. Da jedoch bereits die Frage, wann ein Verständigungsproblem vorliegt und Gestik bzw. Mimik daher als Kompensationsstrategie zu werten ist, kann diese Beobachtungsaufgabe als mittel-inferent bezeichnet werden.

2) Neben Seitengesprächen, die nicht Teil der Lernsituation sind, kann der Blickkontakt Hinweise auf die Aufmerksamkeit geben. Schauen Kinder beispielsweise aus dem Fenster oder wenden sich gar mit dem gesamten Körper vom Lerngeschehen ab, beispielsweise indem sie sich umdrehen, ist kaum davon auszugehen, dass sie der Lehr-Lernsituation aufmerksam folgen. Im Allgemeinen ist davon auszugehen, dass für Kinder im Vorschulalter zwischen der Aufmerksamkeit am Lehr-Lerngeschehen und ihrem Blickkontakt, ihrer Körpersprache u. ä. ein noch weitaus größerer Zusammenhang als bei jugendlichen Lernenden besteht, die oftmals bewusst Blickkontakt mit der Lehrperson halten und dabei in Gedanken abschweifen.

Caterina Mempel
Grit Mehlhorn

10. DATENAUFBEREITUNG: TRANSKRIPTION UND ANNOTATION

10.1 Einleitung

Einfach ein Gespräch aufzunehmen und mit wenigen Klicks als Text ausgegeben zu bekommen, ist wahrscheinlich der Wunsch all derjenigen, die mit mündlichen Daten arbeiten. Allerdings ist die derzeit auf dem Markt zu findende Spracherkennungssoftware für die Verschriftlichung von Interview- oder Interaktionsdaten, aber auch videographierten Daten des Lauten Denkens und Lauten Erinnerns wie auch Produktdaten (z. B. Handyvideos, Podcasts) für Forschungszwecke noch völlig ungeeignet (vgl. Johnson 2011), so dass der Transkriptionsprozess weiterhin einen bedeutsamen Teil im gesamten Forschungsprozess einnimmt und damit auch das weitere Arbeiten mit dem Datenmaterial wesentlich prägt.

Transkription (lat. *transcribere* = ,umschreiben') bedeutet das Übertragen mündlicher Aussagen von einer Audio- oder Videoaufnahme in eine schriftliche Form. Ziel einer Transkription ist es, die Flüchtigkeit der gesprochenen Sprache[29] zu überwinden, Mündlichkeit mit all den für sie typischen Phänomenen schriftlich festzuhalten und somit für Analysen zugänglich zu machen:

- die Abfolge der Gesprächsbeiträge bzw. *turns*;
- die (unbereinigte) Notation des Gesprochenen (Satzabbrüche, Versprecher, Wiederholungen, Reparaturen usw.);
- die zeitlichen Eigenschaften der Kommunikation (Pausen, Sprechtempo);
- die prosodischen und stimmlichen Eigenschaften (Intonation usw.);
- nicht-sprachliche Phänomene.

Im Folgenden geben wir einen Überblick über diese Art der Datenaufbereitung und gehen dabei auf die Transkription verbaler Handlungen, die phonetische Transkription sowie die Verschriftung von Nonverbalem ein. Dabei werden wir die derzeit in der deutsch-

[29] An dieser Stelle möchten wir auf die Abteilung Pragmatik am Institut für Deutsche Sprache (IDS) in Mannheim verweisen (http://www.ids-mannheim.de/prag/). Die Abteilung bietet eine Plattform sowie ein Archiv für die Forschungsgebiete *Gesprochene Sprache* und *Gesprächsforschung* im deutschen Sprachraum mit umfangreichen Korpora, aktuellen fachwissenschaftlichen Beiträgen und korpustechnologischen Hinweisen. Im gesprächsanalytischen Informationssystem (GAIS) (http://prowiki.ids-mannheim.de/bin/view/GAIS/WebHome), welches der Abteilung angegliedert ist, findet sich u. a. ein Überblick zum Thema Transkription. Neben generellen Fragen zum Transkribieren und zum Transkriptionsaufwand werden Konventionen und Editoren vorgestellt und weiterführende Lektüreempfehlungen gegeben.

sprachigen Fremd- und Zweitsprachenforschung geläufigen Transkriptionskonventionen und -programme überblicksartig vorstellen und auf die jeweiligen Internetseiten verweisen, auf denen Handbücher, *Tutorials* und Beispieltranskripte für Interessenten zur Verfügung stehen. Wir weisen beispielhaft auf einzelne Konventionen und Tools hin, gehen dabei aber nicht ins Detail, da die einzelnen Programme ständig weiterentwickelt werden. Ebenso hängt die Wahl der Konvention und des Transkriptionstools von verschiedenen Faktoren ab, so dass es eher darum gehen soll, Kriterien zu präsentieren, die bei deren Beurteilung helfen sollen.

10.2 Theorie- und Gegenstandsabhängigkeit von Transkriptionskonventionen

Bei der Entscheidung für eine Transkriptionskonvention müssen zwei entgegengesetzte Ansprüche zusammengeführt werden. Einerseits will man das Gesprochene so detailgetreu und facettenreich wie möglich wiedergeben,

> um dem Leser einen möglichst guten Eindruck vom Gespräch oder eine gute Basis für die Rekonstruktion desselben zu geben. Andererseits bewirken zu viele Details und Informationen, dass ein Transkript nur schwer lesbar wird. (Dresing und Pehl 2011: 13)

Transkripte können jedoch nie die aufgenommenen Audio- oder Videodaten vollständig in ihrer Komplexität abbilden. Es muss eine Fokussierung auf die für die jeweilige Untersuchung relevanten Aspekte stattfinden. „Die Entscheidung für eine Transkriptionsform wird anhand von Forschungsmethodik, Erkenntniserwartung und auch aus forschungspragmatischen Gründen getroffen." (Dresing und Pehl 2011: 13) Folgende Fragen können im Entscheidungsprozess helfen:
- An welche Adressaten richtet sich das Transkript?
  - Welches Forschungsziel wird verfolgt?
  - Welche Informationen soll das Transkript enthalten?
- Wie genau/detailliert soll transkribiert werden?
- Welche Aufgabe hat das Transkript (Arbeits-, Feintranskript)?
  - Wofür möchte ich die Transkription verwenden?
  - Ist es die ausschließliche Auswertungsgrundlage?
- Wie hoch kann der Arbeitsaufwand für die Erstellung sein?

Transkribieren bedeutet eine intensive Auseinandersetzung mit dem Datenmaterial und kann dementsprechend als „Erkenntnis- und Bearbeitungsprozess angesehen und genutzt" (Langer 2010: 517) werden. Die Form der Transkription, der Grad an Detailliertheit und der Grad der Glaubwürdigkeit entscheiden über die Möglichkeiten der Auswertung (vgl. Langer 2010).

Folgende Kriterien können bei der Beurteilung der Qualität von Transkriptionskonventionen und -tools helfen (vgl. auch Przyborski und Wohlrab-Sahr 2008: 164):
- Gegenstandsangemessenheit und Theoriekompatibilität.
- Praktikabilität: Wie leicht (oder schwer) lässt sich die Transkription umsetzen?
- Ausbaufähigkeit und Flexibilität: Lassen sich gegebenenfalls alle relevanten Phänomene notieren? Wird die Software systematisch weiterentwickelt?

- Erlernbarkeit: Ist es autodidaktisch erlernbar? Wie schnell ist die Einarbeitung? Gibt es ausreichend Informationen, Anleitungen wie Hilfeforen u. ä.?
- Bekanntheit und Lesbarkeit: Wie verbreitet sind die Konventionen und wie schnell bzw. wie intuitiv ist das Transkript somit lesbar?

10.2.1 Gegenüberstellung einzelner Transkriptionskonventionen

Die Weiterentwicklung im Computerbereich eröffnet nicht nur für die Datenerhebung und -analyse, sondern auch im Bereich der Transkription qualitativer Daten neue Möglichkeiten. Es gibt mittlerweile eine Vielzahl von etablierten Transkriptionssystemen, so dass man als Forschender die Qual der Wahl hat. Man unterscheidet zwischen einfachen und detaillierten Transkripten (vgl. Dresing und Pehl 2011). In einfachen Transkripten liegt der Fokus auf einer guten Lesbarkeit, leichter Erlernbarkeit und nicht zu umfangreicher Umsetzungsdauer. Sollen z. B. Interviews schriftlich fixiert werden, liegt die Priorität zumeist auf dem Inhalt des Gesprächs. Dementsprechend finden sich in diesen von Umgangssprache und Dialekt geglätteten Texten neben den gesprochenen Beiträgen meist keine Angaben zu para- und nonverbalen Ereignissen. Beispiele hierfür sind die sozialwissenschaftlichen Regelsysteme von Kallmeyer und Schütze (1976) und Kuckartz u. a. (2008).

Sollen die Analysen jedoch nicht nur den semantischen Inhalt eines Gesprächs zum Thema haben, sondern verbale Handlungen, phonetische und paraverbale Phänomene oder auch die Verschriftung von Nonverbalem, so ist eine detaillierte Transkription nach komplexen Regelsystemen nötig. Klare Regeln helfen sowohl während des Transkriptionsprozesses als auch für die nachvollziehbare und eindeutige Präsentation der Ergebnisse. Bei der Erstellung eines Transkripts stellt sich daher die Frage, wie das Gesagte zu erfassen und in welchem Ausmaß das darüber hinausgehende Handeln, also das Paraverbale, Nonverbale und Proxemische, in die Transkription aufgenommen werden muss, um eine Sprachanalyse daran anknüpfen zu können (vgl. Redder 2001: 1039). Um diesem Problem zu begegnen, wurden konventionalisierte Transkriptionssysteme entwickelt und erprobt, die wesentlichen Gütekriterien genügen. Hierzu gehören u. a. folgende sprachwissenschaftliche Regelsysteme, die vornehmlich Dialoge, Diskurse und Konversationen fokussieren:

- CAT = *Conversational Analysis Transcription* (vgl. Atkinson und Heritage 1984). Dieser wissenschaftshistorische Vorreiter für spätere Systeme ist gerade im Bereich der Konversationsanalyse noch immer weit verbreitet.
- CHAT = *Codes for Human Analysis of Transcripts* (vgl. MacWhinney 2000) wurde im Kontext der Spracherwerbsforschung entwickelt und ist ein spezielles System zur linguistischen Erfassung des Spracherwerbs von Kindern.
- GAT 2 = *Gesprächsanalytisches Transkriptionssystem 2* (vgl. Selting u. a. 2009), stellt eine überarbeitete Version des linguistisch orientierten Systems GAT (Selting et al. 1998) dar. GAT 2 gibt detaillierte Anweisungen zum Erstellen konversationsanalytischer Transkriptionen auf drei Detailliertheitsstufen, dem Minimal-, Basis- und Feintranskript, sowie neue Vorschläge zur Darstellung komplexerer Phänomene in Sonderzeilen.
- HIAT = *Halbinterpretative Arbeitstranskription*, ist ein von Ehlich und Rehbein (1976) entwickeltes Transkriptionssystem (vgl. auch Rehbein u. a. 2004), welches v. a. im Rahmen der funktional-pragmatischen Diskursanalyse eingesetzt wird. Hier werden die verschiedenen Sprecher in Partiturschreibweise notiert, so dass die Synchronizität der Sprechakte erhalten bleibt.

10.2.2 Gegenüberstellung einzelner Transkriptionstools für die computergestützte Transkription

Der Suche nach dem angemessenen Transkriptionssystem folgt die Suche nach der passenden Software. In Musikabspielprogrammen wie *Windows Media Player* oder *iTunes* und gängigen Textverarbeitungsprogrammen wie *Word* oder *OpenOffice* fehlen wesentliche Funktionen, die den Prozess des Transkribierens unterstützen und verkürzen: so etwa die Verlangsamung der Abspielgeschwindigkeit ohne Tonhöhenänderung, das automatisch kurze Rückspulintervall beim Pausieren oder das Setzen von Zeitmarken (vgl. Dresing und Pehl 2011: 34).

Im Folgenden haben wir einige der derzeit in Deutschland gängigen Transkriptionstools aufgelistet. Ihnen allen ist gemeinsam, dass sie kostengünstig bzw. kostenfrei im Internet zum *Download* zur Verfügung stehen, sowohl auf den gängigen Betriebssystemen lauffähig sind und kontinuierlich weiterentwickelt werden.[30] Alle Programme dienen der Transkription von Audio- oder Videoaufnahmen.

- EXMARaLDA (*Extensible Markup Language for Discourse Annotation*) „ist ein Werkzeug zum Eingeben, Editieren und Ausgeben von EXMARaLDA-Transkriptionen in Partitur-Notation" (http://www.exmaralda.org/partitureditor.html, http://www.exmaralda.org/). Der Partitur-Editor enthält Funktionen zum Datenaustausch mit anderen Systemen (wie Praat, ELAN, AIF, TASX, syncWRITER) und zum Segmentieren von Transkriptionsdaten nach gängigen Konventionen (vgl. 10.2.1).

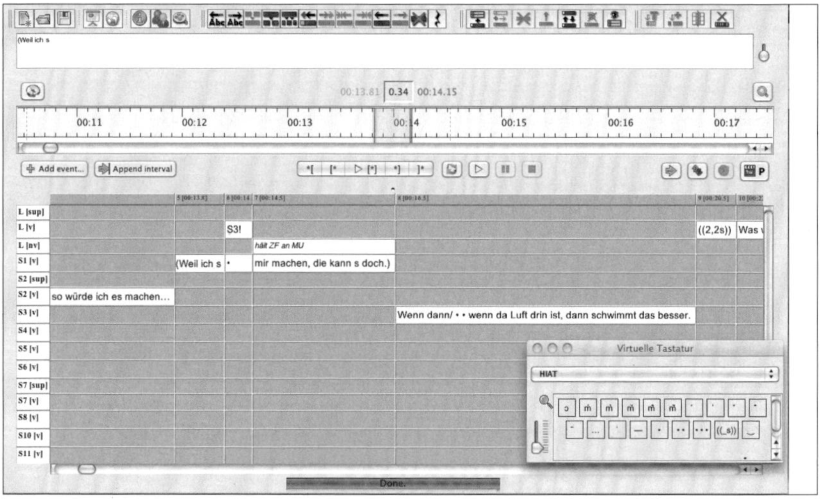

Abb. 1: Screenshot EXMARaLDA-Partitur-Editor (© Mempel 2012)

30 Unter http://prowiki.ids-mannheim.de/bin/view/GAIS/TranskriptionEditoren sind weitere Transkriptionseditoren aufgelistet und beschrieben. An dieser Stelle möchten wir auch auf Videograph verweisen, ein Multimedia-Tool für Windows XP/VISTA/7, mit dem digitalisierte Video- oder Audiodateien abgespielt sowie gleichzeitig analysiert und ausgewertet werden können (http://www.ipn.uni-kiel.de/aktuell/videograph/htmStart.htm). Dieser Editor wird v. a. für pädagogisch/didaktische Auswertungen von Unterricht genutzt. Videograph kann in der aktuellen Version 4.2.1.22X3 vom August 2012 zum Preis von Euro 380,- bezogen werden. Im Kauf enthalten ist eine Lizenz für 5 Einzel-Arbeitsplätze.

- Der Transkriptionseditor FOLKER (http://agd.ids-mannheim.de/html/folker.shtml) wird seit 2009 für den Aufbau eines Forschungs- und Lehrkorpus am IDS Mannheim eingesetzt. FOLKER ist eine Weiterentwicklung des Editors EXMARaLDA.
- F4 (Windows) und f5 (Mac) (http://www.audiotranskription.de/f4.htm) sind in der Phase der Datenaufbereitung aufgrund der einfachen Handhabung über eine Tastatursteuerung für Anfänger besonders benutzerfreundlich. Anders als viele *Computer Assisted Qualitative Data Analysis Packages* (CAQDAS-Pakete; vgl. Evers 2011; Silver und Patashnick 2011) wie *Transana* (http://www.transana.org/), die sowohl die Datensammlung, Transkription als auch Analyse unterstützen, eignet sich f4 und f5 lediglich zur Datenaufbereitung.

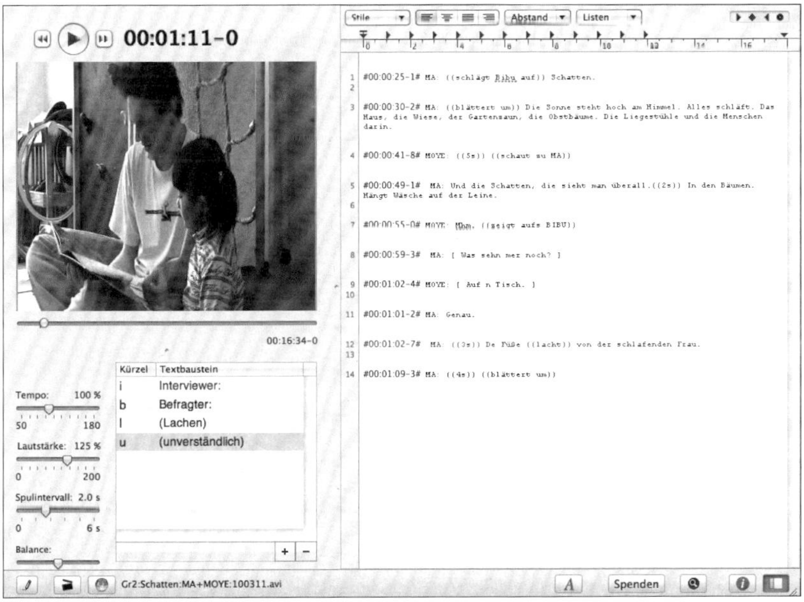

Abb. 2: Screenshot f5 (© Mempel 2012)

10.3 Transkription verbaler Handlungen

Die zwei gängigsten Arten der Notation sind die Partiturnotation und die Zeilenschreibweise. Die Partiturnotation bzw. Partitur-Schreibweise ist in der deutschen Diskursanalyse und Funktionalen Pragmatik weit verbreitet. Ein Beispiel dafür ist HIAT (*Halbinterpretative Arbeitstranskription*) (vgl. Abb. 5). Die aus der Musiknotation entlehnte Schreibweise in Partituren erlaubt es, sowohl komplexe verbale als auch nonverbale Handlungen sowohl in ihrer Sequentialität als auch Synchronizität zu notieren. Dementsprechend können Diskurse mit mehreren Teilnehmenden, überlappende Sprech- und Handlungsanteile, Sprecherwechsel sowie unmittelbare Anschlüsse in den Redebeiträgen nachvollziehbar analog und übersichtlich präsentiert werden (vgl. Rehbein u. a. 2004). Im Gegensatz zur Textnotation ist sie jedoch aufgrund der den normalen Lesegewohnheiten entgegenlaufenden Darstellung schwerer lesbar (vgl. Redder 2001: 1061).

Bei der Zeilennotation, z. B. in GAT (*Gesprächsanalytisches Transkriptionssystem*), werden die Beiträge der einzelnen Sprecher, ähnlich der Textnotation, untereinander notiert (vgl. Abb. 3). Das Untereinander der Zeilen bildet dabei ikonisch das Nacheinander der Sprecherbeiträge ab. Während die Simultanität unberücksichtigt bleibt, wird die Sequentialität hierbei in den Vordergrund gestellt (vgl. Redder 2001: 1060–1061).

237 arwen:	ja ich habe ja gerade gesagt-
238	dass es NICHT very successful war.
239	aber ich hab angekreuzt dass es very successful war.
240	aber dann war es ja dann doch nicht so-
241	weil er hat ja keinen ERFOLG gehabt nach rom zu kommen.
242	aber man kann das ja hier ändern.

Abb. 3: Beispiel GAT (Rossa 2010b: 136)

Weiter werden verschiedene Formen der Verschriftung unterschieden: Standardorthographie, literarische Umschrift und phonetische Umschrift (vgl. Kowal und O'Connell 2000: 441). Die Verschriftung in Standardorthographie erleichtert durch die Orientierung an den Normen der geschriebenen Sprache das Transkribieren, lässt aber Besonderheiten, wie Auslassungen (*sehn* für *sehen*) oder Angleichungen von Lauten (*haste* für *hast du*) außer Acht (vgl. Kowal und O'Connell 2000: 441). Bei der literarischen Umschrift (z. B. HIAT) werden diese Besonderheiten berücksichtigt und Dialektsprachliches wiedergegeben (vgl. Kowal und O'Connell 2000: 441). Auf die phonetische Umschrift wird in Kap. 10.4 näher eingegangen.

Jedes Transkript sollte nach Dittmar (2009: 97) die notwendigen Angaben zur Identifikation von Sprechern, Kommunikationssituation, Transkription, Korpus, usw. enthalten. In Standardtranskripten gibt der Transkriptionskopf einen Überblick über diese wesentlichen Metadaten, welche als Authentizitätsnachweis (Deppermann und Schütte 2008: 185) dienen. Dazu gehören in der Regel:

- der Kontext der Aufnahme (Aufnahmedatum, -ort, -dauer, Art der Daten, Name des Aufnehmenden);
- Angaben zu den Sprechenden unter Verwendung eines eindeutigen Alias (Geschlecht, L1, L2, Herkunft, Alter usw.);
- Angaben zum Gesprächsverlauf;
- Angaben zur Transkription (Transkriptionskonvention, -verhältnis, Name des Transkribierenden).

Die meisten der gängigen CAQDAS-Pakete haben die Möglichkeit, die Metadaten zu verwalten. Der *EXMARaLDA-Corpus-Manager* (Coma) ist z. B. ein Werkzeug, um Transkriptionen und die dazugehörigen Aufnahmen mit Metadaten anzureichern und zu Korpora zusammenzufassen. Über Suchfunktionen lassen sich über diese Daten Teilkorpora zusammenstellen, die anderen EXMARaLDA-Werkzeugen als Basis dienen können.
Oftmals ist es wichtig, zur Beantwortung der Forschungsfrage im Analyseprozess noch weitere Aspekte wie phonetische Phänomene (10.4) paralinguistische Signale oder nonverbale Verhaltensweisen (10.5) zu berücksichtigen, auf welche wir im Folgenden eingehen.

10.4 Phonetische Transkription

Die phonetische Transkription oder auch Lautschrift meint die schriftliche Darstellung von Lauten durch Lautsymbole. Aus der gesprochenen Form der Wörter werden einzelne Segmente identifiziert und diesen werden Transkriptionszeichen zugeordnet. Wichtig in der phonetischen Transkription ist die eindeutige Trennung von Buchstaben und Lautzeichen. Dafür wird in der Regel die folgende formale Konvention angewendet: Buchstaben werden, einzeln oder als Sequenz, in spitze Klammern gesetzt (z. B.: <so>), Lautzeichen in eckige Klammern (z. B.: [zoː]) (vgl. auch Wiese 2010: 16).

Für die phonetische Transkription eignet sich die heute am weitesten verbreitete Lautschrift, das Alphabet der *International Phonetic Association* (IPA), die so genannte internationale Lautschrift (vgl. International Phonetic Association 2007). Der Vorteil des IPA besteht darin, dass sich alle Sprachen der Welt damit darstellen lassen. Die Zeichen der internationalen Lautschrift bestehen aus lateinischen und griechischen Buchstaben sowie diakritischen Zeichen. Vokallänge wird z. B. durch einen Doppelpunkt gekennzeichnet: [ː]. Das Zeichen symbolisiert die Länge desjenigen Lautes, hinter den dieses Zusatzzeichen tritt. Laute ohne dieses Diakritikum sind kurz bzw. nicht auffällig lang (Wiese 2010: 17). Die aktuelle Version der IPA-Lautschrift (www.langsci.ucl.ac.uk/ipa/) stammt aus dem Jahr 2005. Zur korrekten Darstellung von Transkriptionssymbolen empfiehlt sich die Verwendung von *Unicode-Fonts* (vgl. http://www.phon.ucl.ac.uk/home/wells/ipa-unicode.htm mit ausführlichen Tabellen zu allen IPA-Transkriptionssymbolen).

10.4.1 Anwendungsbereiche phonetischer Transkription

Die phonetische Transkription von Daten gesprochener Fremdsprache findet traditionell vor allem in der Fehleranalyse Anwendung, wenn lautliche oder prosodische Abweichungen in der Lernersprache diagnostiziert werden (vgl. Kap. 11). Aber auch zum Nachweis von Fortschritten im Ausspracheerwerb von Lernenden ist die phonetische Transkription ein wichtiges Hilfsmittel. So sind Longitudinalstudien denkbar, die neben dem Zuwachs an Lexik, Grammatik sowie der Elaboriertheit und Flüssigkeit gesprochener Sprache auch die Aussprache der Lernenden fokussieren (vgl. die Radioprojekte bei Peuschel 2012). In Interaktionen zwischen Muttersprachlern und Nichtmuttersprachlern können Veränderungen in der Aussprache oder Intonation des Fremdsprachenlerners während des Gesprächsverlaufs untersucht werden. So könnte eine anfangs falsche Betonung eines mehrfach im Gespräch erwähnten Wortes, das später korrekt geäußert wird, ein Beleg für Sprachaufmerksamkeit und bewusstes Imitieren des Lernenden sein. Aus linguistischer Sicht wäre es in diesem Fall ausreichend, jedes Auftreten des betreffenden Wortes in diesem Gespräch zu transkribieren. Aus fremdsprachenmethodischer Sicht könnten diese Daten mit introspektiven/retrospektiven Daten des Lerners kombiniert werden (vgl. Kap. 8). In vielen Interaktionen kann es ausreichend sein, nur diejenigen Ausspracheabweichungen zu transkribieren, die zu inhaltlichen Missverständnissen führen (könnten), z. B. wenn aufgrund von Konsonantenausfall eine nicht intendierte Wortbedeutung wie *Freude* statt *Freunde* entsteht. Wenn die Aussprache der Lernenden in solchen Studien nicht im Fokus steht, können auch Transkriptionskonventionen vereinbart werden, die lediglich auf die Tilgung von Lauten hinweisen (z. B. *Freu(n)de*) und somit meist ohne phonetische Transkription auskommen (z. B. HIAT). Untersuchungen zur Verständlichkeit (*intelligibility*), zu Aussprachekorrekturen von Lehrenden, Imitationsversuchen sowie artikulatorischen Selbstkorrekturen von Lernenden im Fremdsprachenunterricht werden jedoch nicht ohne phonetische Transkription auskommen. Richter (2008) untersucht in ihrer Studie z. B., ob Deutsch lernende Studierende flexible Reduktionsgrade im Deutschen beherrschen und in der Lage sind, ihren *Output* den phonologischen Normen der Zielsprache folgend der Sprechsituation und dem Sprechtempo anzupassen. Phonetische Transkription dient auch zur Auswertung von Interkomprehensionsexperimenten, bei denen Probanden zu zweit einen Text in einer ihnen unbekannten Sprache entschlüsseln sollen. Anhand der Aussprache der artikulierten Wörter lässt sich feststellen, auf welche zuvor gelernten Sprachen die Probanden bei der Erschließung zurückgegriffen haben. Pseudotranskriptionen (z. B. *Ättenschn!* für die Aussprache von engl. *attention*) finden sich häufig in belletristischen oder populärwissenschaftlichen Publikationen, sind jedoch für empirische Forschung in der Fremdsprachenforschung unseriös.

Die phonetische Transkription von Lernersprache ist mit großem methodischem Aufwand verbunden. Sie erfordert phonetische Kenntnisse, ein trainiertes Gehör sowie Kontrollhörer zur Absicherung der Ergebnisse (*intertranscriber consistency*). Wer nicht unmittelbar an Ausspracheerwerb interessiert ist, sollte sich daher im Laufe des Forschungsprozesses die Frage stellen, inwieweit eine phonetische Transkription für die Erkenntnisinteressen zielführend ist. Richter (2008: 178) zufolge „macht es wenig Sinn, überfeine Unterschiede zu messen, die weder perzeptiv noch didaktisch relevant sein können".

10.4.2 Grob- und Feintranskription

Phonetiker und Sprechwissenschaftler mit einem geschulten Gehör, sog. *Ohrenphonetiker* oder Expertenhörer, können Sprachaufnahmen oft allein mithilfe auditiver Darbietung transkribieren und analysieren. Sollen darüber hinaus bestimmte Parameter genau gemessen werden, z. B. Silbendauer, Tonhöhenumfang oder Sprechgeschwindigkeit, sind Analysen im akustischen Sprachsignal erforderlich (vgl. 10.4.3).

Menschliche Äußerungen sind lautlich äußerst komplex. Neben den Wörtern selbst kann man erkennen, ob ein Sprecher schneller oder langsam spricht, ob er gerade einen Redebeitrag beenden möchte, welche Silben er betont, ob er eine regionale Färbung oder einen ausländischen Akzent hat. Unter sorgfältiger Verwendung der Symbole und Diakritika des IPA lassen sich viele dieser Details erfassen. Eine solche Transkription, die sich so weit wie möglich an der Sprechwirklichkeit orientiert, wird als eng (oder auch phonetisch) bezeichnet (vgl. Rues u. a. 2009: 7). Soll dagegen nur gezeigt werden, welche Konsonanten und Vokale in den Wörtern eines Satzes verwendet werden, reicht oft eine breite (phonematische) Transkription, wie man sie z. B. in Wörterbüchern findet. Aussprachewörterbücher geben lediglich Zitierformen einzelner Lexikoneinträge wieder, d. h., wie man diese Wörter in Isolation (ohne Satzkontext) in der Standardsprache artikulieren würde.

Für die phonetische Beschreibung einzelner Sprachen wird das IPA in modifizierter Form verwendet, um Diakritika zu vermeiden und damit die Transkription etwas zu erleichtern. So entsprechen die Laute in Einzelsprachen selten den Qualitäten der Konsonanten und Kardinalvokale im IPA und müssten in einer engen Transkription mit Diakritika modifiziert werden. Zum Beispiel werden im Deutschen und Englischen die stimmlosen Plosive [p], [t], [k] in bestimmten Positionen aspiriert ausgesprochen, was in einer engen Transkription mit dem Diakritikum [ʰ] symbolisiert werden müsste. In einer breiteren Transkription werden aber die Konsonantensymbole ohne Diakritika verwendet, wohl wissend, dass diese im Deutschen und Englischen eine andere qualitative Bedeutung als die IPA-Symbole haben. Breite Transkriptionen kommen mit wenigen diakritischen Zeichen wie dem Wortakzent [ˈ] und Längenzeichen [ː] aus (vgl. die Symbole der Lautschrift für die deutsche Aussprache in den bekanntesten Aussprachewörterbüchern bei Mangold (2005: 12) und Krech u. a. (2010: 3–4)). Ob eine phonematische oder phonetische Transkription gewählt wird, ist abhängig vom Erkenntnisinteresse der jeweiligen Untersuchung.

Da es auf Computertastaturen nur mit großem Aufwand möglich ist, phonetische Transkriptionssymbole einschließlich ihrer Diakritika einzutippen, wurde Ende der 1980er Jahre von dem Phonetiker John C. Wells ein neues Symbolinventar geschaffen: SAMPA (*Speech Assessment Methods Phonetic Alphabet*). Es kommt mit den 127 Zeichen des ASCII-Zeichensatzes aus, kann mit einer handelsüblichen Tastatur eingegeben und mithilfe spezieller *Fonts* bzw. *Konverter* in IPA-Zeichen umgewandelt werden. Für jede zu transkribierende Sprache wurde eine Liste von tastaturfreundlichen und maschinenlesbaren Symbolen definiert, die den phonetischen Symbolen der jeweiligen Sprache entsprechen. SAMPA ist kein eigenständiges phonetisches Alphabet, sondern kodiert nur einen Teil des IPA für eine breite (phonematische) Transkription. Diese Teilmenge umfasst die Phonemsymbole einer speziellen Sprache, aber im Gegensatz zum IPA kaum Symbole für weitere Ausspracheddetails. So wird in SAMPA auf suprasegmentale Symbole (außer Wortbetonung) und auf die meisten Diakritika verzichtet. Die SAMPA-Transkribierungskodes sind für verschiedene europäische Sprachen standardisiert (vgl. www.phon.ucl.ac.uk/home/sampa/home.htm).

Falls der Glottisverschluss [ˀ] transkribiert werden soll, wird er in SAMPA durch [?] dargestellt, das Betonungszeichen [ˈ] sieht in SAMPA folgendermaßen aus: [""]. Das Wort *beachten* würde man daher wie folgt transkribieren:

<beachten> IPA: [bəˈˀaxtn̩] SAMPA: [b@"?axt=n]

10.4.3 Annotation im akustischen Sprachsignal am Beispiel des Programms Praat

Eine phonetische Annotation ist eine zeitlich ausgerichtete (*time aligned*), symbolische Beschreibung eines akustischen Signals. Sie besteht aus einer Beschreibung (einem Label bzw. Etikett), die mit einem bestimmten Zeitabschnitt des Signals assoziiert ist (Mayer 2011: 67). Zur phonetischen Annotation wird häufig *Praat* verwendet, ein kostenloses *Open Source*-Programm (www.praat.org), das von den Phonetikern Paul Boersma und David Weenink (Universität Amsterdam) entwickelt wurde und bis heute ständig gepflegt und verbessert wird. Es läuft sehr stabil und schnell, ist für alle gängigen Betriebssysteme erhältlich, unkompliziert zu installieren und wendet sich speziell an Phonetiker. Mayer (2011) bietet Nutzern ein deutschsprachiges Handbuch für den Praat-Einstieg.

Man kann in Praat selbst Aufnahmen erstellen oder Audiodateien (z. B. im wav-Format) in Praat laden. Dadurch wird ein *Sound-Objekt* generiert, das man abspielen, editieren und analysieren kann. Soll eine Aufnahme annotiert werden, erzeugt man ein sog. *TextGrid-Objekt*. Zur Durchführung von Grundfrequenzanalysen wird ein *Pitch-Objekt* erstellt (*pitch* = Tonhöhe).

Im Folgenden wird anhand eines Beispiels gezeigt, wie gesprochene Sprache im Programm Praat transkribiert und annotiert werden kann. Als sprachliches Ausgangsmaterial soll ein Dialogausschnitt zwischen zwei Gesprächspartnern A und B dienen:

(2) A: Tina ist doch in Leipzig, oder?
B: Nee, sie wohnt jetzt in Bielefeld!

Für die Analyse empfiehlt es sich, längere Aufnahmen in handhabbare Portionen aufzuteilen und diese wiederum als einzelne Dateien abzuspeichern. Die Äußerung des Gesprächspartners B ist eine solche handhabbare Portion, die zunächst aus der Gesamtaufnahme extrahiert und dann in Praat annotiert werden kann. Abb. 4 zeigt eine Graphik, die aus drei Komponenten besteht: dem Oszillogramm (im oberen Drittel), der Intonationskontur (in der Mitte) und dem *Textgrid*, das wiederum in drei Zeilen (*tiers*) untergliedert ist: die Wortebene, Silbenebene und Lautebene. Die *tiers* werden vom Benutzer angelegt und müssen nicht immer so aussehen. Auch eine vierte Komponente, ein Sonagramm, kann dargestellt werden, worauf wir hier aus Platzgründen verzichten.

Das Sprachsignal kann auf verschiedenen Beschreibungsebenen annotiert werden, z. B. auf der Wortebene (orthographische Transkription in *Tier* 1), der Silbenebene (Silbengrenzen in *Tier* 2), der segmentalen Ebene (phonematische SAMPA-Transkription in *Tier* 3). Auch Annotationen auf der Intonations-, Betonungs-, Wortarten- oder syntaktischen Ebene wären – abhängig vom Forschungsinteresse – denkbar. Das in Abb. 4 dargestellte *Textgrid* enthält *Interval-Tiers*, da hier Ereignisse in der Zeit mit einem Anfangs- und Endpunkt etikettiert werden. Die senkrechten Balken (*boundaries*) in den *tiers* stellen die Grenzen zwischen zwei benachbarten Intervallen dar; dabei ist der Endzeitpunkt eines Intervalls gleichzeitig der Anfangszeitpunkt des folgenden Intervalls (Mayer 2011: 70).

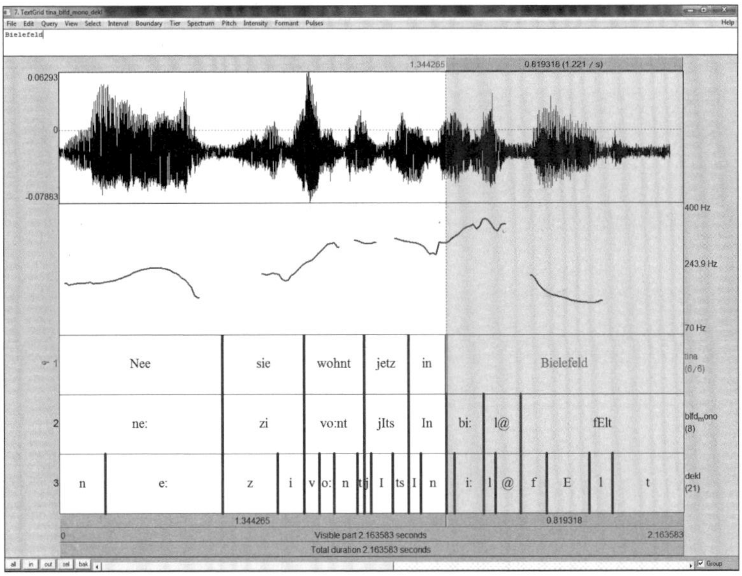

Abb. 4: Graphikfenster in Praat mit Oszillogramm, Intonationskontur und annotiertem Textgrid

Um die Äußerung von B zu annotieren, d. h. die sprachliche Information mit dem akustischen Signal zu verknüpfen, bietet es sich an, zunächst die Wortgrenzen zu markieren und die identifizierten Wörter orthographisch zu transliterieren. Bei der Markierung der

Wortgrenzen ist es hilfreich, sich ein Breitband-Sonagramm anzeigen zu lassen. Man kann so vorgehen, dass man auf der Suche nach der Wortgrenze einen Abschnitt markiert (in Abb. 4 z. B. das Wort *Bielefeld*), ihn anhört, die Markierung ggf. korrigiert, den Abschnitt nochmals anhört und schließlich eine Grenze am Wortanfang einfügt (senkrechter Balken). Beim nächsten Durchgang können die entsprechenden Labels (einzelne Wörter) ergänzt werden. Falls die Äußerung wahrnehmbare Pausen enthält, können diese ebenfalls mithilfe von *boundaries* annotiert und somit auch die Pausenlänge gemessen werden. In der Regel stellen Wortgrenzen auch Silben- und Segmentgrenzen dar. Bei segmentalen Annotationen sollte man sich nicht allein auf sein Gehör verlassen, sondern sich am Sonagramm oder auch Oszillogramm orientieren. Dazu kann man eine starke Vergrößerung (*Zoom in*) einstellen, im Signal „blättern“ und ggf. die Grenzen der Intervalle korrigieren. Das Ergebnis der Segmentannotation stellt sich wie folgt dar:

(3)	IPA:	[neː zi voːnt jɪts̮ ɪn ˈbiːləfɛlt]
	SAMPA:	[ne: zi vo:nt jɪts In "bi:l@fElt]

Gegenüber den Zitierformen dieser Wörter (in einem Aussprachewörterbuch) fallen hier mehrere Unterschiede auf, die jedoch für die gesprochene deutsche Umgangssprache völlig normal sind: Das Wort <jetzt> [jɛts̮t] befindet sich in unbetonter (schwachtoniger) Position und unterliegt dadurch der Reduktion: Der letzte Konsonant wird vollständig getilgt (Elision), der Vokalbuchstabe <e> wird als kurzes ungespanntes [I] realisiert. Bei der Artikulation des Pronomens <sie> [ziː] wird die Vokalquantität des [iː] zu [i] reduziert, wodurch der Vokal zwar noch gespannt bleibt, aber nicht mehr lang ist. Darüber hinaus entfällt der Glottisverschluss (*fester Stimmeinsatz*) [ʔ] vor dem Wort <in>; die Wortgrenze zwischen <jetzt> und <in> wird in der Realisierung von B „überbunden“.

Das Programm Praat bietet zudem die Möglichkeit, Intonationskonturen einer Äußerung, gesprochen von einem Muttersprachler und einem Nichtmuttersprachler, in zwei Fenstern gegenüberzustellen und zu vergleichen, z. B. in Bezug auf Sprechstimmumfang, Wortgruppenakzente, abweichende Intonationsmuster usw. und kann somit auch bei der Ausspracheverminttlung, Fehleranalyse und in Sprachlernberatungen zum Einsatz kommen (vgl. Mehlhorn und Trouvain 2007). Eine ausführliche Beschreibung zur Annotierung der deutschen Intonation bieten Grice und Baumann (2002).

10.5 Transkription von nonverbaler Kommunikation

Nachdem in den vorherigen Abschnitten auf die Transkription gesprochener Sprache in all ihren Facetten eingegangen wurde, widmet sich der folgende Abschnitt der Erfassung von Nonverbalem.

Im Zuge der empirischen Unterrichtsforschung (vgl. Schramm und Aguado 2010) richtet sich der Fokus nicht mehr nur auf verbalsprachliche Daten, sondern durch den Einsatz von Video (vgl. Kap. 15) auch auf sichtbare Verhaltensweisen und Handlungen und somit die Berücksichtigung nicht-sprachlicher Phänomene (u. a. Mempel 2010). Die Arbeit mit Videomaterial stellt aufgrund der Überführung des Filmmaterials in Schriftsprache häufig besondere Anforderungen an die Forschenden.

Im Folgenden zeigen wir, welche Möglichkeiten es gibt, Film- und Videomaterial während des Transkriptionsprozesses zu berücksichtigen und nonverbale Kommunikation zu verschriftlichen. Während der Datenaufbereitung und -analyse bietet es sich an, mit den Primärdaten, eingebunden in die jeweilige Transkriptionssoftware, zu arbeiten (vgl. 10.5.1). Die Verschriftung nonverbaler Verhaltensweisen wird v. a. für die spätere Publikation notwendig (vgl. 10.5.2–10.5.5).

10.5.1 Synchronisation von Videodaten

Es ist nie gänzlich möglich, alle auf dem Video sichtbaren Dimensionen im Transkript zu reproduzieren (vgl. Evers 2011). Eine Möglichkeit, Eindeutigkeit, Verständlichkeit und Komplexität nonverbalen Verhaltens für den Analyseprozess sowie die Präsentation der Ergebnisse zu erfassen, ist die Verknüpfung und/oder Synchronisation mit Video- und Bilddateien.

Wie bereits oben deutlich wurde, ist Transkription ein interpretativer, selektiver Prozess und dementsprechend fehleranfällig. Um nicht bereits im Transkriptionsprozess Informationen systematisch auszublenden, die sich für die spätere Analyse als unerlässlich herausstellen, bietet es sich an, die Primärdaten immer wieder einzubeziehen und auf die Verschriftung des nonverbalen Verhaltens zunächst zu verzichten. Für den computergestützten Transkriptions- und Analyseprozess kann das Transkript durch das Setzen von Zeitmarken mit der Audio- oder Videodatei verlinkt werden. Durch das Anklicken der jeweiligen Zeitmarke gelangt man unkompliziert und sekundenschnell zur passenden Stelle in den Primärdaten und kann diese abspielen. Zeitmarken haben ebenso das Potential, Schreibarbeit zu sparen. So weisen Dresing und Pehl darauf hin, dass es ratsam ist, zunächst vorläufige Teiltranskripte zu erstellen und „erst später, wenn klar wird, welche Passagen zur weiteren Arbeit herangezogen werden sollen, diese detailliert [zu] verschriftlichen" (Dresing und Pehl 2011: 39).

Obwohl Videos den für die Forschung unschätzbaren Vorteil haben, neben verbalsprachlichen Handlungen und Phänomenen die aufgezeichneten Situationen insgesamt und in ihrem zusammenhängenden Ablauf wieder und wieder betrachten zu können, sind für die Analyse, aber v. a. auch für die spätere Publikation der Untersuchungsergebnisse schriftliche Transkripte nach wie vor unverzichtbar, sei es aus forschungsethischen oder medialen Gründen.

Laut Sager besteht das spezifische Problem der Verschriftung nonverbaler Kommunikation darin, „kinesische Einheiten im ‚stream of behaviour' zu identifizieren, und diese dann – ähnlich wie die Worte der verbalen Transkription – als grafisch fixierbare Zeichen in ein Transkript einzufügen" (Sager 2001b: 1071), worauf wir in den nächsten Abschnitten eingehen.

10.5.2 Genauigkeitsgrad der Transkription

Eine realistische und angemessene Analyse sollte nach Sager den „fundamentalen Charakter eines Gesprächs als eines grundsätzlich medial komplexen Geschehens" (Sager 2001a: 1132) berücksichtigen, welches neben den verbalen Äußerungen sowie prosodischen Phänomenen v. a. auch das vielschichtige kinesisch-motorische Kommunikationsverhalten fokussiert (vgl. Sager 2001a: 1133).

Nonverbale Kommunikation umfasst im Unterschied zur verbalen Kommunikation nonverbale-vokale Kommunikation (Paralinguistik) sowie nonverbale-nonvokale Verhaltensweisen (Körpersprache), also jede bewusste (z. B. Pantomimen, Standbilder, Signalgeber, Beziehungs-/Kontaktaufbau) oder unbewusste (z. B. Emotionen oder Impulse von innen und außen) Bewegung, die benutzt wird, um „der Außenwelt emotionale Botschaften zu übermitteln“ (Fast 2002: 9). Diese Verhaltensweisen offenbaren uns u. a. Persönlichkeitsmerkmale, Kongruenz/Inkongruenz zu verbalen Aussagen, Einstellungen zum Gegenüber und zu Dingen oder Intentionen.

Im Kontext der Fremd- und Zweitsprachenforschung ist es nicht notwendig, alle nonverbalen Verhaltensweisen zu verschriftlichen, sondern die für die Analyse relevanten diskursiven Phänomene zu identifizieren (vgl. Rosenbusch 1995: 174). Ehlich und Rehbein (1981: 184) weisen darauf hin, dass „neutrale nonverbale Kommunikation“ beim halbinterpretativen Verfahren wie der Transkription nach HIAT keiner Markierung bedarf, sondern lediglich nonverbale Kommunikation mit „spezifischer Bedeutung“. In Anlehnung daran transkribiert Mempel

> nonverbale Kommunikation nur für Personen [...], die an den jeweiligen Stellen aktiv an der Interaktion beteiligt sind, wobei jene Phänomene von Interesse sind, die für den emotionalen oder Handlungscharakter der Äußerung besonders relevant und auf dem Datenmaterial eindeutig zu erkennen sind. Beachtung finden dabei Mimik, Blickverhalten, Gestik, Körperbewegung und Proxemik (Mempel 2010: 235).

Dabei sollte eine Überfrachtung mit zu viel Information vermieden werden, um den Leser nicht zu überfordern (vgl. Selting u. a. 1998: 109). Insgesamt sollten folgende wesentliche Anforderungen nach Sager (2001b: 1069–1070) in der Transkription des nonverbalen Verhaltens Berücksichtigung finden:

- Praktikabilität: Die Konventionen sollten leicht erlernbar, realisierbar, handhabbar und lesbar sein.
- Relevanz: Die Konventionen sollten die für die vorgesehenen Forschungszwecke interessierenden Phänomene angemessen erfassen.
- Adäquatheit: Die erfassten Phänomene sollten vollständig, trennscharf und eindeutig dargestellt werden.
- Neutralität: Es sollte so wenig wie möglich interpretiert werden und die Phänomene sollten so originalgetreu abgebildet werden wie möglich.
- Variabilität: Das System sollte die Erweiterung des Basisinventars durch weitere differenzierende Kategorien für neue Fragestellungen ermöglichen.

Das Transkript in Abb. 5 versucht diesen Anforderungen gerecht zu werden.

[3]

MA [v]	durchs Wasser.“		((1,8s)) Das ist jetzt die Frage,
MA [nv]			nickt
MOYE [v]		Das sieht ein Riesenfisch aus.	
MOYE [nv]		zeigt auf 10a zu MA	

[4]

MA [v]	ja?	Ist das ein Schatten von irgendwas,	oder…	((unv.,
MA [nv]			dreht Buch etwas nach oben	
MOYE [v]	Jà.			Ich glaube,

[5]

MA [v]	1,6s))		((1,1s)) Meinst
MOYE [pros]		lauter leiser	
MOYE [v]	dass es aber…	Das ist das Boot, • • dass einen Schatten (liegt).	
MOYE [nv]		zeigt auf 10b	

[6]

MA [v]	de?		
MOYE [pros]		höher	
MOYE [v]	((1,8s))	Und wenn das weiter hier schwimmt,	da wird s vielleicht ein
MOYE [nv]		zeigt auf 10c	tippt auf 10a

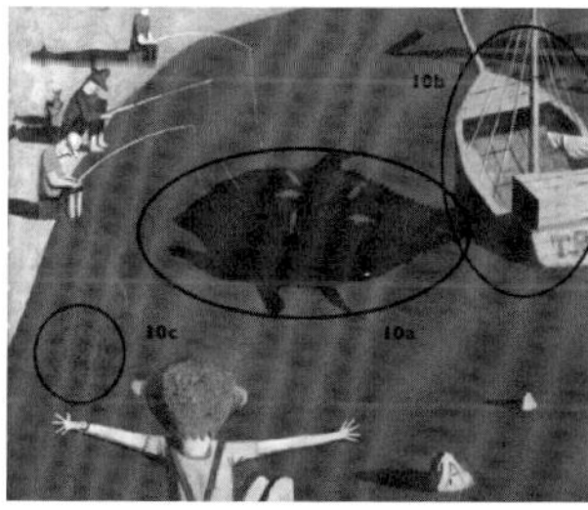

© Janisch, H. & Artem (2007): *Schatten*. Zürich: Bajazzo, S. 10.

Legende:

• •	mittlere Pause unter 1 Sekunde	„ “	uneigentliches Sprechen (Vorlesen)
((5s))	gemessene oder geschätzte Pause ab 1 Sekunde	`	fallende Intonation
...	Abbruch	MA	Erzieher
(( ))	nicht-phonologische Phänomene, unverständliche Passage	MOYE	Kind
( )	schwer verständliche Passage	10a	Seite im Buch + Element auf der Seite

Abb. 5: Beispieltranskript für die Verschriftung nonverbalen Verhaltens nach HIAT und die Einbindung von Bildern ins Transkript (© Mempel 2012)

10.5.3 Art der Bezeichnung

Es gibt zwei typische Grundverfahren, Nonverbales im Transkript zu bezeichnen: die *Symbolisierung* und die *Ikonisierung*. Bei der Symbolisierung, wie es z. B. die HIAT-Konventionen vorschlagen, „wird versucht, durch eine mehr oder weniger umfangreiche Umschreibung (durch ein einzelnes Wort oder eine verbale Phrase) das entsprechende kinesische Verhalten zu bestimmen“ (Sager 2001b: 1071; vgl. Abb. 7: „dreht Buch etwas nach oben“). Die Schwierigkeit einer solchen Umschreibung besteht darin, einheitliche Bezeichnungen für nicht herkömmliche, unbekannte Verhaltensformen oder die Wiedergabe von Ausdrucksqualitäten sprachlicher Realisierungen zu finden (vgl. Ehlich und Rehbein 1981: 178; Sager 2001b: 1072). Ebenso weist Dittmar (2009: 177) darauf hin, dass für weniger bekannte und nicht herkömmliche Verhaltensweisen verbale Beschreibungen oftmals sehr zeitintensiv sind und diese die nonverbalen Phänomene nicht adäquat erfassen. Sager (2005: 22) kritisiert wiederum, dass bisherige Beschreibungsversuche zu stark auf alltagsweltliche Kategorien zurückgreifen, ohne Beschreibungsmöglichkeiten aus anderen Bereichen zu berücksichtigen.

Verschiedene Autoren verzichten aus diesem Grund auf verbale Beschreibungen und greifen auf kodifizierte ikonische Zeichen zurück, welche „stärker an der äußeren wahrnehmbaren Erscheinungsgestalt des jeweiligen Displays orientiert“ (Sager 2001b: 1072), weniger interpretativ sind und in hochkomplexen, umfangreichen Zeichenkatalogen aufgeführt werden. Mittlerweile finden sich zahlreiche innovative und anregende Transkriptionssysteme (vgl. z. B. Bührig und Sager 2005; das Zeitreihenprinzip des Berner Systems zur Untersuchung nonverbaler Interaktion nach Frey, Hirsbrunner und Bieri-Florin 1979). Das Anwenden und Lesen derartiger Piktogramme ist jedoch relativ schwierig und zeitintensiv und macht dieses Darstellungsverfahren im Rahmen einer Qualifikationsarbeit vergleichsweise unpraktikabel.

Ein Kompromiss zwischen beiden Verfahren ist die Anreicherung mit Standbildern aus dem Video bei „weniger bekannten, nicht herkömmlichen oder nicht eindeutigen Verhaltensweisen“ (Mempel 2010: 247), um sicherzustellen, dass der Interpretationsprozess rekonstruiert und nachvollzogen werden kann.

Bei der Einbindung von Standbildern sollten nach Selting u. a. (1998: 112) folgende Aspekte beachtet werden, um dem Leser komplexe oder nicht eindeutige Situationen transparent zu machen:

- Die beteiligten Personen werden im Bild durch die gleichen Namen bzw. Namenskürzel identifiziert, die auch im Transkript verwendet werden;
- bei der Integration eines Standbildes in den Fließtext wird die Stelle im Transkript, an der im Verlauf einer Äußerung oder Handlung das Bild entnommen wurde, gekennzeichnet;
- wird das Bild direkt in das Transkript eingefügt, sollte darauf geachtet werden, dass es nicht zu klein und noch lesbar ist;
- Elemente oder Bildteile, die für die Ergebnispräsentation von besonderer Bedeutung sind, sollten grafisch hervorgehoben werden.

Ein weiterer Mehrwert der Verknüpfung mit Bilddateien besteht unseres Erachtens darin, z. B. Scans von Produktdaten der Untersuchungspersonen oder von anderen Materialien der jeweiligen Untersuchungssituation in das Transkript zu integrieren (vgl. Abb. 5).

10.5.4 Die Anlage der Transkription

Weiterhin zu bedenken ist, wie die verschiedenen Displays in Relation zueinander dargestellt werden sollen. An dieser Stelle sollen die Verfahren nicht im Einzelnen vorgestellt werden (vgl. dazu Sager 2001b: 1073–1075), sondern die Partiturschreibweise exemplarisch herangezogen werden. Im Zusammenhang mit der Transkription des nonverbalen Verhaltens wird eine solche Partiturtranskription zu einem Partitur-Zeilenblockverfahren erweitert. Für jeden Gesprächsteilnehmer kann neben der Verbalspur u. a. eine Spur für nonverbale-nonvokale Verhaltensweisen (vgl. Abb. 5: [nv]) angelegt werden (also ein Zeilenblock). Bei Bedarf können diese Phänomene noch ausführlicher verschriftet und weitere Spuren eingerichtet werden, in denen verschiedene Displays wie Mimik, Gestik, axiale Orientierung erfasst sind (vgl. Mempel 2010).

10.5.5 Zeitliche Ausdehnung eines nonverbalen Phänomens

Ein zentrales Problem liegt nach Sager (2001b: 1075) in der Analogie und Kontinuität kinesischen Verhaltens und in diesem Zusammenhang mit dessen Kategorisierung bzw. Segmentierung und der Art, wie dies im Transkript erfasst und dargestellt werden kann. In der Praxis werden das Gestaltverfahren oder das Zeitreihenverfahren angewendet.

Gestaltverfahren versuchen, „das Bewegungsgeschehen als ein gestalthaftes zu begreifen und entsprechend bestimmte Abschnitte aus dem ‚stream of behaviour' herauszugreifen und sie als funktional einheitliche Komplexe zu begreifen" (Sager 2001b: 1077). Sie setzen ein gewisses Maß an Interpretations- und Deutungsleistung voraus und versuchen kommunikativ relevantes Verhalten zu identifizieren und zu interpretieren. Auch bei dieser Verfahrensweise ist es möglich, die zeitliche Ausdehnung zu markieren. Mempel (2010: 247) listet folgende Möglichkeiten am Beispiel von HIAT auf (vgl. auch Abb. 5):

- durch die Angabe von Sekunden bzw. Minuten, wenn nicht-redebegleitende Phänomene in der Verbalspur notiert werden;
- durch (farbliche) Markierung im Transkript;
- durch das Setzen von Ereignisgrenzen;

- durch die Verknüpfung mit Videosequenzen;
- durch die Kombination mit Bildstaffeln.

Beim Zeitreihenverfahren (vgl. Frey u. a. 1979: 200) wird das komplexe kontinuierliche Bewegungsgeschehen in seinen zeitlich aufeinander folgenden (jeweils statischen) Positionen protokolliert. Eine Bewegungsposition entspricht dabei einem Standbild, so dass eine Bild-für-Bild-Auswertung des Videomaterials möglich wird (vgl. Sager 2001b: 1075). Im Unterschied zu komplexen Kodierschemata, welche versuchen, unterschiedliche Bewegungsvarianten im Verlauf festzuhalten, gibt es mittlerweile auch verschiedene Tools (z. B. Feldpartitur-Software), die die Annotation des Videos zulassen, was eine aufwändige und leserunfreundliche ikonische Verschriftung unnötig macht.

Die Feldpartitur-Software (http://www.feldpartitur.de/) ist ein neu entwickeltes System zur Videotranskription, welches bereits interdisziplinär innerhalb der Soziologie, Kommunikations- oder Bildungswissenschaft Verwendung findet. Videovermittelte, multikodale Informationen werden computerunterstützt in ein diagrammatisch-darstellendes System übertragen. Videodaten werden dabei sowohl linear in Textdaten (Kodewechsel) als auch als Prozessdaten in ihrer Gleichzeitigkeit erfasst (Partitur).

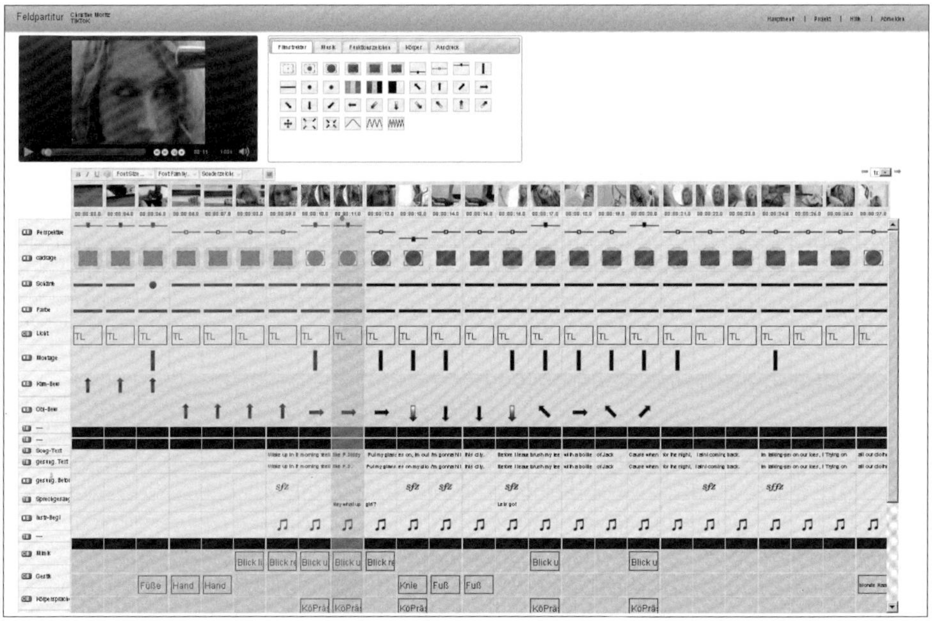

Abb. 6: Miniaturabbildung der Software Feldpartitur (http://www.feldpartitur.de): Die Abbildung zeigt den integrierten Videoplayer, die automatisch generierte Einzelbildleiste und Transkriptionen in der Feldpartitur in fünf Editier-Modi: frame-by-frame, Verbalumschreibung von Ereignissen, Transcript, Notation von Symbolen innerhalb eines definierten Bezugsrahmens, Codescript (© Moritz 2009).

Diese von Christine Moritz entwickelte Software findet innerhalb unterschiedlicher Phasen des Forschungsprozesses Verwendung (vgl. Moritz 2012: 54), z. B. zur sukzessiven und systematischen begrifflichen Identifikation relevanter Momente, zur Publikation oder Präsentation oder für weiterführende quantitative (Export in Excel, SPSS) und qualitative Auswertungen (pdf-Export in *MaxQDA* oder *atlas.ti*).

10.6 Analyse

Unabhängig von der Wahl der Verfahrensweisen zur Verschriftung muss darauf geachtet werden, dass die genutzten Zeichen zur Darstellung von verbalen, paraverbalen oder non-verbalen Phänomenen auch für die computergestützte qualitative Analyse geeignet sind und von den entsprechenden Programmen erkannt bzw. wiedergegeben werden können (vgl. Langer 2010: 524). Soll das (verschriftete) Datenmaterial mit spezieller Software zur qualitativen Datenanalyse (sogenannte *QDA-Programme*)[31] kodiert und weiter bearbeitet werden, sind durchgängig einheitliche Schreibweisen besonders wichtig, um deren Suchfunktionen entsprechend zu nutzen (vgl. Langer 2010: 524). Bereits vor der Transkription ist daher eine eingehende Auseinandersetzung mit den jeweiligen Programmen ratsam:

- *MAXQDA* (http://www.maxqda.de/) wie auch *Atlas.ti* (http://www.atlasti.com/de/) sind Softwaretools zur computergestützten Auswertung und Interpretation von Daten und Texten. Sie sind an der *Grounded Theory* und der qualitativen Inhaltsanalyse ausgerichtet, verstehen sich aber auch als Werkzeug für die qualitative bis hin zur quantitativen Sozialforschung und werden dementsprechend in vielen Wissenschafts- und Praxisfeldern eingesetzt.
- Eine Alternative zu diesen beiden Programmen ist *Transana* (http://www.transana.org/), ein überschaubares Tool zur Verwaltung, Transkription und Analyse von Audio- und Videodaten, welches v. a. im Bereich der Konversationsanalyse eingesetzt wird. Durch die Möglichkeit, multiple simultane Medien zu synchronisieren und abzubilden, eignet sich diese Software für Forschende, die z. B. Interaktionsdaten mit retrospektiven Daten oder digitalen Lernerdaten aufeinander beziehen möchten.

10.7 Video und Audio erfahrbar machen: Aufbereitung der Transkripte für Vorträge

Während wir in den vorherigen Abschnitten v. a. darauf eingegangen sind, wie Transkripte leserfreundlich für wissenschaftliche Publikationen gestaltet werden können, möchten wir abschließend noch einige Hinweise zur mündlichen Präsentation geben.

Transkriptionen sind nicht nur wichtige Analyseinstrumente, sondern helfen zudem, die Analyseergebnisse und somit oftmals sehr komplexe Sachverhalte einem interessier-

[31] Zur Unterstützung ihrer Qualitativen Datenanalyse (engl. *Qualitative Data Analysis*, QDA) nutzen Forschende zunehmend Computersoftware, sogenannte *QDA-Software*. Die Arbeit mit derartigen Softwaretools soll helfen, Einblicke in das Datenmaterial zu gewinnen, ohne dabei die inhaltliche Interpretation durch den Forschenden vorwegzunehmen. Sie erleichtern das Sortieren, Strukturieren und Analysieren großer Textmengen und helfen, die Interpretations- und Auswertungstexte zu verwalten. Im Unterschied zu reinen Transkriptionstools sind diese Programme meist nicht kostenfrei.

ten Publikum anhand von Beispieltranskripten anschaulich zu vermitteln. *QDA-Tools* wie *Transana* lassen bereits auf der Oberfläche verschiedene Präsentationsmodi zu, indem die Darstellung auf die wesentlichen Fenster (Video-, Audio-, Transkriptions-, Datenbankfenster) beschränkt werden kann. Auch das Setzen von Zeitmarken (vgl. 10.5.1) hilft, die Präsentation für den Zuschauer angenehmer zu gestalten. Man gelangt dadurch sofort zur passenden Stelle, die dann vorgespielt wird. Durch die Möglichkeit des simultanen Abspielens des Videos kann dieses parallel zum Transkript betrachtet werden. Die Zuhörenden können sich dabei auf die wesentlichen Aspekte beschränken und mithilfe farblicher Hervorhebung der jeweiligen Redebeiträge (vgl. Abb. 7) die Transkription an der Leinwand verfolgen und müssen nicht zwischen dieser und dem Handout wechseln.

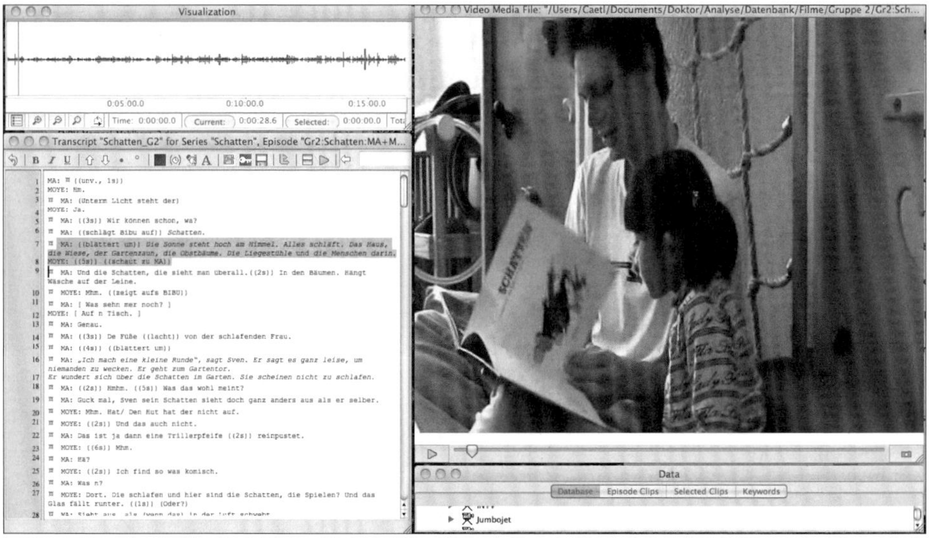

Abb. 7: Screenshot Transana. Das Transkript wird hier parallel zum Video präsentiert. (© Mempel 2012)

Viele der in diesem Kapitel präsentierten Programme bieten weiterhin die Option, Audio- oder Video-Dateien in Form von Dateiverweisen direkt in die Transkription einzubinden und sie im Ausgabeformat HTML per Mausklick abzuspielen. Die Einbindung dieser Tools in die Präsentation ist unseres Wissens bisher noch nicht möglich. Zwischen den einzelnen Fenstern kann jedoch durch die Tastenkombination ALT + TAB hin- und hergewechselt werden.

10.8 Ausblick

Wie dieses Kapitel zeigen konnte, ist die Transkription ein ganz wesentlicher Teil im Forschungsprozess, da er das weitere Arbeiten mit den Daten prägt. Vor Beginn dieses

Arbeitsprozesses ist es daher erforderlich, sich unter Berücksichtigung der Forschungsfrage und des Erkenntnisinteresses damit zu beschäftigen, welche Parameter mit welchen Methoden im folgenden Arbeitsschritt analysiert werden sollen.

WEITERFÜHRENDE LITERATUR

Dittmar, Norbert (2009): ***Transkription. Ein Leitfaden mit Aufgaben für Studenten, Forscher und Laien.*** **Wiesbaden: VS.**
Dittmar stellt in seinem Lehr- und Nachschlagewerk zum Thema Transkription die gängigen Transkriptionsverfahren systematisch und kritisch vor und gibt praktische Anleitungen zur Anfertigung von Transkripten.

Rehbein, Jochen; Schmidt, Thomas; Meyer, Bernd; Watzke, Franziska und Herkenrath, Annette (2004): ***Handbuch für das computergestützte Transkribieren nach HIAT.*** **(http://www1.uni-hamburg.de/exmaralda/files/azm_56.pdf).**
Dieses Handbuch liefert einen guten Leitfaden für die Einarbeitung in die HIAT-Konventionen.

Rues, Beate; Redecker, Beate; Koch, Evelyn; Wallraff, Uta; Simpson, Adrian P. (2009): ***Phonetische Transkription des Deutschen. Ein Arbeitsbuch.*** **Tübingen: Narr.**
Dieses Arbeitsbuch stellt Übungen zur Transkription gesprochener Sprache mit Tonbeispielen und Lösungen zur Verfügung.

Selting, Margret; Auer, Peter; Barth-Weingarten, Dagmar; Bergmann, Jörg; Bergmann, Pia; Birkner, Karin; Couper-Kuhlen, Elisabeth; Deppermann, Arnulf; Gilles, Peter; Günthner, Susanne; Hartung, Martin; Kern, Friederike; Mertzlufft, Christine; Meyer, Christian; Morek, Miriam; Oberzaucher, Frank; Peters, Jörg; Quasthoff, Uta; Schütte, Wilfried; Stukenbrock, Anja; Uhmann, Susanne (2009): Gesprächsanalytisches Transkriptionssystem 2 (GAT 2). In: ***Gesprächsforschung. Online-Zeitschrift zur verbalen Interaktion*** **10, 353–402. (www.gespraechsforschung-ozs.de/heft2009/heft2009.htm).**
Dieser Artikel liefert einen guten Leitfaden für die Einarbeitung in die GAT2-Konventionen.

www.audiotranskription.de
Diese Internetseite bietet gut recherchierte und aufbereitete Information zu den Themen digitale Aufnahme, Transkription und Analyse von Audio- und Videodaten. Ebenso finden sich hier Hinweise zur Installation der Transkriptionssoftware f4.

ÜBUNGEN

1) Transkribieren Sie das verbale Verhalten für den Beispieldialog (1) auf der Verlagshomepage nach den Konventionen von GAT 2, HIAT und CHAT (vgl. 10.2.1) in einem Ihnen vertrauten Textverarbeitungsprogramm.
   a) Vergleichen Sie die Ergebnisse und stellen Sie auf dieser Grundlage Stärken und Schwächen der einzelnen Transkriptionskonventionen zusammen.
   b) Welche Konvention eignet sich für Ihr Forschungsvorhaben? Können alle für Sie relevanten Phänomene abgebildet werden? Für welche Phänomene müssen Sie ggf. ein eigenes Inventar entwickeln?

c) Nachdem Sie sich für eine Konvention entschieden haben, können Sie nun auch die Transkriptionstools testen (vgl. 10.2.2). Während sich f4 eher für die Zeilenschreibweise eignet, können EXMARaLDA und FOLKER sowohl für die Zeilen- als auch die Partiturnotation genutzt werden.

(Bearbeitungshinweise: Nutzen Sie für die Transkription die jeweiligen Handbücher und Internetseiten. Gerade die Handbücher sollten als Leitfaden immer griffbereit liegen.)

2) Transkribieren Sie den Beispieldialog (2) nach deutscher Standardaussprache mithilfe von IPA und SAMPA.
   a) Hören Sie im Anschluss die Audiodatei zu (2) und ergänzen Sie eine enge phonetische Transkription zum Turn von Sprecherin A.
   b) Nehmen Sie den Turn von Sprecherin B selbst auf, laden Sie ihn in Praat und annotieren Sie das akustische Sprachsignal auf Silben- und Lautebene.

(Bearbeitungshinweise: a) Überprüfen Sie Ihr Ergebnis mit den Aussprachewörterbüchern von Duden (2005) und Krech u. a. (2010). b) Achten Sie auf eventuelle Elisionen. c) Vergleichen Sie Ihre Annotation mit Abb. 3.)

3) Haben Sie sich für eine Transkriptionskonvention entschieden? Ergänzen Sie nun das nonverbale Verhalten in dem unter Aufgabe 1) angefertigten Transkript.
   a) Definieren Sie zunächst eine mögliche Forschungsfrage und identifizieren Sie die für die Beantwortung der Frage relevanten nicht-sprachlichen Phänomene.
   b) Transkribieren Sie anschließend die identifizierten Phänomene entsprechend der unter Aufgabe 1) ausgewählten Konvention.
   c) Eignet sich die gewählte Konvention noch immer?

(Bearbeitungshinweise: Überprüfen Sie, inwiefern in Ihrer Transkription des nonverbalen Verhaltens die Anforderungen nach Sager (2001b: 1069–1070; vgl. auch Abschnitt 10.5.2) Berücksichtigung finden. Vergleichen Sie Ihre Transkription mit Abb. 5.)

Bernt Ahrenholz

11. LERNERSPRACHENANALYSE

11.1 Einleitung

Zweitspracherwerb ist ein komplexer Prozess, an dem zahlreiche persönliche und gesellschaftliche Faktoren beteiligt sind, die Folgen für die erreichten Sprachkompetenzen haben können. Der vorliegende Beitrag konzentriert sich auf die Frage, welche Einblicke man auf der Basis mündlicher oder schriftlicher Äußerungen von Lernern in den Zweitspracherwerbsprozess gewinnen kann und was in Forschungsprojekten u. a. zu beachten ist, die die Analyse von Lernersprachen zum Gegenstand haben. Hierfür wird zunächst der Begriff der *Lernersprache* bestimmt, sodann werden die beteiligten Bereiche sprachlichen Wissens skizziert und die Faktoren für die Entwicklung von Lernersprachen sowie theoretische Implikationen benannt. Anschließend werden Fragen der Datenerhebung und -interpretation diskutiert und beispielhaft Lernertexte betrachtet.

11.2 Was sind Lernersprachen?

Der Erwerb einer Sprache vollzieht sich als langwieriger Prozess, bei dem es nach und nach zu einer immer umfassenderen Aneignung sprachlicher Kompetenzen kommt. Dies ist im Erst-, Zweit- und Fremdspracherwerb gleich. Unterschiede zeigen sich hingegen unter Umständen in der Geschwindigkeit, dem Weg und dem Endzustand; dies gilt für die unterschiedlichen Erwerbstypen (ungesteuert vs. gesteuert) wie für Unterschiede zwischen einzelnen Lernern oder Gruppen von Lernern.

Der langsame, allmähliche Aneignungsprozess führt nun nicht nur dazu, dass im Vergleich zu den Sprachkompetenzen, die Erwachsene in ihrer dominanten Sprache besitzen können, von den Lernern zunächst nur bestimmte Teilbereiche der neuen Sprache gelernt werden, sondern ihr Sprachgebrauch in Bezug auf verschiedene Aspekte eine eigene Form und Regelhaftigkeit hat; dies ist typisch für *Lernersprachen*, ein Begriff, der sich für den Zweit- und Fremdspracherwerb seit dem Aufsatz *Interlanguage* von Selinker (1972) durchgesetzt hat.

Ein wesentlicher Gedanke bei Selinker ist, dass die *Interlanguage* sowohl systematischer als auch dynamischer Natur ist. Während Letzteres weniger überrascht, veränderte die Annahme, Lernersprachen seien systematisch strukturiert, die Betrachtungsweise wesentlich. In der Folge wird angenommen, dass auch die dynamische Veränderung systematischer Natur ist (vgl. Klein 1984: 40).

Lernersprachen werden in Deutschland seit den 1970er Jahren für erwachsene wie für kindliche Lerner untersucht, die ohne wesentliche unterrichtliche Hilfe Deutsch als

Zweitsprache erwerben.[32] Die Beschäftigung mit den sich bei diesen Sprechern herausbildenden Formen einer Sprache erfolgte zunächst häufig durch Linguisten, die diese Formen als Variante einer Sprache, als Varietät ansehen, die sich, ähnlich wie regionale oder andere soziale Varietäten, durch bestimmte Merkmale auszeichnet. So werden Lernersprachen als Gegenstand der ersten großen Untersuchung zum Deutsch als Zweitspracherwerb, dem *Heidelberger Forschungsprojekt Pidgin-Deutsch* (HPD) (Becker u. a. 1977), im Sinne der Variationslinguistik untersucht.

Lernersprachen werden sowohl im Rahmen der Zweitspracherwerbsforschung in Bezug auf den ungesteuerten Erwerb untersucht wie auch im Rahmen der Sprachlehr- und -lernforschung in Bezug auf unterrichtlich gestützten Fremdspracherwerb. Inwieweit die Lernersprachen, die aus diesen unterschiedlichen Erwerbskontexten resultieren (und andere, die aus gemischten Kontexten stammen), sich gleichen, ähneln oder voneinander abweichen, ist eigener Forschungsgegenstand (vgl. z. B. Diehl, Christen, Leuenberger, Pelvat und Studer 2000).

Für den Fremdspracherwerb stellt sich u. a. die Frage, in welchem Maße Lernersprachen Resultat von Instruktion und unterrichtlichem *Input* sind oder allgemeinen Prinzipien des Spracherwerbs unterliegen. Im (weitgehend) ungesteuerten Zweitspracherwerb sind Lerneräußerungen hingegen Resultat eines Erwerbsprozesses, in dem zweitsprachliche Kompetenzen wesentlich in und durch Kommunikation erworben werden. Der *Input* ist hierbei komplex, nicht immer leicht analysierbar (i.S. von Klein 1984) und im günstigen Fall Gegenstand von Aushandlungen. Dies hat Folgen für die Ausprägung und Entwicklung von Lernersprachen.

11.3 Analysen bestimmter Bereiche sprachlichen Wissens

Das Erlernen einer Sprache ist ein Vorgang, an dem eine Reihe von Wissensbeständen beteiligt ist: außersprachliches Wissen über die Welt, Wissen über den situativen Kontext, aber auch Wissen über Sprache allgemein, über die Sprache(n), die man bereits gelernt hat wie auch Wissen über die neue Zweitsprache (vgl. z. B. Klein 1984: 74–77). In Bezug auf das sprachliche Wissen werden im Allgemeinen die folgenden Sprachbereiche unterschieden:[33]

11.3.1 Phonetik/Phonologie

Das phonologische Wissen betrifft die mit verschiedenen Laut- und Intonationsformen verbundenen Bedeutungsunterschiede, z. B. zwischen *Bar* und *Bär*, das phonetische Wissen die entsprechenden artikulatorischen Formen der Realisierung der Laute (vgl.

[32] Für den Zweitspracherwerb bei Kindern und Jugendlichen seien besipielhaft genannt: Meyer-Ingwersen, 1975 für Lerner mit Türkisch als L1, Stölting u. a. (1980) für jugoslawische Schüler und Wode (1993) zum Englischerwerb von vier Kindern. Von besonderer Bedeutung sind auch die die umfassenden, z. T. longitudinalen Studien zu erwachsenen Lernern, die zu weitreichenden empirischen und theoretischen Einsichten führten, wie das HPD (Becker u. a. 1977), ZISA (Clahsen, Meisel und Pienemann 1983) oder das ESF-Projekt *Second Language Acquisition by Adult Immigrants* (Perdue 1993) und das *P-MoLL-Projekt* (Dittmar 2012).

[33] Ehlich (2005) hat ein von den üblichen sprachwissenschaftlichen Kategorien abweichendes Beschreibungssystem sogenannter *Basisqualifikationen* vorgelegt, bei dem auch alters- und schulspezifische Aspekte (wie Orthographieerwerb) mit aufgenommen werden.

hierzu wie zu den anderen Wissensbereichen Landua, Maier-Lohmann und Reich 2008; für den Phonetikerwerb erwachsener Lerner mit Russisch als L1 vgl. Baur und Nickel 2009).

- **Lexik:**
Das lexikalische Wissen betrifft die Bedeutung bzw. Bedeutungen von Wörtern und Wortverbindungen, aber auch z. B. mit der Wortart verbundene grammatische Funktionen wie die Rektion bei Verben oder Präpositionen oder die Registerzugehörigkeit (vgl. Apeltauer 2006, 2008).

- **Syntax:**
Das syntaktische Wissen betrifft die Anordnung von Wörtern bzw. lexikalischen Einheiten in Phrasen und Sätzen sowie deren Hierarchisierung und Verknüpfung. Während beispielsweise im Deutschen die Adjektive im Allgemeinen vor den Nomen stehen, stehen sie in romanischen Sprachen eher nach den Nomen, evtl. mit abweichender Bedeutung aber auch davor. Ein besonders wichtiger und vielfach untersuchter Bereich betrifft die Stellung der Verben in einer Äußerung (vgl. z. B. Klein und Perdue 1992; Thoma und Tracy 2006; Ahrenholz 2011a).[34]

- **Morphologie:**
Das morphologische Wissen betrifft in erster Linie das Formeninventar und die damit verbundenen Funktionen sowie die Wortbildung. Für den Zweitspracherwerb und die Analyse von Lernersprachen sind hier z. B. funktionale, aber z. T. wenig saliente Unterschiede zu nennen (*ihn* vs. *ihm*) oder durchaus saliente, aber evtl. nur bedingt funktionale Unterschiede wie die Genusmarkierung durch Artikelwörter[35] (vgl. z. B. Wegener 1995; Kaltenbacher und Klages 2006).

- **Pragmatik:**
Zu dem weiten Feld der Pragmatik gehören z. B. Fragen der Sprechaktrealisierung, Mittel der Kohärenzbildung, die Unterscheidung von Definitheit und Indefinitheit, Deixis und Anaphorik, diskursives Wissen und Textkompetenz (vgl. z. B. Klein und Rieck 1982 zur Funktion von Personalpronomen).

Eine der wichtigen Fragen für Lernersprachenanalysen ist, wie diese sprachlichen Wissensbereiche unter bestimmten Bedingungen erworben werden. So sind im ungesteuerten Zweitspracherwerb die Lerner von Anfang an in einen umfassenden komplexen Kommunikationsprozess involviert, in dem sie versuchen, bestimmte Mitteilungsabsichten zu realisieren. Sie möchten also beispielsweise sagen, wer etwas getan hat oder tun sollte, ob die Handlung in der Vergangenheit stattgefunden hat, ob diese sich einfach ereignet hat oder möglich oder notwendig war, wo das Geschehen stattfand bzw. stattfindet oder stattfinden soll. Sprecher nehmen also auf Aktanten, Handlungen (oder Zustände), affizierte Objekte, Zeit, Raum und Modalität Bezug. Gleichzeitig bedarf es in der Äußerung einer linearen Anordnung der einzelnen Ausdrücke und beim Sprechen einer

[34] Für entsprechende typologische Unterschiede vgl. z. B. Haspelmath, Dryer, Gil und Comrie (2005).

[35] Damit soll nicht in Abrede gestellt werden, dass das Genussystem seine Funktionalität hat (vgl. z. B. Montanari 2012), aber wenn ein einzelnes Nomen wie beispielsweise *Pferd* als Maskulinum behandelt wird, so hat das kaum Folgen für die Funktionalität oder Verständlichkeit von Äußerungen.

z. T. neu zu erlernenden Artikulation. Der Versuch, wichtige kommunikative Anliegen mit unzureichenden Mittel zu realisieren, führt dabei zu einem eigenen, lernerspezifischen (und damit eventuell nicht normgerechten) Sprachgebrauch, also zur Herausbildung von Lernersprachen bzw. Lernervarietäten.

Mit den genannten Bereichen sind sowohl die Lernaufgaben aus der Sicht des Lerners skizziert als auch mögliche Untersuchungsgegenstände für die Lernersprachenforschung bzw. Gegenstandsbereiche der Lernersprachenanalyse. Da die genannten Sprachbereiche auch eng miteinander zusammenhängen und ein System bilden, kann und muss auch dieses Zusammenwirken selbst Gegenstand der Lernersprachenanalyse sein. Eine mögliche Frage ist also, ob es beispielsweise einen inneren Zusammenhang zwischen dem Erwerb der Finitheit (also der Flexionsformen des Verbs) und der Stellung des Verbs gibt (vgl. Dimroth 2009).

11.4 Die Entwicklung von Lernersprachen

Die Dynamik von Lernervarietäten bringt es mit sich, dass an ihre Analyse bestimmte Anforderungen zu stellen sind. Zunächst entwickeln sich Lernervarietäten nicht mit einem linearen Zuwachs an Kompetenzen. Mehrfach ist ihr diskontinuierlicher Verlauf aufgezeigt worden (z. B. Grießhaber 2006a). Für die Analyse von Erwerbsverläufen werden daher zumeist in longitudinalen Untersuchungen gewonnene Daten bevorzugt, welche allerdings aufgrund des hohen methodischen Aufwandes den Nachteil haben, dass sie nur eine begrenzte Probandenzahl berücksichtigen können; zuweilen werden daher Längsschnitt- mit Querschnittuntersuchungen kombiniert (vgl. z. B. Grimm und Schulz 2012).

Die Entwicklung von Lernersprachen kann sich sehr langsam vollziehen. So wurde im P-MoLL-Projekt gezeigt, dass einzelne Lerner bestimmte Modalverben erst nach 14 Monaten verwenden, andere hingegen bereits im ersten Aufenthaltsmonat (Ahrenholz 1995: 179). Die Entwicklung einzelner Bereiche kann sich – für einzelne Lerner bzw. Lernergruppen – aber auch sehr schnell vollziehen. Dies scheint z. B. bei vielen Kindern in Bezug auf die Syntaxentwicklung oder den Erwerb der Verbflexion der Fall zu sein (vgl. Klein und Perdue 1992; Dimroth 2008; Ahrenholz 2011a; Dimroth und Schimke 2012).

11.5 Theoretische Basis lernersprachlicher Analysen

Die Analyse von Lernersprachen basiert immer auch auf theoretischen Annahmen. Hiermit ist nicht nur gemeint, dass man sich im Paradigma einer Lernersprachenanalyse bewegt, sondern auch, welches Modell bzw. welche Sprachtheorie der eigenen Arbeit zugrunde liegt.

Die traditionelle Auseinandersetzung mit Lerneräußerungen stammt aus dem Kontext der Fremdsprachenerwerbsforschung, die zunächst auf dem Fehlerkonzept basierte. Zur *Fehleranalyse* gibt es eine kaum überschaubare Anzahl an Veröffentlichungen; aus dem Bereich Deutsch als Zweitsprache sei stellvertretend Kuhs (1987) genannt, da eine Reihe von Schwierigkeiten des Verfahrens hier sehr gut gezeigt werden. Die Fehleranalyse definiert Äußerungen von Lernern auf der Folie der Distanz zur Zielsprache und beschreibt einzelne Elemente in Lernerproduktionen als falsch oder abweichend. Damit verstellt sie aus der Sicht von Zweitspracherwerbsforschern den Blick für die Prozesse der Sprachproduktion (und -rezeption) bei Lernern (unterschiedlichen Alters) und verhindert eine Einsicht in den Erwerbsprozess, um dessen Verständnis lernersprachliche Ansätze sich bemühen. Andere Wissenschaftler sehen in der Fehleranalyse dennoch einen Zugang zur Analyse des Erwerbs von zweit- oder fremdsprachlichen Kompetenzen, so z. B. in den korpuslinguistischen Analysen des Falko-Korpus (vgl. Lüdeling, Doolittle, Hirschmann, Schmidt und Walter 2008).

Die Zweitspracherwerbsforschung hat in einem variationslinguistischen Ansatz versucht, Lerneräußerungen als spezifische Varietäten zu verstehen, die ihre eigenen Gesetzmäßigkeiten hinsichtlich ihrer Struktur und ihrer Veränderungsprinzipien haben. Verschiedene theoretische Ansätze der Zweitspracherwerbsforschung folgen – in unterschiedlicher Weise – diesem Grundgedanken.

Für die aktuelle Forschung sind besonders drei Ansätze zu nennen, die in der bisherigen europäischen Zweitspracherwerbsforschung eine besondere Rolle spielen. Zum einen handelt es sich um eher strukturalistisch orientierte Analysen, die u. a. der Frage nachgehen, inwieweit Spracherwerb durch universalgrammatische Prinzipien gesteuert wird. Hierzu gehören beispielsweise die Arbeiten des ZISA-Projektes (Clahsen, Meisel und Pienemann 1983).[36] Für den Zweitspracherwerb im Kindesalter ist hier die Diskussion in der *Zeitschrift für Sprachwissenschaft* (1/2009) um die Thesen von Meisel (2009) zu nennen. Die *Funktionale Pragmatik* beschreibt hingegen den Sprachgebrauch in Handlungsmustern und bezieht dabei die soziale Einbettung der Sprachverwendung ein (z. B. Ehlich und Rehbein 1979). In diesem Ansatz sind sehr früh Diskurstypen wie Erzählen oder Beschreiben Gegenstand der Untersuchung von Lernerproduktionen. Autoren wie Grießhaber (2012) verbinden für die Entwicklung von Diagnoseinstrumenten wie der Profilanalyse die eher syntaktisch orientierten Arbeiten der ZISA-Gruppe mit Aspekten der Funktionalen Pragmatik.

Ein dritter Ansatz ist der funktionale *konzeptorientierte Ansatz* (von Stutterheim und Klein 1987), bei dem radikal die lernerseitige Sprachproduktion als Bezugspunkt genommen wird, um zu untersuchen, wie semantische Grundkonzepte (Referenzbereiche) wie Temporalität, Lokalität, Modalität oder auch Wortstellungen realisiert werden. In diesem Ansatz wird gezeigt, wie beispielsweise Mittel für den Referenzbereich Temporalität erworben werden, wie also beispielsweise in Erzählungen deutlich gemacht wird, dass sie in der Vergangenheit spielen (vgl. von Stutterheim 1997). Dabei wird für die Anfangsstadien von Lernervarietäten die besondere Rolle lexikalischer Mittel bei der zeitlichen Verankerung des Geschehens deutlich. In Bezug auf Modalität wird beispielsweise gezeigt, dass Lerner auch hier (zielsprachenkonform, aber trotzdem anders als Muttersprachler) explizite Markierungen z. B. mittels Modalverben bevorzugen, während Muttersprachler sich auf situatives und sprachliches Kontextwissen stützen (Ahrenholz 1998).

11.6 Datenerhebung – Datenaufbereitung – Dateninterpretation

Die Analyse von Lernersprachen, also die Aufbereitung, Beschreibung, Auswertung und Interpretation von Performanzdaten, ist zunächst abhängig von den Daten und damit von der Art der Datenerhebung. Je nach Art der Datenelizitierung gewinnt man Daten, die in Bezug auf bestimmte Fragen aussagekräftig sind, in Bezug auf andere aber eventuell nicht.

[36] Pienemann (1998) hat in seiner *Processability Theory* den Ansatz unter Bezug auf *die Lexical-Functional Grammar* in etwas anderer Perspektive weiterentwickelt.

11.6.1 Datenerhebung

Es gibt zahlreiche Verfahren der Datenerhebung, die hier nicht in der eigentlich notwendigen Breite dargestellt werden können (vgl. aber Kap. 5 zur Elizitierung von Lernersprache). Die Verfahren unterscheiden sich in Abhängigkeit von der Frage, ob produktive oder rezeptive Kompetenzen untersucht werden sollen, ob mündliche oder schriftliche Produktionen im Zentrum des Interesses stehen, ob man versucht, über lernerseitiges Sprachwissen (z. B. bei Grammatikalitätsurteilen) oder über Performanzdaten Einblicke in die jeweiligen Lernersprachen zu gewinnen.[37] Bei Untersuchungen auf der Basis von Performanzdaten sind bei der Datenerhebung u. a. folgende Faktoren zu beachten:

- Unterschiede in Bezug auf kommunikative Aufgaben,
- die mediale Basis von Äußerungen (i. S. v. Koch und Oesterreicher 1994), also mündliche vs. schriftliche Produktionen,
- das betroffene Register (konzeptionelle Mündlichkeit/Schriftlichkeit),
- longitudinale Daten vs. Querschnittsdaten
- die Intervalle und Dauer der Datenerhebung bei longitudinalen Studien,
- der Umfang des Korpus (Probandenzahl),
- Struktur der beteiligten Erstsprache(n) und gegebenfalls weiterer zuvor gelernter Sprachen,
- Beginn und Dauer des Erwerbs (*Age of Onset*),
- das Lebensalter (frühe Kindheit, Schulalter, Pubertät, Erwachsenenalter),
- sowie – je nach Forschungsfrage – weitere individuelle oder soziale Parameter.

In der Geschichte der Zweitspracherwerbsforschung kann man eine Entwicklung beobachten von sehr allgemeinen kommunikativen Aufgaben bis hin zu einer immer stärkeren Einengung der kommunikativen Aufgabe(n) nach sprachwissenschaftlichen Parametern, die sich an den zuvor skizzierten Kompetenzbereichen orientieren. So hat man im HPD und im ZISA-Projekt vornehmlich Alltagserzählungen gesammelt, im ESF-Projekt *Second Language Acquisition by Adult Immigrants* wurden zahlreiche unterschiedliche Aufgabenformate (z. B. Filmnacherzählungen) zur Erhöhung der Vergleichbarkeit der Daten verwendet (vgl. Perdue 1993), im P-MoLL-Projekt wurden unterschiedliche Diskurstypen (wie Erzählungen, Instruktionen, Beschreibungen, Meinungsäußerungen) mit unterschiedlichen Aufgaben bei unterschiedlichem Grad der Kontrolle variiert (Dittmar 2012), im ESF-Nachfolgeprojekt *The Structure of Learnervarieties* wurden u. a. gezielt konstruierte Geschichten als Videoimpuls eingesetzt, um bestimmte sprachliche Mittel zu elizitieren (vgl. Dimroth 2012), und schließlich werden sehr kurze Videoclips eingesetzt, um eine größere Zahl überschaubarer Äußerungen zu spezifischen Sprachbereichen zu gewinnen (z. B. von Stutterheim und Carroll 2006).

Natürlich hängt das Elizitierungsinstrument mit der Forschungsfrage zusammen. Aber nicht immer wird dieser Aspekt ausreichend berücksichtigt. So enthielten die kommunikativen Aufgaben in den frühen Projekten der Zweitspracherwerbsforschung beispiels-

[37] Weiter gibt es Settings, in denen psycholinguistische Verfahren wie *Eye-Tracking* und/oder Reaktionszeitmessungen u. a. m. (mit)eingesetzt werden (vgl. für psycholinguistische Verfahren Rickheit, Herrmann und Deutsch 2003; für *Eye-Tracking* insbesondere auch Ellert 2012). Schließlich gibt es Verfahren wie LiSE-DaZ (Schulz und Tracy 2011), mit denen einzelne Aspekte der Sprachkompetenz zu diagnostischen Zwecken systematisch getestet werden; zum Teil werden Testverfahren auch mit anderen Erhebungsverfahren kombiniert (vgl. Grimm und Schulz 2012). Eine Diskussion der verschiedenen diagnostischen Instrumente wird hier aus Platzgründen ausgespart (vgl. aber Kap. 6 zu Tests).

weise kaum Gelegenheit für die Lerner, Fragen zu stellen. Daher leiden die vielfach vorgenommen Syntaxanalysen unter dem Manko, dass die Rolle der Interrogation für die Syntaxentwicklung nicht erfasst wurde (vgl. Rost-Roth 2008).

Eine schwierige Frage ist die nach der Erhebungssituation und der Menge der Daten. Insbesondere Kinder sind nicht in jedem Alter und in jeder Situation bereit, sich sprachlich zu engagieren (vgl. Apeltauer 2000). Hier ist zu prüfen, in welchem Maße soziale Kontexte gefunden bzw. geschaffen werden können, die die Probanden auch zum Sprechen motivieren.

Eng damit zusammen hängt die Frage nach dem Umfang der notwendigen Daten. Im HPD wurde für bestimmte Fragestellungen von jedem Sprecher eine Auswahl von 100 Sätzen der Analyse zugrunde gelegt. In den neueren Untersuchungen werden hingegen die gesamten Diskurse als Basis für die Analyse genommen, sofern die Äußerungen der kommunikativen Aufgabe gelten.[38] Wichtiger noch als der rein zahlenmäßige Umfang erscheint die Angemessenheit der Aufgabenstellung. Will man z. B. den Erwerb von Subordination untersuchen, müssen adäquate Aufgaben gegeben sein, die auch eine Verwendung von Nebensätzen nahelegen (Erzählungen z. B. sind hierfür nur begrenzt geeignet).

Die Menge der Daten steht auch in Zusammenhang mit Problemen der Vergleichbarkeit. Über Grade der Steuerung bei der Elizitierung von Daten versucht man Vergleichbarkeit zwischen Lernern herzustellen; mit zyklischen Designs, also der Wiederholung von Aufgaben mit zeitlichem Abstand, versucht man in Längsschnittuntersuchungen Vergleichbarkeit zwischen Messzeitpunkten zu gewinnen.

Die Notwendigkeit von Vergleichsdaten besteht auch in anderer Hinsicht. So ist es für viele Fragestellungen hilfreich, neben den Lernervarietäten Vergleichsdaten muttersprachlicher Sprecher (derselben Altersgruppe usw.) zu haben, um beispielsweise zu überprüfen, ob bestimmte Elizitierungsinstrumente wirklich valide sind. Dies gilt für die gesprochene Sprache (vgl. Ahrenholz 1998) und insbesondere auch für Untersuchungen zum kindlichen Spracherwerb, da hier ein Einblick in altersentsprechende Kompetenzen gewonnen werden muss, denn vielfach ist ein Rückgriff auf Vergleichsdaten aus anderen Projekten nicht möglich. So zeigt sich beispielsweise in Untersuchungen zum Lexikerwerb erst im Vergleich zu muttersprachlichen Daten, welche spezifischen Probleme sich beim Verberwerb für Kinder mit Deutsch als Zweitsprache ergeben (Ahrenholz 2011b). Weiter fehlt vielfach Kenntnis davon, wie bestimmte kommunikative Aufgaben in der gesprochenen bzw. geschriebenen Sprache – evtl. auch in Abhängigkeit vom Alter – genau gelöst werden; auch hier erweisen sich Untersuchungen zum muttersprachlichen Gebrauch oft als notwendig (vgl. Ahrenholz 1998 zu Modalisierungen in Instruktionen).

Für verschiedene Fragestellungen sind Vergleichsdaten in der Erstsprache der Informanten sinnvoll; dies gilt natürlich insbesondere für die Frage, ob Einflüsse anderer Sprachen in der Sprachproduktion eine Rolle spielen könnten oder welche Verbindung sich zwischen verschiedenen Sprachkompetenzen bei Mehrsprachigen zeigt.

Für die Datengewinnung in Unterrichtskontexten gelten wiederum eine Reihe von zu beachtenden Faktoren, die eine genaue Erfassung der Sprachbiographie der beteiligten

[38] Als Filter für nicht-diskursbezogene Äußerungen kann dabei der sog. *Quaestio-Ansatz* verwendet werden. Bei dieser informationsstrukturellen Beschreibungen von Diskursen werden alle Äußerungen als eine Antwort auf eine implizite oder explizite Frage aufgefasst, wodurch sich u .a. Vorgaben für die sprachabhängige Realisierung zentraler Konzeptbereiche wie Temporalität, Lokalität oder Modalität ergeben (vgl. von Stutterheim 1997; Ahrenholz 2006).

Schülerinnen und Schüler betreffen, die Bedingungen der videographischen Erfassung, die Menge der Unterrichtsaufnahmen usw. (vgl. Kap. 15).

11.6.2 Datenaufbereitung und Dateninterpretation

Für die Analyse erfolgt eine Aufbereitung der Daten. Dazu gehört eine sorgfältige Archivierung und Systematisierung, die Zuordnung von Metadaten usw. Sofern es sich um mündliche Daten handelt, werden sie zudem transkribiert, wobei sich der Einsatz von Software empfiehlt, die später auch leicht Annotationen erlaubt (vgl. genauer Kap. 10). Basis aller Lernersprachenanalysen sollten möglichst äußerungsnahe Transkriptionen sein. Schriftliche Lernerproduktionen sollten immer auch im Original (als Scan) herangezogen werden können, da – und dies gilt für mündliche wie für schriftliche Daten – möglichst alle erfassbaren Indikatoren für den Sprachproduktionsprozess zugänglich sein sollten, auch wenn im weiteren Verlauf der Untersuchung bestimmte Aspekte aus der jeweiligen Analyse ausgeblendet werden.

Die Dateninterpretation ist nicht immer leicht, weil zielsprachliche Kategorien nicht (ohne Weiteres) auf Lernersprachen anwendbar sind. So lässt sich in einer Äußerung wie *Marco arbeit* nicht bestimmen, ob es sich bei *arbeit* um ein Verb oder ein Nomen handelt; beides ist denkbar.

Die Interpretation lässt sich zudem nicht von theoretischen Fragen lösen. So werden beispielsweise in vielen Lerneräußerungen Personalpronomen der dritten Person häufiger weggelassen, Personalpronomen der ersten Person jedoch nicht. Hier wäre eine Analyse zum Erwerb der Personalpronomen, also ein wortartenbezogener Ansatz unangemessen, weil Personalpronomen der ersten und zweiten Person in erster Linie deiktische, die der dritten Person anaphorische Funktionen haben. Lerner mit *Pro-drop*-Ausgangssprachen erwerben im Allgemeinen die deiktischen Mittel rasch, weil sie in ihren Äußerungen v. a. zu Anfang stark auf den situativen Kontext zurückgreifen, anaphorische hingegen meist weniger schnell (vgl. Klein und Rieck 1982; Klein 1990).

Formulierungen, die in alltagssprachlichen Kontexten immer wieder anzutreffen sind, wie *Lerner X könne die Artikel nicht*, sind unwissenschaftlich. Gemeint ist zumeist, dass Lerner nicht die zielsprachliche Artikelform verwenden und damit bestimmte Funktionen in lernersprachlicher Weise realisieren. Eine wissenschaftliche Beschreibung muss sich auf die Funktion z. B. der bestimmten Artikel beziehen, also auf die Unterscheidung von Definitheit vs. Indefinitheit sowie die Markierung von Genus, Kasus und Numerus. Analysen müssten folglich auf der Basis theoretischer Kategorienbildung nach Indikatoren für die Markierung dieser vier Größen in Lernersprachen suchen (für Definitheit vs. Indefinitheit im frühen Zweitspracherwerb vgl. z. B. Ose und Schulz 2010).

Die Analyse von Lerneräußerungen, insbesondere die von mündlichen Produktionen, stellt den Analysierenden immer wieder vor die Frage, wie er bestimmte Äußerungen kategorisieren kann. Dies hängt einerseits mit den erwähnten Besonderheiten von Lernersprachen zusammen, andererseits aber auch mit den Besonderheiten der gesprochenen Sprache und den Regelhaftigkeiten im gesprochenen Deutsch. Bei der Beschreibung der Daten lassen sich z. B. alle Äußerungen identifizieren, die nach Subjunktionen das finite Verb in zweiter Position aufweisen. Aber eine Interpretation in Hinblick auf den Erwerb der Verbstellung im Nebensatz ist problematisch, wenn es sich um Kausalsätze mit *weil* handelt, da im gesprochenen Deutsch, also im *Input* der Lerner, ein hoher Prozentsatz der *weil*-Vorkommen mit Verbzweit gebildet wird (vgl. z. B. Günthner 1993). Orientierungsgröße können immer nur Äußerungen von Muttersprachlern sein, die ungefähr gleich alt sind (gilt besonders im frühen Zweitspracherwerb), gleiche oder vergleichbare kommunikative Aufgaben erhalten haben und diese im gleichen Medium (mündlich/schriftlich) unter vergleichbaren Kontextbedingungen lösen mussten (s. o.).

Ein weiterer Aspekt der Datenauswertung betrifft beispielsweise die Interpretation der Länge bestimmter Äußerungen. Dies hängt mit dem sogenannten *Granularitätsniveau* zusammen (Habel 1996), also der Genauigkeit, mit der wir ein Geschehen wiedergeben (*jemand bricht im Eis ein* vs. *ein Kind läuft Schlittschuh auf einem zugefrorenen See, fährt ein paar Mal hin und her, plötzlich zeigen sich Risse*, ...). Je offener man die Elizitierungssituation gestaltet, desto variationsreicher sind möglicherweise die elizitierten Daten. Dies lässt sich am Beispiel von Erzählungen zeigen. In einer Reihe von Untersuchungen wird mit Filmnacherzählungen gearbeitet, wobei den Probanden ein kurzer Film/-ausschnitt gezeigt wird, dessen Geschehen sie anschließend nacherzählen sollen (P-MoLL, ESF, FöDaZ).[39] Hierdurch hat man eine Kontrolle über den Erzählgegenstand, man kann indirekt sprachliche Aufgaben hinsichtlich der Lexik beispielsweise in Bezug auf Verben (*ein Kind rutscht aus*), temporale oder lokale Referenz (Gleichzeitigkeit, Bewegung vom Sprecher weg) einbauen und diskursive Mittel beispielsweise zur Kohärenzbildung untersuchen. Im Ergebnis erhält man oft Erzählungen sehr unterschiedlicher Länge,[40] bei denen die Gefahr besteht, dies als Ausdruck unterschiedlicher Erzählkompetenz zu interpretieren. Vergleiche mit muttersprachlichen Produktionen zeigen aber ähnliche Unterschiede bezüglich der Länge und zwar in Abhängigkeit vom Granularitätsniveau. Die Entscheidung, wie genau jemand ein Geschehen erzählt, kann vielfältige Ursachen haben, eine davon kann natürlich auch eingeschränkte Sprachkompetenz sein, muss es aber nicht. Um ein Bild von der Sprachkompetenz einzelner Probanden zu gewinnen, benötigt man also umfassenderes Datenmaterial, mehrere Aufnahmen pro Sprecher zu verschiedenen Sprechanlässen, evtl. auch mit unterschiedlichen Sprecherkonstellationen. Einzelne Aufnahmen liefern nie einen umfassenden Einblick in die zu einem bestimmten Zeitpunkt gegebene gesamte Sprachkompetenz, sondern geben einen Einblick in bestimmte Bereiche, deren Erfassung durch die Aufgabenstellung möglichst gut vorstrukturiert sein sollte.

Erwerbsverläufe werden gerne auch in *Phasen* oder *Stufen* beschrieben. Dies hat zwar einen gewissen heuristischen Wert, Zuweisungen sind jedoch bei der Natur von Lernersprachen nicht einfach. So wird beispielsweise im ZISA-Projekt angenommen, dass nach fragmentarischen Ein- und Mehrwortäußerungen zunächst – etwas vereinfacht formuliert – SV-Strukturen verwendet werden, dann die Verbklammer realisiert wird, gefolgt von der Beachtung der Inversion und die letzte Stufe in Verb-End (in Nebensätzen) besteht. Hierbei wird eine Inklusionsregel angenommen, wonach das Erreichen einer Stufe jeweils den Erwerb aller vorgängigen Stufen einschließt. Clahsen, Meisel und Pienemann (1983) sprechen von einer universalen, von der L1 oder sonstigen Lernervariablen unabhängigen

39 Im DFG-Projekt *Förderunterricht und Deutsch-als-Zweitsprache-Erwerb* (FöDaZ) (Ahrenholz 2006) haben acht- bis elfjährige Kinder u .a. Filmnacherzählungen zum Zeichentrickfilm *Reksio* produziert, während im P-MoLL- und ESF-Projekt nur Erwachsene beteiligt waren (Ausschnitte aus *Modern Times* mit Zwischentiteln).

40 So weisen kindliche Filmnacherzählungen im FöDaZ-Projekt sehr unterschiedliche Längen auf; manche Erzählungen haben die fünffache Länge der kürzesten Erzählung (Ahrenholz 2006: 98).

Erwerbsfolge und auch Grießhaber sieht diese Erwerbsfolge als so robust an, dass sie letztlich die Basis für die Beschreibung von Profil- bzw. Erwerbsstufen bildet.[41]

Allerdings wird meist nicht das Verhältnis der Häufigkeit entsprechender Vorkommen zu der anderer Vorkommen thematisiert. Baur und Nickel (2008) hingegen versuchen in ihrer Untersuchung zum Deutscherwerb bei erwachsenen Aussiedlern auch die Zwischenstufen des Erwerbs abzubilden. In Ahrenholz (2011a) wird für die Inversionsregel auch gezeigt, dass über längere Zeit lernersprachliche und zielsprachliche Formen nebeneinander existieren können, sich also entsprechende „Stufen" eventuell nur sehr langsam verändern.

Von Dimroth und Haberzettl (2008) wird in Bezug auf Flexionsformen des Verbs angenommen, dass ein Mini-Paradigma existiert, wenn ein Verblemma in drei verschiedenen Formen in verschiedenen Kontexten verwendet wird.[42] Die Autorinnen beziehen sich dabei auf die Arbeit von Bittner (2003) zum Erstspracherwerb. Sie schließen damit zwar nicht aus, dass es auch Übergangsphänomene gibt, machen aber Entwicklungsschritte deutlich.

Schon sehr früh hat man sich in der Zweitspracherwerbsforschung damit befasst, dass die Lerner aus ihrer zielsprachlichen Umgebung komplexe Einheiten aufgreifen, deren grammatikalische Struktur sie mit hoher Wahrscheinlichkeit nicht kennen; man spricht daher auch von unanalysierten Einheiten, formelhaftem Gebrauch oder *chunks* (vgl. z. B. Aguado 2002). Nicht ganz einheitlich ist die Vorstellung, was jeweils genau unter *chunks* zu verstehen ist. Für die Analyse von Lernersprachen ist die Frage, ob es sich bei bestimmten Strukturen um sprachliche Mittel handelt, über die die Lerner frei verfügen können (belegt dadurch, dass sie bestimmte Regeln in verschiedenen Kontexten anwenden), oder ob es feste Formeln sind, die nicht als Indikator für den Erwerb einer bestimmten Struktur gelten können, von grundsätzlicher Bedeutung. *Chunks* sind entsprechend auch für konstruktionsgrammatische Ansätze von Interesse (vgl. z. B. Haberzettl 2006).

11.7 Analysebeispiel

Bei der Analyse von Lernersprachen ist zunächst zwischen mündlichen und schriftlichen Produktionen zu unterscheiden. Während sich schriftliche Produktionen im Allgemeinen durch eine gewisse Abgeschlossenheit der Form auszeichnen und meist einen Revisionsprozess durchlaufen haben, sind mündliche Produktionen durch Abbrüche, Selbstkorrekturen, Reformulierungen, interaktive Äußerungskonstruktionen usw. gekennzeichnet (vgl. z. B. Schwitalla 2003; Ahrenholz 2010b), die für die Analyse Probleme aufwerfen können. Zudem ist erforderlich, die zu berücksichtigenden Äußerungselemente zu isolieren. Dieser Isolierungsprozess hängt von verschiedenen Faktoren ab: a) der Art der Transkription, insbesondere ihrer Genauigkeit (vgl. auch Kap. 10), b) dem jeweiligen Untersuchungsinteresse, c) dem theoretischen Ansatz des Forschungsprojektes (s. o.).

---

41 Grießhaber (2010: 19) unterscheidet folgende Stufen: 0 = bruchstückhafte Äußerungen (*anziehn Gel*), 1 = finites Verb in einfachen Äußerungen (*Ich versteh*), 2 = Separierung finiter und infiniter Verbteile (*Und ich habe dann geweint*), 3 = Subjekt nach finitem Verb (*Dann brennt die*), 4 = Nebensätze mit finitem Verb in Endstellung (..., *dass er so schwarz ist*), 5 = Insertion eines Nebensatzes (*Sie hat das Buch, [NS], gelesen*), 6 = Insertion eines erweiterten Partizipialattributes (*Sie hat das [EPA] Buch gelesen.*) (vgl. auch Grießhaber 2012: 176–177).

42 Ähnlich gilt bei Grießhaber (2012) eine Struktur als erworben, wenn sie dreimal in verschiedenen Äußerungskontexten auftaucht.

Auch die folgende mündliche Erzählung zu der Bilderfolge *Cat Story*[43] aus den Daten des FöDaZ-Projektes (Ahrenholz 2006) zeichnet sich durch typische Merkmale gesprochener Sprache aus. Es gibt verschiedene Pausen (#), Selbstkorrekturen (z. B. Zeile 11/12, 35, 38), Reformulierungen (Z. 34), Nachträge am rechten Rand (Z. 19, 29) und Hörersignale (Z. 15). Nach dem *Quaestio-Modell* (vgl. Stutterheim 1997; Ahrenholz 2006) kann der Beginn der Erzählung mit Z. 17 angesetzt werden; gleichwohl die Vorphase sehr aufschlussreich ist, weil sie das Bemühen des Jungen zeigt, sich präzise auszudrücken, ein Bemühen, das auch an anderen Stellen der Erzählung deutlich wird (in den Selbstkorrekturen und in der Wahl mancher Verben).

Erzählung 1 (E1). Bildergeschichte *Cat Story*

05 *EBA:	also du sollst # eine geschichte # zu den # [<] bildern [>] # erzähln -, # hm -?
06 *ENA:	[<] hm [>] -.
07 *TJ1:	## also e::h ### +/.
08 *ENA:	du kannst sie dir auch erstmal in ruhe anschaun -, ja -?
09 *TJ1:	[<] hm [>] -.
10 *ENA:	[<] die bilder [>] -.
11 *TJ1:	### ich muss überlegn was das für nen vogel is -.
12 *TJ1:	### was das für ein vogel is -.
13 *TJ1:	#3# ich glaub.
14 *TJ1:	<das is ne> [//] ### das is n spatz -.
15 *ENA:	mhm -. <zustimmend>
16 *TJ1:	#2# eh ## ein spatz mit drei +/.
17 *TJ1:	### also ich sehe auf dm bild ## einn # spatz mit drei ## vögeln -'.
18 *ENA:	hm -.
19 *TJ1:	also mit [/] ## mit nm nest -.
20 *TJ1:	### <und da::> [//] #2# und dann die [//] ### sehe ich da.
21 *TJ1:	wo die # mutter wegfliegt -.
22 *TJ1:	und # ehm hier -.
23 *TJ1:	#2# ja -.
24 *TJ1:	## da wo die mutter wegfliegt -.
25 *TJ1:	ehm hat [/-] ### ehm ### futter für ihre ## kinder zu suchn -.
26 *TJ1:	hat sie ehm ### die katze # nich gesehn -.
27 *TJ1:	weil <die klatze> [//] ## eh die katze ## ehm zu dem vogelnest ## sich schleicht -.
28 *TJ1:	### und dann -' #2# guckt die katze nach oben -'.
29 *TJ1:	### also ## zum nest -'.
30 *TJ1:	### und dann ehm versucht sie hochzuklettern -.
31 *TJ1:	### <und dann> [/] # ehm #2# eh #2# und dann hat n ## hund den [/] ##
32 *TJ1:	den schwanz <von dm> [//] ## also von der katze gefressn -.
33 *TJ1:	### und ehm ### dabei kam auch die mutter -.
34 *TJ1:	und dann ### hatte die mutter ehm ### also [?] gab die mutter den vögeln
35 *TJ1:	### ehm # die [//] # also das wurm -' ## oder die wurm -.
36 *ENA:	hm -.
37 *TJ1:	### und dadrunter sehe # ich.
38 *TJ1:	ehm # dass der hund die katze jagt -, ### wegjagt -.
39 *ENA:	hm -.
40 *ENA:	## fertig -?
41 *TJ1:	ja -.
42 *ENA:	### okey -.

[43] Die Bildvorlage stammt von Maya Hickmann (vgl. Hickmann, Liang und Hendriks 1989).

(FöDaZ-Korpus, TJ1 = Junge, L1 = Türkisch, ca. 10 Jahre, Anfang 4. Klasse, *Age of Onset* ca. 4 Jahre, ENA und EBA = *Experimenter*)

(# = Pause, evtl. mit Sekundenangabe, [<] wort [>] = gleichzeitig mit anderem Sprecher gesprochen, :: = Dehnung, -, = fallende Intonation, [/] = Selbstunterbrechung, [//] Selbstunterbrechung mit veränderter Fortsetzung, ? = Frageintonation)

Der Text zeigt verschiedene typische Elemente einer bildgestützten Erzählung, z. B. wenn die Darstellung zwischen einer Erzähl- und einer Beschreibungsquaestio schwankt. Sie eignet sich für die Analyse von bestimmten Aspekten von Erzählkompetenz daher nur eingeschränkt, ist aber in Hinblick auf Wortschatz, Syntax, Mittel der Kohärenzbildung u. a. m. sehr aufschlussreich.

Frühe Lernerproduktionen sind häufig auch durch interaktive Ko-Konstruktionen von Äußerungen gekennzeichnet. Eine interaktive Hilfe bei der Äußerungsproduktion findet sich in der obigen Erzählung für die Entscheidung hinsichtlich der Benennung des Vogels, die von der Hörerin in Z. 15 unterstützt wird.

Bei Quantifizierungen ist auch zu entscheiden, ob Wiederholungen wie in den Zeilen 21 und 24 beispielsweise als eine oder zwei Realisierungen von Verb-End in Nebensätzen zu werten sind.

Die Äußerung *ich glaub, das ist n spatz* ist ein Beispiel für eine im gesprochenen Deutsch häufige epistemische Form und es wäre daher unangemessen, diese Äußerung als Nicht-Realisierung von Subordination anzusehen.

Auch wenn in dem obigen Beleg kein entsprechendes Beispiel vorkommt, sei erwähnt, dass es bei der syntaktischen Analyse zuweilen Probleme der Kategorisierung gibt, wenn Zuordnungen nicht entscheidbar sind; so ist z. B. bei *ich habe gesagt* die Realisierung eines Satzrahmens nicht erkennbar.

Unabhängig davon, welche Fragen bei der Analyse von Lernersprachen jeweils auftauchen, ist es in jedem Fall wichtig, Entscheidungen zu begründen, sie konsistent durchzuführen und in der Ergebnispräsentation zu dokumentieren. Nicht selten wird es dabei eine Restkategorie nicht entscheidbarer Fälle geben.

11.8 Ausblick

Lernersprachenanalyse ist seit Anfang der 1970er Jahre Gegenstand der Soziolinguistik, Zweitspracherwerbsforschung und Sprachlehr- und -lernforschung. Seit der ersten PISA-Studie ist eine verstärkte Forschung v. a. in Bezug auf den kindlichen Zweitspracherwerb zu beobachten. Insgesamt liegen Lernersprachenanalysen für sehr unterschiedliche Lernergruppen und unterschiedliche Sprachbereiche vor, wobei sich noch beachtliche Lücken zeigen. Beispielhaft seien genannt: das Sprachverstehen, der Ausspracheerwerb, eine Analyse von Lernersprachen bei Kindern und Jugendlichen mit ausgebauten Sprachkompetenzen sowie bei jugendlichen und erwachsenen Lernern, die Deutsch sowohl ungesteuert als auch durch spezifischen Sprachunterricht gestützt erwerben, z. B. in Integrationskursen. In Hinblick auf Transkriptionskonventionen und Metadaten steht die Entwicklung von Standards und von besseren technischen Lösungen für (halb-)automatisierte Annotationsverfahren an; im Methodischen sind u. a. noch mehr als bisher Verbindungen von qualitativen und quantitativen Verfahren anzustreben.

WEITERFÜHRENDE LITERATUR

Klein, Wolfgang (1984): *Zweitsprachenerwerb. Eine Einführung.* Königstein i. Ts.: Athenäum.
Immer noch sehr lesenswert ist diese Einführung in die Zweitspracherwerbsforschung, die den Erwerbsprozess radikal aus der Perspektive der Lerner beschreibt und in einer sehr klaren Sprache wesentliche Aspekte von Lernersprachen und deren Analyse präsentiert.

Ellis, Rod; Barkhuizen, Gary (2005): *Analysing Learner Language.* Oxford: Oxford University Press.
Dieses Werk gibt einen Überblick über verschiedene Verfahren und Aspekte der Lernersprachenanalyse.

Perdue, Clive (1993): *Adult Language Acquisition: Cross-Linguistic Perspectives.* Cambridge: Cambridge University Press.
Perdue (1993) bietet umfassende Analysen zum Zweitspracherwerb Erwachsener.

Diehl, Erika; Christen, Helen; Leuenberger, Sandra; Pelvat, Isabelle; Studer, Thérèse (2000): *Grammatikunterricht: Alles für der Katz? Untersuchungen zum Zweitspracherwerb Deutsch.* Tübingen: Niemeyer.
Diese Studie untersucht DaF bei Kindern und Jugendlichen.

ÜBUNGEN

1) Welche Merkmale gesprochener Sprache fallen Ihnen in der Erzählung 2 aus dem FöDaZ-Projekt (Ahrenholz 2006; s. u.) auf? Inwiefern ist die Beachtung dieser Merkmale wichtig für die Analyse von Lernersprachen?

2) Welche Sprachkompetenzen zeigen sich in der Erzählung für den Verbbereich?

3) Diskutieren Sie für E2 (s. u.) Schwierigkeiten der Interpretation von Lerneräußerungen in Hinblick auf die verwendeten lexikalischen Mittel.

4) Versuchen Sie eine syntaktische Analyse der Erzählungen im Sinne der Profilanalyse von Grießhaber (2010, 2012; Fußnote 41) und diskutieren Sie Zweifelsfälle.

Hinweis: Auf der Verlagshomepage finden Sie die Bilderfolge. Lösen Sie aber bitte die Aufgaben zunächst, ohne sich die Bilder anzuschauen.

Erzählung 2 (E2). Bildergeschichte *Frog Story* (Ausschnitt)

121 RJ4:	### ein hirsch hat diese # junge und diese hund # we [//] weggeschmeucht.
122 EMR:	mhm.
123 RJ4:	#2# er hat n [//] nachher hat die in wasser ge # [//] gefalln.
124 EMR:	mhm.
125 EEB:	mhm.
126 RJ4:	nachher ## diese hund hat äm diese junge im kopf geklettn.
127 EMR:	mhm.
128 RJ4:	#4# nachher hat diese junge was ## gehört.
129 RJ4:	# er sagt von diese hund was leise-'.

130 RJ4: bleib leise,
131 RJ4: oder bleib ruhig.
132 EMR: mhm-'.
133 RJ4: # nachher hat er die (geklettn) an der seite.
134 RJ4: ### nachher hat ### der junge [//] der hund [/] der hund hat # zwei frösche gefundn.
135 RJ4: ## nachher hat noch die kleine baby # raus # [//] rausgegangn.

(FöDaZ-Korpus, RJ4 = Junge, 10 Jahre, L1 = Russisch, 4. Klasse, *Age of Onset* ca. 12 Monate, *Frog Story*, Schlusssequenz)

LÖSUNGSVORSCHLÄGE

1) Fast alle Äußerungen sind von Pausen begleitet. Es finden sich Selbstkorrekturen (z. B. Z. 123, 134) sowie Verschleifungen bei der Verbflexion, Für die Interpretation der Daten muss die Mündlichkeit in Rechnung gestellt werden; Verschleifungen können beispielsweise nicht als Lernerphänomen betrachtet werden.

2) Für die Formbildung fällt auf, dass die Partizipbildungen sowohl für regelmäßige wie für unregelmäßige Verben meist zielsprachlich sind; dies gilt auch für die Beachtung der Präfixe bei den trennbaren Verben. Die Perfektbildung erfolgt nach der dominanten Form mit *haben*, Hinsichtlich der Semantik bestehen z. T. Unklarheiten (vgl. Aufgabe 3).

3) Die Erzählung enthält eine Reihe von sprachlichen Mitteln, die – z. T. im Zusammenspiel mit grammatischen Mitteln – nicht völlig eindeutig sind. Hierzu gehören:
Z. 121: *weggeschmeucht*. Hier scheint es sich um eine Kontamination von *wegschicken/jagen/werfen*? und *scheuchen* zu handeln. Ob die Semantik von *scheuchen* allerdings gemeint ist, bleibt unklar.
Z. 123: *hat ... gefallen*: sind die (?) gefallen oder hat der Hirsch sie gefallen, d. h. geworfen? Erst ein Blick auf die Bilderfolge legt nahe, dass der Hirsch den Jungen und den Hund, die sich in seinem Geweih festhalten, abwirft. Damit sind auch bestimmte semantische Aspekte von *sch(m)euchen* (Z. 121) erfasst, aber nicht alle (z. B. besteht bei *scheuchen* kein direkter Kontakt).
Z. 126 und anderswo: *nachher*: hier offensichtlich als gliederndes Adverb im Sinne von *dann/danach* verwendet. Warum es von dem Sprecher verwendet wird, lässt sich anhand der Daten natürlich nicht sagen.
Z. 126: *im kopf geklettn*: *klettn* erinnert an *klettern*, dem könnte auch das Verb in 133 entsprechen. Die Bilderfolge zeigt, dass der Hund auf dem Kopf des Jungen liegt.
Z. 129: *von diese hund*: wer sagt etwas zu wem?
Z. 133: auf was für eine *seite*?
Z. 134: *zwei frösche* (eigentlich suchen der Junge und sein Hund einen entlaufenen Frosch)
Z. 135: *hat ... die kleine baby rausgegangen*: welches Baby? Wer ist rausgegangen? Oder transitiv: *hat rausgeworfen/-tragen*?

4) (Profilanalyse nach Grießhaber)

Erzählung 2 (E2). Bildergeschichte *Frog Story* (Ausschnitt)		Profilstufe
121 RJ4:	### ein hirsch hat diese # junge und diese hund # we [//] weggeschmeucht.	PS 2 (Separierung)
122 EMR:	mhm.	
123 RJ4:	#2# er hat n [//] nachher hat die in wasser ge # [//] gefalln.	PS 2; Position des Subjektes aufgrund der Selbstunterbrechung unklar
124 EMR:	mhm.	
125 EEB:	mhm.	
126 RJ4:	nachher ## diese hund hat äm diese junge im kopf geklettn.	PS 2, deutliche Pause nach „nachher" lässt zweifeln, ob das Adverb noch in die Äußerung integriert ist.
127 EMR:	mhm.	
128 RJ4:	#4# nachher hat diese junge was ## gehört.	PS 3 (Subjekt nach Verb)
129 RJ4:	# er sagt von diese hund was leise-'.	PS 1
130 RJ4:	bleib leise,	PS 1
131 RJ4:	oder bleib ruhig.	PS 1
132 EMR:	mhm-'.	
133 RJ4:	# nachher hat er die (geklettn) an der seite.	PS 3 hier ist in Teilen auch die Separierung realisiert. Da keine Pause vorliegt, scheint es sich bei „an der Seite" nicht um eine Rechtsversetzung zu handeln. In der Profilanalyse wird immer der höchstrangige Wert notiert, das Beilspiel deutet aber darauf hin, dass die Separierung der Verbteile (die Satzklammer) nicht immer vollständig realisiert wird. Dies hat vermutlich mit dem Umfang der Äußerung zu tun.
134 RJ4:	### nachher hat ### der junge [//] der hund [/] der hund hat # zwei frösche gefundn.	PS 3
135 RJ4:	## nachher hat noch die kleine baby # raus # [//] rausgegangn.	PS 3

Da Profilstufe 3 dreimal realisiert wird, würde der Text bei Grießhaber auch dieser Stufe zugeordnet.

Nazan Gültekin-Karakoç
Alexis Feldmeier

12. ANALYSE QUANTITATIVER DATEN

12.1 Einleitung

Mit der Entscheidung für ein quantitatives Forschungsdesign, in dem beispielsweise Daten mithilfe eines Fragebogens (vgl. Kap. 7) oder eines Tests (vgl. Kap. 6) erhoben werden, fällt gleichzeitig die Entscheidung für die computergestützte statistische Auswertung der Daten. Der Gegenstand *Statistik* schließt „alle quantitativen Analysetechniken, mit denen empirische Daten zusammenfassend beschrieben werden können (deskriptive Statistik) bzw. mit denen auf Grund empirischer Daten Aussagen über die Richtigkeit von Hypothesen formuliert werden können (Inferenzstatistik)" (Bortz 2005: 15) ein. Statistische Testverfahren können in Abhängigkeit von der Variablenanzahl in univariate (eine Variable), bivariate (zwei Variablen) und multivariate Verfahren[44] (mehr als zwei Variablen) unterteilt werden (vgl. Raithel 2008: 120; Gehring und Weins 2009: 100).

Das Anliegen dieses Beitrags ist es, einen Überblick über die wichtigsten und gängigsten statistischen Verfahren sowie einen Einstieg in die programmgestützte Analyse quantitativer Daten zu geben. Nach der Darstellung der erforderlichen statistischen Grundlagen werden relevante Kennwerte der deskriptiven Statistik besprochen. Auf Basis dieses Wissens wenden wir uns im darauffolgenden Abschnitt der Inferenzstatistik zu. Für jedes vorgestellte Verfahren wird neben der theoretischen Einführung die Analyse mit dem Statistikprogramm SPSS[45] behandelt. Anwendungsaufgaben runden den Beitrag ab und ermöglichen die praktische Umsetzung des Gelesenen anhand eines vorgegeben Beispieldatensatzes, der unter http://www.utb-shop.de/9783825285418 abrufbar ist.

12.2 Grundlagen der Messtheorie und Statistik

12.2.1 Operationalisierung

Ausgehend von der Fragestellung einer Studie „muss durch Operationalisierung bestimmt werden, *wie* die Variablen erfasst werden sollen." (Bortz 2005: 9, Herv. i. O.) Mit

[44] Auf Ausführungen zu multivariaten Verfahren wird im Rahmen dieses Beitrags verzichtet. Zum theoretischen Hintergrund multivariater Verfahren sowie zur Anwendung der Verfahren in Statistikprogrammen vgl. z. B. Hatch und Lazarton (1991); Tabachnik und Fidell (2007); Backhaus, Erichson, Plinke und Weiber (2008); Bühl (2012); Fromm (2012); Rudolf und Müller (2012). Für einen kurzen Überblick zu relevanten multivariaten Verfahren in der Sprachlehrforschung vgl. Settinieri (2012: 266).

[45] Da im Rahmen dieses Beitrags nicht auf die Variablen- wie auch Dateneingabe in SPSS eingegangen werden kann, wird zur Einführung in SPSS Bühl (2012) empfohlen.

dem Begriff *Operationalisierung* ist also die Messbarmachung von theoretischen Konstrukten gemeint, indem man ihnen beobachtbare Indikatoren zuordnet, um sie zu erfassen. Ist es schwierig, die zu erhebende Variable direkt zu beobachten (z. B. die Variable *Sprachstand* im Gegensatz zur Variable *Familienstand*), so zeigt sich dies auch in ihrer Operationalisierung. Wichtig ist, dass Operationalisierungen zunächst willkürlich festgelegte Wege darstellen, wie etwas gemessen werden soll. Im Idealfall erfreuen sich Operationalisierungen nach mehrmaliger Überprüfung einer sehr breiten Akzeptanz innerhalb der Forschergemeinschaft und können folglich als theoriegeleitet betrachtet werden. Die Operationalisierung des Konstrukts *Länge* wird heute beispielsweise von niemandem mehr in Frage gestellt, was das Ergebnis eines langen wissenschaftlichen Diskurses darstellt.

12.2.2 Das Konzept des Messens

Im Zusammenhang mit der Operationalisierung wurde bereits der Begriff des *Messens* eingeführt. Das Messen[46] ist die Zuordnung von Zahlen zu Objekten oder Eigenschaften. Dabei wird einem empirischen Relativ (z. B. Geschlecht) ein numerisches Relativ (Zahlen) zugeordnet. Man vergibt für bestimmte Merkmale wie *männlich* oder *weiblich* je eine Zahl, z. B. 1 für männlich und 2 für weiblich (oder beliebige andere Zahlen; vgl. Meindl 2011: 67–69). Nach welchen Regeln solche Zahlen zugeordnet werden, hängt vom Skalenniveau der jeweiligen Variablen ab, was im Folgenden genauer erläutert werden soll.

12.2.3 Skalenniveaus

Insgesamt sind vier verschiedene Skalenniveaus zu betrachten, die sich darin voneinander unterscheiden, wie genau sie Information über die einzelnen Merkmalsausprägungen geben (vgl. Bortz und Döring 2006: 67–69; Rasch, Friese, Hofmann und Naumann 2010a: 8–14). Vom Skalenniveau eines gemessenen Merkmals hängt ab, welche statistischen Kennwerte bestimmt und welche Verfahren zur Auswertung angewendet werden können.

Verhältnisskalierung

Die aussagekräftigste Skala ist die Verhältnisskalierung (auch *Ratioskalierung*). Sie ist die höchste Skalierung, die realisiert werden kann. Charakteristisch für diese Skalierung ist, dass sie einen natürlichen Nullpunkt hat. Es gibt somit einen eindeutigen Anfang der Skala, wie etwa im Fall der Variable *Alter*, da mit der Geburt die Zählung des Alters beginnt. Dass es einen echten Nullpunkt, einen Beginn gibt, zeigt sich auch darin, dass es kein negatives Alter gibt. Weiterhin kann für die Verhältnisskalierung auch ein Verhältnis angegeben werden, beispielsweise kann das Alter von Menschen miteinander verglichen werden, indem ein Verhältniswert angegeben wird: Ein 20-jähriger Lerner ist halb so alt wie ein 40-jähriger Lerner und doppelt so alt wie ein 10-jähriger Lerner. Es sind also Aussagen über das Verhältnis zwischen Messwerten möglich. Schließlich sind auch Aussagen über die Gleichheit oder Ungleichheit von Messwerten möglich.

---

[46] Eine Messung sollte möglichst exakt und fehlerfrei sein. Um die Qualität einer Messung beurteilen zu können, existieren in der Forschung Güterkriterien (vgl. Kap. 2).

Intervallskalierung

Im Gegensatz zu einer verhältnisskalierten Variablen können die Ausprägungen einer Intervallskala nicht ins Verhältnis zueinander gesetzt werden. Der Intervallskala fehlt nämlich ein natürlicher Nullpunkt. Um dieses zu veranschaulichen, kann die Angabe von Temperaturen mithilfe von Grad Kelvin und Grad Celsius betrachtet werden. Die Angabe der Temperatur in Grad Kelvin ist verhältnisskaliert. Es gibt einen echten, natürlichen Nullpunkt, nämlich die theoretisch kälteste Temperatur, die mit 0 Kelvin angegeben wird (dieser Nullpunkt entspricht in der Celsius-Skala einer Temperatur von -273,15 Grad Celsius). Folglich können Temperaturen in Kelvin sinnvoll ins Verhältnis zueinander gesetzt werden. Da der Nullpunkt in der Celsius-Skalierung willkürlich definiert wurde, können Celsius-Temperaturen nicht ins Verhältnis zueinander gesetzt werde. Die Temperatur gemessen in Celsius ist somit intervallskaliert. Gemeinsam ist der Intervall- und Verhältnisskalierung jedoch, dass die Differenzen zwischen zwei Ausprägungen immer exakt gleich groß sind (*Kriterium der Gleichabständigkeit*). So ist der Abstand zwischen 10 Grad und 20 Grad derselbe wie zwischen 30 und 40 Grad usw. Bei der weiteren Darstellung werden, wie auch in SPSS, die Verhältnisskala und Intervallskala daher als metrische Skalen zusammengefasst.

Ordinalskalierung

Ein wesentlicher Aspekt von ordinalskalierten Variablen ist, dass sich ihre Merkmalausprägungen in eine Rangfolge ordnen lassen. Nehmen wir die Schulnoten als Beispiel. Wir können sagen, dass die Note eins besser ist als die Note drei, und können so die Schulnoten in eine leistungsbasierte Rangfolge bringen. Jedoch kann man weder Aussagen zum Verhältnis der Noten machen (eine zwei ist nicht doppelt so gut wie eine vier), noch ist der Abstand der Ausprägungen gleich (der Abstand zwischen den Noten eins und zwei ist nicht in jedem Fall derselbe wie zwischen den Noten vier und fünf). Die Rangfolge der Merkmale spiegelt sich in der Reihenfolge der zugewiesenen Zahlen wider.

Nominalskalierung

Die Nominalskala ist das niedrigste Skalenniveau, weil sie nur Aussagen über die Gleichheit bzw. Verschiedenheit von Merkmalsausprägungen machen kann. Die möglichen Ausprägungen können zwar unterschieden, nicht aber in eine Rangfolge gebracht werden. Ein Beispiel für diese Skalierung sind z. B. die Variablen *Familienstand* oder *Geschlecht*. Entsprechend liegen auch weder Gleichabständigkeit noch Nullpunkt vor. Gleiche Kategorien bekommen dieselbe Zahl, Kategorien, die sich unterscheiden, bekommen unterschiedliche Zahlen zugewiesen, wobei der zugewiesene numerische Wert in diesem Fall keine Bedeutung hat. Wichtig ist, dass jede Ausprägung nur genau einer Kategorie zugeordnet werden kann.

Wie Tab. 1 entnommen werden kann, ist die Verhältnisskalierung die informativste Skalierung, die zusätzlich zur Angabe von Verhältnissen alle anderen Merkmale der Intervall-, Ordinal- und Nominalskalierung aufweist. Es folgen die Intervallskalierung, die Ordinal- und schließlich die informationsärmste Skala, die Nominalskalierung (s. zu Skalenniveaus auch Brown 1998b: 20–24; Kähler 2008: 33–36; Albert und Marx 2010: 105–108).

Tab. 1: Skalenniveaus und mögliche mathematische Operationen

Verhältnisskalierung	**Intervallskalierung**	**Ordinalskalierung**	**Nominalskalierung**
gleich/ungleich	gleich/ungleich	gleich/ungleich	gleich/ungleich
größer/kleiner	größer/kleiner	größer/kleiner	
Addition/ Subtraktion	Addition/ Subtraktion		
Multiplikation/ Division			

Wird mit einer Software zur statistischen Auswertung gearbeitet, so sollte bedacht werden, dass Antwortmöglichkeiten in der Regel numerisch codiert werden müssen. Zu beachten ist dabei, dass etwa ein Programm wie SPSS nicht beachtet, welche Operationen sinnvoll sind und welche nicht. So kann mit SPSS der Mittelwert der Ausprägungen *ledig* (codiert mit der Zahl 1) und *verheiratet* (codiert mit der Zahl 2) berechnet werden (Mittelwert = 1,5), ohne dass dieser sinnvoll interpretiert werden kann. Vorsicht ist deshalb im Umgang mit Programmen zur statistischen Auswertung geboten.

12.2.4 Stichprobe und Grundgesamtheit

Damit von Stichprobendaten auch auf eine Grundgesamtheit geschlossen werden kann, muss diese genau definiert sein. Als *Grundgesamtheit* (auch *Population*) werden alle potentiell untersuchbaren Probanden, die ein gemeinsames Merkmal oder eine gemeinsame Merkmalskombination aufzeigen, definiert (Bortz 2005: 86). Da es aber in den meisten Fällen aus finanziellen sowie personellen Gründen nicht möglich ist, die Grundgesamtheit zu untersuchen, muss eine bewältigbare Stichprobe gezogen werden. Die Stichprobe

> stellt eine Teilmenge aller Untersuchungsobjekte dar, die die untersuchungsrelevanten Eigenschaften der Grundgesamtheit möglichst genau abbilden soll. Eine Stichprobe ist somit ein ‚Miniaturbild' der Grundgesamtheit. Je besser die Stichprobe die Grundgesamtheit repräsentiert, umso präziser sind die inferenzstatistischen Aussagen über die Grundgesamtheit. (Bortz 2005: 86; vgl. auch Bortz und Döring 2006: 397–398)[47]

Mit *Repräsentativität* ist also nicht gemeint, eine möglichst große Stichprobe zu untersuchen, sondern eine Stichprobe zu ziehen, die in den relevanten Merkmalen (z. B. Verteilung des Geschlechts oder des Alters, der Erstsprachen, der Kontaktdauer mit der Zweitsprache Deutsch usw.) die Grundgesamtheit widerspiegelt. Ob eine Stichprobe als repräsentativ angesehen werden kann, hängt stark vom Vorgehen bei der Stichprobenziehung ab (zu unterschiedlichen Stichprobenverfahren vgl. Bortz 2005: 86–89). Die Größe

[47] Um statistische Verfahren gewinnbringend anwenden zu können, ist eine ausreichend große Stichprobe wichtig. Empfehlungen für die Mindestgröße einer Stichprobe reichen von 20 Probanden (Porst 2000: 103) bzw. mindestens 30 Probanden (Bortz 2005: 103) bis zu einer 1%igen Stichprobe (Friedrichs 1990: 245) (vgl. aber auch Abschnitt 12.4.4 zur Berechnung optimaler Stichprobenumfänge).

der Stichprobe ist dennoch bedeutsam: Je größer die Stichprobe, desto wahrscheinlicher ist es, dass in ihr die Merkmale der Gesamtpopulation repräsentiert werden.

12.2.5 Normalverteilung

Im Bereich der Sprachlehrforschung und Zweitsprachenerwerbsforschung kommen bei der Untersuchung von Stichproben auch Verteilungen vor, die uns an eine Glockenform erinnern. In diesen gibt es einen Höhepunkt, der die maximale Anzahl von Nennungen markiert und von welchem ausgehend links und rechts die Anzahl von Nennungen abnimmt. Im Idealfall handelt es sich bei dieser glockenförmigen Verteilung um eine so genannte Normalverteilung, bei der (eine ausreichend große Stichprobengröße vorausgesetzt, s. hierzu Fußnote 47) folgende Merkmale charakteristisch sind (vgl. Gehring und Weins 2009: 238–240):

- Das arithmetische Mittel, der Modus und der Median haben denselben Wert (s. nächster Abschnitt); sie fallen somit graphisch betrachtet zusammen und die Kurve ist eingipflig.
- Die Anzahl von Nennungen fällt auf beiden Seiten des arithmetischen Mittels symmetrisch ab; die Glocke spiegelt sich somit am arithmetischen Mittel auf beiden Seiten und zeigt so, dass 50% der Nennungen links und 50% der Nennungen rechts vom Mittelwert graphisch dargestellt sind.
- Die Kurve nähert sich, wenn der Messwert unendlich wird, asymptotisch der x-Achse, ohne diese jemals zu berühren.

Die Formel für die Normalverteilung lautet:

$f_N(x/\bar{x}; s^2) = \frac{1}{s\sqrt{2\pi}} e^{\frac{-1}{2}\left(\frac{x-\bar{x}}{s}\right)^2}$	mit: χ = arithmetisches Mittel x = Messwerte s = Standardabweichung s^2 = Varianz e = Exponentialfunktion

Bei vielen Untersuchungen liegen jedoch keine Normalverteilungen vor. Dies kann an der Größe der Stichprobe liegen oder daran, dass die betreffende Verteilung der erhobenen Variablen unabhängig von der Größe der Stichprobe in der Tat nicht normalverteilt ist.

12.3 Deskriptive Statistik

Wie bereits oben angemerkt, handelt es sich bei deskriptiven Verfahren um beschreibende Verfahren, die die erhobenen Daten mithilfe von (mathematischen) Kennwerten beschreiben. Die mithilfe deskriptiver Verfahren gemachten Aussagen gelten folglich ausschließlich für die Stichprobe und erlauben im Gegensatz zu inferenzstatistischen Verfahren keine Aussagen über die Gesamtpopulation. Bortz und Döring (2006: 372) sprechen daher auch von „Stichprobendeskription".

12.3.1 Lagemaße

Liegen nun Messwerte zu den erhobenen Variablen bzw. Indikatoren vor, so ist das Ziel und die Aufgabe der deskriptiven Statistik, die Verteilung dieser Variablen zu beschreiben. Mit den Lagemaßen kann zunächst die zentrale Tendenz einer Variablen angegeben werden (deshalb auch *Maße der zentralen Tendenz*). Unter den Lagemaßen[48] sind insbesondere drei hervorzuheben, die unterschiedlich aussagekräftige Informationen über die Lage einer Verteilung geben: das arithmetische Mittel, der Median und der Modus. Die Grundidee der Lagemaße ist somit, einen Wert angeben zu können, der die gesamte Messwerteverteilung am besten beschreibt. Die Entscheidung darüber, welches Lagemaß gewählt wird, ist dabei abhängig vom Skalenniveau der Variablen deren Verteilung beschrieben werden soll.

Arithmetisches Mittel

Das arithmetische Mittel (auch *Mittelwert*) ist das am häufigsten gebrauchte und informativste Lagemaß (Gehring und Weins 2009: 126–129; Rasch u. a. 2010a: 16–18). Zu beachten ist, dass die Angabe dieses Mittelwertes nur bei metrisch skalierten Variablen, d. h. verhältnis- und intervallskalierten Variablen möglich ist. Er setzt sich zusammen aus der Summe aller gemessenen Werte, geteilt durch die Gesamtanzahl der Werte:

$\bar{x} = \frac{1}{n}\sum_{i=1}^{n} x_i$	mit: $\bar{x}$ = arithmetisches Mittel n = Anzahl der Probanden i = 1 bis n: Anzahl der Fälle x = gemessener Wert

Im Falle von zehn gemessenen Werten hieße dies:

$$x = \frac{Wert^1 + Wert^2 + Wert^3 + Wert^4 + Wert^5 + Wert^6 + Wert^7 + Wert^8 + Wert^9 + Wert^{10}}{10}$$

Mithilfe des arithmetischen Mittels kann die Lage einer Werteverteilung angegeben werden. Wenngleich sich der arithmetische Mittelwert einer großen Popularität erfreut, so sollte dennoch auf einen Nachteil dieser Maßzahl hingewiesen werden, nämlich ihre Empfindlichkeit gegenüber Ausreißern. Bei Ausreißern handelt es sich um einzelne Werte, die sich stark von den restlichen Werten unterscheiden. Betrachten wir den Fall, dass neun Zweitsprachenlerner hinsichtlich ihres Immigrationsalters befragt werden und Altersangaben zwischen 13 Jahren und 15 Jahren machen (drei Befragte geben ein Alter von 13 Jahren, 3 Befragte ein Alter von 14 Jahren und drei Befragte ein Alter von 15 Jahren an), wobei sich dabei ein Mittelwert von 14 Jahren ergibt. Angenommen es wird ein zehnter Zweitsprachenlerner befragt, der nun aber ein Einreisealter von 60 Jahren angibt, so ergibt sich für dieselbe Stichprobe ein arithmetisches Mittel von 18,5 Jahren. Die stark abweichende Antwort nur einer befragten Person ändert den arithmetischen Mittelwert

48 Lagemaße werden in der Literatur auch allgemein als *Mittelwerte* bezeichnet (vgl. Brown 2005: 118–122; Rasch u. a. 2010a). Der Begriff *Mittelwert* bezieht sich dabei nicht auf das arithmetische Mittel, sondern ist ein Sammelbegriff für unterschiedliche Mittelwerte, unter welchen auch das arithmetische Mittel zu finden ist (vgl. Gehring und Weins 2009: 122).

entscheidend und führt so zu einer großen Verzerrung. In so einem Fall empfiehlt es sich, zusätzlich den Median zu berechnen.

Median

Mit dem Median wird der mittlere Wert einer Messwertrangfolge angegeben, d. h. der Median ist der Wert, der die Verteilung in genau zwei Hälften teilt. Vorausgesetzt wird dabei das Ordinalskalenniveau. Zur Veranschaulichung dient das *Item Wie zufrieden sind Sie mit dem Unterricht?*, mit den Antwortmöglichkeiten *sehr* (codiert mit 1), *mittel* (codiert mit 2) und *wenig* (codiert mit 3). Bei einer Stichprobe mit elf Probanden könnten z. B. folgende Antworten gegeben werden: 2, 2, 1, 1, 3, 3, 2, 1, 2, 3, 1. Diese Antworten, die in der Stichprobe zunächst ungeordnet gemessen wurden, müssen bei der Ermittlung des Medians entsprechend ihrer Rangordnung aufgelistet werden. Die geordnete Reihung sieht dann wie folgt aus: 11112222333. Der Median ist der Wert, der diese geordneten Werte in der Mitte teilt, was in diesem Fall die Antwort 2 = *mittel* ist.

Bei einer geraden Probandenzahl, z. B. bei zehn Probanden, werden die beiden Werte in der Mitte der Verteilung addiert und durch 2 geteilt. Läge also die Reihenfolge 1, 1, 2, 2, 2, 3, 3, 3, 3, 3 vor, so liegen in der Mitte der Verteilung die Werte 2 und 3. Addiert man nun die beiden Werte und teilt sie durch 2, ergibt sich ein Median von 2,5. Dieser Wert bedeutet, wenn wir bei unserem Beispiel bleiben, dass der Median zur Zufriedenheit mit dem Unterricht zwischen den Ausprägungen *mittel* und *wenig* liegt.

Modus

Bei allen Variablen (nominal-, ordinal- und metrischskalierte Variablen) kann mit dem Modus (auch *Modalwert*) der am häufigsten vorkommende Wert angegeben werden. Wenn auf die Frage nach beherrschten Sprachen die Sprachen *Deutsch*, *Englisch* und *Spanisch* 15-, 70- und 40-mal genannt werden, dann ist *Englisch* der Modalwert der Stichprobe. Möglich ist auch, dass es zwei oder mehr Werte gibt, die gleich häufig vorkommen und dann gemeinsam den Modus bilden, in unserem Beispiel etwa dann, wenn die Sprache *Türkisch* ebenfalls 70-mal genannt würde (s. Kähler 2008: 46–47; Gehring und Weins 2009: 122–123; Rasch u. a. 2010a: 15–16).

Vorgehen in SPSS (s. Reiter in SPSS)

Anfordern der Lagemaße: Analysieren → Deskriptive Statistiken → Häufigkeiten → zu analysierende Variable(n) in das Variablenfenster ziehen → Button Statistiken anklicken → im Kästchen Lagemaße Häkchen beim gewünschten deskriptiven Verfahren setzen.

Hinweis: Nachdem die zu analysierende(n) Variable(n) in das Variablenfenster gezogen wurden, kann auch die Art der graphischen Darstellung (Button Diagramme) gewählt werden.

Output[49]: *Der Output* zu den Lagemaßen liefert jeweils zwei Tabellen. In der ersten Tabelle werden die Stichprobengröße sowie das von uns angeforderte Lagemaß und die fehlenden Werte angegeben, während in der zweiten Tabelle alle Werte der Stichprobe mit der Häufigkeit, der Häufigkeit in Prozent (fehlende Werte sind hier mit eingerechnet), den gültigen Prozent (ohne fehlende Werte, deshalb kann das N kleiner sein als beim Gesamt-N) sowie den kumulativen Prozenten dargestellt sind.

Ergebnisformulierung (Beispiel): *Der Median der 30 Testergebnisse liegt bei = 3 (befriedigend).*

[49] Die Ergebnisdatei in SPSS wird als *Output* bezeichnet. Sie wird als spv-Datei automatisch geöffnet.

12.3.2 Streuungs- oder Dispersionsmaße

Während die Lagemaße Auskunft über die zentrale Tendenz einer Verteilung geben können, erfahren wir mithilfe von Streuungsmaßen (auch *Dispersionsmaße*) etwas über die Form der Verteilung. Genauer ausgedrückt erfahren wir, wie die einzelnen Werte um einen Wert der zentralen Tendenz streuen, d. h. wie gut beispielweise der Mittelwert die Verteilung beschreibt. Im Folgenden werden folgende Streuungsmaße beschrieben: die Varianz, die Standardabweichung, der Quartilabstand und der *Range* (für eine Beschreibung weiterer Streuungsmaße s. z. B. Kähler 2008: 52–56).

Varianz s^2

Ein häufig angegebenes Streuungsmaß ist die Varianz einer Stichprobe. Dieses Maß basiert auf dem arithmetischen Mittel und kann daher nur bei metrischen Variablen berechnet werden. Es gibt an, wie die Werte durchschnittlich um das arithmetische Mittel streuen. Dies spiegelt sich in folgendem Term, der die Variation (Kähler 2008: 50) der Stichprobe darstellt, wider:

$\sum_{i=1}^{n} (\chi_i - \bar{\chi})^2$	mit: i = 1 bis n: Anzahl der Fälle n = Anzahl der Probanden χ_i = i-te Wert der Stichprobe $\bar{\chi}$ = arithmetisches Mittel der Stichprobe

Das heißt, dass die Differenz jedes einzelnen Wertes x_i zum Mittelwert der Stichprobe berechnet und aufsummiert werden muss. Um zu verhindern, dass sich positive und negative Abweichungen vom Gesamtwert gegenseitig rechnerisch aufheben, wird der Term jeweils quadriert.

Die Varianz ist der Mittelwert aus der Variation, d. h. aus den quadrierten Abweichungen aller Messwerte vom arithmetischen Mittel.

$s^2 = \sqrt{\frac{1}{n} \sum_{i=1}^{n} (\chi_i - \bar{\chi})^2}$	mit: i = 1 bis n: Anzahl der Fälle n = Anzahl der Probanden χ_i = i-te Wert der Stichprobe $\bar{\chi}$ = arithmetisches Mittel der Stichprobe s^2 = Varianz

Hinsichtlich der Interpretation dieser Kenngröße schreibt Kähler (2008: 52): „Je kleiner die Varianz, desto eher repräsentiert der Mittelwert die Gruppe der Merkmalsträger."

Standardabweichung s

Die Angabe der Varianz hat den Nachteil, dass sich Variablen nicht immer richtig interpretieren lassen (Rasch u. a. 2010a: 21). So ergibt der Wert $s^2 = 1$ bei einer Verteilung der Variable *Einreisealter*, dass die Varianz 1 Jahr zum Quadrat beträgt. Doch was genau ist ein „Jahr zum Quadrat"? An dieser Stelle ist die Angabe der Standardabweichung (auch *Streuung*) hilfreich, die nichts anderes als die Wurzel der Varianz ist und folglich die Quadrierung der Maßeinheit aufhebt:

$s = \sqrt{s^2} = \sqrt{\frac{1}{n}\sum_{i=1}^{n}(\chi_i - \bar{\chi})^2}$	mit: i = 1 bis n: Anzahl der Fälle n = Anzahl der Probanden χ_i = i-te Wert der Stichprobe $\bar{\chi}$ = arithmetisches Mittel der Stichprobe s^2 = Varianz s = Standardabweichung

Der Wert, der durch die Standardabweichung s angegeben wird, respektiert daher die Maßeinheit, die eine Variable hat, hier beispielsweise die Einheit Jahr und wird z. B. in der Fremdsprachenerwerbsforschung neben dem Mittelwert sehr häufig verwendet. Wenn – wie im obigen Beispiel angegeben – die Varianz 1 beträgt und als 1 „Jahr zum Quadrat" eine Interpretation erschwert, dann betragt die Standardabweichung ebenfalls 1, wobei mit s = 1 eine Standardabweichung von einem Jahr gegeben ist. Selbstredend setzt die Berechnung der Standardabweichung wiederum metrisch skalierte Variablen voraus, da sie sich aus der Varianz errechnet, welche wiederum der Berechnung des arithmetischen Mittels bedarf. Offensichtlich ist auch, dass die Standardabweichung ebenfalls gegenüber Ausreißern empfindlich ist.

Mit Blick auf die Form der Verteilung, die durch die Standardabweichung beschrieben werden soll, ist ein besonderes Merkmal von Normalverteilungen (s. Abschnitt 12.2.5) hervorzuheben. Ausgehend vom Mittelwert einer normalverteilten Stichprobe umfasst der Bereich unterhalb der Verteilung innerhalb einer Standardabweichung (-1s) links und einer Standardabweichung (+1s) rechts vom Mittelwert 68,3% aller gemessenen Werte. Innerhalb von zwei Standardabweichungen (±2s) sind 95,4% aller gemessener Werte enthalten. Schließlich sind im Bereich ±3s 99,7% aller gemessenen Werte enthalten (vgl. z. B. Bortz 2005: 42–43; Gehring und Weins 2009: 242).

Quartilabstand QA

Während der Median die Messwerte in zwei Hälften teilt, erhält man beim Quartilabstand, nach gleichem Vorgehen wie bei der Bestimmung des Medians, eine Viertelung der Verteilung.

Der Quartilabstand ist ein Streuungsmaß für mindestens ordinalskalierte Variablen und umfasst nur die in der Mitte liegende Hälfte (50%) der Messwerte, also die zwei mittleren Viertel. Je breiter der Quartilabstand, desto stärker streuen die Werte. Der Vorteil dieses Maßes im Vergleich zum *Range* ist, dass es deutlich weniger anfällig gegen eine eventuell verfälschte Beschreibung der Verteilung ist, da die Extremwerte nicht einfließen. Der Quartilabstand ist definiert als $Q_3 - Q_1$ (vgl. Benninghaus 2007: 52–57).

Range R

Der Range (auch *Variationsbreite*, *Spannweite*) gibt die Differenz zwischen dem größten gemessenen und dem kleinsten gemessenen Wert an. Der Range wird wie folgt berechnet: $R = x_{max} - x_{min}$ (vgl. Rasch u. a. 2010a: 20).

Bezogen auf das obige Beispiel zur Frage nach dem Einreisealter ergibt sich mit der Antwort mit dem niedrigsten Wert (13 Jahre) und der Antwort mit dem höchsten Wert (60 Jahre) ein Range von 47 (60-13 = 47). Deutlich wird hier, dass der *Range* gegenüber dem Ausreißer (60 Jahre) wiederum empfindlich reagiert und sein Informationsgehalt zudem niedrig ist.

Vorgehen in SPSS

Anfordern der Streuungsmaße: Analysieren → deskriptive Statistiken → Häufigkeiten → zu analysierende Variable(n) in das Variablenfenster ziehen → Button Statistiken anklicken → im Kästchen Streuung Häkchen beim gewünschten deskriptiven Verfahren setzen.

Output: *Der Output* zu den Streuungsmaßen liefert ebenso wie bei den Lagemaßen jeweils zwei Tabellen. In der ersten Tabelle werden die Stichprobengröße sowie das angeforderte Streuungsmaß und fehlende Werte angegeben, während in der zweiten Tabelle alle Werte der Stichprobe mit der Häufigkeit, der Häufigkeit in Prozent (fehlende Werte sind hier mit eingerechnet), den gültigen Prozenten (ohne fehlende Werte, deshalb kann das N kleiner sein als beim Gesamt-N) sowie den kumulativen Prozenten dargestellt sind.

Ergebnisformulierung (Beispiel): *Die Variable Alter hat einen Mittelwert von 23 Jahren bei einer Standardabweichung von 2,5 Jahren. Das bedeutet, dass 68,3% unserer Stichprobe im Alter zwischen 25,5 (23 +2,5) und 20,5 (23-2,5) Jahren liegen.*

Zusammenfassend geben die Maße der zentralen Tendenz also einen Wert an, der die Mitte einer Verteilung am besten repräsentiert. Die Streuungsmaße geben Informationen darüber, wie schwach oder wie stark die Werte um den errechneten Mittelwert streuen, d. h. ob es sich um eine eher homogene oder um eine eher heterogene Stichprobe handelt (Breite der Verteilung). Tab. 2 gibt einen abschließenden Überblick sowohl zu den Lage- als auch zu den Streuungsmaßen und dem entsprechenden Skalenniveau, auf dem diese jeweils genutzt werden dürfen.

Tab. 2: Lage-und Streuungsmaße in Abhängigkeit vom Skalenniveau

	Metrische Skala	**Ordinalskalierung**	**Nominalskalierung**
Lagemaße	Mittelwert, Median, Modus	Median, Modus	Modus
Streuungsmaße	Range, Quartilabstand, Varianz, Standardabweichung	Range, Quartilabstand	----

12.4 Inferenzstatistik

12.4.1 Grundlagen der Inferenzstatistik

Popham und Sirotnik (1973: 40) machen den Unterschied zwischen deskriptiver Statistik und Inferenzstatistik folgendermaßen deutlich: „When an individual uses descriptive statistics, he talks about the data he has; but with inferential statistics, he talks about data that he does not have." Mithilfe der Inferenzstatistik (auch *schließende Statistik*) schließen wir also anhand der Daten, die uns über eine bestimmte Stichprobe vorliegen, auf die zugrunde gelegte Grundgesamtheit (vgl. Abschnitt 12.2.5), d. h., wir machen, im Unterschied zur deskriptiven Statistik, Aussagen über Daten, die uns zwar nicht vorliegen, die aber durch die Anwendung statistischer Testverfahren mit einer gewissen Wahrscheinlichkeit (vgl. Abschnitt Signifikanz) geschätzt werden können.

Nach der Betrachtung wichtiger Grundlagen der Inferenzstatistik werden wir uns in diesem Kapitel mit den gängigsten Verfahren der Inferenzstatistik beschäftigen, die sich in Verfahren für Unterschieds- und Zusammenhangshypothesen unterteilen. Zu beachten ist, dass die hier vorgestellten Verfahren nur für unabhängige Stichproben (vgl. Abschnitt Unabhängige und abhängige Stichprobe) zulässig sind. Jedes der Verfahren für Unterschiedshypothesen hat ein Pendant für abhängige Stichproben (vgl. genauer http://www.utb-shop.de/9783825285418), die sich jedoch im Vorgehen nur unwesentlich unterscheiden und deshalb nicht gesondert behandelt werden. Des Weiteren ist zu berücksichtigen, dass im Falle der Unterschiedshypothesen (vgl. Abschnitt 12.4.2) von einem Vergleich von zwei Gruppen ausgegangen wird. Für einen Vergleich von mehr als zwei Gruppen werden wiederum andere Verfahren verwendet (vgl. genauer http://www.utb-shop.de/9783825285418).

Null- und Alternativhypothese

Vor der Durchführung jeder Untersuchung müssen im Vorfeld die zu überprüfenden Hypothesen aufgestellt werden (Bortz 2005: 117). Diese sollten aus den bisherigen theoretischen und empirischen Erkenntnissen des jeweiligen Forschungsbereichs abgeleitet werden. In der Statistik werden die zu untersuchenden Hypothesen immer als „statistisches Hypothesenpaar" (Bortz und Döring 2006: 24–25) aufgestellt, die aus einer Nullhypothese (H_0) und Alternativhypothese[50] (H_1) bestehen. Die Hypothese des Forschenden entspricht dabei immer der Alternativhypothese (H_1), die es zu belegen gilt. Die Nullhypothese behauptet hingegen das Gegenteil der Alternativhypothese. „Das komplementäre Verhältnis von H_0 und H_1 stellt sicher, dass bei einer Zurückweisung der H_0 ‚automatisch' auf die Gültigkeit der H_1 geschlossen werden kann, denn andere Möglichkeiten gibt es ja nicht." (Bortz und Döring 2006: 25) Beispiel für ein Hypothesenpaar:

- H_0: Der Effekt ist nicht signifikant (z. B. *Frauen und Männer unterscheiden sich nicht hinsichtlich der Geschwindigkeit des Sprachenlernens.*)
- H_1: Der Effekt ist signifikant (z. B. *Frauen und Männer unterscheiden sich hinsichtlich der Geschwindigkeit des Sprachenlernerns.*)

Unabhängige und abhängige Variablen

Mit den aufgestellten Hypothesen zeigt man welche Variablen (Konstrukte) man in welcher Beziehung zueinander untersuchen möchte. Wichtig dabei ist die Unterscheidung in *unabhängige* vs. *abhängige Variablen*.[51] Die abhängige Variable (AV) ist die Zielgröße in einer Studie, deren Veränderung wir messen und erklären wollen; deshalb wird die AV auch als *zu erklärende Variable* bezeichnet. Die unabhängige Variable (UV) ist die Variable, von der angenommen wird, dass sie sich auf die Zielgröße auswirkt und somit die Veränderung in der AV erklären kann. Aus diesem Grund werden UVs auch *erklärende Variablen* genannt.

---

[50] Die Alternativhypothese kann einseitig (gerichtet) oder zweiseitig (ungerichtet) formuliert (vgl. Bortz 2005: 118; Bortz und Döring 2006: 8, 116, 496; Bortz, Lienert und Boehnke 2008: 40) und außerdem spezifisch oder unspezifisch sein (vgl. Bortz und Döring 2006: 52).

[51] Darüber hinaus wird noch zwischen Moderator-, Mediator-, Kontroll- und Störvariablen unterschieden. Eine Moderatorvariable verändert den Zusammenhang zwischen einer UV und einer AV, in dem sie die UV beeinflusst. Von einer Mediatorvariable spricht man, wenn die UV nicht direkt, sondern über eine dritte Variable indirekt auf die AV einwirkt. Eine Mediatorvariable stellt dann eine Kontrollvariable dar, wenn diese innerhalb der Studie vorsorglich erhoben wird. Wird eine Mediatorvariable im Rahmen der Untersuchung nicht berücksichtigt, so spricht man von einer Störvariablen (Bortz und Döring 2006: 3).

Signifikanz

Wir setzen statistische Verfahren ein, um Hypothesen zu testen, die sich immer auf die Grundgesamtheit beziehen und nicht auf die Stichprobe (vgl. Abschnitt 12.2.4). Wenn wir unsere Daten erhoben und mit entsprechenden Verfahren unsere Hypothese statistisch getestet haben, wird angegeben, ob das Ergebnis signifikant ist. Durch Signifikanztests kann mit einer gewissen Fehlerwahrscheinlichkeit von den Verhältnissen in der Stichprobe auf die Verhältnisse in der Population geschlossen werden. Von *Signifikanz* sprechen wir dann, wenn der Test ein Ergebnis mit einer sehr geringen Irrtumswahrscheinlichkeit liefert (bzw. die vom Forscher im Vorfeld festgelegte Irrtumswahrscheinlichkeit nicht überschreitet). „Man lehnt deshalb die Nullhypothese ab und akzeptiert die Alternativhypothese [...] Ein nicht signifikantes Ergebnis darf nicht als Beleg für die Richtigkeit der Nullhypothese interpretiert werden.“ (Bortz und Döring 2006: 26–27) Denn es ist durchaus möglich, dass in der Population tatsächlich vorhandene Effekte z. B. aufgrund einer zu klein gewählten Stichprobe lediglich nicht aufgedeckt werden können und/oder auch „Untersuchungsfehler wie z. B. ein wenig aussagekräftiges Untersuchungsdesign, ungeeignete operationale Indikatoren oder ungenaue Messvorschriften für das nicht signifikante Ergebnis verantwortlich sind.“ (Bortz und Döring 2006: 27; vgl. hierzu auch Larson-Hall 2012: 248–249).

Das Signifikanzniveau wird mit p (*probability*) oder auch mit α (*alpha*) angegeben und macht Aussagen darüber, ob und mit welcher Wahrscheinlichkeit das Ergebnis verallgemeinerbar ist. In der Literatur ist häufig folgendes Signifikanzniveau zu finden (s. zur Kritik am festgelegten Signifikanzniveau Rost 2007: 210–211):

- $p > 0.05$ (nicht signifikant)
- $p \leq 0.05$* (signifikant)

In statistischen Untersuchungen unserer Fächergruppe wird in der Regel eine Fehlerwahrscheinlichkeit von 5% ($p \leq 0.05$) gewählt (vgl. Larson-Hall 2012: 247), die besagt, dass mit 95% Sicherheitswahrscheinlichkeit das vorliegende Ergebnis nicht zufällig entstanden ist. Welches Signifikanzniveaus gewählt werden soll, muss vor Beginn der Untersuchung festgelegt werden.

Bei der Signifikanz ist zu beachten, dass diese auch stark von der Stichprobengröße abhängt. Bei größeren Stichproben können auch kleine und inhaltlich bedeutungslose Ergebnisse signifikant werden (Rost 2007: 212; vgl. Abschnitt 12.4.4). Eine Fehlerwahrscheinlichkeit von 5% bedeutet zudem, dass jede 20. Studie fälschlich signifikant wird. Deshalb bewahrt uns ein signifikantes Ergebnis auch nicht automatisch vor Fehlentscheidungen in Bezug auf die Annahme oder Verwerfung der Nullhypothese. In diesem Zusammenhang sind die Begriffe *Fehler erster Art* (oder *α-Fehler*) und *Fehler zweiter Art* (*Beta*-Fehler oder *β-Fehler*) relevant. Der Fehler erster Art besagt, dass die Nullhypothese verworfen wird, obwohl sie richtig ist. Die Wahrscheinlichkeit, diesen Fehler zu begehen, entspricht der gewählten Irrtumswahrscheinlichkeit (also p bzw. α). Der Fehler zweiter Art wird hingegen begangen, wenn die Nullhypothese beibehalten wird, obwohl die Alternativhypothese zutrifft (vgl. Bortz 2005: 110–111; Rasch u. a. 2010a: 77–79; zu Möglichkeiten der Vermeidung beider Fehlertypen vgl. Larson-Hall 2010: 102). Wichtig zu erwähnen ist in diesem Zusammenhang auch die Teststärke (auch *Power*), die als das Komplement zum β-Fehler definiert ist. „Die Teststärke $1-\beta$ (Power) gibt an, wie wahrscheinlich es ist, dass ein tatsächlich bestehender Unterschied entdeckt wird (also die Wahrscheinlichkeit, die Alternativhypothese statistisch nachzuweisen, falls sie zutreffend ist)." (Benesch 2013: 162) In der Literatur wird ein Verhältnis von 1:4 zwischen α-Fehler und β-Fehler empfohlen, so dass sich bei einer Irrtumswahrscheinlichkeit von $\alpha = 5\%$ ein β von 20% sowie eine Teststärke von 80% ergibt (Benesch 2013: 193).

Unabhängige und abhängige Stichprobe

Eine weitere wichtige Unterscheidung in der Inferenzstatistik ist die zwischen unabhängigen und abhängigen Stichproben, die auch Einfluss auf die Wahl des geeigneten Tests bei Unterschiedshypothesen hat. Wir sprechen von *abhängigen Stichproben*, wenn Messwerte zweier Stichproben jeweils paarweise einander zugeordnet werden können. Dies kann beispielsweise der Fall sein, wenn Freundes- oder Ehepaare untersucht bzw. miteinander verglichen werden oder wenn Variablen wiederholt bei ein und derselben Person erhoben werden (Messwiederholung). Durch die mehrmalige Erhebung von Daten, z. B. auch durch Pre- und Posttest (vgl. Kap. 14), liegen dann mehrere Messwerte eines Probanden vor (abhängige Stichproben), die zu einer weiteren Person oder zueinander (mehrere Daten einer Person) in Beziehung stehen (Bortz 2005: 144). Wenn zwischen den Untersuchungsobjekten zweier Stichproben keinerlei Beziehung besteht, bezeichnet man diese als *unabhängige Stichproben*. Hierbei kann es sich beispielsweise um folgende Gruppen (Stichproben) handeln: Frauen vs. Männer, Ältere vs. Jüngere, Personen mit Fremdsprachenkenntnissen vs. Personen ohne Fremdsprachenkenntnisse usw., bei denen man im Hinblick auf eine bestimmte Variable einen Unterschied vermutet (vgl. Raab-Steiner und Benesch 2008: 113; Meindl 2011: 134).

12.4.2 Unterschiedshypothesen

Mit einer Unterschiedshypothese wird der Unterschied auf der abhängigen Variablen (AV) zwischen zwei Stichproben (UV) überprüft. Das Skalenniveau der AV bestimmt die Auswahl des statistischen Verfahrens. Der Unterschied kann sich auf den Vergleich von zwei Gruppen hinsichtlich ihres Mittelwertes (parametrische Testverfahren, mindestens metrischskalierte AV) bzw. auf den Vergleich von zwei Rangreihen (nichtparametrische Testverfahren, mindestens ordinalskalierte AV) beziehen. Eine Unterschiedshypothese mit zwei nominalen Variablen prüft die (Un-)Abhängigkeit von beobachteten und erwarteten Häufigkeiten.

Bei Unterschiedshypothesen geht es also um Unterschiede bezüglich eines Merkmals zwischen zwei (oder mehreren) Gruppen. Das statistische Hypothesenpaar lautet typischerweise:

- H_0: *Es gibt keinen Unterschied zwischen Gruppe 1 und Gruppe 2 bezüglich des untersuchten Merkmals.* (Z. B. *Die Behaltensleistung des vorgegebenen Wortschatzes unterscheidet sich bei Kindern und Erwachsenen nicht.*)
- H_1: *Es gibt einen Unterschied zwischen Gruppe 1 und Gruppe 2 bezüglich des untersuchten Merkmals.* (Z. B. *Die Behaltensleistung des vorgegebenen Wortschatzes unterscheidet sich bei Kindern und Erwachsenen.*)

t-Test

Der *t-Test* ist ein Verfahren, das zur Prüfung von Mittelwertsunterschieden zwischen zwei unabhängigen Stichproben (UV) bei metrisch skalierter abhängiger Variable (AV) eingesetzt wird.[52] Als Beispiel für den t-Test soll das folgende Beispiel dienen:

[52] Auf den t-Test für abhängige Stichproben wird an dieser Stelle nicht näher eingegangen (vgl. Abschnitt 12.4.1.).

Zum Abschluss des Deutschkurses nehmen 30 Frauen und 30 Männer an einem Abschlusstest teil. Das Hypothesenpaar hierzu könnte lauten:

- H_0: *Frauen und Männer unterscheiden sich nicht im Ergebnis des Abschlusstestes.*
- H_1: *Frauen und Männer unterscheiden sich im Ergebnis des Abschlusstestes.*

Als weitere Voraussetzungen des t-Tests sind die Normalverteilung (der AV, prüfbar mittels *Kolomogorov-Smirnoff-Test*, vgl. Abschnitt 12.2.5) und die Varianzhomogenität[53] (prüfbar mittels *Levene-Test*) zu nennen (vgl. Larson-Hall 2010: 250–251).

Der t-Wert wird folgendermaßen berechnet (Rasch u. a. 2010a: 50):

$$t_{df} = \frac{(\bar{x}_1 - \bar{x}_2) - (\mu_1 - \mu_2)}{\hat{\sigma}_{\bar{x}1-\bar{x}2}}$$

mit:

df	= Freiheitsgrade[54]
$\bar{x}_1$	= Mittelwert der Stichprobe 1
$\bar{x}_2$	= Mittelwert der Stichprobe 2
μ_1	= Populationsmittelwert der Stichprobe 1
μ_2	= Populationsmittelwert der Stichprobe 2
$\hat{\sigma}_{\bar{x}1-\bar{x}2}$	= geschätzter Standardfehler der Mittelwertsdifferenz in der Grundgesamtheit

Die theoretische Mittelwertsdifferenz, die mit $\mu_1 - \mu_2$ definiert ist und die Nullhypothese darstellt, ergibt immer null und kann aus der Gleichung gestrichen werden. Sie wird an dieser Stelle lediglich der Vollständigkeit halber aufgeführt (vgl. Rasch u. a. 2010a: 51). Im Zähler stehen somit nur noch die Mittelwerte der zwei untersuchten Gruppen. Im Nenner steht der Wert für den geschätzten Standardfehler[55], der auf Basis der Fallanzahl sowie der Varianzen beider Stichproben berechnet bzw. geschätzt wird. Bei einer manuellen Berechnung würde man den errechneten t-Wert nun in einer Tabelle nachschlagen (vgl. z. B. Bortz 2005: 819), um zu überprüfen, ob dieser signifikant ist oder nicht. SPSS nimmt uns die manuelle Berechnung ab.

Vorgehen in SPSS

Anfordern des Kolomogorov-Smirnoff-Tests zur Prüfung auf Normalverteilung: Analysieren → Nichtparametrische Tests → Alte Dialogfelder → K-S bei einer Stichprobe.

Hinweis: Liegt der p-Wert beim Kolomogorov-Smirnoff-Test über dem festgelegten α-Niveau (5% Irrtumswahrscheinlichkeit), ist der Test also nicht signifikant, so kann von einer Normalverteilung ausgegangen werden (Raab-Steiner und Benesch 2008: 118–119). Ist diese Voraussetzung nicht erfüllt (liefert der Test also ein signifikantes Ergebnis), muss nicht unbedingt auf ein nichtparametrisches Verfahren ausgewichen werden, denn „[d]er T-Test reagiert relativ robust auf Verletzungen dieser Annahme" (Brosius 2011: 479; vgl. hierzu auch Rost 2007: 188; Rasch u. a. 2010a: 60). Bei einer Stichprobengröße von N > 30 (pro Gruppe) kann nach Bortz, Lienert.

53 *Varianzhomogenität* liegt vor, wenn sich die für zwei Grundgesamtheiten ermittelten Varianzen in ihrer Größe nicht signifikant voneinander unterscheiden.

54 Freiheitsgrade (i. d. R. abgekürzt als df für *degrees of freedom*) lassen sich beschreiben als Beobachtungswerte einer Stichprobe, die voneinander unabhängig sind, d. h. frei variierbare Beobachtungswerte. Ergibt sich beispielsweise ein Mittelwert von 25 auf Grundlage von fünf Beobachtungswerten, so sind vier der Werte frei wählbar (z. B.: 6, 4, 7, 3). Der fünfte Wert jedoch ist durch den Mittelwert vorgegeben (in diesem Fall: 5). Freiheitsgrade berechnen sich beim t-Test nach der Anzahl der Fälle je Gruppe minus eins: n1 (Fallanzahl Gruppe 1) + n2 (Fallanzahl Gruppe 2) – 2 = df.

55 Der Standardfehler bezieht sich auf die Schätzung der Standardabweichung der Stichprobenmittelwerte um den wahren Populationsmittelwert (Rasch u. a. 2010a: 37– 40).

und Boehnke (2008: 81–82) von einer Normalverteilung ausgegangen werden. „Geringe Abweichungen [...] können [...] vernachlässigt werden, denn diese verzerren die Resultate parametrischer Tests in der Regel nur unerheblich." (Bortz u. a. 2008: 82; vgl. auch Gehring und Weins 2009: 248–249) Würde man aufgrund eines signifikanten Ergebnisses auf ein nichtparametrisches Verfahren ausweichen, müsste in diesem Fall der *Mann-Whitney-U-Test* gewählt werden

Anfordern des t-Tests: Analysieren → Mittelwerte vergleichen → t-Test bei unabhängigen Stichproben

Hinweis: Es müssen eine Gruppenvariable (UV) und eine Testvariable (AV) ausgewählt werden.

Output: Unter *Gruppenstatistiken* werden deskriptive Maßzahlen (Mittelwert, Standardabweichung) der gewählten Testvariable für beide Gruppen angegeben. In der Tabelle *Test bei unabhängigen Stichproben* kann das Ergebnis des Levene-Tests abgelesen werden: Mit dem Levene-Test wird geprüft, ob die Varianzen in den zwei Grundgesamtheiten gleich sind. Ebenso wie beim Kolomogorov-Smirnoff-Test wird bei einem nicht-signifikanten Ergebnis die Nullhypothese beibehalten (Raab-Steiner und Benesch 2008: 119–129). Liefert der Levene-Test, der in SPSS mit ausgegeben wird, also ein *nicht* signifikantes Ergebnis, weist dies auf Varianzhomogenität hin. Im Falle von Varianzungleichheit muss eine Freiheitsgradkorrektur vorgenommen werden, die bei der Berechnung des t-Tests in SPSS in der Zeile *Varianzen sind nicht gleich* mit angegeben wird (Rasch u. a. 2010a: 60; Brosius 2011: 480). In diesem Fall wird der Ergebniswert einfach in der zweiten und nicht in der ersten Zeile abgelesen.[56] Zudem werden in dieser Tabelle der t-Wert, die Freiheitsgrade (df) sowie der Signifikanzwert[57] berichtet.

Ergebnisformulierung (Beispiel): *Für die Gruppe der Männer ergibt sich beim Testergebnis ein Mittelwert von 55,00 Punkten (Standardabweichung: 5,30), für die Gruppe der Frauen ein Mittelwert von 57,00 Punkten (Standardabweichung: 8,24). Dieser Mittelwertunterschied ist auf dem zugrunde gelegten Signifikanzniveau von 5% nicht signifikant (t = -1,68; df = 22; p – 0,107), d. h., Männer und Frauen unterscheiden sich nicht signifikant in Bezug auf das Testergebnis.*

Mann-Whitney-U-Test

Die nichtparametrische Alternative zum t-Test ist der *Mann-Whitney-U-Test* (auch *Rangsummentest*), der zur Prüfung von Unterschieden bei zwei unabhängigen Gruppen (UV) mit einer Testvariablen auf Ordinalskalen-Niveau (AV) eingesetzt wird. Beispiel:

Studierende der Naturwissenschaften und der Geisteswissenschaften werden im Hinblick auf die Zufriedenheit mit dem Studium befragt. Dabei müssen sie auf einer 4er-Skala angeben, wie zufrieden sie mir ihrem Studium sind. Die Hypothesen könnten lauten:

- H_0: *Studierende der Naturwissenschaften und der Geisteswissenschaften unterscheiden sich nicht im Hinblick auf die Zufriedenheit mit dem Studium.*
- H_1: *Studierende der Naturwissenschaften und der Geisteswissenschaften unterscheiden sich im Hinblick auf die Zufriedenheit mit dem Studium.*

[56] Es ist also kein Problem, wenn sich die Varianzen als ungleich erweisen, was in der L2-Forschung sehr häufig der Fall ist: „The assumption of equal variances is very often violated in second language research studies if a group of native speakers versus non-native speakers is included, since the native speakers usually have a far smaller variance than the group of non-native speakers." (Larson-Hall 2010: 251)

[57] Dieser kann mit $p \leq 0.05$ oder exakt mit $p = 0.017$ angegeben werden.

Der Unterschied basiert auf einem Vergleich der Rangreihenfolge der Messwerte (Angaben auf der 4er-Skala) beider Stichproben, die in aufsteigender Rangfolge geordnet werden. Dabei wird dem kleinsten Wert der Rangplatz 1, dem zweitkleinsten Wert der Rangplatz 2 usw. zugewiesen.

In die Berechnung der U-Werte fließen die Fallanzahl sowie die Rangsummen der Gruppen ein (Rasch, Friese, Hofmann und Naumann 2010b: 149). Alle Rangplätze der Rangreihe einer Gruppe werden addiert und ergeben so die Rangsumme. Bei identischen Messwerten, sog. *Bindungen*, werden den Werten mittlere Rangzahlen zugewiesen:

$U = n_1 * n_2 + \frac{n_1(n_1+1)}{2} - T1$	mit: n_1: Anzahl Probanden in Gruppe 1 n_2: Anzahl Probanden in Gruppe 2 T_1: Rangsumme für Gruppe 1

Vorgehen in SPSS

Anfordern des U-Tests: Analysieren → Nichtparametrische Tests → Alte Dialogfelder → Zwei unabhängige Stichproben

Hinweis: Ebenso wie beim t-Test ist eine Testvariable sowie eine Gruppenvariable einzugeben.

Output: Die Tabelle Ränge gibt die mittleren Ränge[58] sowie die Rangsummen der Gruppen an. Die Tabelle *Statistik für Test* liefert den zu berichtenden (Mann-Whitney-) U-Wert sowie den Signifikanzwert p.

Ergebnisformulierung (Beispiel): *Da die Testvariable „Zufriedenheit mit dem Studium" ordinales Skalenniveau aufweist, wurde für den Gruppenvergleich der Mann-Whitney-U-Test herangezogen. Für die Studierenden der Naturwissenschaften ergibt sich ein mittlerer Rang von 15,45, für die Gruppe der Geisteswissenschaftler ergibt sich ein etwas höherer Rang von 17,60; dieser Unterschied ist jedoch bei $\alpha = 5\%$ nicht signifikant (Mann-Whitney-U = 35,50; p = 0,280). D. h., die beiden untersuchten Studierendengruppen unterscheiden sich nicht signifikant in Bezug auf ihre Zufriedenheit mit dem Studium.*

Chi-Quadrat-Test

Der *Chi-Quadrat-Test* (*χ^2-Test*; auch *Pearson's Chi-Quadrat*) prüft, ob sich zwei nominalskalierte Variablen[59] in ihren beobachteten Häufigkeiten maßgeblich von der Gleichverteilung unterscheiden, die man theoretisch erwarten würde. Beispiel:

Wir nehmen an, dass die Variablen Geschlecht und Studienfachwahl zusammenhängen und folgende beobachteten Häufigkeiten für die beiden Variablen gegeben sind:

[58] Höhere mittlere Ränge einer Gruppe zeigen eine höhere Ausprägung des Merkmals an (ähnlich dem Mittelwert bei intervallskalierten Variablen).

[59] Der Chi-Quadrat-Test ist jedoch nicht auf nominalskalierte Variablen beschränkt. Eine Runterskalierung (*Niveauregression*) von Variablen ist problemlos möglich (vgl. Abschnitt 12.4.5). „Die Kreuztabelle ist ein Multitalent, sie eignet sich sowohl für nominal- und ordinalskalierte als auch für gruppierte metrische Variablen." (Kuckartz, Rädiker, Ebert und Schehl 2010: 81)

Tab. 3: Kreuztabelle mit den Variablen Geschlecht und Studienfachwahl und den beobachteten Häufigkeiten

Geschlecht **Studienfach**	**Frauen**	**Männer**	**Gesamt**
BWL	15	19	34 BWL-Studenten
Physik	2	29	31 Physik-Studenten
Pädagogik	23	12	35 Pädagogik-Studenten
Gesamt	**40 Frauen**	**60 Männer**	**100 Studenten**

Das Hypothesenpaar lautet:
- H_0: *Das Geschlecht hat keinen Einfluss auf die Wahl des Studienfaches.*
- H_1: *Das Geschlecht hat einen Einfluss auf die Wahl des Studienfaches.*

> Der Chi-Quadrat-Test überprüft die Unabhängigkeit der beiden Variablen der Kreuztabelle[60] und damit indirekt den Zusammenhang der beiden Merkmale. Zwei Variablen einer Kreuztabelle gelten dann als voneinander unabhängig, wenn die beobachteten Häufigkeiten [...] der einzelnen Zeilen mit den erwarteten Häufigkeiten [...] übereinstimmen. (Bühl 2012: 298; vgl. auch Raithel 2008: 143)

Dabei stammen die beobachteten Häufigkeiten aus dem erhobenen Datensatz, die erwarteten Häufigkeiten werden wie folgt berechnet: Für jede Zelle der Kreuztabelle wird die Zeilensumme mit der Spaltensumme multipliziert und durch die Gesamtsumme geteilt (kann in SPSS angefordert werden, s. u.). Wir berechnen nun die erwarteten Häufigkeiten für unser Beispiel, also die Verteilung, die man theoretisch annehmen würde:

Tab. 4: Kreuztabelle mit den Variablen Geschlecht und Studienfachwahl sowie den beobachteten und erwarteten Häufigkeiten

Geschlecht Studienfach	**Frauen**	**Männer**	**Gesamt**
BWL	*15*	*19*	34 BWL-Studenten
	14	*20,4*	
Physik	*2*	*29*	31 Physik-Studenten
	12,4	*18,6*	
Pädagogik	*23*	*12*	35 Pädagogik-Studenten
	14	*21*	
Gesamt	**40 Frauen**	**60 Männer**	**100 Studenten**

60 Zum „Prinzip der Kreuztabelle" vgl. Brosius (2008: 209–210); Gehring und Weins (2009: 142–145); Kuckartz u. a. (2010: 81–83).

Die Summe aus den quadrierten Abweichungen der beobachteten und erwarteten Häufigkeiten, geteilt durch die erwarteten Häufigkeiten, liefert den Wert für Chi-Quadrat. Ein großes Chi-Quadrat weist auf eine Abhängigkeit, also auf einen Zusammenhang, der untersuchten Variablen hin (Hatch und Lazaraton 1991: 393–396, 399–402; Larson-Hall 2010: 207–208):

$$\chi^2 = \Sigma \frac{(\text{Beobachtete Häufigkeiten} - \text{Erwartete Häufigkeiten})^{61}}{\text{Erwartete Häufigkeiten}}$$

Für unser obiges Beispiel würden wir ein signifikantes Ergebnis erhalten (Chi-Quadrat = 24,42, df = 2, p = 0,000).

Eine wichtige Voraussetzung des Chi-Quadrat-Tests ist, dass die erwarteten Häufigkeiten in 80% der Zellen größer als fünf sein müssen (Rasch u. a. 2010b: 198; Larson-Hall 2010: 226–227). Wenn mehr als 20% der erwarteten Häufigkeiten kleiner fünf sind, wird empfohlen „sachlogisch ähnliche Kategorien zusammenzufassen oder schwach besetzte Kategorien in der Analyse auszulassen" (Zöfel 2003: 185; vgl. auch Larson-Hall 2010: 226).

Vorgehen in SPSS

Anfordern des Chi-Quadrat -Tests: Analysieren → Deskriptive Statistiken → Kreuztabellen.

Hinweis: In die Felder *Zeilen* und *Spalten* müssen die entsprechenden Variablen eingegeben werden. Im Untermenü *Statistiken* wird *Chi-Quadrat* durch ein Häkchen aktiviert. Im Hauptfenster wird nun der Button *Zellen* angeklickt, um im Feld *Häufigkeiten* die beiden Felder *Beobachtet* sowie *Erwartet* auszuwählen.

Output: Die Kreuztabelle bietet die Darstellung der ausgewählten Variablen mit ihren beobachteten und erwarteten Werten. Die Tabelle *Chi-Quadrat-Test* liefert den Chi-Quadrat-Wert (nach Pearson) und die Signifikanz. Ebenfalls abzulesen sind die Freiheitsgrade[62], die beim Chi-Quadrat-Test anzugeben sind.

Ergebnisformulierung (Beispiel): *Zur Überprüfung der Alternativhypothese, dass die Variablen Geschlecht und Studienfachwahl zusammenhängen, wurde ein Chi-Quadrat-Test gerechnet. Dieser Test ist auf dem 5%-Niveau signifikant (Chi-Quadrat = 7,20, df = 1, p = 0,007): Frauen und Männer unterscheiden sich signifikant in der Wahl des Studienfaches.*

12.4.3 Zusammenhangshypothesen (Korrelationen)

Bei Unterschiedshypothesen prüfen wir einen Unterschied zwischen zwei Stichproben in Bezug auf eine Variable. Bei Zusammenhangshypothesen hingegen erheben wir zwei Variablen bei einer Stichprobe und prüfen, inwieweit zwischen diesen beiden Variablen ein Zusammenhang besteht, d. h. die Werte der Variablen kovariieren.

---

61 In der Literatur werden für die Zuweisung der Variablen zu den Zeilen und Spalten in der Kreuztabelle unterschiedliche Vorgehensweisen vorgeschlagen: Abtragen der Variable mit weniger Ausprägungen in Spalten (Schöneck und Voß 2005: 186) oder Eintragen der AV in den Zeilen und der UV in den Spalten (Gehring und Weins 2009: 106; Diekmann 2010: 688).

62 Die Freiheitsgrade beim Chi-Quadrat-Test sind definiert als das Produkt der Zeilenanzahl minus 1 und der Spaltenanzahl minus 1. Bei einer 3 * 2 Kreuztabelle ergibt sich somit für df: (3-1) * (2-1) = 2.

Mit einer Zusammenhangshypothese wird also angenommen, dass innerhalb einer Gruppe zwischen zwei Variablen ein Zusammenhang besteht. Die bekannteste Korrelation ist die *Produkt-Moment-Korrelation* (auch *Pearson-Korrelation*). Für ordinale Daten wird die *Spearman-Korrelation* angewandt und will man Zusammenhänge zwischen zwei nominalen Variablen prüfen, so verwendet man den *Kontingenzkoeffizienten C*.

Der Korrelationskoeffizient gibt die Stärke und Richtung des Zusammenhangs zweier Variablen an.[63] Er kann zwischen +1 (maximaler positiver Zusammenhang) und -1 (maximaler negativer Zusammenhang) liegen, d. h., ein Korrelationskoeffizient von 0 würde angeben, dass kein Zusammenhang zwischen den Variablen besteht. Je stärker sich der Korrelationskoeffizient +1 oder -1 nähert, desto stärker ist auch der Zusammenhang der untersuchten Variablen (zu Faktoren, die die Höhe der Korrelation beeinflussen können s. Rost 2007: 142). Eine positive Korrelation besagt, dass hohe Werte auf der einen Variablen mit hohen Werten auf der anderen Variablen einhergehen. Liegt eine negative Korrelation vor, so bedeutet dies, dass hohe Werte auf der einen Variablen mit niedrigen Werten auf der anderen Variablen korrespondieren (für Beispiele vgl. Rost 2007: 141–142; Larson-Hall 2010: 148–149). Kausalität kann aus dem gefundenen Zusammenhang jedoch *nicht* abgeleitet werden, da Kausalität nur unter bestimmten Bedingungen (Rost 2007: 143–145) nachgewiesen werden kann, z. B. im Rahmen experimenteller Untersuchungen (vgl. Kap. 14; vgl. auch Raab-Steiner und Benesch 2008: 142–143; Rasch u. a. 2010a: 120–122, 127–128). „Korrelationen sind allein Kennzahlen für den Grad des Zusammenhangs zwischen Merkmalen – und nicht mehr.“ (Rost 2007: 142)

Mit Zusammenhangshypothesen wird somit ein Zusammenhang zwischen zwei Variablen getestet.[64] Das statistische Hypothesenpaar wird wie folgt formuliert:

- H_0: *Es gibt keinen Zusammenhang zwischen Variable 1 und Variable 2.*
- H_1: *Es gibt einen Zusammenhang zwischen Variable 1 und Variable 2.*

Die perfekte Korrelation mit Werten um ± 1 ist ein theoretischer Wert, der in der Untersuchungspraxis nur extrem selten anzutreffen sein wird. Zur Interpretation des Korrelationskoeffizienten sind in der Literatur folgende Konventionen zu finden (Cohen 1988: 116; Meindl 2011: 220; Bühl 2012: 303), die auch für unsere Fächergruppen gelten (vgl. Larson-Hall 2010: 119): $r \geq |0.1|$ (kleiner Effekt), $r \geq |0.3|$ (mittlerer Effekt), $r \geq |0.5|$ (großer Effekt).

Beim Korrelationsergebnis ist allerdings zu berücksichtigen, dass „bei Laborexperimenten wegen der Kontrollierbarkeit von Störeinflüssen höhere Zusammenhänge erwartet [werden], wohingegen bei Feldstudien der Anspruch an die Höhe der Korrelation in der Regel niedriger ist“ (Rasch u. a. 2010a: 126).

Produkt-Moment-Korrelation

Der Korrelationskoeffizient *Pearson's r* misst „die Stärke des *linearen* Zusammenhangs zwischen zwei mindestens intervallskalierten (metrischen) Merkmalen [...]. Wenn ohne

---

63 Der Kontingenzkoeffzient C als nominales Zusammenhangsmaß macht lediglich eine Aussage über die Stärke nicht aber über die Richtung des Zusammenhangs (vgl. Abschnitt 12.4.3.3).

64 Eine vom Forscher vorgenommene Zuordnung der Variablen als AV und UV (gerichtete Hypothese: *Je höher die Anzahl deutscher Freunde, desto höher fällt das Testergebnis aus*) muss nicht bedeuten, dass der Zusammenhang auch tatsächlich in der angenommenen Richtung existiert. Kann keine Zuordnung der Variablen als AV und UV bestimmt werden, sind ungerichtete Zusammenhangshypothesen (z. B. *Es gibt einen Zusammenhang zwischen dem Testergebnis und der Anzahl deutscher Freunde*) aufzustellen.

nähere Angaben von Korrelation gesprochen wird, dann ist meistens der Pearson'sche Korrelationskoeffizient gemeint." (Gehring und Weins 2009: 165, Herv. i. O.) Neben den angesprochenen Voraussetzungen der Linearität und der Intervallskalierung ist als weitere Voraussetzungen der parametrischen Korrelation, ebenso wie beim t-Test, die Normalverteilung[65] zu nennen (vgl. Abschnitt 12.2.6).

Zur Berechnung des Koeffizienten *r* wird im Zähler die Summe der Abweichungsprodukte (SAP: Abweichungen aller x-Werte vom Mittelwert multipliziert mit den Abweichungen aller y-Werte vom Mittelwert) berechnet und durch die Wurzel der summierten Abweichungsquadrate (SAQ) dividiert (Gehring und Weins 2009: 170):

$r = \frac{SAP}{\sqrt{SAQ_x * SAQ_y}} = \frac{\sum_{i=1}^{n} (x_i - \bar{x}) * (y_i - \bar{y})}{\sqrt{\sum_{i=1}^{n} (x_i - \bar{x})^2 * \sum_{i=1}^{n} (y_i - \bar{y})^2}}$	mit: SAP = Summe der Abweichungsprodukte SAQ = Summe der Abweichungsquadrate x = Messwerte der Variable 1 $\bar{x}$ = Mittelwert der Variable 1 y = Messwerte der Variable 2 $\bar{y}$ = Mittelwert der Variable 2 i = 1 bis n: Anzahl der Fälle

Spearman-Korrelation

Spearman's Rho ist das Pendant zu *Pearson's r*, „wobei an Stelle intervallskalierter Messwerte die jeweiligen Rangplätze der ordinalskalierten Daten eingesetzt werden. Die Rangkorrelation erfasst, inwieweit zwei Rangreihen systematisch miteinander variieren." (Rasch u. a. 2010a: 142) Bei einer perfekten Rangkorrelation der zwei Gruppen aufgrund einer identischen Rangreihenfolge würde Spearman's Rho bei +1 liegen, bei einer perfekt negativen bei -1 und im Falle eines Nichtzusammenhangs um 0 herum (Rasch u. a. 2010a: 143).

Die Rangkorrelation wird anhand der folgenden Formel berechnet (Rasch u. a. 2010a: 142):[66]

$r_s = 1 - \frac{6 * \sum_{i=1}^{n} d_i^2}{n * (n^2 - 1)}$	mit: n = Anzahl der Probanden d_i = Differenz der Rangplätze einer Untersuchungseinheit i bezüglich der Merkmale x und y i = 1 bis n: Anzahl der Fälle

Neben der Anzahl der Probanden werden zur Berechnung von Spearman's Rho die quadrierten Rangplatz-Differenzen herangezogen. Die Differenzen werden wie folgt berechnet: Erhält eine Person in der Variable x den Rangplatz 1 und in der Variable y den Rangplatz 4, so wäre d = -3; durch die Quadrierung von *d* wird das Vorzeichen unbedeutend (Eid, Gollwitzer und Schmitt 2011: 520).

---

65 Parametrische Korrelationen sind, wie der t-Test, relativ robust gegen Verletzung der Normalverteilungsvoraussetzung (Bortz 2005: 214; Kuckartz u. a. 2010: 198).

66 Diese Formel ist gültig, wenn Rangbindungen im Datensatz maximal 20% ausmachen. Liegt die Zahl der verbundenen Ränge höher, muss eine erweiterte Formel herangezogen werden (Bortz 2005: 233).

> **Vorgehen in SPSS**
>
> Die Berechnung von Pearson- und Spearman-Korrelationen unterscheidet sich kaum, so dass eine gemeinsame Darstellung folgt.
>
> ***Anfordern der Korrelation:*** Analysieren → Korrelationen → bivariat
>
> **Hinweis:** Aus der Liste der Variablen werden die zwei Variablen ausgewählt, für die der Zusammenhang berechnet werden soll. Je nach Skalenniveau kann nun entweder Pearson oder Spearman aktiviert werden. Für die Pearson-Korrelation können zusätzlich unter *Optionen* die Mittelwerte und Standardabweichungen für die ausgewählten Variablen angefordert werden. Unter *Test auf Signifikanz* ist bereits zweiseitig für das zweiseitige Testen voreingestellt. Für eine einseitige Hypothese ist das Häkchen entsprechend auf *einseitig* zu setzen. Das Feld *signifikante Korrelationen markieren* ist im Normalfall bereits aktiviert und hilft dabei, die durch Sternchen markierten signifikanten Korrelationen im *Output* schneller zu sichten.
>
> ***Output:*** In der Korrelationsmatrix sind zwei Werte abzulesen: der Korrelationskoeffizient *Pearson's r* (bzw. *Spearman's Rho*) und die Irrtumswahrscheinlichkeit *p* (bzw. α).
>
> **Ergebnisformulierung (Beispiele):** *Es liegt eine positive Korrelation zwischen dem sozioökonomischen Status und dem Sprachstand im Deutschen vor ($r = 0{,}59$, $p < 0{,}01$). Der Korrelationskoeffizient r zeigt einen starken Zusammenhang, der nach Cohen (1988) einen großen Effekt vermuten lässt. D. h. je höher der sozioökonomische Status ist, desto höhere Sprachstands-Werte liegen für die Probanden vor.*

Kontingenzkoeffizient C

Korrelationen von Variablen auf Nominalskalenniveau werden mithilfe von Kreuztabellen dargestellt. Da der Chi-Quadrat-Wert mit steigender Stichprobengröße ansteigt und keinen Maximalwert hat (vgl. Kuckartz u. a. 2010: 91; Cleff 2012: 87), werden für Aussagen über Zusammenhänge andere Maße hinzugezogen, die „Information[en] über die *Stärke* des Zusammenhangs" geben (Kuckartz u. a. 2010: 91, Herv. i. O.; vgl. auch Gehring und Weins 2009: 150). Der *Kontingenzkoeffizient C* (*coefficient of contingency*) dient beispielweise als solches Maß der Überprüfung des Zusammenhangs zweier nominaler Variablen (Bühl 2012: 306; Cleff 2012: 90–91). Zusammenhangsmaße

> geben den Grad der Abhängigkeit bzw. Unabhängigkeit zwischen den beiden nominalskalierten Variablen an, wobei ein Wert um 0 völlige Unabhängigkeit der Variablen und ein Wert um 1 größte Abhängigkeit bedeutet. Negative Werte treten bei den Assoziationsmaßen nicht auf, da die Frage nach einer Richtung der Assoziation wegen des Fehlens einer Ordnungsrelation sinnlos ist. (Bühl 2012: 305)

Der Kontingenzkoeffizient C basiert auf dem Chi-Quadrat-Wert (s. o.) sowie dem Stichprobenumfang (*n*) (Bortz 2005: 234–235) und ist „[d]as bekannteste Maß zur Charakterisierung des Zusammenhangs zweier nominalskalierter Merkmale […]" (Bortz 2005: 234; vgl. auch Gehring und Weins 2009: 149–152):[67]

[67] Weitere Zusammenhangsmaße für Kreuztabellen, die ebenfalls auf dem Chi-Quadrat-Wert basieren, sind *Phi* (bei zwei dichotomen Variablen) und *Cramer's V*, auch als *CI-Index* bezeichnet, (bei zwei nominalskalierten Variablen, wenn (mindestens) eine der beiden Variablen mehr als zwei Ausprägungen hat) (vgl. Akremi, Baur und Fromm 2011: 185–191; Bühl 2012: 306–307). „Der Kontingenzkoeffizient ist das älteste und noch immer am meisten benutzte Maß zur Kennzeichnung des Zusammenhangs zweier Merkmale […], obwohl er von seinen Eigenschaften her (er kann auch bei perfektem Zusammenhang niemals den Wert 1 erreichen) dem CI-Index unterlegen ist." (Bortz und Lienert 2008: 275).

$$C = \sqrt{\frac{\chi^2}{\chi^2 + n}}$$

Der Wertebereich des Kontingenzkoeffizienten C liegt im Gegensatz zu Pearson *r* und Spearman's Rho zwischen 0 und C_{max}. Je näher der errechnete Wert für den Kontingenzkoeffizienten sich an C_{max} annähert, desto stärker hängen die untersuchten Variablen miteinander zusammen. Der maximale Kontingenzkoeffizient C_{max} kann wie folgt berechnet werden (vgl. Bortz 2005: 235):

$C_{max} = \sqrt{\frac{R-1}{R}}$	mit: R = kleinerer Wert der Spalten- oder Zeilenanzahl (für eine 4 * 3 Kreuztabelle wird R = 3 eingesetzt und man erhält $C_{max} = 0.816$)

Vorgehen in SPSS

Anfordern des Kontingenzkoeffizienten C: Analysieren → Deskriptive Statistiken → Kreuztabellen.

Hinweis: Im Unterschied zu den beiden oben dargestellten Korrelationsverfahren wird hier eine Unterteilung in *Zeilen* und *Spalten* vorgenommen, in die jeweils eine Variable einzugeben ist. In einem nächsten Schritt muss nun im Feld *Statistik* der *Kontingenzkoeffizient* angeklickt werden.

Output: In der Kreuztabelle sind die Werte der ausgewählten Variablen in Zeilen und Spalten abzulesen. In der Tabelle *Symmetrische Maße* findet man die relevanten Kennzahlen: Es wird der Wert für den Kontingenzkoeffizienten C angegeben und die Signifikanz, also der p-Wert.

Ergebnisformulierung (Beispiel): *Die Berechnung des Kontingenzkoeffizienten C zeigt keinen Zusammenhang zwischen den Variablen Erstsprache und Kurswahl ($C = 0,02$, $p > 0,05$).*

12.4.4 Effektstärke

Neben den jeweiligen testspezifischen Kennwerten und der Signifikanz ist ein weiterer wichtiger Kennwert die Effektstärke (auch *Effektgröße* oder *Effektmaß*), für deren Berechnung in jüngster Zeit immer stärker plädiert wird (Larson-Hall 2010: 114; Rasch u. a. 2010a: 65–76; Larson-Hall 2012: 248–249) und die vor allem bei parametrischen Tests angegeben werden sollte (Wolf 2010: 109). Die Effektstärke ist ein standardisiertes Maß, das die Größe des untersuchten Effekts ausdrückt und somit im Gegensatz zur Signifikanz angibt, welche *„praktische Bedeutsamkeit"* (Rost 2007: 212, Herv. i. O.; vgl. auch Bortz und Döring 2006: 602; Schäfer 2011: 71; Benesch 2013: 181–182) das Ergebnis hat. Larson-Hall (2012) spricht sich auch bei einem nicht signifikanten Ergebnis für die Berechnung der Effektstärke aus, denn „[e]ffect size is a much better indicator of the importance of a result than the *p*-value […]." (Larson-Hall 2012: 249, Herv. i. O.) Die Standardisierung ermöglicht zudem einen Vergleich mit ähnlich angelegten Studien, unabhängig von der Stichprobengröße. Häufig verwendete Maße für die Effektstärke sind *Cohen's d* für (standardisierte) Mittelwertunterschiede (Benesch 2013: 184–186) und R^2 (quadrierter Korrelationskoeffizient *r*) für Korrelationen (Rost 2007: 212–219). Für die beiden Effektstärkemaße werden Richtwerte (vgl. Tab. 5) in der Literatur angegeben (Larson-Hall 2010: 118–119; Rasch u. a. 2010a: 68), wobei Cohen's d theoretisch jeden Wert annehmen kann, jedoch kein prozentuales Maß für den Effekt darstellt (Rasch u. a. 2010a: 67). Für R^2 hingegen gilt, dass man durch Multiplikation des Wertes mit 100 den (prozentualen) Anteil der Varianzaufklärung erhält (Rasch u. a. 2010a: 132–133; Larson-Hall 2010: 398). Mit der Varianzaufklärung wird angegeben, wie viel Prozent der Streuung einer abhängigen Variable durch den Zusammenhang mit einer oder mehreren unabhängigen Variablen aufgeklärt werden kann.

Tab. 5: Richtwerte für die Interpretation von Effektstärkemaßen

Größe des Effekts	Cohen's d	R^2
kleiner Effekt	d = 0.2	$R^2 = 0.01$
mittlerer Effekt	d = 0.5	$R^2 = 0.09$
großer Effekt	d = 0.8	$R^2 = 0.25$

„If the effect size is quite small, then it may make sense to simply discount the findings as unimportant, even if they are statistical. If the effect size is large, then the researcher has found something that is important to understand." (Larson-Hall 2010: 114) Ob man den berechneten Effekt als kleinen oder großen Effekt ansieht, hängt jedoch immer auch vom Untersuchungskontext ab (Bortz und Döring 2006: 626). Das Effektstärkemaß *Cohen's d* wird in SPSS nicht ausgegeben. Für die Berechnung kann z. B. das kostenlose Programm *G*Power* verwendet werden (http://www.psycho.uni-duesseldorf.de/abteilungen/aap/gpower3).

Vorgehen bei der Berechnung von Cohen's d

1. Öffnen Sie das Programm G*Power.
2. Wählen Sie unter *Test family* die *t-Tests* und unter *Statistical test* die Option *Means: Difference between two independent means (two groups)* aus.
3. Als *Type of power analysis wählen Sie Sensitivity: Compute required effect size – given α, power, and sample size.*
4. Voreingestellt sind bereits die Optionen *Tail(s)= Two, α = 0.05 und Power = 0.95.*
5. Unter *Sample size group 1* und *2* geben Sie nun die Gruppengröße der beiden untersuchten Gruppen ein, die sie im *Output* des t-Tests in SPSS unter Gruppenstatistiken ablesen können.
6. Klicken sie nun auf *Calculate* und lesen sie rechts unten den Wert für den *Effect size d* ab.

Effektstärke, Signifikanzniveau, Stichprobengröße und Teststärke eines Tests stehen in einem Wechselverhältnis zueinander (vgl. Bortz und Döring 2006: 627). Sind drei dieser Größen gegeben, so kann die vierte ebenfalls bestimmt werden (s. zur *a priori* und *post hoc* Teststärkenbestimmung Benesch 2013: 194). Je größer ein Effekt ist, desto leichter wird er auch bei kleineren Stichproben signifikant und desto geringer ist die Wahrscheinlichkeit eines Beta-Fehlers. Im Vorfeld einer Untersuchung sollte daher, z. B. mit *G*Power* berechnet werden, wie groß eine Stichprobe idealerweise sein sollte, um bei festgelegtem Alpha- und Beta-Niveau einen Effekt bestimmter Größe auch aufdecken zu können (vgl. Benesch 2013: 191–195).

12.4.5 Wie wählt man das passende statistische Testverfahren aus?

Liegen zwei Variablen mit unterschiedlichem Skalenniveau vor, so entscheidet die niedriger skalierte Variable über die Auswahl des statistischen Testverfahrens. Wie auch bei den Skalenniveaus ist es ebenso bei den Testverfahren möglich, von einem höher skalierten Verfahren auf ein Verfahren mit niedrigerem Skalenniveau zu wechseln (*Niveauregression*). Durch diese Niveauregression ist es also beispielsweise möglich, ein metrisch skaliertes Merkmal in ein ordinal skaliertes Merkmal zu überführen. Jedoch ist wichtig anzumerken, dass immer auf dem höchstmöglichen Niveau gemessen werden sollte, denn: „Je höher das Skalenniveau, umso mehr statistische Verfahren sind zulässig." (Gehring und Weins 2009: 46) Die Wahl eines nichtparametrischen Verfahrens ist – wie bereits oben angemerkt – beispielsweise auch dann notwendig, wenn entsprechende Voraussetzungen (z. B. Normalverteilung, Varianzhomogenität, Linearität) der parametrischen Verfahren verletzt sind (vgl. Larson-Hall 2010: 373–374).

Tab. 6 liefert einen Überblick zur Auswahl der Verfahren (für unabhängige Stichproben) in Abhängigkeit der zu untersuchenden Hypothese sowie des Skalenniveaus und gibt an, welche testspezifischen Kennwerte neben der Irrtumswahrscheinlichkeit bei der Ergebnisformulierung angegeben werden müssen:

Tab. 6: Testverfahren und Kennwerte

	Testverfahren und Kennwerte (*p* und...)		
Skalenniveau	**Unterschied**	**Zusammenhang**	**Verfahrensgruppe**
Nominalskala	Chi-Quadrat-Test: χ^2, *df*	*Kontingenzkoeffizient C*	Nichtparametrische Verfahren
Ordinalskala	Mann-Whitney-U-Test: *U-Wert*	Spearman-Korrelation: *Spearman's Rho*	
Metrische Skala	t-Test: *t-Wert, df*	Pearson-Korrelation: *Pearson's r*	Parametrische Verfahren

Die Auswahl des korrekten Testverfahrens hängt, wie bereits erläutert, von unterschiedlichen Kriterien ab. Die abschließende Zusammenstellung in Tab. 7 beinhaltet fünf Leitfragen sowie Beispiele, die als Hilfestellung bei der Auswahl des geeigneten Testverfahrens dienen können.

Tab. 7: Leitfragen zur Auswahl von Testverfahren

Die Wahl des statistischen Verfahrens ist abhängig von…	Leitfragen	Beispiel 1	Beispiel 2
1. der aufgestellten Hypothese	Unterschieds- oder Zusammenhangshypothese?	Unterschiedshypothese	Zusammenhangshypothese
2. der Anzahl der Gruppen	Wie viele Gruppen sollen verglichen werden?	Zwei	nur eine Gruppe
3. der Festlegung der UV und AV	Was ist die UV, was ist die AV?	UV (Gruppenvariable): türkische vs. chinesische Deutschkursteilnehmer AV: Punkte im Deutschtest	UV: Anzahl deutscher Freunde AV: Punkte im Abschlusstest
4. dem Skalenniveau der UV und AV	Welches Skalenniveau hat die UV, welches Skalenniveau hat die AV?	UV (Gruppenvariable): nominales Skalenniveau AV: metrisches Skalenniveau	UV: metrisches Skalenniveau AV: metrisches Skalenniveau
5. der Stichprobenart	Unabhängige oder abhängige Stichprobe?	unabhängige Stichprobe	nur eine Stichprobe
6. Auswahl des Testverfahrens	Welches Verfahren wird ausgewählt, falls die notwendigen Voraussetzungen erfüllt sind?	Parametrisches Verfahren: t-Test	Parametrisches Verfahren: Pearson's r
	Falls die notwendigen Voraussetzungen nicht erfüllt sind, auf welchen (nichtparametrischen) Test kann ausgewichen werden?	Nichtparametrische Alternative: Mann-Whitney-U-Test	Nichtparametrische Alternative: Spearman's Rho

12.5 Schluss

Ein Grundverständnis für quantitative Verfahren ist nicht nur im Hinblick auf die eigene Qualifikationsarbeit wichtig, sondern auch für die angemessene Beurteilung statistischer Ergebnisse. Gerade die Inferenzstatistik ist für Statistik-Neulinge allerdings anfangs schwieriger nachvollziehbar als die deskriptive Statistik, wie auch Elisabeth Noelle-Neumann, Pionierin der Meinungsforschung, in folgendem Zitat deutlich macht: „Es ist mir noch heute rätselhaft, dass man herausbringt, was sechzig Millionen Menschen denken, wenn man zweitausend Menschen befragt. Erklären kann ich das nicht. Es ist eben so.“ (Krämer 2008: 97) Mit diesem Beitrag wurden daher zwei Ziele verfolgt: Es war uns zum einen wichtig, eine theoretische Einführung zu geben, die das Verständnis für die mathematischen Grundlagen der Verfahren fördert, und zum anderen war es uns ein Anliegen, auch eine praktische Handreichung zu erstellen.

Welche weiteren Möglichkeiten es gibt, sich statistische (und andere) Kompetenzen anzueignen, kann in Kap. 4 nachgelesen werden. Auch das Internet bietet eine Fülle an Hilfestellungen. Nennen möchten wir an dieser Stelle das Statistik-Lexikon ILMES (http://wlm.userweb.mwn.de/ein_voll.htm), den Entscheidungsbaum für die Auswahl des korrekten Analyseverfahrens (z. B. http://www.statistics4u.info/fundstat_germ/ee_baum_root.html) sowie kostenlose Online-Beratung im wissenschaftlichen Rahmen (z. B. http://www.wisdom.at/Dienstleistungen/Dienstleistung.aspx).

Auch wenn vielleicht das eine oder andere in der Statistik rätselhaft bleibt, so sind wir uns mit einer Wahrscheinlichkeit von 95% sicher, dass Ihnen die Einarbeitung gelingen wird.

WEITERFÜHRENDE LITERATUR

Rasch, Björn; Friese, Malte; Hofmann, Wilhelm; Naumann, Ewald (2010a, b): ***Quantitative Methoden. Einführung in die Statistik für Psychologen und Sozialwissenschaftler.*** **Band 1 und 2. 3., erw. Aufl. Berlin/Heidelberg: Springer. http://link.springer.com/book/10.1007/978-3-642-05272-9/page/1 (Band 1)**
http://link.springer.com/book/10.1007/978-3-642-05270-5/page/1 (Band 2)
Die zwei Bände der Autorengruppe eignen sich vor allem für Anfänger. Auch wenn es sich hierbei nicht um ein Statistikbuch handelt, das sich explizit an Sprachwissenschaftler wendet, sind Erklärungen sowie Beispiele nachvollziehbar dargestellt. Für Aspekte, die im Buch nicht im Detail ausgeführt werden, sind online Ergänzungen bereitgestellt. Jedes Kapitel schließt mit Aufgaben, deren Lösungen im Anhang zu finden sind.

Larson-Hall, Jenifer (2010): ***A Guide to Doing Statistics in Second Language Research Using SPSS.*** **New York u. a.: Routledge.**
Hierbei handelt es sich um ein englischsprachiges Statistikwerk, das sowohl für Anfänger als auch für Fortgeschrittene geeignet ist. Die angeführten Beispiele und Studien stammen durchweg aus der Zweitsprachenerwerbsforschung. Die Kapitel schließen überwiegend mit einer übersichtlichen Zusammenfassung und mit Aufgaben ab. Für alle die mit dem Statistikprogramm R arbeiten, ist hierzu online eine Ergänzung zum Buch zu finden:
http://cw.routledge.com/textbooks/9780805861853/r/full-version.pdf (Statistik mit R)
http://cw.routledge.com/textbooks/9780805861853/spss-data-sets.asp (Datensätze SPSS)
http://cw.routledge.com/textbooks/9780805861853/answers/Answers%20to%20Application%20Activities.pdf (Lösungen zu den Aufgaben mit SPSS)

Bühl, Achim (2012): ***SPSS 20. Einführung in die moderne Datenanalyse.*** **13., aktual. Aufl. München u. a.: Pearson Studium.**
Wer mit SPSS arbeitet, kommt um diese Einführung nicht herum. Das Nachschlagewerk behandelt alle wichtigen Aspekte und bietet eine nachvollziehbare, Schritt für Schritt vorgehende Anleitung für Verfahren in SPSS. Zudem können anhand von Beispieldatensätzen Aufgaben praktisch erprobt werden. Auf der Internetseite des Verlages können nach einer Registrierung die Datensätze heruntergeladen werden, was ein anwendungsorientiertes Ausprobieren ermöglicht.
http://www.pearson-studium.de/main/main.asp?page=bookdetails&ProductID=187402

ÜBUNGEN

1) Lesen Sie zur Vorbereitung auf die folgenden Aufgaben Kapitel 1 (Installation und Historie von SPSS) und Kapitel 3 (Datenaufbereitung) in Bühl (2012).

2) Laden Sie den Beispieldatensatz herunter (http://www.utb-shop.de/9783825285418), schauen Sie sich in der Variablenansicht die zehn Variablen an und bestimmen Sie das Skalenniveau (Nominal, Ordinal, Metrisch) dieser Variablen (voreingestellt ist in SPSS das Messniveau *Skala*).

3) Berechnen Sie für die Variablen *Geschlecht*, *Alter* und *Ich fühle mich in Deutschland wohl* die möglichen Lage- und Streuungsmaße.

4) Folgende Alternativhypothese soll getestet werden: *Es gibt einen Unterschied in den Testergebnissen des Abschlusstests (in Punkten) zwischen Teilnehmern, die 1200 Stunden und mehr bzw. weniger als 1200 Stunden Deutsch gelernt haben.*
Beantworten Sie die Leitfragen aus Tab. 7 und entscheiden Sie, welches statistische Verfahren hier angemessen ist. Klicken Sie anschließend das entsprechende Verfahren im Beispieldatensatz durch, berechnen Sie die Effektstärke und formulieren Sie einen Ergebnissatz.

5) Folgende Alternativhypothese soll getestet werden: *Die Variablen Selbsteinschätzung der Deutschkenntnisse auf einer Skala von 1 (schlecht) bis 6 (gut) und Wie viele Ihrer fünf besten Freunde sprechen Deutsch als einzige Muttersprache? hängen zusammen.*
Beantworten Sie die Leitfragen aus Tab. 7 und entscheiden Sie, welches statistische Verfahren hier angemessen ist. Klicken Sie anschließend das entsprechende Verfahren im Beispieldatensatz durch, berechnen Sie die Effektstärke und formulieren Sie einen Ergebnissatz.

LÖSUNGSVORSCHLÄGE

1) Kapitel 1: Im Regelfall hat Ihre Universität (Hochschulrechenzentrum) eine Campuslizenz für SPSS, über die Sie eine Einzelplatzlizenz für Ihren PC/Laptop erhalten können.
Kapitel 3: Wichtige Stichwörter, die in diesem Kapitel nachgelesen werden sollten, sind Variablenansicht (Variablenname, Variablenlabel, Wertelabel) und Datenansicht.

2) Zuordnung der Skalenniveaus

1. Geschlecht	Nominal
2. Erstsprachen	Nominal
3. Länge des ersten Aufenthalts in einem deutschsprachigen Land (in Monaten)?	Metrisch
4. (erstes) Studienfach in einem deutschsprachigen Land	Nominal
5. Wie lange haben Sie bereits Deutsch gelernt (in Stunden)?	Nominal
6. Selbsteinschätzung der Deutschkenntnisse	Ordinal
7. Ich fühle mich in Deutschland wohl.	Ordinal

8. Alter — Metrisch
9. Wie viele Ihrer fünf besten Freunde sprechen Deutsch als einzige Muttersprache? — Metrisch
10. Testergebnis im Abschlusstest in Punkten — Metrisch

3) SPSS *Output* zu Lage- und Streuungsmaßen

Statistiken
Geschlecht der Teilnehmer

N	Gültig	35
	Fehlend	0
Modus		1

Der Modus für die Variable Geschlecht beträgt 1, mit welchem das Merkmal *weiblich* kodiert ist. Das bedeutet, dass in der Stichprobe mehr Frauen als Männer vertreten sind.

Statistiken
Alter der Teilnehmer

N	Gültig	35
	Fehlend	0
Mittelwert		25,17
Median		25,00
Modus		23
Standardabweichung		3,510
Perzentile	25	22,00
	50	25,00
	75	28,00

Der Mittelwert für das Alter liegt bei 25,17 Jahren und die Standardabweichung beträgt 3,51. Diese Werte sagen aus, dass 68,3% der beobachteten Werte zwischen den Werten 28,68 (25,17 + 3,51) und 21,66 (25,17 – 3,51) liegen. Der Median bzw. das 50. Perzentil (Q2) liegt bei 25 Jahren und das am häufigsten vorkommende Alter (Modus) ist 23. Bei den mittleren 50% (25. Perzentil bzw. Q1 bis 75. Perzentil bzw. Q3) der Stichprobe beträgt das Alter zwischen 22 und 28 Jahren.

Statistiken
Ich fühle mich in Deutschland wohl.

N	Gültig	35
	Fehlend	0
Median		3,00
Modus		3
Perzentile	25	3,00
	50	3,00
	75	3,00

Den Antworten auf die Frage, wie sehr sich die Teilnehmer in Deutschland wohlfühlen, kann entnommen werden, dass der Median und der Modus 3 (Antwortoption: *teils teils*) betragen. Da das 75. Perzentil (Q3) und das 25. Perzentil (Q1) ebenfalls 3 betragen, sehen wir, dass alle Teilnehmer in den mittleren 50% (Quartilabstand) der Stichprobe die Antwort *teils teils* (mit der Codierung 3) angegeben haben.

4) Auswahl eines Testverfahrens
Bei dieser Hypothese handelt es sich um eine Unterschiedshypothese, die einen Unterschied zwischen zwei Gruppen überprüft: Gruppe mit 1200 Stunden und mehr Deutschunterricht vs. Gruppe mit weniger als 1200 Stunden Deutschunterricht. Diese Gruppenvariable ist die UV mit nominalen Skalenniveau; die Variable *Punkte im Abschlusstest* ist die AV mit metrischem Skalenniveau. Es handelt sich hierbei um einen Vergleich von zwei unabhängigen Stichproben. Ausgehend von der metrischskalierten AV prüfen wir zunächst die Voraussetzung der Normalverteilung. Der Kolomogorov-Smirnoff-Test ergibt für die AV *Punkte im Abschlusstest* ein nicht signifikantes Ergebnis (p = 0,242), so dass von einer Normalverteilung ausgegangen und der t-Test berechnet werden kann. Wenn man aufgrund eines nicht signifikanten Ergebnisses auf ein nichtparametrisches Verfahren ausweichen würde, würde man den Mann-Whitney-U-Test wählen.
Für die Gruppe mit 1200 Stunden und mehr Deutschunterricht ergibt sich beim Testergebnis ein Mittelwert von 79,72 Punkte (Standardabweichung: 13,91), für die Gruppe mit weniger als 1200 Stunden Deutschunterricht ein Mittelwert von 49,00 Punkten (Standardabweichung: 32,72). Der *Output* des t-Tests zeigt, dass der Levene-Test signifikant wird, d. h., die Streuung in den beiden Gruppen ist nicht gleich. Deshalb schauen wir in die Zeile *Varianzen sind nicht gleich*, um die Signifikanz abzulesen. Dieser Mittelwertunterschied ist auf dem zugrunde gelegten Signifikanzniveau von 5% signifikant (t = -3,58, df = 21, 34, p = 0,002). Die Effektstärke liegt bei d = 1,26. Somit liegt nach Cohen ein großer Effekt vor.

5) Auswahl eines Testverfahrens
Mit dieser Hypothese liegt eine Zusammenhangshypothese vor (eine Gruppe), mit der geprüft werden soll, ob zwischen den zwei Variablen *Selbsteinschätzung der Deutschkenntnisse* (ordinalskalierte AV) und *Wie viele Ihrer fünf besten Freunde sprechen Deutsch als einzige Muttersprache?* (metrischskalierte UV) ein Zusammenhang besteht. Da in diesem Beispiel zwei verschiedene Skalenniveaus vorliegen, müssen wir uns für das Verfahren des niedrigeren Skalenniveaus (hier: ordinales Skalenniveau) entscheiden und wählen die Spearman-Korrelation als Verfahren. Die Korrelation (zweiseitige Testung) zwischen den beiden Variablen ist nicht signifikant (Spearman's Rho = – 0,18, p = 0,296), woraus folgt, dass die Nullhypothese, die keinen Zusammenhang zwischen den Variablen postuliert, beibehalten wird. In Anlehnung an Larson-Hall (2012) berechnen wir trotz nicht signifikantem Ergebnis die Effektstärke (vgl. Abschnitt 12.4.4) Die Effektstärke bei nichtparametrischen Verfahren wird ebenfalls durch die Quadrierung des Korrelationskoeffizienten berechnet. „Der Gültigkeitsbereich des Determinationskoeffizienten r^2 als Effektstärkenmaß bleibt nicht auf die Produkt-Moment-Korrelation beschränkt, sondern gilt für alle [...] Korrelationstechniken gleichermaßen." (Rasch u. a. 2010a: 133) Die Effektstärke liegt für die vorliegende Spearman-Korrelation bei 0,03, was einen sehr geringen Effekt darstellt.

Sevilen Demirkaya

13. ANALYSE QUALITATIVER DATEN

13.1 Hinführung

Die Analyse qualitativer Daten ist der zentrale Arbeitsprozess mit den Informationen aus und zu einem Wirklichkeitsausschnitt. Ziel ist es, aus diesen Rohdaten wissenschaftlich relevante Erkenntnisse abzuleiten. Eine wesentliche Herausforderung hierbei ist, dass für die Anwendung von Analyseverfahren keine eindeutigen Vorgaben gemacht werden (können) (vgl. Lamnek 2010: 178). Gleichwohl aber werden Forschende mit einer nahezu grenzenlosen Vielfalt und entsprechender Unübersichtlichkeit im Feld qualitativer Forschung konfrontiert (vgl. Flick, Kardorff und Steinke 2012: 13). Daher kann für den qualitativen Forschungsprozess insgesamt und für die Analysearbeit im Besonderen festgehalten werden, dass hier stets neue (Un-)Gewissheiten entstehen. Zuvorderst die (Un-) Gewissheit, ob/dass das Feld qualitativer Forschung hinreichend erschlossen wurde und der Einsatz der Analyseverfahren ihren Zwecken und der Zielsetzung der eigenen Forschungsarbeit entspricht, so dass die Datenanalyse zu den angestrebten wissenschaftlich relevanten und zugleich haltbaren Erkenntnissen führt. Allerdings muss diese Spannung zwischen Ungewissheit und Gewissheit als Charakteristikum qualitativen Forschens ausgehalten werden, denn: „In Wahrheit können Menschen niemals unbedingte Gewissheit erreichen." (Peirce 1986: 229)

In diesem Spannungsverhältnis versucht das vorliegende Kapitel zu vermitteln. Dafür wird zunächst eine methodenübergreifende Annäherung an die Zielsetzung, Voraussetzungen und Strategien der Datenanalyse vorgenommen und anschließend eine Auswahl an Analyseverfahren in ihren Grundzügen vorgestellt. Hiernach wird differenziert auf den Analyseprozess in der *Grounded Theory* (Strauss 1991; Strauss und Corbin 1996) eingegangen, denn die *Grounded Theory* ist gegenwärtig nicht nur in Deutschland weit verbreitet (vgl. Strübing 2008b: 281; Bryant und Charmaz 2010b: 1) und sie zählt zu den anerkannten qualitativen Forschungsstilen (vgl. Reichertz 2009: 15).

13.2 Zielsetzung qualitativer (Forschung und Implikationen für die) Datenanalyse

Als übergeordnete Zielsetzung qualitativen Forschens gilt das Sinnverstehen. Hierzu werden bei der Analyse (kommunikative) Handlungen, die in den Rohdaten fixiert sind, vor dem Hintergrund des jeweiligen Forschungsinteresses gedeutet und interpretiert (vgl. u. a. Soeffner und Hitzler 1994; Hollstein und Ullrich 2003; Knoblauch 2007). Das Sinnverstehen aber ist nicht allein auf den Wissenschaftskontext beschränkt, sondern gehört zu den „Alltags-Routinen" (Soeffner und Hitzler 1994: 29) von Menschen in Interaktionen mit ihrer Umwelt. Trotz dieser Alltagsnähe unterscheidet sich das wissenschaftliche Sinnverstehen dahingehend, dass es idealerweise basierend auf einer theoretischen Position, methodisch kontrolliert und reflektiert durchgeführt wird (vgl. u. a. Soeffner und Hitzler 1994; Reichertz 2007, 2009). Die zugrunde gelegte theoretische Position präzisiert, ob der subjektive, der soziale oder der latente (d. h. der von eher verdeckten Basisregeln geleitete, daher objektivierte) Sinngehalt rekonstruiert und verstanden werden soll (vgl. u. a. Flick 2011a: 95). Zugleich skizziert die theoretische Position ggf. den Weg der Datenerhebung (bzw. -auswahl), -aufbereitung und -analyse, der zu einer präzisierten Zielsetzung führt. Folglich müssen sich Forschende zunächst Gewissheit darüber verschaffen, welcher der in Vielzahl vorhandenen Analysewege dem eigenen Forschungsvorhaben entspricht (vgl. u. a. Reichertz 2007). Mit dieser Gewissheit wächst jedoch die neue Ungewissheit, wie der theoretisch und abstrakt formulierte Weg im eigenen Forschungsprojekt praktisch und konkret begehbar gestaltet werden kann. Denn aufgrund des zentralen Postulats qualitativen Forschens, möglichst gegenstandsangemessen zu verfahren, können die theoretischen Wegweisungen nicht als fixe Regeln vorgegeben und auf jedwedes Forschungsinteresse anwendbar formuliert werden. Mehr als für die Erhebung und die Aufbereitung gilt das für die Anleitung der Analyse von Daten (vgl. Lamnek 2010: 178).

Aus dem genannten Postulat leitet sich für Forschende ab, die (mehr oder minder) vagen Entwürfe für das Analysevorgehen zu konkretisieren, ggf. darüber hinaus das Vorgehen zu modifizieren, verschiedene Analysemethoden theoretisch begründet zu kombinieren und dadurch dem eigenen Forschungsprojekt anzupassen (vgl. u. a. Flick 2011a: 512–518). Deutlich wird hier das Spannungsverhältnis, das durch die Erfordernisse erzeugt wird, einerseits in der Analyse systematisch, wissenschaftlich kontrolliert zu arbeiten, andererseits den Kontrollbegriff nicht als Korsett auszulegen, der keinen Raum für die notwendige Flexibilität und Kreativität der Forschenden zulässt (vgl. Dörnyei 2007: 242).

Hilfreich für das Er-Finden des eigenen Forschungsweges und den Zugang zu den Daten ist es, an Interpretations-/Forschungswerkstätten teilzunehmen bzw. selbst Interpretationsgruppen zu gründen. Die zeitweilige Zusammenarbeit in Gruppen ermöglicht aus der Fremdperspektive auf den eigenen Weg und die Daten zu blicken, die eigene Perspektive zu reflektieren und zu erweitern, wozu die Arbeit mit anderen qualitativen Forschenden und ebenso an anderen Daten beiträgt (vgl. Reim und Riemann 1997; Mruck und Mey 1998; Dausien 2007). Haben Forschende ihren Analyseweg er- und gefunden, haben sie sich also festgelegt, wie sie das (Sinn-)Verstehen verstehen und auslegen, muss dieser Weg transparent dargelegt werden (vgl. *intersubjektive Nachvollziehbarkeit*, Kap. 2).

13.3 Voraussetzungen der Datenanalyse

Bei all der Unterschiedlichkeit der Wege, die von den Daten zu den Erkenntnissen führen, leiten sich aus ihrer gemeinsamen Zielsetzung, dem Sinnverstehen, bestimmte Voraussetzungen für die Arbeit mit den Daten ab. Die zentralen Voraussetzungen ergeben sich aus dem Umstand, dass die Analyse auf der Grundlage eines in Textform aufbereiteten Datenmaterials vorgenommen wird. Dieser Text legt Zeugnis ab über die Wirklichkeitsdeutungen und -konstruktionen der Forschungsteilnehmenden (Konstruktionen ersten Grades, vgl. Schütz 1971b: 5). Es gilt nun diese Konstruktionen ersten Grades soweit möglich zu dechiffrieren und zu rekonstruieren (*Konstruktionen der Konstruktionen* bzw. *Konstruktionen zweiten Grades*, vgl. Schütz 1971b: 7). Unabdingbar hierfür sind zunächst umfassende Kenntnisse über die Sprache(n) der Forschungsteilnehmenden.

> Interpretation setzt die Kenntnis der Aneignung der im zu interpretierenden Text verwendeten Symbol- und Sprachmuster voraus. Diese Kenntnis schließt nicht nur die Ebene der ‚allgemeinen Sprache' ein, sondern auch Symbol- und Sprachmusterdifferenzierungen sowie spezifische Fachsprachen, wie sie in der jeweiligen Gruppe oder Subkultur existieren, aus deren Zusammenhang der Text stammt. Zu den Sprachdifferenzierungen und Sprachstilen gehören grammatikalische Sonderformen, die Verwendung bestimmter Metaphern und sprachlicher Floskeln, Eigenarten der Bedeutungszuweisung für Wörter sowie gruppenbezogene sprachlich-ideologische Formeln. (Heckmann 1992: 147)

Das Zitat Heckmanns verweist bereits darauf, dass das Sinnverstehen bzw. die Konstruktion zweiten Grades über die notwendigen Sprachkenntnisse hinaus am Vorverständnis der Forschenden ansetzt. Da Verstehensprozesse nicht voraussetzungslos, sondern Anschlussprozesse sind, können Forschende nur das in den Daten erkennen, wovon sie ein Konzept haben (vgl. u. a. Reichertz 2007: 200–202). Aus dem Primat der Offenheit gegenüber dem Untersuchungsgegenstand leitet sich daher ab, dass Forschende grundsätzlich eine zweifelnde Haltung gegenüber ihrem Vorverständnis einnehmen, dieses offenlegen und reflektieren (vgl. Soeffner und Hitzler 1994). Deutlich wird, dass Forschende bei ihren Rekonstruktionen der Konstruktionen im Text nicht die Rolle objektiver Erkenntnisproduktionsapparate einnehmen, sondern mit ihren individuellen sprachlichen und symbolischen Kenntnissen wie auch ihrem alltäglichen und theoretischen Vorverständnis unaufhebbar involviert sind in den Prozess der Erkenntnisproduktion (Soeffner und Hitzler 1994: 31). Aufgrund dieser unabdingbaren Koproduzentenrolle der Forschenden bei der Erkenntnisproduktion stellt sich die Frage, wie anderssprachige Daten, im hiesigen Kontext also nicht-deutschsprachige, Deutsch als zweitsprachliche oder fremdsprachliche Daten zu analysieren sind.

Infolge der zunehmenden Globalisierung und damit einhergehenden vielfältigen sprachlich-kulturellen Konstellationen stellen Übersetzungs- und Verstehensfragen[68] für die qualitative Sozialforschung insgesamt methodologische sowie finanzielle und personelle Herausforderungen dar (vgl. u. a. Reichertz 2007; Enzenhofer und Resch 2011). Diese Fragen sind gegenwärtig nicht hinreichend geklärt, weshalb folgende Hinweise zur groben Orientierung dienen können.

Übersetzung ist ein komplexer Sprach- und Kulturtransfer (vgl. u. a. Shimada 2007: 122; Snell-Hornby 2007; Scruber 2009;), bei dem es zu einer Verzerrung der Sicht der Forschungsteilnehmenden kommen kann (vgl. Reichertz 2007: 202). Daher sollte die Analyse nicht-deutschsprachiger Daten wenn möglich in der (den) Sprache(n) vorgenommen werden, die Forschungsteilnehmende in der Erhebung verwenden. Trotz des Ressourcenaufwandes sollte diesen originalsprachlichen Daten die Übersetzung ins Deutsche beigefügt werden, um die Analysearbeit soweit wie möglich transparent zu machen. Voraussetzung für ein solches Analysevorgehen ist aber, dass Forschende und Forschungsteilnehmende dieselbe(n) sprachlich-kulturelle(n) Zugehörigkeit(en) haben (vgl. Demirkaya, Gültekin-Karakoç und Riemer 2010).

68 Das Verstehen des Anderen ist zugleich Zielsetzung qualitativer Sozialforschung und der Interkulturellen Kommunikation, weshalb es bedeutsame Überschneidungen in der Ausrichtung und Methodologie beider Paradigmen gibt (vgl. Kruse 2009).

Brizić (2007), die u. a. im Original türkischsprachige Interviewdaten analysiert, obwohl sie nicht über Türkischkenntnisse verfügt, entwickelt hierfür eine eigene Methode. Die Interviewerin türkischer Erstsprache nimmt für Brizić eine „mündliche Direktübersetzung der Tonbandaufnahmen" (Brizić 2007: 271) vor, bei der Brizić anwesend ist und bei Klärungsbedarf Zwischenfragen stellt. Diese Übersetzungssituation wird ebenfalls aufgezeichnet und dient als Analysegrundlage. Aufgrund des hohen Informationsgehaltes der erstsprachlichen Interviews rät Brizić trotz des Mehraufwandes der Übersetzung dazu, die Datenerhebung in derjenigen Sprache vorzunehmen, die den Forschungsteilnehmenden näher ist (Brizić 2007: 276).

Die Erhebung von Deutsch als zweit- oder fremdsprachlichen Daten kann ebenfalls zu Übersetzungs- und damit einhergehenden Verstehensherausforderungen führen. Denn je nach sprachlich-kultureller Kompetenz in Deutsch wird nunmehr seitens der Forschungsteilnehmenden selbst eine Übersetzung von Begriffen und mit ihnen verbundenen Konzepten in die Zweit- oder Fremdsprache vorgenommen. Hier können Mitglieder derselben sprachlich-kulturellen Prägung(en) wie die Forschungsteilnehmenden als Co-Interpretierende in die eigene Analysearbeit einbezogen werden (vgl. u. a. Schröer 2002; 2007). Co-Interpretierende sollten umfassendes (Erfahrungs-)Wissen über die jeweils relevanten sprachlich-kulturellen Kontexte haben, so dass in Zusammenarbeit mit ihnen eine „fallspezifische Übersetzung eines kulturspezifischen Deutungsrahmens in einen anderen kulturspezifischen Deutungsrahmen" (Schröer 2002: 135) vorgenommen werden kann.

Falls die Zusammenarbeit mit Co-Interpretierenden nicht möglich ist, sollte nach einem neuen und für die spezifischen sprachlich-kulturellen Herausforderungen der eigenen Arbeit angemessenen Weg gesucht und es sollten die jeweiligen Vor- und Nachteile dieses Weges offenkundig thematisiert und reflektiert werden (vgl. Brizi 2007). Es ist kein Qualitätssiegel, weder für die eigene Forschungsarbeit noch für die qualitative Sozialforschung im Allgemeinen, wenn die jeweiligen sprachlich-kulturellen Besonderheiten des Feldes ignoriert und in der Publikation stillgeschwiegen werden.

13.4 Strategien der Datenanalyse

Bei der Analyse von Daten werden einerseits Strategien verwendet, die allesamt zur Datenreduktion führen, andererseits Strategien, mit denen eine Datenexpansion einhergeht (Flick 2011a: 387). Eine Reduktion der Datenmenge erfolgt, wenn eine begründete Auswahl aus den erhobenen Daten für die weitere Analysearbeit vorgenommen wird. Darüber hinaus führen vor allem die Analysestrategien der Zusammenfassung, Abstraktion, Kondensierung, Kodierung und Kategorisierung (s. hierzu weiter unten) von (größeren) Datenausschnitten zur Erkenntnisgenerierung über die Dezimierung des Datenumfanges (vgl. u. a. Miles und Hubermann 1994: 10–12). Datenreduzierende Strategien steuern die weitere Aufmerksamkeitsrichtung bei der Analyse, indem die in Hinblick auf das Forschungsinteresse unwesentlichen Datenausschnitte aus-, die wesentlichen eingeblendet und komprimiert werden. Dagegen kommt es zu einer Expansion der vorhandenen Datenmenge, wenn zwecks interpretativer Annäherung an kürzere Datenausschnitte längere Texte verfasst werden. Erforderlich werden datenexpandierende Analysestrategien, um den verdeckten Sinngehalt von Aussagen (d. h. den Sinngehalt unterhalb der Datenoberfläche) freizulegen und zu entfalten. Es werden zu Ausschnitten der empirischen Daten explizierende, kontextualisierende und theoretisierende Texte geschrieben. Zudem werden Zusammenhänge zwischen verschiedenen Aussagen hergestellt und Muster, die sich in den Daten abzeichnen, ausbuchstabiert (vgl. Funktionen von Memos, Strauss und Corbin 1996: 169–192). Da datenexpandierende Strategien zu einer beträchtlichen Vergrößerung des ohnehin umfangreichen Datenmaterials in der qualitativen Forschung führen können, ist es zwecks besserer Übersicht über und Handhabung der (Daten über die) Daten ratsam, an geeigneten Stellen die sequenzielle Konfiguration eines fortlaufenden Textes durch simultane Konfigurationen wie grafische Abbildungen, Cluster, Diagramme, Tabellen u. a. zu ersetzen (vgl. Miles und Hubermann 1994: 11; Strauss und Corbin 1996: 169–192).

Datenreduzierende und datenexpandierende Strategien schließen sich keineswegs gegenseitig aus. So können beispielsweise Datenausschnitte in Kategorien zusammengefasst (Datenreduktion) und zu den Kategorien können wiederum differenzierte theoretische Ausführungen (Datenexpansion) vorgenommen werden.

Der Einsatz datenreduzierender und/oder -expandierender Strategien führt zu Erkenntnissen, die als Zwischenergebnisse der Analysearbeit den weiteren Analyseprozess (ggf. auch die weitere Datenerhebung) steuern. Auch die weitere Analyse setzt sich wiederum aus datenreduzierenden und/oder datenexpandierenden Strategien zusammen. So wird ein iterativ-zyklisches Vorgehen umgesetzt, d. h., es werden auf den ermittelten Erkenntnissen schrittweise aufbauende, weitere Kreisläufe der Erkenntnisgenerierung gezogen, bis über die Stadien der Zwischenergebnisse schließlich Endergebnisse abgeleitet werden[69] (vgl. u. a. Miles und Huberman 1994: 12; Strübing 2002).

13.5 Methoden der Datenanalyse

Aufgrund der Vielzahl vorhandener qualitativer Analyseverfahren (u. a. Punch 2009: 170) und der kontinuierlichen Entwicklung neuer Verfahren (vgl. Reichertz 2007: 196) kann im Folgenden lediglich eine selektive und zugleich fragmentarische Momentaufnahme vorgenommen werden. Leitidee der Darstellung sind analysepraktische Überlegungen (für andere Sortierungen s. u. a. Reichertz 2007; Flick, Kardorff und Steinke 2012: 19). Daher wird in Anlehnung an die methodenübergreifenden Strategien eine erste Annäherung an und Klassifikation von Analyseverfahren mittels der Datenreduktion und Datenexpansion vorgenommen.

Vor dem Hintergrund der Datenreduktion fasst Flick (2011a: 389–419) in der Gruppe der kategorienbasierten Verfahren das theorieorientierte[70] Kodieren, die Qualitative In-

69 Zur besseren Verwaltung der Daten ist es ratsam, auf Computerprogramme wie MAXQDA (http://www.maxqda.de/), ATLAS.ti (www.atlasti.de), u. a. zurückzugreifen, die eigens zur Unterstützung der Analyse qualitativer Daten entwickelt wurden (vgl. Kap. 10). Diese Programme ersetzen zwar nicht die Analysearbeit der Forschenden, vereinfachen sie jedoch (Kuckartz 2010; Flick 2011: 451–472) u. a. dadurch, dass sie das zeitgleiche Lesen und Hören von Datenausschnitten ermöglichen. Sie sind kostenpflichtig, werden aber an mehreren Universitäten bereitgestellt.

70 Flick fasst unter der Überschrift „theoretisches Kodieren" (Flick 2011: 387) sowohl das Analysevorgehen der *Grounded Theory* nach Glaser (1978) als auch dasjenige nach Strauss (1991) bzw. Strauss und Corbin (1996) zusammen. Da es aber bedeutsame Unterschiede zwischen beiden Versionen gibt und die Bezeichnung *theoretisches Kodieren* ursprünglich von Glaser stammt, von Strauss und Corbin gemieden wird (vgl. Kelle 1994, 2010), wird hier die eher neutrale zusammenfassende Bezeichnung *theorieorientiertes Kodieren* (Przyborski und Wohlrab-Sahr 2010: 195) verwendet.

haltsanalyse, das Thematische Kodieren und die Globalauswertung zusammen. Demgegenüber werden in der Gruppe der sequentiellen Verfahren, mit denen eine Datenexpansion einhergeht, u. a. die Konversationsanalyse, die Diskursanalyse, die Narrative Analyse und die Objektive Hermeneutik zusammengeführt (Flick 2011a: 422–450).[71] Trotz der Unterschiede zwischen den Verfahren in den beiden Gruppen und der unterschiedlichen Varianten einzelner Verfahren sind auch gemeinsame Kennzeichen für beide Gruppen auszumachen. Es werden im Folgenden zunächst diese Gemeinsamkeiten, anschließend die je eigenen Besonderheiten der Verfahren beider Gruppen vorgestellt.

13.5.1 Kategorienbasierte Verfahren

Bei kategorienbasierten Verfahren ist die ursprüngliche Struktur des Textes, d. h. der chronologische Aufbau z. B. von Interviewerzählungen, nicht maßgeblich für den Analyseprozess. Schließlich wird bei diesen Verfahren der empirische Text kodiert und es werden Kategorien aus/zu den empirischen Daten generiert. *Kodieren* meint, dass Forschende einem Ausschnitt empirischer Daten einen Namen bzw. ein Etikett geben (vgl. Gibbs 2007: 38). Dadurch nehmen Forschende eine erste „*Verschlüsselung* oder *Übersetzung* von Daten" vor (Böhm 2012: 476, Herv. i. O.). Wenn Gemeinsamkeiten zwischen einer jeweiligen Anzahl von Kodes herausgearbeitet werden, lassen sich diese wiederum in einer Kategorie zusammenfassen (vgl. Kap. 13.6.1.1). Durch dieses Vorgehen wird die ursprüngliche Textstruktur aufgebrochen und der empirische Text mittels der Kodes bzw. Kategorien neu geordnet. Die Zielsetzung kategorienbasierter Verfahren liegt eher in der Entwicklung von (komplexen) Kategorienstrukturen und ggf. einer gegenstandsbegründeten Theorie.

Das Theorieorientierte Kodieren ist das Analyseverfahren im Rahmen der *Grounded Theory* (Glaser 1978; Strauss 1991; Strauss und Corbin 1996), worauf im Weiteren näher eingegangen wird. Als besonderes Merkmal hervorzuheben ist an dieser Stelle, dass die Kategorien nicht im Vorfeld der Analyse entwickelt, sondern im Zuge des Kodierens durch das Datenmaterial gesteuert und generiert werden.

Im Gegensatz zum Theorieorientierten Kodieren werden im Rahmen der Qualitativen Inhaltsanalyse (QIA) (Mayring 2010) im Vorhinein aus der Theorie abgeleitete und definierte Kategorien an den Text herangetragen (vgl. Muckel 2011). Die Analyse beginnt mit einer klar umrissenen, theoretisch begründeten Fragestellung. Im Analyseverlauf werden dann die Techniken der zusammenfassenden (d. h. Textkürzung unter Beibehaltung der Kernaussage), explizierenden (d. h. Einbezug weiterer Materialien zwecks Verständnis fraglicher Datenausschnitte) und strukturierenden (d. h. Neuordnung des Textes unter einem formalen oder inhaltlichen Gesichtspunkt) Inhaltsanalyse eingesetzt (Mayring 2002: 114–121, 2010). Einerseits wird die QIA als besonders systematisch und regelgeleitet hervorgehoben (Mayring 2010: 63). Andererseits wird angemerkt, dass die QIA nach Mayring den explorativen Charakter der Datenanalyse, mithin auch den Freiraum der Forschenden bei der Analyse einschränkt (vgl. Rosenthal 2008: 200–204; Muckel 2011).

[71] Flick führt zusätzlich die Gattungsanalyse, die Sozialwissenschaftliche Hermeneutik und die Hermeneutische Wissenssoziologie mit auf. Diese Verfahren werden nicht weiter berücksichtigt, da die Gattungsanalyse auf der Grundidee der Konversationsanalyse basiert (Flick 2011: 431), die Sozialwissenschaftliche Hermeneutik und die hermeneutische Wissenssoziologie wiederum auf der Grundidee der Objektiven Hermeneutik basieren (Flick 2011: 448).

Das thematische Kodieren und die Globalauswertung sind zwei der vielen Varianten der Themenanalyse. Insgesamt wird Themenanalysen ein geringer analytischer Anspruch zugesprochen, weil sie eher den manifesten Gehalt (d. h. die auf der Textoberfläche abzulesenden Aussagen) des empirischen Textes zu erfassen erlauben (vgl. Froschauer und Lueger 2003: 158–165; Kuckartz 2010: 84).

Eine vergleichsweise tiefer gehende Analyse ermöglicht das thematische Kodieren nach Flick (1996, 2011a: 402). Da das thematische Kodieren der vergleichenden Analyse gruppenspezifischer Sichtweisen in Bezug auf den Forschungsgegenstand dient, wird im Vorfeld der Erhebung die Zusammenstellung der Forschungsteilnehmenden festgelegt. Der Analyseprozess besteht im Kern aus der Entwicklung eines Kategoriensystems anhand des ersten Falles, das nach und nach durch die Hinzunahme weiterer Fälle erweitert und modifiziert wird. So werden Gemeinsamkeiten und Unterschiede zunächst zwischen den einzelnen Fällen, dann fallübergreifend zwischen den untersuchten Gruppen herausgearbeitet (Flick 2011a: 402–409).

Die Globalauswertung ist vielmehr ein ergänzendes Verfahren, denn mit ihr kann lediglich ein recht grobes Analyseniveau erreicht werden (vgl. Böhm, Legewie und Muhr 1992). Legewie (1994) hat insgesamt zehn Schritte zur ersten übersichtsartigen Annäherung an die Daten verfasst, die mit einer Reflexion des Vorwissens von Forschenden zum Untersuchungsgegenstand beginnt und über die Zusammenfassung der zentralen Textstellen zu einer Auflistung von Auswertungsstichwörtern anleitet. Die Globalauswertung eignet sich dazu, bei geringem Zeitaufwand einen Überblick über das Gesamtmaterial zu erhalten, denn für die Analyse einer Seite empirischer Daten samt Verschriftlichung werden nur ca. 45 Minuten veranschlagt (Legewie 1994: 177).

13.5.2 Sequentielle Verfahren

Im Gegensatz zu kategorienbasierten Verfahren ist die ursprüngliche Textstruktur von tragender Bedeutung für den Analyseprozess sequentieller Verfahren, weshalb eine Neumontage des Textes über die Bildung von Kategorien abgelehnt wird (vgl. Wernet 2009: 27). Die Ausgangsidee ist, dass sich der Sinngehalt sozialer Realität in der Interaktion schrittweise aufbaut (vgl. Bergmann 1985: 313; Luckmann 2007: 306). Der Text als Protokoll des untersuchten Phänomens sozialer Realität spiegelt eben diese allmähliche Sinnentfaltung wider. Die einzelnen Aussagen erhalten somit ihren Sinn im Kontext der vorausgegangenen, und bilden zugleich den Kontext für die nachfolgenden Aussagen (vgl. Bohnsack 2010: 74). Daher wird das Herausgreifen einer Aussage aus dem sequentiellen Zusammenhang als Verzerrung bei der Sinnrekonstruktion aufgefasst. Es wird ohne Vorgriff auf spätere Aussagen gemäß der Reihenfolge empirischer Daten analysiert, wobei die formalsprachliche Analyse besonderes Gewicht erhält. Trotz Unterschieden im Fallverständnis (vgl. u. a. Brüsemeister 2008: 55–70; Flick 2011a: 96), besteht das Ziel sequentieller Verfahren eher in der Rekonstruktion der Fallstruktur (Flick 2011a: 387).

Die Konversationsanalyse wird vornehmlich für die Untersuchung von Gesprächsmitschnitten eingesetzt, um sprachliche Konventionen herauszuarbeiten, die zur Herstellung, Aufrechterhaltung und Fortführung sinnhafter Ordnung in der jeweiligen Interaktion eingesetzt werden (vgl. Bergmann 2012). Durch die sequentielle Einzelfallanalyse, die Hinzunahme von Kontextwissen und die vergleichende Fallanalyse werden Gesprächstypen (z. B. Beratungsgespräche, Arzt-Patientengespräche) oder Gesprächspraktiken

(z. B. Sprecherwechsel, Reparaturen) im Interaktionsverlauf analysiert (vgl. u. a. Kleemann, Krähnke und Matuschek 2009: 35–61; Bergmann 2012).

Im Gegensatz zur Konversationsanalyse, die sich (ausschließlich) dafür interessiert, *wie* Sinn und soziale Ordnung auf der Textoberfläche hergestellt werden, ist für die Diskursanalyse die inhaltliche Seite der Aussagen von Bedeutung, weshalb in ihrem Fokus Fragen nach dem *Warum* und besonders *zu welchem Zweck* stehen (vgl. u. a. Brünner und Graefen 1994: 13). Hierzu wird ein Diskursausschnitt (d. h. ein zuvor definiertes Textkorpus) in Hinblick darauf untersucht, wie und welche Deutungsmuster produziert, modifiziert ggf. gänzlich verändert werden und welche wirklichkeitskonstituierende Macht ihnen zukommt (u. a. Keller 1997, 2011: 20–22). Die eher vage formulierten Analyseschritte (vgl. Flick 2011a: 431) orientieren sich an den allgemeinen Leitlinien der qualitativen Forschung, der *Grounded Theory* (Strauss 1991; Strauss und Corbin 1996) und der Sozialwissenschaftlichen Hermeneutik (Hitzler und Honer 1997) (vgl. Keller 2011: 84).

Einen Zugang zur sozialen Wirklichkeit, wie sie von Subjekten wahrgenommen und gedeutet wird, sucht die Narrative Analyse (Schütze 1983), die um die Rekonstruktion der tatsächlichen Ereignisse, ihrer Konstruktionen seitens des Subjektes und der diesen Konstruktionen zugrundeliegenden Deutungsmuster bemüht ist (vgl. u. a. Brüsemeister 2008: 99–100). Aufgrund dieser Ausrichtung wird die Narrative Analyse, der zumeist das Narrative Interview (Schütze 1983) vorausgeht (vgl. Kap. 7), im Zusammenhang mit Untersuchungen zu biographischen Verläufen eingesetzt (vgl. Rosenthal 2008: 138). Das aufwändige Verfahren beginnt mit einer differenzierten formalsprachlichen Analyse des Interviewtextes, der anschließend in Hinblick auf die geschilderten Handlungsweisen des Forschungsteilnehmenden strukturell beschrieben und in einem weiteren Schritt analytisch abstrahiert wird, um die Einzelaussagen zu einem biographischen Gesamtbild zusammenführen zu können. Auf das Herausarbeiten der Eigentheorie des Forschungsteilnehmenden soll abschließend der kontrastive Fallvergleich folgen (vgl. u. a. Kleemann, Krähnke und Matuschek 2009: 64–110).

Während die Narrative Analyse auch die Rekonstruktion der subjektiven Perspektive anvisiert, bleibt diese in der Objektiven Hermeneutik (Oevermann, Allert, Konau und Krambeck 1979) ausgeklammert. Denn die Objektive Hermeneutik ist ausgerichtet auf die Rekonstruktion latenter Sinnstrukturen, also der verborgenen sozialen Regeln, die die Konstruktionen und Handlungen des Subjektes anleiten. Sicht- und rekonstruierbar werden latente Sinnstrukturen dadurch, dass sie sich im jeweils vorliegenden Fall „als intuitives Regelwissen und Routinehandeln der Menschen niederschlagen" (Kleemann, Krähnke und Matuschek 2009: 114). Zu ihrer Offenlegung und ihrem fallspezifischen Wirken wird ein besonders zeitintensives Vorgehen mit mehreren Interpretierenden vorgeschlagen, das als Kunstlehre begriffen wird (Oevermann u. a. 1979). Im Kern besteht der Analyseprozess darin, dass der Text strikt sequentiell durchgearbeitet wird und dabei gedankenexperimentell möglichst viele plausible Lesarten entwickelt und in einem Auswertungsprotokoll festgehalten werden. Diejenigen Lesarten, die sich bei der Überarbeitung des Protokolls durchsetzen, werden an weiteren Textstellen überprüft und in Zusammenhang zueinander gesetzt. Abschließend wird eine komplexe Lesart unter Rückbindung an theoretische Konzepte herausgearbeitet und die Fallstruktur ausformuliert (vgl. Brüsemeister 2008: 199–219; Wernet 2009). Für die Analyse einer Seite empirischer Daten, die in einer Gruppe von drei bis zu sieben Interpretierenden durchgeführt wurde, werden bis zu 15 Stunden angegeben (Oevermann u. a. 1979: 393).

13.6 Grounded Theory

Die *Grounded Theory* (GT) wurde Ende der 1960er Jahre von Barney Glaser und Anselm Strauss (1967) entwickelt, die in der Folgezeit je eigene Varianten herausgearbeitet haben (vgl. u. a. Kelle 1994; Strübing 2008a). Darüber hinaus gibt es inzwischen viele weitere Versionen der GT (vgl. u. a. Bryant und Charmaz 2010a). Bewertet wird die GT als „elaboriert" (Reichertz 2007, 2009; vgl. auch Hollstein und Ullrich 2003; Bohnsack 2005), da sie eine theoretische Position vorweist und zur methodisch kontrollierten und reflektierten Forschungsdurchführung anleitet. Folglich ist die GT eine Methodologie bzw. ein methodologisch begründeter Forschungsstil (vgl. Strauss 1991: 21; Mey und Mruck 2011). Im Folgenden wird die GT in ihren allgemeinen Merkmalen angerissen und in der Variante von Strauss (1991) bzw. Strauss und Corbin (1996) hinsichtlich des Analyseverfahrens vorgestellt.

Die GT ist eine Praktik, die angewendet wird, um für den zu untersuchenden Wirklichkeitsausschnitt tatsächlich relevante Phänomene herauszuarbeiten und eine empirisch fundierte Theorie hierüber, also eine in dem jeweiligen Gegenstand begründete Theorie über das Phänomen, zu entwickeln (vgl. Strauss und Corbin 1996: 8). Dabei wird Theorie „als ein Versuch von vielen betrachtet, Phänomene der sozialen Welt zu erklären" (Corbin und Hildenbrand 2011: 119). Hierzu ist in der Methodologie der GT gewissermaßen als Blaupause angelegt, wie Theorie und Empirie aufeinander bezogen werden und die Theoriebildung von der Empirie sowie die Empiriearbeit vom Stand der Theoriebildung gelenkt werden sollen. Aufgrund der wissenschaftstheoretischen Fundierung im symbolischen Interaktionismus[72] (Blumer 1973) eignet sich die GT insbesondere zur Erforschung sozialen Handelns (vgl. u. a. Böhm 1994: 123; Brüsemeister 2008: 152), sie ist jedoch nicht auf ein bestimmtes theoretisches Interesse, auf eine bestimmte Forschungsperspektive oder Datensorte beschränkt (Strauss 1991: 29–30). Die Flexibilität der Methodologie unterstreicht Strauss mit der Aussage: „Man muss die Methodologie an die Fragestellungen und die Randbedingungen [der jeweiligen Studie, S.D.] anpassen." (Legewie und Schervier-Legewie 2004: 62) Zugleich betont Strauss, dass eine GT-Studie zumindest die drei zentralen Merkmale, nämlich die Kodierart, das theoretische *Sampling* und die Vergleichsheuristik der GT berücksichtigen sollte (Legewie und Schervier-Legewie 2004: 59). Entlang dieser Merkmale wird im Folgenden der Analyseprozess der GT sensu Strauss (1991) bzw. Strauss und Corbin (1996) vorgestellt.

13.6.1 Kodieren nach der Grounded Theory

Das Kodieren als die Analysearbeit am Datenmaterial gleicht einem Dialog der Forschenden mit den Daten. Dabei versuchen Forschende einen interpretativen Zugang zum Material zu erhalten und im Weiteren hierauf basierend theoretische Erkenntnisse zu entwickeln (vgl. Berg und Millmeister 2011). Folglich ist im Kodier- bzw. Dialogverlauf zunächst das Sprechen der Forschungsteilnehmenden im Vordergrund auf der Datenoberfläche hörbar, während zunehmend im Kodier- bzw. Dialogverlauf das theoretisierende Sprechen der Forschenden an Lautstärke gewinnt (vgl. Berg und Millmeister 2011:

[72] Die Kernidee des Symbolischen Interaktionismus, die Blumer (1973: 81) in drei Prämissen einführt, lautet, dass Akteure in ihrer sozialen und materialen Umwelt auf der Grundlage ihrer subjektiven Sinngebungen und Interpretationen unter Verwendung von (sprachlichen, gestischen u. v. a.) Symbolen (inter)agieren.

324). Es ist allerdings der Anspruch der GT, dass die Sprache und die theoretischen Erkenntnisse der Forschenden stets in die Sprache und empirischen Aussagen der Forschungsteilnehmenden übersetzbar bleiben (d. h. empirisch fundierte theoretische Aussagen). Methodologisch erfasst wird die Theorieorientierung des Kodierprozesses durch die Differenzierung zwischen dem offenen, axialen und selektiven Kodieren, die tendenziell in dieser Reihenfolge durchgeführt werden, wobei ein vom jeweiligen Erkenntnisstand geleitetes Pendeln, insbesondere zwischen dem offenen und axialen Kodieren möglich ist (vgl. Strauss und Corbin 1996: 77).

Vor der Einführung in die drei Kodierarten der GT werden zwei analytische Prinzipien[73] und das theoretische *Sampling* skizziert, die dem gesamten Kodierprozess zugrunde liegen.

Analytische Prinzipien im Kodierprozess

Vorangetrieben wird der Kodierprozess einerseits durch analytische Fragen, die an die Daten gestellt werden, andererseits durch tatsächliche und fiktive Vergleiche, die zwischen und mit den Daten durchgeführt werden (Strauss und Corbin 1996: 56–74). Mittels Fragen wie „Was passiert an dieser Stelle? Wofür stehen diese Daten?“ (Böhm 1994: 127) soll der manifeste Gehalt der Daten durchdrungen und es sollen dahinterliegende Konzepte erschlossen werden. Konzepte gibt es zu jedem Begriff. Sie stellen gewissermaßen die Bedeutungslandkarte von Begriffen dar, in der die Erfahrungen, das Alltags- und das (fach-)wissenschaftliche Wissen der Forschenden zu diesen Begriffen abgebildet sind (vgl. Strauss und Corbin 1996: 61). Für das analytische Voranschreiten ist besonders das (fach-)wissenschaftliche Wissen, d. h. der Bestand an theoretischen Konzepten auf der Landkarte, relevant, die jedoch nicht strikt und statisch, sondern offen und dynamisch eingesetzt werden (vgl. Kelle und Kluge 2010: 28–40).

Das vergleichende, also kontrastierende Vorgehen bei der Analyse dient der Generierung theoretischer Ideen und gilt als die zentrale Erkenntnisquelle in der GT (vgl. u. a. Strübing 2008a: 18; Breuer 2010: 82). Die unterschiedlichen Vergleichsmöglichkeiten (vgl. Birks und Mills 2011: 11), wie beispielsweise der Vergleich zwischen einzelnen Phänomenen in den Daten, leiten Forschende dazu an, jenseits der eigenen Vorannahmen Phänomene hinsichtlich ihrer Gemeinsamkeiten und Unterschiede zu erfassen und somit die Spezifika der einzelnen Phänomene, wie sie in den Daten festgehalten sind, in den Blick zu bekommen (vgl. Strauss und Corbin 1996: 64). Im vorangeschrittenen Analyseprozess wird über die Kontrastierung der erarbeiteten Teilerkenntnisse theoretische Abstraktion erzielt. Dadurch erst wird es möglich, diese datenbasierten Teilerkenntnisse zu systematisieren und in Zusammenhang zueinander zu setzen (vgl. u. a. Strübing 2008a: 18). Zur Erhöhung der theoretischen Sensibilität, also „der Fähigkeit über empirisch gegebenes Material *in theoretischen Begriffen* zu reflektieren“ (Kelle und Kluge 2010: 28, Herv. i. O.) wird Forschenden ebenfalls geraten, in Gedankenexperimenten naheliegende und besonders auch weithergeholte Vergleiche vorzunehmen (vgl. Strauss und Corbin 1996: 66–70). Auf diesem heuristischen Weg sollen eingeschliffene Denkmuster überwunden und neue Perspektiven auf das Phänomen ermöglicht werden. Als Beispiel für den Einsatz und

[73] Es wird hier der Begriff der *Prinzipien* statt der „Verfahren“ (Strauss und Corbin 1996: 44) verwendet, um evtl. Missverständnissen vorzubeugen. Diese Prinzipien sind keine eigenständigen Analyseverfahren, die vom Kodierprozess abgetrennt werden könnten. Vielmehr stehen sie im Hintergrund des Kodierprozesses und fungieren gewissermaßen als seine Antriebskraft.

Ertrag dieser Strategie wird oft folgender provokativer Vergleich von Hughes zitiert „How is a priest like a prostitute?" (Hughes zit. nach Gerson 1991: 287).

Theoretisches *Sampling*

In der frühen Analysephase werden eher unsystematische Vergleiche vorgenommen, um möglichst viele Lesarten zu entwickeln. Wenn sich erste theoretisch relevante Erkenntnisse herausbilden, leiten diese die Auswahl der nächsten Vergleichseinheit. Als Auswahlstrategie wird dabei das theoretische *Sampling* eingesetzt. Das theoretische *Sampling* gewährleistet die gezielte Bestimmung der nächsten Vergleichseinheit, die für die Analyse herangezogen wird (Strauss und Corbin 148–165). Vergleichseinheiten können sowohl Ausschnitte aus den bereits erhobenen (und analysierten) Daten sein wie auch Felddaten, die noch zu erheben sind (Strauss und Corbin 1996: 148, 164). Besonderes Merkmal des theoretischen *Samplings* ist es also, dass nicht vorab, sondern prozessbegleitend, vom jeweiligen Stand der Analyseergebnisse gesteuert festgelegt wird, welche Einheit als nächstes für die Analyse auszuwählen ist. Die Verknüpfung der Datenerhebung mit der -analyse via theoretisches *Sampling* bietet den immensen Vorteil, dass statt eines im Vorfeld der Analyse angehäuften Datenberges sukzessive und gezielt, dadurch auch mit einem geringeren Aufwand, lediglich diejenigen Daten erhoben werden, die den Erkenntnisgenerierungsprozess voranbringen (vgl. Hildenbrand 2012: 41–42). Allerdings sprechen Strauss und Corbin von „fatale[n] Mißverständnisse[n]" (1996: 164), wenn das theoretische *Sampling* ausschließlich auf die Erhebung der nächsten Felddaten bezogen und die Möglichkeit des theoretischen *Samplings* innerhalb der erhobenen Daten ausgeblendet wird. Denn es ist einerseits aus forschungsorganisatorischen Gründen nicht immer möglich, über eine längere Zeitspanne Zugang zu einem theoretisch interessierenden Feld zu erhalten (vgl. Strübing 2008a: 31). Andererseits können die in Hinblick auf die weitere Theoriegenerierung relevanten nächsten Daten für feldfremde Forschende heikel und dadurch schwer zu erheben sein (beispielsweise, wenn sich bei einer Untersuchung die Bedingungen des illegalen Aufenthaltes in der BRD für den DaZ-Erwerb als theoretisch bedeutsam herauskristallisiert haben und es notwendig wäre, nun Daten von illegal in Deutschland lebenden Forschungsteilnehmenden zu erhalten).

Zusätzlich zu den Umsetzungsmöglichkeiten des theoretischen *Samplings* müssen Forschende auch beachten, wann die Analyse auf der Grundlage neuer Vergleichseinheiten abzuschließen ist. Als Endpunkt des theoretischen *Samplings* führen Strauss und Corbin die theoretische Sättigung ein, die erreicht ist, wenn über das Heranziehen neuer Vergleichseinheiten keine weiteren Erkenntnisse über das Phänomen gewonnen werden (Strauss und Corbin 1996: 159). Da aber soziale Phänomene im steten Wandel und komplexer als all ihre schriftliche Fixierung sind, kann ihre Erfassung nur eine Momentaufnahme in Ausschnitten und somit lediglich theoretisch hinlänglich gesättigt sein (vgl. Dey 1990). Daher müssen Forschende vielmehr überprüfen, ob ihre Erkenntnisse über interne Konsistenz und hinreichende Dichte verfügen, und hiervon geleitet die subjektive Entscheidung treffen und begründen, wann das theoretische *Sampling* abzubrechen ist (vgl. Strübing 2008a: 34).

13.6.2 Offenes Kodieren

Es gilt nun den Kodierprozess zu beleuchten, den die oben vorgestellten Prinzipien steuern. Strauss und Corbin empfehlen zu Beginn möglichst detailliert zu analysieren, d. h., Wort für Wort, Zeile für Zeile durch das Datenmaterial zu gehen, analytische Fragen an die Daten zu stellen und Vergleiche vorzunehmen, wodurch die Datenoberfläche aufgebrochen wird. Ziel ist es, Phänomene herauszuarbeiten, die sich in den empirischen Aussagen niederschlagen und den identifizierten Phänomenen einen Kode, eine „konzeptuelle Bezeichnung" (Strauss und Corbin 1996: 43), also einen Namen zu geben. Die Namen sollten möglichst keine Paraphrasierung der empirischen Aussagen sein, es sollten vielmehr „theoretische Kodes" oder „natürliche Kodes" (Strauss 1991: 64), letztere oftmals auch als „in-vivo-codes" (Strauss 1987: 33) bezeichnet, vergeben werden. Theoretische Kodes sind aus den fachwissenschaftlichen und zugleich offen verwendeten Konzepten abgeleitete Begriffe. Als natürliche Kodes hingegen gelten Aussagen der Forschungsteilnehmenden selbst, die Forschende als besonders anschaulich und treffend für das jeweilige Phänomen werten (vgl. Strauss 1991: 64). Diese Art sequentieller Analyse sollte durchgehend an denjenigen Datenausschnitten durchgeführt werden, die als aufschlussreich für das Erkenntnisinteresse erscheinen. Hierneben schlagen Strauss und Corbin vor, mit fortschreitender Analyse zunehmend größere Texteinheiten offen zu kodieren (Strauss und Corbin 1996: 54).

Aus der Fülle der erarbeiteten Kodes sollen nun diejenigen in Kategorien zusammengefasst werden, die eine gemeinsame Schnittmenge an dahinterliegenden Konzepten aufweisen. Auch die Kategorien erhalten einen Namen, allerdings von einem höheren Abstraktionsgrad als Kodes, da eine Kategorie wie eine Kode-Schublade eine Auswahl an Kodes und dahinterstehenden Konzepte erfassen muss (vgl. Strauss 1996: 47). Beispielsweise könnten Kodes wie *naturwissenschaftliche Experimente*, *Literacy-Förderung*, *Sprachförderung* und *Verkehrserziehung* aus Daten im Rahmen einer Studie im Vorschulbereich unter der Kategorie *Schulvorbereitung* subsumiert werden. Während die Zuordnung von Kodes zu Kategorien zunächst noch provisorischen Charakter hat (vgl. Strauss und Corbin 1996: 47), werden im Weiteren die Eigenschaften der Kategorie herausgearbeitet, um entlang dieser Eigenschaften die tatsächlichen Gemeinsamkeiten und Unterschiede zwischen den jeweiligen kodierten Ereignissen erfassen zu können. Hierfür werden aus der Begriffsanalyse, also aus der Wortbedeutung, potentiell relevante Eigenschaften abgeleitet (z. B. Kategorie *Schulvorbereitung*; Eigenschaften: *Häufigkeit*, *Dauer, Angebot einer externen Sprachförderkraft/internen Erzieherin)*. Am Datenmaterial wird dann überprüft, welche dieser Eigenschaften und in welcher Ausprägung beschrieben werden (z. B.: *Häufigkeit: oft*; *Dauer: kurz*; *Angebot einer internen Erzieherin*) (vgl. Kelle 1994: 324–326; Strauss und Corbin 1996: 50–53).

13.6.3 Axiales Kodieren

Zielsetzung des axialen Kodierens ist es, Zusammenhänge zwischen den Phänomenen herauszuarbeiten, die im Zuge des offenen Kodierens aus den Daten entwickelt, begrifflich erfasst, und in Kategorien zusammengefasst wurden (vgl. Strauss und Corbin 1996: 76). Hierfür entscheiden Forschende zunächst vor dem Hintergrund des aktuellen Analysestandes, welche der vorliegenden Phänomene bzw. Kategorien sich in Hinblick auf Teilbereiche des übergreifenden Erkenntnisinteresses als bedeutsam abzeichnen und folglich einer weitergehenden, also axialen Analyse oder Kodierung zugeführt werden sollen (vgl. Strübing 2008a: 21). Zur Sensibilisierung für die Zusammenhänge zwischen der jeweils ausgewählten Kategorie (Achsenkategorie) und denjenigen, die diese Achsenkategorie näher bestimmen (Subkategorien), wird ein heuristisches Rahmenmodell vorgeschlagen, das als *Paradigma* (Corbin und Strauss 2008: 90) bezeichnet wird.[74] Das Paradigma basiert auf einer Alltagsheuristik, bei der zum besseren Verständnis von Ereignissen danach gefragt wird, wie es zu diesen kam, wie mit den Ereignissen umgegangen wird und welche Schlussfolgerungen sich aus diesem Umgang ergeben. Ebenso leitet das Paradigma Forschende an, in den (als Kategorien aufbereiteten) Daten nach den ursächlichen Bedingungen für das Zustandekommen des Phänomens, den (inter-)aktiven Strategien oder Emotionen, die sich hieraus ableiten und deren Konsequenzen, also nach diesen Subkategorien der Achsenkategorie zu suchen (vgl. Corbin und Strauss 2008: 90; Strübing 2008a: 26–30). Auch hier greifen Forschende auf die o. g. analytischen Prinzipien zurück, nehmen ggf. erneut offene Kodierungen vor und erarbeiten für „fünf oder sechs Kategorien“ (Strauss und Corbin 1996: 88) derartige Zusammenhangsmodelle. Die Gültigkeit der identifizierten Zusammenhänge wird überprüft und an möglichst vielen unterschiedlichen Datenausschnitten bestätigt.

Das Aufspüren von Zusammenhängen zwischen Kategorien und die Anreicherung der Achsenkategorien durch viele empirische Belegstellen regen Forschende an, die Anzahl der Konzepte zu reduzieren, sie zugleich aber abstrakter und komplexer zu formulieren, da die Konzepte nunmehr eine größere Variationsbreite einzelner Phänomene im Datenmaterial umfassen müssen. Auf diesem Weg stellen Forschende erste vage Hypothesen über den Zusammenhang von Handlungen und deren Folgen auf, die unter bestimmten Bedingungen auftreten und charakteristisch für die Daten bzw. den untersuchten Wirklichkeitsausschnitt sind (vgl. Kelle 1994: 330).

13.6.4 Selektives Kodieren

In der Endphase der Analyse werden nunmehr die entwickelten Achsenkategorien zueinander in Beziehung gesetzt, weshalb das selektive Kodieren vergleichbar dem axialen Kodieren ist, allerdings auf einem höheren Abstraktionsniveau durchgeführt wird (vgl. Strauss und Corbin 1996: 95; Breuer 2010: 92). Ziel hierbei ist es, die in den Achsenkategorien erfassten Erkenntnisse in ein übergreifendes theoretisches Konzept zu integrieren und eine GT über den Gegenstand der Untersuchung aufzustellen. Hierzu wird der Theoretisierungsprozess auf ein zentrales Phänomen hin zugespitzt, das *Kernkategorie* genannt wird. Die Kernkategorie bezieht sich auf typische Handlungsweisen im untersuchten Feld (Kelle 1994: 331), auf die Forschende immer wieder in ihrem Dialog mit den Daten aufmerksam werden (Strauss und Corbin 1996: 97). Um diese Kernkategorie herum werden die Achsenkategorien unter Rückgriff auf die analytischen Prinzipien und das Paradigma angeordnet.

Falls keine der Achsenkategorien in dem Maße relevant und abstrakt zugleich ist, dass sie in das Zentrum der Untersuchung rücken und die weiteren Achsenkategorien unter sich subsummieren kann, muss die Kernkategorie neu entwickelt werden. Hilfreich bei der Bestimmung der Kernkategorie und ihren Bezügen in den Daten ist es, wenn der Untersuchungsgegenstand jenseits der einzelnen Fälle in wenigen Sätzen als eine Art roter Faden der Untersuchung bzw. *story line* (Strauss und Corbin 1996: 96–100) zusammengefasst wird. Diese Zusammenfassung als abschließende Kondensierung führt zwangsläufig zur abstrakteren (Um-)Formulierung des untersuchten Phänomens bzw.

[74] Die Erstversion des Rahmenmodells, das Kodierparadigma, geht auf Strauss (1991) zurück, wurde dann von Strauss und Corbin (1996: 75–93) weiterentwickelt und ausdifferenziert, aktuell aber von Corbin und Strauss (2008: 90) auf ihre zentralen Bestandteile reduziert, hierdurch handhabbarer gestaltet und unter dem neuen Namen *Paradigma* wiedereingeführt.

Gegenstands. Auf diesen Gegenstand hin werden nun die im Zuge des axialen Kodierens aufgestellten Hypothesen ausgerichtet und es wird eine GT, also eine in diesem Gegenstand begründete Theorie, erarbeitet.

Der erforderliche Abstraktionsgrad lässt sich bereits an der Kodierung also Etikettierung von Kernkategorien ablesen. Exemplarisch kann hier auf Kernkategorien wie „Der soziale Faktor“ (Girgensohn 2007) oder „Selbstgesteuertes Lernen“ (Hoidn 2010) hingewiesen werden, denn zu diesen Kernkategorien sind beliebig viele Untersuchungskontexte denkbar. Spezifisch für die jeweilige Untersuchung wird eine Kernkategorie erst durch Hypothesen mit dem jeweiligen empirischen Bezug bzw. Gehalt von der Struktur: „Unter diesen Bedingungen (Auflistung) passiert das und das; während unter anderen Bedingungen das und das eintritt.“ (Strauss und Corbin 1996: 107) Zur Auffächerung einer dichten und zugleich kohärenten Theorie anhand solcher Hypothesen kann es notwendig werden, erneut in die Phase des offenen und/oder axialen Kodierens einzusteigen und diesmal selektiv, auf die Kernkategorie und die Theoriebildung ausgerichtet zu kodieren.

Bei der abschließenden Überprüfung der Hypothesen vor dem Hintergrund des gesamten Datenmaterials kann es erforderlich werden, vorherige Kodierungen und Kategorisierungen zu verwerfen bzw. zu modifizieren (vgl. Strauss und Corbin 1996: 114). Dies ist allerdings keine artifizielle Anpassung der Daten an die entwickelte Theorie, sondern vielmehr die logische Konsequenz der Praxis einer Methodologie, bei der die einzelnen Analyseschritte wie in einem Zahnradmodell ineinander greifen und aufeinander einwirken, um eine datenverbundene und zugleich methodisch kontrollierte Abstraktion zwecks Theorieentwicklung vorzunehmen. Aus der Methodologie der GT leitet sich auch ab, dass die entwickelte Theorie keine abgeschlossene und endgültige Erklärung der Wirklichkeit sein kann, da die Wirklichkeit selbst nicht als endgültig ausgelegt wird (vgl. Kap. 13.6). So ist es durchaus denkbar, dass nach Beendigung der eigenen Arbeit eine neue Variation des untersuchten Phänomens mit der Modifikation der Theorie(bestandteile) einhergeht, ebenso aber auch, dass das empirische Datenmaterial aus einer neuen Untersuchungsperspektive zur Entwicklung einer neuen Theorie führt. Daher bleibt abschließend zur *Grounded-Theory*-Methodologie (GTM) festzuhalten:

„Nicht nur der Anfang des GTM-Forschungsprozesses, sondern auch sein Ende ist von einer gewissen *epistemologischen Offenheit* gekennzeichnet.“ (Breuer 2010: 111, Herv. i. O.)

13.7 Ausblick

Die abschließenden Worte zur GT führen zugleich zu den einleitenden des Kapitels zurück, nämlich der (Un-)Gewissheit als Charakteristikum qualitativen Forschens insgesamt. Es ist zwar erkenntnislogisch nicht möglich, absolute Gewissheit zu erlangen, aber in der Erkenntnisgenerierung notwendig danach zu streben. Dieses Streben schließt sowohl theoretisches und praktisches Arbeiten als auch das Arbeiten im Alleingang und in der Gemeinschaft ein. Die Lektüre von Texten zur Methodologie, die Arbeit in Interpretationsgruppen und die Teilnahme an Ausbildungsangeboten zur Qualitativen Forschung wie beispielsweise der Berliner Methodentreff (http://www.qualitative-forschung.de/methodentreffen/) bilden eine solide Grundlage für die Analysepraxis. So kann das immanente Un- der Gewissheit einfacher ge- und ertragen werden.

WEITERFÜHRENDE LITERATUR

Flick, Uwe (2011a): ***Qualitative Sozialforschung. Eine Einführung.*** **4. Aufl. Reinbek bei Hamburg: Rowohlt.**
Das Standardwerk gewährleistet einen guten Gesamtüberblick über qualitative Forschung insgesamt. In dieser Neuausgabe werden aktuelle Entwicklungen auch im Bereich der Datenanalyse berücksichtigt und für Forschungsanfänger verständlich dargestellt.

Strauss, Anselm L.; Corbin, Juliet M. (1996): ***Grounded Theory. Grundlagen qualitativer Sozialforschung.*** **Weinheim: Beltz.**
Sehr didaktisch ausgerichtetes Grundlagenwerk zur *Grounded Theory* sensu Strauss und Corbin. Irritierend kann allerdings die teilweise uneinheitliche Verwendung von eingeführten Begriffen sein.

Kelle, Udo (1994): ***Empirisch begründete Theoriebildung. Zur Logik und Methodologie interpretativer Sozialforschung.*** **Weinheim: Deutscher Studien Verlag.**
Wenn Grundlagenwissen zur *Grounded Theory* vorhanden ist und in/mit diesem Forschungsstil gearbeitet werden soll, dann ist Kelle zu empfehlen, da Zusatz- und weiterreichende Kenntnisse zur *Grounded Theory* vermittelt werden.

ÜBUNGEN

1) Lesen Sie die fiktiven Doktorarbeitstitel und entscheiden Sie, welches Analyseverfahren im Zusammenhang der jeweiligen Forschungsthemen sinnvoll erscheint.
   a. Motivation und Integration.
      Ein Vergleich russischsprachiger und türkischsprachiger Integrationskursteilnehmender.
   b. Doktoreltern und Doktorkinder:
      Wer dominiert in diesen Familiengesprächen?
   c. Erfolgreich Deutsch lernen.
      Wodurch zeichnet sich der Lebensweg erfolgreicher DaF-Lernender in Syrien aus?
   d. Von „Gastarbeitern“ zu „Menschen mit Zuwanderungsgeschichte“.
      Die Gestaltung des „Anderen“ am Beispiel von Radiobeiträgen.

LÖSUNGSVORSCHLÄGE

Einen Lösungsvorschlag zu dieser Aufgabe sowie weitere Übungsaufgaben finden Sie im Internet unter http://www.utb-shop.de/9783825285418.

Annkathrin Darsow
Anja Felbrich

14. BESONDERE FORSCHUNGSANSÄTZE: EXPERIMENT UND QUASI-EXPERIMENT

14.1 Einleitung

Inwiefern verbessert sich die sprachliche Kompetenz von vier- bis fünfjährigen Kindern nicht-deutscher Herkunftssprache durch die Teilnahme an einem spezifischen Sprachförderprogramm zum Erwerb des Deutschen als Zweitsprache? Und inwiefern lassen sich die beobachteten Veränderungen in der sprachlichen Kompetenz auf das Sprachförderprogramm und nicht auf andere Einflüsse zurückführen? Um Fragestellungen dieser Art zu beantworten, bedarf es besonderer Forschungsdesigns, die geeignet sind, kausale Wirkungen zu untersuchen und nachzuweisen. Hier sind experimentelle und mit Einschränkungen auch quasi-experimentelle Studien die Methode der Wahl.

Experimentelle Forschungsdesigns lassen sich aus vielen Wissenschaften wie beispielsweise der Psychologie, der Medizin oder naturwissenschaftlichen Fächern nicht mehr wegdenken. In der erziehungswissenschaftlichen Forschung werden diese Designs im deutschsprachigen Raum bislang noch selten angewendet, obwohl sie vor dem Hintergrund geforderter Wirksamkeitsnachweise von Unterrichts- und Förderkonzepten an Bedeutung gewinnen. Im Bereich Deutsch als Fremd-/Zweitsprache werden derzeit im Vergleich dazu noch weniger (quasi-)experimentelle Studien durchgeführt. Anders sieht es jedoch im angloamerikanischen Raum aus, wo in der Sprachlehr-/-lernforschung (quasi-)experimentelle Untersuchungen einen festen Platz haben (Beispiele für (quasi-)experimentelle Studien: Foster und Skehan 1996; Robinson 1997; Ellis, Loewen und Erlam 2006).

Ziel des Beitrags ist, einen Überblick über (quasi-)experimentelle Designs zu geben, so dass veröffentlichte Studien nachvollzogen und kritisch eingeschätzt werden können. Der Text soll zudem Grundlagenwissen für die Planung eigenständiger (quasi-)experimenteller Untersuchungen bereitstellen. Das Kapitel gliedert sich in drei Abschnitte: Zunächst wird der experimentelle Forschungsansatz dargestellt. Nachdem einführend die Logik experimenteller Studien erläutert wurde, werden Maßnahmen zur Sicherung der internen Validität (vgl. einführend in Gütekriterien Kap. 2) aufgeführt, abschließend wird das Spannungsverhältnis zwischen interner und externer Validität erläutert. Hierauf aufbauend wird im zweiten Teil auf den quasi-experimentellen Ansatz eingegangen. Das Kapitel endet mit einer Gegenüberstellung der beiden Forschungsansätze.

14.2 Experiment

14.2.1 Die Logik experimenteller Studien

Experimente zielen darauf ab, kausale Zusammenhänge zwischen zwei Variablen zu untersuchen, beispielsweise die Wirkung eines Sprachförderprogramms auf die sprachlichen Kompetenzen. Technisch gesprochen wird die Hypothese überprüft, ob sich die vom Forschenden gezielt variierte unabhängige Variable (UV) – z. B. ein Sprachförderprogramm – auf die abhängige Variable (AV) – hier die sprachlichen Kompetenzen – auswirkt. Dabei wird die UV durch den Forschenden aktiv manipuliert, was auch als *Treatment* oder *Intervention* bezeichnet wird. Die Schlussfolgerung, dass eine beobachtete Veränderung der AV auf die Wirkung der UV bzw. das *Treatment* zurückgeführt werden kann, ist aber lediglich dann plausibel, wenn drei Voraussetzungen erfüllt sind (z. B. Sedlmeier und Renkewitz 2008: 127–132; Eid, Gollwitzer und Schmitt 2010: 55–56):

1. Die UV und die AV müssen kovariieren, d. h., die beiden Merkmale ändern sich in Abhängigkeit voneinander. Bezogen auf das eingeführte Beispiel bedeutet dies, dass der Lernzuwachs systematisch mit der Teilnahme an der Sprachförderung variiert, d. h., die Kinder, die an der Förderung teilnehmen, verbessern sich vermutlich stärker als die Kinder, die keine Sprachförderung erhalten.
2. Des Weiteren muss sichergestellt sein, dass die UV der AV bzw. der beobachteten oder gemessenen Veränderung der AV vorausgeht: UV → AV. Der Lernzuwachs tritt also erst nach der Förderung auf und nicht bereits vorher.
3. Schließlich muss überzeugend aufgezeigt werden, dass die beobachtete Wirkung mit einer hohen Wahrscheinlichkeit auf das *Treatment* zurückgeführt werden kann und alternative Erklärungsansätze unplausibel sind. So könnte der Lernzuwachs der an der Sprachförderung teilnehmenden Kinder auch durch andere Merkmale erklärbar sein, beispielsweise durch die Interaktion mit einer Erzieherin oder deren Zuwendung im Rahmen der Förderung.

Während sich die ersten beiden Voraussetzungen durch Prä-Posttest-Messungen (auch *Vor-Nachtest-Messungen*) vergleichsweise einfach überprüfen lassen, erfordert die dritte Voraussetzung eine genaue Planung der Untersuchung. Bereits bei der Anlage der Untersuchung wird versucht, möglichst alle Einflussfaktoren zu eliminieren, die als Alternativerklärung für die Ergebnisse herangezogen werden könnten. Diese Einflussfaktoren, die sich ebenso wie das *Treatmen*t auf die AV auswirken können, werden als Störvariablen bezeichnet und in unsystematische und systematische Störvariablen unterteilt (z. B. Eid u. a. 2010: 56–58). Unsystematische Störvariablen beeinflussen die AV, weshalb durch entsprechende Maßnahmen wie z. B. eine standardisierte Vorgehensweise bei einer Testung dafür Sorge getragen werden muss, dass diese Variablen in der Experimental- und Kontrollgruppe gleich ausgeprägt sind. Es kann beispielsweise davon ausgegangen werden, dass die zum Ende eines Tests abnehmende Konzentration der Kinder in beiden Gruppen in vergleichbarem Maße auftritt und nicht systematisch mit dem *Treatment* variiert. Dadurch sind unsystematische Störvariablen für die Interpretation der Studie vernachlässigbar. Im Gegensatz dazu hängen systematische Störvariablen mit der UV zusammen, z. B. können sich die Kinder, die an einer Sprachförderung teilnehmen, systematisch von den Kindern der Kontrollgruppe unterscheiden, z. B. einen günstigeren Bildungshintergrund aufweisen. Die Aussagekraft einer Studie wird dadurch eingeschränkt, da nicht ausgeschlossen werden kann, dass die *Treatment*-Wirkung auf dieses spezielle Merkmal der Gruppe zurückgeht und nicht auf die Förderung. Gelingt es, alle systematischen Störfaktoren zu kontrollieren und somit alle plausiblen Alternativerklärungen für die Ergebnisse auszuschließen, kann die Wirkung eines *Treatments* mit hoher Wahrscheinlichkeit auf das *Treatment* selbst und nicht auf andere Faktoren zurückgeführt werden. Die Untersuchung gilt dann als intern valide (vgl. genauer Kap. 3). Interne Validität wird v. a. durch den Einsatz von Kontrollgruppen, eine Randomisierung der Versuchsteilnehmer und eine hohe Standardisierung bei der Durchführung des *Treatments* erreicht. Ob ein *Treatment* eine Wirkung hatte, wird i. d. R. durch den Einsatz von Prä-Posttest-Messungen überprüft. Auf diese Designmerkmale wird im Folgenden näher eingegangen.

14.2.2 Maßnahmen zur Sicherung der internen Validität von Experimenten

Experimental- und Kontrollgruppen

Um eine Wirkung auf ein *Treatment* zurückführen zu können, ist es notwendig, dass mindestens zwei Gruppen untersucht werden, die als Experimental- und Kontrollgruppe bezeichnet werden. Für die Experimentalgruppe werden häufig auch die Bezeichnungen Interventions- und *Treatment*-Gruppe (z. B. Bortz und Döring 2002: 129, 525) verwendet. Die Experimental- und Kontrollgruppe unterscheiden sich dabei idealerweise nur in der UV bzw. dem *Treatment*. Im einfachsten Fall erhalten die Personen der Kontrollgruppe kein *Treatment*, sondern nehmen nur an der Messung der AV teil, die vor und nach dem *Treatment* durchgeführt wird. Da sich beide Gruppen nur im Vorhandensein des *Treatments* unterscheiden, kann somit die Wirkung des *Treatments* in der Experimentalgruppe relativ zur Kontrollgruppe abgeschätzt werden.

Bezogen auf das eingeführte Beispiel würden die vier- bis fünfjährigen Kinder nichtdeutscher Herkunftssprache, die an dem spezifischen Sprachförderprogramm teilnehmen, die Experimentalgruppe bilden. Die Kinder aus der Kontrollgruppe erhalten hingegen keine Sprachförderung, nehmen aber an den Leistungsmessungen vor Beginn und nach Abschluss der Förderung teil (s. Versuchsplan 1 in Tab. 1). Würde nur die Experimentalgruppe untersucht werden, könnten je nach Dauer der Intervention voraussichtlich äußerst große Lernzuwächse gemessen werden. Allerdings kann der Hauptanteil dieses Lernzuwachses vermutlich schlicht durch Reifungsprozesse erklärt werden, d. h., die sprachlichen Kompetenzen der Kinder haben sich nicht nur durch die Sprachförderung verbessert, sondern auch durch die natürliche sprachliche Entwicklung. Erst der Vergleich mit der Kontrollgruppe ermöglicht es also, den Anteil des Lernzuwachses abzuschätzen, der auf die Sprachförderung zurückgeht. Technisch wird dies über die Differenz in den Leistungsveränderungen der Kinder in beiden Gruppen realisiert, wobei die Messwerte der Kinder aus der Kontrollgruppe als *Baseline* bezeichnet werden (vgl. Kap. 12 zur Testung von Unterschiedshypothesen). Stellen wir uns vor, dass sich die sprachlichen Kompetenzen in beiden Gruppen nach der Förderung nicht unterscheiden. In diesem Fall kann angenommen werden, dass der Effekt der Sprachförderung gering ist und die beobachteten Zuwächse in den Kompetenzen vom Prä- zum Posttest lediglich auf die ungesteuerte Sprachaneignung im sozialen Kontext zurückgehen. Haben sich hingegen die sprachlichen Kompetenzen der Kinder aus der Experimentalgruppe stärker verbessert, ist dies ein Hinweis darauf, dass die Sprachförderung eine Wirkung hatte. Eine Kontrollgruppe ist somit notwendig, um zu zeigen, dass ein beobachteter Effekt mit einer hohen

Wahrscheinlichkeit auf ein *Treatment* zurückgeführt werden kann und nicht lediglich Reifungsprozesse oder Lerneffekte infolge von wiederholter Testbearbeitung (z. B. Klauer 1973/2005: 74–78) abgebildet werden.

Eine reine Kontrollgruppe, die kein *Treatment* erhält, ist immer dann nicht zwingend notwendig, wenn die Wirksamkeit nicht einer, sondern mehrerer Maßnahmen vergleichend untersucht werden soll (z. B. Diekmann 2007: 338–339). Vorstellbar ist, dass die Effektivität zweier (oder mehrerer) Sprachförderprogramme für Kinder nicht-deutscher Herkunftssprache im Elementarbereich geprüft werden soll. In diesem Fall werden zwei (oder mehr) Experimentalgruppen konzipiert, die einander jeweils als Kontrollgruppe dienen und als Vergleichsgruppen bezeichnet werden (s. Versuchsplan 2 in Tab. 1). Die Unterschiede in den Prä-Posttest-Messungen zwischen den Vergleichsgruppen zeigen, ob sich die Wirksamkeit der Sprachförderprogramme unterscheidet. Werden geeignete AV erhoben, kann dadurch die Wirksamkeit differenziert betrachtet werden. So ist es beispielsweise möglich, dass sich ein Sprachförderprogramm besonders positiv auf die Entwicklung grammatikalischer Strukturen auswirkt, während ein weiteres v. a. Verbesserungen im Bereich des Wortschatzes bewirkt. Häufig wird in solchen vergleichenden Designs zusätzlich eine Kontrollgruppe ohne *Treatment* eingesetzt, um mittels einer *Baseline*-Messung Effekte der *Treatments* von normalen Reifungsprozessen zu unterscheiden (s. Versuchsplan 3 in Tab. 1), d. h. um zu prüfen, ob die untersuchten *Treatments* überhaupt wirksam waren. Um unspezifisch wirkende Faktoren, wie beispielsweise die Zuwendung der Erzieherinnen oder die Teilnahme an einer strukturierten Lernsituation per se zu kontrollieren, werden darüber hinaus statt einer unbehandelten Kontrollgruppe häufig auch Kontrollgruppen mit unspezifischen *Treatments* eingesetzt, von denen angenommen wird, dass sie keinen Einfluss auf die AV haben (z. B. musische Förderung).

Im Bereich Deutsch als Fremd-/Zweitsprache wie auch in der Bildungsforschung allgemein kann die Zuordnung von Probanden zur Kontrollgruppe ein ernst zu nehmendes ethisches Dilemma darstellen (zu ethischen Fragen des pädagogischen Experiments: Klauer, 1973/2005: 149–160). So wird im Beispiel der Sprachförderung im Elementarbereich den Kindern aus der Kontrollgruppe in einer kritischen Entwicklungsphase eine vermutlich wirksame Förderung vorenthalten. Ethische Probleme werden zumindest abgeschwächt, wenn den Probanden der Kontrollgruppe im Anschluss an die Hauptuntersuchung eine zeitlich versetzte Förderung angeboten wird. In diesem Fall wird eine sog. *Wartekontrollgruppe* gebildet. Hierdurch kann die Teilnahmebereitschaft und Akzeptanz der Intervention bei den Probanden sowie möglichen Institutionen erhöht und bei Längsschnittstudien die Anzahl an Personen reduziert werden, die frühzeitig aus der Studie ausscheiden (sog. *Drop-out*, s. Abschnitt 14.2.2.2).

Randomisierung

Neben dem Vorhandensein einer Kontrollgruppe ist auch die Zusammensetzung der Personen innerhalb der Kontroll- und Experimentalgruppe für die interne Validität einer Untersuchung von großer Bedeutung. Wenn beispielsweise die Wirksamkeit eines Sprachförderprogramms in einer Kindertagesstätte evaluiert werden soll und die Kinder der Kontrollgruppe eine andere Kindertagesstätte besuchen, ist es wahrscheinlich, dass sich die Kinder beider Gruppen in wichtigen Merkmalen voneinander unterscheiden. So könnten die Kinder der Experimentalgruppe im Gegensatz zur Kontrollgruppe einen höheren Bildungshintergrund aufweisen oder aber in der Vergangenheit bereits besser von ihren Erzieherinnen sprachlich gefördert worden sein. Zeigen diese Kinder nun nach der Sprachförderung größere Lernzuwächse als die Kinder der Kontrollgruppe, kann nicht ausgeschlossen werden, dass dieser Vorteil auf die besseren Voraussetzungen der Experimentalgruppenkinder zurückgeht und nicht auf das Sprachförderprogramm. An diesem Beispiel wird deutlich, dass sich die Personen in den experimentellen Gruppen in wichtigen Merkmalen nicht voneinander unterscheiden dürfen, da andernfalls die erzielten Effekte nicht ausschließlich auf das durchgeführte *Treatment* zurückgeführt werden können.

Unterscheiden sich die Teilnehmer der Experimental- und Kontrollgruppen nicht nur in der Zuweisung zum *Treatment*, sondern in weiteren Variablen, liegt eine sog. *Konfundierung* (z. B. Huber 2000: 99–101) vor, d. h., die AV wird nicht nur durch das *Treatment*, sondern durch weitere systematische Einflüsse beeinflusst. Diese systematischen Störvariablen können sowohl auf der Ebene der einzelnen Personen als auch auf der Ebene der Institutionen liegen, in denen sich Personen befinden. So ist es möglich, dass Kindertagesstätten über unterschiedlich gut ausgebildetes Personal verfügen oder die Ausstattung stark divergiert, was wiederum einen Effekt auf die Wirksamkeit von Förderprogrammen haben könnte.

Personenbezogene Störvariablen lassen sich eliminieren, indem die Personen völlig zufällig der Experimental- und Kontrollgruppe zugewiesen werden. Diese zufällige Aufteilung auf die Gruppen wird als *Randomisierung* bezeichnet. Bei für experimentelle Studiendesigns hinreichend großen Stichproben (Daumenregel: N > 30 pro Zelle, vgl. Bortz und Döring 2002: 546) wird davon ausgegangen, dass dadurch alle personenbezogenen systematischen Störvariablen auf die experimentellen Gruppen gleich verteilt werden. Zwar sind diese Merkmale weiterhin vorhanden, aufgrund der Gleichverteilung über die Gruppen schränken diese Störvariablen die Interpretation der Effekte jedoch nicht ein, da angenommen wird, dass sie in den Gruppen gleich wirken. Wenn beispielsweise der Bildungshintergrund der Eltern (Schul- und Ausbildung der Eltern) in allen Gruppen die gleiche Verteilung aufweist, kann dieses Merkmal zur Erklärung des größeren Lernzuwachses der Kinder in der Experimentalgruppe nicht mehr herangezogen und deshalb bei der Interpretation der Ergebnisse vernachlässigt werden. Störvariablen auf Ebene der Institutionen lassen sich hingegen eliminieren, indem alle *Treatment*-Bedingungen in jeder Institution realisiert werden (zur Kontrolle von Störvariablen z. B. Bortz und Döring 2002: 525–528; Sedlmeier und Renkewitz 2008, 134–145; Eid u. a. 2010: 58–60).

Allerdings ist bei kleinen Stichproben auch bei einer randomisierten Zuweisung nicht automatisch von einer Gleichverteilung der personenbezogenen Variablen auszugehen. In diesem Fall empfiehlt es sich, die Personen den Gruppen stratifiziert bzw. geschichtet zuzuweisen (vgl. Kap. 4 zu Methoden der Stichprobenziehung). Dies bedeutet, dass bestimmte Störvariablen, von denen angenommen wird, dass sie die Ergebnisse beeinflussen, bei der Zuweisung der Personen zu den Gruppen berücksichtigt werden, um eine gleichmäßige Verteilung dieser Variablen auf die Gruppen zu erreichen. Dabei werden die Personen zunächst anhand der zu kontrollierenden Variablen bestimmten Merkmalskombinationen zugeordnet und bezüglich dieser Merkmale homogene Gruppen gebildet (z. B. bei Kontrolle von L1 und Geschlecht den Merkmalskombinationen: Türkisch/männlich, Türkisch/weiblich, Russisch/männlich, Russisch/weiblich). Anschließend werden die Personen mit derselben Merkmalskombination zufällig der Experimental- und Kontrollgruppe zugewiesen, so dass die kontrollierten Merkmale in beiden Gruppen annähernd gleich verteilt sind. Das Vorgehen setzt jedoch voraus, dass potentiell störende Merkmale bekannt und valide sowie reliabel (vgl. Kap. 3) zu messen sind. Der Vorteil der Randomisierung besteht v. a. darin, dass durch die zufällige Zuweisung zu den Gruppen nicht nur bekannte, sondern auch unbekannte Störvariablen gleichmäßig auf die Experimental- und Kontrollgruppe verteilt werden. Darüber hinaus ist die zufällige Zuweisung zur Experimental- bzw. Kontrollgruppe unter ethischen und sozialen Gesichtspunkten am besten zu rechtfertigen.

Doch selbst wenn eine Randomisierung der Versuchsteilnehmer erfolgreich vorgenommen werden konnte, ist eine Vergleichbarkeit der Gruppen nicht garantiert. Insbesondere dann, wenn Probanden frühzeitig aus der Studie ausscheiden (sog. *Drop-out*; z. B. Shadish, Cook und Campbell 2002: 323–340), muss überprüft werden, ob die Gruppen auch weiterhin vergleichbar sind und ob der Stichprobenschwund systematisch mit dem *Treatment* zusammenhängt. So wäre denkbar, dass leistungsschwache Kinder nicht-deutscher Herkunftssprache ein Sprachförderprogramm häufiger abbrechen als leistungsstärkere Kinder. In der Folge ist der Anteil leistungsstärkerer Kinder in der Experimentalgruppe höher als in der Kontrollgruppe, wodurch die Kinder der Experimentalgruppe im Durchschnitt höhere Leistungen im Posttest erzielen. Dies kann zu einer Fehleinschätzung der *Treatment*-Wirkung führen. Um zu überprüfen, ob ein vorliegender Stichprobenschwund systematisch ist und die Interpretation der Befunde gefährdet, wird anhand der Daten aus der Prätest-Messung analysiert, ob sich die Gruppe der vollständig teilnehmenden Personen von den Abbrechern systematisch in bestimmten Merkmalen unterscheidet und inwieweit die Gruppen der Abbrecher in der Experimental- und Kontrollgruppe vergleichbar sind. Werden dabei systematische Unterschiede gefunden, müssen diese bei der Ergebnisauswertung und -darstellung berücksichtigt werden, da sie die Aussagen über das *Treatment* einschränken.

Prä-Posttest-Messungen

Anhand von Messungen der AV wird überprüft, ob ein *Treatment* eine Wirkung hatte. Hierbei handelt es sich i. d. R. um quantitativ auszuwertende Tests, die den Testgütekriterien entsprechen müssen (vgl. Kap. 3 und 6). Je nach Fragestellung kann es jedoch auch sinnvoll sein, diese quantitativen Messungen durch qualitative Maße zu erweitern (Grissmer, Subotnik und Orland 2008).

In der pädagogisch-psychologischen Interventionsforschung hat sich mittlerweile der Einsatz sowohl eines Prätests vor Beginn eines *Treatments* als auch eines Posttests direkt nach Abschluss des *Treatments* etabliert. Zwar kann theoretisch bei einer zufälligen Zuweisung der Personen zu den Gruppen auf einen Prätest verzichtet werden, da angenommen werden kann, dass die Leistungen der teilnehmenden Personen aufgrund der Randomisierung in den Gruppen vergleichbar sind. Insbesondere bei kleineren Stichproben und der Beteiligung von mehreren Institutionen, an denen das *Treatment* durchgeführt wird, ist es jedoch sinnvoll, noch einmal zu überprüfen, ob tatsächlich keine systematischen Unterschiede zwischen den Gruppen vor Beginn der Intervention bestanden. Darüber hinaus kann lediglich bei Vorliegen einer Prätestmessung abgeschätzt werden, ob und inwieweit die Ergebnisse durch einen systematischen *Drop-out* verzerrt werden. Beim Einsatz von Kontrollgruppen ohne *Treatment* kann zudem anhand des Vergleichs von Prä- und Posttest abgeschätzt werden, inwiefern beobachtete Veränderungen auf Reifungs- und unsystematische Lernprozesse (z. B. aufgrund von Testwiederholung) zurückgehen oder aber auf das *Treatment* zurückgeführt werden können. Ferner kann unter Bezug auf die Prätestleistungen analysiert werden, ob ein *Treatment* für eine Subgruppe von Teilnehmern besonders erfolgreich war.

Neben dem Prä- und Posttest wird eine gewisse Zeit nach Abschluss der Intervention häufig eine weitere Leistungsmessung, ein sog. *Follow-up*-Test (z. B. Hager und Hasselhorn 2000: 54–59), durchgeführt, anhand dessen die Nachhaltigkeit der Effekte überprüft wird. So sollte bei einer nachhaltigen Wirkung des *Treatments* auch einige Zeit nach Abschluss des *Treatments* noch ein bedeutsamer Unterschied in den Leistungen zwischen der Experimental- und Kontrollgruppe festzustellen sein.

Je nachdem wie viele Messungen durchgeführt und welche Art von Vergleichsgruppen eingesetzt werden, ergeben sich unterschiedliche Versuchsdesigns. In Tab. 1 sind drei prototypische Versuchspläne (z. B. Diekmann 2007: 338–343) dargestellt, die häufig zur Anwendung kommen.

Tab. 1: Darstellung der im Text erläuterten Versuchspläne

Versuchsplan 1		Versuchsplan 2		Versuchsplan 3	
Experimental- und Kontrollgruppe mit Prä- und Posttest		Zwei Vergleichsgruppen mit Prä- und Posttest		Zwei Vergleichsgruppen und zusätzliche Kontrollgruppe mit Prä-, Post- und *Follow-up*-Test	
R	O_1 X O_2	R	O_1 X_1 O_2	R	O_1 X_1 O_2 O_3
R	O_1 O_2	R	O_1 X_2 O_2	R	O_1 X_2 O_2 O_3
				R	O_1 O_2 O_3

R: Randomisierung, X: *Treatment*, O: *Observation*/Messung der AV/Testung

Da es sich bei Experimenten um hypothesenprüfende Untersuchungen handelt, erfolgt die Auswertung mithilfe statistischer Methoden (s. Kap. 12). Es existiert kein statistisches Verfahren, welches standardmäßig zum Vergleich von Gruppen eingesetzt wird. Das zu wählende Verfahren ist abhängig von der konkreten Fragestellung, dem vorliegenden Design, der Stichprobengröße, der Anzahl der Messzeitpunkte sowie dem Skalenniveau der untersuchten AV. Bezogen auf die drei Versuchspläne lassen sich aufgrund der mehrfachen Messzeitpunkte bei Vorliegen von intervallskalierten Variablen Varianzanalysen mit Messwiederholung oder Kovarianzanalysen nennen.

Standardisierung und Implementationskontrolle des *Treatments*

Wie bereits ausgeführt, werden die experimentellen Gruppen so konzipiert, dass sie sich lediglich in dem zu untersuchenden Merkmal unterscheiden. Dies wird durch eine hohe Standardisierung der *Treatments* sichergestellt. Nehmen wir an, es soll untersucht werden, ob dialogisches Vorlesen, bei dem die Kinder durch die Vorlesenden aktiv ins Lesen eingebunden werden, einen größeren Effekt auf die Wortschatzentwicklung hat als das klassische Vorlesen, bei dem die Kinder als Zuhörer lediglich eine passive Rolle einnehmen. In diesem Fall wird untersucht, welche Wirkung die Art der Interaktion zwischen dem Kind und dem Erwachsenen auf die Wortschatzentwicklung der Kinder hat. Die beiden *Treatments* sollten sich dementsprechend auch nur in diesem Merkmal und nicht in weiteren Merkmalen unterscheiden, wie beispielsweise der Art der eingesetzten Bücher oder dem Schwierigkeitsgrad der darin vorkommenden Wörter. Der Lernzuwachs der einzelnen Kinder innerhalb einer Gruppe wird sich wahrscheinlich z. B. aufgrund unterschiedlich aktiver Mitarbeit unterscheiden. Wenn die Einflüsse jedoch nicht mit der UV systematisch variieren, sondern in den Gruppen gleich verteilt sind, wirken sich diese unsystematischen Störvariablen nicht auf die interne Validität der Untersuchung aus. Indem der Ablauf der Intervention detailliert festgelegt wird, wird nicht nur erreicht, dass das *Treatment* in der vorgesehenen Weise durchgeführt wird, sondern dass auch potentielle Störvariablen minimiert werden, die die Wirkung der UV beeinflussen (z. B. didaktische Präferenzen der Lehrpersonen). In Bezug auf das Beispiel ist denkbar, dass die Erzieherinnen intensiv in der Konzeption und Umsetzung des Förderansatzes geschult werden und detailliert ausgearbeitete Manuale erhalten, an denen sie sich bei der Durchführung der Förderung orientieren sollen. Darüber hinaus kann die Umsetzung der Sprachförderung regelmäßig gefilmt und durch Projektmitarbeiter supervidiert werden. Nur wenn ein gewisser Grad an Standardisierung der *Treatments* gegeben ist, kann gewährleistet werden, dass bei Wiederholung der Studie vergleichbare Ergebnisse erzielt werden (sog. *Replikationsstudie*), was ein Gütemerkmal wissenschaftlicher Untersuchungen darstellt.

Die Qualität der Umsetzung der *Treatments* in den einzelnen Gruppen und Institutionen stellt daher einen weiteren Aspekt dar, der die interne Validität einer Studie beeinflusst. Ob die Interventionen in der vorgesehenen Weise implementiert werden, sollte daher genau dokumentiert und untersucht werden. Insbesondere wenn projektferne Personen die Interventionen umsetzen, kann die Aussagekraft eines Experiments trotz Randomisierung und Vorhandensein einer Kontrollgruppe gering sein, beispielsweise wenn die Erzieherinnen in der Kindertagesstätte die Sprachförderung nicht wie vorgesehen umsetzen, sondern ihre eigenen oder abgewandelte Programme implementieren oder sogar gar keine Sprachförderung durchführen, weil sie die vorgesehene Förderung für ineffektiv halten. Damit ein beobachteter Lernzuwachs auf ein beschriebenes *Treatment* zurückgeführt werden kann, muss also nachgewiesen werden, dass dieses planungskonform mit allen vorgesehenen Komponenten und in ausreichender Qualität durchgeführt wurde.

Wie eine Kontrolle der Implementationsqualität realisiert werden kann, wird in der Literatur zu experimentellen Designs jedoch nur selten thematisiert. Lane, Bocian, MacMillan und Gresham (2004) führen verschiedene Möglichkeiten an, wie die Implementationsqualität systematisch gesichert und bewertet werden kann. Ein Verfahren zur Bewertung der *Treatment*-Umsetzung ist die direkte Beobachtung durch einen geschulten Beobachter oder aber die Selbsteinschätzung durch die Durchführenden. Dazu ist es notwendig, die zentralen Komponenten des *Treatments* zu operationalisieren (vgl. Kap. 4), so dass deren Vorkommen während der Durchführung beobachtet, dokumentiert und anschließend hinsichtlich der Häufigkeit und Angemessenheit der Umsetzung bewertet werden kann. Eine andere Möglichkeit stellt die Auswertung der von den Probanden während des *Treatments* erstellten Produkte dar, z. B. eines Portfolios. Grundsätzlich gilt, dass die Qualität des Implementationschecks von der Häufigkeit und der Genauigkeit der zu bewertenden Kategorien abhängt. Im Fall der Förderung in der Kindertagesstätte ist denkbar, dass die Implementation des *Treatments* durch unangekündigte Videoaufzeichnungen überprüft wird. Die Videos würden dann hinsichtlich relevanter Kriterien ausgewertet werden und die Grundlage für ein Feedbackgespräch mit der jeweiligen Erzieherin darstellen. Welcher Art der Implementationscheck sein sollte, hängt von der konkreten Untersuchung ab. Generell gilt, dass bereits bei der Konzeption der Studie Überlegungen angestellt werden sollten, wie die Umsetzung des *Treatments* überprüft werden kann und entsprechende Daten erhoben werden können.

14.2.3 Externe Validität von Experimenten

Durch die in Abschnitt 14.2.2 aufgeführten Maßnahmen können Störvariablen umfassend kontrolliert bzw. minimiert werden, wodurch es möglich ist, eine gemessene Veränderung mit einer hohen Wahrscheinlichkeit auf das durchgeführte *Treatment* zurückzuführen und Alternativerklärungen auszuschließen. Je nachdem, ob es sich um ein Feld- oder Laborexperiment (z. B. Rost 2007: 67–70) handelt und wie stark die Durchführung des *Treatments* standardisiert wurde, können jedoch vergleichsweise künstliche Lernsettings entstehen. Dadurch können die Ergebnisse des Experiments nicht ohne Weiteres auf andere Personen, Orte, Zeitpunkte und Situationen übertragen werden. Diese Generalisierbarkeit der Effekte wird als *externe Validität* (vgl. genauer Kap. 3) bezeichnet.

Die interne und externe Validität stehen in einem Spannungsverhältnis zueinander. Laborexperimente gelten zwar als besonders intern valide, da Störvariablen gut kontrolliert werden können, ihre externe Validität ist jedoch eingeschränkt. So ist es möglich, dass die an der Untersuchung teilnehmenden Personen sich im Labor anders verhalten, da sie wissen, dass sie beobachtet werden. Um dies zu umgehen, können Experimente statt im Labor auch im Feld unter natürlicheren Bedingungen durchgeführt werden. Dabei werden Störvariablen bewusst weniger stark kontrolliert, um eine höhere Übertragbarkeit der Befunde zu gewährleisten. Dies erhöht zwar die externe Validität, die interne Validität der Untersuchung wird dadurch jedoch geringer. Bei der Konzeption experimenteller Untersuchung müssen beide Validitätsaspekte gegeneinander abgewogen werden. Wie auch in Felduntersuchungen ein hohes Maß an interner Validität gewährleistet werden kann, zeigen Felbrich, Stanat, Paetsch und Darsow (2012) am Beispiel des *BeFo*-Sprachförderprojektes (*Bedeutung und Form. Fachbezogene und sprachsystematische Förderung in der Zweitsprache*).

14.3 Quasi-Experiment

Häufig ist es aus praktischen oder ethischen Gründen nicht möglich, die Versuchsteilnehmer den Gruppen randomisiert zuzuweisen. Insbesondere bei Untersuchungen von Interventionen in Bildungseinrichtungen ist eine Randomisierung oftmals nicht realisierbar, da die Probanden bereits eine bestimmte Klasse oder Institution (z. B. Schule oder Universität) besuchen und nicht zufällig den verschiedenen, an der Studie teilnehmenden Gruppen zugewiesen werden können.

Neben der nicht-randomisierten Zuweisung zu den experimentellen Gruppen findet bei quasi-experimentellen Designs häufig auch keine gezielte Manipulation der UV statt, sondern wird die natürlich vorkommende Variation eines unabhängigen Merkmals betrachtet. Wenn beispielsweise die Hypothese geprüft werden soll, inwiefern DaF-Lerner durch einen Auslandsaufenthalt in Deutschland ihre sprachlichen Kompetenzen stärker erweitern als ihre Kommilitonen an der Heimatuniversität, wird es praktisch kaum möglich sein, die Studierenden zufällig auf die beiden Vergleichsgruppen (Lernort Deutschland vs. Heimatuniversität) zu verteilen. Stattdessen wird auf die „natürlich vorkommenden" Gruppen der im Ausland Studierenden und der zu Hause gebliebenen Studenten zurückgegriffen. Es liegt aber nahe, dass diese beiden Gruppen von Studierenden sich in Merkmalen unterscheiden, die systematisch mit dem Fremdspracherwerb zusammenhängen. So ist plausibel, dass DaF-Lerner, die sich für ein Studium an einer deutschsprachigen

Universität entscheiden, eine höhere Motivation aufweisen Deutsch zu lernen und somit größere Lernzuwächse erzielen als ihre Kommilitonen an der Heimatuniversität. Selbst wenn der Umfang der Lernmöglichkeiten statistisch kontrolliert wird und dadurch in den Vergleichsgruppen identisch ist, können höhere sprachliche Kompetenzen der im Ausland studierenden DaF-Lerner nicht mit Sicherheit auf den Auslandsaufenthalt zurückgeführt werden. Durch die fehlende Randomisierung ist die interne Validität der Untersuchungsergebnisse eingeschränkt, da personenbezogene Störvariablen nicht eliminiert und somit als Alternativerklärungen für die Befunde nicht ausgeschlossen werden können.

Deshalb wird im Rahmen von quasi-experimentellen Designs versucht, Störvariablen durch statistische Verfahren zu kontrollieren. Eine Möglichkeit besteht darin, potentielle personenbezogene Störvariablen (z. B. Motivation eine Sprache zu erlernen, unterschiedlicher Bildungshintergrund) vor Beginn des *Treatments* zu erheben und bei der Auswertung zu berücksichtigen, indem diese Merkmale über die experimentellen Gruppen rechnerisch konstant gehalten werden (sog. *Auspartialisieren*, z. B. durch Kovarianzanalysen, z. B. Eid u. a. 2010: 667–675). Hierfür ist es allerdings erforderlich, diese Merkmale vorab zu spezifizieren und möglichst valide und reliabel zu messen. Die Güte des Verfahrens hängt demnach davon ab, ob alle relevanten Einflussfaktoren vorab bekannt sind und in hinreichender Qualität gemessen werden können.

Eine zweite Möglichkeit zur Kontrolle personenbezogener Störvariablen stellt das sog. *Matching* von Versuchspersonen (z. B. Bortz und Döring 2002: 527–528) dar. Bei diesem Verfahren werden ebenfalls relevante Störvariablen im Vorfeld definiert und bei den Personen der Experimental- und Kontrollstichprobe gemessen. Anschließend wird jeder Person aus der Experimentalstichprobe eine Person mit einer ähnlichen Merkmalskombination aus der Kontrollstichprobe zugeordnet. Werden nur solche gepaarten Personen in der Studie berücksichtigt, sind beide Merkmale in den zu vergleichenden Gruppen gleich verteilt. Nachteilig bei diesem Vorgehen ist, dass die notwendige Stichprobengröße durch die Suche nach geeigneten Zwillingen in der Kontrollstichprobe stark ansteigen kann oder Personen ohne Zwilling ausgeschlossen werden müssen, was die Größe der Stichprobe verringert. In bestimmten Fällen kann es auch schwierig oder unmöglich sein, überhaupt Zwillinge mit vergleichbaren Merkmalsausprägungen zu finden. Will man beispielsweise die DaF-Studierenden mit ihren an der Heimatuniversität studierenden Kommilitonen hinsichtlich des Merkmals Motivation matchen, könnte die Schwierigkeit auftreten, dass alle DaF-Studierenden im Ausland eine höhere Motivation aufweisen Deutsch zu lernen. Ein *Matching* anhand der Ausprägung der Motivation könnte somit nicht vorgenommen werden. Ist ein *Matching* der Versuchspersonen nicht möglich, können die Unterschiede der Personen zwischen den Gruppen zumindest statistisch kontrolliert werden (z. B. mithilfe des *Propensity-Score-Matchings*, vgl. Rosenbaum und Rubin 1985).

Beide Methoden, das Auspartialisieren und das *Matching*, können auch kombiniert eingesetzt werden. Dennoch bleibt dadurch, dass lediglich bekannte personenbezogene Störvariablen kontrolliert werden können, die Gefahr bestehen, dass bislang unbekannte und daher nicht gemessene Drittvariablen ursächlich für die beobachteten Veränderungen sind. Aufgrund der fehlenden Randomisierung sollte bei quasi-experimentellen Designs immer ein Prätest erhoben werden, um die Vergleichbarkeit der Gruppen im Hinblick auf die AV nachzuweisen bzw. zu prüfen (Shadish u. a. 2002: 136). Des Weiteren sind Prätests wie auch bei Experimenten für die Analyse und Interpretation des Stichprobenschwundes zentral (s. Abschnitt 14.2.2.2).

14.4 Belastbarkeit (quasi-)experimenteller Studien

Aus den bisherigen Ausführungen ist deutlich geworden, dass die Güte und Aussagekraft einer Untersuchung von den Merkmalen des gewählten Forschungsdesigns abhängt. So sind die Ergebnisse einer Studie lediglich dann belastbar, wenn eine hohe interne Validität vorliegt und eine gemessene Veränderung eindeutig auf das *Treatment* zurückgeführt werden kann. Anhand der betrachteten experimentellen Gruppen sowie der Randomisierung lassen sich drei Forschungsdesigns beschreiben, die sich in Bezug auf die Belastbarkeit der Befunde deutlich unterscheiden (vgl. Tab. 2). Als starkes Design (Rost 2007: 115–134) gelten experimentelle Versuchspläne, da hier durch die randomisierte Zuweisung, den Einsatz von Experimental- und Kontrollgruppen sowie die hohe Standardisierung des *Treatments* eine beobachtete Veränderung der AV mit einer hohen Wahrscheinlichkeit auf das *Treatment* zurückgeführt werden kann. Einen Nachteil stellt jedoch die dafür oftmals geringere externe Validität dar.

Tab. 2: Vergleich quasi-/vor-/experimenteller Studiendesigns

mind. zwei experimentelle Gruppen, die ein unterschiedliches Treatment erhalten	randomisierte Zuweisung	→	Experiment
	nicht-randomisierte Zuweisung	→	Quasi-Experiment
eine experimentelle Gruppe, z. T. mit Messwiederholung		→	vorexperimentelles Design

Quasi-experimentelle Studien werden dagegen zu den schwachen Designs gezählt. Da Störvariablen trotz statistischer Methoden und Designmerkmalen wie z. B. mehreren Messzeitpunkten nicht gänzlich kontrolliert werden können, ist die interne Validität dieser Designs geringer als bei Experimenten. Bei der Interpretation und Diskussion von Ergebnissen quasi-experimenteller Untersuchungen sollte daher immer geprüft werden, ob die interne Validität gewährleistet ist. Wenn plausible Alternativerklärungen nicht ausgeschlossen werden können, kann eine gemessene Veränderung nicht eindeutig auf das *Treatment* zurückgeführt werden und die Ergebnisse der Studie sind nicht belastbar. In noch stärkerem Maße gilt dies für vorexperimentelle Designs. Durch die fehlende Kontroll- bzw. Vergleichsgruppe ist die Möglichkeit kausaler Schlussfolgerungen bei diesen Designs nicht möglich. Deshalb sollte, sofern dies aus ethischer und praktischer Sicht möglich ist, nicht der Aufwand gescheut werden, sowohl eine Experimental- als auch eine Kontrollgruppe zu untersuchen und die teilnehmenden Personen zufällig den Gruppen zuzuweisen, auch wenn dies ein hohes Engagement von Seiten der Forschenden sowie der teilnehmenden Personen und Institutionen erfordert. Gleichwohl ermöglichen Quasi-Experimente in vielen Untersuchungskontexten in der Lehr-Lern-Forschung, in denen keine experimentellen Studien durchgeführt werden können, eine Abschätzung von Effekten. Bevor Fragestellungen unbearbeitet bleiben, sollten quasi-experimentelle Studien durchgeführt, aber ggf. Einschränkungen für die Interpretation deutlich gemacht werden (z. B. Hartinger 2008). Darüber hinaus lassen sich praxisrelevante Fragestellungen auch durch die Kombination verschiedener Formen von Experimenten (z. B. zunächst ein Experiment unter kontrollierten Bedingungen, anschließend eine Untersuchung im natürlichen Kontext) beantworten (vgl. Hardy 2008).

WEITERFÜHRENDE LITERATUR

Diekmann, Andreas (2007): *Empirische Sozialforschung. Grundlagen, Methoden, Anwendung* (Kapitel VIII: Experimentelle und quasiexperimentelle Designs). Reinbek: Rowohlt, 329–372.
Die Stärke (quasi-)experimenteller Forschungsansätze wird ausgehend von vorexperimentellen Studien an zahlreichen Beispielen anschaulich erläutert.

Eid, Michael; Gollwitzer, Mario; Schmitt, Manfred (2010): *Statistik und Forschungsmethoden* (Kapitel I/4: Forschungsansätze und -strategien in der Psychologie). Weinheim, Basel: Beltz, 51–71.
Das grundlegende Design von Experimenten und Quasi-Experimenten wird anhand von Beispielen aus der Psychologie erläutert. Mit Übungsaufgaben.

Sedlmeier, Peter; Renkewitz, Frank (2008): *Forschungsmethoden und Statistik in der Psychologie* (Kapitel 5: Experimentelle Designs). München u. a.: Pearson, 123–180.
Das experimentelle Design wird ebenfalls aus Sicht der Psychologie erläutert, die Schwerpunktsetzung ist jedoch eine andere als bei Eid u. a. (2010), u. a. wird auf *Within-subjects-Designs* eingegangen.

ÜBUNGEN

1) In einer experimentellen Studie soll die Hypothese überprüft werden, dass DaF-Lerner Nomen eher das richtige Genus zuweisen können, wenn sie Nomen und Artikel nicht nur gleichzeitig lernen, sondern der Artikel zusätzlich farbig markiert ist. Was ist die UV? Was ist die AV? Welche experimentellen Gruppen sind für die Studie erforderlich und welche *Treatments* erhalten sie jeweils?

2) Die Wirksamkeit einer Schulungseinheit zur Aussprache des Lautes /h/ soll untersucht werden. Die teilnehmenden französischen und russischen Muttersprachler werden zufällig auf eine Experimental- und Kontrollgruppe verteilt. Stellt die Muttersprache in diesem Design einen Störeinfluss dar? Was ist über die interne Validität der Untersuchung zu schlussfolgern?

3) Die Wirkung eines fachsprachlichen Trainings auf die Leistungen in der Berufsschule soll untersucht werden. Für die Teilnahme an der Studie konnten zwei Berufsschulen gewonnen werden, wobei in einer das fachsprachliche Training bereits angewendet wird, in der anderen jedoch nicht. Welche Art von Design liegt in diesem Fall vor?
Bei den Berufsschülern in der Experimentalgruppe werden beim Posttest deutlich bessere Leistungen als bei den Schülern der Kontrollgruppe gemessen. Ist dies ein sicherer Nachweis für die Wirksamkeit des fachsprachlichen Trainings?

4) Sie haben eine experimentelle Studie mit Randomisierung der Teilnehmer auf zwei Vergleichsgruppen, die jeweils nach einem unterschiedlichen Sprachförderprogramm unterrichtet wurden, durchgeführt. Nach Abschluss der Studie stellen Sie fest, dass in beiden Vergleichsgruppen ein gewisser Anteil der Versuchsteilnehmer das Förderprogramm abgebrochen hat. Was müssen Sie in diesem Fall unbedingt untersuchen?

LÖSUNGSVORSCHLÄGE

1) AV: Genuszuweisung, z. B. erfasst durch Testaufgaben; UV: fehlende vs. farbige Markierung der Artikel. Es ist eine Experimental- und eine Kontrollgruppe erforderlich. Die Experimentalgruppe lernt die Nomen mit farbigen Markierungen der Artikel, bei der Kontrollgruppe sind die Artikel nicht farbig markiert.

2) Durch die Randomisierung werden (bei einer ausreichend großen Stichprobe) personenbezogene Störvariablen wie die Muttersprache ausbalanciert und sind in beiden Gruppen gleich verteilt. Der Einfluss der Muttersprache auf die AV sollte daher in beiden Gruppen gleich groß sein und kann bei der Interpretation der Befunde vernachlässigt werden. Die interne Validität der Untersuchung wird nicht gefährdet.

3) Es handelt sich um ein quasi-experimentelles Design. Die deutlich besseren Leistungen in der Experimentalgruppe sind kein sicherer Nachweis für die Wirksamkeit der Förderung, da sich die Personen in der Experimental- und Kontrollgruppe aufgrund der Zugehörigkeit zu verschiedenen Schulen möglicherweise im Hinblick auf wichtige Merkmale unterscheiden, die einen Einfluss auf die AV haben können. Diese Merkmale (Störvariablen) müssen gemessen und statistisch kontrolliert werden.

4) Der Stichprobenschwund (*Drop-out*) muss analysiert werden. Dabei wird anhand der Prätestdaten überprüft, ob sich die Gruppe der vollständig teilnehmenden Personen von den Abbrechern systematisch unterscheidet. Des Weiteren muss überprüft werden, ob die Gruppen der Abbrecher in beiden Experimentalgruppen vergleichbar sind. Unterscheiden sie sich, könnte dies ein Hinweis auf eine differentielle Wirksamkeit des Förderprogramms sein.

Karen Schramm

15. BESONDERE FORSCHUNGSANSÄTZE: VIDEOBASIERTE UNTERRICHTSFORSCHUNG

15.1 Einleitung

Videodaten versprechen Aufschluss über eine Vielzahl von verbalen und non-verbalen Aspekten der Interaktion im Fremd- und Zweitsprachenunterricht zu geben. Sie erfreuen sich aktuell in der forschungsmethodischen Diskussion, nicht zuletzt angesichts technischer Entwicklungen im Bereich der digitalen Verarbeitung audiovisueller Daten, sowohl in der Fremdsprachenforschung als auch in der Erziehungswissenschaft besonderer Aufmerksamkeit (vgl. auch Herrle und Dinkelaker 2009; Aguado, Schramm und Vollmer 2010). Pauli und Reusser (2006: 775) betonen, dass es insbesondere die TIMSS-Studien der 90er Jahre (s. dazu u. a. Stigler, Gallimore und Hiebert 2000) waren, die „weltweit einen Schub videobasierter Unterrichtsstudien ausgelöst" haben. Das besondere Potenzial von Videoanalysen erkennen Knapp und Ricart Brede (2012) darin, dass die Lehr-/Lernsituation in ihrer Gesamtheit erfasst wird, dass Videodaten – im Gegensatz zu herkömmlichen Beobachtungsdaten – wiederholt betrachtet und analysiert werden können, dass videobasierte Untersuchungen trotz gewisser Beobachtereffekte (vgl. dazu Maak und Ricart Brede 2013) eine große Alltagsnähe aufweisen und dass ihre Ergebnisse für die Aus- und Fortbildung von (DaZ- und DaF-) Lehrkräften von hoher Relevanz sind (s. auch Schramm und Aguado 2010: 186–188).

Videobasierte Unterrichtsanalysen sind als spezifische invasive – und bei der Analyse potenziell iterative – Form der Unterrichtsbeobachtung (vgl. Kap. 9) zu charakterisieren und beziehen sich somit auf Daten, die in authentischen Unterrichtskontexten erhoben werden. Sie sind von videobasierter Zweitspracherwerbsforschung abzugrenzen, die sich auf die Untersuchung einzelner Personen und deren Erwerbsprozesse, beispielsweise auf der Datengrundlage videographierter Tastatur- oder Lautdenkprotokolle, bezieht. Im Gegensatz zu Befragungs- und Introspektionsdaten, mittels derer sich die mentale Dimension des Unterrichtsgeschehens besonders gut beleuchten lässt, eignen sich Videodaten vor allem zur Erforschung der interaktionalen bzw. sozialen Dimension des Fremd- und Zweitsprachenunterrichts.

Dieses Kapitel bietet einen kurzen Überblick über methodische Aspekte der videobasierten Unterrichtsanalyse. Einführend wird dazu in Abschnitt 15.2 umrissen, welche Themenfelder in der Fremdsprachendidaktik videobasiert erforscht wurden. Anschließend thematisiert Abschnitt 15.3 den unterschiedlichen Umgang mit Videodaten aus emischer und etischer Forschungsperspektive. Abschnitt 15.4 ist der Erhebung und Aufbereitung von Videodaten im Zweit- und Fremdsprachenunterricht und Abschnitt 15.5 den zentralen Aspekten der interpretativen und statistischen Auswertung von Videodaten gewidmet.

15.2 Themenfelder videobasierter Unterrichtsforschung in der Sprachdidaktik

Videobasierte Fremdsprachenforschung steht laut Schramm und Aguado (2010) insbesondere in diskursanalytischer Tradition (s. z. B. Ehlich und Rehbein 1986; Becker-Mrotzek und Vogt 2009). Auf der Grundlage pragmatischer Kategorien, die sich auf die Ebenen der Äußerung, des Turns, des Handlungsmusters und des Unterrichtsskripts beziehen, arbeiten deskriptive Studien die spezifischen Interaktionscharakteristika des Fremdsprachenunterrichts heraus. Auch der prozentuale Redeanteil von Lehrenden und Lernenden findet dabei häufig Berücksichtigung. So lassen sich als Beispiele für deskriptive videobasierte Unterrichtsanalysen aus dem Fach DaF/DaZ die Studien zum Lernerverhalten in Gruppenarbeiten von Chavez (2007), zum Grammatikerwerb bei mündlichen Grundschulerzählungen von Schramm (2007) und zu Fördereffekten des Kleingruppenunterrichts am Beispiel des Mathematikunterrichts von Grießhaber (2003–2006) anführen.

Als weiteres Beispiel sei die umfassende videobasierte Qualitätsanalyse von Ricart Brede (2011) erwähnt, bei der sie in einem sequenziellen *Mixed-Methods*-Design in einem ersten Schritt zunächst aus 48 vorschulischen Sprachfördereinheiten die Aktivitäten einer jeden Fördereinheit (und deren Sequenzierung in einen prototypischen Ablauf einer Sprachfördereinheit) ermittelt. In einer zweiten nachgeordneten Teilstudie ermittelt die Autorin an einer gezielt ausgewählten Stichprobe von 40 von insgesamt 625 während der ersten Teilstudie gebildeten Sequenzen zahlreiche Qualitätsaspekte, zu denen u. a. der sprachliche *Input* der Sprachförderperson gehört.

Zunehmend gehen Videoanalysen des Fremdsprachenunterrichts auch über die reine Deskription hinaus und zielen auf die Untersuchung von kausalen Zusammenhängen zwischen verschiedenen Variablen ab. In diesen Fällen werden die Videodaten, die Aufschluss über die Unterrichtsbeschaffenheit geben, mit anderen Datenquellen, vorzugsweise Daten zum Lernerfolg, in Verbindung gebracht. In einer umfassenden Longitudinalstudie zur wissenschaftlichen Begleitung des Projekts *Deutsch & PC* untersucht Grießhaber (2005, 2006b, 2007, 2008) beispielsweise ein Datenkorpus von über 150 Videoaufnahmen aus Klassen- und Förderunterricht an Frankfurter Grundschulen in Zusammenhang mit entsprechenden Daten zum Zweitspracherwerb, zur Lesekompetenz und zum Schulerfolg einzelner Schülerinnen und Schüler. In methodischer Hinsicht interessant ist auch das Vorgehen von Mackey (2006) in ihrem englischdidaktischen Experiment zu *Feedback* und *Noticing*, bei dem sie Videodaten mit schülerseitigen Erlebnisstichproben (einer introspektiven, in regelmäßigen zeitlichen Abständen wiederholten Erhebung während der untersuchten Handlung) verbindet.[75]

Nur am Rande sei darauf verwiesen, dass eine Reihe aktueller Beiträge auch die Rolle von Videofeedback in der Lehrerbildung und den Einsatz von Videos in der Lehrkompetenzforschung untersucht (z. B. Krammer und Reusser 2005; Helmke, Helmke, Kleinbub, Nordheider, Schrader und Wagner 2007; Seidel und Prenzel 2007; Abendroth-Timmer 2011).

[75] Vgl. genauer zur Kombination deskriptiver Unterrichtsanalysen mit introspektiven und lernersprachlichen Spracherwerbsdaten Schramm und Aguado (2010: 198–203).

15.3 Umgang mit Videodaten aus emischer versus etischer Forschungsperspektive

Die Tatsache, dass Unterrichtsereignisse auf digitalen Datenträgern aus ihrem originären soziokulturellen Kontext herausgelöst werden, ermöglicht es, die Aufbereitung und Auswertung von Personen durchführen zu lassen, denen dieser soziokulturelle Kontext weitgehend unbekannt ist und die sich den Videodaten gewissermaßen als neutrale Beobachter von außen nähern. Dieses als *etische* (d. h. von außen durch den Beobachter herangetragene) Forschungsperspektive zu charakterisierende Vorgehen wird in aktuellen fremdsprachendidaktischen Forschungsarbeiten (DESI-Konsortium 2006; Ricart Brede 2011) nicht zuletzt in Anlehnung an die erwähnten einflussreichen mathematik- und naturwissenschaftlichen Videostudien gewählt, deren Anliegen u. a. der internationale Vergleich war. In diesen Fällen werden typischerweise vorab festgelegte, kontextübergreifende Analysekategorien an die Daten herangetragen, die in der Regel von zwei Personen doppelt kodiert bzw. in ihrer Ausprägung beurteilt werden, wobei anschließend die Interkodierer- bzw. Interrater-Reliabilität errechnet wird. Grundannahme beim Umgang mit Videodaten aus etischer Perspektive ist also deren kontextübergreifende Vergleichbarkeit bzw. deren kontextunabhängige Analysierbarkeit.

Als möglicher Gegenpol ist der Umgang mit Videodaten aus einer *emischen* Forschungsperspektive anzuführen, die die Innenperspektive der Beteiligten in den Mittelpunkt der Analyse stellt. Aus dieser Perspektive betont Knoblauch (2009) die Notwendigkeit, Videointeraktionsanalysen um die subjektive Perspektive der Handelnden und um die ethnographische Analyse der jeweiligen Institution zu ergänzen:

> In order to clarify the meaning and signification of visual elements in the recorded data, therefore, one further possible procedure is elicitation, auto-confrontation or video-based interviewing in order to retrieve the subjective meanings of the actors. [...] In addition to the retrieval of the subjective perspective, the understanding of visual data requires observation, interviews, and expert interviews of the situations recorded. That is, it requires ethnography in order to become familiar with, and make sense of the settings in which we produce the video recordings. (Knoblauch 2009: 191)

Damit unterscheidet Knoblauch (2009: 183) auf der Begriffsebene zwischen Video(interaktions)analysen und Videographie als einer Form der fokussierten Ethnographie. Er plädiert für letzteres und damit für eine Triangulation von Videodaten mit weiteren Datentypen und entsprechenden Auswertungsverfahren (s. auch Krumm 2010: 1364). Als Beispiel aus der DaF-Forschung lässt sich Feicks (2012) Untersuchung sozialer Autonomie in Projekten erwachsener mexikanischer Deutschlernender anführen. Sie ergänzt ihre Videodaten aus Projektgruppenarbeiten um videobasiertes Lautes Erinnern[76] der einzelnen Teilnehmenden, um auf diese Weise die interaktionalen Entscheidungsprozesse der Beteiligten aus deren jeweiliger mentaler Innenperspektive zu rekonstruieren. Gleichzeitig illustriert sie auf diese Weise das von Knoblauch angesprochene Potenzial einer Datentriangulation, in diesem Fall der Triangulation von Video- und Introspektionsdaten.

---

[76] S. dazu auch Knorr und Schramm (2012).

15.4 Erhebung und Aufbereitung von Videodaten aus dem DaZ-/DaF-Unterricht

15.4.1 Vorbereitung der Videoaufnahmen

Doch bevor im DaF- und DaZ-Unterricht tatsächlich Videodaten erhoben und auf die eine oder andere Weise ausgewertet werden können, sind zahlreiche Vorbereitungen zu treffen, die entscheidenden Einfluss auf das Gelingen der Aufnahme bzw. die Qualität der zu erhebenden Videodaten haben. Zunächst ist auf der Grundlage der Forschungsfrage eine begründete Auswahl der zu filmenden Unterrichtsstunden zu treffen. Statt der Versuchung eines Gelegenheitssamplings nachzugeben, sollten (nicht nur angehende) Forschende im Zusammenhang mit ihrem Untersuchungsdesign ihre Auswahlkriterien und ihre Überlegungen zu einer angemessenen Korpusgröße offenlegen. Dabei ist u. a. auch die Einbindung der Kameraperson in das Untersuchungsfeld zu reflektieren: Erscheint es für die Studie von Vorteil, wenn diese der Lehrperson und den Lernenden unbekannt oder wenn sie den Beteiligten möglichst vertraut ist?

Sind solche grundsätzlichen Fragen des Forschungsdesigns geklärt, geht es im nächsten Schritt darum, mittels geeigneter Strategien den Feldzugang sicherzustellen – ein bei der videobasierten Forschung zugegebenermaßen nicht immer einfaches Unterfangen, da auf Seiten der Institutionsvertretenden, Lehrpersonen und Lernenden leicht nachvollziehbare Bedenken bestehen können. Diese können sich beispielsweise auf negative Auswirkungen der Datenerhebung (wie die Störung des Schulbetriebs), auf zusätzlichen Arbeitsaufwand (wie das Einholen der Einwilligung der Lernenden und ggf. ihrer Eltern durch die Lehrperson) oder auf eine mögliche Bloßstellung der Beteiligten (wie die Beurteilung der Unterrichtsqualität oder der Schülerleistung) beziehen. Viele dieser Bedenken lassen sich bei gezielter Vorbereitung durch eine angemessene Kontaktanbahnung und die Bereitstellung entsprechender Informationen bei Vorbereitungsgesprächen, auf Informationsblättern und/ oder bei Informationsveranstaltungen zerstreuen, wenn dabei Transparenz bezüglich etwaiger Vor- und Nachteile für die Beteiligten hergestellt und Vertrauenswürdigkeit vermittelt werden kann (s. dazu genauer Rallis und Rossman 2009). In diesem Zusammenhang ist auf den langen zeitlichen Vorlauf einer Erhebung von Videodaten im Unterricht aufmerksam zu machen, den solche Kommunikationsprozesse und – im Falle von Videoaufnahmen in Schulen – auch das Einholen der entsprechenden Genehmigungen seitens des Kultusministeriums erfordern.

Unerlässlich ist dabei die Berücksichtigung datenschutzrechtlicher Bestimmungen und die Reflexion ethischer Fragestellungen (vgl. auch Kap. 1 und 4). So ist es bei Filmaufnahmen wie auch bei anderen Formen der Datenerhebung (vgl. Mackey und Gass 2005: 25–41; Rallis und Rossman 2009) erforderlich,

- dass die Forschungspartnerinnen und -partner über den Ablauf der Studie informiert werden und der freiwilligen Teilnahme an der Studie schriftlich zustimmen;
- dass sie schriftlich auf mögliche Vor- und Nachteile der Teilnahme an der Studie hingewiesen werden;
- dass sie wissen, dass sie weitere Informationen zu der Studie einholen und ihre Einwilligung jederzeit – also auch während und nach der Datenerhebung – widerrufen können sowie dass ihnen zu diesem Zweck entsprechende Kontaktinformationen zur Verfügung gestellt werden;

- dass sie weiterhin darüber informiert werden, welcher begrenzte Personenkreis Zugang zu den Videodaten erhält und zu welchem Zeitpunkt die Daten gelöscht werden;
- dass die Transkriptdaten nur in pseudonymisierter Form[77] und die Videodaten nur mit ausdrücklicher Genehmigung der Forschungspartner öffentlich (beispielsweise auf Symposien oder bei Lehrerfortbildungen) gezeigt werden.

Weiterhin gilt es als gute Praxis, die Leistung der Untersuchungsteilnehmenden für den Forschungsprozess entweder finanziell zu honorieren und/oder ihnen die Ergebnisse der videobasierten Forschung für die eigene Praxis zur Verfügung zu stellen, also beispielsweise Lehrpersonen im Gegenzug zur Teilnahme an der Studie eine Fortbildung bezüglich der praxisrelevanten Forschungsergebnisse anzubieten.

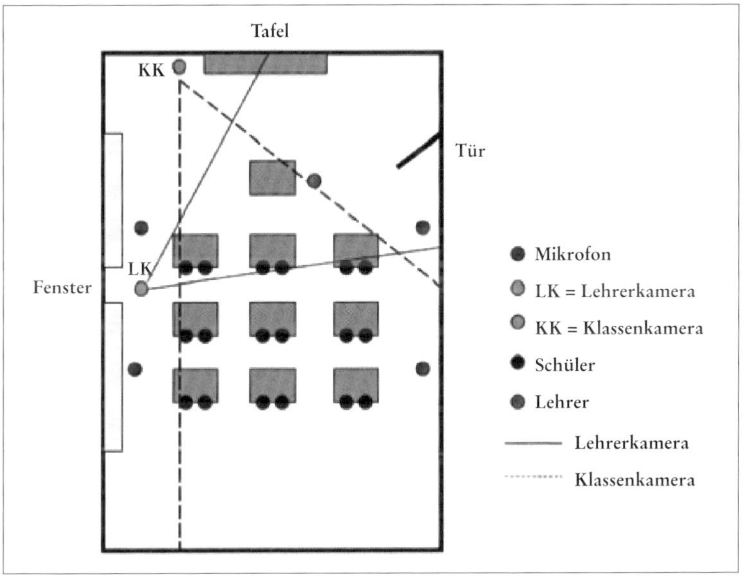

Abb. 1: Positionen der Kameras und Mikrophone in der DESI-Video-Studie (Göbel 2010: 291)

Auch in organisatorischer und technischer Hinsicht sollten die Videoaufnahmen gut vorbereitet werden. Dazu gehört neben der sachkundigen Auswahl von Kameras und ggf. von zusätzlichen Mikrophonen auch die Schulung des Aufnahmeteams bezüglich der Bedienung der Aufnahmegeräte sowie insbesondere bei Videostudien aus etischer Perspektive ein so genanntes Kameraskript. Es dient dazu, dass „die verschiedenen Videoauf-

[77] *Pseudonymisierung* unterscheidet sich von *Anonymisierung* dahingehend, dass Forschende bei der Datenanalyse wissen, welche Personen die Daten geliefert haben. Diese Information wird aus Datenschutzgründen jedoch nicht an die Rezipienten der Forschungsergebnisse weitergegeben. Statt dessen werden Pseudonyme verwendet, um auf einzelne Untersuchungsteilnehmende zu verweisen. Anonymisierte Daten liegen dagegen dann vor, wenn auch den Forschenden eine Zuordenbarkeit der Daten zu Individuen unmöglich ist (beispielsweise bei Fragebögen, die keine Namen, sondern nur Indexnummern enthalten).

nahmen einen vergleichbaren Ausschnitt aus den jeweiligen Unterrichtsstunden darstellen“ (Göbel 2010: 284). Zu diesem Zweck beschreibt es die Abläufe bei der Datenerhebung und legt insbesondere die im Hinblick auf Licht- und Tonverhältnisse angemessene Positionierung der Kameras und Mikrophone im Detail fest. Abb. 1 zeigt beispielsweise die Position von zwei eingesetzten Kameras bei der DESI-Studie: einer statischen Klassenkamera, an die die Lehrpersonen mit einem Funk-Mikrophon angeschlossen waren, und einer Lehrpersonenkamera, die mit langsamen Kameraschwenks die Interaktionen und ggf. auch das Tafelbild festhalten sollte (Göbel 2010: 284; s. als weiteres Beispiel auch das *Handbuch für die Aufnahme von Videos inszenierter Sprachlernsituationen* in Ricart Brede 2011: Anhang 1).

15.4.2 Erhebung der Videodaten

Während der Erhebung der Videodaten ist die Interaktion der Kameraperson mit den videographierten Lernenden und Lehrpersonen gemäß des Forschungsdesigns zu gestalten. In der Regel zielen videobasierte Untersuchungen darauf ab, die Invasivität zu minimieren, und Kamerapersonen wählen deshalb in der Regel die nicht-teilnehmende Beobachtung bzw. weichen der Kommunikation mit Akteuren des Klassenzimmers oder Kursraumes durch entsprechendes verbales und non-verbales Verhalten nach Möglichkeit aus. Je nach Erkenntnisinteresse dokumentieren sie in Feldnotizen analytisch relevante Beobachtungen; meist sind zumindest die eingesetzten Unterrichtsmaterialien sowie eine Dokumentation der Sitzordnung zur Identifikation der Lernenden und Stundenverlaufspläne zur besseren Orientierung im erhobenen Videomaterial von Interesse.

15.4.3 Verwaltung und Aufbereitung videographischer Klassenzimmerdaten

Die Archivierung und Verwaltung der Videodaten erfolgt in der Regel mithilfe von Datenbanken (wie beispielsweise *FileMakerPro*[78]), in denen Informationen zu den Aufnahmen, zu den Sprecher(innen) sowie ggf. zu den Transkripten erfasst werden. Für den Schnitt bzw. die digitale Datenbearbeitung stehen im Internet inzwischen zahlreiche Programme wie *MPEG Streamclip*[79] zum kostenlosen Download zur Verfügung. In den Fällen, in denen mehrere Kameras parallel eingesetzt wurden, ist zumeist auch eine Synchronisierung wünschenswert; Herrle, Kade und Nolda (2010: 604) nennen in diesem Zusammenhang das von der Firma *Magix* entwickelte Programm *Video deluxe*. Nicht zuletzt ist die Transkription verbaler, nonverbaler und aktionaler Handlungen, sofern für die Analyse erforderlich, ein entscheidender, häufig sehr zeitaufwändiger Aspekt der Aufbereitung videographischer Klassenzimmerdaten, der in Kap. 10 ausführlich thematisiert wird (s. auch Mempel 2010; Voloshchuk und Grießhaber 2010).

[78] S. http://www.filemaker.com.
[79] S. http://mpeg-streamclip.softonic.de.

15.5 Datenanalyse

15.5.1 Auswahl eines videobasierten Analyseverfahrens

Sind die Videodaten erfolgreich erhoben und aufbereitet, werden sie mit einem der Forschungsfrage angemessenen Analyseverfahren ausgewertet. Eine Grundsatzentscheidung ist dabei die Frage, ob die Auswertung interpretativ oder statistisch erfolgen soll. Im folgenden Abschnitt 15.5.2 werden zunächst in Anlehnung an die erziehungswissenschaftliche Diskussion vier Arten von interpretativen Zugängen zu Videodaten skizziert, um anschließend linguistische Analyseverfahren in diesen Kontext einzuordnen. Anschließend wird in Abschnitt 15.5.3 die Möglichkeit der Quantifizierung qualitativer Videodaten mittels Kodierens und Beurteilens (*Rating*) thematisiert.

15.5.2 Interpretative Analyse von Videodaten

Herrle u. a. (2010: 610–615) unterscheiden vier Arten erziehungswissenschaftlicher Videoanalysen. Die Segmentierungsanalyse zielt auf „einen Überblick über den *zeitlichen Ablauf* des Kurses als Zusammenhang unterschiedlicher Segmente" (Herrle u. a. 2010: 611; Herv. i O.). Bei einer ersten Grobgliederung der Videoaufnahme nutzt sie Haltungs- und Positionsveränderungen anwesender Personen und bei der Feingliederung in Segmente stellt sie Beteiligungsrollen, jeweils aktualisierte Themen sowie auch verbale und nonverbale Gliederungssignale in den Mittelpunkt der Betrachtung. Als einfaches Beispiel ließe sich eine Segmentierung des Unterrichts in Phasen, die nach Sozialformen und/oder Medieneinsatz vorgenommen wird, nennen.

Dieses als „makroskopische [...] Einstellung" charakterisierte Vorgehen kontrastieren die Autoren mit der Sequenzanalyse als „mikroskopischer Einstellung" (Herrle u. a. 2010: 612). Mithilfe der Sequenzanalyse lassen sich „sinnstrukturierte Sequenzverläufe in der Abfolge aufeinander bezogener Äußerungen" (Herrle u. a. 2010: 612) herausarbeiten. Dabei werden einzelne Äußerungseinheiten im Hinblick auf mögliche und tatsächlich realisierte Anschlussoptionen betrachtet, um auf diese Weise den Aufbau von Strukturen des Interaktionsgeschehens zu analysieren.

Im Unterschied dazu ist für die Konfigurationsanalyse „die inhaltliche, soziale und zeitliche Bestimmung der aktuellen Interaktionssituation, die sich in der räumlichen Anordnung von Personen und Gegenständen abbildet" (Herrle u. a. 2010: 612), charakteristisch. Besonderes Augenmerk liegt bei der Konfigurationsanalyse auf dem Bewegungsraum von Lehrpersonen und Lernenden sowie deren Blickrichtungen und auf den Aufmerksamkeitszentren bzw. der Peripherie.

Auch die Konstellationsanalyse richtet sich auf „die Untersuchung der räumlich-simultanen Dimension von Interaktionszusammenhängen" (Herrle u. a. 2010: 613), doch wählt der Forschende bei diesem analytischen Vorgehen zunächst ein einzelnes Konstellationselement aus. Ähnlich wie bei der Sequenzanalyse geht es im Anschluss daran „um das Ausloten möglicher Sinnverweise des dekontextualisierten Elements" (Herrle u. a. 2010: 614) in imaginierten Kontexten und die Überprüfung verschiedener Lesarten an dem tatsächlichen Kontext.

Aus linguistischer Perspektive werden in der Regel konversations- bzw. gesprächsanalytische Verfahren im Gegensatz zu diskursanalytisch bzw. funktional-pragmatisch orientierten Herangehensweisen an Videodaten aus dem Sprachunterricht unterschieden. Beide Interpretationsverfahren ähneln in ihrem mikroskopischen Blick auf den Ablauf der sprachlichen Interaktion von den oben vorgestellten erziehungswissenschaftlichen Videoanalyseverfahren am ehesten der Sequenzanalyse, sind jedoch in theoretischer Hinsicht in der linguistischen Erforschung von Mündlichkeit (auch außerhalb des fremdsprachlichen Klassenzimmers) zu verorten. Aus diesem Grund orientieren sich die entsprechenden Studien zur Unterrichtskommunikation bei der Wahl der Transkriptionskonventionen häufig an den jeweiligen Forschungstraditionen: Gesprächsanalytisch orientierte Untersuchungen nutzen zumeist GAT-Konventionen; funktional-pragmatisch orientierte Untersuchungen arbeiten in der Regel mit HIAT-Konventionen.[80] Als Beispiel für den prototypischen Fokus konversations- und gesprächsanalytischer Videoanalysen auf die sogenannten *adjacency pairs* (d. h. situationsspezifische Paare funktional aufeinander bezogener Äußerungen verschiedener Sprecher) lässt sich Schwabs (2009) Untersuchung der Beteiligungsstrukturen im Englischunterricht mit besonderem Fokus auf die Gesprächsinitiativen der Schülerinnen und Schüler nennen. Diskursanalytische bzw. funktional-pragmatische Untersuchungen berücksichtigen bei ihrer videoanalytischen Auswertung dagegen besonders (soziokulturell etablierte, zweckbezogene) sprachliche Handlungsmuster der Unterrichtskommunikation und den Einfluss der Institution Schule auf die Kommunikation im Vergleich zur außerschulischen Kommunikation.

15.5.3 Quantifizierung qualitativer Videodaten für statistische Auswertungen

Sollen Unterrichtsvideos statistischen Analysen unterzogen werden, so ist es wichtig, dabei zu beachten, dass die per se erst einmal qualitative Natur der Videodaten zunächst eine sorgfältige Interpretation zur Überführung in Zahlenwerte erfordert. Dabei unterscheidet man in der Regel das Kodieren und das Beurteilen auf Rating-Skalen.

Das Kodieren kann sich entweder auf Ereignisse oder auf Zeitstichproben beziehen. Bei der Ereigniskodierung wird das Datenkorpus im Hinblick auf bestimmte beobachtbare Phänomene (wie beispielsweise das Weitergeben des Erzählsteins im Erzählkreis der Grundschule) oder analytische Einheiten (wie beispielsweise das Auftreten von Siegesgeschichten im Erzählkreis) durchsucht; dabei kann ggf. auch die zeitliche Ausdehnung der analytischen Einheit erfasst werden.

Bei der Zeitstichprobe dagegen wählt man einen bestimmten zeitlichen Takt (z. B. 3-Minuten- oder 20-Sekunden-Intervalle), in dem man das Datenmaterial im Hinblick auf das Vorliegen eines bestimmten beobachtbaren oder analytischen Phänomens beurteilt. Ein beobachtbares Phänomen wären beispielsweise Schülermeldungen während eines bestimmten Intervalls. Als Beispiel für ein analytisches Phänomen ließe sich die Frage nennen, ob eine Schülerin während der ausgewählten Zeitspanne aufmerksam ist.

Unabhängig von der Entscheidung für eine Ereignis- oder eine Zeitstichprobenkodierung unterscheidet man in terminologischer Hinsicht zwischen niedrig und hoch inferenten Kodierungen (vgl. auch Kap. 9). Niedrig inferente Kodierungen beziehen sich in der Regel auf Sichtstrukturen, d. h. auf beobachtbare Phänomene; als Beispiele ließen sich Sozialformen oder eingesetzte Medien nennen. Letztlich ist der Grad der Inferenz

[80] GAT = Gesprächsanalytisches Transkriptionssystem; HIAT = Halbinterpretative Arbeitstranskriptionen. Vgl. dazu genauer Kap. 10.

aber eine relative Frage; so können auch vergleichsweise einfache analytische Kategorien wie beispielsweise in der Studie von Schramm, Mempel, Buchwald, Heindel und Rüthling (2011) unterschiedliche Erzählformen (Erlebniserzählung, Phantasieerzählung, Bilderzählung und Nacherzählung) als niedrig inferent bezeichnet werden. Typischerweise werden die Kategorien in einem Handbuch definiert, entsprechende beobachtbare Indikatoren und Ankerbeispiele festgelegt und ein Training der Kodierer durchgeführt, das nach Hugener, Rakozcy, Pauli und Reusser (2006: 46) eine Interrater-Reliabilität von 85% erbringen sollte, bevor mit der Kodierung der Stichprobe begonnen werden kann:[81]

> Ziel der niedrig inferenten Codierung ist es, das umfassende qualitative Datenmaterial, die gefilmten Unterrichtslektionen, so weit aufzubereiten, dass es für weitere quantitative oder qualitative Auswertungsschritte vergleichbar wird. Einerseits können deskriptive Aussagen über Länge und Dauer bestimmter Unterrichtsaktivitäten gemacht werden, welche anschließend etwa anhand mehrebenenanalytischer Verfahren mit anderen Daten in Beziehung gebracht werden, um unterrichtsrelevante Bedingungen von Leistung oder Interesse zu beschreiben. Andererseits besteht die Möglichkeit zur Identifikation von Inszenierungsmustern, welche die Anordnung und Sequenzierung von Lehr-Lernaktivitäten im zeitlichen Verlauf der Unterrichtslektion beschreiben. (Hugener u. a. 2006: 47)

Als hoch inferent sind dagegen Kodierungen zu bezeichnen, die sich nicht auf Sichtstrukturen oder vergleichsweise einfache analytische Kategorien beziehen, sondern die „auf starken Interpretationsleistungen [basieren]" (Knapp und Ricart Brede 2012: 226). Die Entwicklung eines angemessenen Beobachtungssystems beschreiben Ricart Brede, Knapp, Gasteiger-Klicpera und Kucharz (2010) als zyklischen Prozess, der von der Literatursichtung über die Bildung eines vorläufigen Beobachtungssystems zur kontinuierlichen Anwendung, Überprüfung und Überarbeitung des Beobachtungssystems fortschreitet. Als beeindruckendes Beispiel dafür, wie auf der Grundlage entsprechender Kodierungen mithilfe statistischer Verfahren beispielsweise der chronologische Ablauf einer typischen Sprachfördereinheit ermittelt oder zahlreiche Qualitätsmerkmale von Sprachförderung analysiert werden können, sei die Studie von Ricart Brede (2011) empfohlen.

Hoch inferente Analyseverfahren beziehen sich häufig auf die Beurteilung (Rating) der Qualität unterrichtlicher Prozesse, die zu Beginn dieses Abschnitts der Kodierung gegenübergestellt wurde.

> Im hoch inferenten Rating machen wir uns die menschliche Urteilsfähigkeit zunutze, eine Vielfalt verschiedener Aspekte und Kriterien gleichzeitig zu analysieren und zu integrieren. Wenn nicht die Erfassung der Dauer und der Häufigkeit bestimmter Unterrichtsereignisse, sondern die qualitative Bewertung von Unterrichtsereignissen und -prozessen Ziel der Analysen ist, bietet sich die Verwendung hoch inferenter Ratings an [...]. (Hugener u. a. 2006: 47)

Als Beispiele nennt das zitierte Autorenteam (Hugener u. a. 2006: 48) Aspekte der Unterrichtsqualität wie „Motivationsunterstützung" oder „Unterstützung bei der Konstruktion von Wissen", die sich auf einen bestimmten theoretischen Hintergrund beziehen und in Beispielfragen wie den folgenden näher umrissen werden: „Drückt das Verhalten der Lehrperson Wertschätzung für ihre Schüler/innen aus? Werden die Schüler/innen aufgefordert, selbst Verantwortung für ihren Lernprozess zu übernehmen?" Bei solchen

81 Als Beispiel s. Ricart Brede (2011: Anhang 2).

hoch inferenten Ratings ist es essentiell, dass unter den Ratern Einigkeit herrscht bzw. „dass die Urteile auf der Basis eines gemeinsamen theoretischen Verständnisses durchgeführt werden" (Hugener u. a. 2006: 48).

15.6 Fazit

Videodaten aus authentischen Klassenzimmern bieten enormes Potenzial, um praxisrelevante Unterrichtsforschung zu betreiben. Dazu stehen zahlreiche, teils sehr unterschiedliche Analyseverfahren zur Verfügung, die im Hinblick auf den Untersuchungsgegenstand bzw. ihre Gegenstandsangemessenheit sorgfältig auszuwählen sind. DaF/DaZ-Forschende finden dabei einerseits forschungsmethodische Orientierung an entsprechenden aktuellen erziehungswissenschaftlichen bzw. mathematik- und naturwissenschaftsdidaktischen Studien. Gleichzeitig erfordert der Untersuchungsgegenstand Spracherwerb in der Regel so detaillierte linguistische Analysen, dass fremdsprachdidaktisch motivierte Videostudien häufig auf vergleichsweise detaillierten Transkripten beruhen und sich nicht zuletzt aufgrund der langjährigen konversations- und diskursanalytischen Tradition mit besonders differenzierten pragmatischen Kategorien der Unterrichtswirklichkeit nähern. Der kurze Überblick über relevante Aspekte der Datenerhebung, der Datenaufbereitung und der Datenauswertung sollte zeigen, welche forschungsmethodischen Kompetenzen die videobasierte Unterrichtsforschung – neben einem ausgeklügelten Forschungsdesign – erfordert. Die Tatsache, dass es sich um besonders praxisnahe Forschung handelt, die gleichermaßen auf Mikro- wie auch Makroebenen der Unterrichtswirklichkeit abzielen kann, motiviert möglicherweise in besonderer Weise dazu, sich diese forschungsmethodischen Kompetenzen schrittweise anzueignen.

WEITERFÜHRENDE LITERATUR

Aguado, Karin; Schramm, Karen; Vollmer, H. Johannes (Hrsg.) (2010): ***Fremdsprachliches Handeln beobachten, messen und evaluieren. Neue methodische Ansätze der Kompetenzforschung und Videographie.*** **Frankfurt a. M.: Peter Lang.**
In diesem Sammelband finden sich fünf Beiträge zur videographischen Fremdsprachenforschung, die sich teils in übergreifender Weise auf methodologische Fragen des Forschungsdesigns und teils auf spezifische methodische Fragen wie beispielsweise die Transkription von Videodaten beziehen.

Knapp, Werner; Ricart Brede, Julia (2012): Videographie als Methode zur Aufzeichnung und Analyse sprachlicher Lehr-Lernsituationen. Vorschläge zur Systematisierung am Beispiel (vor-)schulischer Sprachförderung. In: Ahrenholz, Bernt (Hrsg.): ***Einblicke in die Zweitspracherwerbsforschung und ihre methodischen Verfahren.*** **Berlin; Boston: De Gruyter, 219–236.**
Dieser Beitrag aus dem Bereich Deutsch als Zweitsprache bietet eine Einführung in die Analyse videographischer Daten, die an einem Transkriptbeispiel exemplarisch illustriert wird.

ÜBUNGEN

1) Stellen Sie sich vor, dass Sie in einem Integrationskurs mit Alphabetisierung videographische Daten erheben möchten, um *Best-Practice*-Beispiele zu identifizieren. Welche ethischen Fragen sind Ihres Erachtens im Vorfeld zu bedenken?

2) Informieren Sie sich auf der entsprechenden Webseite[82] über die Software *Videograph* und testen Sie bei Interesse auch die Probeversion. Welche zentralen Funktionen weist das Programm für die videographische Forschungsarbeit auf?

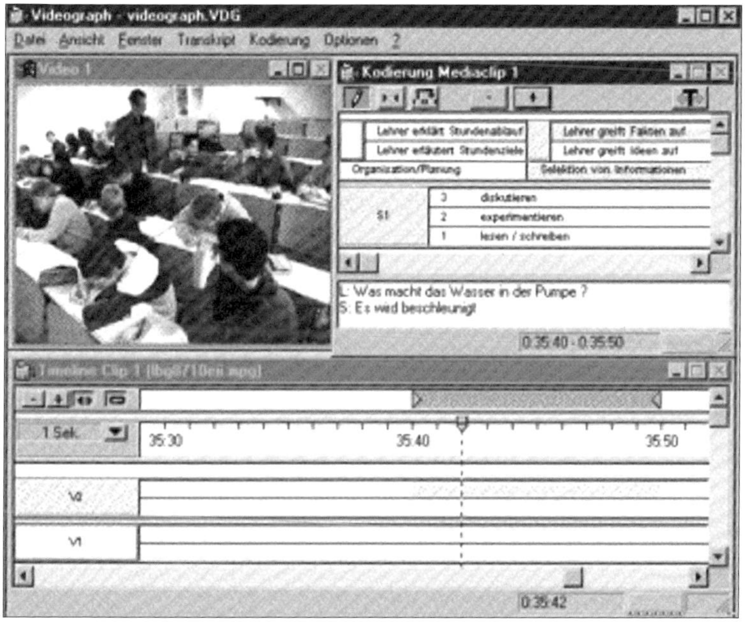

Abb. 2: Benutzeroberfläche der Software Videograph (Quelle: http://www.ipn.uni-kiel.de/aktuell/videograph/wnd.htm)

LÖSUNGSVORSCHLÄGE

1) Zunächst ist bezüglich der Lehrperson eine Einverständniserklärung für die videographischen Aufnahmen einzuholen. Dabei ist insbesondere darauf zu achten, dass die Lehrperson in keinerlei Weise bedrängt wird, gegen ihren eigentlichen Willen mit den Forschenden zu kooperieren, beispielsweise weil sie andernfalls Nachteile seitens des Arbeitsgebers befürchtet oder weil sie dem Fortschritt der Wissenschaft nicht im Wege stehen möchte. Sie sollte schriftlich darüber aufgeklärt werden, dass sie sowohl während der Aufnahmen als auch im Nachhinein ihre Einverständniserklärung jederzeit widerrufen kann, und ihr sollte eine entsprechende dauerhafte Kontaktadres-

[82] S. http://www.ipn.uni-kiel.de/aktuell/videograph/htmStart.htm.

se (beispielsweise Betreuer/in an der Universität) für eventuellen Informationsbedarf zur Verfügung gestellt werden. Die von der Lehrperson für die Forschung investierte Zeit sollte angemessen honoriert werden; dies kann beispielsweise in Form einer angemessenen finanziellen Zuwendung oder mit kostenfreien Fortbildungsangeboten zu den praxisrelevanten Forschungsergebnissen geschehen. Weiterhin muss mit der Lehrperson geklärt werden, wer Zugang zu den Videodaten erhält (z. B. Transkribent(inn)en, Analysierende), ob die Daten auch öffentlich auf Kongressen oder Lehrerfortbildungen gezeigt werden dürfen und wann die Daten gelöscht werden.

All diese Fragen inklusive der Honorierung sind ebenfalls mit den Kursteilnehmenden zu klären: Freiwilligkeit, Rückrufmöglichkeit, Datenzugang bzw. -speicherung und ggf. Veröffentlichung der Aufnahmen sind im Fall der Kursteilnehmenden angesichts der Gefahr einer Benachteiligung oder Stigmatisierung als Analphabet in besonderer Weise zu berücksichtigen. Kursteilnehmende sind weiterhin auf möglichen Schaden hinzuweisen, der durch die Teilnahme an der Studie entstehen könnte, beispielsweise dass sie während der Videoaufnahmen vom Unterrichtsgeschehen abgelenkt werden. Eine besondere Herausforderung dürfte bei einer Untersuchung in einem Integrationskurs mit Alphabetisierung jedoch darin bestehen, dass zumindest einige Teilnehmende so geringe Deutsch- und Schriftkenntnisse aufweisen, dass die Probandeneinwilligung entweder mündlich in der Erstsprache oder unter Einbezug von schriftkundigen Familienmitgliedern schriftlich in der Erstsprache erfolgen sollte. Dabei ist ethisch insbesondere zu reflektieren, inwieweit eine wenig schrifterfahrene Person die Konsequenzen einer entsprechenden Einwilligung abschätzen kann.

1) Auf der entsprechenden Webseite werden die Funktionen des Programms *Videograph*, das von Unterrichtsforschern u. a. wegen seiner vergleichsweise einfachen Bedienung und seiner Übersichtlichkeit geschätzt wird, in der „Bedienungsanleitung“ (S. 1) folgendermaßen charakterisiert:
„Videograph® ist ein Multimedia-Player, mit dem digitalisierte Videos, z. B. Aufzeichnungen von Schulunterricht, abgespielt und gleichzeitig ausgewertet („videographiert“) werden können. Das Programm ermöglicht *die Konstruktion von Beobachtungskategorien und Ratingskalen*, die der Betrachter als ‚Messinstrument‘ zur Analyse der im Video dargebotenen Inhalte einsetzen kann. *Die Kodierung* kann synchron zum laufenden Film erfolgen, sie kann in Zeitintervalle segmentiert sein *(‚time-sampling‘)* oder rein ereignisbezogen gehandhabt werden *(‚event-sampling‘)*. Die erzeugten Daten werden fortlaufend *grafisch am Bildschirm dargestellt* und das Ergebnis der Auswertung kann *zum Zwecke statistischer Berechnungen oder grafischer Präsentation in eine externe Datei übertragen* werden, wobei man zwischen dem Datenbank-Format des Statistikprogrammes SPSS oder einem tabellarischen Textformat zum Import in Textarbeitungsprogramme oder Tabellenkalkulationen wie Excel wählen kann. Mit Videograph können außerdem *Transkriptionen* des sprachlichen Inhalts angefertigt werden. Auch diese Transkripte können exportiert werden.“ [Hervorhebung der Funktionen durch Kursivdruck seitens der Verfasserin]

Alexis Feldmeier

16. BESONDERE FORSCHUNGSANSÄTZE: AKTIONSFORSCHUNG

16.1 Einleitung

In der Erforschung von gesteuerten Lehr- und -lernprozessen haben es Forschende mit Unterrichtssituationen zu tun, die im höchsten Maße komplex sind. Dies gilt insbesondere für stark heterogene Unterrichtsgruppen, wie sie heute etwa im Unterricht Deutsch als Fremd- und Zweitsprache in Schulen oder in der Erwachsenenbildung im In- und Ausland üblich sind. Lehr- und Lernprozesse werden multifaktoriell beeinflusst und stellen folglich besondere Herausforderungen im Hinblick auf ihre Untersuchung dar. Gerade in neuen oder wenig erforschten Bereichen des Deutschunterrichts stellen sich die dringendsten Fragen zuerst den dort tätigen Lehrkräften. Ein Beispiel jüngeren Datums hierzu ist etwa die Alphabetisierung von Erwachsenen in der Fremdsprache Deutsch, so wie sie im Zusammenhang mit dem Ehegattennachzug auch an Goethe-Instituten im Ausland stattfindet (vgl. hierzu Feick, Pietzuch und Schramm 2013; s. für ein Aktionsforschungsprojekt zur Alphabetisierung von Erwachsenen in der Zweitsprache Deutsch Feldmeier 2010). Solche Bereiche des Unterrichts sind für die Durchführung von Aktionsforschungsprojekten besonders geeignet. Die dort tätigen Lehrkräfte spüren zuallererst die Notwendigkeit von Forschung, die den Unterricht verbessern kann, da ihnen z. T. geeignete Curricula, methodische Hinweise oder zielgruppenspezifische Unterrichtsmaterialien fehlen.

Ziel dieses Beitrages ist, die Vorteile von Aktionsforschung, ihre Beweggründe und Leitmotive sowie auch ihre Grenzen herauszustellen (in der Literatur wird Aktionsforschung auch als *Action Research*, *Handlungs-* oder *Lehrerforschung* bezeichnet; vgl. Riemer 2009: 359). Grundlegende Informationen werden geliefert, die forschenden Lehrkräften und Forschern bei der Frage helfen, sich für oder gegen Aktionsforschung zu entscheiden.

16.2 Aktionsforschung als Forschungsparadigma?

Die dichotomische Betrachtungsweise von qualitativer und quantitativer Forschung ist längst einer gemäßigten Beurteilung gewichen, in der sowohl quantitative als auch qualitative Verfahren[83] ihre wissenschaftliche Berechtigung finden (s. hierzu exemplarisch das

[83] Wenn im Folgenden von *quantitativen* und *qualitativen* Verfahren die Rede ist, so werden diese Begriffe stellvertretend für eine Anzahl forschungsmethodologischer Merkmale, wie *hypothesengenerierend* vs. *hypothesentestend*, *erklärend* vs. *beschreibend*, *analytisch* vs. *holistisch* usw. benutzt (s. hierzu Kap. 1-3; Nußbaum 1984; Heymann 1984; Riemer 1997; Burns 1999: 20-24; Edmondson und House 2011: 38-42).

Prinzip der Gegenstandsangemessenheit Kap. 2; Arbeitsgruppe FSE 1987: 944). Die deduktiv-nomologische Forschung, die sich quantitativer Verfahren bedient, bringt vor allem Aussagen großer Reichweite hervor. Statistisch belastbare und allgemein generalisierbare Aussagen zum untersuchten Gegenstand sind folglich ihre Stärke. Gleichzeitig stellen die Forschungsbedingungen, die diese erst ermöglichen, ihre Achillesferse dar: Um solche Aussagen begründen zu können, sind Forscher gezwungen, die zu untersuchende Unterrichtssituation stark zu abstrahieren und zu kontrollieren. Dieses Dilemma spiegelt sich exemplarisch in der Diskussion zum Gütekriterium der Validität wider, genauer in der Gegenüberstellung der internen und externen Validität (s. Gadenne 1976; Bortz und Döring 2003: 53–58; s. Kap. 2). Die qualitative Forschung vereint hingegen andere Merkmale, die sie deutlich von denen der quantitativen Forschung unterscheiden. Hinsichtlich der Aussagen, die mithilfe qualitativer Verfahren getroffen werden können, ist hervorzuheben, dass diese bestenfalls mittlerer Reichweite sein werden. Generalisierbare Aussagen sind daher mittels qualitativer Forschung kaum empirisch zu begründen. Die Stärken dieses Paradigmas liegen hingegen u. a. in der Möglichkeit, den Forschungsgegenstand in seiner Tiefe zu ergründen. Auch bietet qualitative Forschung einen hervorragenden Weg, um Forschungsdesiderata global (explorativ) zu erfassen oder hypothesengenerierend vorzugehen.

Eine schwerwiegende Kritik an quantitativer und qualitativer Forschung, wenngleich diese öfter im Zusammenhang mit quantitativer Forschung – hier insbesondere experimenteller Forschung – geäußert wird, ist, dass die Forschungsergebnisse schlecht in die Praxis transferiert werden können (vgl. Elliot 1991: 45–48; Riemer 2007: 441; Hopkins 2008: 40–42).

An dieser Stelle stellt sich die Frage, wie Aktionsforschung in Bezug auf dieses scheinbar gut aufeinander abgestimmte Paradigmenpaar verortet werden kann. Vorweg zu schicken ist hier, dass sich Aktionsforschung sowohl quantitativer als auch qualitativer Verfahren bedient. Ihr fehlen eigene Forschungsmethoden, mit denen ihre Stellung als eigenständiges Paradigma gestützt werden könnte (s. zur Frage, ob Aktionsforschung ein eigenes Paradigma darstellt, Pine 2009: 62–78). Dennoch weist Aktionsforschung einige sehr wichtige strukturelle Merkmale auf, die sie von der rein quantitativen und qualitativen Forschung deutlich abheben. Diese sind insbesondere die strukturell gegebene Bedeutsamkeit der zu untersuchenden Forschungsgegenstände für die Unterrichtspraxis, die unmittelbare Rückführbarkeit von Forschungsergebnissen in die Unterrichtspraxis, die Aufwertung des „professionellen Handlungswissens“ (vgl. Demmig 2007) und der Aufbau und die Sicherung von Unterrichtsqualität (Pine 2000: 111). Dies soll im Folgenden ausgeführt werden.

16.3 Grundlagen der Aktionsforschung

Ausgangspunkt der folgenden Überlegungen zur Aktionsforschung ist das erklärte „praktische[s] Ziel der Sprachlehrforschung“, Vorschläge für die Verbesserung des Unterrichts zu liefern (Edmondson und House 2011: 4; vgl. auch Aguado und Riemer 2000). Auch Burns (2005: 60) hebt mit Blick auf Aktionsforschung hervor: „In contrast to basic research, which is aimed at the development of theory in its own right, the purpose for applied research is to make available the potential to apply theory to practice.“ In der Erforschung von Lehr- und Lernprozessen ist daher zu überlegen, welche Rolle die in der Unterrichtspraxis tätigen Lehrkräfte in einer so skizzierten Sprachlehrforschung spielen. Zum einen ist dabei das Menschenbild zu überdenken, das Wissenschaft von Lehrkräften hat (s. dazu Kurtz 2003; Grotjahn 2005). Handelt es sich bei Lehrkräften um bloße Konsumenten von Forschungsergebnissen und warum sind/sollten sie überhaupt im Stande sein, solche Forschungsergebnisse zu konsumieren? Im Zusammenhang mit dem Menschenbild sind des Weiteren das von Lehrkräften aufgebaute „professionelle Handlungswissen" (Demmig 2003) und die Anerkennung ihrer Kompetenzen auch im wissenschaftlichen Sinne zu betrachten. Pine (2009) spricht hierbei von einem „empowerment of teachers to identify and solve their own problems" (Demming 2000: 32). Es geht auch um die Akzeptanz von Forschung (s. Allwright und Bailey 1991: 45–52; Arbeitsgruppe FSE 1987/1996; Aguado 2000; s. zur Akzeptanz in der Forschergemeinschaft auch andere Gütekriterien, wie in Pine 2009: 80–91; s. auch Kap. 2), insbesondere um die Akzeptanz durch die Lehrkräfte, die wohl wichtigsten Akteure im Rückführungsprozess von Forschungsergebnissen in die Unterrichtspraxis. Es geht ebenfalls um die Überzeugung, dass die Verbesserung des Unterrichts nicht nur von oben (Wissenschaftler an Universitäten) nach unten (Lehrkräfte in Schulen) erfolgt, sondern, dass auch durch Aktionsforschung „Qualitätsentwicklung ‚von unten'" möglich und wünschenswert ist (Riemer 2009: 359).

Genau diese Aspekte werden mit Aktionsforschung sehr gut adressiert. So betont Riemer: „Aktionsforschung ist genuine Forschung von Praktikern für die Praxis." (Riemer 2002: 137) und Burns expliziert: „[A] teacher becomes an ‚investigator' or ‚explorer' of his or her personal teaching context, while at the same time being one of the participants in it." (Burns 2010: 2) Dabei kann eine solche von Lehrkräften vorangebrachte Forschung sowohl im Sinne einer Einzelforschung als auch im Sinne einer kooperativen Forschungsanstrengung (*collaborative action research*; s. hierzu z. B. Burns 2003) erfolgen, die etwa Wissenschaftspersonal aus Universitäten, weitere Lehrkräfte, Studierende und/oder Schüler/Lerner einbeziehen kann (Burns 2010: 2).

Die unmittelbare Einbeziehung (im Rahmen einer Kooperation zwischen Akteuren) der Lehrkräfte in den Forschungsprozess oder gar die Durchführung desselben ausschließlich durch die Lehrkraft selbst hat wichtige Vorteile, wie Praxisrelevanz, Transferierbarkeit der Forschungsergebnisse, Ressourcenoptimierung, usw. (vgl. auch Burns 1999: 24–26):

- Insbesondere für Aktionsforschung, die ausschließlich von der Lehrkraft durchgeführt wird, gilt, dass die zu untersuchende Fragestellung unterrichtsrelevant sein wird. Auch im Rahmen einer Kooperation zwischen Universitätsangehörigen und Lehrkräften wird das Leitmotiv „aus der Praxis für die Praxis" dazu führen, dass unterrichtsrelevante Forschungsfragen formuliert werden (vgl. Pine 2000: 111).
- Durch die Kooperation kommt es zu einer Zusammenführung von Ressourcen. So verfügen an Universitäten tätige Wissenschaftler nicht immer über einen guten Zugang zum Forschungsfeld *Unterricht*. Dahingegen haben forschende Lehrende den „großen Vorteil, daß sie ihr Forschungsfeld in unmittelbarer Reichweite haben" (Riemer 2002: 141). Des Weiteren ist – dies vorrangig mit Blick auf die Datenerhebung und -auswertung – vorteilhaft, wenn externe Wissenschaftler ihre Methodenexpertise einbringen können.
- Die Erforschung des Unterrichts orientiert sich an der Maxime, die zu untersuchende Unterrichtssituation möglichst natürlich zu belassen (Riemer 2009: 359).
- So genannte Beobachtereffekte können deshalb durch die Einbeziehung der Lehrkräfte in den Forschungsprozess minimiert werden (vgl. Riemer 2002: 141).

- Die Forschungsergebnisse werden – strukturell bedingt – u. U. während des Forschungsprozesses in mehreren Forschungsschritten (Untersuchungszyklen) in die Praxis transferiert.
- Die Lehrkräfte entwickeln im Forschungsprozess ein anderes Selbstbild, erhalten einen anderen Einblick in ihren eigenen Unterricht und werden auf diese Weise professioneller. Auf diesen Effekt weist etwa Pine (2000: 111; vgl. auch Elliot 1991: 45) hin, wenn er schreibt „Action research is professional development." Aktionsforschung hat somit das Potential, „Teil eines professionellen ‚lebenslangen Lernens' (sowohl von Lehrenden als auch von Forschenden)" zu werden (Riemer 2002: 129; vgl. auch Burns 2010: 141–142).

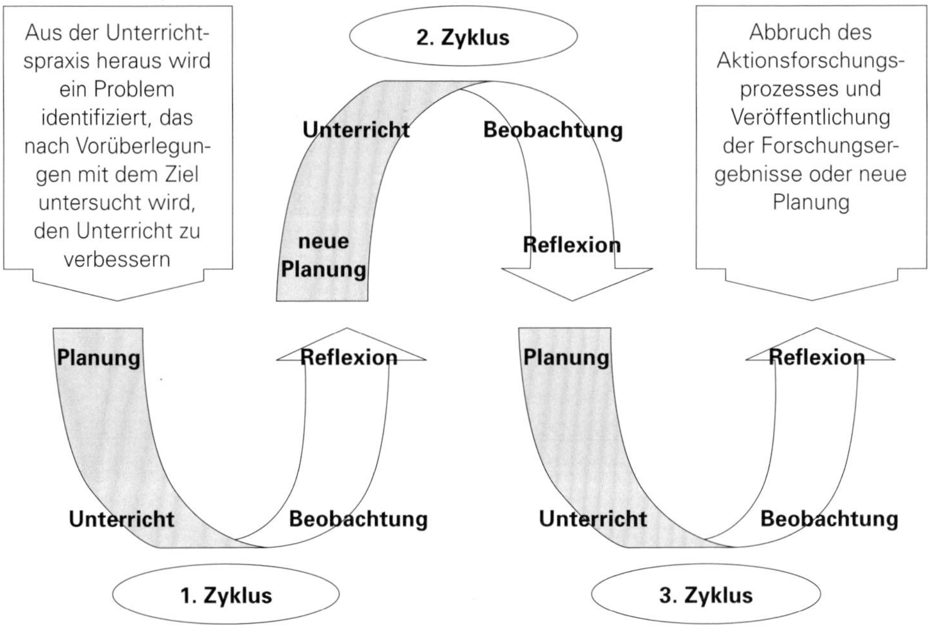

Abb. 1: Phasen in der Aktionsforschung am Beispiel von drei Zyklen in Anlehnung an Burns (2010: 9)

16.4 Die Phasen der Aktionsforschung

Die Phasen oder Schritte von Aktionsforschung sind vielfach beschrieben und adaptiert worden. Elliot bezieht sich auf Lewin, der den Begriff *Aktionsforschung* begründete, und beschreibt den Forschungsprozess als Abfolge der Schritte „IDENTIFYING A GENERAL IDEA, RECONNAISSANCE, GENERAL PLANNING, DEVELOPING THE FIRST ACTION STEP, IMPLEMENTING THE FIRST ACTION STEP, EVALUATION, REVISING THE GENERAL PLAN" (Elliot 1991: 69; Herv. i. O.), die in weiteren Zyklen nach dem Schritt der Planung wiederholt wird. Er selbst adaptiert, erweitert und verändert diesen Ablauf an unterschiedlichen Stellen, indem er die ersten Phasen „identifying a general idea", „reconnaissance" und „implementation" zum Teil offener gestaltet (vgl. Elliot 1991: 70).

Burns (2010: 7–10) bezieht sich auf Kemmins und McTaggart (1988) und nennt die vier Phasen *Planning*, *Action*, *Observation* und *Reflection*, die spiralartig in mehreren Zyklen wiederholt werden können (s. weitere Beschreibungen bei Burns 1999: 29–34; Altrichter und Posch 2007: 15–17; Hopkins 2008: 50–55; Pine 2009: 234–263).

16.4.1 Vor der Aktionsforschung

Zunächst sind Aspekte zu nennen, die vor dem eigentlichen Beginn des Aktionsforschungsprozesses wichtig sind. Diese ergeben sich vorrangig aus den Schwierigkeiten, die berufstätige Lehrkräfte erfahren werden, wenn sie zusätzlich zu ihren beruflichen Verpflichtungen Aktionsforschung betreiben wollen. Denn Aktionsforschung in Eigenregie steht u. a. aus Zeit- und Ressourcengründen oftmals auf wackeligen Beinen. Ist die Entscheidung gefallen, den eigenen Unterricht verbessern zu wollen, so sollte deshalb versucht werden, Ressourcen aus dem eigenen beruflichen Kontext einzubeziehen. Dies betrifft insbesondere z. B. die Schulleitung oder das Kollegium. Zu klären ist hierbei, wie etwa die zusätzliche Forschungsarbeit unterstützt werden kann (s. hierzu Terhart und Tillmann 2007: 24–25). Ziel muss sein, berufliche Rahmenbedingungen zu schaffen, die der Erforschung des eigenen Unterrichts förderlich sind (s. hierzu auch Burns 1999: 45–53). Weiter wird bereits vor Beginn der Aktionsforschung wichtig sein, die Kooperation mit Kollegen und u. U. auch mit an Universitäten tätigen Wissenschaftlern zu suchen, um so persönliche, fachliche, forschungsmethodische und organisatorische Ressourcen komplementär zusammenzuführen, so dass das anvisierte Forschungsprojekt die besten Aussichten auf Erfolg hat. Vor allem mit Blick auf die Erhebung und Auswertung von Daten kann wichtig sein, die Kooperation mit an Universitäten tätigen Wissenschaftlern zu suchen (vgl. Riemer 2002: 138; Altrichter und Posch 2007: 15; s. auch Hopkins 2008: 129–130). Denkbar ist ebenfalls, dass Nachwuchswissenschaftler mit gleichzeitiger Praxistätigkeit diese zum Gegenstand ihrer Forschungsarbeit machen (s. z. B. Feldmeier 2010).

16.4.2 Eine Forschungsfrage finden

Wie bereits oben angedeutet beginnt der Forschungsprozess mit einem unterrichtspraktischen Grund, der eine Lehrkraft zur Erforschung des eigenen Unterrichts bewegt. Ein möglicher Beweggrund kann die Identifikation von Unterrichtsproblemen sein (Burns 1999: 36–37), denn wie bereits mehrfach erwähnt wurde, ist das Leitmotiv von Aktionsforschung, den (eigenen) Unterricht zu verbessern. Altrichter und Posch (2007: 54) sehen in den alltäglichen Erfahrungen von Lehrkräften – in Stärken („eine vielversprechende Idee ausprobieren"), Schwierigkeiten („schwierige Situation verbessern, ein Problem lösen") und Unklarheiten („Überraschungen, die sie im Verlaufe des Unterrichtsalltags erleben, ohne dass sie sich ihre Ursachen genauer erklären könnten") – mögliche Quellen für die Formulierung von Forschungsfragen (s. weiterhin Hopkins 2008: 62–68). Weitere Quellen sehen sie auch allgemeiner im Rahmen von Schulentwicklung oder Qualitätssicherungsmaßnahmen (vgl. Hopkins 2008: 54–57). Auch Burns nennt ähnliche Bereiche, aus denen typische Forschungsfragen im Rahmen von Aktionsforschung formuliert werden können (Burns 2010: 24–25):

- Unterricht und seine Veränderung;
- Schüler/Lerner und wie sie lernen;
- Auseinandersetzung mit dem Curriculum und Neuerungen/Veränderungen des Curriculums;
- Unterrichtsphilosophie und ihr Einfluss auf den beruflichen Alltag.

Sind diese vorbereitenden Schritte gegangen, so beginnt der eigentliche Forschungsprozess danach mit der Formulierung einer Forschungsfrage (vgl. Elliot 1991: 72–73; Burns 2010: 22–53). Je nachdem, ob die Aktionsforschung alleine oder in Kooperation mit weiteren Akteuren erfolgt, können in der Formulierung einer Forschungsfrage mehrere Personen involviert sein (Burns 2010: 44–46; vgl. auch Pine 2000: 111). Die Verwendung von Techniken wie *Brain-Storming* oder das Verfassen von Notizen kann dabei hilfreich sein (vgl. Burns 2010: 24). Ferner sollte darauf geachtet werden, tatsächlich nur einer Frage nachzugehen; die gleichzeitige Behandlung verschiedener Forschungsfragen kann zu einem Aktionsforschungs-*Burnout* führen (Burns 2010: 30).

Die Formulierung der Forschungsfrage sollte in einem zweiten Schritt konkretisiert werden, indem die zunächst ausgemachte (Problem-)Situation näher erfasst und beschrieben wird (vgl. Elliot 1991: 73–75; Burns 2010: 30–33). Bei Forschungsfragen wie *Meine Schüler arbeiten nicht konzentriert mit: Wie kann ich das ändern?* wäre demnach zu explizieren, um welche Schüler es genau geht oder wann (z. B. bei welchen Übungen oder in welchen sozialen Formen) sie abgelenkt sind. Es folgt eine Analyse der zuvor im Detail formulierten Forschungsfrage. Dabei geht es darum, im Sinne einer Hypothesengenerierung mögliche Erklärungen zu finden. Techniken wie die Verwendung von Unterrichtstagebüchern können dabei helfen. Diese Phase der Analyse der zunächst formulierten Forschungsfrage kann prinzipiell endlos betrieben werden, aber – wie Elliot hervorhebt – „it must be interrupted for the sake of action“ (Elliot 1991: 74).

16.4.3 Planung

Der wohl wichtigste Schritt in dieser Phase ist, die Entscheidung zu treffen, welche Veränderungen auf der Grundlage der vorherigen Schritte im Unterricht vorgenommen werden sollen (vgl. Elliot 1991: 75–76). In die Planung gehören auch Vereinbarungen mit kooperierenden Kollegen darüber, ob und wie vorzunehmende Veränderungen auch in anderen Klassen erfolgen können (*Ist das, was in meinem eigenen Unterricht geschehen soll, auch bei(m) Kollegen möglich?*), oder klare Vorstellungen darüber, welche Rahmenbedingungen vorliegen müssen (z. B. Unterrichtsmaterialien). Zuletzt sollte spätestens in dieser Phase geklärt werden, inwiefern die eigene Forschung ethisch vertretbar ist: *Werden die Persönlichkeitsrechte meiner Schüler/Lerner verletzt? Sind meine Schüler (und ihre Eltern)/Lerner über die Aktionsforschung ausreichend informiert und damit einverstanden? Was geschieht mit den erhobenen Daten?* (s. Burns 1999: 70–71; s. zum *Ethischen Code* Altrichter und Posch 2007: 121–124; Burns 2010: 33–36).

Letztlich sollte auch überlegt werden, wie die Implementierung der vereinbarten Veränderungen des Unterrichts beobachtet werden kann/soll. Hierbei geht es nicht darum, dass diese Veränderungen hinreichend erfolgt sind (vgl. Elliot 1991: 76). Soll z. B. untersucht werden, ob eine Änderung der Sitzordnung einen bestimmten Schüler dazu bringt, konzentrierter am Unterricht teilzunehmen, so kann diese Änderung eine lehrergesteuerte Bildung von Arbeitspaaren beinhalten und deshalb leicht überwacht werden (*Schüler xy setzt sich wie gewünscht neben Schüler yz*). Wie aber sieht es aus, wenn die Veränderung des Unterrichts darin besteht, das Plenum aufzulösen und lernergesteuert Kleingruppen bilden zu lassen? Setzen sich u. U. wieder die zwei leicht abgelenkten Schüler zusammen, die Gegenstand der Untersuchung sind?

16.4.4 Aktion – Unterricht

Die für Aktionsforschung charakteristischste Phase ist die Implementierung der zuvor formulierten Veränderungen im Unterricht mit dem Ziel ihrer Untersuchung (vgl. Elliot 1991: 76–77). *Aktion* bedeutet hier letztendlich das Unterrichten unter dem Einfluss der vorgenommenen Veränderungen. Dieser Schritt kann einfach vonstattengehen, kann aber ebenso eine längere Zeit benötigen, bis er abgeschlossen ist. Eine scheinbar kleine Veränderung wie das Wort *falsch* bei Rückmeldungen der Lehrkraft zu vermeiden, kann nicht immer sofort umgesetzt werden, da die Veränderung alter Verhaltensweisen möglicherweise ihre Zeit benötigen wird. Zu bedenken sind hier auch unerwartete und unerwünschte Nebeneffekte, die dazu führen können, dass die Lehrkraft z. B. die Forschungsfrage oder die Planung überarbeiten muss. So könnten manche Schüler durch die Rückmeldungen der Lehrkraft, die das Wort *falsch* vermeidet, u. U. zur Mitarbeit motiviert werden, könnten aber gleichzeitig das Gefühl haben, dass ihre Antworten möglicherweise doch nicht so falsch sind und unternehmen vielleicht weniger konsequente Verbesserungen vor.

16.4.5 Beobachtung: Datenerhebung und Auswertung

Die bisher beschriebenen Phasen mögen in ähnlicher Form bei vielen Lehrkräften auf intuitive Weise vorkommen. Probleme im Unterricht zu erkennen, sich zu überlegen, wie man diese umgeht und schließlich etwas zu ihrer Lösung auszuprobieren sollte dem unterrichtlichen Vorgehen vieler Lehrkräfte entsprechen (s. auch Burns 2010: 14–19). Dieses intuitive Vorgehen nach dem Prinzip von *Trial-and-error* reicht jedoch nicht, um von *Forschung* zu sprechen. Ohne Zweifel ist ein systematisches und intersubjektiv nachvollziehbares Vorgehen in den vorherigen Phasen vorauszusetzen, um die Bezeichnung *(Aktions-)Forschung* gerechtfertigt erscheinen zu lassen. Diese Voraussetzung gewinnt insbesondere in der Phase der Erhebung von Daten stark an Bedeutung. Riemer stellt deshalb fest: „Von Aktionsforschung kann dann gesprochen werden, wenn dazu die systematische Sammlung und Dokumentation von Daten tritt, die mittels eines systematischen Methodeneinsatzes erhoben und ausgewertet werden." (Riemer 2009: 361) Auch Burns hebt dieses Merkmal hervor, indem sie schreibt: „[I]n AR [d. i. *action research*] it is important to collect data in a *systematic* way." (zit. nach Riemer 2010: 54; Herv. i. O.) Aktionsforschung greift daher auf Methoden zur Datenerhebung zurück, die aus der qualitativen und quantitativen Forschung bekannt sind (vgl. Elliot 1991: 77–83; Burns 1999: 78–151; Hopkins 2008: 86–115, 118–128; Burns 2010: 54–99).[84]

Besondere Aufmerksamkeit sollte auch den Möglichkeiten der Triangulation (s. Kap. 3) gewidmet werden (vgl. Elliot 1991: 82–83; Aguado und Riemer 2001; Hopkins 2008: 133–-134; Burns 2010: 131–132). Ebenso werden Verfahren zur Datenaufbereitung (s. Kap. 10; s. weiter zur Verwendung von Software und Hardware Burns 1999: 94-98; Hopkins 2008: 115–116; Burns 2010: 46–47, 70–72) und zur Datenanalyse aus der quantitativen und qualitativen Forschung verwendet (s. Kap. 12 und 13; vgl. Burns 1999: 153–160, 166–179; Burns 2010: 106–131).

[84] An dieser Stelle kann nicht auf die unterschiedlichen Methoden eingegangen werden, die in Reichweite der forschenden Lehrer sind (etwa Unterrichtsbeobachtung oder einfache Formen der schriftlichen oder mündlichen Befragung) oder von kooperierenden Forschern an Universitäten beherrscht werden; stattdessen sei hier auf die Kap. 5–9 verwiesen.

16.4.6 Reflexion

Dies ist die letzte Phase eines Aktionsforschungszyklus, die entweder in eine neue Planung und Fortsetzung des Forschungsprozesses in einem weiteren Zyklus oder zum Abbruch der Untersuchung und folglich zur Veröffentlichung der Ergebnisse führt. In der Reflexionsphase werden die zuvor analysierten Daten zusammengeführt. Burns (2010: 8) schreibt hierzu: „At this point, your reflect on, evaluate and describe the effects of the action in order to make sense of what hast happened and to understand the issue you have explored more clearly." Der Reflexionsprozess kann hier die Ebene des eigenen Unterrichts, die Ebene des bisherigen Forschungsprozesses, die eigene Unterrichtsphilosophie oder die eigenen Gefühle betreffen (Burns 2010: 142–145).

16.4.7 Neue Planung und wiederholte Durchführung der vorherigen Schritte

Aus der Reflexion heraus kann sowohl die Forschungsfrage angepasst als auch die Planung überarbeitet werden. Ist eine erneute Analyse der mit der Forschungsfrage zusammenhängenden Fakten notwendig? Welche weiteren Änderungen können im Unterricht vorgenommen werden? Ist die Reformulierung der Forschungsfrage, die Reanalyse der Fakten und die neue Festlegung von Veränderungen im Unterricht vorgenommen worden, so wird der Forschungsprozess im selben Muster wie oben beschrieben fortgesetzt. Zu entscheiden ist dann, ob der Forschungsprozess in einen neuen Zyklus tritt oder ob dieser abgebrochen wird. Die Reflexion könnte auch ergeben, dass der Forschungsprozess eine nicht eindeutig erfassbare „mixture of both ‚success' and ‚failure'" (Burns 2010: 146) ist, die zu einer Fortsetzung des Forschungsprozesses unter leicht veränderten Bedingungen führt (z. B. Hinzunahme neuer Schüler/Lerner in die Untersuchung). Ebenso können auch organisatorische Gründe (*Verfüge ich noch über ausreichende Zeit für den Forschungsprozess?*) eine Rolle bei der Entscheidung für oder gegen einen weiteren Zyklus spielen.

16.4.8 Ende des Aktionsforschungsprozesses

Zuletzt ist die Frage zu beantworten, wann ein Aktionsforschungsprojekt beendet ist, d. h., wie viele Zyklen notwendig sind. Diese Frage erinnert gewissermaßen auch an das Problem der Sättigung in der *Grounded Theory* (s. Kap. 13; s. auch Hopkins 2008: 134). Burns (2010: 145) stellt hierzu fest: „There are no ideal answers to these questions. We could say that AR is ‚never-ending', but most teachers don't really want to spend the rest of their lives doing research!" (vgl. weiter Elliot 1991: 85) Besonders hilfreich ist hier die Kooperation mit Kollegen und/oder Wissenschaftlern aus Universitäten dar (vgl. Burns 2010: 148): In der gemeinsamen Diskussion und Betrachtung aus unterschiedlichen Perspektiven kann leichter die Verantwortung für einen Abbruch oder eine Fortsetzung des Forschungsprozesses übernommen werden. Ist die Entscheidung gefallen, dass der Aktionsforschungsprozess beendet wird, weil die im Unterricht vorgenommenen Veränderungen zum Forschungsziel, nämlich der Verbesserung des Unterrichts, geführt haben, ermöglicht erst die Veröffentlichung der Forschungsergebnisse, dass der in Aktion untersuchte Unterricht Teil des kollektiven Wissens der Forschergemeinschaft wird. Die einfachste Form der Veröffentlichung ist die (öffentliche) Bekanntmachung z. B. im Rahmen kleiner Fachtagungen, in Kollegien oder auch, indem z. B. die Eltern im Rahmen eines Elternabends informiert werden (s. hierzu Burns 1999: 192–201; Hopkins 2008: 151–152, 154; Burns 2010: 37–39, 149–154). Wünschenswerter ist jedoch eine Veröffentlichung im Internet (z. B. in berufsrelevanten Internet-Foren) oder gar in Printmedien, da dadurch z. B. andere Forscher und forschende Lehrer nachhaltig erreicht werden (vgl. Elliot 1991: 87–88; Burns 1999: 181–191; Hopkins 2008: 146–151; Burns 2010: 154–164).

Folgende Tabelle beschreibt knapp die oben beschriebenen Phasen des Aktionsforschungsprozesses. In die Tabelle fließen die Beschreibungen der oben zitierten Autoren und weitere Vorschläge (Phase a-c) ein. Wichtig ist dabei, dass die tabellarisch dargestellte Abfolge lediglich eine grobe Orientierung liefert, die u. U. einer Anpassung bedürfen wird.

Tab. 1: Phasen von Aktionsforschung

Phase a	den eigenen Unterricht verbessern und erforschen wollen	– die Notwendigkeit zur Erforschung des eigenen Unterrichts erkennen: z. B. offene Fragen (*Das wollte ich schon lange wissen…?*) oder Unterrichtsprobleme (Das gelingt mir nicht.) identifizieren (Dieser Schritt erscheint möglicherweise banal, doch stellt er dennoch den Anfang des Forschungsprozesses dar.)
Phase b	sich die Unterstützung des beruflichen Umfelds sichern	– Schulleitung überzeugen, dass Aktionsforschung einen wichtigen Beitrag zur Verbesserung des Unterrichts leisten kann (oder sich von der Schulleitung überzeugen lassen) – Kollegium (oder zumindest einige Kollegen) überzeugen, dass Aktionsforschung einen wichtigen Beitrag in der Verbesserung des Unterrichts leisten kann
Phase c	entscheiden, ob die Aktionsforschung im Sinne von Einzelforschung oder kooperativ im Verbund durchgeführt werden soll	– Einzelforschung in Absprache mit der Schulleitung in Angriff nehmen – die Kooperation mit (in Aktionsforschung erfahrenen) Kollegen suchen oder auf ein solches Angebot reagieren – die Kooperation mit an Universitäten tätigen Wissenschaftlern suchen oder auf ein solches Angebot reagieren
Phase 1a	Forschungsfrage definieren	– Forschungsfrage alleine definieren und gegebenenfalls Schüler/Lernende einbeziehen – Forschungsfrage gemeinsam mit Kollegen (gegebenenfalls Schüler/Lernende) einbeziehen – Forschungsfrage gemeinsam mit an Universitäten tätigen Wissenschaftlern (gegebenenfalls die anderen Akteuren einbeziehen) definieren
Phase 1b	Umsetzbarkeit der Forschungsfrage prüfen	– Ressourcen der Schule überprüfen – eigene Ressourcen klären (Zeit, fachliches Wissen, usw.) – Ressourcen von kooperierenden Kollegen klären (dies u. U. in Abhängigkeit der eigenen Ressourcen im Sinne einer komplementären Kooperation) – Ressourcen von kooperierenden an Universitäten tätigen Wissenschaftlern suchen

Phase 2	Planung	– notwendige Veränderungen im Unterricht bestimmen/ vereinbaren – Vereinbarungen mit kooperierenden Kollegen und externen Wissenschaftlern – Instrumente bestimmen, um die Implementierung zu überprüfen – ethische Fragen klären
Phase 3	Implementierung – Aktion	– Veränderungen im Unterricht vornehmen – überprüfen, ob die Veränderungen so erfolgen wie gewünscht – unerwünschte Nebeneffekte der Implementierung identifizieren
Phase 4	Beobachtung/ Datenerhebung, -aufbereitung und -auswertung	– Daten erheben – Daten auswerten – Daten analysieren – triangulieren
Phase 5a	Reflexion	– Bedeutung der analysierten Daten für den Unterricht erkennen – entscheiden, ob der Forschungsprozess fortgesetzt wird oder ob das Forschungsziel erreicht wurde
Phase5b	Überarbeitung und Beginn eines neuen Zyklus	Forschungsfrage überarbeiten Planung überarbeiten
Phase 6	Veröffentlichung der Forschungs-ergebnisse	– Ergebnisse der Öffentlichkeit zugänglich machen, z. B. durch Präsentationen im Kollegium oder Tagungen, Veröffentlichung online oder in Printmedien

16.5 Ein Beispiel: Aktionsforschung im Integrationskurs (Förderkurse)

Um die bisherigen Ausführungen zu veranschaulichen, wird im Folgenden auf ein noch nicht abgeschlossenes Projekt Bezug genommen, das im Rahmen von Aktionsforschung betrachtet werden kann. Ausgangspunkt des Forschungsprojektes ist die Arbeit in so genannten Förderkursen, die seit 2007 vom Bundesamt für Migration und Flüchtlinge finanziert werden, ohne dass ein didaktisches Konzept oder Unterrichtsmaterialien zur Verfügung gestellt werden. Die unterrichtlich schwierige Situation führte dazu, dass in Förderkursen tätigen Lehrkräften keine Hilfen zur Verfügung standen, um zu entscheiden, was und wie in Förderkursen unterrichtet werden sollte. Im Rahmen eines halbjährlich stattfindenden Praxis-Forschung-Treffens zwischen Bielefelder Einrichtungen der Erwachsenenbildung und dem Lehr- und Forschungsbereich Deutsch als Fremd- und Zweitsprache der Universität Bielefeld wurde vonseiten der Praxis der dringende Bedarf gemeldet, mehr über die Teilnehmenden in solchen Kursen zu erfahren und Hinweise zu erhalten, wie der Unterricht didaktisch zu gestalten sei. Auf diese Weise kam es in der Folge zu einer Zusammenarbeit mit der Bielefelder Einrichtung *Dialog Consulting*. Ziel dieser Kooperation war, auch im Rahmen von Aktionsforschung unterrichtsrelevante Merkmale der Lerner in Förderkursen zu eruieren, Probleme des Unterrichts zu identifizieren und gemeinsam mit den Lehrkräften Lösungswege für diese Probleme zu formulieren und im Unterricht zu erproben. Innerhalb der Einrichtung sollte ein Professionalisierungsprozess angebahnt werden, um die Lehrkräfte nach Projektende dazu zu befähigen, den eigenen Unterricht im Rahmen von Aktionsforschung systematisch untersuchen und verbessern zu können. Um Informationen über die Lernenden zu erhalten, wurden die Lehrkräfte zunächst von einem externen Wissenschaftler interviewt. Zusätzlich wurden u. a. externe Praxis-Experten (aus zwei weiteren Städten in Deutschland) zu Förderkursen und ihren Teilnehmenden befragt. Die Interviews mit den Lehrkräften erlaubten eine Skizzierung der Teilnehmenden, ihrer Kompetenzen und Bedarfe und zeigten eine Reihe von Unterrichtsproblemen und möglichen Lösungen auf. In einem weiteren Schritt hospitierte der externe Forscher in zwei Förderkursen in insgesamt 40 Unterrichtseinheiten (durchgeführt von vier verschiedenen Lehrkräften). Weiterhin übernahm der externe Forscher für 40 Unterrichtseinheiten den Unterricht in einem Förderkurs, wobei die sonst dort tätigen Lehrkräften in seinem Unterricht hospitierten. Die Interviews und die Hospitationen führten zur Identifikation von diversen Problemen. Exemplarisch werden hier nur zwei genannt, für welche mögliche Lösungswege gemeinsam vereinbart wurden:

- Aufgrund der stark ausgeprägten Heterogenität ist das Arbeiten mit einem Lehrwerk kaum möglich: In einem Kurs sollte deshalb gänzlich auf die Arbeit mit einem Lehrwerk verzichtet werden.
- Der Unterricht verläuft zu statisch und unkommunikativ: Die zu Beginn des Unterrichts vorhandene U-Form der Tische sollte deshalb in einen Stuhlkreis verändert werden.

Die in diesen Kursen tätigen Lehrkräfte führten während des ersten Zyklus Unterrichtstagebücher. Zusätzlich wurde der Unterricht vom externen Forscher beobachtet und Lehrkräfte und Teilnehmer der Kurse wurden zu den vorgenommenen Änderungen im Unterricht interviewt. Nach dem ersten Zyklus kam es hinsichtlich der ersten Frage zu einem zufriedenstellenden Ergebnis: Sowohl Lehrkräfte als auch Lerner sahen in der Arbeit ohne Lehrwerk klare Vorteile. Gemeinsam mit der Einrichtungsleitung wurde entschieden, diese Änderung auch in einem weiteren Kurs vorzunehmen und zu untersuchen. Bei der zweiten Frage stellte sich heraus, dass der Stuhlkreis nicht positiv aufgenommen wurde. Stattdessen konnte beobachtet werden, dass aus dem Stuhlkreis heraus im Laufe des Unterrichts Tischblöcke gebildet wurden, in denen die Teilnehmenden besser arbeiteten. In den Interviews wurde deutlich, dass die Lehrkräfte weder zum Stuhlkreis noch zur ursprünglichen U-Form zurück wollten. Für den zweiten Aktionsforschungszyklus wurde daher eine Tischanordnung in Blöcken vereinbart. Das Projekt ist noch nicht abgeschlossen.

16.6 Fazit

Ausgangspunkt von Aktionsforschung ist der Wunsch, den eigenen Unterricht verbessern zu wollen. Dies betrifft etwa hauptberufliche Lehrkräfte, aber auch z. B. Nachwuchswissenschaftler, die neben ihrer Tätigkeit an Universitäten auch unterrichten. Insbesondere in Bereichen des Deutschunterrichts, die wenig erforscht wurden, bietet Aktionsforschung eine Möglichkeit, seitens der oder mit den dort tätigen Lehrkräften unterrichtsrelevante Fragen zu untersuchen. Aktionsforschung bietet dabei einen die quantitative und qualitative Forschung ergänzenden Zugang zum Untersuchungsgegenstand *Unterricht*. Ohne Zweifel stellt die Erforschung des eigenen Unterrichts forschende Lehrer oder Nachwuchswissenschaftler vor hohe und beim ersten Forschungsprojekt leicht überfordernde Aufgaben. Doch auch hier gilt: Es ist noch kein Meister vom Himmel gefallen.

WEITERFÜHRENDE LITERATUR

Elliot, John (1991): ***Action Research for Educational Change.*** **Glasgow: Open University Press.**
Dieses Werk ist ein Klassiker, in dem die Grundlagen von Aktionsforschung einfach und verständlich erklärt werden.

Burns, Anne (2010): ***Doing Action Research in English Language Teaching. A Guide for Practitioners.*** **New York: Routledge.**
Burns gibt ebenfalls einen sehr guten Überblick über die Grundlagen, enthält aber darüber hinaus Kurzberichte und weitere Hinweise aus der Forschungspraxis in jedem Kapitel.

ÜBUNGEN

1) Falls Sie zurzeit Erfahrungen im eigenen Unterricht machen (dies kann auch behelfsweise die universitäre Lehre sein), schlüpfen Sie gedanklich in die Rolle eines forschenden Lehrers: Fragen Sie sich, welche Probleme Sie im eigenen Unterricht beobachten, die Sie im Rahmen eines kleinen Aktionsforschungsprojektes zum Ausgangspunkt einer Untersuchung machen könnten.

1) Falls Sie zurzeit keine Erfahrungen im eigenen Unterricht machen, versetzen Sie sich in die Rolle eines kooperierenden Forschers mit Universitätsbezug, der gemeinsam mit einer Lehrkraft eine Forschungsfrage formuliert. Fragen Sie den Lehrer, welche Probleme ihm im eigenen Unterricht aufgefallen sind, die Sie untersuchen könnten. Sorgen Sie für die Formulierung sehr konkreter Probleme, indem Sie die Frage z. B. auf den heutigen Tag beziehen: *Haben Sie heute im eigenen Unterricht problematische Situationen erlebt, die Sie genauer erforschen möchten?*

1) Überlegen Sie (evtl. gemeinsam mit einer kooperierenden Lehrkraft), welche Veränderung des Unterrichts im Hinblick auf die Erforschung folgender Frage vorgenommen und untersucht werden kann: *Lerner XY meldet sich im Plenum kaum: Ich möchte seine Redeanteile im Unterricht erhöhen.*

1) Welche Forschungsmethoden könnten bei der Untersuchung der von Ihnen formulierten Forschungsfrage zum Einsatz kommen?

LÖSUNGSVORSCHLÄGE

1) und 2)
Die Wahrnehmung solcher Probleme ist subjektiv und kann z. B. folgende Aspekte betreffen (vgl. auch Altrichter und Posch 2007: 52–69):
- Schüler xy stört den Unterricht durch ständiges Reden: Ich möchte wissen, wie die Unterrichtssituation verändert werden muss, damit dieses Problem minimiert wird.
- Bei der Bildung von Kleingruppen gelingt es selten, dass sich neue Gruppen finden. Das trägt zur Cliquenbildung bei, die sich insgesamt auf den Unterricht negativ auswirkt. Ich möchte wissen, wie die Unterrichtssituation verändert werden muss, damit dieses Problem minimiert wird.
- Beim Einsatz von neuen Unterrichtsmaterialien beteiligen sich nicht alle Schüler so, wie es erwartet wurde: Ich möchte wissen, bei welchen Schülern die neuen Unterrichtsmaterialien erfolgreich eingesetzt werden können.

3) Dass sich der Schüler aktiver am Unterricht beteiligt, kann u. U. erzielt werden durch:
- unterschiedliche Sitzkonstellationen im Plenum;
- eine Erhöhung der Unterrichtsanteile von Partner- und Kleingruppenarbeit;
- den Einsatz offener Unterrichtsmethoden, z. B. Projektarbeit;
- den Einsatz kommunikativer Unterrichtsmethoden, z. B. *Community Language Learning Approach*.

4) Die Entscheidung für bestimmte Forschungsmethoden hängt davon ab, ob externe Wissenschaftler am Projekt beteiligt sind oder z. B. ob das Projekt in Kooperation mit anderen Lehrkräften durchgeführt wird. Bei einem Einzelforschungsprojekt hat die Lehrkraft deutlich weniger Möglichkeiten, während des eigenen Unterrichts Daten systematisch zu erheben. Das Anfertigen von Notizen während des Unterrichts stellt eine Möglichkeit dar. Auch Audio- oder Videoaufnahmen können während des Unterrichts erfolgen, erfordern jedoch nach dem Unterricht u. U. eine aufwändige Aufbereitung. Weitere mögliche Methoden sind beispielsweise die Führung eines Tagebuchs oder die Durchführung von schriftlichen oder mündlichen Befragungen. Sind am Projekt andere Lehrkräfte oder externe Wissenschaftler beteiligt, so können leichter gezielt Daten erhoben werden (z. B. im Falle von Videoaufnahmen) und es können weitere Forschungsmethoden (z. B. nicht teilnehmende Beobachtung) zum Einsatz kommen. In Abhängigkeit von der Forschungserfahrung oder der Kooperation mit externen Wissenschaftlern können zudem komplexere Forschungsmethoden eingesetzt werden, die z. T. eine komplexere Auswertung erfordern (z. B. statistische Auswertungen).

James Dean Brown

17. ADVENTURES IN LANGUAGE RESEARCH: HOW I LEARNED FROM MY MISTAKES OVER 35 YEARS

An expert is a man who has made all the mistakes which can be made, in a narrow field.
(Niels Bohr, Danish physicist, 1885–1962)

Abstract

This paper examines how *mistakes* have figured into my 35 years of development as a language researcher. I will categorize my mistakes and the lessons I learned from them as either analytic or conceptual. My *analytic mistakes* arose from: ignoring descriptive statistics; forgetting that any measurement is the sum of the parts that create variance; focusing too narrowly on *p* values; misunderstanding the very nature of statistical analysis; trusting the computer output too much; and using multiple *t*-tests and ANOVAs. My *conceptual mistakes* arose from: not seeing cues from students as a rich source of research ideas; focusing on treatment-control style research; suffering from *p* value envy; focusing solely on quantitative research methods; seeking the objective truth through research; and offending the participants in a study. The paper concludes by arguing that mistakes are an important part of any learning process, that they are inevitable, and that we need to make the most of them.

17.1 Introduction

Like many before me, I thought I had arrived when I finally received my PhD degree. I soon realized that a PhD and $4.00 would get me a cup of Starbucks coffee. It turns out that what matters most is not that you have a doctorate, but what you do with that doctorate. In fact, my PhD was just a starting point for a grand adventure in investigating and learning about anything I found interesting. More to the point, I have recently realized that these learning experiences were greatly accelerated by the lessons I learned from my mistakes.

My goal in this chapter will be to explain some of my mistakes and what I learned from overcoming them. I hope that my little vignettes will help you avoid making at least some of these same mistakes in your own research. At very least, by the end of this paper, you should understand that recognizing and confessing to mistakes are the first steps in the process of learning from them.

The mistakes I will address in this paper were of basically analytic or conceptual mistakes. I will discuss these in two separate sections.

17.2 Analytic Mistakes

My analytic mistakes arose from: ignoring descriptive statistics; forgetting that any measurement is the sum of the parts that create variance; focusing too narrowly on *p* values; misunderstanding the very nature of statistical analysis, trusting the computer output too much; and using multiple t-tests and ANOVAs.

17.2.1 Ignoring descriptive statistics

As a graduate student at UCLA, I learned early that there were three important things for a successful academic career: (a) publish, (b) publish, and (c) publish. So by the time I left UCLA with my PhD after four years, I had 10 confirmed publications. One of these compared four methods of scoring cloze tests (Brown 1980). I found in that study that the acceptable-answer scoring method (i.e., using any answer as correct that native speakers accepted) was more reliable and valid than the other cloze scoring methods. Unfortunately, I came to that conclusion without looking at how the results might have been affected by the different distributions of scores that underlay each of the four scoring methods. Years later, I realized that even minor differences in my descriptive statistics would have completely changed the results and interpretations of my study. If my cloze passages had been even modestly more difficult or easier relative to the abilities of the students involved, the distributions of scores could well have led to results and interpretations that were quite different from those I presented. For example, if the difficulty of the cloze passages relative to the abilities of the students had been slightly easier, the exact-answer scoring (i.e., using only the original word as correct) might have produced scores that were more reliable and valid than the acceptable-answer scores. In other words, slight fluctuations in my design conditions could have changed my results and interpretations completely. How could I have made such a stupid mistake?

One message my statistics teachers had tried to get through to me repeatedly was the necessity, importance, and appropriateness of reporting descriptive statistics like the mean, mode, median, midpoint, standard deviation, range, and reliability in all studies regardless of which other inferential statistics might appear later in the study. Sadly, I didn't get their message at that time.

However, because of this mistake, I finally learned to always report and carefully examine the descriptive statistics and reliability estimates in depth in *every* statistical study that I did thereafter. One benefit was that interpreting my inferential statistics became easier when I could do so with reference to those descriptive statistics. I also learned to emphasize to my students the importance of the underlying relationships and interdependencies between descriptive statistics, reliability estimates, and inferential statistics. In short, I learned that understanding the descriptive statistics in any given statistical study is essential to correctly interpreting all higher-order inferential statistics. Learning from my mistake, I have incorporated that knowledge into my own statistical studies and insisted that my graduate students do the same.

17.2.2 Forgetting that any measurement is the sum of the parts that create variance

My interest in cloze tests continued over the years, particularly with regard to what makes them work so well as reliable and valid overall English language proficiency tests in so many different situations. Like many researchers, I looked at the reliability and validity of cloze tests designed in different ways and used under different conditions (e.g., in Brown 1980, 1983, 1984, 1992, 1993, 1998a). But I was befuddled by what I was finding, largely because I was making the mistake of looking at them as whole measurements focused entirely on the total scores they produce. It was only when I broke them down into their component parts by examining the item level data that I began to understand what was going on. What became clear to me across additional studies (Brown 1988a, 1989, 2002, 2003; Brown, Yamashiro and Ogane 2001) was that some of the items were working very well (i.e., they were discriminating well) and contributing lots of variance to the total scores on the cloze tests. But also, many of the items were working very poorly (i.e., they were not be discriminating well if at all) and contributing little or no variance to the total scores on the cloze tests. The overall research lesson I learned was that it is important to examine sources of variance and invariance in detail at the item level and think about what they mean for the results of the study.

17.2.3 Focusing too narrowly on p values

Another mistake I made in my early days was to focus only on relationships between variables (correlation, regression, factor analysis, etc.), the differences between means (*t*-test, ANOVA, etc.), or the differences between observed and expected frequencies (chi square, multi-way analyses, etc.) with an unflinching eye focused on *p* values and significance. For example, I conducted a number of studies where I interpreted mean differences for main effects in ANOVA that were significant, but ignored the non-significant effects and interaction effects (e.g., Brown 1991). In my defense, in those days, SPSS did not make it easy to plot interaction effects, or add eta squared, power, and confidence intervals to the output as it does today. Nonetheless, I was stopping my analyses and interpretations the moment I had those *p* values.

I have since learned to think beyond the initial significant results. For example, in ANOVAs, I now immediately plot all interaction effects because of the added information that I reap from looking at a visual representation of the results. I have also learned to automatically ask SPSS for eta squared, power, and confidence intervals, and many times to add trends analysis, box-and-whiskers charts, etc. (see, e.g., Brown 2002). If you don't know what I am talking about in that last sentence, you are missing a whole important dimension of ANOVA analysis.

In short, I have learned that statistical analyses should not stop when the *p* values are obtained; they are just the beginning.

17.2.4 Misunderstanding the very nature of a statistical analysis

Probably the single dumbest thing I ever did with a statistical analysis was to go fishing with an exploratory factor analysis (EFA). I had never taken a course that included EFA when I was a graduate student. However, I thought I would try it anyway, and SPSS provided some guidance. So I performed a variety of EFAs with my data. And finally, I discovered that using the same number of factors that I had variables produced a nearly miraculous solution with each variable producing one very high loading on each factor. I included this result in the paper that I submitted, and fortunately, a sharp-eyed reviewer pointed out that such a result is what would be expected anytime there are the same number of factors and variables. The problem was that I was subverting the very purpose of EFA by doing it this way. Now that I have taught EFA a number of times and used it correctly in several papers, I know that one of the primary purposes of EFA is to reduce the number of variance structures from the number of variables to a smaller number of factors that form a pattern which makes sense, especially insofar as the pattern fits, or doesn't fit, with existing theories.

The lesson I learned: Take the time to read about and study carefully any form of statistical analysis before trying to apply it. Talking to someone who has knowledge and experience with the particular form of analysis can also be helpful.

17.2.5 Trusting the computer output too much

After I became fairly comfortable with EFA, I found myself learning one more lesson. In this case, I submitted an article to a journal that I had co-authored with two friends. The article included a factor analysis of many variables including all the subtests of a series of personality, attitudes, anxiety, learning strategies, and proficiency measures. Everything was in order. I reported and interpreted the descriptive statistics for all 32 variables, I showed their intercorrelations and the results of an EFA including not only the loadings for each variable on each of eight theory-consistent factors that I found, but also the proportions of variance accounted for by each factor as well as the communalities for each variable. What could possibly go wrong? Well, one reviewer pointed out that the squared values of loadings for each variable did not add up to the same value as my communalities. I knew that they should, but I had not checked that. When I went back and looked carefully, I realized that I had used the communality values in the printout and that they were not correct. It turned out that the communalities in the printout were for the original unrotated solution, and I was using them for the rotated solution. In any case, they were wrong, and they didn't make sense in my report. The reviewer was correct, and I revised my results. The paper was later published as Brown, Robson, and Rosenkjar (2001).

I learned to be very careful when taking things from computer output to make sure they are what I think they are; to look at the relationships among various statistics to make sure they make sense; and in particular, to always verify commonalities by calculating them separately (in *Excel*[tm] or elsewhere).

17.2.6 Using multiple t-tests and ANOVAs

Several of the professors in my statistics classes at UCLA taught me repeatedly that multiple statistical comparisons in the same study make interpretation of the *p* values nearly impossible. The problem with multiple comparisons is that, as a second or third or fourth comparison is made, the probabilities increase progressively of finding spuriously significant results (i.e., by chance alone; for more on this problem, see Brown 1990). The paradox in language research is that single comparison studies are typically not interesting, or put another way, the really interesting questions in language research tend to be much more complicated than a single mean comparison, or even the more complex ANOVA designs that are typically taught in statistics classes.

For example, in Brown (1981), I gathered final exam scores, grades, and cloze test performance data from a fairly large number of students in three successive terms at UCLA and separated them into groups that I labeled *continuing* and *placed* groups. I wanted to know if these continuing and placed students' performances were statistically different on the final exam, grades, and cloze test, in each of three successive terms. I knew that I should not simply do nine *t*-tests (3 measures x 3 terms = 9) statistically comparing the continuing vs. placed student groups nine times, but in the end that is exactly what I did. As a result, I probably reported significant differences that were spurious (i.e., significant by chance alone). I am not particularly concerned about this mistake now because several studies have replicated my original study and found similar results (see Yamashita 1995; Clark and Ishida 2005; Zimmerman 2005).

Nonetheless, I have since learned that I could have done an inclusive two-way (2 x 3, groups by semesters) multivariate ANOVA (or MANOVA) with the three dependent variables and controlled the *p* values in the study; another less satisfactory solution would have been to adjust my *p* values using the Bonferroni Adjustment and then interpret the results based on those more conservative *p* values (for more on Bonferroni, see Brown 2001, pp. 169–171); or at very least, I could have confessed to having done multiple-comparisons at the end of the paper and warned readers to interpret my findings accordingly.

17.3 Conceptual Mistakes

My conceptual mistakes arose from: not seeing cues from students as a rich source of research ideas; focusing on treatment-control style research; suffering from *p* value envy; focusing solely on quantitative research methods; seeking the objective truth through research; and offending the participants in a study.

17.3.1 Not seeing that students are a rich source of research ideas

I long ago learned to listen to people when doing my research projects. However, at one point, I realized that I tended to listen much more closely to teachers than to students; I even had a tendency to write off students' views as somehow traditional, backwards, or just plain wrong. However, one day in class a student said, "Teacher, please to speak more slowly." My instant response was, "No, you listen more quickly." I was so stunned by that interchange that I remember it thirty years later, largely because it led me to develop a series of speaking/listening courses designed to teach fluency. Indeed, I wanted my students not only to speak more fluently but also to listen more fluently (i.e., listen more quickly). As a result, that simple interchange added an entirely new dimension to my professional life focused on teaching and researching fluency (e.g., Brown 1996, 2004a, 2006a, 2006b).

A few weeks later, a different student asked me, "Why is it that I can understand you when you speak to the class, but not when you talk to other native speakers?" I took that question to my colleagues in the program and our discussion soon led to implementing a whole new thread of lessons to our speaking courses designed to help students make sense of what we came to call the *reduced forms* of English (see, e.g., Brown avec LAIRDIL 1995; Brown and Hilferty 1986, 1987, 1995, 1998, 2006; Brown and Kondo-Brown 2006).

The mistake I was making was that I was disregarding or dismissing the significance of interactions I had with my students. The key issue was listening. I have since learned the value of listening not only to what my students say, but also how I respond. Small rough diamonds are to be found in those interactions. In fact, not knowing what gems might pop out of their mouths or mine creates an atmosphere that also makes the whole teaching/learning process much more interesting and enjoyable. More germane to the topic of this paper however is the fact that I have learned to listen to what they are saying as a source of research topics and for ideas when I am studying those topics. What better way to keep research focused on language learning than to attend to the multiple observations of a classroom full of bright students.

17.3.2 Focusing on treatment-control style research

When language researchers are taught statistics, the examples professors use are often of the treatment-control group type of studies famous in medical research. Such experiments seem to work well in medical research, probably because it is relatively easy to control all variables except one in such studies. Unfortunately, in the social sciences generally and second language studies in particular, it is difficult to control any variables. Indeed, we must consider many different potential sources of problems in our studies: sampling problems like participant self-selection, mortality, and maturation; the expectancy effect, Hawthorne effect, halo effect, the testing/practice effect, and reactivity effects; as well as instability of measures and results (all of these are explained in Chapter 4 of Brown 1988b).

While I was helping to set up a program in China, I attempted my first-last-and-only treatment-control group study (what later appeared in three different versions as Brown and Hilferty 1986, 1987, 2006). In brief, our study investigated the effectiveness of teaching what we called *reduced forms* for improving the listening comprehension ability of Chinese students. Thirty-two students were randomly assigned to treatment and control groups with 16 in each. The treatment group received 10-minute lessons on reduced forms for each of 50 classes, while the control group received what we considered to be the most useless placebo available: 10 minutes of minimal-pairs drills per class.

The two groups were tested at the beginning and end on counterbalanced parallel forms of: (a) the UCLA placement (ESLPE) listening subtest, (b) the Integrative Grammar Test, and (c) what we called reduced-forms dictations (which required them to write the full forms of the words in a taped reduced-pronunciation dialogue between two native speakers of North American English).

Hilferty and I tried valiantly to control: sampling issues through random assignment to the two groups, the testing effect through counterbalancing and having a control group, and the teacher effect by splitting up the teaching so that each group got each of us half of the time. However, we were unable to control participant expectancy effects (because our participants started to talk to each other and realize that there was a key difference between the two classes) and researcher expectancy effects (because we were the researchers and teachers in this study and could not ever control our expectation that teaching reduced forms was useful). We talked a great deal about trying to control this teacher effect, but we soon gave up because we realized the irony of trying to control the teacher effect when in fact we were trying to study the effect of teaching.

All in all, this treatment-control study was very difficult to design and carry out, and in the end, it was very dissatisfying in terms of what we were able to learn. Yes, it supported our view that reduced forms were worth teaching, but did we really need a treatment-control study to show that. Why not simply do a pretest-posttest study of the reduced-forms lessons and focus on the gains the students made? After all, demonstrating that a treatment group outperformed a control group really only means that the treatment was better than nothing. As I mentioned above, the chief lesson I learned from this study was that such studies are very difficult. As a result, I have entirely avoided doing treatment-control group studies since, but I maintain a degree of compassion for those still trying to do such research.

17.3.3 Suffering from *p*-value envy

One time at UHM, while I was advising a student who wanted to make many statistical comparisons in her dissertation study, I spent many hours trying to help her. We struggled and worked and thought and made Bonferroni adjustments repeatedly (see the sections on using multiple *t*-tests and ANOVAs above). All in all, it was a tiring and discouraging process. At her dissertation defense, the student was explaining how we had struggled, and an animated discussion erupted among the committee members about the problems of multiple comparisons, making adjustments, etc. All of a sudden, the "outside member" of her committee from the Department of Psychology, said something very sensible: "What seems to be going on here is a classic case of *p*-value envy. It's not always necessary or desirable to use inferential statistics and do tests of statistical significance." What I realized in a flash was that, instead of trying to do tests of statistical significance more or less everywhere, it is often a better strategy to do overall omnibus statistical tests using inferential statistics and then follow up with only those post hoc comparisons that are useful and necessary, while relying on descriptive statistics and graphical representations of the data to explore the many follow-up details that language researchers always seem to be interested in. Yes, that means that only the main comparisons will be backed by *p* values and that the detailed comparisons will remain speculative, but then, perhaps that is the way it should be. After all, no dissertation in history has managed to save the world. Why not pull back a bit, be a little less ambitious, draw conclusions that will stand up to statistical scrutiny, and then speculate about whatever details are lying around at the end of the study. Those speculations can then lead to further studies, and researcher's career as well as the progress of the field will march on.

In this way, the researcher can limit the number of statistical tests of significance to a few well-placed comparisons and thereby avoid having to do an inordinate number of statistical comparisons. The lessons in this story are that inferential statistics don't apply everywhere and shouldn't be used in a shot-gun manner and that some sets of numbers are better analyzed descriptively.

17.3.4 Focusing solely on quantitative research methods

I played the French horn through most of my early years up until I flunked out of the Oberlin Conservatory of Music at the end of my sophomore year, but that's a separate story. The important point is that I was a French horn player, and I learned at a very young age that people who play the French horn, oboe, bassoon, or viola will always have a seat in the orchestra, while violin, flute, clarinet, and trumpet players are busy scratching each others' eyes out for a seat. When I ended up doing graduate work in applied linguistics, I purposely set out to find that aspect of the field that could serve as my French horn. One day someone mentioned that language testing and statistics was a necessary specialization in every language program, but that language teachers shied away from it because it involved mathematics. Bingo! There was my French horn. I immediately signed up for courses in language testing and educational statistics, and the rest is history. I must admit that testing, statistics, and quantitative research methods have served me exceptionally well, and I have no regrets about specializing in those areas. Out of necessity, I later spread my interests to include curriculum development and program evaluation, both of which necessarily involved both qualitative and quantitative data and research methods. Along the way, I realized that I had been doing qualitative and quantitative research for many years whenever I worked on curriculum development. I also came to understand that statistics had their limitations, that qualitative methods could make up for some of those limitations, and that I would be a stronger researcher if I could do both qualitative and quantitative research well. As a result, I set out to learn as much as I could about systematically doing sound qualitative research. The result has been a book on survey research (Brown 2001, which is about interviews and questionnaire research, and includes a chapter on qualitative research methods), and several papers that compare and contrast the characteristics of qualitative and quantitative research on a qual/quant continuum (Brown 2004b, 2011a). Further, reading has led me in the last ten years to follow the growing literature on mixed-methods research and now to write a book on that topic (Brown 2014).

The mistake I was making was to dismiss qualitative research (while not recognizing that I was in fact already doing it regularly in my curriculum work). The solution was to realize the limitations of quantitative research and the strengths of qualitative research as well as the ultimate power of combining both and then going beyond that to mixed-methods research which combines both research traditions systematically in such a way that the whole is much greater than the parts.

17.3.5 Seeking the objective truth through research

When I started out as a researcher, I often made the mistake of thinking that I was trying to learn the objective truth. Over the years, that view repeatedly ran into the reality that different stakeholders in any given situation can, and do, have very different points of view on what the objective truth is. I especially noticed this effect over the years in the evaluation studies that I conducted. In each case, I saw that the administrators, teachers, and students had different points of view, and even that individuals within those three main groups disagreed on many issues. This diversity of opinions inevitably led me to gather data from multiple groups of participants so that the various viewpoints will be represented in the data. This strategy is often called triangulation—a strategy that helps researchers gather and interpret data from different perspectives. Perhaps more importantly, triangulation helps researchers comprehend the complexity of whatever issues are involved.

Take for example, the evaluation study I did in Tunisia. I began and ended the research by meeting for a number of days with the inspectors, each of whom was an administrator responsible for 1000 or more English teachers in one region of the country. These administrators had a good overview of the English teaching situation in Tunisia, but they did not agree among themselves about the situation or how to ameliorate it. Once I understood the situation, I requested and was allowed to travel to five different cities. In each city, I observed classes and met with principles, teachers, and students, at both a junior high school and a senior high school.

In the evenings, I also met with any teachers from the local area who were interested in talking with me. At those meetings, I told the teachers what I thought I had been seeing so far in my journey around Tunisia and asked them if they thought my observations were correct. The discussion that resulted is called *member checking* in qualitative research, and it turned out to be useful in terms of the insights I gained from the teachers and especially in terms of the trust that this strategy seemed to engender. I also told them that I was not there to evaluate them in the sense of judging them, but rather, I wanted to help them communicate what they believed to the administrators and the government. Once I had convinced them that I was not working for the CIA, things went much smoother. Because this member checking strategy worked so well with the teachers, I met again with the inspectors at the end of my stay in Tunisia and actively sought further feedback from them on what I thought I had learned during my visits to the five cities.

When the entire tour was finished, I developed questionnaires for administrators, teachers, and students that were translated into Arabic and administered widely throughout the country. My local contacts compiled the questionnaire data and sent it to me in Hawai'i, where I analyzed all of my qualitative and quantitative data and wrote a report that I think conveyed the views of administrators, teachers, and students to each other as well as to the government in ways that I hope caused positive changes in the English teaching in Tunisia.

The long and short of it is that in Tunisia, I used mixed-methods research involving triangulation of participants (administrators, teachers, and students), locations (five widely dispersed cities, big and small), school types (junior and senior high schools), and data gathering strategies (meetings, classroom observations, and questionnaires) along with member-checking to learn a great deal from many perspectives in a relatively short amount of time.

I subsequently used similar strategies of mixed-methods research and triangulation in Cyprus, Fiji, and Japan. In each case, I learned strikingly different things about the local situations by using strikingly similar mixed-methods research strategies. I also learned that the point of research may sometimes have little to do with learning the objective truth and have more to do with helping different stakeholder groups communicate with each other and with the powers that be.

17.3.6 Offending the participants of a study

Over the years, I have spent about six years in Japan. Naturally, I have done some of my research there and was beginning to think I had developed some sensitivity to the ways of the Japanese and their culture. About three years ago, I was doing a fairly large scale language testing context analysis for the Society for Testing English Proficiency (STEP) in Tokyo (see Brown, 2008 for the planning stage of this project). To begin with, I conducted a dozen or so group interviews with people from different parts of the STEP company accompanied by two Japanese (Keita and Aya) who were helping me do the research by scheduling my meetings, translating my questions, taking notes, recording the data, etc. At one point, I went off script and asked a question that occurred to me because of a large difference in the hiring practices that I had noticed between the STEP organization and American testing organizations. The question itself does not really matter. What does matter is that I had clearly embarrassed all the people in the room when I asked the question and brought the entire group interview to an uncomfortable standstill. Only after Keita and Aya carefully and politely explained my cultural gaff, did I understand what I had done. I quickly apologized and made a joke about my stupidity, which helped me to get things back on track.

The lesson in this story is that cultural differences are important. Indeed, they can make or break a research project if they are not avoided, or at least dealt with quickly and humbly. The STEP organization had been very kind to me and exceptionally open by Japanese standards. I was benefiting from this openness. I was their guest in Japan. It was therefore important that I was able to immediately admit by cultural mistake, apologize and then make a joke out of it.

17.4 Conclusions

This paper has explored 12 of the most egregious and illustrative mistakes that I have made analytically and conceptually over the last 35 years as a researcher in second language studies. I won't summarize those mistakes again here. I've already done that in the abstract and in Figure 1. However, I would like to draw attention to the summary of the research lessons that I learned from those mistakes that is provided in last column in Figure 1.

In the first few months of his presidency, Barack Obama startled me by confessing to having made mistakes and then learning from them. With startling clarity, I recalled that George Bush and his co-conspirators had *never* admitted to making a single mistake. Either President Bush never made mistakes, or more likely, he never admitted to making any. Perhaps because of his insecurity and insulation, he was totally incapable of making or learning from his mistakes. What a tragedy for him and for the whole world.

In fact, cognitive psychology has found physiological reasons why mistakes are important, and how practice works when it involves overcoming mistakes by recognizing them, correcting them, and repeating the practice without the mistakes. In some circles, that is the very definition of *learning*. The fact that people like George Bush cannot admit their mistakes short circuits that whole learning process. Most small toddlers who accidentally touch a hot stove will learn from their mistake, and snails that run into a barrier will turn in a different direction. My guess is that people who cannot admit their mistakes and thereby learn from them risk making the same mistakes over and over.

In this paper, I have not only admitted my research mistakes, but in fact, I have taken pride in my ability to use these mistakes as opportunities to learn. Somewhere along the line I learned to acknowledge that mistakes are inevitable; admit that I made them; correct subsequent behaviors; and, discover something entirely new from the process. I hope that you too have discovered something entirely new, or at least interesting, in these reflections. What do you suppose would happen if you were to now reflect on your own mistakes, while recognizing that they present opportunities to learn?

Figure 1: Mistakes Made, Lessons Learned

Mistake Category	**Place (and time)**	**Research Mistake that Arose**	**Research Lesson Learned**
Analytic Mistakes	UCLA (1976-1980)	Ignoring descriptive statistics	Report/examine descriptive statistics carefully in every statistical study; they are crucial to the interpretation of all higher-level statistics
	UCLA (1976-1980)	Forgetting that any measurement is the sum of the parts that create variance	Examine sources of variance and invariance and think about what they mean for your results
	UCLA (1976-1980)	Focusing too narrowly on p values	Look beyond the p values; they are just the beginning
	UHM (circa 1987)	Misunderstanding the very nature of a statistical analyses	Take the time to read about and carefully study any form of statistical analysis before using it in your research
	UHM (circa 1993)	Trusting computer output too much	Look at relationships among stats; calculate or at least check statistics for yourself whenever possible
	UCLA (1976-1980)	Using multiple t-tests and ANOVAs	Do not use multiple comparisons. Instead. create inclusive ANOVA designs; use Bonferroni adjustments, or at very least discuss the problem
Conceptual Mistakes	GELC PRC (1980-1982)	Not seeing cues from students as a rich source of research ideas	Listen to people (even students); multiple sources of information; learn to translate classroom interactions into research
	GELC PRC (1980-1982)	Focusing on treatment-control style research	Recognized that treatment-control studies are very difficult; in the end, they only mean that the treatment is better than nothing
	UHM (circa 1991)	Suffering from p value envy	Don't apply inferential statistics everywhere; some sets of numbers are better analyzed descriptively
	PUC Rio (1990)	Focusing solely on quantitative research methods	Recognize limitations of quantitative research, the strengths of qualitative research, and the power of combining both; then progress to mixed-methods research, which combines them systematically so that the whole is greater than the parts
	English Curriculum in Tunisia (2000)	Seeking the objective truth through research	Recognized the importance of mixed research methods; the value of helping different stakeholder groups communicate with each other
	English Testing in Japan (2008)	Offending the participants in a study	Be alert to the importance of cultural differences (they can make or break a project); admit mistake, apologize, and make a joke of it if appropriate

LITERATUR

Abendroth-Timmer, Dagmar (2011): Reflexive Lehrerbildung. Konzepte und Perspektiven für den Einsatz von Unterrichtssimulation und Videographie. In: *Zeitschrift für Fremdsprachenforschung* 22, 3–41.

Agnew, Neil Mck.; Pyke, Sandra W. (1969): *The Science Game. An Introduction to Research in the Behavioral Sciences*. Englewood Cliffs: Prentice-Hall.

Aguado, Karin (2000): Empirische Fremdsprachenerwerbsforschung. Ein Plädoyer für mehr Transparenz. In: Aguado, Karin (Hrsg.): *Zur Methodologie in der empirischen Fremdsprachenforschung*. Baltmannsweiler: Schneider Verlag Hohengehren, 119–132.

Aguado, Karin (2002): Formelhafte Sequenzen und ihre Funktionen für den L2-Erwerb. In: *Zeitschrift für Angewandte Linguistik* 37, 27–49.

Aguado, Karin (2009): Möglichkeiten und Grenzen mehrmethodischer empirischer Fremdsprachenlehr- und -lernforschung. In: Baumann, Beate; Nied, Martina; Hoffmann, Sabine (Hrsg.): *Qualitative Forschung in Deutsch als Fremdsprache*. Frankfurt a. M.: Peter Lang, 13–22.

Aguado, Karin; Heine, Lena; Schramm, Karin (Hrsg.) (2013): *Introspektive Verfahren und Qualitative Inhaltsanalyse in der Fremdsprachenforschung*. Frankfurt a. M.: Peter Lang.

Aguado, Karin; Riemer, Claudia (2000): Empirische Forschung: aus der Praxis für die Praxis? In: Wolff, Armin; Tanzer, Harald (Hrsg.): *Sprache – Kultur – Politik. Beiträge der 27. Jahrestagung Deutsch als Fremdsprache vom 3.–5. Juni 1999 an der Universität Regensburg*. Regensburg: Fachverband Deutsch als Fremdsprache, 153–165.

Aguado, Karin; Riemer, Claudia (2001): Triangulation. Chancen und Grenzen mehrmethodischer empirischer Forschung In: Aguado, Karin; Riemer, Claudia (Hrsg.): *Wege und Ziele. Zur Theorie, Empirie und Praxis des Deutschen als Fremdsprache (und anderer Fremdsprachen). Festschrift für Gert Henrici zum 60. Geburtstag*. Baltmannsweiler: Schneider Verlag Hohengehren, 245–257.

Aguado, Karin; Schramm, Karen; Vollmer, H. Johannes (Hrsg.) (2010): *Fremdsprachliches Handeln beobachten, messen und evaluieren. Neue methodische Ansätze der Kompetenzforschung und Videographie*. Frankfurt a. M.: Peter Lang.

Ahrenholz, Bernt (1995): Lehrwerkanalyse zum Modalfeld auf der Folie der Zweitspracherwerbsforschung. In: Dittmar, Norbert; Rost-Roth, Martina: *Deutsch als Zweit- und Fremdsprache. Methoden und Perspektiven einer akademischen Disziplin*. Frankfurt a. M.: Peter Lang, 165–193.

Ahrenholz, Bernt (1998): *Modalität und Diskurs. Instruktionen auf deutsch und italienisch. Eine Untersuchung zum Zweitspracherwerb und zur Textlinguistik*. Tübingen: Stauffenburg.

Ahrenholz, Bernt (2006): Zur Entwicklung mündlicher Sprachkompetenzen bei Schülerinnen und Schülern mit Migrationshintergrund. In: Ahrenholz, Bernt; Apeltauer, Ernst. (Hrsg.): *Zweitspracherwerb und curriculare Dimensionen. Empirische Untersuchungen zum Deutschlernen in Kindergarten und Grundschule*. Tübingen: Stauffenburg, 91–109.

Ahrenholz, Bernt (2007): Diskurstypen und Sprachanlässe in empirischen Untersuchungen zu Lernervarietäten. In: Vollmer, Helmut J. (Hrsg.): *Empirische Zugänge in der Fremdsprachenforschung. Herausforderungen und Perspektiven Festschrift für Wolfgang Zydatis*. Frankfurt a. M.: Peter Lang, 151–166.

Ahrenholz, Bernt (2010a): Elizitierung. In: Barkowski, Hans; Krumm, Hans-Jürgen (Hrsg.): *Fachlexikon Deutsch als Fremd- und Zweitsprache*. Tübingen: Francke, 64.

Ahrenholz, Bernt (2010b): Mündliche Produktionen. In: Ulrich, Winfried; Ahrenholz, Bernt; Oomen-Welke, Ingelore (Hrsg.): *Deutschunterricht in Theorie und Praxis. Deutsch als Zweitsprache.* 2., korr. und überarb. Aufl. Baltmannsweiler: Schneider Verlag Hohengehren, 173–188.

Ahrenholz, Bernt (2011a): Neuere Befunde zum frühen Zweitspracherwerb und ihre Bedeutung für den Deutsch-als-Zweit- und Fremdsprachenunterricht. In: Barkowski, Hans; Demmig, Silvia; Funk, Hermann; Würz, Ulrike (Hrsg.): *Deutsch bewegt. Entwicklungen in der Auslandsgermanistik und Deutsch als Fremd- und Zweitsprache.* Baltmannsweiler: Schneider Verlag Hohengehren, 21–38.

Ahrenholz, Bernt (2011b): Verbale Ausdrucksmöglichkeiten von Schülerinnen und Schülern in einer dritten und vierten Grundschulklasse. In: Apeltauer, Ernst; Rost-Roth, Martina (Hrsg.): *Sprachförderung Deutsch als Zweitsprache. Von der Vor- in die Grundschule.* Tübingen: Stauffenburg, 117–141.

Ahrenholz, Bernt (2012): *Einblicke in die Zweitspracherwerbsforschung und ihre methodischen Verfahren.* Berlin: De Gruyter.

Akremi, Leila; Baur, Nina; Fromm, Sabine (Hrsg.) (2011): *Datenanalyse mit SPSS für Fortgeschrittene 1.* 3., überarb. und erw. Aufl. Wiesbaden: VS.

Albert, Ruth; Marx, Nicole (2010): *Empirisches Arbeiten in Linguistik und Sprachlehrforschung. Anleitung zu quantitativen Studien von der Planungsphase bis zum Forschungsbericht.* Tübingen: Narr.

Alemann, Heine von (1984): *Der Forschungsprozeß. Eine Einführung in die Praxis der empirischen Sozialforschung.* 2. Aufl. Stuttgart: Teubner.

Allwright, Dick; Bailey, Kathleen M. (1991): *Focus on the Language Classroom.* Glasgow: Cambridge Language Teaching Library.

Altrichter, Herbert; Posch, Peter (1998): *Lehrer erforschen ihren Unterricht. Eine Einführung in die Methoden der Aktionsforschung.* 3., durchges. und erw. Aufl. Bad Heilbrunn: Klinkhardt.

Altrichter, Herbert; Posch, Peter (2007): *Lehrerinnen und Lehrer erforschen ihren Unterricht.* 4. Aufl. Bad Heilbrunn: Klinkhardt.

Andrich, David (1978): A rating formulation for ordered response categories. In: *Psychometrika* 43, 561–73.

Apeltauer, Ernst (2000): Datenerhebung im Schuleingangsbereich. Methodologische Probleme beim Erheben von Vergleichsdaten. In: Aguado, Karin (Hrsg.): *Zur Methodologie in der empirischen Fremdsprachenerwerbsforschung.* Baltmannsweiler: Schneider Verlag Hohengehren, 7–18.

Apeltauer, Ernst (2006): Förderprogramme, Modellvorstellungen und empirische Befunde. Zur Wortschatz- und Bedeutungsentwicklung bei türkischen Vorschulkindern. In: Ahrenholz, Bernt (Hrsg.): *Kinder mit Migrationshintergrund – Spracherwerb und Fördermöglichkeiten.* Freiburg i. Br.: Fillibach, 11–33.

Apeltauer, Ernst (2008): Wortschatzentwicklung und Wortschatzarbeit. In: Ahrenholz, Bernt; Oomen-Welke, Ingelore (Hrsg.): *Deutsch als Zweitsprache.* Baltmannsweiler: Schneider Verlag Hohengehren, 239–252.

Arbeitsgruppe FaDaF (Hrsg.) (2007): *Deutsche Sprachprüfung für den Hochschulzugang. DSH. Handbuch für Prüferinnen und Prüfer.* 2., unveränd. Aufl. Göttingen: Fachverband Deutsch als Fremdsprache.

Arbeitsgruppe Fremdsprachenerwerb Bielefeld (1987): Welcher Typ von Forschung in der Fremdsprachendidaktik? Zum Verhältnis von qualitativer und quantitativer Forschung. In: Lörscher, Wolfgang; Schulze, Rainer (Hrsg.): *Perspectives on Language in Performance.* Bd. 2. Tübingen: Narr, 943–975.

Arbeitsgruppe Fremdsprachenerwerb Bielefeld (1996a): Fremdsprachenerwerbsspezifische Forschung. Aber wie? Theoretische und methodologische Überlegungen (I). In: *Deutsch als Fremdsprache* 33, 144–155.

Arbeitsgruppe Fremdsprachenerwerb Bielefeld (1996b): Fremdsprachenerwerbsspezifische Forschung. Aber wie? Theoretische und methodologische Überlegungen (II). In: *Deutsch als Fremdsprache* 33, 200–210.

Arras, Ulrike (2007): *Wie beurteilen wir Leistung in der Fremdsprache? Strategien und Prozesse bei der Beurteilung schriftlicher Leistungen in der Fremdsprache am Beispiel Test Deutsch als Fremdsprache (TestDaF).* Tübingen: Narr.

Arras, Ulrike (2011): Mündliche Kompetenzen in der Fremdsprache fair messen. In: *Babylonia* 2/11, 80–85.

Arras, Ulrike; Grotjahn, Rüdiger (2003): TestDaF. Einige aktuelle Entwicklungen. In: Katzorke, Heidrun (Hrsg.): *Fremdsprachen an Hochschulen. Integration – Interdisziplinarität – Internationalität*. Bochum: AKS, 40–50.

Atkinson, Maxwell; Heritage, John (Hrsg.) (1984): *Structures of Social Action. Studies in Conversation Analysis*. Cambridge: Cambridge University Press.

Bach, Gerhard; Viehbrock, Britta (2012): Was ist erlaubt? Ethik in der Fremdsprachenforschung. In: Doff, Sabine (Hrsg.): *Fremdsprachenunterricht empirisch erforschen. Grundlagen – Methoden – Anwendung*. Tübingen: Narr, 19–35.

Backhaus, Klaus; Erichson, Bernd; Plinke, Wulff; Weiber, Rolf (2008): *Multivariate Analysemethoden. Eine anwendungsorientierte Einführung*. 13., überarb. Aufl. Heidelberg: Springer.

Bakeman, Roger; Gottman, John M. (1994): *Observing interaction. An introduction to sequential analysis*, 2. Aufl. Cambridge: Cambridge University Press.

Bär, Marcus (2009): *Förderung von Mehrsprachigkeit und Lernkompetenz. Fallstudien zu Interkomprehensionsunterricht mit Schülern der Klassen 8 bis 10*. Tübingen: Narr.

Barbour, Rosaline (2007): *Doing Focus Groups*. London: SAGE.

Bärenfänger, Olaf; Stevener, Jan (2001): Datenerhebungsverfahren und ihre Evaluation. Ein Kriterienkatalog. In: *Fremdsprachen Lehren und Lernen* 30, 13–27.

Barton, Alan H.; Lazarsfeld, Paul F. (1955/1979): Einige Funktionen von qualitativer Analyse in der Sozialforschung. In: Hopf, Christel; Weingarten, Elmar (Hrsg.): *Qualitative Sozialforschung*. Stuttgart: Klett-Cotta, 41–89.

Bateson, Gregory; Mead, Margaret (1942): *Balinese character. A photographic analysis*. New York: New York Academy of Sciences.

Baumann, Stephan (2004): *Das große Wimmelbilderbuch. Durch Stadt und Land*. 3. Aufl. Würzburg: Arena.

Baur, Rupprecht S.; Nickel, Aneta (2008): ESA. Das Essener Projekt zum Spracherwerb von Aussiedlern und was man damit machen kann. In: Ahrenholz, Bernt (Hrsg.): *Zweitspracherwerb. Diagnosen, Verläufe, Voraussetzungen*. Freiburg i. Br.: Fillibach, 185–207.

Baur, Rupprecht S.; Nickel, Aneta (2009): „Man kann doch sowieso merken, dass wir nicht Deutsch bin." Phonetische Analysen am ESA-Korpus. In: Ahrenholz, Bernt (Hrsg.): *Empirische Befunde zu DaZ-Erwerb und Sprachförderung*. Freiburg i. Br.: Fillibach, 313–331.

Baur, Rupprecht S.; Spettmann, Melanie (2008): Sprachstandsmessung und Sprachförderung mit dem C-Test. In: Ahrenholz, Bernt; Oomen-Welke, Ingelore (Hrsg.): *Deutsch als Zweitsprache*. Baltmannsweiler: Schneider Verlag Hohengehren, 430–441.

Bausch, Karl-Richard; Burwitz-Melzer, Eva; Königs, Frank G.; Krumm, Hans-Jürgen (Hrsg.) (2011): *Erforschung des Lehrens und Lernens fremder Sprachen. Forschungsethik, Forschungsmethodik und Politik*. Tübingen: Narr.

Bausch, Karl Richard; Christ, Herbert, Krumm, Hans-Jürgen (2003): Fremdsprachendidaktik und Sprachlehrforschung. In: Bausch, Karl-Richard; Christ, Herbert; Krumm, Hans-Jürgen (Hrsg.): *Handbuch Fremdsprachenunterricht*. 4., vollst. neu bearb. Aufl. Tübingen: Francke, 1–9.

Becker, Angelika (2012): Konzeptorientierte Ansätze. Der Ausdruck von Raum. In: Ahrenholz, Bernt (Hrsg.): *Einblicke in die Zweitspracherwerbsforschung und ihre methodischen Verfahren*. Berlin: De Gruyter, 27–48.

Becker, Angelika; Dittmar, Norbert; Gutmann, Margit; Klein, Wolfgang; Rieck, Bert-Olaf; Senft, Gunter, Steckner, Wolfram; Thielicke, Elisabeth (1977): *Heidelberger Forschungsprojekt „Pidgin-Deutsch spanischer und italienischer Arbeiter in der Bundesrepublik". Die ungesteuerte Erlernung des Deutschen durch spanische und italienische Arbeiter. Eine soziologische Untersuchung*. Osnabrücker Beiträge zur Sprachtheorie (OBST), Beiheft 2.

Becker-Mrotzek, Michael (2004): *Schreibentwicklung und Textproduktion. Der Erwerb der Schreibfertigkeit am Beispiel der Bedienungsanleitung.* Radolfzell: Verlag für Gesprächsforschung. (http://www.verlag-gespraechsforschung.de/2004/becker3.htm).

Becker-Mrotzek, Michael; Vogt, Rüdiger (2009): *Unterrichtskommunikation. Linguistische Analysemethoden und Forschungsergebnisse.* Tübingen: Niemeyer.

Benesch, Thomas (2013): *Schlüsselkonzepte zur Statistik. Die wichtigsten Methoden, Verteilungen, Tests anschaulich erklärt.* Heidelberg: Springer. (http://link.springer.com/book/10.1007/978-3-8274-2772-4/page/1).

Benninghaus, Hans (2007): *Deskriptive Statistik. Eine Einführung für Sozialwissenschaftler.* 11. Aufl. Wiesbaden: VS.

Berg, Charles; Milmeister, Marianne (2011): Im Dialog mit den Daten das eigene Erzählen der Geschichte finden. Über die Kodierverfahren der Grounded-Theory-Methodologie. In: Mey, Günter; Mruck, Katja (Hrsg.): *Grounded Theory Reader.* 2., akt. und erw. Aufl. Wiesbaden: VS, 303–332.

Bergmann, Jörg R. (1985): Flüchtigkeit und methodische Fixierung sozialer Wirklichkeit. In: Bonß, Wolfgang; Hartmann, Heinz (Hrsg.): *Soziale Welt.* Göttingen: Otto Schwartz, 299–320.

Bergmann, Jörg R. (2001): Das Konzept der Konversationsanalyse. In: Brinker, Klaus; Antos, Gerd; Heinemann, Wolfgang; Sager, Sven S. (Hrsg.): *Text- und Gesprächslinguistik. Ein internationales Handbuch zeitgenössischer Forschung.* 2. Halbbd. Berlin: De Gruyter, 919–927.

Bergmann, Jörg R. (2012): Konversationsanalyse. In: Flick, Uwe; Kardorff, Ernst v.; Steinke, Ines (Hrsg.): *Qualitative Forschung. Ein Handbuch.* 9., überarb. Aufl. Reinbek bei Hamburg: Rowohlt, 524–537.

Berman, Ruth A.; Verhoeven, Ludo (Hrsg.) (2002): Cross-linguistic perspectives on the development of text-production abilities in speech and writing. *Written Language and Literacy* 5. *Special issue of Written Language and Literacy*, 5.1, 5.2.

Birks, Melanie, Mills, Jane (2011): *Grounded Theory. A Practical Guide.* London: SAGE.

Bittner, Dagmar (2003): The emergence of verb inflection in two German-speaking children. In: Bittner, Dagmar; Dressler, Wolfgang U.; Kilani-Schoch, Marianne (Hrsg.): *Development of Verb Inflection in First Language Acquisition.* Berlin: De Gruyter, 53–88.

Blex, Kaus (2001): *Zur Wirkung mündlicher Fehlerkorrekturen im Fremdsprachenunterricht auf den Fremdsprachenerwerb.* Inauguraldissertation an der Universität Dortmund (https://eldorado.tu-dortmund.de/bitstream/2003/20386/1/blex.pdf).

Blumer, Herbert (1973): Der methodologische Standort des Symbolischen Interaktionismus. In: Arbeitsgruppe Bielefelder Soziologen (Hrsg.): *Alltagswissen, Interaktion und gesellschaftliche Wirklichkeit.* Reinbek bei Hamburg: Rowohlt, 80–146.

BMBF, Bundesministerium für Bildung und Forschung (Hrsg.) (2008): *Wissen für Handeln. Forschungsstrategien für eine evidenzbasierte Bildungspolitik.* (http://www.bmbf.de/pub/bildungsforschung_band_fuenfundzwanzig.pdf).

Boersma, Paul; Weenink, David (o. J.): *Praat. Doing phonetics by computer.* (http://www.fon.hum.uva.nl/praat/).

Böhm, Andreas (1994): Grounded Theory – wie aus Texten Modelle und Theorien gemacht werden. In: Böhm, Andreas; Mengel, Andreas; Muhr, Thomas (Hrsg.): *Textverstehen. Konzepte, Methoden, Werkzeuge.* Konstanz: UVK, 121–140. (http://www.ssoar.info/ssoar/View/?resid=1442&lang=de).

Böhm, Andreas (2007): Theoretisches Codieren. Textanalyse in der Grounded Theory. In: Flick, Uwe; Kardorff, Ernst v.; Steinke, Ines (Hrsg.): *Qualitative Forschung. Ein Handbuch.* 5. Aufl. Reinbek bei Hamburg: Rowohlt, 475–485.

Böhm, Andreas; Legewie, Heiner; Muhr, Thomas (1992): *Kursus Textinterpretation. Grounded Theory. Textinterpretation und Theoriebildung in den Sozialwissenschaften. Lehr- und Arbeitsmaterialien zur Grounded Theory.* (http://www.ssoar.info/ssoar/files/2008/823/kursus%20textinterpretation.pdf).

Böhme, Katrin; Bremerich-Vos, Albert; Robitzsch, Alexander (2009): Aspekte der Kodierung von Schreibaufgaben. In: Granzer, Dietlinde; Köller, Olaf; Bremerich-Vos, Albert; van den Heuvel-

Panhuizen, Marja; Reiss; Kristina; Walther, Gerd (Hrsg.): *Bildungsstandards Deutsch und Mathematik*. Weinheim: Beltz, 290–329.

Böhme, Katrin; Tiffin-Richards, Simon P., Schipolowski, Stefan; Leucht, Michael (2010): Migrationsbedingte Disparitäten bei sprachlichen Kompetenzen. In: Köller, Olaf; Knigge, Michel; Tesch, Bernd (Hrsg.): *Sprachliche Kompetenzen im Ländervergleich*. Münster: Waxmann, 203–225.

Bohnsack, Ralf (2001): Der Habitus der „Ehre des Mannes". Geschlechtsspezifische Erfahrungsräume bei Jugendlichen türkischer Herkunft. In: Döge, Peter; Meuser, Michael (Hrsg.): *Männlichkeit und soziale Ordnung. Neuere Beiträge zur Geschlechterordnung*. Opladen: Leske u. Budrich, 49–71.

Bohnsack, Ralf (2005): Standards nicht-standardisierter Forschung in den Erziehungs- und Sozialwissenschaften. In: *Zeitschrift für Erziehungswissenschaft* 8, 63–81.

Bohnsack, Ralf (2010): *Rekonstruktive Sozialforschung. Einführung in qualitative Methoden*. Stuttgart: UTB.

Bonnet, Andreas (2009): Rekonstruktive Methodologie in der empirischen Fremdsprachenforschung. Drei Antworten auf einen gängigen Einwand. In: Lütge, Christiane; Kollenrott, Anne Ingrid; Ziegenmeyer, Birgit; Fellmann, Gabriela (Hrsg.): *Empirische Fremdsprachenforschung – Konzepte und Perspektiven*. Frankfurt a. M.: Peter Lang, 23–37.

Bortz, Jürgen (2005): *Statistik für Human- und Sozialwissenschaftler*. 6., vollst. überarb. und aktual. Aufl. Heidelberg: Springer.

Bortz, Jürgen; Döring, Nicola (2006): Beobachten. In: Bortz, Jürgen; Döring, Nicola (2006): *Forschungsmethoden und Evaluation für Human- und Sozialwissenschaftler*, 4. Aufl. Heidelberg: Springer, 262–277.

Bortz, Jürgen; Döring, Nicola (2002): *Forschungsmethoden und Evaluation für Human- und Sozialwissenschaftler*. 3., überarb. Aufl. Heidelberg: Springer.

Bortz, Jürgen; Döring, Nicola (2006): *Forschungsmethoden und Evaluation für Human- und Sozialwissenschaftler*. 4., überarb. Aufl. Heidelberg: Springer.

Bortz, Jürgen; Lienert, Gustav (2008): *Kurzgefasste Statistik für die klinische Forschung. Leitfaden für die verteilungsfreie Analyse kleiner Stichproben*. 3., akt. und bearb. Aufl. Heidelberg: Springer.

Bortz, Jürgen; Lienert, Gustav A.; Boehnke, Klaus (2008): *Verteilungsfreie Methoden in der Biostatistik*. 3., korr. Aufl. Heidelberg: Springer.

Bowles, Melissa (2010): *The Think Aloud Controversy in Second Language Research*. New York: Routledge.

Breuer, Franz (2010): *Reflexive Grounded Theory. Eine Einführung für die Forschungspraxis*. 2. Aufl. Wiesbaden: VS.

Brinker, Klaus; Sager, Sven F. (2001): *Linguistische Gesprächsanalyse*, 3. Aufl. Berlin: Erich Schmidt.

Brizić, Katharina (2007): *Das geheime Leben der Sprachen. Gesprochene und verschwiegene Sprachen und ihr Einfluss auf den Spracherwerb in der Migration*. Münster: Waxmann.

Brosius, Felix (2008): *SPSS 16 für Dummies. Statistische Analyse statt Datenchaos*. 2., aktual. Aufl. Weinheim: WILEY-VCH.

Brosius, Felix (2011): *SPSS 19*. Heidelberg u. a.: mitp.

Brosius, Hans-Bernd; Koschel, Friederike; Haas, Alexander (2008): *Methoden der empirischen Kommunikationsforschung. Eine Einführung*. 4., überarb. und erw. Aufl. Wiesbaden: VS.

Brown, James Dean (1980): Relative merits of four methods for scoring cloze tests. *Modern Language Journal* 64, 311–317.

Brown, James Dean (1981): Newly placed versus continuing students: Comparing proficiency. In: Fisher, Janet Cameron; Clarke, Marc. A.; Schachter, Jacquelyn (Hrsg.): *On TESOL 1980 Building Bridges: Research and practice in teaching English as a second language. Selected papers from the 14th Annual TESOL Convention, San Francisco* Washington, DC: TESOL, 111–117.

Brown, James Dean (1983): A closer look at cloze: Validity and reliability. In: Oller, John W. (Hrsg.): *Issues in language testing research*. Rowley, MA: Newbury House, 237–250.

Brown, James Dean (1984): A cloze is a cloze is a cloze? In: Handscombe, Jean; Orem, Richard A.; Taylor, Barry P. (Hrsg.): *On TESOL '83*. Washington, DC: TESOL, 109–119.

Brown, James Dean (1988a): Tailored cloze: Improved with classical item analysis techniques. In: *Language Testing* 5, 19–31.
Brown, James Dean (1988b): *Understanding research in second language learning: A teacher's guide to statistics and research design.* Cambridge: Cambridge University Press.
Brown, James Dean (1989): Cloze item difficulty. In: *JALT Journal* 11, 46–67.
Brown, James Dean (1990): The use of multiple *t*-tests in language research. In: *TESOL Quarterly* 24, 770–773.
Brown, James Dean (1991): Do English and ESL instructors rate writing samples differently? In: *TESOL Quarterly* 25, 587–603.
Brown, James Dean (1992): What text characteristics predict human performance on cloze test items. In: *Proceedings of the Third Conference on Language Research in Japan*. Urasa, Japan: International University Japan, 1–26.
Brown, James Dean (1993): What are the characteristics of *natural* cloze tests? In: *Language Testing* 10, 93–116.
Brown, James Dean (1996): Fluency development. In: van Troyer, Gene (Hrsg.): *JALT '95: Curriculum and evaluation.* Tokyo: Japan Association for Language Teaching, 174–179. (http://eric.ed.gov/ERICDocs/data/ericdocs2sql/content_storage_01/0000019b/80/14/d7/09.pdf).
Brown, James Dean (1998a): An EFL readability index. In: *JALT Journal* 20, 7–36.
Brown, James Dean (1998b): *Understanding Research in Second Language Learning*. New York: Cambridge University Press.
Brown, James Dean (2001): *Using surveys in language programs.* Cambridge: Cambridge University Press.
Brown, James Dean (2002): Do cloze tests work? Or, is it just an illusion? In: *Second Language Studies* 21, 79–125. (http://www.hawaii.edu/sls/uhwpesl/21(1)/BrownCloze.pdf).
Brown, James Dean (2003): Twenty-five years of cloze testing research: So what? In: Poedjosoedarmo, Gloria (Hrsg.): *Teaching and Assessing Language Proficiency*. Singapore: SEAMEO Regional Language Centre, 79–111.
Brown, James Dean (2004a): Promoting fluency in EFL classroom. In: Newfields, Tim (Hrsg.): *Conversational fluency: Ideology or reality? Proceedings of the JALT Pan-SIG Conference, Kyoto, Japan, 2003*. Tokyo: Japan Association for Language Teaching. (http://www.jalt.org/pansig/2003/HTML/Brown.htm).
Brown, James Dean (2004b): Research methods for Applied Linguistics: Scope, characteristics, and standards. In: Davies, Alan; Elder, Catherine (Hrsg.): *The handbook of applied linguistics*. Oxford: Blackwell, 476–500.
Brown, James Dean (2005): *Using Surveys in Language Programs.* 2. Aufl. New York: Cambridge University Press.
Brown, James Dean (2006a): Authentic communication: Whyzit importan' ta teach reduced forms? In: Newfield, Tim (Hrsg.): *Proceedings of the JALT Pan-SIG Conference on Authentic Communication, Shizuoko, Japan*. Tokyo: Japan Association for Language Teaching. (http://www.jalt.org/pansig/2006/HTML/Brown.htm).
Brown, James Dean (2006b): Promoting fluency in EFL classrooms. In: *ILI Language Teaching Journal* 2, 1–26. Reprinted by permission from the original article: Brown, James Dean (2004): Promoting fluency in EFL classroom. In: Newfield, T. (Hrsg.): *Conversational fluency: Ideology or reality: Proceedings of the JALT Pan-SIG Conference, Kyoto, Japan, 2003*. Tokyo: Japan Association for Language Teaching. (http://www.jalt.org/pansig/2003/HTML/Brown.htm).
Brown, James Dean (2008): Testing-context analysis: Assessment is just another part of language curriculum development. In: *Language Assessment Quarterly* 5, 1–38.
Brown, James Dean (2011a): Quantitative research in second language studies. In: Hinkel, Eli (Hrsg): *Handbook of research in second language teaching and learning.* Bd. 2. New York: Routledge, 190–206.
Brown, James Dean (2011b): Statistics corner: Questions and answers about language testing statistics: Likert items and scales of measurement. In: *Shiken: JALT Testing & Evaluation SIG Newsletter* 15, 10–14. (http://www.jalt.org/test/bro_34.htm).

Brown, James Dean (2014): *Mixed Methods. Research in TESOL.* Edinburgh: University of Edinburgh.

Brown, James Dean avec LAIRDIL. (1995): *Aspects of fluency and accuracy (conférence n° 4).* Toulouse, France: Laboratoire Inter-Universitaire de Recherche en Didactique des Langues. [ISSN 1257-1520].

Brown, James Dean; Hilferty, A. (2006): The effectiveness of teaching reduced forms for listening comprehension. In: Brown, James Dean; Kondo-Brown, K. (Hrsg.): *Perspectives on teaching connected speech to second language speakers.* Honolulu, HI: University of Hawaii Press, 51–58. Reprinted by permission from the original article: Brown, James Dean; Hilferty, Ann (1987): The effectiveness of teaching reduced forms for listening comprehension. In: *RELC Journal, 17*, 59–70.

Brown, James Dean; Hilferty, Ann (1987): The effectiveness of teaching reduced forms for listening comprehension. In: *RELC Journal* 17, 59–70.

Brown, James Dean; Hilferty, Ann (1995): Understanding reduced forms. In: Nunan, David (Hrsg.): *New Ways in Teaching Listening.* Washington, DC: TESOL, 124–127.

Brown, James Dean; Hilferty, Ann (1998): Reduced-forms dictations. In: Brown; James Dean (Hrsg.): *New Ways of Classroom Assessment.* Washington, DC: TESOL.

Brown, James Dean; Hilferty, Ann; Enright, Scott (1986): Listening for reduced forms. In: *TESOL Quarterly* 20, 759–763.

Brown, James Dean; Kondo-Brown, K. (Hrsg.) (2006): *Perspectives on teaching connected speech to second language speakers.* Honolulu, HI: University of Hawaii Press.

Brown, James Dean; Robson, Gordon; Rosenkjar, Patrick R. (2001): Personality, motivation, anxiety, strategies, and language proficiency of Japanese students. In: Dörnyei, Zoltán; Schmidt, Richard (Hrsg.): *Motivation and second language acquisition.* Honolulu, HI: Second Language Teaching & Curriculum Center, University of Hawai'i Press, 361–398.

Brown, James Dean; Yamashiro, Amy D.; Ogane, Ethel (2001): The Emperor's new cloze: Strategies for revising cloze tests. In Hudson, T.; Brown, James Dean (Hrsg.): *A focus on language test development.* Honolulu, HI: University of Hawai'i Press, 143–161.

Brünner, Gisela; Graefen, Gabriele (1994): Einleitung. Zur Konzeption der Funktionalen Pragmatik. In: Brünner, Gisela; Graefen, Gabriele (Hrsg.): *Texte und Diskurse. Methoden und Forschungsergebnisse der funktionalen Pragmatik.* Opladen: Westdeutscher Verlag, 7–21.

Brüsemeister, Thomas (2008): *Qualitative Forschung. Ein Überblick.* 2., überarb. Aufl. Wiesbaden: VS.

Bryant, Antony; Charmaz, Kathy (Hrsg.) (2010a): *The SAGE Handbook of Grounded Theory.* 2. Aufl. London: SAGE.

Bryant, Antony; Charmaz, Kathy (2010b): Introduction. Grounded Theory Research: Methods and Practices. In: Bryant, Antony; Charmaz, Kathy (Hrsg.): *The SAGE Handbook of Grounded Theory.* 2. Aufl. London: SAGE, 1–28.

Bühl, Achim (2012): *SPSS 20. Einführung in die moderne Datenanalyse.* 13., aktual. Aufl. München: Pearson.

Bühner, Markus (2006): *Einführung in die Test- und Fragebogenkonstruktion.* 2., aktual. Aufl. München: Pearson.

Bühner, Markus (2010): *Einführung in die Test- und Fragebogenkonstruktion.* 3., aktual. Aufl. München: Pearson.

Bühner, Markus; Ziegler, Matthias (2009): *Statistik für Psychologen und Sozialwissenschaftler.* München: Pearson.

Bührig, Kristin; Sager, Sven F. (2005): *Nonverbale Kommunikation im Gespräch.* In: *Osnabrücker Beiträge zur Sprachtheorie* 70, 117–136.

Burdick, Colin M. (2008): *Das Beobachterparadoxon in der Feldarbeit. Eine linguistische Perspektive.* Saarbrücken: vdm.

Burns, Anne (1999): *Collaborative Action Research for English Language Teachers.* New York u. a.: Cambridge University Press.

Burns, Anne (2005): Action Research: an Evolving Paradigm? In: *Language Teaching* 38, 57–74.

Burns, Anne (2010): *Doing Action Research in English Language Teaching. A Guide for Practitioners.* New York: Routledge.
Campbell, David T.; Fiske, Donald W. (1959): Convergent and discriminant validation by the multitrait-multimethod-matrix. In: *Psychological Bulletin* 56, 81–105.
Cantone, Katja Francesca; Haberzettl, Stefanie (2009): „Ich bin dagegen warum sollte man den kein Handy mit nehmen" – zur Bewertung argumentativer Texte bei Schülern mit Deutsch als Zweitsprache. In: Schramm, Karen; Schroeder, Christoph (Hrsg.): *Empirische Zugänge zu Spracherwerb und Sprachförderung in Deutsch als Zweitsprache.* Münster: Waxmann, 43–66.
Carroll, Mary; Stutterheim, Christiane von (2003): Typology and information organisation: perspective taking and language-specific effects in the construal of events. In: Giacalone Ramat, Anna (Hrsg.): *Typology and Second Language Acquisition.* Berlin: De Gruyter, 365–402.
Centre International d'Études Pédagogiques. (i. V.): *European Profiling Grid – Europäisches Profilraster für Sprachlehrende.* (http://www.epg-project.eu/raster/?lang=de).
Chaudron, Craig (2003): Data collection in SLA research. In: Doughty, Catherine J.; Long, Michael H. (Hrsg.): *The Handbook of Second Language Acquisition.* Malden, MA: Blackwell, 762–828.
Chavez, Monika M. (2007): The orientation of learner language use in peer work: teacher role, learner role and individual identity. In: *Language Teaching Research* 11, 161–188.
Cheng, Liying (2000): *Washback or Backwash: A review of the impact of testing on teaching and learning.* ERIC Counseling and Student Services Clearinghouse. Retrieved from ERIC database. [ED 442280].
Chi, Michelene T. H. (1997): Quantifying qualitative analyses of verbal data: a practical guide. In: The Journal of the Learning Sciences 6, 271–315.
Chi, Michelene T. H.; de Leeuw, Nicholas; Chiu, Mei-Hung; LaVancher, Christian (1994): Eliciting self-explanations improves understanding. In: *Cognitive Science* 18, 439–477.
Cizek, Gregory J.; Bunch, Michael B. (2007): *Standard setting. A guide to establishing and evaluating performance standards on tests.* London: SAGE.
Clahsen, Harald; Meisel, Jürgen M.; Pienemann, Manfred (1983): *Deutsch als Zweitsprache. Der Spracherwerb ausländischer Arbeiter.* Tübingen: Narr.
Clark, Martyn K.; Ishida, Saori (2005): Vocabulary knowledge differences between placed and promoted EAP students. In: *Journal of English for Academic Purposes* 4, 225–238.
Cleff, Thomas (2012): *Deskriptive Statistik und moderne Datenanalyse. Eine computergestützte Einführung mit Excel, PASW (SPSS) und Stata.* 2., überarb. und erw. Aufl. Wiesbaden: Gabler.
Codó, Eva (2008): Interviews and Questionnaires. In: Wei, Li; Moyer, Melissa (Hrsg.): *The Blackwell Guide to Research Methods in Bilingualism and Multilingualism.* Malden: Blackwell, 158–176.
Cohen, Andrew D. (1987): Using verbal reports in Research on Language Learning. In: Færch, Claus; Kasper, Gabriele (Hrsg.): Introspection in Second Language Research. Clevedon: Multilingual Matters, 82–95.
Cohen, David K.; Raudenbush, Stephen W.; Loewenberg Ball, Deborah (2003): Resources, Instruction, and Research. In: *Educational Evaluation and Policy Analysis* 25, 119–142.
Cohen, Jacob (1988): *Statistical power analysis for the behavioural sciences.* 2. Aufl. Hillsdale, NJ: Lawrence Erlbaum.
Cook, Vivian (1986): *Experimental Approaches to Second Language Learning.* Oxford u. a.: Pergamon.
Corbin, Juliet M.; Hildenbrand, Bruno (2011): Qualitative Forschung. In: Rennen-Allhoff, Beate; Schaeffer, Doris (Hrsg.): *Handbuch Pflegewissenschaft.* Neuausg. Weinheim: Juventa, 117–136.
Corbin, Juliet M.; Strauss, Anselm L. (2008): *Basics of Qualitative Research. Techniques and Procedures for Developing Grounded Theory.* 3. Aufl. London: SAGE.
Creswell, John W. (1994): *Research design. Qualitatitve and quantitative approaches.* London: SAGE.
Creswell, John W. (2003): *Research design – qualitative, quantitative, and mixed-method approaches.* 2. Aufl. London: SAGE
Creswell, John W. (2009): Editorial: Mapping the field of mixed methods research. In: *Journal of Mixed Method Research* 3, 95–108.

Daase, Andrea (im Druck): Jugendliche mit mehrsprachigem Hintergrund im Übergangssystem – Ein soziokulturell erweiterter Blick auf Bildungsbenachteiligung und Mehrsprachigkeit. In: Bongartz, Christiane; Ohm, Udo (Hrsg.): *Soziokulturelle und psycholinguistische Untersuchungen zum Zweitspracherwerb. Ansätze zur Verbindung zweier Forschungsparadigmen*. Frankfurt a. M.: Peter Lang, 113–146.

Dam-Jensen, Helle; Heine, Carmen (2009): Process Research Methods and Their Application in the Didactics of Text Production and Translation. Shedding Light on the Use of Research Methods in the University Classroom. In: *trans-kom* 1, 1–25.

Dausien, Bettina (2007): Reflexivität, Vertrauen, Professionalität. Was Studierende in einer gemeinsamen Praxis qualitativer Forschung lernen können. In: *Forum Qualitative Sozialforschung* 8. (http://www.qualitative-research.net/index.php/fqs/article/view/220/485).

Demirkaya, Sevilen; Gültekin-Karakoç, Nazan; Riemer, Claudia (2010): *Abschlussbericht MiKi – Wissenschaftliche Begleitforschung der vorschulischen Sprachförderung für Kinder mit Migrationshintergrund in Bielefeld.* (http://www.uni-bielefeld.de/lili/studium/faecher/daf/miki/Abschlussbericht.pdf).

Demmig, Silvia (2007): *Das professionelle Handlungswissen von DaZ-Lehrenden in der Erwachsenenbildung am Beispiel Binnendifferenzierung*. München: Iudicium Verlag.

Denzin, Norman K. (1970): *The research act*. Chicago: Aldine.

Denzin, Norman K. (1978): *The research act*. 2. Aufl. New York: McGraw-Hill.

Denzin, Norman K. (1989): *The research act*. 3. Aufl. Englewood Cliffs, NJ: Prentice Hall.

Deppermann, Arnulf; Schütte, Wilfried (2008): Data and transcription. In: Antos, Gerd; Ventola, Eija; Weber, Tilo (Hrsg.): *Handbook of Interpersonal Communication*. Berlin: De Gruyter, 179–213.

DESI-Konsortium (Hrsg.) (2006): *Unterricht und Kompetenzerwerb in Deutsch und Englisch. Zentrale Befunde der Studie Deutsch-Englisch-Schülerleistungen-International (DESI).* Frankfurt a. M.: DIPF.

DESI-Konsortium (Hrsg.) (2008): *Unterricht und Kompetenzerwerb in Deutsch und Englisch.* Weinheim: Beltz.

Diehl, Erika; Christen, Helen; Leuenberger, Sandra; Pelvat, Isabelle; Studer, Thérèse (2000): *Grammatikunterricht. Alles für der Katz? Untersuchungen zum Zweitspracherwerb Deutsch.* Tübingen: Niemeyer.

Diekmann, Andreas (2007): *Empirische Sozialforschung. Grundlagen, Methoden, Anwendung*. Reinbek bei Hamburg: Rowohlt.

Diekmann, Andreas (2010): *Empirische Sozialforschung. Grundlagen, Methoden, Anwendungen*. 4. Aufl. der vollst. überarb. und erw. Neuausg. Reinbek bei Hamburg: Rowohlt.

Dimroth, Christine (2006): *The finite story*. Max Planck-Institut für Psycholinguistik. (http://www.mpi.nl/research/research-projects/information-structure-project/tools/the-finite-story).

Dimroth, Christine (2008): Kleine Unterschiede in den Lernvoraussetzungen beim ungesteuerten Zweitspracherwerb. Welche Bereiche der Zielsprache Deutsch sind besonders betroffen? In: Ahrenholz, Bernt (Hrsg.): *Zweitspracherwerb. Diagnosen, Verläufe, Voraussetzungen*. Freiburg i. Br: Fillibach, 117–134.

Dimroth, Christine (2009): Lernervarietäten im Sprachunterricht. In: *Zeitschrift für Literaturwissenschaft und Linguistik* 39, 60–79.

Dimroth, Christine (2012): Videoclips zur Elizitation von Erzählungen. Methodische Überlegungen und einige Ergebnisse am Beispiel der „Finite Story". In: Ahrenholz, Bernt (Hrsg.): *Einblicke in die Zweitspracherwerbsforschung und ihre methodischen Verfahren*. Berlin; Boston: De Gruyter, 77–97.

Dimroth, Christine; Haberzettl, Stefanie (2008): Je älter desto besser. Der Erwerb der Verbflexion im Kindesalter. In: Ahrenholz, Bernt; Bredel, Ursula; Klein, Wolfgang; Rost-Roth, Martina; Skiba, Romuald (Hrsg.): *Empirische Forschung und Theoriebildung. Beiträge aus der Soziolinguistik, Gesprochene-Sprache- und Zweitspracherwerbsforschung. Eine Festschrift für Norbert Dittmar zum 65. Geburtstag*. Frankfurt a. M.: Peter Lang, 227–238.

Dimroth, Christine; Schimke, Sarah (2012): Der Erwerb der Finitheit im Deutschen. Ein Vergleich von kindlichen und erwachsenen L2 Lernern. In: Ahrenholz, Bernt; Knapp, Werner (Hrsg.): *Sprachstand erheben – Spracherwerb erforschen.* Freiburg i. Br.: Fillibach, 287–306.

Dittmar, Norbert (2009): *Transkription. Ein Leitfaden mit Aufgaben für Studenten, Forscher und Laien.* Wiesbaden: VS.

Dittmar, Norbert (2012): Das P-MoLL-Projekt. Die Erlernung modaler Konzepte des Deutschen als Zweitsprache. Eine gattungsdifferenzierende und mehrebenenspezifische Längsschnittstudie. In: Ahrenholz, Bernt (Hrsg.): *Einblicke in die Zweitspracherwerbsforschung und ihre methodischen Verfahren.* Berlin; Boston: De Gruyter, 99–121.

Dörnyei, Zoltán (2007): *Research Methods in Applied Linguistics. Quantitative, Qualitative and Mixed Methodologies.* Oxford: Oxford University Press.

Dörnyei, Zoltán (2010): *Questionnaires in Second Language Research. Construction, Administration, and Processing.* 2. Aufl. Zusammen mit Tatsuya Taguchi. New York: Routledge.

Doughty, Catherine J.; Michael H. Long (2003): *The Handbook of Second Language Acquisition.* Malden: Wiley-Blackwell.

Dresing, Thorsten; Pehl, Thorsten (2011): *Praxisbuch Transkription. Regelsysteme, Software und praktische Anleitungen für qualitative ForscherInnen.* Marburg: Eigenverlag. (www.audiotranskription.de/praxisbuch).

Dröge, Kai; Neckel, Sighard; Somm, Irene (2010): Das Leistungsprinzip als Deutungsressource. Zur Rekonstruktion von gesellschaftlichem Bewertungswissen. In: Bohnsack, Ralf; Przyborski, Aglaja; Schäffer, Burkhard (Hrsg.): *Das Gruppendiskussionsverfahren in der Forschungspraxis.* Opladen: Budrich, 203–215.

Eckardt, Andrea G. (2009): Leistungsunterschiede im Hörverstehen bei Kindern deutscher und nichtdeutscher Herkunftssprache in Abhängigkeit von der Einbettung der Sprache in soziale Handlung. In: Schramm, Karen; Schroeder, Christoph (Hrsg.): *Empirische Zugänge zu Spracherwerb und Sprachförderung in Deutsch als Zweitsprache.* Münster: Waxmann, 91–110.

Eckerth, Johannes (2003): *Fremdsprachenerwerb in aufgabenbasierten Interaktionen.* Tübingen: Narr.

Eckes, Thomas (2005): Evaluation von Beurteilungen. Psychometrische Qualitätssicherung mit dem Multifacetten-Rasch-Modell. In: *Zeitschrift für Psychologie* 213, 77–96.

Eckes, Thomas (2009): Many-facet Rasch measurement. In: Takala, Sauli (Hrsg.): *Reference supplement to the manual for relating language examinations to the Common European Framework of Reference for Languages: Learning, teaching, assessment (Section H).* Strasbourg, France: Council of Europe/Language Policy Division.

Eckes, Thomas (2010a): Der Online-Einstufungstest Deutsch als Fremdsprache (onDaF). Theoretische Grundlagen, Konstruktion und Validierung. In: Grotjahn, Rüdiger (Hrsg.): *Der C-Test. Beiträge aus der aktuellen Forschung.* Frankfurt a. M.: Peter Lang, 125–192.

Eckes, Thomas (2010b): The TestDaF implementation of the SOPI. Design, analysis, and evaluation of a semi-direct speaking test. In: Araújo, Luísa (Hrsg.): *Computer-based assessment (CBA) of foreign language speaking skills.* Luxembourg: Publications Office of the European Union, 63–83.

Edmondson, Willis J.; Houase, Juliane (2011): *Einführung in die Sprachlehrforschung.* 4., überarb. Aufl. Tübingen: Francke.

Ehlich, Konrad (2005): Sprachaneignung und deren Feststellung bei Kindern mit und ohne Migrationshintergrund – Was man weiß, was man braucht, was man erwarten kann. In: Ehlich, Konrad, in Zusammenarbeit mit: Bredel, Ursula; Garme, Brigitte; Komor, Anna; Krumm, Hans-Jürgen; McNamara, Tim; Schnieders, Guido; Thije, Jan D. ten; van Bergh, Huub den (Hrsg.): *Anforderungen an Verfahren der regelmäßigen Sprachstandsfeststellung als Grundlage für die frühe und individuelle Förderung von Kindern mit und ohne Migrationshintergrund.* Bonn; Berlin: BMBF, 11–75.

Ehlich, Konrad u. a. (2007): *Anforderungen an Verfahren der regelmäßigen Sprachstandsfeststellung als Grundlage für die frühe und individuelle Förderung von Kindern mit und ohne Migrationshintergrund.* Bonn; Berlin: BMBF.

Ehlich, Konrad; Montanari, Elke; Hila, Anna (2007): *Recherche und Dokumentation hinsichtlich der Sprachbedarfe von Teilnehmenden an Integrationskursen DaZ – InDaZ – im Rahmen des Projektes des Goethe-Instituts zur Erstellung eines Rahmencurriculums für Integrationskurse.* München: Goethe-Institut. (http://www.goethe.de/lhr/prj/daz/pro/InDaZ_Recherche.pdf).

Ehlich, Konrad; Rehbein, Jochen (1976): Halbinterpretative Arbeitstranskriptionen (HIAT). In: *Linguistische Berichte* 45, 21–41.

Ehlich, Konrad; Rehbein, Jochen (1979): *Sprachliche Handlungsmuster.* In: Soeffner, Hans-Georg (Hrsg.): *Interpretative Verfahren in den Sozial- und Textwissenschaften.* Stuttgart. Metzler, 243–274.

Ehlich, Konrad; Rehbein, Jochen (1981): Die Wiedergabe intonatorischer, nonverbaler und aktionaler Phänomene im Verfahren HIAT. In: Lange-Seidl, Annemarie (Hrsg.): *Zeichenkonstitution.* Berlin: De Gruyter, 174–186.

Ehlich, Konrad; Rehbein, Jochen (1986): *Muster und Institution. Untersuchungen zur schulischen Kommunikation.* Tübingen: Narr.

Eid, Michael; Gollwitzer, Mario; Schmitt, Manfred (2010): *Statistik und Forschungsmethoden.* Weinheim: Beltz.

Eid, Michael; Gollwitzer, Mario; Schmitt, Manfred (2011): *Statistik und Forschungsmethoden.* 2., korr. Aufl. Weinheim: Beltz.

Ellert, Miriam (2012): Eye-Tracking in der Zweitspracherwerbsforschung: Am Beispiel anaphorischer Bezüge. In: Ahrenholz, Bernt (Hrsg.): *Einblicke in die Zweitspracherwerbsforschung und ihre methodischen Verfahren.* Berlin; Boston: De Gruyter, 123–143.

Elliot, John (1991): *Action Research for Educational Change.* Glasgow: Open University Press.

Ellis, Rod (1994): *The study of second language acquisition.* Oxford: Oxford University Press.

Ellis, Rod; Barkhuizen, Gary (2005): *Analysing Learner Language.* Oxford: Oxford University Press.

Ellis, Rod; Loewen, Shawn; Erlam, Rosemary (2006): Implicit and explicit corrective feedback and the acquisition of L2 grammar. In: *Studies in Second Language Acquisition* 28, 339–368.

Enzenhofer, Edith; Resch, Katharina (2011): Übersetzungsprozesse und deren Qualitätssicherung in der qualitativen Sozialforschung. In: *Forum Qualitative Sozialforschung* 12. (http://www.qualitative-research.net/index.php/fqs/article/view/1652/3176).

Ericsson, K. Anders; Simon, Herbert A. (1993): *Protocol Analysis. Verbal Reports as Data. Revised Edition.* Cambridge, MA: MIT Press.

Esselborn-Krumbiegel, Helga (2008): *Von der Idee zum Text. Eine Anleitung zum wissenschaftlichen Schreiben.* 3., überarb. Aufl. Paderborn: Schöningh.

Europarat (Hrsg.) (2001): *Gemeinsamer europäischer Referenzrahmen für Sprachen. Lernen, lehren, beurteilen.* Berlin u. a.: Langenscheidt.

Evers, Jeanine C. (2011): From the past into the future. How technological developments change our ways of data collection, transcription and analysis. In: *Forum Qualitative Sozialforschung* 12/1. (http://www.qualitative-research.net/index.php/fqs/article/view/1636).

Færch, Claus; Kasper, Gabriele (1987): From product to process – introspective methods in Second Language Research. In: Færch, Claus; Kasper, Gabriele (Hrsg.): Introspection in Second Language Research. Clevedon: Multilingual Matters, 5–23.

Fandrych, Christian; Hufeisen, Britta; Krumm, Hans-Jürgen; Riemer, Claudia (2010): Perspektiven und Schwerpunkte des Faches Deutsch als Fremd- und Zweitsprache. In: Krumm, Hans-Jürgen; Fandrych, Christian; Hufeisen, Britta; Riemer, Claudia (Hrsg.): *Deutsch als Fremd- und Zweitsprache. Ein internationales Handbuch.* Berlin: De Gruyter, Bd. 1, 1–18.

Fast, Julius (2002): *Körpersprache.* Reinbek bei Hamburg: Rowohlt.

Featherston, Sam (2006): *Experimentell erhobene Grammatikalitätsurteile und ihre Bedeutung für die Syntaxtheorie.* (http://www.sfb441.uni-tuebingen.de/~sam/papers/Mann06.pdf).

Feick, Diana (2012): Videobasiertes Lautes Erinnern (VLE) als Instrument zur Untersuchung fremdsprachlicher Gruppenaushandlungsprozesse. In: Doff, Sabine (Hrsg.): *Fremdsprachenunterricht empirisch erforschen. Grundlagen, Methoden, Anwendung.* Tübingen: Narr, 202–217.

Feick, Diana (2013): ‚Sehen Sie sich Ines an.' Zur sozialen Situiertheit des Videobasierten Lauten Erinnerns. In: Aguado, Karin; Heine, Lena; Schramm, Karin (Hrsg.): *Qualitative Inhaltsanalyse und Introspektive Verfahren in der Fremdsprachenforschung*. Frankfurt a. M.: Peter Lang, 54–73.
Feick, Diana; Pietzuch, Anja; Schramm, Karen (Hrsg.) (2013): *Alphabetisierung für Erwachsene*. München u. a.: Langenscheidt.
Felbrich, Anja; Stanat, Petra; Paetsch, Jennifer; Darsow, Annkathrin (2012): Das Erkenntnispotenzial experimenteller Studien zur Untersuchung der Wirksamkeit von Sprachfördermaßnahmen. In: Ahrenholz, Bernt (Hrsg.): *Einblicke in die Zweitspracherwerbsforschung und ihre methodischen Verfahren*. Berlin: De Gruyter, 145– 172.
Feldmeier, Alexis (2010): *Alphabetisierung von Erwachsenen nicht deutscher Muttersprache. Leseprozesse und Anwendung von Strategien beim Erlesen isoliert dargestellter Wörter unter besonderer Berücksichtigung der farblichen und typographischen Markierung von Buchstabengruppen*. Dissertation an der Universität Bielefeld. (http://bieson.ub.uni-bielefeld.de/frontdoor.php?source_opus=1814).
Flanders, Ned A. (1970): *Analyzing teaching behavior*. Reading u. a.: Addison-Wesley.
Flick, Uwe (1992): Entzauberung der Intuition. Systematische Perspektiven-Triangulation als Strategie der Geltungsbegründung qualitativer Daten und Interpretationen. In: Hoffmeyer-Zlotnik, Jürgen H. P. (Hrsg.): *Analyse Verbaler Daten. Über den Umgang mit qualitativen Daten*. Opladen: Westdeutscher Verlag, 11–55.
Flick, Uwe (1996): *Psychologie des technisierten Alltags*. Opladen: Westdeutscher Verlag.
Flick, Uwe (2004): *Triangulation. Eine Einführung*. Wiesbaden: VS.
Flick, Uwe (2006): *Qualitative Sozialforschung. Eine Einführung*. 4. Aufl. Reinbek bei Hamburg: Rowohlt.
Flick, Uwe (2007): *Qualitative Sozialforschung. Eine Einführung*. Vollst. überarb. und erw. Neuausg. Reinbek bei Hamburg: Rowohlt.
Flick, Uwe (2008): *Managing the quality of qualitative research*. London: SAGE.
Flick, Uwe (2010a): Gütekriterien qualitativer Forschung. In: Mey, Günter; Mruck, Katja (Hrsg.): *Handbuch Qualitative Forschung in der Psychologie*. Wiesbaden: VS, 395–407.
Flick, Uwe (2011a): *Qualitative Sozialforschung. Eine Einführung*. 4., vollst. überarb. und erw. Neuausgabe. Reinbek bei Hamburg: Rowohlt.
Flick, Uwe (2011b): *Triangulation. Eine Einführung*. 4. Aufl. Wiesbaden: VS.
Flick, Uwe (2012): *Qualitative Sozialforschung. Eine Einführung*. 5. Aufl. Reinbek bei Hamburg: Rowohlt.
Flick, Uwe (Hrsg.) (2010b): *Qualitative Forschung. Ein Handbuch*. 8. Aufl. Reinbek bei Hamburg: Rowohlt.
Flick, Uwe; Kardorff, Ernst von; Steinke, Ines (2012): Was ist qualitative Forschung? Einleitung und Überblick. In: Flick, Uwe; Kardorff, Ernst v.; Steinke, Ines (Hrsg.): *Qualitative Forschung. Ein Handbuch*. 9., überarb. Aufl. Reinbek bei Hamburg: Rowohlt, 13–29.
Flick, Uwe; von Kardorff, Ernst; Steinke, Ines (2008): Was ist qualitative Forschung? Einleitung und Überblick. In: Flick, Uwe; von Kardorff, Ernst; Steinke, Ines (Hrsg.): *Qualitative Forschung. Ein Handbuch*. 6., durchges. und aktual. Aufl. Reinbek bei Hamburg: Rowohlt, 13–29.
Foster, Pauline; Skehan, Peter (1996): The influence of planning and task type on second language performance. In: *Studies in Second Language Acquisition* 18, 299–323.
Frey, Andreas (2012): Adaptives Testen. In: Moosbrugger, Helfried; Kelava, Augustin (Hrsg.): *Testtheorie- und Fragebogenkonstruktion*. 2. Aufl. Heidelberg: Springer, 275–294.
Frey, Siegfried; Hirsbrunner, Hans-Peter; Bieri-Florin, Annemarie (1979): Vom Bildschirm zum Datenprotokoll. Das Problem der Rohdatengewinnung bei der Untersuchung nichtverbaler Interaktion. In: *Zeitschrift für Semiotik* 1, 193–209.
Freywald, Ulrike; Mayr, Katharina; Schalowski, Sören; Wiese, Heike (2010): *Linguistic Fieldnotes II: Information structure in different variants of written German*. Interdisciplinary studies on information structure: ISIS – working papers of the SFB 632. Universität Potsdam. (urn:nbn:de:kobv:517-opus-36830).

Friebertshäuser, Barbara; Langer, Antje (2010): Interviewformen und Interviewpraxis. In: Friebertshäuser, Barbara; Langer, Antje; Prengel, Annedore (Hrsg.): *Handbuch Qualitative Forschungsmethoden in der Erziehungswissenschaft.* 3., vollst. überarb. Aufl. Weinheim: Juventa, 379–396.

Fried, Lilian; Briedigkeit, Eva (2008): *Sprachförderkompetenz. Selbst- und Teamqualifizierung für Erzieherinnen, Fachberatungen und Ausbilder.* Berlin u. a.: Cornelsen Scriptor.

Friedrichs, Jürgen (1990): *Methoden empirischer Sozialforschung.* 14. Aufl. Opladen: Westdeutscher Verlag.

Fries, Norbert (2005): Textkompetenz. Ein Essay über ausgewählte sprachspezifische und interkulturelle Aspekte. In: Grucza, Franciszek (Hrsg.): *Germanistische Erfahrungen und Perspektiven der Interkulturalität.* (http://www2.hu-berlin.de/linguistik/institut/syntax/docs/textkompetenz.pdf).

Fromm, Sabine (2012): *Datenanalyse mit SPSS für Fortgeschrittene 2. Multivariate Verfahren für Querschnittsdaten.* 2. Aufl. Wiesbaden: VS.

Froschauer, Ulrike; Lueger, Manfred (2003): *Das qualitative Interview. Zur Praxis interpretativer Analyse sozialer Systeme.* Wien: WUV-Universitätsverlag.

Gadenne, Volker (1976): *Die Gültigkeit psychologischer Untersuchungen.* Stuttgart u. a.: Verlag W. Kohlhammer.

Gass, Susan M. (2005): Input and Interaction. In: Doughty, Catherine; Long, Michael H. (Hrsg.): *The Handbook of Second Language Acquisition.* Oxford: Blackwell, 224–255.

Gass, Susan M.; Mackey, Alison (2000): *Stimulated Recall Methodology in Second Language Research.* Mahwah, NJ: Erlbaum.

Gehring, Uwe W.; Weins, Cornelia (2009): *Grundkurs Statistik für Politologen und Soziologen.* 5., überarb. Aufl. Wiesbaden: VS.

Gerson, Elihu M. (1991): Supplementing Grounded Theory. In: Maines, David R. (Hrsg.): *Social Organization and Social Process. Essays in Honor of Anselm Strauss.* New York: De Gruyter, 285–301.

Gibbs, Graham R: (2007): *Analyzing Qualitative Data.* London: SAGE.

Gillham, Bill (2000a): *Developing a questionnaire.* London; New York: Continuum.

Gillham, Bill (2000b): *The Research Interview.* London; New York: Continuum.

Girgensohn, Katrin (2007): *Neue Wege zur Schlüsselqualifikation Schreiben. Autonome Schreibgruppen an der Hochschule.* Wiesbaden: VS.

Glaboniat, Manuela (2010): Sprachprüfungen für Deutsch als Fremdsprache. In: Krumm, Hans-Jürgen; Fandrych, Christian; Hufeisen, Britta; Riemer, Claudia (Hrsg.): *Handbuch Deutsch als Fremd- und Zweitsprache. Ein internationales Handbuch.* Berlin: De Gruyter, 1288–1298.

Glaser, Barney G. (1978): *Theoretical Sensitivity. Advances in the Methodology of Grounded Theory.* Mill Valley: Sociology Press.

Glaser, Barney G.; Strauss, Anselm L. (1967): *The Discovery of Grounded Theory. Strategies for qualitative Research.* New York: Aldine.

Göbel, Kerstin (2010): Videographie als Verfahren zur Erforschung von Lehr-/Lernprozessen im Fremdsprachenunterricht. In: Aguado, Karin; Schramm, Karen; Vollmer, H. Johannes (Hrsg.): *Fremdsprachliches Handeln beobachten, messen und evaluieren. Neue methodische Ansätze der Kompetenzforschung und Videographie.* Frankfurt a. M.: Peter Lang, 277–305.

Goethe-Institut/telc GmbH (2009a): *Deutsch-Test für Zuwanderer. Modellsatz.* München: Goethe-Institut/telc GmbH. (www.goethe.de/lhr/pro/daz/dfz/DTZ_Modellsatz_E 2009 08.pdf).

Goethe-Institut/telc GmbH (2009b): *Deutsch-Test für Zuwanderer. Modellsatz Jugendintegrationskurs.* München: Goethe-Institut/telc GmbH. (http://www.goethe.de/lhr/pro/daz/dfz/Modellsatz_Jugendintegrationskurs.pdf).

Grice, Martine; Baumann, Stefan (2002): Deutsche Intonation und GToBI. In: *Linguistische Berichte* 191, 267–298.

Grießhaber, Wilhelm (1992): *Märchen im muttersprachlichen Unterricht. „Pamuk Nine" in der vierten Grundschulklasse.* ENDFAS Arbeitspapier Nr. 7. Universität Hamburg: Germanisches Seminar.

Grießhaber, Wilhelm (1999): Sprachliche Prozeduren bei der Wiedergabe einer Hörspielszene. In: Johanson, Lars; Rehbein, Jochen (Hrsg.): *Türkisch und Deutsch im Vergleich.* Wiesbaden: Harrassowitz, 95–128.

Grießhaber, Wilhelm (2003–2006): *Fördereffekte des Kleingruppenunterrichts (am Beispiel des Mathematikunterrichts).* (http://spzwww.uni-muenster.de/~griesha/fsu/cia/math-dpc.html).

Grießhaber, Wilhelm (2005): Sprache im zweitsprachlichen Mathematikunterricht. Verbale und nonverbale Verfahren bei der Vermittlung mathematischen Wissens. In: Braun, Sabine; Kohn, Kurt (Hrsg.): *Sprache(n) in der Wissensgesellschaft.* Frankfurt a. M.: Peter Lang, 65–77.

Grießhaber, Wilhelm (2006a): Die Entwicklung der Grammatik in Texten vom 1. bis zum 4. Schuljahr. In: Ahrenholz, Bernt (Hrsg.): *Kinder mit Migrationshintergrund. Spracherwerb und Fördermöglichkeiten.* Freiburg i. Br.: Fillibach, 150–167.

Grießhaber, Wilhelm (2006b): *Endbericht der wissenschaftlichen Begleitung. Projekt „Deutsch und PC".* Münster: WWU Sprachenzentrum.

Grießhaber, Wilhelm (2007): Zweitspracherwerbsprozesse als Grundlage der Zweitsprachförerung. In: Ahrenholz, Bernt (Hrsg.): *Deutsch als Zweitsprache – Voraussetzungen und Konzepte für die Förderung von Kindern und Jugendlichen mit Migrationshintergrund.* Freiburg i. Br.: Fillibach, 31–48.

Grießhaber, Wilhelm (2008): Zu den Bedingungen der Förderung in Deutsch als Zweitsprache. In: Ahrenholz, Bernt (Hrsg.): *Zweitspracherwerb. Diagnose, Verläufe, Voraussetzungen.* Freiburg i. Br.: Fillibach, 211–227.

Grießhaber, Wilhelm (2010): Linguistische Grundlagen und Lernermerkmale bei der Profilanalyse. In: Rost-Roth, Martina (Hrsg.): *DaZ-Spracherwerb und Sprachförderung Deutsch als Zweitsprache.* Freiburg i. Br.: Fillibach, 17–31.

Grießhaber, Wilhelm (2012): Die Profilanalyse. In: Ahrenholz, Bernt (Hrsg.): *Einblicke in die Zweitspracherwerbsforschung und ihre methodischen Verfahren.* Berlin; Boston: De Gruyter, 173–193.

Grimm, Angela; Schulz, Petra (2012): Forschungsmethoden der kombinierten Längs- und Querschnittstudie MILA. In: Ahrenholz, Bernt (Hrsg.): *Einblicke in die Zweitspracherwerbsforschung und ihre methodischen Verfahren.* Berlin; Boston: De Gruyter, 195–218.

Grimm, Hannelore; Aktas, Maren; Frevert, Sabine (2010): *Sprachentwicklungstest für drei- bis fünfjährige Kinder Diagnose von Sprachverarbeitungsfähigkeiten und auditiven Gedächtnisleistungen.* Göttingen: Hogrefe.

Grimm, Hannelore; Schöler, Hermann (1991): *Heidelberger Sprachentwicklungstest.* Göttingen: Hogrefe.

Grissmer, David W.; Subotnik, Rena F.; Orland, Martin (2008): *A guide to the use of randomized controlled trials (RCTs) in assessing intervention effects: the promise of multiple methods.* Washington, DC: American Psychological Association. (http://www.apa.org/ed/schools/cpse/randomized-control-guide.pdf).

Grosjean, Francois (2001): The bilingual's language modes. In: Nicol, Janet (Hrsg.): *One mind, two languages: Bilingual Language Processing.* Oxford: Blackwell, 1–22.

Grotjahn, Rüdiger (1987): On the Methodological Basis of Introspective Methods. In: Færch, Claus; Kasper, Gabriele (Hrsg.): *Introspection in Second Language Research.* Clevedon: Multilingual Matters, 54–81.

Grotjahn, Rüdiger (1993): Qualitative vs. quantitative Fremdsprachenforschung. Eine klärungsbedürftige und unfruchtbare Dichotomie. In: Timm, Johannes-Peter; Vollmer, Helmut Johannes (Hrsg.): *Kontroversen in der Fremdsprachenforschung. Dokumentation des 14. Kongresses für Fremdsprachendidaktik.* Bochum: Brockmeyer, 233–248.

Grotjahn, Rüdiger (1999): Thesen zur empirischen Forschungsmethodologie. In: *Zeitschrift für Fremdsprachenforschung* 10, 133–158.

Grotjahn, Rüdiger (2000): Einige Thesen zur empirischen Forschungsmethodologie. In: Aguado, Karin (Hrsg.): *Zur Methodologie in der empirischen Fremdsprachenforschung.* Baltmannsweiler: Schneider Verlag Hohengehren, 19–30.

Grotjahn, Rüdiger (2000): Testtheorie. Grundzüge und Anwendungen in der Praxis. In: Wolff, Armin; Tänzer, Harald (Hrsg.): *Sprache – Kultur – Politik. Beiträge der 27. Jahrestagung Deutsch als Fremdsprache vom 3.–5. Juni 1999 an der Universität Regensburg*. Regensburg: Fachverband Deutsch als Fremdsprache, 304–341. (www.testdaf.de/institution/pdf/publikationen/Grotjahn_Testtheorie2000_scan.pdf).

Grotjahn, Rüdiger (2002): Konstruktion und Einsatz von C-Tests. Ein Leitfaden für die Praxis. In: Grotjahn, Rüdiger (Hrsg.): *Der C-Test. Theoretische Grundlagen und praktische Anwendungen*. Bd. 4. Bochum: AKS, 211–225.

Grotjahn, Rüdiger (2004): Der C-Test. Aktuelle Entwicklungen. In: Wolff, Armin; Ostermann, Torsten; Chlosta, Christoph (Hrsg.): *Integration durch Sprache. Beiträge der 31. Jahrestagung DaF 2003*. Regensburg: Fachverband Deutsch als Fremdsprache, 535–550. (www.ruhr-uni-bochum.de/slf/mam/grotjahn_konstruktionc-test_2002.pdf).

Grotjahn, Rüdiger (2005): Subjektmodelle. Implikationen für die Theoriebildung und Forschungsmethodologie der Sprachlehr- und Sprachlernforschung. In: *Zeitschrift für Fremdsprachenforschung* 16, 23–56.

Grotjahn, Rüdiger (2006): Zur Methodologie der Fremdsprachenerwerbsforschung. In: Scherfer, Peter; Wolff, Dieter (Hrsg.): *Vom Lehren und Lernen fremder Sprachen. Eine vorläufige Bestandsaufnahme*. Frankfurt a. M. u. a..: Peter Lang, 247–270.

Grotjahn, Rüdiger (2007): Tests im schulischen Fremdsprachenunterricht. Qualitätsentwicklung und Qualitätssicherung [Plenarvortrag]. In: Kroatischer Deutschlehrerverband (Hrsg.): *XV. Internationale Tagung des Kroatischen Deutschlehrerverbandes. 12.–14. Oktober 2007. Šibenik, Kroatien. Testen und Bewerten – Selbstevaluation im lernerorientierten Deutschunterricht*, 7–16. (www.ruhr-uni-bochum.de/slf/mam/grotjahn_2007_tests_im_schulischen_fu.pdf).

Grotjahn, Rüdiger; Tesch, Bernd (2010a): Messung der Leseverstehenskompetenz im Fach Französisch. In: Porsch, Raphaela; Tesch, Bernd; Köller, Olaf (Hrsg.): *Standardbasierte Testentwicklung und Leistungsmessung. Französisch in der Sekundarstufe I*. Münster: Waxmann, 91–124.

Grotjahn, Rüdiger; Tesch, Bernd (2010b): Messung der Hörverstehenskompetenz im Fach Französisch. In: Porsch, Raphaela; Tesch, Bernd; Köller, Olaf (Hrsg.): *Standardbasierte Testentwicklung und Leistungsmessung. Französisch in der Sekundarstufe I*. Münster: Waxmann, 125–150.

Grotjahn, Rüdiger; Tesch, Bernd (2010c): Messung der fremdsprachlichen Sprechkompetenz im Fach Französisch. In: Porsch, Raphaela; Tesch, Bernd; Köller, Olaf (Hrsg.): *Standardbasierte Testentwicklung und Leistungsmessung. Französisch in der Sekundarstufe I*. Münster: Waxmann, 177–205.

Guba, Egon (Hrsg.) (1990): *The paradigm dialog*. London: SAGE.

Günthner, Susanne (1993): „... weil – man kann es ja wissenschaftlich untersuchen" – Diskurspragmatische Aspekte der Wortstellung in WEIL-Sätzen. In: *Linguistische Berichte* 143, 37–59.

Haag, Nicole; Böhme, Katrin; Stanat, Petra (2012): Zuwanderungsbezogene Disparitäten. In: Stanat, Petra; Pant, Hans Anand; Böhme, Katrin; Richter, Dirk (Hrsg.): *Kompetenzen von Schülerinnen und Schülern am Ende der vierten Jahrgangsstufe in den Fächern Deutsch und Mathematik*. Münster: Waxmann, 209–235.

Habel, Christopher (1996): Hierarchial Representations of Spatial Knowledge: Aspects of Embedding and Granularity. In: Clark, Andy (Hrsg.): *Categories, Consciousness, and reasoning. Proceedings of the Second International Colloquium on Cognitive Science at San Sebastian from May 7–11, 1991*. Dordrecht u. a.: Kluwer, 7–11.

Haberzettl, Stefanie (2006): Konstruktionen im Zweitspracherwerb. In: Fischer, Kerstin; Stefanowitsch, Anatol (Hrsg.): *Konstruktionsgrammatik. Von der Anwendung zu der Theorie*. Tübingen: Stauffenburg, 55–78.

Hager, Willi; Hasselhorn, Marcus (2000): Psychologische Interventionsmaßnahmen. Was sollen sie bewirken können? In: Hager, Willi; Patry, Jean-Luc; Brezig, Hermann (Hrsg.): *Evaluation psychologischer Interventionsmaßnahmen. Standards und Kriterien. Ein Handbuch*. Bern; Göttingen; Toronto; Seattle: Huber, 41–85.

Hallet, Wolfgang; Königs, Frank G. (2010): Fremdsprachendidaktik. In: Hallet, Wolfgang; Königs, Frank G. (Hrsg.): *Handbuch Fremdsprachendidaktik*. Seelze: Klett, 11–17.

Hardy, Ilonca (2008): Das Experiment in der pädagogisch-psychologischen Forschung. Prinzipien des Designs an ausgewählten Beispielen. In: Hellmich, Frank (Hrsg.): *Lehr-Lernforschung und Grundschulpädagogik*. Bad Heilbrunn: Klinkhardt, 123–142.

Harsch, Claudia; Pant, Hans Anand; Köller, Olaf (Hrsg.) (2010): *Calibrating standards-based assessment tasks for English as a first foreign language. Standard-setting procedures in Germany.* Münster: Waxmann.

Hartinger, Andreas (2008): Experimentelle Studien in der Grundschulforschung. In: Hellmich, Frank (Hrsg.): *Lehr-Lernforschung und Grundschulpädagogik*. Bad Heilbrunn: Klinkhardt, 107–121.

Haspelmath, Martin; Dryer, Matthew S.; Gil, David; Comrie, Bernard (Hrsg.) (2005): *The World Atlas of Language Structures.* Oxford: OUP.

Hatch, Evelyn; Lazarton, Anne (1991): *The research manual. Design and statistics for applied linguistics*. New York: Newbury House.

Häuser, Detlef; Kasielke, Edith; Scheidereiter, Ulrich (1994): *KISTE. Kindersprachtest für das Vorschulalter.* Göttingen: Hogrefe.

Heckmann, Friedrich (1992): Interpretationsregeln zur Auswertung qualitativer Interviews und sozialwissenschaftlich relevanter ‚Texte'. In: Hoffmeyer-Zlotnik, Jürgen H. P. (Hrsg.): *Analyse verbaler Daten. Über den Umgang mit qualitativen Daten.* Opladen: Westdeutscher Verlag, 142–167Heine, Lena (2005): Lautes Denken als Forschungsinstrument in der Fremdsprachenforschung. In: *Zeitschrift für Fremdsprachenforschung* 16, 163–185.

Heine, Lena (2010): *Problem-Solving in a Foreign Language. A Study in Content and Language Integrated Learning.* Berlin: De Gruyter.

Heine, Lena (2013): Introspektive Verfahren in der Fremdsprachenforschung. State-of-the-Art und Desiderata. In: Aguado, Karin; Heine, Lena; Schramm, Karen (Hrsg.): *Qualitative Inhaltsanalyse und Introspektive Verfahren in der Fremdsprachenforschung*. Frankfurt a. M.: Peter Lang, 13–30.

Heine, Lena; Schramm, Karen (2007): Lautes Denken in der Fremdsprachenforschung. Eine Handreichung für die empirische Praxis. In: Vollmer, Helmut Johannes (Hrsg.): *Synergieeffekte in der Fremdsprachenforschung. Empirische Zugänge, Probleme, Ergebnisse*. Frankfurt a. M.: Peter Lang, 167–206.

Heinemann, Margot; Heinemann, Wolfgang (2002): *Grundlagen der Textlinguistik. Interaktion – Text – Diskurs*. Tübingen: Niemeyer.

Helfferich, Cornelia (2011): *Die Qualität qualitativer Daten. Manual für die Durchführung qualitativer Interviews.* 4. Aufl. Wiesbaden: VS.

Helmke, Andreas; Helmke, Tuyet; Kleinbub, Iris; Nordheider, Iris; Schrader, Friedrich Wilhelm; Wagner, Wolfgang (2007): Die DESI-Videostudie. Unterrichtstranskripte für die Lehrerausbildung ausnutzen. In: *Der Fremdsprachliche Unterricht Englisch* 41, 27–45.

Helmke, Andreas; Renkl, Alexander (1992): Das Münchner Aufmerksamkeitsinventar (MAI). Ein Instrument zur systematischen Verhaltensbeobachtung der Schüleraufmerksamkeit im Unterricht. In: *Diagnostica. Zeitschrift für psychologische Diagnostik und differentielle Psychologie* 38, 130–141.

Hendriks, Henriette (Hrsg.) (2005): *The structure of learner varieties.* Berlin: De Gruyter.

Henrici, Gert (1990): „L2 Classroom Research". Die Erforschung des gesteuerten Fremdsprachenerwerbs. In: *Zeitschrift für Fremdsprachenforschung* 1, 21–61.

Herkenrath, Annette; Karakoç, Birsel (2002): *Zum Erwerb von Verfahren der Subordination bei türkisch-deutsch bilingualen Kindern – Transkripte und quantitative Aspekte*. Universität Hamburg, SFB 538 Mehrsprachigkeit: AzM (Arbeiten zur Mehrsprachigkeit), Nr. 37.

Hermanns, Harry (2009): Interviewen als Tätigkeit. In: Flick, Uwe; Kardorff, Ernst von; Steinke, Ines (Hrsg.): *Qualitative Forschung. Ein Handbuch.* 7. Aufl. Reinbek bei Hamburg: Rowohlt, 360–368.

Herrle, Matthias; Dinkelaker, Jörg (2009): *Erziehungswissenschaftliche Videographie. Eine Einführung.* Wiesbaden: VS.

Herrle, Matthias; Kade, Jochen; Nolda, Sigrid (2010): Erziehungswissenschaftliche Videographie. In: Friebertshäuser, Barbara; Langer, Antje; Prengel, Annedore (Hrsg.): *Handbuch Qualitative Forschungsmethoden in der Erziehungswissenschaft*. Vollst. überarb. Neuaufl. Weinheim: Juventa, 599–619.

Heymann, Hans W. (1984): Modellierungsprobleme bei der Erforschung des Lehrer- und Schülerverhaltens. Überlegungen zur „Aufhebung" des Methodenstreits. In: *Unterrichtswissenschaft* 3, 232–251.

Hickmann, Maya; Liang, James; Hendriks, Henriëtte (1989): Diskurskohäsion im Erstspracherwerb. Eine sprachvergleichende Untersuchung. In: *LiLi* 73, 53–74.

Hildenbrand, Bruno (2012): Anselm Strauss. In: Flick, Uwe; Kardorff, Ernst v.; Steinke, Ines (Hrsg.): *Qualitative Forschung. Ein Handbuch*. 9. Aufl. Reinbek bei Hamburg: Rowohlt, 32–42.

Hitzler, Ronald; Honer, Anne (Hrsg.) (1997): *Sozialwissenschaftliche Hermeneutik. Eine Einführung*. Opladen: Leske + Budrich.

Hoidn, Sabine (2010): *Lernkompetenzen an Hochschulen fördern*. Wiesbaden: VS.

Hollm, Jan; Hüttermann, Armin; Keßler, Jörg-Ulrich; Schlemminger, Gérald (2010): BiliReal 2012. Bilinguale Züge für Englisch und Französisch in der Realschule. Erste Ergebnisse der wissenschaftlichen Begleitforschung zum Schulversuch in Baden-Württemberg. In: *Beiträge zur Fremdsprachenvermittlung* 49, 153–187.

Hollstein, Betina; Ullrich, Carsten G. (2003): Einheit trotz Vielfalt? Zum konstitutiven Kern qualitativer Forschung. In: *Soziologie* 32, 29–43.

Hommel, Kerstin; Meng, Katharina (2007): Thematisieren – bildabhängig oder bildunabhängig? In: Meng, Katharina; Rehbein, Jochen (Hrsg.): *Kindliche Kommunikation – einsprachig und mehrsprachig*. Münster: Waxmann, 93–126.

Hopf, Christel (1978): Die Pseudo-Exploration. Überlegungen zur Technik qualitativer Interviews in der Sozialforschung. In: *Zeitschrift für Soziologie* 7, 97–115.

Hopf, Christel (2009a): Qualitative Interviews – ein Überblick. In: Flick, Uwe; Kardorff, Ernst von; Steinke, Ines (Hrsg.): *Qualitative Forschung. Ein Handbuch*. 7. Aufl. Reinbek bei Hamburg: Rowohlt, 349–360.

Hopf, Christel (2009b): Forschungsethik und qualitative Forschung. In: Flick, Uwe; Kardorff, Ernst von; Steinke, Ines (Hrsg.): *Qualitative Forschung. Ein Handbuch*. 7. Aufl. Reinbek bei Hamburg: Rowohlt, 589–600.

Hopkins, David (2008): *A Teacher's Guide to Classroom Research*. New York: McGraw Hill Open University Press.

HRK/KMK (Hrsg.) (2011): *Rahmenordnung über Deutsche Sprachprüfungen für das Studium an deutschen Hochschulen (RO-DT). Beschluss der HRK vom 08.06.2004 und der KMK vom 25.06.2004 i. d. F. der HRK vom 03.05.2011 und der KMK vom 17.11.2011*. (www.kmk.org/fileadmin/pdf/ZAB/Hochschulzugang_Beschluesse_der_KMK/Rahmenordnung_dtSprachp.pdf).

Hron, Aemilian (1994): Interview. In: Huber, Günter L.; Mandl, Heinz (Hrsg.): *Verbale Daten. Eine Einführung in die Grundlagen und Methoden der Erhebung und Auswertung*. 2. Aufl. Weinheim: Psychologie Verlags Union, 119–140.

Hu, Adelheid (2001): Zwischen Subjektivität und dem Anspruch auf Exploration authentischer Perspektiven. Forschungsmethodische Anmerkungen zu einer interpretativ-ethnografischen Studie. In: Müller-Hartmann, Andreas; Schocker-v. Ditfurth, Marita (Hrsg.): *Qualitative Forschung im Bereich Fremdsprachen lehren und lernen*. Tübingen: Narr, 11–39.

Huber, Günter L.; Mandl, Heinz (Hrsg.) (1994): Verbale Daten. Eine Einführung in die Grundlagen und Methoden der Erhebung und Auswertung. 2., bearb. Aufl. Weinheim: Beltz.

Huber, Oswald (2000): *Das psychologische Experiment. Eine Einführung*. Bern; Göttingen; Toronto; Seattle: Huber.

Hugener, Isabelle; Rakozcy, Katrin; Pauli, Christine; Reusser, Kurt (2006): Videobasierte Unterrichtsforschung. Integration verschiedener Methoden der Videoanalyse differenzierte Sicht auf Lehr-Lernprozesse. In: Rahm, Sibylle; Mammes, Ingelore; Schratz, Michael (Hrsg.): *Schulpädagogische Forschung*. Innsbruck: Studienverlag, 41–53.

Hussy, Walter; Schreier, Magrit; Echterhoff, Gerald (2010): *Forschungsmethoden in Psychologie und Sozialwissenschaften für Bachelor.* Heidelberg: Springer.

Ingenkamp, Karlheinz; Lissmann, Urban (2008): *Lehrbuch der pädagogischen Diagnostik.* 6. Aufl. Weinheim: Beltz.

International Phonetic Association (2007): *Handbook of the International Phonetic Association. A guide to the use of the International Phonetic Alphabet.* Cambridge: Cambridge University Press.

Jacobs, Jennifer; Kawanaka, Takako; Stigler, James (1999): Integrating qualitaitve and quantiative approaches to the analysis of video data on classroom teaching. In: *International Journal of Educational Research* 31, 717–724.

Jahoda, Marie; Lazarsfeld, Paul; Zeisel, Hans (1933): *Die Arbeitslosen von Marienthal.* Leipzig: Hitzel.

Johnson, Brian Edward (2011): The speed and accuracy of voice recognition software-assisted transcription versus the listen-and-type method: a research note. In: *Qualitative Research* 11, 91–97.

Jornitz, Sieglinde (2009): Evidenzbasierte Bildungsforschung. In: *Pädagogische Korrespondenz* 40, 68–75.

Kähler, Wolf-Michael (2008): *Statistische Datenanalyse. Verfahren verstehen und mit SPSS gekonnt einsetzen.* 5. Aufl. Wiesbaden: Vieweg.

Kallmeyer, Werner; Schütze, Fritz (1976): Konversationsanalyse. In: *Studium Linguistik* 1, 1–28.

Kaltenbacher, Erika; Klages, Hana (2006): Sprachprofil und Sprachförderung bei Vorschulkindern mit Migrationshintergrund. In: Ahrenholz, Bernt (Hrsg.): *Kinder mit Migrationshintergrund – Spracherwerb und Fördermöglichkeiten.* Freiburg i. Br.: Fillibach, 80–97.

Kecker, Gabriele (2011): *Validierung von Sprachprüfungen. Die Zuordnung des TestDaF zum Gemeinsamen europäischen Referenzrahmen für Sprachen.* Frankfurt a. M.: Peter Lang.

Kelle, Udo (1994): *Empirisch begründete Theoriebildung. Zur Logik und Methodologie interpretativer Sozialforschung.* Weinheim: Deutscher Studien Verlag.

Kelle, Udo (2007): *Die Integration qualitativer und quantitativer Methoden in der empirischen Sozialforschung. Theoretische Grundlagen und methodologische Konzepte.* Wiesbaden: VS.

Kelle, Udo (2010): The Development of Catagories: Different Approaches in Grounded Theory. In: Bryant, Antony; Chramaz, Kathy (Hrsg.): *The SAGE Handbook of Grounded Theory.* 2. Aufl. London: SAGE, 191–213.

Kelle, Udo; Kluge, Susann (2010): *Vom Einzelfall zum Typus. Fallvergleich und Fallkontrastierung in der qualitativen Sozialforschung.* 2., überarb. Aufl. Wiesbaden: VS.

Keller, Reiner (1997): Diskursanalyse. In: Hitzler, Ronald; Honer, Anne (Hrsg.): *Sozialwissenschaftliche Hermeneutik. Eine Einführung.* Opladen: Leske + Budrich, 309–335.

Keller, Reiner (2011): *Diskursforschung. Eine Einführung für Sozialwissenschaftler.* 4. Aufl. Wiesbaden: VS.

Klauer, Karl Josef (1973/2005): *Das Experiment in der pädagogisch-psychologischen Forschung. Eine Einführung.* Waxmann: Münster.

Kleemann, Frank; Krähnke, Uwe; Matuschek, Ingo (2009): *Interpretative Sozialforschung. Eine praxisorientierte Einführung.* Wiesbaden: VS.

Klein, Wolfgang (1984): *Zweitsprachenerwerb. Eine Einführung.* Königstein i. Ts.: Athenäum.

Klein, Wolfgang (1990): A Theory of Language Acquisition Is Not So Easy. In: *Studies in Second Language Acquisition* 12, 219–231.

Klein, Wolfgang; Perdue, Clive (1992): *Utterance Structure. Developing Grammars Again.* Amsterdam, Philadelphia: Benjamins.

Klein, Wolfgang; Rieck, Bert-Olaf (1982): Der Erwerb der Personalpronomina im ungesteuerten Spracherwerb. In: *Zeitschrift für Literaturwissenschaft und Linguistik* 45, 35–71.

Klein-Braley, Christine (1997): C-Tests in the context of reduced redundancy testing: An appraisal. In: *Language Testing* 14, 47–84.

KMK (2003): *Beschlüsse der Kultusministerkonferenz. Bildungsstandards für die erste Fremdsprache (Englisch/Französisch) für den Mittleren Schulabschluss. Beschluss vom 04.12.2003.* (www.kmk.org/fileadmin/veroeffentlichungen_beschluesse/2004/2004_10_15-Bildungsstandards-ersteFS-Haupt.pdf).

KMK (2004): *Beschlüsse der Kultusministerkonferenz. Bildungsstandards für die erste Fremdsprache (Englisch/Französisch) für den Hauptschulabschluss. Beschluss vom 15.10.2004.* (www.kmk.org/fileadmin/veroeffentlichungen_beschluesse/2004/2004_10_15-Bildungsstandards-ersteFS-Haupt.pdf).

Knapp, Werner (1997): *Schriftliches Erzählen in der Zweitsprache.* Tübingen: Niemeyer.

Knapp, Werner (1999): Verdeckte Sprachschwierigkeiten. In: *Die Grundschule* 5, 30–33.

Knapp, Werner (2001): Diagnostische Leitfragen. In: *Praxis Grundschule* 3, 4–6.

Knapp, Werner; Ricart Brede, Julia (2012): Videographie als Methode zur Aufzeichnung und Analyse sprachlicher Lehr-Lernsituationen. Vorschläge zur Systematisierung am Beispiel (vor-)schulischer Sprachförderung. In: Ahrenholz, Bernt (Hrsg.): *Einblicke in die Zweitspracherwerbsforschung und ihre methodischen Verfahren.* Berlin: De Gruyter, 219–236.

Kniffka, Gabriele; Siebert-Ott, Gesa (2007): *Deutsch als Zweitsprache. Lehren und Lernen.* 2. Aufl. Paderborn: Schöningh.

Knigge Illner, Helga (2009): *Der Weg zum Doktortitel. Strategien für die erfolgreiche Promotion.* 2., überarb. und aktual. Aufl. Frankfurt a. M.: Campus.

Knoblauch, Hubert (2007): Die Gestaltung der qualitativen Sozialforschung aus dem Geiste des Interpretativen Paradigmas. In: *Erwägen Wissen Ethik* 18, 242–244.

Knoblauch, Hubert (2009): Social constructivism and the three levels of video analysis. In: Kissmann, Ulrike Tikvah (Hrsg.): *Video interaction analysis. Methods and methodology.* Frankfurt a. M.: Peter Lang, 181–198.

Knorr, Petra (2013): Zur Differenzierung retrospektiver verbaler Daten. Protokolle Lauten Erinnerns erheben, verstehen und analysieren. In: Aguado, Karin; Heine, Lena; Schramm, Karin (Hrsg.): *Qualitative Inhaltsanalyse und Introspektive Verfahren in der Fremdsprachenforschung.* Frankfurt a. M. u. a.: Peter Lang, 31–53.

Knorr, Petra; Schramm, Karen (2012): Datenerhebung durch Lautes Denken und Lautes Erinnern in der fremdsprachendidaktischen Empirie. In: Doff, Sabine (Hrsg.): *Fremdsprachenunterricht empirisch erforschen. Grundlagen, Methoden, Anwendung.* Tübingen: Narr, 184–201.

Koch, Peter; Oesterreicher, Wulf (1994): Schriftlichkeit und Sprache. In: Günther, H.; Ludwig, O. (Hrsg.): *Schrift und Schriftlichkeit.* Berlin: De Gruyter, 587–604.

Kolonko, Beate (2001): *Spracherwerb im Kindergarten.* 2. Aufl. Herbolzheim: Centaurus.

Koreik, Uwe (Hrsg.) (2005): *DSH Test DaF – eine Vergleichsstudie.* Baltmannsweiler: Schneider Verlag Hohengehren.

Kowal, Sabine; O'Connell, Daniel C. (2000): Zur Transkription von Gesprächen. In: Flick, Uwe; Ernst von Kardorff; Ines Steinke (Hrsg.): *Qualitative Forschung. Ein Handbuch.* Hamburg: Reinbek, 437–447 .

Krämer, Walter (2008): *So lügt man mit Statistik.* 11. Aufl. München: Pieper.

Krammer, Kathrin; Reusser, Kurt (2005): Unterrichtsvideos als Medium der Aus- und Weiterbildung von Lehrpersonen. In: *Beiträge zur Lehrerbildung* 23, 35–50.

Krech, Eva-Maria; Stock, Eberhard; Hirschfeld, Ursula; Anders, Lutz Christian (2010): *Deutsches Aussprachewörterbuch.* Berlin: De Gruyter.

Kromrey, Helmut (2006): *Empirische Sozialforschung.* 11. Aufl. Stuttgart: UTB.

Krumm, Hans-Jürgen (2010): Unterrichtsbeobachtung und Unterrichtsanalyse. In: Krumm, Hans-Jürgen; Fandrych, Christian; Hufeisen, Britta; Riemer, Claudia (Hrsg.): *Deutsch als Fremd- und Zweitsprache. Ein internationales Handbuch.* Bd. 1. Berlin: De Gruyter, 1139–1150.

Kruse, Jan (2009): Qualitative Sozialforschung – interkulturell gelesen. Die Reflexion der Selbstauslegung im Akt des Fremdverstehens. In: *Forum Qualitative Sozialforschung* 10. (http://www.qualitative-research.net/index.php/fqs/article/view/1209/2639).

Kruse, Otto (2007): *Keine Angst vor dem leeren Blatt. Ohne Schreibblockaden durchs Studium.* 12., völlig neu bearb. Aufl. Frankfurt a. M.: Campus.

Kuckartz, Udo (2007): *Einführung in die computergestützte Analyse qualitativer Daten.* Wiesbaden: VS.

Kuckartz, Udo (2010): *Einführung in die computergestützte Analyse qualitativer Daten.* 3., akt. Aufl. Wiesbaden: VS.

Kuckartz, Udo; Dresing, Thorsten; Rädiker, Stefan; Stefer, Claus (2008): *Qualitative Evaluation – Der Einstieg in die Praxis*. 2. Aufl. Wiesbaden: VS.

Kuckartz, Udo; Rädiker, Stefan; Ebert, Thomas; Schehl, Julia (2010): *Statistik. Eine verständliche Einführung*. Wiesbaden: VS.

Kühn, Christine (2002): *Körper – Sprache. Elemente einer sprachwissenschaftlichen Explikation nonverbaler Kommunikation*. Frankfurt a. M.: Peter Lang.

Kühn, Thomas; Koschel, Kay-Volker (2012): *Gruppendiskussionen. Ein Praxishandbuch*. Wiesbaden: VS.

Kuhs, Katharina (1987): Fehleranalyse am Schülertext. In: Apeltauer, Ernst (Hrsg.): *Gesteuerter Zweitspracherwerb. Voraussetzungen und Konsequenzen für den Unterricht*. München: Hueber, 173–205.

Küntay, Aylin; Ervin-Tripp, Susan M. (1998): The occasioning and structure of conversational stories. In: Givón, Talmy (Hrsg.): *Conversation: cognitive, communicative and social perspectives*. Amsterdam: J. Benjamins, 133–166.

Kurtz, Jürgen (2003): Menschenbilder in der Theorie und Praxis des Fremdsprachenunterrichts. Konturen, Funktionen und Konsequenzen für das Lehren und Lernen. In: *Zeitschrift für Fremdsprachenforschung* 14, 149–167.

Küsters, Yvonne (2009): *Narrative Interviews. Grundlagen und Anwendungen*. 2. Aufl. Wiesbaden: VS.

Kutscher, Nadia (2010): Die Rekonstruktion moralischer Orientierungen von Professionellen auf der Basis von Gruppendiskussionen. In: Bohnsack, Ralf; Pszyborski, Aglaja; Schäffer, Burkhard (Hrsg.): *Das Gruppendiskussionsverfahren in der Forschungspraxis*. Opladen, 189–201.

Kvale, Steinar; Brinkmann, Svend (2009): *InterViews. Learning the Craft of Qualitative Research Interviewing*. 2. Aufl. London: SAGE.

Laatz, Wilfried (1993): *Empirische Methoden. Ein Lehrbuch für Sozialwissenschaftler*. Thun: Harri Deutsch.

Labov, William (1971): Das Studium der Sprache im sozialen Kontext. In: Klein, Wolfgang; Wunderlich, Dieter (Hrsg.): *Aspekte der Soziolinguistik*. Frankfurt a. M.: Athenäum, 111–194.

Lamnek, Siegfried (1995): *Qualitative Sozialforschung*. 3., korr. Aufl. Weinheim: Beltz.

Lamnek, Siegfried (2005): *Qualitative Sozialforschung*. 4., vollst. überarb. Aufl. Weinheim: Beltz.

Lamnek, Siegfried (2010): *Qualitative Sozialforschung*. 5., überarb. Aufl. Weinheim: Beltz.

Landua, Sabine; Maier-Lohmann, Christa; Reich, Hans H. (2008): Deutsch als Zweitsprache. In: Ehlich, Konrad; Bredel, Ursula; Reich, Hans H. (Hrsg.): *Referenzrahmen zur altersspezifischen Sprachaneignung – Forschungsgrundlagen*. Bonn, Berlin: BMBF, 171–201.

Lane, Kathleen L.; Bocian, Kathleen M.; MacMillan, Donald; Gresham, Frank M. (2004): Treatment integrity. An essential – but often forgotten – component of school-based interventions. In: *Preventing School Failure* 48, 36–43.

Langer, Antje (2010): Transkribieren. Grundlagen und Regeln. In: Friebertshäuser, Barbara; Langer, Antje; Prengel, Annedore (Hrsg.): *Handbuch Qualitative Forschungsmethoden in der Erziehungswissenschaft*. Weinheim: Juventa, 515–526.

Larson-Hall, Jenifer (2010): *A Guide to Doing Statistics in Second Language Research Using SPSS*. New York: Routledge.

Larson-Hall, Jenifer (2012): How to run statistical analyses. In: Mackey, Alison; Gass, Susan M. (Hrsg.): *Research Methods in Second Language Acquisition. A Practical Guide*. Oxford: Wiley-Blackwell, 245–274.

Legewie, Heiner (1994): Globalauswertung von Dokumenten. In: Böhm, Andreas; Mengel, Andreas; Muhr, Thomas (Hrsg.): *Textverstehen. Konzepte, Methoden, Werkzeuge*. Konstanz: UVK, 177–182. (http://nbn-resolving.de/urn:nbn:de:0168-ssoar-14547).

Legewie, Heiner; Schervier-Legewie Barbara (2004): „Forschung ist harte Arbeit, es ist immer ein Stück Leiden damit verbunden. Deshalb muss es auf der anderen Seite Spaß machen." Anselm L. Strauss im Interview mit Heiner Legewie und Barbara Schervier-Legewie. In: *Forum Qualitative Sozialforschung* 5. (http://www.qualitative-research.net/index.php/fqs/article/view/562).

Lewin, Kurt (1967): *Gesetz und Experiment in der Psychologie*. Darmstadt: Wissenschaftliche Buchgesellschaft.
Lienert, Gustav A.; Raatz, Ulrich (1998): *Testaufbau und Testanalyse*. 6. Aufl. Weinheim: Beltz.
Lucius-Hoene, Gabriele; Deppermann, Arnulf (2004): *Rekonstruktion narrativer Identität. Ein Arbeitsbuch zur Analyse narrativer Interviews*. 2. Aufl. Wiesbaden: VS.
Luckmann, Thomas (2007): *Lebenswelt, Identität und Gesellschaft. Schriften zur Wissens- und Protosoziologie*. Konstanz: UVK.
Lüdeling, Anke; Doolittle, Seanna; Hirschmann, Hagen; Schmidt, Karin; Walter, Maik (2008): Das Lernerkorpus Falko. In: *Deutsch als Fremdsprache* 45, 67–73.
Lütge, Christiane; Kollenrott, Anne Ingrid; Ziegenmeyer, Birgit; Fellmann, Gabriela (2009): Perspektiven für die empirische Fremdsprachenforschung. In: Lütge, Christiane; Kollenrott, Anne Ingrid; Ziegenmeyer, Birgit; Fellmann, Gabriela (Hrsg.): *Empirische Fremdsprachenforschung – Konzepte und Perspektiven*. Frankfurt a. M.: Peter Lang, 9–19.
Maak, Diana; Ricart Brede, Julia (i. V.): Empirische Erfassung der Invasivität in videografierten Unterrichseinheiten des Faches Biolgie der Sekundarstufe I (Arbeitstitel). In: Neumann, Astrid und Mahler, Isabelle (Hrsg.): *Empirische Methoden in der Deutschdidaktik. Audio- und videografierte Unterrichtsforschung*.
Mackey, Alison (2006): Feedback, Noticing and Instructed Second Language Learning. In: *Applied Linguistics* 27, 405–430.
Mackey, Alison; Gass, Susan M. (2005): *Second language research. Methodology and design*. Mahwah, NJ: Lawrence Erlbaum.
Mackey, Alison; Gass, Susan M. (Hrsg.) (2012): *Research methods in second language acquisition*. A Practical Guide. Oxford: Wiley-Blackwell.
MacWhinney, Brian (2000): *The CHILDES project: tools for analyzing talk*. Mahwah, NJ: Lawrence Erlbaum.
Malinowski, Bronislaw (1979): *Argonauten des westlichen Pazifik. Ein Bericht über Unternehmungen und Abenteuer der Eingeborenen in den Inselwelten von Melanesisch-Neuguinea*. Frankfurt a. M.: Syndikat.
Mangold, Max (2005): *Duden. Das Aussprachewörterbuch*. 6. Aufl. Mannheim: Dudenverlag.
Mannheim, Karl (1980): Eine soziologische Theorie der Kultur und ihrer Erkennbarkeit (Konjunktives und kommunikatives Denken). In: Kettler, David; Meja, Volker; Stehr, Nico (Hrsg.): *Karl Mannheim. Strukturen des Denkens*. Frankfurt a. M.: Suhrkamp, 155–322.
Martinez, Hélène (2008): *Lernerautonomie und Sprachenlernverständnis. Eine qualitative Untersuchung bei zukünftigen Lehrerinnen und Lehrern romanischer Sprachen*. Tübingen: Narr.
Martyniuk, Waldemar (Hrsg.) (2010): *Aligning Tests with the CEFR: Reflections on Using the Council of Europe's Draft Manual*. Cambridge: Cambridge University Press.
Mathison, Sandra (1988): Why triangulate? In: *Educational Researcher* 17, 13–17.
Matsumoto, Kazuko (1994): Introspection, verbal reports and second language learning strategy research. In: Canadian Modern Language Journal 50, 363–386.
Mayer, Jörg (2011): *Phonetische Analysen mit Praat. Ein Handbuch für Ein- und Umsteiger*. (http://www.ims.uni-stuttgart.de/~jmayer/resources/praat_manual.pdf).
Mayer, Mercer (1969): *Frog, where are you?* New York: Dial Press.
Mayring, Philipp (2002): *Einführung in die Qualitative Sozialforschung*. 5., überarb. und neu ausgest. Aufl. Weinheim: Beltz.
Mayring, Philipp (2010): *Qualitative Inhaltsanalyse. Grundlagen und Techniken*. 11., akt. und überarb. Aufl. Weinheim: Beltz.
McDonough, Jo; McDonough, Steven (1997): *Research methods for English language teachers*. London: Arnold.
McNamara, Tim (2000): *Language testing*. Oxford: Oxford University Press.
Mehlem, Ulrich (2010): Schreibanlässe und Schreibprozesse in der Grundschule – Literalität durch Interaktion. In: Mehlem, Ulrich; Sahel, Said (Hrsg.): *Erwerb schriftsprachlicher Kompetenzen im DaZ-Kontext. Diagnose und Förderung*. Freiburg i. Br.: Filibach, 133–160.

Mehlhorn, Grit; Trouvain, Jürgen (2007): Sensibilisierung von Lernenden für fremdsprachliche Prosodie. In: *Zeitschrift für Interkulturellen Fremdsprachenunterricht* 12. (http://zif.spz.tu-darmstadt.de/jg-12-2/allgemein/beitra33.htm).
Meindl, Claudia (2011): *Methoden für Linguisten. Eine Einführung in Statistik und Versuchsplanung.* Tübingen: Narr.
Meisel, Jürgen M. (2009): Second Language Acquisition in Early Childhood. In: *Zeitschrift für Sprachwissenschaft* 28, 5–34.
Mempel, Caterina (2010): Multimedia-Transkription nonverbaler Kommunikation am Beispiel der Bilderbuchbetrachtung im Deutsch-als-Zweitsprache-Unterricht. In: Aguado, Karin; Schramm, Karen; Vollmer, H. Johannes (Hrsg.): *Fremdsprachliches Handeln beobachten, messen und evaluieren. Neue methodische Ansätze der Kompetenzforschung und Videographie.* Frankfurt a. M.: Peter Lang, 231–255.
Merten, Klaus; Teipen, Petra (1991): *Empirische Kommunikationsforschung. Darstellung, Kritik, Evaluation*. München: Ölschläger.
Messing, Barbara; Huber, Klaus-Peter (2007): *Die Doktorarbeit. Vom Start zum Ziel. Lei(d)tfaden für Promotionswillige.* 4., überarb. und erw. Aufl. Heidelberg: Springer.
Mey, Günter (2000): Erzählungen in qualitativen Interviews. Konzepte, Probleme, soziale Konstruktionen. In: *sozialer sinn* 1, 135–151.
Mey, Günter; Mruck, Katja (2007): Qualitative Interviews. In: Naderer, Gabriele; Balzer, Eva (Hrsg.): *Qualitative Marktforschung in Theorie und Praxis. Grundlagen, Methoden und Anwendungen.* Wiesbaden: Gabler, 248–278.
Mey, Günter; Mruck, Katja (2011): Grounded-Theory-Methodologie. Entwicklung, Stand, Perspektiven. In: Mey, Günter; Mruck, Katja (Hrsg.): *Grounded Theory Reader.* 2., akt. und erw. Aufl. Wiesbaden: VS, 11–48.
Meyer-Ingwersen, Johannes (1975): Einige typische Deutschfehler bei türkischen Schülern. In: *Zeitschrift für Literaturwissenschaft und Linguistik* 5, 68–77.
Miles, Matthew B.; Huberman, A. Michael (1994): *Qualitative data analysis: An expanded sourcebook.* 2. Aufl. London: SAGE.
Mitchell, Rosamund; Myles, Florence (2004): *Second Language Learning Theories*. London: Hodder Education Publishers.
Montanari, Elke (2012): Genuserwerb im Diskurs in der zweiten Sprache Deutsch. In: Ahrenholz, Bernt; Knapp, Werner (Hrsg.): *Sprachstand erheben – Spracherwerb erforschen.* Freiburg i. Br.: Fillibach, 17–33.
Moritz, Christine (2012): *Die Feldpartitur. Multikodale Transkription von Videodaten in der Qualitativen Sozialforschung.* Wiesbaden: Springer.
Moskowitz, Gertrude (1971): Intereraction Analysis – A New Modern Language for Supervisor. In: *Foreign Language Annals* 5, 211–221.
Motsch, Hans-Joachim (2010): *Kontextoptimierung. Evidenzbasierte Intervention bei grammatischen Störungen in Therapie und Unterricht.* 3. Aufl. München: Reinhardt.
Mruck, Katja; Mey, Günter (1998): Selbstreflexivität und Subjektivität im Auswertungsprozeß biographischer Materialien. Zum Konzept einer „Projektwerkstatt qualitativen Arbeitens" zwischen Colloquium, Supervision und Interpretationsgemeinschaft. In: Jüttemann, Gert; Thomae, Hans (Hrsg.): *Biographische Methoden in den Humanwissenschaften.* Weinheim: Beltz, 284–306.
Muckel, Petra (2011): Die Entwicklung von Kategorien mit der Methode der Grounded Theory. In: Mey, Günter; Mruck, Katja (Hrsg.): *Grounded Theory Reader.* 2., akt. und erw. Aufl. Wiesbaden: VS, 333–352.
Mummendey, Hans Dieter; Grau, Ina (2008): *Die Fragebogen-Methode.* 5., überarb. und erw. Aufl. Göttingen: Hogrefe.
Neumann, Astrid (2007): *Briefe schreiben in Klasse 9 und 11. Beurteilungskriterien, Messungen, Textstrukturen und Schülerleistungen.* Münster: Waxmann.
Neveling, Christiane (2004): *Wörterlernen mit Wörternetzen. Eine Untersuchung zu Wörternetzen als Lernstrategie und als Forschungsverfahren.* Tübingen: Narr.

Newby, David; Allan, Rebecca; Fenner, Anne-Brit; Jones, Barry; Komorowska, Hanna; Soghikyan, Kristine (2008): *Europäisches Portfolio für Sprachlehrende in Ausbildung. Ein Instrument zur Reflexion.* Graz: Europäisches Fremdsprachenzentrum.

Newell, Allen; Simon, Herbert A. (1972): *Human Problem Solving*. London u. a.: Prentice Hall.

Niggli, Alois (2005): Beobachtung und Beobachtungsinstrumente im Mentoring. In: Niggli, Alois (Hrsg.): *Unterrichtsbesprechungen im Mentoring*. Oberentfelden: Sauerländer, 34–72.

Nußbaum, Albert (1984): Quantitative oder qualitative Unterrichtsforschung? Kontroverse Standpunkte und erste Schritte zu einer Annährung. In: *Unterrichtswissenschaft* 3, 218–231.

Oevermann, Ulrich; Allert, Tilman; Konau, Elisabeth; Krambeck, Jürgen (1979): Die Methodologie einer „objektiven Hermeneutik" und ihre allgemeine forschungslogische Bedeutung in den Sozialwissenschaften. In: Soeffner, Hans Georg (Hrsg.): *Interpretative Verfahren in den Sozial- und Textwissenschaften.* Stuttgart: Metzler, 352–434.

Ohm, Udo (2004): Zum Zweitspracherwerb von wirklichen Menschen im richtigen Leben. In: *Deutsch als Zweitsprache* 4, 47–64.

Oller, John W.; Conrad, Christine (1971): The cloze technique and ESL proficiency. In: *Language Learning* 21, 183–195.

Olsen, Wendy (2004): Triangulation in social research: Qualitative and quantitative methods can really be mixed. In: Holborn, Martin (Hrsg.): *Developments in sociology.* Ormskirk: Causeway Press, 103–121.

Ose, Julia; Schulz, Petra (2010): Was fehlt Jonas – *Ein* Taschentuch oder *das* Taschentuch? Eine Pilotstudie zum Artikelerwerb bei Kindern mit Deutsch als Zweitsprache. In: Rost-Roth, Martina (Hrsg.): *DaZ-Spracherwerb und Sprachförderung Deutsch als Zweitsprache.* Freiburg i. Br.: Fillibach, 79–97.

Özyürek, Aslı; Kita, Sotaro; Allen, Shanley; Brown, Amanda; Furman, Reyhan; Ishizuka, Tomoko (2008): Development of cross-linguistic variation in speech and gesture: Motion events in English and Turkish. In: *Developmental Psychology* 44, 1040–1054.

Pauli, Christine; Reusser, Kurt (2006): Von international vergleichenden Video Surveys zur videobasierten Unterrichtsforschung und -entwicklung. In: *Zeitschrift für Pädagogik* 52, 774–798.

Pavlenko, Aneta (2007): Autobiographic Narratives as Data in Applied Linguistics. In: *Applied Linguistics* 28, 163–188.

Peirce, Charles Sanders (1986): *Semiotische Schriften.* Bd 1. Frankfurt a. M.: Suhrkamp.

Perdue, Clive (1993): *Adult Language Acquisition: Cross-Linguistic Perspectives.* Cambridge: Cambridge University Press.

Perlmann-Balme, Michaela (2010): Testen und Prüfen von Sprachkenntnissen. In: Krumm, Hans-Jürgen; Fandrych, Christian; Hufeisen, Britta; Riemer, Claudia (Hrsg.): *Handbuch Deutsch als Fremd- und Zweitsprache. Ein internationales Handbuch.* Berlin: De Gruyter, 1272–1288.

Perlmann-Balme, Michaela; Plassmann, Sybille; Zeidler, Beate (2009): *Deutsch-Test für Zuwanderer A2-B1. Prüfungsziele. Testbeschreibung.* München: Goethe-Institut/telc GmbH.

Perrin, Andrew. J. (Hrsg.) (2011): *Group Experiment an Other Writings. The Frankfurt School on Public Opinion in Postwar Germany.* Harvard: Universal Press.

Pesce, Silvia (2010): *Löse- und Lernprozesse bei der Bearbeitung grammatisch-kommunikativer Lernaufgaben. Eine Studie am Beispiel des Spanischen als Fremdsprache.* Tübingen: Narr.

Petersen, Inger (2012): Entwicklung schriftlicher Argumentationskompetenz bei Oberstufenschüler/innen und Studierenden mit Deutsch als Erst- und Zweitsprache. Vortrag, Symposium „Mehrsprachig in Wissenschaft und Gesellschaft", Bielefeld, 7.2.2012. (http://www.uni-bielefeld.de/Universitaet/Studium/Studienbegleitende%20Angebote/Punktum/060_wir_ueber_uns/tagungen/tagung_2012/PPP/praesentation_petersen.pdf).

Petko, Dominik; Waldis, Monika; Pauli, Christine; Reusser, Kurt (2003): Methodologische Überlegungen zur videogestützten Forschung in der Mathematikdidaktik. Ansätze der TIMSS 1999 Video Studie und ihrer schweizerischen Erweiterung. In: *ZDM (Zentralblatt für Didaktik der Mathematik)* 35, 265–280.

Peuschel, Kristina (2012): *Sprachliche Tätigkeit und Fremdsprachenlernprojekte. Fremdsprachliches Handeln und gesellschaftliche Teilhabe in* radiodaf-*Projekten.* Baltmannsweiler: Schneider Verlag Hohengehren.

Pienemann, Manfred (1998): *Language Processing and Second Language Development. Processability Theory.* Amsterdam; Philadelphia: Benjamins.

Pine, Gerard J. (2009): *Teacher Action Research. Building Knowledge Democracies.* London: SAGE.

Plauen, E.O. (1964): *Vater und Sohn.* Bd 1. Ravensburg: Otto Maier.

Popham, William James; Sirotnik, Kenneth A. (1973): *Educational statistics. Use and Interpretation.* 2. Aufl. New York u. a.: Harper & Row.

Porsch, Raphaela (2010): *Schreibkompetenzvermittlung im Englischunterricht in der Sekundarstufe I. Empirische Analysen zu Leistungen, Einstellungen, Unterrichtsmethoden und Zusammenhängen von Leistungen in der Mutter- und Fremdsprache.* Münster: Waxmann

Porsch, Raphaela; Tesch, Bernd (2010): Verzeichnis verwendeter Fachbegriffe. In: Porsch, Raphaela; Tesch, Bernd; Köller, Olaf (Hrsg.): *Standardbasierte Testentwicklung und Leistungsmessung. Französisch in der Sekundarstufe I.* Münster: Waxmann, 287–300.

Porst, Rolf (1996): Fragebogenerstellung. In: Goebl, Hans; Nelde, Peter H.; Starý, Zden k; Wölck, Wolfgang (Hrsg.): *Kontaktlinguistik. Ein internationales Handbuch zeitgenössischer Forschung.* Berlin: De Gruyter, 737–744.

Porst, Rolf (2000): *Praxis der Umfrageforschung.* 2., überarb. Aufl. Wiesbaden: Teubner.

Porst, Rolf (2008): *Fragebogen. Ein Arbeitsbuch.* Wiesbaden: VS.

Press, Hans-Jürgen (2011): *Der kleine Herr Jakob. Bildergeschichten.* Weinheim: Beltz.

Przyborski, Aglaja; Wohlrab-Sahr, Monika (2008): *Qualitative Sozialforschung. Ein Arbeitsbuch.* München: Oldenbourg.

Przyborski, Aglaja; Wohlrab-Sahr, Monika (2009): *Qualitative Sozialforschung. Ein Arbeitsbuch.* 2., korr. Aufl. München: Oldenbourg.

Przyborski, Aglaja; Wohlrab-Sahr, Monika (2010): *Qualitative Sozialforschung. Ein Arbeitsbuch.* 3., korr. Aufl. München: Oldenbourg.

Punch, Keith F. (2009): *Introduction to Research Methods in Education.* London: SAGE.

Raab-Steiner, Elisabeth; Benesch, Michael (2008): *Der Fragebogen. Von der Forschungsidee zur SPSS-Auswertung.* Wien: UTB.

Raatz, Ulrich; Klein-Braley, Christine (1982): The c-test – a modification of the cloze procedure. In: Culhane, Terry; Klein-Braley, Christine; Stevenson, Douglas K. (Hrsg.): *Practice and problems in language testing IV.* Colchester: University of Essex, Dept. of Language and Linguistics, 113–138.

Raithel, Jürgen (2008): *Quantitative Forschung. Ein Praxisbuch.* 2., durchges. Aufl. Wiesbaden: VS. (http://www.springerlink.com/content/ln3531/).

Rallis, Sharon F.; Rossman, Gretchen B. (2009): Ethics and trustworthiness. In: Heigham, Juanita; Croker, Robert A. (Hrsg.): *Qualitative Research in Applied Linguistics. A Practical Introduction.* New York: Palgrave Macmillan, 263–287.

Rasch, Björn; Friese, Malte; Hofmann, Wilhelm; Naumann, Ewald (2010a): *Quantitative Methoden. Einführung in die Statistik für Psychologen und Sozialwissenschaftler.* Bd. 1. 3., erw. Aufl. Heidelberg: Springer.

Rasch, Björn; Friese, Malte; Hofmann, Wilhelm; Naumann, Ewald (2010b): *Quantitative Methoden. Einführung in die Statistik für Psychologen und Sozialwissenschaftler.* Bd. 2. 3., erw. Aufl. Heidelberg: Springer.

Rau, Cornelia (1994): *Revisionen bei Schreiben. Zur Bedeutung von Veränderungen in Textproduktionsprozessen.* Tübingen: Niemeyer.

Redder, Angelika (2001): Aufbau und Gestaltung von Transkriptionssystemen. In: Brinker, Klaus; Antos, Gerd; Heinemann, Wolf (Hrsg.): *Text- und Gesprächslinguistik. Ein internationales Handbuch zeitgenössischer Forschung.* Berlin: De Gruyter, 1038–1059.

Rehbein, Jochen; Schmidt, Thomas; Meyer, Bernd; Watzke, Franziska; Herkenrath, Annette (2004): *Handbuch für das computergestützte Transkribieren nach HIAT.* Sonderforschungsbereich 538, Universität Hamburg. (http://www1.uni-hamburg.de/exmaralda/files/azm_56.pdf).

Reich, Hans H.; Roth, Hans-Joachim (2004): *Hamburger Verfahren zur Analyse des Sprachstands Fünfjähriger – HAVAS 5.* Hamburg: Landesinstitut für Lehrerbildung und Schulentwicklung.

Reichertz, Jo (2000): Zur Gültigkeit von qualitativer Sozialforschung. In: *Forum Qualitative Sozialforschung* 1. (http://www.qualitative-research.net/index.php/fqs/article/view/1101/2427).

Reichertz, Jo (2007): Qualitative Forschung – Ansprüche, Prämissen, Probleme. In: *Erwägen Wissen Ethik* 18, 195–208.

Reichertz, Jo (2009): Die Konjunktur der qualitativen Sozialforschung und Konjunkturen innerhalb der qualitativen Sozialforschung. In: *Forum Qualitative Sozialforschung* 10. (http://www.qualitative-research.net/index.php/fqs/article/view/1382/2878).

Reim, Thomas; Riemann, Gerhard (1997): Die Forschungswerkstatt. In: Jakob, Gisela; Wensierski, Hans-Joachim von (Hrsg.): *Rekonstruktive Sozialpädagogik. Konzepte und Methoden sozialpädagogischen Verstehens in Forschung und Praxis.* Weinheim: Juventa, 223–238.

Ricart Brede, Julia (2011): *Videobasierte Qualitätsanalyse vorschulischer Sprachfördersituationen.* Freiburg i. Br.: Fillibach.

Ricart Brede, Julia; Knapp, Werner; Gasteiger-Klicpera, Barbara; Kucharz, Diemut (2010): Die Entwicklung von Beobachtungssystemen in der videobasierten Forschung am Beispiel von Qualitätsanalysen vorschulischer Sprachfördereinheiten. In: Aguado, Karin; Schramm, Karen; Vollmer, Helmut Johannes (Hrsg.): *Fremdsprachliches Handeln beobachten, messen und evaluieren. Neue methodische Ansätze der Kompetenzforschung und Videographie.* Frankfurt a. M.: Peter Lang, 257–275.

Richards, Keith (2003): *Qualitative Inquiry in TESOL.* New York u. a.: Palgrave Macmillan.

Richards, Keith (2009): Interviews. In: Heigham, Juanita (Hrsg.): *Qualitative Research. A Practical Introduction.* Palgrave Macmillan, 182–199.

Richter, Julia (2008): *Phonetische Reduktion im Deutschen als L2. Eine empirische Querschnittsstudie.* Baltmannsweiler: Schneider Verlag Hohengehren.

Rickheit, Gert; Herrmann, Theo; Deutsch, Werner (Hrsg.) (2003): *Psycholinguistik. Ein internationales Handbuch.* Berlin: De Gruyter.

Riemer, Claudia (1997). *Individuelle Unterschiede im Fremdsprachenerwerb. Eine Longitudinalstudie über die Wechselwirksamkeit ausgewählter Einflußfaktoren.* Baltmannsweiler: Schneider Verlag Hohengehren.

Riemer, Claudia (2002): Für und über die eigene Unterrichtspraxis forschen. Anregungen zur Lehrerhandlungsforschung. In: Schreiber, Rüdiger (Hrsg.): *Deutsch als Fremdsprache am Studienkolleg. Unterrichtspraxis, Tests, Evaluation.* Regensburg: Fachverband Deutsch als Fremdsprache, 129–143.

Riemer, Claudia (2005): Nie zu früh und immer zu wenig. Forschung im und für den Fremdsprachenunterricht. In: Burwitz-Melzer, Eva; Solmecke, Gert (Hrsg.): *Niemals zu früh und selten zu spät. Fremdsprachenunterricht in Schule und Erwachsenenbildung.* Berlin: Cornelsen, 85–93.

Riemer, Claudia (2006): Entwicklungen in der qualitativen Fremdsprachenforschung. Quantifizierung als Chance oder Problem? In: Timm, Johannes-Peter (Hrsg.): *Fremdsprachenlernen und Fremdsprachenforschung. Kompetenzen, Standards, Lernformen, Evaluation. Festschrift für Helmut Johannes Vollmer.* Tübingen: Narr, 451–464.

Riemer, Claudia (2007): DaF/DaZ und empirische Forschung. Wechselnde Herausforderungen. In: *Informationen Deutsch als Fremdsprache* 34, 445–459.

Riemer, Claudia (2009): Empirische Unterrichtsforschung und Action Research. In: Hallet, Wolfgang; Königs, Frank (Hrsg.): *Handbuch Fremdsprachendidaktik.* Seelze: Kallmeyer & Friedrich, 359–363.

Riemer, Claudia (2010): Erste Schritte empirischer Forschung. Themenfindung, Forschungsplanung, forschungsmethodologische Entscheidungen. In: Chlosta, Christoph; Jung, Matthias (Hrsg.): *DaF integriert. Literatur – Medien – Ausbildung. Tagungsband der 36. Jahrestagung des Fachverbandes Deutsch als Fremdsprache 2008.* Göttingen: Universitätsverlag, 423–434.

Riemer, Claudia (2011a): Empirie und Fremdsprachenforschung. Herausforderung Forschungsmethodik. In: Bausch, Karl-Richard; Burwitz-Melzer, Eva; Königs, Frank G.; Krumm, Hans-Jürgen (Hrsg.): *Fremdsprachen lehren und lernen. Rück- und Ausblick. Arbeitspapiere der 30. Frühjahrskonferenz zur Erforschung des Fremdsprachenunterrichts*. Tübingen: Narr, 194–203.

Riemer, Claudia (2011b): Zugänge zur empirischen Forschung in DaF/DaZ oder: Plädoyer für eine gegenstandsspezifische Diskussion um empirische Forschungszugänge in der Fremdsprachenforschung. In: Bausch, Karl-Richard; Burwitz-Melzer, Eva; Königs, Frank G.; Krumm, Hans-Jürgen (Hrsg.): *Erforschung des Lehrens und Lernens fremder Sprachen. Forschungsethik, Forschungsmethodik und Politik. Arbeitspapier der 31. Frühjahrskonferenz zur Erforschung des Fremdsprachenunterrichts*. Tübingen: Narr, 192–200.

Riemer, Claudia; Settinieri, Julia (2010): Empirische Forschungsmethoden in der Zweit- und Fremdsprachenerwerbsforschung. In: Krumm, Hans-Jürgen; Fandrych, Christian; Hufeisen, Britta; Riemer, Claudia (Hrsg.): *Deutsch als Fremd- und Zweitsprache. Ein internationales Handbuch*. Berlin: De Gruyter, Bd. 1, 764–781.

Robinson, Peter (1997): Generalizability and automaticity of second language learning under implicit, incidental, enhanced, and instructed conditions. In: *Studies in Second Language Acquisition* 19, 223–247.

Rosenbaum, Paul R.; Rubin, Donald B. (1985): Constructing a control group using multivariate matched sampling methods that incorporate the propensity score. In: *The American Statistician* 39, 33–38.

Rosenbusch, Heinz S. (1995): Nonverbale Kommunikation im Unterricht. Die stille Sprache im Klassenzimmer. In: Rosenbusch, Heinz S.; Schober, O. (Hrsg.): *Körpersprache in der schulischen Erziehung*. Baltmannsweiler: Schneider Verlag Hohengehren, 166–206.

Rosenthal, Gabriele (2005): *Interpretative Sozialforschung. Eine Einführung*. Weinheim: Juventa.

Rosenthal, Gabriele (2008): *Interpretative Sozialforschung. Eine Einführung*. 2., korr. Aufl. Weinheim: Juventa.

Rosenthal, Gabriele; Köttig, Michaela; Witte, Nicole; Blezinger, Anne (2006): *Biographisch-narrative Gespräche mit Jugendlichen. Chancen für das Selbst- und Fremdverstehen*. Opladen: Budrich.

Rossa, Henning (2010a): Explorative Untersuchung der Konstruktvalidität von Testaufgaben zum fremdsprachlichen Hörverstehen. In: Altmayer, Claus; Mehlhorn, Grit; Neveling, Christiane; Schlüter, Norbert; Schramm, Karen (Hrsg.): *Grenzen überschreiten. Sprachlich – fachlich – kulturell. Dokumentation zum 23. Kongress für Fremdsprachendidaktik der Deutschen Gesellschaft für Fremdsprachenforschung (DGFF). Leipzig, 30. September – 3. Oktober 2009*. Baltmannsweiler: Schneider Verlag Hohengehren, 279–290.

Rossa, Henning (2010b): Was messen Hörverstehensaufgaben? Ansätze zur Konstruktvalidierung von Sprachtestaufgaben als Beitrag zur Qualitätssicherung in der Kompetenzforschung. In: Aguado, Karin; Schramm, Karen; Vollmer, H. Johannes (Hrsg.): *Fremdsprachliches Handeln beobachten, messen und evaluieren. Neue methodische Ansätze der Kompetenzforschung und Videographie*. Frankfurt a. M.: Peter Lang, 119–152.

Rost, Detlef H. (2007): *Interpretation und Bewertung pädagogisch-psychologischer Studien. Eine Einführung*. 2., überarb. und erw. Aufl. Weinheim: Beltz.

Rost, Jürgen (2004): *Lehrbuch Testtheorie – Testkonstruktion*. 2., überarb. und erweit. Aufl. Bern: Hans Huber.

Rost-Roth, Martina (2006): Komplexe Fragerealisierungen. Deutsch als Zweitsprache und Deutsch als Erstsprache bei Schülerinnen und Schülern der 3. und 4. Grundschulklasse. In: Ahrenholz, Bernt (Hrsg.): *Kinder mit Migrationshintergrund. Spracherwerb und Fördermöglichkeiten*. Freiburg i. Br.: Fillibach, 241–265.

Rost-Roth, Martina (2008): Der zweitsprachliche Erwerb der Interrogation. Theoretische Implikationen und empirische Befunde. In: Ahrenholz, Bernt; Bredel, Ursula; Klein, Wolfgang; Rost-Roth; Martina; Skiba, Romuald (Hrsg.): *Empirische Forschung und Theoriebildung. Beiträge aus der Soziolinguistik, Gesprochene-Sprache- und Zweitspracherwerbsforschung. Eine Festschrift für Norbert Dittmar zum 65. Geburtstag*. Frankfurt a. M.: Peter Lang, 307–319.

Rudolf, Matthias; Müller, Johannes (2012): *Multivariate Verfahren. Eine praxisorientierte Einführung mit Anwendungsbeispielen in SPSS*. 2., überarb. und erw. Aufl. Göttingen: Hogrefe.

Rues, Beate; Redecker, Beate; Koch, Evelyn; Wallraff, Uta; Simpson, Adrian P. (2009): *Phonetische Transkription des Deutschen. Ein Arbeitsbuch*. Tübingen: Narr.

Ryan, Richard M.; Sapp, Aislinn (2005): Zum Einfluss testbasierter Reformen. High stakes testing (HST). Motivation und Leistung aus Sicht der Selbstbestimmungstheorie. In: *Unterrichtswissenschaft* 33, 143–159.

Sager, Sven F. (2001a): Bedingungen und Möglichkeiten nonverbaler Kommunikation. In: Brinker, Klaus; Antos, Gerd; Heinemann, Wolf (Hrsg.): *Text- und Gesprächslinguistik. Ein internationales Handbuch zeitgenössischer Forschung*. Berlin: De Gruyter, 1132–1141.

Sager, Sven F. (2001b): Probleme bei der Transkription nonverbalen Verhaltens. In: Brinker, Klaus; Antos, Gerd; Heinemann, Wolf (Hrsg.): *Text- und Gesprächslinguistik. Ein internationales Handbuch zeitgenössischer Forschung*. Berlin: De Gruyter, 1069–1085.

Sager, Sven F. (2005): Ein System zur Beschreibung von Gestik. In: *Osnabrücker Beiträge zur Sprachtheorie* 70, 19–48.

Sasaki, Catherine L. (1996): Teacher preferences of student behavior in Japan. *JALT Journal* 18, 229–239.

Schäfer, Thomas (2011): *Statistik II. Inferenzstatistik*. Wiesbaden: VS.

Schart, Michael (2003): *Projektunterricht – subjektiv betrachtet. Eine qualitative Studie mit Lehrenden für Deutsch als Fremdsprache*. Baltmannsweiler: Schneider Verlag Hohengehren.

Schlak, Torsten (2010): Sprachlerneignung. In: Hallet, Wolfgang; Königs, Frank G. (Hrsg.): *Handbuch Fremdsprachendidaktik*. Seelze: Klett; Kallmeyer, 257–261.

Schmelter, Lars (2004): *Selbstgesteuertes oder potenziell expansives Fremdsprachenlernen im Tandem*. Tübingen: Narr

Schmelter, Lars (2007): „Nach Vorschrift sammle Lebenselemente // Und füge sie mit Vorsicht eins ans andre." – Konsequenzen anthropologischer Kernannahmen in der Fremdsprachenforschung. In: Vollmer, Helmut Johannes (Hrsg.): *Synergieeffekte in der Fremdsprachenforschung. Empirische Zugänge, Probleme, Ergebnisse*. Frankfurt a. M.: Peter Lang, 59–72.

Schmidt, Richard W. (1990): The Role of Consciousness in Second Language Learning. *Applied Linguistics* 11, 129–158.

Schmidt, Richard W.; Frota, Sylvia Nagem (1986): Developing basic conversational ability in second langauge: A case study of an adult learner of Portuguese. In: Day; Richard R. (Hrsg.): *Talking to learn: Conversation in second language acquisition*. Rowley, M.A.: Newbury House, 237–326.

Schmidt, Torben (2007): *Gemeinsames Lernen mit Selbstlernsoftware im Englischunterricht. Eine empirische Analyse lernprogrammgestützter Partnerarbeitsphasen*. Tübingen: Narr.

Schnell, Anna K. (erscheint): Lautes Denken im Lichte der *Embodied Cognition*. Neue Grenzen, neue Möglichkeiten in der Schreibprozessforschung? In: Aguado, Karin; Heine, Lena; Schramm, Karen (Hrsg.): *Qualitative Inhaltsanalyse und Introspektive Verfahren in der Fremdsprachenforschung*. Frankfurt a. M.: Peter Lang, 92–115.

Schnell, Rainer; Hill, Paul B.; Esser, Elke (2011): *Methoden der empirischen Sozialforschung*. 9., aktual. Aufl. München: Oldenbourg.

Schnell, Reiner; Hill, Paul B.; Esser, Elke (2005): *Methoden der empirischen Sozialforschung*. 7., völlig überarb. und erw. Aufl. München: Oldenbourg.

Schnettler, Bernt; Knoblauch, Hubert (2009): Videoanalyse. In: Kühl, Stefan; Strodtholz, Petra; Taffertshofer, Andreas (Hrsg.): *Handbuch Methoden der Organisationsforschung. Quantitative und Qualitative Methoden*. Wiesbaden: VS, 272–297.

Schocker-von Ditfurth, Marita (2011): Konsequenzen aus der Komplexität unseres Forschungsgegenstandes und der Perspektivität jeder Erkenntnis. In: Bausch, Karl-Richard; Burwitz-Melzer, Eva; Königs, Frank G.; Krumm, Hans-Jürgen (Hrsg.): *Fremdsprachen lehren und lernen. Rück- und Ausblick. Arbeitspapiere der 30. Frühjahrskonferenz zur Erforschung des Fremdsprachenunterrichts*. Tübingen: Narr, 222–233.

Schöneck, Nadine M.; Voß, Werner (2005): *Das Forschungsprojekt. Planung, Durchführung und Auswertung einer quantitativen Studie*. Wiesbaden: VS.

Schramm, Karen (2007): Grammatikerwerb beim zweitsprachlichen Erzählen. In: Köpcke, Klaus-Michael; Ziegler, Arne (Hrsg.): *Grammatik in der Universität und für die Schule. Empirie, Theorie und Modellbildung*. Tübingen: Niemeyer, 199–221.

Schramm, Karen; Aguado, Karin (2010): Videographie in den Fremdsprachendidaktiken – Ein Überblick. In: Aguado, Karin; Schramm, Karen; Vollmer, H. Johannes (Hrsg.): *Fremdsprachliches Handeln beobachten, messen und evaluieren. Neue methodische Ansätze der Kompetenzforschung und Videographie*. Frankfurt a. M.: Peter Lang, 185–214.

Schramm, Karen; Mempel, Caterina; Buchwald, Ditte; Heindel, Sebastian; Rüthling, Katrin (2011): Mündliches Erzählen im Grundschulunterricht anhand von deskriptiven Unterrichtsanalysen. In: Apeltauer, Ernst; Rost-Roth, Martina (Hrsg.): *Sprachförderung Deutsch als Zweitsprache. Von der Vor- in die Grundschule*. Tübingen: Stauffenburg, 87–102.

Schröer, Norbert (2002): *Verfehlte Verständigung? Kommunikationssoziologische Fallstudie zur interkulturellen Kommunikation*. Konstanz: UVK.

Schröer, Norbert (2007): Die dialogische Anverwandlung – Zur Ausdeutung fremdkultureller Daten mithilfe von >kulturvertrauten Co-Interpreten<. In: Dreher, Jochen; Stegmaier, Peter (Hrsg.): *Zur Unüberwindbarkeit kultureller Differenz. Grundlagentheoretische Reflexionen*. Bielefeld: transcript, 211–234.

Schulz, Petra; Tracy, Rosemarie (2011): *Linguistische Sprachstandserhebung – Deutsch als Zweitsprache (LiSe-DaZ)*. Göttingen: Hogrefe.

Schütz, Alfred (1971a): *Das Problem der Relevanz*. Frankfurt am Main: Suhrkamp.

Schütz, Alfred (1971b): *Gesammelte Aufsätze. Bd. 1. Das Problem der sozialen Wirklichkeit*. Den Haag: Nijhoff.

Schütze, Fritz (1978): *Die Technik des narrativen Interviews in Interaktionsfeldstudien – dargestellt an einem Projekt zur Erforschung von kommunalen Machtstrukturen*. Arbeitsbereiche und Forschungsmaterialien Nr. 1. Universität Bielefeld. Fakultät für Soziologie.

Schütze, Fritz (1983): Biographieforschung und narratives Interview. In: *Neue Praxis. Kritische Zeitschrift für Sozialarbeit und Sozialpädagogik* 13, 283–293 (http://www.ssoar.info/ssoar/files/2009/950/schuetze-biographieforschung_und_narratives_interview.pdf).

Schwab, Götz (2009): *Gesprächsanalyse und Fremdsprachenunterricht*. Landau: Verlag Empirische Pädagogik.

Schwerdtfeger, Inge Christine (1997): Zur (Wieder)Entdeckung von Sehen und Imagination für fremdsprachliches Lernen – das kognitive Lernmodell auf dem Prüfstand. In: Wolff, Armin; Tütken, Gisela; Liedtke, Horst (Hrsg.): *Gedächtnis und Sprachenlernen. Prozessorientiertes Fremdsprachenlernen. Deutschlehrerausbildung in West- und Osteuropa. Eine deutsche Literatur. AutorInnen nichtdeutscher Muttersprache. Beiträge der 24. Jahrestagung Deutsch als Fremdsprache vom 29.–31. Mai 1996 an der Universität Göttingen*. Regensburg: Fachverband Deutsch als Fremdsprache, 195–209.

Schwitalla, Johannes (2003): *Gesprochenes Deutsch. Eine Einführung*. Berlin: Schmidt.

Scrubar, Ilja (2009): *Kultur und Semantik*. Wiesbaden: VS.

Sedlmeier, Peter; Renkewitz, Frank (2008): *Forschungsmethoden und Statistik in der Psychologie*. München: Pearson.

Seidel, Tina; Prenzel, Manfred (2007): Wie Lehrpersonen Unterricht wahrnehmen und einschätzen. Erfassung pädagogisch-psychologischer Kompetenzen mit Videosequenzen. In: *Zeitschrift für Erziehungswissenschaft* [Sonderheft 8: *Kompetenzdiagnostik*], 201–216.

Seliger, Herbert W.; Shohamy, Elana (1989): *Second Language Research Methods*. Oxford: Oxford University Press.

Seliger, Herbert W.; Shohamy, Elena (2011): *Second language research methods*. 5. Aufl. London: Oxford University Press.

Selinker, Larry (1972): Interlanguage. In: *International Review of Applied Linguistics in Language Teaching* 10, 209–232.

Selting, Margret; Auer, Peter; Barden, Birgit; Bergmann, Jörg; Couper-Kuhlen, Elisabeth; Günthner, Susanne; Meier, Christoph; Quasthoff, Uta; Schlobinski, Peter; Uhmann, Susanne (1998): Gesprächsanalytisches Transkriptionssystem (GAT). In: *Linguistische Berichte* 173, 91–122.

Selting, Margret; Auer, Peter; Barth-Weingarten, Dagmar; Bergmann, Jörg; Bergmann, Pia; Birkner, Karin; Couper-Kuhlen, Elisabeth; Deppermann, Arnulf; Gilles, Peter; Günthner, Susanne; Hartung, Martin; Kern, Friederike; Mertzlufft, Christine; Meyer, Christian; Morek, Miriam; Oberzaucher, Frank; Peters, Jörg; Quasthoff, Uta; Schütte, Wilfried; Stukenbrock, Anja; Uhmann, Susanne (2009): Gesprächsanalytisches Transkriptionssystem 2 (GAT 2). In: *Gesprächsforschung – Online-Zeitschrift zur verbalen Interaktion* 10, 353–402. (www.gespraechsforschung-ozs.de/heft2009/heft2009.htm).

Settinieri, Julia (2012): Statistische Verfahren. In: Doff, Sabine (Hrsg.): *Fremdsprachenunterricht empirisch erforschen. Grundlagen – Methoden – Anwendung.* Tübingen: Narr, 250–285.

Shadish, William R.; Cook, Thomas D.; Campbell, Donald T. (2002): *Experimental and quasi-experimental designs for generalized causal inference.* Boston: Houghton Mifflin.

Shaw, Stuart D.; Weir, Cyril J. (2007): *Examing writing. Research and practice in assessing second language writing.* Cambridge: Cambridge University Press.

Shimada, Shingo (2007): Kulturelle Differenz und Probleme der Übersetzung. In: Dreher, Jochen; Stegmaier, Peter (Hrsg.): *Zur Unüberwindbarkeit kultureller Differenz. Grundlagentheoretische Reflexionen.* Bielefeld: transcript, 113–127.

Silver, Christina; Patashnick, Jennifer (2011): Finding fidelity: advancing audiovisual analysis using software. In: *Forum Qualitative Sozialforschung* 12. (http://www.qualitative-research.net/index.php/fqs/article/view/1629/3157).

Skiba, Dirk (2010): Operationalisierung. In: Barkowski, Hans; Krumm, Hans-Jürgen (Hrsg.): *Fachlexikon Deutsch als Fremd- und Zweitsprache.* Tübingen: Francke, 234.

Snell-Hornby, Mary (2007): Übersetzen. In: Straub, Jürgen; Weidemann, Arne; Weidemann, Doris (Hrsg.): *Handbuch interkulturelle Kommunikation und Kompetenz. Grundbegriffe – Theorien – Anwendungsfelder.* Stuttgart: Metzler, 86–94.

Soeffner; Hans-Georg; Hitzler, Ronald (1994): Hermeneutik als Haltung und Handlung. Über methodisch kontrolliertes Verstehen. In: Schröer, Norbert (Hrsg.): *Interpretative Sozialforschung. Auf dem Weg zu einer hermeneutischen Wissenssoziologie.* Opladen: Westdeutscher Verlag, 28–54.

Steinke, Ines (1999): *Kriterien qualitativer Forschung. Ansätze zur Bewertung qualitativ-empirischer Sozialforschung.* Weinheim: Juventa.

Steinke, Ines (2004): Gütekriterien qualitativer Forschung. In: Flick, Uwe; von Kardorff, Ernst; Steinke, Ines (Hrsg.): *Qualitative Forschung. Ein Handbuch.* 3. Aufl. Reinbek bei Hamburg: Rowohlt, 319–331.

Steinke, Ines (2008): Gütekriterien qualitativer Forschung. In: Flick, Uwe; von Kardorff, Ernst; Steinke, Ines (Hrsg.): *Qualitative Forschung. Ein Handbuch.* 6., durchges. und aktual. Aufl. Reinbek bei Hamburg: Rowohlt, 319–331.

Stellmach, Thomas (1997): *Quest.* (http://www.stellmach.com/Webseiten/Quest/Quest_Informationen.html).

Stern, Elsbeth; Hardy, Ilonca (2002): Schulleistung im Bereich der mathematischen Bildung. In: Weinert, Franz E. (Hrsg.): *Leistungsmessungen in Schulen.* 2. Aufl. Weinheim: Beltz, 153–168.

Stigler, James W.; Gallimore, Ronald; Hiebert, James (2000): Using video surveys to compare classrooms and teaching across cultures: examples and lessons from the TIMSS video studies. In: *Educational Psychologist* 35, 87–100.

Stölting, Winfried (1980): *Die Zweisprachigkeit jugoslawischer Schüler in der Bundesrepublik Deutschland.* Unter Mitarbeit von: Delić, Dragica; Orlović, Marila; Rausch, Karin; Sausner, Edeltraud. Wiesbaden: Harrassowitz.

Strauss, Anselm L. (1987): *Qualitative Analysis for Social Scientists.* Cambridge: Cambridge University Press.

Strauss, Anselm L. (1991): *Grundlagen qualitativer Sozialforschung. Datenanalyse und Theoriebildung in der empirischen soziologischen Forschung.* München: Fink Verlag.

Strauss, Anselm L.; Corbin, Juliet M. (1996): *Grounded Theory. Grundlagen qualitativer Sozialforschung.* Weinheim: Beltz.

Strauss, Anselm L.; Schatzmann, Leonard; Bucher, Rose; Ehrlich, Danuta; Sabshin, Melvin (1964): *Psychiatric ideologies and institutions.* New York: Free Press of Glencoe.

Strübing, Jörg (2002): Just do it? Zum Konzept der Herstellung und Sicherung von Qualität in grounded theory-basierten Forschungsarbeiten. In: *Kölner Zeitschrift für Soziologie und Sozialpsychologie* 54, 318–342.

Strübing, Jörg (2008a): *Grounded Theory: Zur sozialtheoretischen und epistemologischen Fundierung des Verfahrens der empirisch begründeter Theoriebildung.* 2., überarb. und erw. Aufl. Wiesbaden: VS.

Strübing, Jörg (2008b): Pragmatismus als epistemische Praxis. In: Kalthoff, Herbert; Hirschauer, Stefan; Lindemann, Gesa (Hrsg.): *Theoretische Empirie. Zur Relevanz qualitativer Forschung.* Frankfurt a. M.: Suhrkamp-Taschenbuch Wissenschaft, 279–311.

Stüber, Dirk; Tröster, Monika (2008): *EU-Projekt „visuaLearning" – visuelles Lernen. Qualifizierungskonzept. Handreichung für Lehrende.* (http://www.die-bonn.de/visual/deutsch/materialien/qualification_concept_guide_for_trainers_de.pdf).

Stutterheim, Christiane von (1997): *Einige Prinzipien des Textaufbaus. Empirische Untersuchungen zur Produktion mündlicher Texte.* Tübingen: Niemeyer.

Stutterheim, Christiane von; Carroll, Mary (2006): The impact of grammatical temporal categories on ultimate attainment in L2 learning. In: Byrnes, Heidi; Weger-Guntharp, Heather; Sprang, Katherine (Hrsg.): *Educating for advanced foreign language capacities.* Georgetown: GUP, 40–53.

Stutterheim, Christiane von; Klein, Wolfgang (1987): A Concept-Oriented Approach to Second Language Studies. In: Pfaff, Carol W. (Hrsg.): *First and Second Language Acquisition Processes.* Cambridge. Newbury House, 191–205.

Swain, Merril (2005): The Output Hypothesis: Theory and Research. In: Hinkel, Ely (Hrsg.): *Handbook of Research in Second Language Teaching and Learning.* Mahwah, NJ: Lawrence Erlbaum, 471–483.

Tabachnik, Barbara G.; Fidell, Linda S. (2007): *Using Multivariate Statistics.* 5. Aufl. Boston u. a.: Pearson Education.

Tashakkori, Abbas; Teddlie, Charles (2003): *Handbook of mixed methods in social & behavioral research.* London: SAGE.

Terhart, Ewald; Tillmann, Klaus-Jürgen (Hrsg.) (2007): *Schulentwicklung und Lehrerforschung. Das Lehrer-Forscher-Modell der Laborschul auf dem Prüfstand.* Bad Heilbrunn: Klinkhardt.

Thoma, Dieter; Tracy, Rosemarie (2006): Deutsch als frühe Zweitsprache: zweite Erstsprache? In: Ahrenholz, Bernt (Hrsg.): *Kinder mit Migrationshintergrund. Spracherwerb und Fördermöglichkeiten.* Freiburg i. Br.: Fillibach, 58–97.

Tinner, Sandra (2010): Normen und Abweichungen in der Zweisprachigkeit der Schweiz. In: Drews-Sylla, Elena; Polledri, Halyna Leonity; Dütschke, Elisabeth (Hrsg.): *Konstruierte Normalitäten – normale Abweichungen.* Wiesbaden: VS, 231–242.

Tschirner, Erwin (2001): Die Evaluation fremdsprachlicher mündlicher Handlungskompetenz. Ein Problemaufriss. In: *Fremdsprachen Lehren und Lernen* 30, 87–115.

Ulich, Michaela; Mayr, Toni (2004): *Sismik. Sprachverhalten und Interesse an Sprache bei Migratenkindern in Kindertageseinrichtungen. Beobachtungsbogen.* Freiburg i. Br.: Herder.

Underhill, Nic (1987): *Testing spoken language. A handbook of oral testing techniques.* Cambridge; London; New York: Cambridge University Press.

Viehbrock, Britta (2009): Fremdsprachenforschung und Research Ethics. In: Lütge, Christiane; Kollenrott, Anne Ingrid , Ziegenmeyer, Birgit; Fellmann, Gabriela (Hrsg.): *Empirische Fremdsprachenforschung – Konzepte und Perspektiven.* Frankfurt a. M.: Peter Lang, 39–59.

Voloshchuk, Olena; Grießhaber, Wilhelm (2010): Videographie und Transkriptionsverfahren in dem Projekt „Erwerb des Englischen als dritte Sprache bei zugewanderten Schülern und Schülerinnen mit Russisch als Muttersprache". In: Aguado, Karin; Schramm, Karen; Vollmer, Helmut J. (Hrsg.):

Fremdsprachliches Handeln beobachten, messen und evaluieren. Neue methodische Ansätze der Kompetenzforschung und Videographie. Frankfurt a. M.: Peter Lang, 215–229.

Wahl, Diethelm (2005): *Lernumgebungen erfolgreich gestalten. Wirksame Wege vom trägen Wissen zum kompetenten Handeln in Erwachsenenbildung, Hochschuldidaktik und Unterricht.* Bad Heilbrunn: Klinkhardt.

Webb, Eugene; Campbell, Donald; Schwartz, Richard; Sechrest, Lee (1966): *Unobstrusive measures: Nonreactive research in the social sciences.* Chicago: Rand McNally.

Wegener, Heide (1995): Das Genus im DaZ-Erwerb. Beobachtungen an Kindern aus Polen, Russland und der Türkei. In: Handwerker, Brigitte (Hrsg.): *Fremde Sprache Deutsch. Grammatische Beschreibung – Erwerbsverläufe – Lehrmethodik*. Tübingen: Narr, 1–24.

Weigand, Gesine; Hess, Remi (2007): Einleitung. In: Weigand, Gesine; Hess, Remi (Hrsg.): *Teilnehmende Beobachtung in interkulturellen Situationen.* Frankfurt a. M.: Campus.

Weigle, Sara Cushing (2002): *Assessing writing.* Cambridge: Cambridge University Press.

Wenzler-Cremer, Hildegard (2005): *Bikulturelle Sozialisation als Herausforderung und Chance. Eine qualitative Studie über Identitätskonstruktionen und Lebensentwürfe am Beispiel junger deutsch-indonesischer Frauen.* (http://www.freidok.uni-freiburg.de/volltexte/2267/pdf/Bikulturelle_Sozialisation.pdf.)

Wernet, Andreas (2009): *Einführung in die Interpretationstechnik der objektiven Hermeneutik.* 3. Aufl. Wiesbaden: VS.

Wiese, Richard (2010): *Phonetik und Phonologie.* Stuttgart: UTB.

Winkler, Steffi (2011): Sprachstandsermittlung und Lernfortschrittstest mal anders. Die „Elicited Imitation Task" als ein Fenster zur lernersprachlichen Grammatik. In: *Informationen Deutsch als Fremdsprache* 38, 525–550.

Wirtz, Markus; Kutschmann, Marcus (2007): Analyse der Beurteilerübereintimmung für kategoriale Daten mittels Cohens Kappa und alternativer Maße. *Rehabilitation* 46, 370–377.

Witte, Stephen P. (1985): Revising, composing theory, and research design. In: Freedman, Sarah W. (Hrsg.): *The acquisition of written language: Response and revision*. Norwood, NJ: Ablex, 250–284.

Witzel, Andreas (2000): Das problemzentrierte Interview. In: *Forum qualitative Sozialforschung/ Forum Qualitative Social Research* 1. (http://www.qualitative-research.net/index.php/fqs/article/view/1132/2520).

Wode, Henning (1993): *Psycholinguistik. Eine Einführung in die Lehr- und Lernbarkeit von Sprachen.* Ismaning: Hueber.

Wolf, Bernhard (2010): Effektstärken. In: Rost, Detlef (Hrsg.): *Handwörterbuch Pädagogische Psychologie*. 4., überarb. und erw. Aufl. Weinheim: Beltz, 109–116.

Wolff, Stephan (2008): Wege ins Feld und ihre Varianten. In: Flick, Uwe; von Kardorff, Ernst; Steinke, Ines (Hrsg.): *Qualitative Forschung. Ein Handbuch*. 6., durchges. und aktual. Aufl. Reinbek bei Hamburg: Rowohlt, 334–349.

Wrobel, Arne (1995): *Schreiben als Handlung. Überlegungen und Untersuchungen zur Theorie der Textproduktion.* Tübingen: Niemeyer.

Würffel, Nicola (2006): *Strategiengebrauch bei Aufgabenbearbeitungen in internetgestütztem Selbstlernmaterial.* Tübingen: Narr.

Yamashita, Sayoko (1995): Monitoring student placement: A test-retest comparison. In: Brown, James Dean; Yamashita, Sayoko (Hrsg.): *Language Testing in Japan.* Tokyo: Japan Association for Language Teachers, 48–56.

Ziebell, Barbara; Schmidjell, Annegret (2012): *Unterrichtsbeobachtung und kollegiale Beratung – Neu.* München: Goethe-Institut.

Zimmerman, Kevin (2005): Newly placed versus continuing students: Comparing vocabulary size. In: *TESL Reporter* 38, 52–60.

Zöfel, Peter (2003): *Statistik für Psychologen. Im Klartext.* München: Pearson.

DIE AUTORINNEN UND AUTOREN

Prof. Dr. **Karin Aguado** ist Professorin für Deutsch als Fremd- und Zweitsprache an der Universität Kassel. Ihre Arbeitsschwerpunkte liegen im Bereich der empirischen Fremdsprachenlehr- und -lernforschung mit einem Fokus auf individuellen Faktoren wie „Alter", „Sprachlerneignung" und „Arbeitsgedächtnis" und sozio-kognitiven Lernprozessen. Ein weiterer Arbeitsschwerpunkt liegt im Bereich der Methodologie in der empirischen Fremdsprachenforschung.

Prof. Dr. **Bernt Ahrenholz** ist Inhaber des Lehrstuhls für Auslandsgermanistik/Deutsch als Fremd- und Zweitsprache an der Friedrich-Schiller-Universität Jena. Seine Arbeitsschwerpunkte sind der Zweitspracherwerb Erwachsener, Deutsch als Zweitsprache bei Kindern und Jugendlichen mit Migrationshintergrund, Sprachliche Formen der Wissensvermittlung und Wissensaneignung, Fachunterricht und Deutsch als Zweitsprache, Gesprochene-Sprache-Forschung sowie Grammatik im Deutsch-als-Fremdsprache-Unterricht.

Prof. Dr. **James Dean Brown** ist Professor für Zweitsprachenerwerbsforschung (*Second Language Studies*) an der Universität Hawai'i at Manoa. Seine Arbeitsschwerpunkte liegen in den Bereichen Sprachtests, Curriculumentwicklung, Programmevaluation sowie Forschungsmethoden.

Andrea Daase M. A. ist Doktorandin und wissenschaftliche Mitarbeiterin im Fach Deutsch als Fremd- und Zweitsprache an der Universität Bielefeld. Ihre Arbeitsschwerpunkte liegen in den Bereichen Sprache und Migration, Mehrsprachigkeit sowie Zweitspracherwerb aus poststrukturalistischer Perspektive, v. a. im Kontext von Schule, Ausbildung und Beruf.

Annkathrin Darsow M. A. arbeitet als wissenschaftliche Mitarbeiterin im BMBF-Projekt „BeFo – Bedeutung und Form. Fachbezogene und sprachsystematische Förderung in der Zweitsprache" an der Humboldt-Universität zu Berlin und promoviert an der Universität Hamburg im Fach Germanistik. Ihre Arbeitsschwerpunkte liegen in den Bereichen Sprachförderung, Zweitspracherwerb und Sprachstandsdiagnostik bei Kindern im Primarbereich.

Sevilen Demirkaya M. A. ist Doktorandin und wissenschaftliche Mitarbeiterin im Fach Deutsch als Fremd- und Zweitsprache an der Universität Bielefeld. Ihre Arbeitsschwerpunkte liegen in den Bereichen Sprache und Migration, Elementarpädagogik, Sozialisationsforschung und qualitative Forschung.

Dr. **Anja Felbrich** arbeitet als Postdoktorandin im BMBF-Projekt „BeFo – Bedeutung und Form: Fachbezogene und sprachsystematische Förderung in der Zweitsprache" an der Humboldt-Universität zu Berlin. Ihre Arbeitsschwerpunkte liegen in den Bereichen Zweitsprachförderung und Sprachstandsdiagnostik im Elementar- und Primarbereich.

Dr. **Alexis Feldmeier** arbeitete bis 2011 am Lehr- und Forschungsbereich Deutsch als Fremd- und Zweitsprache der Universität Bielefeld. Seit 2011 ist er als Akademischer Rat auf Zeit am Germanistischen Institut der Westfälischen Wilhelms-Universität Münster tätig. Dort befasst er sich u. a. mit didaktischen Aspekten des Schriftspracherwerbs in der Zweitsprache Deutsch.

Nazan Gültekin-Karakoç M. A. arbeitet als Doktorandin und wissenschaftliche Mitarbeiterin im Fach Deutsch als Fremd- und Zweitsprache an der Universität Bielefeld. In ihrer Projekttätigkeit beschäftigt sie sich mit der Zweitsprachenerwerbsforschung, der Fachsprachendidaktik, der Lehrerprofessionalisierung sowie quantitativer Forschung.

Prof. Dr. **Lena Heine** ist Juniorprofessorin für Sprachlehrforschung an der Ruhr-Universität Bochum. Sie befasst sich insbesondere mit der Frage nach dem Verhältnis zwischen fremdsprachlichem und konzeptuellem Wissensaufbau, u. a. in den Bereichen Deutsch als Zweitsprache und im bilingualen Unterricht.

Dr. **Beatrix Hinrichs** leitet als wissenschaftliche Mitarbeiterin an der Universität Bielefeld das Projekt „FörBi – Förderunterricht für Schülerinnen und Schüler nicht deutscher Herkunftssprachen". Sie lehrt im Fach Deutsch als Fremd- und Zweitsprache mit dem Schwerpunkt Deutsch als Zweitsprache in der Schule. Ihr besonderes Interesse gilt der Entwicklung von Bildungssprache bei mehrsprachigen Schülerinnen und Schülern sowie den Einstellungen und subjektiven Theorien von Lehrerinnen und Lehrern.

Prof. Dr. **Grit Mehlhorn** arbeitete bis 2007 im Bereich Didaktik des Deutschen als Fremdsprache in Leipzig, Stuttgart und Berlin. Seit 2007 ist sie Professorin für Didaktik der slavischen Sprachen an der Universität Leipzig. Ihre Arbeitsschwerpunkte liegen im Bereich Sprachlehr- und -lernforschung (mit Schwerpunkt auf Ausspracheerwerb und Mehrsprachigkeit) sowie der empirischen Erforschung der Herkunftssprachen Russisch und Polnisch.

Caterina Mempel M. A. arbeitet als Doktorandin und wissenschaftliche Mitarbeiterin im Bereich Didaktik/Methodik des Deutschen als Fremd- und Zweitsprache am Herder-Institut der Universität Leipzig. Ihre Arbeitsschwerpunkte liegen in den Bereichen der Hochschuldidaktik, Leseforschung (DaM, DaZ, DaF) und qualitativen Datenerhebung und -aufbereitung.

Verena Mezger M. A. ist wissenschaftliche Mitarbeiterin und Doktorandin im Arbeitsbereich Deutsch als Fremd- und Zweitsprache am Institut für Germanistik der Universität Potsdam. Ihre Arbeitsschwerpunkte und Forschungsinteressen liegen in den Bereichen Deutsch als Zweitsprache in Brandenburg, Empirische Forschungsmethoden in DaF/DaZ, DaZ in der Lehrerbildung sowie Mehrsprachigkeit in gesprochener und geschriebener Sprache.

Dr. **Raphaela Porsch** ist Akademische Rätin auf Zeit am Institut für Erziehungswissenschaft in der Abteilung Schulpädagogik/Schul- und Unterrichtsentwicklung an der Westfälischen Wilhelms-Universität Münster. Ihre Arbeitsschwerpunkte liegen aktuell in den Bereichen Fremdsprachenforschung (insbes. Kompetenzmessung), Gestaltung des Übergangs nach der Grundschule sowie Erforschung des Unterrichts zum Einfluss von Emotionen und der Qualifikation von Lehrkräften.

Prof. Dr. **Julia Ricart Brede** ist Professorin für Deutsch als Zweit- und Fremdsprache an der Universität Flensburg. Ihre Arbeitsschwerpunkte liegen in den Bereichen Sprachförderung im Vorschulalter, sprachliches Lernen im Fachunterricht, Textproduktionsprozesse im L2-Kontext sowie Forschungsmethodologie (mit besonderem Fokus auf (videobasierter) Unterrichtsbeobachtung).

Prof. Dr. **Claudia Riemer** ist Professorin für Deutsch als Fremd- und Zweitsprache an der Universität Bielefeld. Ihre Arbeitsschwerpunkte liegen in den Bereichen Sprachlehr- und -lernforschung/Zweitsprachenerwerbsforschung (mit Schwerpunkt auf individuellen Lernprozessen, affektiven und kognitiven Einflussfaktoren) sowie Forschungsmethodologie in der empirischen Fremdsprachenforschung (mit Schwerpunkt auf qualitativer Forschung).

Prof. Dr. **Lars Schmelter** ist Professor für die Didaktik des Französischen an der Bergischen Universität Wuppertal. Seine Arbeitsschwerpunkte liegen im Bereich der Mehrsprachigkeitsdidaktik, des bilingualen Unterrichts sowie der fremdsprachlichen Kompetenzentwicklung von Lehramtsstudierenden.

Prof. Dr. **Karen Schramm** ist Professorin für Deutsch als Fremdsprache mit Schwerpunkt Didaktik/Methodik am Herder-Institut der Universität Leipzig. Ihre aktuellen Arbeitsschwerpunkte liegen in den Bereichen videobasierte Unterrichtsdiskursanalyse, zweitsprachliche Alphabetisierung, Curriculumentwicklung und berufsbezogenes Deutsch.

Prof. Dr. **Christoph Schroeder** ist Leiter des Arbeitsbereichs Deutsch als Zweit- und Fremdsprache/Linguistik an der Universität Potsdam und hat dort gemeinsam mit anderen Sprachwissenschaftlern das Zentrum für Sprache, Variation und Migration (SVM) aufgebaut. Seine Arbeitsschwerpunkte bilden die Sprachkontaktforschung, die Untersuchung des mehrsprachigen Schriftspracherwerbs und die Linguistik des Türkischen.

Prof. Dr. **Julia Settinieri** ist Professorin für Deutsch als Zweit- und Fremdsprache an der Universität Paderborn. Ihre Arbeitsschwerpunkte liegen in den Bereichen Ausspracheerwerb und -didaktik, Sprachstandsdiagnostik, Forschungsmethodologie und Deutsch als Zweitsprache in der Schule.

Dr. **Yazgül Şimşek** arbeitet als wissenschaftliche Mitarbeiterin im Arbeitsbereich Deutsch als Fremd- und Zweitsprache am Institut für Germanistik der Universität Potsdam. Ihre Arbeitsschwerpunkte und Forschungsinteressen liegen in den Bereichen der Mehrsprachigkeit in gesprochener und geschriebener Sprache, des Deutschen im Kontakt mit Migrantensprachen und des Deutschen als Zweitsprache.